孟子章句講疏

上

鄧秉元 撰

上海人民出版社

目　　錄

自　　序

　　丁亥秋，復旦出版社有經典導讀計畫，邀撰《孟子精讀》數篇，以爲學子入門之階。辭不獲已，遂勉應之。自戊子春陽，至於長夏，揮汗數月，卓成六卷，以塞責焉。不意辭旨未能諧時，竟爾擱置。時予方耽玩大《易》，亦未以爲意。責編史立麗女史不忍棄之，爲轉致華師大出版社刊行，是爲六卷本之來源。其後數載，精力略瘁諸經，未遑專力於此，然亦何嘗或忘。蓋經義未明之處，儻得《孟子》之旁通，則往往渙然冰釋、怡然理順。以是知後世研經者，辜負亞聖多矣。惟因學養未備，亦不欲早畢之。

　　丙申，籌辦《新經學》。既乏稿件，不得已，遂仍其舊貫，自《離婁》至《告子》，陸續草就六篇。其後隨改隨出，尚未能畢其功於一役。庚子春，新冠大疫肆虐，受難者比比，寰宇爲之閉户，生民以來，殆未嘗有。天行大過，萬物滅頂，自時勢觀之，雖若有理可言；自一身際遇而言，是則命也。蒿目時艱，玄思反暢，乃知大《易》"盡性致命"之理，言人人殊，必得孔孟二師親證，始真能明之。君子殀壽不貳，修身以俟，豈虛言哉！此《盡心篇》之所以述也。

上下七篇既成，始知前賢所言先秦諸子不自著書，或未可一概而論。若《詩》、《書》、《易》、《春秋》皆成於孔子，所謂述亦作也；《老子》、《論語》亦如出一手，惟成之者不可必耳。《孟子》則必爲自作，而由高第弟子續成之，故能義旨嚴密，渾然一體。讀古人書者，當自其大體處求之。然則所貴乎孟子者何哉？

《漢志》有言，"昔仲尼歿而微言絶，七十子喪而大義乖"。六經之道甚廣，《論語》渾無涯際，欲通其微旨，"宜若登天然"（《盡心上》）。幸孟子嗣興，憂時否閉，痛大道之既隱，挽諸子於放豚，始能十字打開，底裏罄盡，汪洋縱肆，出入自如。循此以求，孔門内聖外王之規模略無遁隱，真斯道之津梁也。故儻無孔子，則大道無以開顯；微孟子，吾人終難得其門而入矣。惜精義具在，人不知求耳。及後漢儒發揚其政術，而闊略大本；宋儒闡明其心性，惜全體未得；清儒則陽奉而陰違之，孟學亡矣。就中迴出倫輩者，若趙氏，若朱子，若焦氏，所造各有極詣，不愧孟子功臣，而朱子尤得其大。然其書乃各爲時而作，要在後人有以續續之。夫執大道以御今之有者，豈能刻舟求劍而爲之？惜乎近人，既以舶來之學加諸往聖，乃並經學常道一掃而盡空之，哀哉。

雖然，孟子之道大矣，非十四篇之文可盡。且一時之注疏，不過一時一地之人，希尚友古人，而冀乎有所承耳。古聖復起於地下，其能首肯之乎？是則非予所知矣。世有通方之士，尚祈有以教之。

　予賦性疏懶，雖念茲在茲，儻非師友鼓勵，則殺青無日。
且屬草前後彌時，文氣未能一貫，率爾示人，良增愧惡。書成，
以示張鈺翰編審，不惟代謀付梓，尤多所匡正，甚可感也。復
蒙王興康先生審讀一過，指訛袪謬，幸何如之。謹弁於此，用
誌謝忱。

　　　　　　庚子夏曆四月初四，登州鄧秉元謹識

　　　　　　　　辛丑歲除，改定於滬上

原　序

甲申春，予始以經學史課諸生。諸生多未嘗用力於載籍，頗苦之。故暇則以《孟子》數章相授，句讀而外，於義理亦稍稍提掇，俾其優遊涵詠，漸有入途。漢人嘗云，"《論語》者，五經之錧鎋，六藝之喉衿"，此誠具眼之論。以予淺識，若《孟子》者，則儒術之錧鎋也。學者由此入門，沉潛反復，然後寢饋於六經，歸源於孔子，以上達乎昭昭冥冥、無可言說之域，則其源泉混混者復矣。至若盈科後進，納百流於一泓，尚有待乎賢者之擴充。否則一如無源之水，無本之木，雖或橫絕於一時，而終歸於涸槁之地。百年以來，言會通者比比，至其超勝者則誰歟？返本以開新，是尚有待於來哲。

雖然，能由此學，是近乎智矣，若仁則子曰豈敢。天行屯蹇，俗染澆風，萎頓觥脆之言盈耳，偉岸峻拔之行罕覿，至若滑稽玩世、放浪形骸之輩亦難乎其人，豈龔定庵所云大音將興之候乎？然則《孟子》之讀，是其時矣。

書僅成六卷者，各隨其時也，餘當俟諸異日。然大義已具，初學者可循此以升其堂，至其微言深造，則尤備乎後篇，入室與否，尚視乎其人。書成，烏魯木齊黎生大偉，助執校役，用力獨多，因志之於此。

　　　著雍困敦之歲夏曆六月初九，渙齋自識於滬上

　　本書自戊子長夏草就，遂爾擱置，倏忽二載。其間承蒙友人史立麗女史、黃曙輝先生先後校閱數過，惠我實多，此情此誼，至可感也。

　　　　　　　　　　庚寅陽月，秉元又識

凡　　例

　　一、本書名爲《孟子章句講疏》，意在章分句析，以疏通《孟子》一書之大旨。初止六卷，嘗兼附朱注以行，蓋欲學者以《集注》爲基，先立乎大，進而上通於《孟子》。全本因已成新解，且卷帙過繁，故析而離之。朱子原書具在，學者並參之可也。

　　二、《孟子》舊注，以趙岐、朱子、焦循爲最精，可以爲漢、宋、清儒冠冕。然三家而外，精思妙會，可以旁通者尚多。其有詁訓未精而爲後人所乘者，亦學術轉進應有之義。故本書於三家所未達者，無論文辭、經義，皆於所見諸書擇善而從，非墨守一家者也。偶有一二謬見，亦附驥尾而行。至其徵引未備，孤陋寡聞，則在所難免，大雅君子，不吝教之。

　　三、本書大義，得於旁通者爲多，顧所旁通有不限於傳統所謂儒家言者，一以諸家會歸於六藝者求其異同。此本書宗旨之所在，知我罪我，非所計也。

　　四、戰國之世，百家蔚起，孟子不得已，起而與辯，故闢

· 1 ·

楊、墨，拒法術，貶征伐，鍼霸政，摒縱橫之風，斥妾婦之道。《易》曰："引而伸之，觸類而長之，天下之能事畢矣。"本書略仿其意，講疏之際，於近世中西學術亦略有涉及，不敢云有得，然固本書用意之所在。

五、本書諸卷之首有所謂解題者，亦仿趙岐《篇敘》之意而爲之，惟所見與趙氏不盡同耳。蓋《孟子》諸篇之作，皆用意一貫，如車貫轂，此多歷代學者所未言，然固論孟子學者所當知。解題之外，另作章旨結構圖，置於卷端，以見《孟子》諸篇之大義。此義既明，則儒先所言先秦諸子不自著書者，亦未可必，若諸經，若《老》《孟》，皆可謂自作者也。

六、本書爲便初學，於講疏之前另加簡注，略取趙、朱、焦三家通義，以釋字詞音義，庶初學者可大體讀通本文。或有稍涉聚訟者，注明所取某家之說。偶有別解，亦徑注出，而於講疏中稍加辨證。簡注於諸說雖略有綜匯，亦偶有新義，然非本書主旨所在，故非敢掠美前人，識者諒之。

七、本書所用版本，係中華書局標點本朱子《四書章句集注》。世傳宋版《孟子》，其異文數條雖似可從，以無關大義，未嘗據改。

孟子章句講疏卷一

梁惠王章句上凡七章

【解題】《孟子》七篇，自東漢趙岐《孟子注》（亦稱《孟子章句》）始，已釐爲上下篇。[1]依《説文》，"樂竟爲一章"，故凡含義告一段落者，可名一章。所謂章句，乃經學家解經方式之一，是爲"章句之學"。有一家之章句則有一家之師法，代表其學派之形成。[2]題爲"梁惠王"，昔人頗有疑議。[3]蓋古人之書所題篇名或以首字，如《論語》之《學而》、《爲政》、《公冶長》，其篇名與一篇之義蘊有合有不合；或徑取其義，如《墨子》之

〔1〕《孟子》今本七篇各分上下，自趙岐已然，孫奭以爲即趙氏所分，蓋本於趙氏《題辭》所言"乃述己所聞，證以經傳，爲之章句，具載本文，章別其旨，分爲上下，凡十四卷"。見《孟子注疏》卷一上，阮元校《十三經注疏》本，中華書局，1980年，第2665頁。《史記·孟子荀卿列傳》已言《孟子》七篇，趙岐於《篇敘》亦惟言七篇大旨，不言十四篇。今觀十四篇各有義旨，且本末一貫，疑此在孟子及弟子著書時已然，絕非趙岐所能分，因其所敘諸卷大義甚淺，未能得孟子本旨故也。參各篇解題。

〔2〕章句與師法之關係，可參錢穆《兩漢博士家法考》，氏著《兩漢經學今古文平議》，商務印書館，2001年，第223—231頁。

〔3〕章太炎曾據《史記·六國年表》以爲魏自襄王時始稱王，而孟子見惠王時即以王稱之，必出再傳弟子追記，見氏著《孟子大事考》（收入傅傑編校《章太炎學術史論集》，中國社會科學出版社，1997年）。此蓋未察《戰國策》秦、齊諸策之相關記録，如《秦策》即云"魏伐邯鄲，因退兵逢澤之遇，乘夏車，稱夏王，朝爲天子，天下皆從"。雷學淇已據此考證逢澤之會當爲魏惠王二十七年。參范祥雍《戰國策箋證》卷六，上海古籍出版社，2006年，第426頁。孟子至魏尚在其後。

《尚同》、《荀子》之《勸學》，不一而足。以"梁惠王"題篇，趙岐以爲孔門輯《論語》，以孔子居師道，故衛靈公、季氏等皆與弟子同列，《孟子》一書蓋仿其意而爲之。清人焦循撰《孟子正義》雖駁趙氏此論，然即此可見漢人心中孟子形象之一端矣。[1] 諸篇之義，趙岐亦頗言之，宋林之奇以爲其說迂闊，後人多置於不論不議之列，未肯苟同。[2] 以予觀之，此書乃孟子本人及弟子親加編纂，如車貫轂，如身使臂，自有其一貫之義。[3] 謂予不信，詳繹本書，自可辨之。

　　本卷主旨討論王政，首言義利之辨，明公共性與私人性君主之別。次言爲政之道，當遂生、富民、教民。終言萬物一體，而歸本於吾心不容已之仁根。其結構頗與《大學》三綱領相合，蓋義利之辨者，明明德也；先富後教者，親民也；歸宿於本心者，止於至善也。

章旨結構圖

```
              ┌ 義利之辨 ┌ 1. 義利之辨。
              │          └ 2. 兩種樂：義利有別。
              │          ┌ 3. 盡心、爲政皆義利有別。王政表現於制度：君權之公共性。
              │          │    保民：先富後教。不行王政之害：以政殺人。
       王政 ──┤ 爲政之道 ┤ 4. 不行王政之害：以政殺人。
              │          └ 5. 王者無敵：王政之一體性。先富後教。
              │          ┌ 6. 消極之仁政（恕道）：不行不仁。
              └ 不忍之心 ┤ 7. 齊桓、晉文不足以言仁政。王政本於不忍人之心。仁術。
                         └    推恩。不爲與不能。舍本逐末之害。
```

---

[1] 本書所引趙岐、焦循之說，皆見焦氏《孟子正義》（上海書店 1986 年影印世界書局《諸子集成》本），凡與本書相同章節引及者，不另出注。

[2] 周廣業《孟子四考》卷三《孟子古注考》，續修四庫全書本、清經解本。

[3] 清人姜兆翀已稍見及此，撰《孟子篇敍》（續修四庫全書本）七卷，"欲尋其按部就班、自然秩序之處"，惟所見尚淺耳。

第　一　章

孟子見梁惠王。[①]王曰："叟不遠千里而來，[②]亦將有以利吾國乎？"孟子對曰：[③]"王何必曰利？亦有仁義而已矣。

【簡注】　① 梁惠王，即魏惠王，名罃（yīng）。本侯爵，西元前 334 年與齊威王皆自稱王。惠王時魏自安邑遷都大梁，故稱梁惠王。② 叟，趙岐以爲"長老之稱"，後儒多從之。近人或謂乃貶辭，非也。③ 對，答。

【講疏】　周威烈王二十三年（西元前 403 年），韓、趙、魏三家獲周天子承認，惠王之祖初爲列侯，是爲文侯。三家既以武力分晉，且終爲周天子所承認，表明周王室之權威此際已徹底失落，名器不在，由周初分封所建立之諸侯國權力獲得方式大變。魏文侯之得國既已不正，故頗能以禮賢下士自文，除個性因素外，或亦不無以新興之道統抗衡周室政統之意。然則此新興之道統何在？曰：即東魯孔門六藝之學是也。《莊子·天下篇》云：

> 古之人其備乎！配神明，醇天地，育萬物，和天下，澤及百姓，明於本數，係於末度，六通四辟，小大精粗，其運无乎不在。其明而在數度者，舊法世傳之史尚多有之；其在於《詩》、《書》、禮、樂者，鄒魯之士搢紳先生多能明之。

《詩》以道志，《書》以道事，禮以道行，樂以道和，《易》以道
陰陽，《春秋》以道名分。[1]

《莊子》所謂鄒魯搢紳先生之學，實指孔門而言，此昔人所
恒言者。蓋自春秋以降，學術下移，孔子既爲私學之總代表，
亦爲舊學術之集大成，其貞下起元之地位，實非並時學者所能
及。故孔子之學，自其歿後，經弟子之揄揚，已漸盛於四方，而
以魏爲最。其何以得此者，即因文侯雖得國不正，而能審時度
勢，先求孔門之學以自文。《史記·魏世家》稱："文侯受子夏
經藝，客段干木，過其閭，未嘗不軾也。秦嘗欲伐魏，或曰：'魏
君賢人是禮，國人稱仁，上下和合，未可圖也。'文侯由此得譽
於諸侯。"蓋至此已由篡弒之人一變而爲"仁義"之君，故積極
招納遊士，而遊士亦樂爲之用，子夏、田子方、段干木皆其所
師。[2]另如吳起，本是曾子之徒，至齊，殺妻求將，以故爲曾
子一派德性之儒所不齒。後至魏，爲文侯所信。其人除善
言兵法爲後世兵家所尊外，亦《左傳》傳人之一，[3]或由德
性之儒而轉宗傳經之儒者歟？故魏國之得以稱霸於戰國之
初，子夏諸儒與有力焉。史稱子夏至魏，文侯郊迎者，豈徒
然哉！

---

〔1〕 王先謙《莊子集解》卷八，上海書店影印世界書局《諸子集成》本，1986 年。
〔2〕 《史記》卷四十四《魏世家》，中華書局，1959 年。錢穆先生云："魏文以大夫僭
國，禮賢下士，以收人望，遊士依以發跡，實開戰國養士之風，於先秦學術興衰，
關係綦重。"見氏著《先秦諸子繫年》第四〇《魏文侯禮賢考》，商務印書館，
2001 年，第 149 頁。
〔3〕 《左傳》成書歷來聚訟，姚鼐等頗疑此書多出吳起之徒附益，錢穆先生進而疑此
書或即出於吳起本人，蓋韓非子已云"吳起，衛左氏中人也"。參錢穆《先秦諸子
繫年》第六七《吳起傳左氏春秋考》，第 221—225 頁。

　　子夏本博文之士，孔門以傳經稱。惟其學既主聞見之知，徒知外爍，苟無以自反，勢不至於氾濫橫絕而不止。孔子察之，因戒之以"女爲君子儒，無爲小人儒"（《論語·雍也》）。蓋既以傳經自任，則以爲道在我矣，言動以師自居，得其貌而遺其神，失其本心。故子夏之門，多以子夏過於孔子相標榜，[1]其與有子、子貢、曾子之徒盛稱孔子者迥不相侔（參後文）。

　　魏惠王三十五年（西元前 335 年），孟子至魏。時大國爭雄，魏國雖執其先鞭，稱盛一時，然及惠王之世，一敗於桂陵（十七年），再敗於馬陵（三十年），太子被虜，主將龐涓被殺，繼則爲秦、趙、齊所伐，自安邑徙都大梁（三十一年），一蹶不振。此孟子入梁之背景，時孟子約六十餘，[2]故下文惠王以叟相稱。

　　惠王卑詞厚幣以禮賢者，所圖之事無非富國強兵，於諸雄並立之時爲魏國謀一席之地。故迫不及待，不事寒暄，徑以何以利吾國相問。[3]孟子答曰："何必曰利，亦有仁義而已矣。"此答可謂截斷衆流，徑持把柄入手，引出義利之辨。孟子答問

---

〔1〕《禮記·檀弓上》："子夏喪其子而喪其明，曾子弔之，曰：'吾聞之也，朋友喪明則哭之。'曾子哭，子夏亦哭，曰：'天乎，予之無罪也！'曾子怒曰：'商，女何無罪也！吾與女事夫子於洙泗之間，退而老於西河之上，使西河之民疑女於夫子，爾罪一也……'"陳澔《禮記集説》卷二，中國書店 1985 年影印世界書局《四書五經》本。按荀子門人亦稱荀卿"孔子弗過"，與此頗可相參，荀子亦傳經之儒也。見《荀子·堯問篇》，王先謙《荀子集解》卷二十，沈嘯寰、王星賢點校，中華書局，1988 年。晁説之云："荀卿之弟子與叔孫通之弟子皆以其師爲聖人。"黄宗羲、全祖望《宋元學案》卷二十二《景迂學案》，陳金生、梁運華點校，中華書局，1986 年。

〔2〕有關孟子行實，及與齊、梁諸君交涉之時間，可參錢穆《先秦諸子繫年》相關考證，楊寬《論梁惠王的年世》《再論梁惠王的年世》二文微有校正，可並參。楊文收入《楊寬古史論文選集》，上海人民出版社，2003 年。

〔3〕朱子注："王所謂利，蓋富國強兵之類。"

之方式,初看似淺,儻詳繹之,亦不乏深意。此實儒者與縱橫家區別之關鍵。蓋所謂縱橫家非合縱連橫之謂也,縱可以使橫,橫可以爲縱,爲求一己之私利而無原則之可言者也。[1]即如商鞅,後世頗以法家視之,雖觀其遺書,未嘗無據,然即其立身行事而言,亦膚末皮相之見而已。《史記》云:

> 公叔既死,公孫鞅聞秦孝公下令國中求賢者,將修繆公之業,東復侵地,乃遂西入秦,因孝公寵臣景監以求見孝公。孝公既見衛鞅,語事良久,孝公時時睡,弗聽。罷而孝公怒景監曰:"子之客妄人耳,安足用邪!"景監以讓衛鞅。衛鞅曰:"吾説公以帝道,其志不開悟矣。"後五日,復求見鞅。鞅復見孝公,益愈,然而未中旨。罷而孝公復讓景監,景監亦讓鞅。鞅曰:"吾説公以王道而未入也。請復見鞅。"鞅復見孝公,孝公善之而未用也。罷而去。孝公謂景監曰:"汝客善,可與語矣。"鞅曰:"吾説公以霸道,其意欲用之矣。誠復見我,我知之矣。"衛鞅復見孝公。公與語,不自知膝之前於席也。語數日不厭。[2]

此乃縱橫家最生動之寫照。商君之師尸佼,世所稱雜家者,則雜家與縱橫家之淵源可以概見矣。[3]故孟子之所以爲

---

[1] 縱橫家之得名固因合縱連橫,故《漢書‧藝文志》以爲出行人之官。予所謂縱橫家者,就其精神實質言也,非可膠執。

[2] 《史記》卷六十八《商君列傳》。

[3] 參鄧志峰《學術自由與中國的思想傳統》,收入劉青峰、岑國良編《自由主義與中國近代傳統——"中國近現代思想的演變"研討會論文集(上)》,香港中文大學出版社,2002 年。

孟子,儒者之所以爲儒者,非因其囂囂仁義,實視乎其以何種方式言仁義也。

故所謂儒者當有真僞之判,予嘗云,<u>有私人性之僞儒,有制度性之僞儒</u>。何謂私人性之僞儒?以儒名而實行縱橫之術者是。如商鞅本縱橫家,儻孝公好王道,則彼亦以儒者現矣。另如漢初叔孫通,此西漢號爲"儒宗"者也,然一見劉邦,知其不喜儒服,故變從楚制,〔1〕蓋劉邦本楚人也。此其所爲皆關個人操守,是私人性之僞儒也。若制度性之僞儒則自漢武帝"罷黜百家,表彰六經"(班固語)始。章太炎云:"春秋以上,學說未興。漢武以後,定一尊於孔子,雖欲放言高論,猶必以無礙孔氏爲宗,强相援引,妄爲皮傅,愈調和者愈失其本真,愈附會者愈違其解故。故中國之學,其失不在支離,而在汗漫。"〔2〕諸子既競以儒名顯世,而世亦視之爲儒,是制度性之僞儒也。天下後世共尊孔子,此雖似孔子之幸,實則孔子之大不幸。後世視中國爲儒教之國者以此,其尊之者固以爲是孔子之學矣,即反之者何嘗不然,不知其所謂儒者究爲孔孟之儒歟?抑或康雍乾所表彰之儒歟?尊儒與反儒皆失其本。欲破此迷霧,首當辨儒者真僞,此非欲尊儒也,蓋以經學還經學,以諸子還諸子,漢宋之爭,學術與政治,皆當如此,是亦物各付物之義也。

雖然,章氏所言,若以傳統儒門所言之孔子言,固爲不刊之論;若以作爲經學統宗之孔子言,則尚有未諦,蓋統體之經學(其歷史形式之初即三代王官學)不惟可以統攝諸子,推而

〔1〕《史記》卷九十九《劉敬叔孫通列傳》:"叔孫通服儒服,漢王憎之;乃變其服,服短衣,楚制,漢王喜。"
〔2〕參章太炎《諸子學略說》,收入前揭《章太炎學術史論文集》。

廣之，乃至可以統攝一切學科也。〔1〕

惟當孟子之時，制度性之僞儒未顯，儒者之真僞當以其出處辨。昔人有言，有豪傑而非聖賢者，未有聖賢而非豪傑者也。此獨立之精神，即吾儒真僞之判。質諸歷代大儒，自孔、孟以降，直至朱子、陽明，非其才不足以逢迎世主，而皆以碰壁告終者，爲此耳。否則口尚仁義而志在穿窬，則小人之尤者耳，安見其爲儒者哉！昔章太炎嘗言儒者皆"兼縱橫"，"湛心榮利"，故引墨子憤疾之辭、莊生調侃之言而以汙名加諸孔子，蓋亦失之毫釐而謬以千里者也。然此論實爲其後十年"打孔家店"之嚆矢，論者不察，紛然集矢於"五四"，安能不爲此老竊笑！〔2〕

王曰'何以利吾國'？大夫曰'何以利吾家'？士庶人曰'何以利吾身'？上下交征利而國危矣。①萬乘之國弑其君者，②必千乘之家；千乘之國弑其君者，必百乘之家。萬取千焉，千取百焉，不爲

〔1〕 此義馬一浮先生已發之於《論六藝該攝一切學術》、《論西來學術亦統於六藝》，見馬鏡泉、虞萬里等點校《馬一浮集》第一册《泰和會語》，浙江古籍出版社，1996年。按，馬氏所云西來學術與六藝之對應關係似稍可轉進，兹不詳及，容後另敘。

〔2〕 前揭《諸子學略説》。按章氏之言，其晚年亦頗悔之，顧駟不及舌，無以挽之矣。熊十力先生云："章炳麟作論文，甚至侮孔子以政客。諸名士所以導引青年學子者如是，天下縱有一二有識者爲之寒心，顧莫可如何。"氏著《讀經示要》，中國人民大學出版社，2009年，第5頁。朱維錚先生亦曾指出章氏對"五四"學人之影響，且言章氏之訂孔意在訂康（有爲），可參其《歷史的孔子與孔子的歷史》、《走出中世紀》（增訂本），復旦大學出版社，2007年。蓋章氏雖非阿世，然亦未免曲學也。學者立言，可不慎之！

不多矣。苟爲後義而先利，不奪不饜。③

【簡注】　① 交，交相。征，取。② 乘（shèng），車乘。按，古代以一輛四馬所駕的兵車爲一乘。弒，一般指下殺上。③ 饜（yàn），足。

【講疏】　王欲利國，大夫欲利家，士庶人欲利身，此一句櫽括《大學》所言修身、齊家、治國而反用之，蓋上下交征利則身不能修、家不能齊、國不能治，天下之太平安所望耶？由此，亦可知孟子隱然以天下爲己任之意。蓋所謂仁義者，即平天下之把柄也。據趙岐，“周制君十卿禄，君食萬鍾，臣食千鍾，亦多矣，不爲不多矣”。然萬乘之君（天子）常爲千乘之家（公卿）所弒，千乘之君（諸侯）常爲百乘之家（大夫）所弒，《易・坤文言》：“積善之家必有餘慶，積不善之家必有餘殃。臣弒其君，子弒其父，非一朝一夕之故，其所由來者漸矣，由辨之不早辨也。”此即孟子所謂“苟爲後義而先利，不奪不饜”。

　　義利之辨，前人論之者衆，顧卑之無甚高論，觀其大略，往往曰：義者大利耳。或强爲分析，而反失其本。蓋自漢以後，學者但以儒者爲九流之一，多即其所論以尋繹其旨，不知孟子論學皆以諸經爲本，非百家之學各執一端者比。其欲遍參諸經以通之者間或有之，然高下各隨其所得，未足云備。[1]近世以來，或以孟子爲哲學家，以舶來之學强作解人，游談無根，

〔1〕　如張存中撰《四書通證》一書，以朱子《四書集注》爲本，以諸經文字相證，然考證甚疏。此書收入納蘭性德編《通志堂經解》。

終成戲論，不足辯已。

嘗試言之，孟子此義，實本大《易》而發，蓋孟子本深於《易》者也。昔人嘗疑《易傳》出孟子徒黨，雖難指實，然其精神相互貫通之處，則誠不可掩。當知經學之高下本以境界分，非以其所言分。今日之專門史家，常即歷代書厄散佚之餘，而論諸家之思想，雖可云"多聞闕疑"，然施諸事實之考訂尚可，儻施諸歷代哲人精神世界之探求，則未見其是。何則？不知古人學術之大體故也。《莊子·天下篇》：

> 悲夫！百家往而不反，必不合矣。後世之學者，不幸不見天地之純、古人之大體，道術將爲天下裂。

明乎此，則不必如昔人所論，孔子是仁學，孟子又標一義字，爲孔門之發展云云。蓋言仁言義，其意絕非提一概念、創一體系，如西洋之知性學術系統。實則皆依本然之義理系統而有所抑揚。[1]其何以有所抑揚者，蓋此一時，彼一時也。故無所謂孔子之系統、孟子之系統，孔孟學術之異，不過如孟子所言"源泉混混，盈科而後進"，雖有時空之別，而根本則無異。然則孟子之首言義利之辨者何也？

本卷首言王政，王政以仁義爲本，而其要則在義利之辨。蓋王者之學，法天之學也，故王政必以天道爲依歸。《詩》云：

---

〔1〕 馬一浮先生云："歷來講學術源流者，多是作哲學史，注論各家思想而不及其見處。《易》曰：'天下同歸而殊途，一致而百慮。'須是明其歸致，然後辨其途慮。途慮不辨，則失之籠侗；歸致不明，則忘其本源。"見馬鏡泉等校點《馬一浮集》第三冊，《四學編》，第958頁。

"維天之命,於穆不已。"子曰:"天何言哉,四時行焉,百物生焉,天何言哉!"此天非即其陰晴寒暑晦冥者言,乃宇宙之統體,生生不息,使萬物遂性者也。《易》所謂"乾道變化,各正性命"。夫生生不已者,仁也;萬物遂性者,義也。仁者即其統體言,天道也;義者即其分位言,人道也。此人道,非即人世之理言,蓋此渾然一體之天,必待人而始現分別相,故其"於穆不已"之仁乃因時變化,是故萬物形焉,各得其宜,是所謂義。仁與義合,足以括天人合一之旨。天人合一,斯可以當渾然一體之天矣。

天人相分,斯有仁義之別。即其本體言,仁爲體而義爲用;即其流行言,義爲體而仁爲用。故渾言之,則盈天地間皆仁也,皆義也;若析言之,則仁之與義亦各有天人之別。[1] 蓋仁之統體者,《易》之貞也;仁之分位者,《易》之元也;義之統體者,《易》之亨也;義之分位者,《易》之利也。元亨利貞乃易道之四時,相應於五常,則仁禮義信。《易·乾文言》:

> 元者善之長也,亨者嘉之會也,利者義之和也,貞者事之幹也。君子體仁足以長人,嘉會足以合禮,利物足以合義,貞固足以幹事。君子行此四德者,故曰"乾,元,亨,利,貞"。

---

[1] 朱子云:"仁存諸心,性之所以爲體也;義制夫事,性之所以爲用也,是可以混而無別哉?然又有一說焉,以其性而言之,則皆體也;以其情而言之,則皆用也。以陰陽言之,則義體而仁用也;以存心制事言之,則仁體而義用也。錯綜交羅,惟其所當,而莫不各有條理焉。"見黃坤校點《四書或問》,上海古籍出版社,2001年,第416頁。以陰陽言,約當本書所謂流行;存心制事,約當本書所謂本體。蔡模《孟子集疏》亦引此以明《集注》之旨。見該書卷一,通志堂經解本。

以此觀之,義之與利,其所指皆同,惟即其天道而言之則曰義,即其人道而言之則曰利,儒者之學以人合天,故舍利而取義。孔子云:"君子喻於義,小人喻於利。"(《論語·里仁》)此非於義利之間强生分別,蓋言義而利在其中矣。此如"君子謀道不謀食",蓋謀道而食在其中矣。[1]後世俗學或於義利之間劃一鴻溝以爲不可逾越者,是誣孟子也。顧小人既喻於利,惟知縱其己私,逾其分所當然,則相互衝突,無所底止。以一國言之,則上下交征利而國危矣。儻能先義後利,則各遂其情,亦各得其利矣。

未有仁而遺其親者也,未有義而後其君者也。①王亦曰仁義而已矣,何必曰利?"

【簡注】 ① 遺,棄。後,不以爲先。

【講疏】 父子之親,有合於天道之生生,仁也;君臣之分,必於天人之別始有以見之,義也。故父子爲天倫,君臣則人倫也。既曰仁,父子之親在其中矣;既曰義,君臣之分在其中矣。此章乃孟子告梁惠王之言,故單言子之不遺其親、臣之不背其君以動之。蓋子孝臣忠,固惠王之所利也。然則仁義與利之不相悖也明矣。故子曰:"君子謀道不謀食。耕也,餒在其中矣;學也,禄在其中矣。"(《論語·衛靈公》)

---

[1] 參《滕文公下》第三章講疏。

第 二 章

孟子見梁惠王。王立於沼上，^①顧鴻雁麋鹿，^②曰："賢者亦樂此乎？"孟子對曰："賢者而後樂此，不賢者雖有此，不樂也。《詩》云：^③'經始靈臺，^④經之營之，^⑤庶民攻之，^⑥不日成之。^⑦經始勿亟，^⑧庶民子來。^⑨王在靈囿，^⑩麀鹿攸伏，^⑪麀鹿濯濯，^⑫白鳥鶴鶴。^⑬王在靈沼，於牣魚躍。'^⑭文王以民力爲臺爲沼，而民歡樂之，謂其臺曰靈臺，謂其沼曰靈沼，樂其有麋鹿魚鱉。古之人與民偕樂，^⑮故能樂也。《湯誓》曰：^⑯'時日害喪？^⑰予及女偕亡。'^⑱民欲與之偕亡，雖有臺池鳥獸，^⑲豈能獨樂哉？"

【簡注】　① 沼，池。② 顧，回頭看。此處泛指看。鴻雁，雁之大者曰鴻，小者曰雁。麋，亦鹿之一種。此處鴻雁、麋鹿皆泛指。③《詩》，《大雅·靈臺》之篇。④ 經，規劃、量度。靈臺，一般謂文王臺名。靈，善。百姓善之，故稱之爲靈臺。⑤ 營，按古代或以南北爲經、東西爲營，或以徑直爲經、周迴爲營，經、營此處皆指規劃、量度之義，後合爲一詞。⑥ 攻，治，興作。⑦ 不日，趙岐以爲不限日期，朱子以爲不終日，皆可通。自文王言是不限日期，自民衆言是不日而畢。是謂"詩無達詁"。⑧ 亟(jí)，疾，速。"經始勿亟"，此文王告誡之語。⑨ 子來，如孩子趨奔父母。⑩ 囿，苑囿。靈囿、靈沼，皆同上靈臺之例，未必真有此名。⑪　麀（yōu）鹿，母鹿。攸，所。
⑫　濯濯，肥澤貌。⑬　鶴鶴，潔白貌。⑭　於（wū），猶“於穆”之
“於”，歎美辭。牣（rèn），滿。⑮　偕，同。⑯《湯誓》，《尚書·
商書》篇名。⑰　時，是，此。害（hé），何，何時。⑱　女，汝。
⑲　雖，即使。

【講疏】　本章文義，朱注甚爲簡明：

> 引《詩》而釋之，以明賢者而後樂此之意。……孟子
> 言文王雖用民力，而民反歡樂之，既加以美名，而又樂其
> 所有。蓋由文王能愛其民，故民樂其樂，而文王亦得以享
> 其樂也。……引《書》而釋之，以明不賢者雖有此不樂之
> 意也。……桀嘗自言，吾有天下，如天之有日，日亡吾乃
> 亡耳。民怨其虐，故因其自言而目之曰，此日何時亡乎？
> 若亡則我寧與之俱亡，蓋欲其亡之甚也。孟子引此，以明
> 君獨樂而不恤其民，則民怨之而不能保其樂也。

靈者，善也。民樂文王之所爲，故稱其臺爲靈臺。“麀鹿
攸伏”，趙岐以爲“麀鹿懷任（妊），安其所而伏”。樂，乃人與天
地萬物爲一體之境，可參《盡心上》諸章講疏。本章大旨乃言
王政，非專言樂之境，暫不詳及。

梁惠王之問，如邏輯學之複雜問語，肯定回答有憾，否定
回答亦未見其可。蓋其設問之中，即隱含一對前提之肯定。
惠王問“賢者亦樂此乎”，其前提即隱含於“亦”中，其意若曰：
不賢者常以游豫爲樂，賢者當於此有進，不當以此爲樂，今子

既以此爲樂，豈非不賢者乎？若孟子以樂答之，則是自混於不賢；若以不樂答之，是自居於賢者，抑且僞矣。蓋以賢自居者，非賢者矣。孟子誠知言者也，[1]故直搗黃龍，徑破其前提："賢者而後樂此，不賢者雖有此不樂也。"然則賢人之所樂何也？稍晚於孟子，莊子與惠施嘗有濠上論魚之舉：

> 莊子與惠子遊於濠梁之上。莊子曰："儵魚出遊從容，是魚之樂也。"惠子曰："子非魚，安知魚之樂？"莊子曰："子非我，安知我不知魚之樂？"惠子曰："我非子，固不知子矣；子固非魚也，子之不知魚之樂，全矣。"莊子曰："請循其本。子曰汝安知魚樂云者，既已知吾知之而問我。我知之濠上也。"(《莊子·秋水》)

莊生之言，不答之答也；若孟子此論，頗可正面以答惠施。蓋庶民子來，如赤子孺慕父母；鳶飛魚躍，則天地盡顯生機。是賢人所樂者，生生不已之仁也。顧既曰君臣有義，何以云"庶民子來"？蓋君之與民，有一體之義，"君之爲言群也"，[2]所以群其民也。《中庸》："唯天下至誠爲能盡其性，能盡其性則能盡人之性，能盡人之性則能盡物之性，能盡物之性則可以贊天地之化育。可以贊天地之化育，則可以與天地參矣。"以人類社會之統體言，王者推行仁政，則萬民遂性，各得其所，是亦贊天地之化育者也。是故王者之與萬民，亦如仁之與義，即其本體

---

〔1〕 參《公孫丑上》第二章講疏。

〔2〕 《白虎通·君子爲通稱》，陳立《白虎通疏證》卷二，吳則虞點校，中華書局，1994年，第48頁。

言，王者爲本而萬民爲末，本末一體，仁也；即其流行言，萬民爲本而王者爲末，民貴君輕，義也。既爲一體，則有親親之義，所謂"庶民子來"者，即此而言也。雖然，此蓋惟王者有以當之，若不能推行仁政，則民貴君輕之義固在，而一體之義已失，其民不能子來矣。[1]

王者與民爲一體，故能感同身受，樂民之所樂，憂民之所憂，民亦報之，[2]故"君之視臣如手足，則臣視君如腹心"；其失一體之義，則君民各別，以利相結，故"君之視臣如犬馬，則臣視君如國人"。其視民犬馬而不如，故"君以臣爲土芥，則臣視君如寇讎"（《孟子·離婁下》）。當此之時，"雖有臺池鳥獸，豈能獨樂哉"！是所謂"樂"者，亦天人、義利有別也。

第 三 章

梁惠王曰："寡人之於國也，①盡心焉耳矣。河內凶，②則移其民於河東，移其粟於河內。河東凶亦然。察鄰國之政，無如寡人之用心者。鄰國之民不加少，③寡人之民不加多，何也？"孟子對曰："王好戰，請以戰喻。填然鼓之，④兵刃既接，棄甲曳兵而走。⑤或百步而後止，或五十步而後止。以五十步笑百步，則何如？"曰："不可，直不百步耳，⑥是亦走

---

〔1〕按此句隱含"民之父母"之義，儒家本有嚴格限定，參《萬章上》第四章講疏。

〔2〕施報之義參《梁惠王下》第十二章講疏。

也。"曰:"王如知此,則無望民之多於鄰國也。不違農時,穀不可勝食也;⑦ 數罟不入洿池,⑧ 魚鼈不可勝食也;斧斤以時入山林,⑨ 材木不可勝用也。穀與魚鼈不可勝食,材木不可勝用,是使民養生喪死無憾也。⑩ 養生喪死無憾,王道之始也。五畝之宅,⑪ 樹之以桑,五十者可以衣帛矣;⑫ 雞豚狗彘之畜,⑬ 無失其時,七十者可以食肉矣;百畝之田,勿奪其時,數口之家可以無飢矣;謹庠序之教,⑭ 申之以孝悌之養,⑮ 頒白者不負戴於道路矣。⑯ 七十者衣帛食肉,黎民不飢不寒,然而不王者,未之有也。狗彘食人食而不知檢,⑰ 塗有餓莩而不知發;⑱ 人死,則曰:'非我也,歲也。'是何異於刺人而殺之,曰:'非我也,兵也。'⑲ 王無罪歲,斯天下之民至焉。"⑳

【簡注】 ① 寡人,猶言寡德之人,乃諸侯自謙之辭。② 凶,荒年。③ 加少,減少。④ 填,擊鼓之聲。古人進攻則擊鼓,收兵則鳴金(鉦,zhēng)。⑤ 曳,拖。走,跑,逃走。⑥ 直,但,祇是。⑦ 勝(shēng),盡。不可勝食,喫不完。⑧ 數(shuò),密。罟(gǔ),網。洿(wū),低洼之地。洿池,池塘。⑨ 斤,斫木之斧。以時,依天時。⑩ 養生,此處指養活人。⑪ 五畝之宅:周代一户農人家宅分兩部分。農耕時居於野外廬中,農閒時居於邑內曰廛,廬與廛各二畝半,故曰五畝之宅。⑫ 衣(yì),穿。⑬ 畜(xù),養。彘,豕,豬;豚,豕之小者。⑭ 庠、序,皆學校。⑮ 申,反覆重申。⑯ 頒,同斑。負,背負。戴,頂著。⑰ 檢,通斂,收(用清錢大昕説)。⑱ 發,開倉賑濟。莩,即殍,餓死之人。⑲ 兵,兵器。⑳ 罪,怪罪。斯,則。

【講疏】 梁惠王焦心勞神,自以爲盡心於民事矣,而與他國之不盡心者成效相侔,故此中心不平,發爲此言。孟子故以"五十步笑百步"喻之,言其雖似盡心於民事,[1]實與他國諸侯同一不知爲政者也。

然則君之爲物究屬何義?近世以來,所謂君主專制頗成國人反傳統之口實,聞君臣之稱則勃然動乎顏色者大有人在,其意之誠似不可誣,惟一葉障目,不見泰山,亦可哀矣。夫"作於其心,害於其事;作於其事,害於其政"(《孟子·滕文公下》),失之毫釐,則謬以千里,學者之論雖不過稍偏,儻推之於外,則於人心之邪正,世運之汙隆,其害有不可勝言者。

《尚書·泰誓》:"天降下民,作之君,作之師。"《説文》:"君,尊也,从尹發號,故从口。"二義頗有不同。蓋《泰誓》所言之君,乃就人類社會之統體而言。《白虎通》:"君之爲言群也。"能和合民衆,使之成群——群猶今日所謂社會——是則君也。《荀子》曰:"君者何也?曰:能群也。"(《君道篇》)[2]此儒者公共之義。無君則人群無以結爲一體,故君乃人群之所公共,古人以社稷當之,上可達於天道,下能遂於民生。漢儒以通天地人曰王者以此。董仲舒曰:"古之造文者,三畫而

---

[1] 關於盡心之大義,參《盡心篇》講疏,孟子有關梁惠王是否盡心之評論,可參考《盡心下》第二章。

[2] 另參《王制篇》。

連其中,謂之王。三畫者,天地與人也,而連其中者,通其道也。取天地與人之中而參通之,非王者孰能當是?"[1]此一含義之君,猶今日普通所謂"政治權力",予故名之曰"公共性君主",其與民衆結成"公共性統治(君臣)關係"。[2]《説文》所言之君,則專就爲君者言之。蓋無論政體如何,皆需由某一私人(或集團)予以踐行之。此其爲君,與其僚屬及民形成"私人性統治(君臣)關係",其相結之原則乃視具體時空而定。故所謂君,就其公共性言,則爲抽象之政治權力;就其私人性言,則爲具體之長官權力。公之與私,亦猶夫義之與利,自天道之統體而言,則爲公,爲義;自人道之分位而言,則爲私,爲利。韓非子所謂"背私爲公"者,以此。《説文》:"公,平分也,從八,從厶。八猶背也,韓非曰:背厶爲公。"後人惟即文字之擎乳言,蓋未明古人造字之本。故政治之根本問題,在君主惟知以私人性君主見於世,而失其公共性之義,以義利之辨言,是亦"小人喻於利"也。

　　然則君權何以體現其公共性? 曰制度是也。梁惠王雖知盡心於民事,然其所謂盡心純出於一己之私意(此際所行乃小善,亦是私也),不知返其根本,於制度根源處痛下工夫,盡其所以爲公共性君主之心,以《尚書》"人心惟危,道心惟微"之旨律之,是知盡其人心而未能盡其道心者也。故"子産爲政,以其乘輿濟人於溱洧",孟子論之曰:"惠而不知爲政。"(《孟子·

---

〔1〕 董仲舒《春秋繁露·王道通三》,蘇輿《春秋繁露義證》卷十一,鍾哲點校,中華書局,1992 年,第 328—329 頁。
〔2〕 鄧志峰《王學與晚明的師道復興運動》,社會科學文獻出版社,2004 年,第205 頁。

離婁下》)非言子産不善,然此善僅出於作爲個人之子産,而非爲政者之子産也。須知私人性君主亦屬一位,不過制度之一環節,此雖天子亦然。黄宗羲云:

> 孟子曰:"天子一位,公一位,侯一位,伯一位,子男同一位,凡五等。君一位,卿一位,大夫一位,上士一位,中士一位,下士一位,凡六等。"蓋自外而言之,天子之去公,猶公、侯、伯、子男之遞相去;自内而言之,君之去卿,猶卿、大夫、士之遞相去。非獨至於天子遂截然無等級也。昔者伊尹、周公之攝政,以宰相而攝天子,亦不殊於大夫之攝卿、士之攝大夫耳。後世君驕臣諂,天子之位始不列於卿、大夫、士之間,而小儒遂河漢其攝位之事。[1]

惟君主所以體現其公共性者,要在統攝群位,使皆素位而行,設官分職而能執其本。故儒者所以言"君心爲天下之大本"者,此君心乃公共性君主之心也,惟此公共性君主之心亦必由私人性君主之心見之耳。故王政之本要在"格君心之非",即格其以私人性君主自處而未知其公共性之義之非。蓋既以私人性君主自處,雖或不無善念之發(如移其民於河東之類),然視臣下爲其私人,民衆爲其私屬,社稷國家爲其私産,不知天下乃天下人之天下,爲君者之職,當使萬民遂性,各得其所也。觀梁惠王之所爲,雖不失爲善舉,然失其所以爲君之

---

[1] 《明夷待訪録·置相》,《黄宗羲全集》第一册,浙江古籍出版社,1985年,第8頁。按黄氏以内外言,稍有未諦,孟子所著眼者一在爵位(政權),一在職位(治權)。然此處不必糾纏於此。參《萬章下》第二章講疏。

職矣。然則所謂"盡心"，所謂"爲政"，亦義利有別也。

明乎此，則知孟子下文皆從制度著眼，所言"不違農時"、"數罟不入洿池"、"斧斤以時入山林"，此皆《吕氏春秋·十二紀》《禮記·月令》所言王者之政令。能行此政，則萬物之生機可復，民衆之衣食可足，遂其生矣。雖然，此不過王道之始耳，非王道之成也。蓋民衆雖養生喪死無憾，亦不過生物學意義上之人耳，猶禽獸也。《禮記·曲禮上》所謂"鸚鵡能言，不離飛鳥；猩猩能言，不離禽獸"，〔1〕必由利而返義，由小人而進之於君子，則頂天立地，爲萬物之靈長矣，是所謂遂性。顧"無恒産而有恒心者，惟士爲能。若民，則無恒産，因無恒心。苟無恒心，放辟邪侈，無不爲已"（見下文）。爲使民能有恒，故"五畝之宅，樹之以桑，五十者可以衣帛矣，雞豚狗彘之畜，無失其時，七十者可以食肉矣；百畝之田，勿奪其時，數口之家可以無飢矣"。《論語·子路》："子適衛，冉有僕。子曰：'庶矣哉！'冉有曰：'既庶矣，又何加焉？'曰：'富之。'曰：'既富矣，又何加焉？'曰：'教之。'"五十衣帛，七十食肉，富之矣。既富之，故《管子》云"倉廩實而知禮節，衣食足而知榮辱"，得免於禽獸矣。所以先富後教者，蓋因富而好之禮，禮樂之儀文耳，非由返本而得也。故必"謹庠序之教，申之以孝悌之養"，是教之以仁也。民既好禮而知仁，王道之成也。俗學不知此義，惟以遂民衆之生爲言，貪天之德以爲己功，欲國人自安於禽獸，失仁甚矣。此章所言皆與孔子密合，是孟子之承接孔子處。

檢，《漢書》引作"斂"，焦氏《正義》以此爲訓，言"斂指豐

---

〔1〕　陳澔《禮記集説》卷一。

年,發指凶歲",可從。錢大昕云:"發斂之法,豐歲則斂之於官,凶歲則糶之於民,《記》所謂'雖遇凶旱水溢,民無菜色'者,用此道也……惠王不修發斂之制,豐歲任其狼戾,一遇凶歉,食廩空虛,不得已爲移民移粟之計,自以爲盡心,惑矣。"[1] 焦氏故云,管子輕重之術、李悝盡地力之教皆與孟子之説相同,良是。孟子此處所言亦著眼於制度,此公共性君主之所當務。蓋"天降下民,作之君",所以養民也。[2]"塗有餓莩而不知發",是執政柄者不惟未能養民,反害其生也。則其執政之效,恰與執兵以刺人者同。

第 四 章

梁惠王曰:"寡人願安承教。"① 孟子對曰:"殺人以梃與刃,② 有以異乎?"③曰:"無以異也。""以刃與政,有以異乎? 曰:"無以異也。"曰:"庖有肥肉,④ 廄有肥馬,⑤ 民有飢色,野有餓莩,⑥ 此率獸而食人也。⑦ 獸相食,且人惡之;爲民父母,行政不免於率獸而食人。惡在其爲民父母也? ⑧ 仲尼曰:

---

[1] 錢大昕《十駕齋養新録》卷三《檢》,陳文和、孫顯軍校點,江蘇古籍出版社,2000 年。焦書已引及之。另,武億《群經義證》八《孟子》,亦引《漢書·食貨志》及《隸續·漢成皋令尹(任)伯嗣碑》證檢、斂通用。阮元、王先謙分別編《清經解 清經解續編》第九册,鳳凰出版社,2005 年,第 1050 頁。

[2] 《國語》云:"民生於三,事之如一。父生之,師教之,君食之。非父不生,非食不長,非教不知。生之族也,故一事之。"徐元誥《國語集解》卷七《晉語一》,王樹民、沈長雲點校,中華書局,2002 年,第 248 頁。

'始作俑者，⑨其無後乎！'爲其象人而用之也。如之何其使斯民飢而死也？"⑩

【簡注】　① 安承教，安心受教。② 梃，杖。刃，兵刃。③ 有以異乎：有什麼不同嗎。④ 庖，庖廚。⑤ 廄，馬廄。⑥ 餓莩，見第三章。⑦ 率，帶領。⑧ 惡(wū)在，何在。此句大意：(名義上)做民衆的"父母"，但執政的結果卻是率獸食人，哪裡算得上爲民父母呢？⑨ 俑，隨葬偶人。⑩ 如之何，怎麼。斯，此。此句大意：仲尼説："最先造陶俑從葬的，恐怕會無後吧！"爲其象徵以人從葬。(何況作爲君主，)怎麼能使人民飢餓至死呢？

【講疏】　本章言爲政以利之害，蓋殺人而人不知也。夫人之生也，本於天地生生之仁。雖皆仁也，而有親疏遠近，故由父子兄弟而至鄉黨、國人，進而天下四裔蠻夷，皆人類也。人類之外，則禽獸、草木，皆有天地之生意存焉。惟公共性君主之所捍禦者，人類社會之統體也。故政治自人類劃界，人類親而禽獸疏，此天下之公義也。《論語·鄉黨》："廄焚，子退朝，曰：'傷人乎？'不問馬。"若惟知私利者則不然，常有視所畜犬馬過於外人者，是禽獸親而遠人疏。今爲政者"庖有肥肉，廄有肥馬，民有飢色，野有餓莩"，亦視禽獸而親於人者，故云"此率獸而食人也"。是則僅能以私人性君主自處，失職已甚，"惡在其爲民父母也"！既以政殺人，則其惡有甚於始作俑者，蓋作俑者亦不過存此殺人一念，實未殺也。所以云"無後"者，以其既欲殺人，絶天地之生意矣，此孔子甚惡之辭。

第 五 章

梁惠王曰:"晉國,^①天下莫強焉,^②叟之所知也。及寡人之身,^③東敗於齊,長子死焉;西喪地於秦七百里;南辱於楚。寡人恥之,願比死者一洒之,^④如之何則可?"孟子對曰:"地方百里而可以王。^⑤王如施仁政於民,^⑥省刑罰,薄稅斂,^⑦深耕易耨;^⑧壯者以暇日修其孝悌忠信,^⑨入以事其父兄,^⑩出以事其長上,可使制梃以撻秦楚之堅甲利兵矣。^⑪彼奪其民時,^⑫使不得耕耨以養其父母,父母凍餓,兄弟妻子離散。彼陷溺其民,^⑬王往而征之,^⑭夫誰與王敵?^⑮故曰:'仁者無敵。'^⑯王請勿疑!"

【簡注】 ① 晉國,魏國本分晉而來,故梁惠王自稱如此。② 莫強,沒有比更強的。焉,結尾語助詞。③ 及,到了。④ 比,並,包括。洒,同洗。⑤ 王(wàng),像三王一樣爲天下所歸往。⑥ 施,施行。⑦ 薄,少。稅斂,賦稅。⑧ 易,治。耨(nòu),耘。深耕易耨:精細的耕耘。此處指教民精耕細作。⑨ 暇日,閒暇。修,養。⑩ 事,事奉。⑪ 撻(tà),打。堅甲利兵:堅固的甲胄與鋒利的兵器。⑫ 奪其民時:(賦役太多,)使民眾不能按照農時生產。⑬ 陷,進入陷阱。溺,溺水。陷溺其民:猶言"使民陷於水深(火熱)"。⑭ 征,征討。⑮ 夫,發語詞。敵,敵對。⑯ 仁者無敵:仁者没有敵對者。

【講疏】　百里之地,以西周前諸侯國之規模觀之,亦不爲小。《周易》"震驚百里,不喪匕鬯",此百里之震,或爲天下萬國之伯者也。[1]顧以天下之大視之,則百里亦小。然迄戰國之世,諸侯並兼,千里之國林立,方百里誠小國矣。孟子言"地方百里而可以王",猶言"人皆可以爲堯舜",蓋人皆有此可能性,非言人必踐行此可能性也。夫堯舜之德,此吾人作聖之本,人人現在,返觀即得,然堯舜之位則非人人能履,蓋時德不同也。故以孔子之德而不得其位,後世但許之爲素王。禪宗所言佛性,頗可與此相參,此昔人所恒言者。王學末流不知其理,故言滿街都是聖人,宜其"非名教之所能羈絡矣"。[2]此處孟子但言如能踐行仁政,雖百里小國亦可以王,然儻天時不與,亦未能必其王也。即如一種子,雖具生長之能,如植非其壤,亦無以萌芽。必當貞固待時,守其本根,待春陽發生,雷行驚蟄,則其苗苗苗矣。故孟子此處但言其理,而以小國反襯魏之强大,如行仁政,當更易爲功。

---

[1]　干寶云:"殷諸侯之制,其地百里。"見李鼎祚《周易集解・震・象》所引。李道平《周易集解纂疏》卷六,潘雨廷校點,中華書局,1994年,第455頁。同書(第538頁)《未濟・九四》"震用伐鬼方,三年有賞於大邦",此震,李道平以爲當指文王之父季歷。時周蓋已獲方伯之稱(參楊寬《西周史》,上海人民出版社,2003年,第67—69頁),按《周易》屢稱"長子主器",予頗疑所謂長即伯仲叔季之伯,諸侯之伯者即所謂震也,因有專征之權,故爲殷朝所倚重。雖其時周之實際控制區域已不止百里,然皆以懷柔得之,未必公然據而有之。此所以文王三分天下有其二,尚服事於殷也。
[2]　黄宗羲《明儒學案》卷三十二《泰州學案一・序》,沈芝盈點校,中華書局,1985年,第703頁。

王之本義,近人以爲象兵器之形,或然。[1]蓋人類於反思君主之公共性以前,所見固皆私人性君主也。及既知公共性君主之義,則有二義,而大歸相同。《説文》:"王,天下所歸往也。董仲舒曰:'古之造文者,三畫而連其中,謂之王。三者,天地人也。而參通之者,王也。孔子曰:一貫三爲王。'"[2]《説文》所言通天地人曰王,此義實兩漢經今古文學所同。《老子》云"道大,天大,地大,王大",古本王大即爲人大,今本蓋即此一觀念流行之後,爲河上公之流所改者。[3]經學上,以乾卦三畫分象天地人三才,《説文》:"三,天地人之道也。"故漢儒以王字中一豎視爲三才之相通,以此爲造字之本誠爲無稽,然亦可覘當時儒者心中之王道矣。蓋自文明以降,人類知識漸開,天人之道粲然相分,王者能通而合之,是知一體之義者也。能統天道之一體者,於易道則是乾元也,故《乾·彖》云"大哉乾元,萬物資始,乃統天",元者仁也。第二義則王者往也,言天下所歸往也。然天下何以能歸往之?是親之也。王者能行仁政,則庶民子來,是能親之,親親者仁也。子路問孔子之志,子曰"老者安之,朋友信之,少者懷之"(《論語·公冶長》)。孔子雖無位,而其以仁道來遠人之志則若合符節,是亦孔子之所以爲孔子也。即此言之,則王之第二義乃第一義之效,其大歸無異。

---

[1] 林沄《説王》,《考古》1965 年第 6 期。

[2] 董生之言可參《春秋繁露·王道通三》,引文稍異,而實無別。參蘇輿《春秋繁露義證》卷十一《王道通三》。顧蘇氏云"蓋上世帝王初起,皆以道德學術過人,故造文如此。秦漢以後,而其局一變矣",則不確,蓋未明王之爲義亦本有公共性與私人性之別,以歷史言,其後者當在前也。

[3] 朱謙之《老子校釋》,中華書局,1984 年,第 102 頁。

民既來歸而親比之，則與王者爲一體，唯仁者能與天地萬物爲一體，是孟子所謂"萬物皆備於我矣"（《孟子·盡心下》）。夫既爲一體，則王者與民無復人我之隔，與物無對，對者，敵也。仁者與物無對，故言仁者無敵。此歸往之民不僅本國之民也，他國亦然，故"彼陷溺其民，王往而征之，夫誰與王敵"！當此之時，雖有秦楚之堅甲利兵，必亦倒戈相向，制梃以擊之可也。若依世俗之見，以縱橫天下、莫可與勍爲無敵，則淺之乎其言矣。

第 六 章

孟子見梁襄王。① 出，語人曰：② "望之不似人君，就之而不見所畏焉。③ 卒然問曰：④ '天下惡乎定？'⑤吾對曰：'定於一。''孰能一之？'對曰：'不嗜殺人者能一之。''孰能與之？'⑥對曰：'天下莫不與也。王知夫苗乎？ 七八月之間旱，則苗槁矣。⑦天油然作雲，⑧沛然下雨，⑨則苗浡然興之矣。⑩其如是，孰能禦之？⑪今夫天下之人牧，⑫未有不嗜殺人者也。如有不嗜殺人者，則天下之民皆引領而望之矣。⑬誠如是也，⑭民歸之，⑮由水之就下，⑯沛然誰能禦之？'"

【簡注】　① 梁襄王，梁惠王子，名赫。② 語（yù），告。

③ 就,近,接近。畏,敬畏。④ 卒(cù),通猝。⑤ 惡(wū)乎,如何。⑥ 與,助。⑦ 槁,枯槁。⑧ 油然,忽然興起。⑨ 沛然,盛大的樣子。⑩ 浡(bó),通勃。⑪ 禦,禁止。⑫ 人牧,治人者。⑬ 引領,引頸,伸長脖子。⑭ 誠,實。⑮ 歸,歸附。⑯ 由,通猶。

【講疏】 望之不似人君,就之而不見所畏,言襄王無人君之氣度與威儀也。古人視威儀甚重,常用以觀人也:

> 衛侯在楚,北宮文子見令尹圍之威儀,言於衛侯曰:"令尹以君矣,將有他志。雖獲其志,不能終也。《詩》云:'靡不有初,鮮克有終。'終之實難,令尹其將不免。"公曰:"子何以知之?"對曰:"《詩》云:'敬慎威儀,惟民之則。'令尹無威儀,民無則焉。民所不則,以在民上,不可以終。"公曰:"善哉!何謂威儀?"對曰:"有威而可畏,謂之威。有儀而可象,謂之儀。君有君之威儀,其臣畏而愛之,則而象之,故能有其國家,令聞長世。臣有臣之威儀,其下畏而愛之,故能守其官職,保族宜家。順是以下皆如是,是以上下能相固也。《衛詩》曰:'威儀棣棣,不可選也。'言君臣上下,父子兄弟,內外大小,皆有威儀也。《周詩》曰:'朋友攸攝,攝以威儀。'言朋友之道,必相教訓以威儀也。《周書》數文王之德曰:'大國畏其力,小國懷其德。'言畏而愛之也。《詩》云:'不識不知,順帝之則。'言則而象之也。紂囚文王七年,諸侯皆從之囚,紂於是乎懼而歸之,可謂愛之。文王伐崇,再駕而降爲臣,蠻夷帥服,可謂畏之。文王之

功,天下誦而歌舞之,可謂則之。文王之行,至今爲法,可謂象之。有威儀也。故君子在位可畏,施舍可愛,進退可度,周旋可則,容止可觀,作事可法,德行可象,聲氣可樂,動作有文,言語有章,以臨其下,謂之有威儀也。”〔1〕

蓋威乃儀之外顯,乃氣之感應於人者。孔子云“君子不重則不威,學則不固”(《論語·學而》),此但就威之一面而言,君子之學也。子夏曰:“君子有三變:望之儼然,即之也温,聽其言也厲”(《論語·子張》),是威而能化,然亦不離於威也。若聖人則有進焉,此觀《論語·鄉黨》自可見之。至若道家,則欲並其威而遣之,所謂和光而同塵,斯無論已。

孟子亦頗精此道,故“自范之齊,望見齊王之子,喟然歎曰:‘居移氣,養移體,大哉居乎,夫非盡人之子與?’”(《盡心上》)觀襄王猝然所問,則知其念兹在兹者,無非國之安定,蓋小人之常戚戚者。故孟子教之以“定於一”。《大學》:“知止而後有定。”定於一者,止於一也。止一爲正,〔2〕一者元也,是《春秋》“元年春王正月”之所本。故所謂定於一即定於元,亦上文推行仁政,以元統天之義。惟孟子之教惠、襄二王頗有不同,教惠王則勉之以施仁,教襄王則但言不嗜殺,〔3〕蓋因襄王之氣度規模與惠王相去甚遠,不足與有爲也。孟子於襄王

〔1〕 《左傳》襄公三十一年,洪亮吉《春秋左傳詁》卷十四,李解民點校,中華書局,1987年,第629—630頁。按,“令尹以”之以當爲似,參該書所引惠棟之説。

〔2〕 《説文》:“正,是也,从止一以止,凡正之屬皆从正。”

〔3〕 不嗜殺與不殺有別,不殺是能仁者也。《繫辭上》:“神以知來,知以藏往,其孰能與於此哉?古之聰明睿智,神武而不殺者夫。”聰明睿智對應智,神武對應勇,不殺對應仁。

嗣位不久即離魏適齊,誠見微知著者也。《易》云:“見幾而作,
不俟終日。”

　惟孟子之所以如此教人,蓋亦有説,所謂積極之仁政與消
極之仁政是也。欲明此義,當知仁與不仁之別。依普通思維,
仁與不仁乃相互否定,相互對待之觀念,如《老子》所云:

　　天下皆知美之爲美,斯惡已;皆知善之爲善,斯不善
　　矣。故有無相生,難易相成,長短相形,高下相傾,音聲相
　　和,前後相隨,是以聖人處無爲之事,行不言之教。

　依老子之義,美惡、善否、有無、長短諸義皆對待而生,其
要在捐棄名相,復返於無名之樸,則無所謂美惡、善否矣。儒
家雖亦有見於此,然即此渾淪之樸又見宇宙本有之生機,是所
謂仁也。仁之名雖因不仁而起,然仁之義乃先於不仁,[1]蓋
不仁者即失其仁也。惟不仁亦稍有辨:其不知生殺隨時,以達
天地之大生廣生者,[2]固屬不仁;然與一味嗜殺,以戕害此
生機乃至欲斷滅之者,終有一間之隔。此如水性利於就下,雖
壅之使上流,然必審其地勢,就其稍低者焉。故孟子雖欲進襄
王於仁道,見其不可爲,乃退求其次,以不嗜殺爲言。蓋雖未

---

〔1〕 宋儒李侗云:“動靜、真僞、善惡,皆對而言之,是世之所謂動靜真僞善惡,非性之
　　所謂動靜真僞善惡也。惟求靜於未始有動之先,而性之靜可見矣;求真於未始
　　有僞之先,而性之真可見矣;求善於未始有惡之先,而性之善可見矣。”《宋元學
　　案》卷三十九《豫章學案》。
〔2〕 《繫辭上》:“夫乾,其靜也專,其動也直,是以大生焉。夫坤,其靜也翕,其動也
　　闢,是以廣生焉。”

積極地"由仁義行"，然亦消極地不戕害仁道也。[1]以夫子大義衡之，此消極之仁即所謂恕道：

子貢問曰："有一言而可以終身行之者乎?"子曰："其恕乎! 己所不欲，勿施於人。"(《論語·衛靈公》)

第 七 章

齊宣王問曰：① "齊桓、晉文之事可得聞乎?"②孟子對曰："仲尼之徒無道桓、文之事者，③是以後世無傳焉。④臣未之聞也。⑤無以，⑥則王乎?"⑦

【簡注】　① 齊宣王，田氏，名辟疆。② 齊桓公，姜姓，名小白。春秋五霸之首。晉文公，姬姓，名重耳，繼齊桓之後成爲春秋霸主。③ 仲尼，孔子字。徒，徒黨。④ 是以，所以。⑤ 未之聞，沒有聽過。⑥ 無以，無已，猶言"假如實在要說"。⑦ 王(wàng)，王道。

【講疏】　孟子至梁之前，已遊於齊，時蓋威王之世也。齊自康公十九年(西元前 386 年)，爲齊相田和所篡，且立爲諸侯，是爲齊太公。太公卒，子桓公立。六年，桓公子威王立，仿

---

〔1〕 按此消極地仁，即本於恕道，參《盡心下》第四章講疏。

楚莊故技，“三年不飛，一飛沖天”，[1]聲威大振，後與魏惠王徐州相王，爲戰國初年又一霸主。孟子初至齊，未得威王信用，[2]故之他國，及威王已死，子宣王“喜文學遊説之士，自如騶衍、淳于髡、田駢、接予、愼到、環淵之徒七十六人，皆賜列第，爲上大夫，不治而議論，是以齊稷下學士復盛，且數百千人”。[3]故孟子重又自梁至齊，因有宣王之問。

威、宣欲重振齊桓、晉文之威，此五霸之道也。孟子不答，言仲尼之徒不以齊桓、晉文爲法，故鮮稱道之者。昔人或以孟子之語與孔子當年言管仲“如其仁”者不符，[4]不知聖賢立言無方，各隨其時耳。蓋霸者雖以力假仁，猶能行仁也，故孔子稱之；儻原其心，則與王道有根本之異，故孔門鮮道之者。孔孟所言，各有攸當。以，已，止。“無已，則王乎”，猶言儻必欲言之，則不如以王道爲言。

　　曰：“德何如，則可以王矣？”①曰：“保民而王，莫之能禦也。”曰：“若寡人者，可以保民乎哉？”曰：“可。”曰：“何由知吾可也？”曰：“臣聞之胡齕曰，②王坐於堂上，有牽牛而過堂下者，王見之，曰：‘牛何之？’③對曰：‘將以釁鐘。’④王曰：‘舍

---

〔1〕楚莊事見《史記》卷四十《楚世家》。威王初即位亦不治，委政卿大夫，與之頗類。參《史記》卷四十六《田敬仲完世家》。

〔2〕此用錢穆説，參前揭《先秦諸子繫年》第九八《孟子在齊威王時先已遊齊考》，第363—367頁。

〔3〕《史記》卷四十六《田敬仲完世家》。

〔4〕可參程樹德《論語集釋》卷二十九《憲問中》，程俊英、蔣見元點校，中華書局，1990年，第981—996頁。

之！吾不忍其觳觫，⑤若無罪而就死地。’⑥對曰：
‘然則廢釁鐘與？’⑦曰：‘何可廢也？以羊易之！’
不識有諸？”⑧曰：“有之。”曰：“是心足以王矣。百
姓皆以王爲愛也。臣固知王之不忍也。”⑨王曰：
“然。誠有百姓者。齊國雖褊小，⑩吾何愛一牛？即
不忍其觳觫，若無罪而就死地，故以羊易之也。”
曰：“王無異於百姓之以王爲愛也。以小易大，彼惡
知之？王若隱其無罪而就死地，則牛羊何擇焉？”⑪
王笑曰：“是誠何心哉？我非愛其財而易之以羊也，
宜乎百姓之謂我愛也。”曰：“無傷也，是乃仁術
也，⑫見牛未見羊也。君子之於禽獸也，見其生，不
忍見其死；聞其聲，不忍食其肉。是以君子遠庖廚
也。”王說曰：“《詩》云：‘他人有心，予忖度之。’
夫子之謂也。夫我乃行之，反而求之，不得吾心。夫
子言之，於我心有戚戚焉。⑬此心之所以合於王者，
何也？”曰：“有復於王者曰‘吾力足以舉百鈞，而
不足以舉一羽；明足以察秋毫之末，而不見輿薪’，
則王許之乎？”⑭曰：“否。”“今恩足以及禽獸，而功
不至於百姓者，獨何與？然則一羽之不舉，爲不用
力焉；輿薪之不見，爲不用明焉；百姓之不見保，爲
不用恩焉。故王之不王，不爲也，非不能也。”曰：
“不爲者與不能者之形何以異？”曰：“挾太山以超北
海，⑮語人曰‘我不能’，是誠不能也。爲長者折

枝，⑯語人曰‘我不能’，是不爲也，非不能也。故王之不王，非挾太山以超北海之類也；王之不王，是折枝之類也。老吾老，以及人之老；幼吾幼，以及人之幼，天下可運於掌。⑰《詩》云：‘刑于寡妻，至于兄弟，以御于家邦。’言舉斯心加諸彼而已。⑱故推恩足以保四海，不推恩無以保妻子。⑲古之人所以大過人者無他焉，善推其所爲而已矣。今恩足以及禽獸，而功不至於百姓者，獨何與？權，然後知輕重；度，然後知長短。⑳物皆然，心爲甚。王請度之！

【簡注】 ① 何如，如何。② 何由，何從。之，諸，之於。胡齕(hé)，齊臣。③ 之，往。④ 以，用。釁(xìn)，本間隙之義，新鐘鑄成，殺牲取血以塗其間隙，故釁又有血祭之義。⑤ 舍，放。觳(hú)觫(sù)，恐懼貌。⑥ 就，近，走向。⑦ 然則：既然如此，那麼……。與，同歟。⑧ 易，更換。諸，之乎。⑨ 是，此。愛，吝惜。固，本來。⑩ 然，是這樣。誠有百姓者：確實有百姓(這樣認爲)。徧，通偏。⑪ 異，怪。惡(wū)，哪裡。隱，痛。擇，分別。⑫ 宜，應該。無傷，無妨。仁術，仁的體現方式。⑬ 遠，遠離。說，通悅。《詩》，《小雅·巧言》之篇。反，反身，就自己身上反思。戚戚，心動貌。⑭ 復，白，言。鈞，三十斤。秋毫，鳥獸秋天剛剛生出的毫毛，形容細小之物。末，末梢。輿，車。薪，柴。許，同意。⑮ 挾，用腋下夾著。太山，泰山。超，躍過。⑯ 語(yù)，告訴。折枝，或曰按摩，或曰折草木枝條，或曰躬身行禮。以上下文言，當以後者爲是。⑰老吾老，尊養自己的長輩。幼吾幼，愛護自己的孩子。運，轉動。⑱《詩》，《大雅·思齊》之篇。刑，法。此言爲人取法。寡妻，寡德之妻，謙辭。御，治。斯，此。⑲推，推廣，擴充。恩，恩惠。⑳權，稱量。度（duó），度量。

【講疏】 王政之根本在於保民，其義已如上述，然則德何如始可以保民？依當時世俗之見，五帝三王之道陳義甚高，渺乎難及，反不如五霸之以力假仁親切有味。故宣王之意頗不敢自任其事，而云"若寡人者，可以保民乎哉"！是所謂"自棄"者也。蓋普通人視聖賢過高，以爲與己不類，故敬而遠之，而以俗人自處。下文齊王唯以好俗樂自嘲，亦是此意。或因當時儒門達者，如子夏之倫，頗以博學於文自傲於人，過居師道，故時人亦以爲迂遠而闊於事情。語云"水至清則無魚"，信夫！

故孟子所言，皆以誘宣王入道爲的，初讀似頗戲之，實則有深意存焉。宣王見殺牛釁鐘，因易之以羊，百姓皆知其心有所吝，宣王心下亦知，然以不忍牛之觳觫自解。孟子明知其意，而不道破，其故有二：

一、若宣王確因不忍，而以羊易牛，則其不忍之心，即是王道之根源，下文更有詳論。至於見牛未見羊之仁術亦有説，蓋牛乃當下具體所見，羊則尚存於想像當中，以切己言之，是牛近而羊遠，所謂"見其生不忍見其死"，此惻隱之心當下呈現，《易》所謂"感而遂通天下之故"，物來而順應者，非虛擬一

抽象之名相,何者爲仁,何者爲義也。[1]古人爲保此仁根,故制禮以節之,所謂"君子遠庖廚"是也:

> 三代之禮,天子春朝朝日,秋莫夕月,所以明有別也。春秋入學,坐國老,執醬而親饋之,所以明有孝也。行中鸞和,步中《采茨》,趨中《肆夏》,所以明有度也。於禽獸,見其生不食其死,聞其聲不嘗其肉,故遠庖廚,所以長恩,且明有仁也。[2]

二、若宣王此舉實出於吝惜,孟子所以不予道破者,亦端在宣王能承認其不忍之心。蓋人皆有此心,不在其時時保任不失,而在其能偶然發露,無論其發露之機緣若何也。是即人之所以爲人之規定性。宣王既能直認亦有是心,故引《詩》云"他人有心,予忖度之","夫子言之,於我心有戚戚焉"。此心即人皆可以爲堯舜之心也。既云人同此心,何以能恩及禽獸(如不忍見牛之觳觫)而功不至於百姓,去堯舜之所爲者甚遠?非力有所不能,是不爲也。儻若不能,則雖欲恩及禽獸而不可得焉。由不爲,是其與聖賢同然之本心終不過爲一可能性而

---

[1] 唐文治云:"'仁術'二字,孟子所特創,猶孔子所謂'仁之方',非權術之'術'也。"參氏著《孟子大義》本章。徐煒君整理,上海人民出版社,2018年。此說雖尚未罄其底蘊,然其判分則大有道理。術之境介於道、物之間,前人罕有見及者。惟王船山言術"乃仁中自有之周行"(《讀四書大全·孟子·梁惠王上》第十條),已頗意會及此。船山全書編輯委員會編校《船山全書》本,嶽麓書社,1996年。本書《公孫丑上》第七章所論"慎術",亦當於此觀之。關於此問題,另參《離婁上》第一章講疏。

[2] 《大戴禮記·保傅篇》,王聘珍《大戴禮記解詁》卷三,王文錦點校,中華書局,1983年,第53—54頁。

已,永無實現之一日。

　　人有此能者,本心也;[1]能爲之者,推恩也。推恩即後文所言擴充。人皆知老吾老,幼吾幼,是愛親之仁也。若能推己及人,擴充此德,及於天下,則民歸往之矣,故云"天下可運於掌"。若不推此恩,則"無以保妻子",蓋人於父母妻兒之愛,亦不過此仁根之外顯,已是推恩所致。顧孟子所言推恩,當由近及遠,"故刑于寡妻,至于兄弟,以御于家邦",禽獸則人類之外也。此天下之公義也。爲君者能此,是知其所以爲公共性君主之職矣。"今恩足以及禽獸而功不至於百姓",豈非仍以私人性君主自處之故歟! 恩及禽獸,是利之也。利而不義,是亦不爲也,非不能也。蓋所以能義者,即於其能利之心見之,否則亦不能利之矣。孟子所以諄諄以告宣王者,皆欲其自反本心,堅其心志,是所謂"度之"也。

　　抑王興甲兵,①危士臣,構怨於諸侯,②然後快於心與?"③王曰:"否。吾何快於是? 將以求吾所大欲也。"曰:"王之所大欲可得聞與?"王笑而不言。曰:"爲肥甘不足於口與? 輕煖不足於體與? 抑爲采色不足視於目與?④聲音不足聽於耳與? 便嬖不足使令於前與?⑤王之諸臣皆足以供之,而王豈爲是哉?"曰:"否。吾不爲是也。"曰:"然則王之所大欲可知已。欲辟土地,朝秦楚,⑥莅中國而撫四夷

〔1〕 能即性,乃性分所固有。本心乃性之明體,此處可暫時不必分別。參《盡心上》第一章講疏。

也。⑦以若所爲求若所欲，⑧猶緣木而求魚也。"⑨王
曰："若是其甚與?"曰:"殆有甚焉。⑩緣木求魚，
雖不得魚，無後災;⑪以若所爲，求若所欲，盡心力
而爲之，後必有災。"曰:"可得聞與?"曰:"鄒人與
楚人戰，則王以爲孰勝?"⑫曰:"楚人勝。"曰:"然
則小固不可以敵大，寡固不可以敵衆，弱固不可以
敵彊。海內之地方千里者九，齊集有其一。⑬以一服
八，何以異於鄒敵楚哉? 蓋亦反其本矣。⑭今王發
政施仁，使天下仕者皆欲立於王之朝，⑮耕者皆欲耕
於王之野，商賈皆欲藏於王之市，行旅皆欲出於王
之塗，⑯天下之欲疾其君者皆欲赴愬於王。⑰其若
是，孰能禦之?"⑱

【簡注】 ① 抑，抑或，還是。興，發動。甲兵，兵革，此處
指戰爭。② 危士臣，使臣下處於危地。構怨，結怨。③ 快，
快活。④ 不足，不能滿足。體，身體。采色，泛指各種悅目的
事物。⑤ 便(pián)嬖(bì)，近習嬖幸之人。⑥ 辟，開闢，拓
廣。朝，使來朝見。⑦ 莅，臨。撫，安撫。四夷，四方蠻夷。
⑧ 若，如此。⑨ 緣，攀緣。木，樹。⑩ 甚，嚴重。殆，恐怕。
有，清王引之釋爲又。⑪ 雖，即使。後災，後患。⑫ 孰，誰。
⑬ 方千里，千里見方。九，九個國家。集有其一:湊起來相當
於一個("方千里"之國)。⑭ 蓋，通盍，何不(從清焦循說)。
按此處非發語詞。反，通返。⑮ 發政施仁:發布政令，施行仁
義。仕，出仕。⑯ 行旅，外出的人。塗，道路。⑰ 疾，痛，痛

斥。愬，通訴。⑱ 其，句首語助詞，表可能性。禦，止。

【講疏】　此段乃孟子教人抑揚之法。蓋明知宣王之志，乃故抑之以驕其志，待其洋洋自得之際，當頭棒喝，直諭以"緣木求魚"，欲其幡然猛醒，有以自反也。宣王欲"辟土地，朝秦楚，莅中國而撫四夷"，是亦征利也。天下諸國既以利相搏，亦不奪不饜，齊國雖强，他國皆起而抗之，是其或有後災也。如能反本，發政施仁，則天下歸往之矣。宣王即位，富於春秋，且承威王之霸業，煊赫異常，故好大喜功，其與孟子之談論有如兒戲，誠難化者也。本章孟子之言，初則即其不忍之心，欲動之以情；繼則辨不爲與不能，是曉之以理；終則言必有後災，遂恫之以利。小人之難化有如此者。

申言之，孟子所以以此教宣王者，蓋本於三達德：動其不忍者仁也，曉之以理者智也，恫之以利者勇也。三達德之義詳下卷。孟子所言一出於自然，不露痕跡，其所養已臻化境矣。

王曰："吾惽，不能進於是矣。① 願夫子輔吾志，明以教我。我雖不敏，② 請嘗試之。"曰："無恒產而有恒心者，③ 惟士爲能。若民，則無恒產，因無恒心。④ 苟無恒心，放辟邪侈，⑤ 無不爲已。⑥ 及陷於罪，然後從而刑之，⑦ 是罔民也。焉有仁人在位，罔民而可爲也？⑧ 是故明君制民之產，⑨ 必使仰足以事父母，俯足以畜妻子，⑩ 樂歲終身飽，⑪ 凶年免於死亡；然後驅而之善，^⑫故民之從之也輕。^⑬今之制民之產，仰不足以事父母，俯不足以畜妻子，樂歲終身苦，凶年不免於死亡。此惟救死而恐不贍，^⑭奚暇治禮義哉？^⑮王欲行之，則盍反其本矣。^⑯五畝之宅，樹之以桑，五十者可以衣帛矣；^⑰雞豚狗彘之畜，^⑱無失其時，七十者可以食肉矣；百畝之田，勿奪其時，八口之家可以無飢矣；謹庠序之教，^⑲申之以孝悌之義，頒白者不負戴於道路矣。^⑳老者衣帛食肉，黎民不飢不寒，然而不王者，未之有也。”

【簡注】 ① 惛，昏。進於是，提升到此境。② 夫子，先生。敏，聰敏。③ 恒，常。④ 因，因而。⑤ 放，無所守。辟，同僻，偏。邪，不正。邪、僻可互訓。侈，逾分。⑥ 已，矣。⑦ 刑，用刑。此處指處罰。⑧ 罔，通網，網羅、陷害。焉，豈。罔民而可爲：可以做陷害民衆之事。⑨ 產，產業。制民之產：規劃民生產業。⑩ 仰，對上。事，事奉。俯，對下。畜（xù），養。⑪ 樂歲，好年成。終身，一直。⑫ 驅，引導。之，往，向。⑬ 從，順從。輕，易。⑭ 贍，足。⑮ 奚，何。治，修飭。⑯ 盍，何不。反，返。⑰ 衣（yì），穿。⑱ 畜，音 xù。⑲ 庠序，學校。⑳ 申，申説。頒白，斑白。

【講疏】 《易》云：“恒者，久也。”（《序卦傳》）能久，是有定也。《大學》“知止而後有定”，夫君子格物、致知、誠意，故

能自正其心,正者止於一之謂也,是所謂有定,即孟子所云
"恒心"。蓋雖人同此心,而有恒有不恒,其無恒産而有恒心
者惟士爲能,因其有所養也。[1]其有恒産斯有恒心者,則民
也,蓋民者萌也,蒙昧之人,[2]未聞大道,尚未知止,何來有
定。故徒明一己之小利,其放辟邪侈,無所不爲,宜其然也。
明君知此,當先遂其生,使之養生喪死無憾;次富之,使倉廩
實而知禮節;繼教之,則反本而知仁。是進小人於君子,使
能守此恒心,於是人人堯舜而比屋可封,王道成矣。若不教
而誅,"及陷於罪,然後從而刑之",猶張網羅雀,"置阱於國
中",失仁甚矣。

　　即此觀之,民衆之思想實制度有以塑造之。如水在盤盂,
"槃圓而水圓","盂方而水方";[3]"楊子見逵路而哭之,爲其
可以南可以北;墨子見練絲而泣之,爲其可以黄可以黑"。[4]
其能守本心不失,不爲方圓所限者,何其少也!孟子作此有恒
無恒之剖判,非欲强尊士大夫,實於斯民有大悲憫焉。蓋君權
既爲社會之樞紐,故社會人群之責任不當責諸民衆,而當責難
於君,是亦"肉食者謀之"之意也。孔子云:"君子之德風,小人
之德草,草上之風,必偃。"(《論語·顔淵》)《左傳》隱公五年所
謂"君,將納民於軌物者也"。近世以來,國運不昌,學者倡爲

---

〔1〕　參《公孫丑上》第二章講疏。
〔2〕　《説文》:"民,衆萌也。"按萌、蒙漢代時齊地尚通用。參李道平《周易集解纂疏》
　　　卷二,第104頁。
〔3〕　《荀子·君道篇》:"君者,儀也,儀正而影正;君者,槃也,槃圓而水圓;君者,盂
　　　也,盂方而水方。"
〔4〕　《淮南子·説林訓》,何寧《淮南子集釋》卷十七,中華書局,1998年,第1230頁。

國民性理論,[1]以爲國家之不振乃源於民衆素質之低下,不知此固與民無尤,所當責者時君世主也。士大夫不知自反,徒遷怒於民,是誠何心哉!

民衆之精神既爲君權所塑造,欲使擔國家社會之責,亦當先富後教,俾其有恒,是王政之本也。春秋以前,尚存鄉遂之制、國野之分。所謂野人居於郊外,有遂以統之;其國人居於城内,有鄉以統之。後者既屬貴族,相互以宗法血緣爲紐帶,故多有參與社會及政治之責。[2]其未仕者稱士,其有位者稱君子。春秋以降,迄於戰國,井田阡陌漸開,文化日趨自覺,國野之分不在,君子小人無別,但以編户齊民視之,國人權利大失。士大夫以功利相尚,一變爲新型官僚,私人性君主權力漸張。此春秋以來禮崩樂壞所表現於社會政治領域者。文化既已自覺,士君子不復以身份劃分,其有德者稱君子,有恒者爲士,未開化者稱野人。此其大略也。孔子有見於此,雖明世運之不可挽,然知其不可爲而爲之,以"學而優則仕"相倡,俾士大夫以禮樂精神爲本,以銷其功利之習;孟子亦有見於此,以王道責諸時君世主,欲進民衆於君子之列。孔子之時,官僚制度將成未成,私人性君主權力未張,故但責士大夫之爲政者;

---

〔1〕 按所謂民者,非可渾淪言之,如今之所謂"人民"也。蓋古來一切社會,因政體結構各異,故民亦各隨其時,顯現自身,落實於不同民族抑或國家,即所謂民族(國民)性也。然由此亦當知,所謂民族性、國民性者固可抽象言之,然其具體形態則非可獨立存在,以爲政體之基礎;而實則爲其各自之政體所塑造。予故云,近世俗學不惟不明君權之義,蓋並民之爲何物亦不知也。參《梁惠王下》第十章講疏。

〔2〕 參楊寬《西周史》第三編第五章《西周春秋的鄉遂制度和社會結構》,第395—425頁。

孟子之時，官僚制度已成，君之使臣如人運其手足，故徑以"格君心之非"爲言。貌似有異，其實無別，時不同也。

綜合言之，本卷孟子所以告齊、梁諸君者，其大旨皆言王政，即合理之君權也。顧孟子教三君之法頗有不同，於梁惠王，知其含垢忍恥以圖一血國恨，故即其氣而激之以仁義；於梁襄王，知其不足與有爲，故但勉之以不嗜殺；於齊宣王，知其未能自信，自甘凡俗，故即其所論而誘之入道。激之、勉之、誘之，是皆隨其材而成就之也，其教人之法豈不大哉！

孟子章句講疏卷二

梁惠王章句下 凡十六章

【解題】 本卷主旨言君德,首言與民同之,此作聖之本;次言畜君之德,此作聖之功;繼言政、治之別,與夫政權(所謂天命)、治權之轉移,以明君德之會通;復言居易俟命,以見小國自存之道;終言守之以誠,以貞君德之固。其結構頗與五常相應,蓋與民同之者,仁也;以道畜君者,義也;明其會通者,禮也;以道自存者,智也;守之以誠者,信也。

章旨結構圖

```
        ┌仁┌ 1. 與民同樂。
        │  └ 2. 與民同之。
        │   ┌ 3. 仁者樂天,智者畏天。論大勇:寡人好勇。
        │ 義┤ 4. 畜君之德:君臣相說。
        │   └ 5. 與民同之:寡人好貨、寡人好色。
君       │   ┌ 6. 論爲君者之責。
        │   │ 7. 論治權轉移。
        │   │ 8. 論政權轉移(革命):誅一夫紂。
德       ├禮┤ 9. 政權、治權之劃分。
        │   │ 10. 政權轉移之條件。
        │   │ 11. 政權轉移之條件。
        │   └ 12. 論君權與民衆。施與報。
        │ 智┌ 13. 君德之智:效死而民弗去。居易俟命。
        │  └ 14. 勉力爲善。居易俟命。
        │ 信┌ 15. 勉力爲善。君德之誠:效死勿去。
        └  └ 16. 論君德之誠:禮賢。
```

第 一 章

莊暴見孟子，曰："暴見於王，^①王語暴以好樂，^②暴未有以對也。"曰："好樂何如？"孟子曰："王之好樂甚，則齊國其庶幾乎！"^③他日，見於王曰："王嘗語莊子以好樂，有諸？"^④王變乎色，曰："寡人非能好先王之樂也，直好世俗之樂耳。"曰："王之好樂甚，則齊其庶幾乎！今之樂猶古之樂也。"曰："可得聞與？"曰："獨樂樂，^⑤與人樂樂，孰樂？"曰："不若與人。"曰："與少樂樂，與衆樂樂，孰樂？"曰："不若與衆。""臣請爲王言樂：今王鼓樂於此，百姓聞王鐘鼓之聲，管籥之音，^⑥舉疾首蹙頞而相告曰：^⑦'吾王之好鼓樂，何使我至於此極也？^⑧父子不相見，兄弟妻子離散。'今王田獵於此，百姓聞王車馬之音，見羽旄之美，^⑨舉疾首蹙頞而相告曰：'吾王之好田獵，夫何使我至於此極也？父子不相見，兄弟妻子離散。'此無他，不與民同樂也。今王鼓樂於此，百姓聞王鐘鼓之聲，管籥之音，舉欣欣然有喜色而相告曰：'吾王庶幾無疾病與？何以能鼓樂也？'今王田獵於此，百姓聞王車馬之音，見羽旄之美，舉欣欣然有喜色而相告曰：'吾王庶幾無疾病與？ 何以能田獵也？'此無他，與民同樂也。今王與百姓同樂，則王矣。"

【簡注】 ① 莊暴，齊臣。見(xiàn)於，現身於……之前。
② 語(yù)，告訴。好(hào)，喜愛。③ 庶幾，差不多。④ 諸，
之乎的合音。⑤ 樂樂，音 yuè lè。⑥ 鐘、鼓、管、籥(yuè)，皆
樂器。⑦ 舉，皆。疾首，頭痛。蹙(cù)，聚。頞(è)，額；焦循
《正義》釋爲鼻莖，猶今言鼻梁。⑧ 極，窮。⑨ 羽旄，此處指
旌旗。

【講疏】 宣王不敢言古樂，而以世俗之樂自解，其故與上
文同。其意若於古今之樂截然劃界，古之樂誠善矣美矣，而我
不能。此自甘處下而不欲取法乎上者也。下文所謂"寡人有
疾"、"寡人好勇"、"寡人好貨"、"寡人好色"皆與此類。蓋自宣
王視之，古樂之道如一理想，虛懸於音聲之外，而爲其標準所
在。由此引申，則義與利、道與事、理與欲、性與情皆判然爲
二，而無以和同。古來視儒者之道爲迂遠而闊於事情者，皆本
此見者也。所以致此者，端在其立論皆出人我之隔，而不明乎
一體之義。有人我之隔，故昺古今之殊，時移世易；明一體之
義，方知今古一揆，即事即理。此如人但知歷史有朝代之別，
年號之異，初不悟時空綿延，不可以刻度分也。孟子胸中無所
謂古今之殊，惟見樂之統體，故云"今之樂猶古之樂也"。今宣
王以樂言，是明一體之義矣，此王政之本也，然則"齊國其庶幾
乎"？按此非孟子真實意，乃故意揚之，以啓下文之辯。

申言之，孟子非不知宣王之本意而故作調和之論，蓋宣王
所論古今樂之不同，皆音、聲耳。昔儒論樂有樂、音、聲之別，

《禮記・樂記》云：

> 凡音之起，由人心生也。人心之動，物使之然也。感於物而動，故形於聲。聲相應，故生變。變成方，謂之音。比音而樂之，及干戚羽旄，謂之樂。樂者，音之所由生也，其本在人心之感於物也。是故其哀心感者，其聲噍以殺；其樂心感者，其聲嘽以緩；其喜心感者，其聲發以散；其怒心感者，其聲粗以厲；其敬心感者，其聲直以廉；其愛心感者，其聲和以柔。六者非性也，感於物而後動。是故先王慎所以感之者。故禮以道其志，樂以和其聲，政以一其行，刑以防其姦。禮樂刑政，其極一也，所以同民心而出治道也。

又云：

> 凡音者，生人心者也。情動於中，故形於聲。聲成文，謂之音。是故治世之音安以樂，其政和。亂世之音怨以怒，其政乖。亡國之音哀以思，其民困。聲音之道與政通矣！

故今之所謂音樂者，古但謂之音；所謂聲音者，古但謂之聲。音乃聲之成文者，古今人情不同，故與外物之交感亦異。古之所謂成文者，後世或以爲不諧於耳而棄之。蓋人情既變，則審美情趣亦與之相隨，一切藝術演變之轍跡皆不離乎此；故同一民族往往有古今之異，同一時空亦常形內外之別。今人但執京、昆等爲雅音，不知此皆昔時俗曲耳，由入弦索爲士大夫所雅化，乃始漸成其爲樂也。[1]可知樂之有今古，不在音聲，而在其義。古人論此，早有破的之論，程頤云：

> 古人於《詩》，如今人歌曲一般，雖閭里童稚，皆習聞其説而曉其義，故能興起於《詩》。後世老師宿儒尚不能曉其義，怎生責得學者？是不得"興於《詩》"也。[2]

由此義，故音聲可以觀政，孟子所著眼者皆不在音聲，而在其政。宣王本不明樂、音、聲之別，故徑以樂言；孟子則即其所不明者，言樂之所以爲樂，欲其有以自反也。所謂"治世之音安以樂"，樂乃治之效，是亦樂之所以爲樂者也。今宣王既以樂稱，而不言音聲，"則齊國其庶幾乎"？

然則治世之音何以安且樂？欲明此義，當知樂之本。《樂記》："樂統同，禮辨異。"夫禮樂相需爲用，禮明萬物之相分，樂明乾坤之一體。蓋萬物各有情才，各有其分位，履其分位之所當然，是即禮也；能即其異而有以見其同，知萬物之大本相通，是即樂也。樂教即仁教也，故自昔相傳，以樂配五常之仁。《白虎通》："經，常也，有五常之道，故曰五經。《樂》，仁；《書》，義；《禮》，禮；《易》，智；《詩》，信也。"[3]《白虎通》與《樂記》所言雖稍有別，而大歸無異，蓋仁禮二德可統率五常，禮樂一名

---

〔1〕 參李舜華《禮樂與明前中期演劇》第 92—127 頁的有關討論，上海古籍出版社，2006 年。

〔2〕 《河南程氏遺書》卷十八，王孝魚點校《二程集》，中華書局，1981 年，第 200 頁。

〔3〕 《白虎通·五經象五常》，陳立《白虎通疏證》卷九。

亦可與天道人事之統體相應。[1]

由是言之,樂即仁也。惟仁可以通天地萬物,使之生機煥發;惟仁者可與天地萬物爲一體,既云一體,則人之樂即己之樂,己之樂必人之樂矣。即王者私人而言,是"與衆樂樂";即王政之大者而言,是"與民同樂"。此所謂同樂,非見他人之歡欣而受感染者,而是一種自然之感通,切己之體驗,如魚飲水,冷暖自知。惟君民交感,故今王鼓樂於此,百姓聞王鐘鼓之聲、管籥之音,其感受亦異。其舉疾首蹙頞而歎其妻子離散者,則與王人我相隔,乃爲君者失仁所致。其能舉欣欣然有喜色而幸其無疾病者,是與王一體者也。故王與不王,亦惟當政者之審擇耳,此以與民爲樂爲言,欲使人君返本歸仁也。

第 二 章

齊宣王問曰:"文王之囿方七十里,有諸?"孟子對曰:"於傳有之。"①曰:"若是其大乎?"曰:"民猶以爲小也。"曰:"寡人之囿方四十里,民猶以爲大,何也?"曰:"文王之囿方七十里,芻蕘者往焉,雉兔者往焉,②與民同之。民以爲小,不亦宜

---

[1] 馬一浮先生云:"從來說性德者,舉一全該則曰仁,開而爲二則曰仁智、爲仁義,開而爲三則爲智、仁、勇,開而爲四則爲仁、義、禮、智,開而爲五則加信而爲五常,開而爲六則並知、仁、聖、義、中、和而爲六德。《馬一浮全集》第一册,第18—19頁。有關此一問題,另參拙作《德性與工夫——孔門工夫論發微》,收入楊乃喬主編《中國經學詮釋學與西方詮釋學》,中西書局,2016年。

乎？臣始至於境，問國之大禁，然後敢入。臣聞郊關之內有囿方四十里，③殺其麋鹿者如殺人之罪。則是方四十里，爲阱於國中。④民以爲大，不亦宜乎？”

【簡注】　① 傳（zhuàn），泛指書傳記載。② 芻，草。蕘（ráo），柴禾。雉，野雞。芻蕘、雉兔此處指打柴、捕獵。③ 古代都邑之外五十里曰近郊，百里爲遠郊。郊有關口出入緝查，曰郊關。④ 阱，陷阱。

【講疏】　同之即共之，此章所言與上章大旨相同，皆以是否“與民同之”指點君權之問題所在。此可見孟子因事設喻，當機指點之能。孔子云：“能近取譬，可謂仁之方也已。”（《論語・雍也》）顧同之爲義，亦當有辨。《説文・同部》：“同，合會也，从月从口”；又“月，重覆也，从冂一”。兩物合會一處，是所謂同；兩物相重合（重覆），是所謂月。月即今相同之義，與《墨子》所謂“二名一實，重同也”相當。[1]此即墨子所言“尚同”之同：“上之所是，必皆是之；所非，必皆非之。”[2]然此適爲儒者所批評，孔子所謂“君子和而不同，小人同而不和”是也（《論語・子路》）。蓋兩物相異而能合爲一體，然不礙其爲兩物，如手足合於一身，而不礙其爲手足；是儒者所言之同也，

---

〔1〕　參譚戒甫《墨辯發微》，中華書局，1964 年，第 176 頁。按譚書於下文言“體同”，即不同部分皆屬同一整體（或集合），頗迂曲，不如孫詒讓《墨子閒詁》直接簡明，兹不詳及。

〔2〕　《墨子・尚同上》，孫詒讓《墨子閒詁》卷三，上海書店影印世界書局《諸子集成》本，1986 年。

《説文》所謂"合會"，是即孔子所云大同之義，《禮記·禮運》：

> 大道之行也，天下爲公。選賢與能，講信脩睦，故人不獨親其親，不獨子其子，使老有所終，壯有所用，幼有所長，矜寡孤獨廢疾者皆有所養。男有分，女有歸。貨惡其棄於地也，不必藏於己；力惡其不出於身也，不必爲己。是故謀閉而不興，盜竊亂賊而不作，故外戶而不閉，是謂大同。

人雖不獨親其親，不獨子其子，而親其親、子其子亦在其中，是人皆能自率其性，各遂其情，正合"和而不同"之義，故言大同以別之也。至若道家，於事物惟見其玄同而不見其分異，故能泯其不同而求其和，許行章言之備矣。[1]

申言之，所謂大同者，得同人之象。《易·象》曰：

> 同人，柔得位得中而應乎乾，曰同人。同人曰：同人於野，亨，利涉大川，乾行也。文明以健，中正而應，君子正也。唯君子爲能通天下之志。

志者心之所之，所謂"通天下之志"，即通天下之心之所之，順應萬物之自性，而達天道生成之完滿與和諧。夫事物之自性各依其類而成物，故君子亦依其自性而判分之，此即莊子"依乎天理，批大郤，道大窾，因其固然"之謂也（《養生主》）。

---

〔1〕 參《滕文公上》第四章講疏。

蓋萬物各有其自性,自拘者觀之,則矛盾衝突不可底止,彼彼而此此,是是而非非,不可協調者也。然自達者觀之,天地萬物共成其一體,而所以成其爲一體者則是其同也,亦此一體之生機,天地之生意,本心之仁根也。王者能此,是爲"與民同之"。若必如墨子所言者,則生機斷滅矣。

第 三 章

齊宣王問曰:"交鄰國有道乎?"孟子對曰:"有。 惟仁者爲能以大事小,是故湯事葛,文王事昆夷。①惟智者爲能以小事大,故大王事獯鬻,句踐事吳。②以大事小者,樂天者也;以小事大者,畏天者也。 樂天者保天下,畏天者保其國。《詩》云:'畏天之威,于時保之。'"③

【簡注】　① 事,事奉,此處指禮待。湯,商朝創立者,子姓,名履,又名天乙。葛,夏商時小國,嬴姓。文王,周朝實際創立者,姬姓,名昌。昆夷,西戎小國。② 太王,即古公亶父,文王祖父。獯(xūn)鬻(yù),北狄部族,趙岐以爲即漢時匈奴。句(gōu)踐,春秋晚期越國國君,臥薪嘗膽,終滅强吳,曾被列入五霸之一。③《詩》,《周頌·我將》之篇。時,是。

【講疏】　國有小大,皆欲圖存。附庸之於大國,諸侯之於天子,亦猶民之與君,小人之與君子,各有小大之別,陰陽之異。所以有小大之別者,亦本於上文所言大同小同。蓋自其一體者觀之,是所謂大;自其分位者視之,是所謂小,二者相待而成。《周易》皆以陰陽對應小大,[1]蓋孤陰不生,孤陽不長,天下不可有獨陰獨陽之時也。以社會人群言,則是"非君子莫治野人,非野人莫養君子"(《孟子·滕文公上》),亦相需爲用。子夏云:"雖小道必有可觀者焉,致遠恐泥。"(《論語·子張》)故小國雖小,亦皆有其生存之權利所在,是則天地之生機使然。爲大者不惟不當圖滅之,且將保之任之,使合天道之生生,如此則萬民同樂,近悅而遠來,是謂"以大事小,樂天者也"。爲小者自性既得,亦當知天命攸歸,而不失其一體之義,否則如野叟不知帝功,必有凶也。[2]《易·大象》"洊雷震,君子以恐懼修省";孔子曰"君子有三畏,畏天命,畏大人,畏聖人之言"(《論語·季氏》),當與此合觀之。是謂"以小事大,畏天者也"。爲大者樂天以保天下,仁矣;爲小者畏天以全己身,智矣。

　　王曰:"大哉言矣! 寡人有疾,寡人好勇。"對曰:"王請無好小勇。夫撫劍疾視曰,'彼惡敢當我哉'! 此匹夫之勇,敵一人者也。王請大之!①《詩》云:'王赫斯怒,爰整其旅,以遏徂莒,以篤

---

[1] 如《周易·泰卦》"小往大來,吉亨",傳統注家皆以陰陽釋小大,是其例也。
[2] 皇甫謐《帝王世紀》有唐堯《擊壤歌》:"日出而作,日入而息,鑿井而飲,耕田而食,帝力何有於我哉!"蓋既不知帝功,乃不遜於王政,失能承之義矣。此所謂"城復于隍,其命亂也"。可參拙撰《周易義疏》卷二《泰卦》,上海古籍出版社,2011年。

周祜，以對于天下。'②此文王之勇也。文王一怒而安天下之民。《書》曰：'天降下民，作之君，作之師。惟曰其助上帝，寵之四方。有罪無罪，惟我在，天下曷敢有越厥志？'③一人衡行於天下，④武王恥之。此武王之勇也。而武王亦一怒而安天下之民。今王亦一怒而安天下之民，民惟恐王之不好勇也。"

【簡注】　① 疾視，怒目而視，瞪著。惡（wū），何。當、敵，對，抵擋。大，擴大。此處指境界的提高。②《詩》，《大雅・皇矣》之篇。赫，赫然，盛怒貌。爰，於。旅，衆。遏，止。徂（cú），往。莒（jǔ），《詩》作"旅"，地名。篤，厚。祜（hù），福。對，答。此句大意：《詩經》說，王赫然震怒，於是整頓軍旅，阻止（密人）伐莒，以此鞏固周室之福，並答天下仰仗之心。③《書》，《周書・泰誓》之篇。今僞《古文尚書・泰誓》文稍異。趙岐以"寵之"、"四方"分從上下句讀，兹從朱子。作，興。寵，寵異，猶言榮耀之。厥，其。此句大意：《尚書》說，上天降下萬民，爲他們立君、立師，是爲了讓他們輔助上帝，故在天下四方皆得榮耀。有我在，天下無論有罪還是無罪之人，怎麼敢有違上天的旨意呢？④ 衡，通橫。橫與縱相對，縱爲有本，橫則不依理而行。

【講疏】　孟子雖循循善誘，其奈宣王自棄何！宣王本意問交鄰國之道，如何方爲合禮，如何方爲有利，孟子之答乃欲進之以王道，使知天下一家之理，而能容鄰近之小國，不致妄起干戈,生靈塗炭。宣王雅不欲以王道自任,故云汝言雖大,而"寡人有疾,寡人好勇"。孟子因順水推舟,曉之以大勇之義,其意與上文論古樂今樂、樂天畏天一脈相承。蓋世俗所謂勇者,乃血氣之所發,雖亦有其養勇之道,然不過匹夫之當一人者也,能法文武之一怒而安天下之民,則大勇也。保民安民,乃王政之根本。此可見大勇之根據亦在於仁。

智仁勇,儒者所謂三達德。三者雖於根本上有以相通,其用亦頗有別。蓋仁者樂天,自然行仁;智者畏天,不能不行仁;勇者替天行道,使天下不敢不行仁也。自其能仁者言,則因樂天而行仁,生而知之者也;因畏天而行仁,學而知之者也;因懼天而行仁,困而知之者也。《中庸》:"知仁勇三者,天下之達德也,所以行之者一也。或生而知之,或學而知之,或困而知之,及其知之,一也;或安而行之,或利而行之,或勉强而行之,及其成功,一也。"以三者之關係言,所謂"出乎禮而入乎刑",今設一轉語,亦可曰:在位者不行其仁,有德者得施其勇矣。勇與仁爲一體之兩面,有剛柔之別,唯智者能叩其兩端而執其中。[1]子曰:"吾有知乎哉,無知也。有鄙夫問於我,空空如也,我叩其兩端而竭焉。"(《論語·子罕》)以孔子一身行跡觀之,蓋亦由智一路而進之於天德者,故又云:"我非生而知之者,好古敏以求之也。"(《論語·述而》)生知之義學者頗聚訟,

---

[1] 朱子於《中庸章句》此條下注云:"生知安行者,智也;學知利行者,仁也;困知勉行者,勇也。"以生知安行三句與智仁勇三德形式上對應爲言,蓋未及深考孟子之説。見朱熹《四書章句集注》,中華書局,1983年。實則以生知、學知、困知分別對應仁、智、勇三德,昔張載《正蒙·中正篇》已言之,《張載集》,章錫琛點校,中華書局,1978年,第29頁。

以孟子此章證之，則其義自明，茲識於此，以待來哲。

申言之，三達德之根源本出《尚書·洪範》之“乂用三德”：

> 三德：一曰正直，二曰剛克，三曰柔克。平康，正直；彊弗友，剛克；燮友，柔克。沈潛，剛克；高明，柔克。惟辟作福，惟辟作威，惟辟玉食。臣無有作福、作威、玉食。臣之有作福、作威、玉食，其害于而家，凶于而國。人用側頗僻，民用僭忒。

僞《孔傳》：“友，順也；燮，和也。”〔1〕克，孫星衍引《釋詁》訓爲勝。且云：

> 此“三德”謂天、地、人之道。正直者，《論語》云“人之生也直”，人道也。剛克，天道。柔克，地道。〔2〕

所謂三德指正直、剛、柔，蓋正直者得其中，剛柔則有過、不及之別。〔3〕惟天時既異，有過而得中者，故學者不可拘執，必心通其意乃可。作福作威即行賞罰，分別相應於仁、勇二德。儻細繹之，《洪範》箕子之語與孟子之論稍有層次之別，蓋箕子所言乃三德之一般性徵，孟子所言則其極致。

---

〔1〕 孔穎達《尚書正義》卷十二《洪範》，中華書局影印阮元校十三經注疏本，1980 年。

〔2〕 孫星衍《尚書今古文注疏》卷十二《洪範》，陳抗、盛冬鈴點校，中華書局，2004年，第 307—309 頁。

〔3〕 孔穎達云：“剛則强，柔則弱，此陷於滅亡之道，非能也。然則正直者，謂不剛不柔，每事得中也。”同上孫書所引。

剛之大者則爲勇，柔之大者則爲仁，執其兩端而叩其中則爲智。孟子本深於《書》者，故其所論雖似有別，而精神實有以相通。昔人以歷聖相傳心法視之，誠非過論，此道統之所以爲道統也。

仁、勇之別，屬德性範疇，其發之於政教，則有君、師之分。此孟子引《書》"天降下民，作之君，作之師"一語之精義所在。夫君從尹從口，執杖發令者也，代表政治之權。師之本義爲兩千五百人之衆，初亦本之君權，蓋文明初興，君師本無分別，君即師也。故古之職官多以師名。三代以前，學在王官，其後君師治教分，其執教化之權者乃漸專師名。[1]故君師之分即政教之別，二者雖同負治理下民之責，實有剛柔之異。師之德在仁，君之德在勇，君之勇亦當本之師之仁，統此三德者亦曰仁，三德之仁乃此統體之仁之發露也。學者於此等處不可膠執。是爲替天行道之大勇，否則不過"一人衡行於天下"，匹夫之勇而已。此論亦爲後文"誅一夫紂"張本。

第 四 章

齊宣王見孟子於雪宮。① 王曰："賢者亦有此樂乎？"孟子對曰："有。人不得，則非其上矣。② 不得

---

[1] 此問題之大略，可參拙作《王學與晚明的師道復興運動》導言。其具體歷史因革可參前揭楊寬《西周史》，第 679—684 頁。

而非其上者，非也；爲民上而不與民同樂者，亦非
也。樂民之樂者，民亦樂其樂；憂民之憂者，民亦憂
其憂。樂以天下，憂以天下，然而不王者，③未之
有也。

【簡注】　①雪宮，齊王離宮名。時孟子暫駐於此。一
說：古人所居都可以叫作宫，雪宫可能是齊王爲招攬游士所建
的居所，未必是王宫（宋翔鳳說）。②人，普通人。非，非議。
上，長上。③王，音 wàng。

【講疏】　雪宫之樂，乃優遊閒適之樂。雖人之所樂不
同，然樂則無異。此非其上者，小人（常人）也。孔子曰："君
子固窮，小人窮斯濫矣。"（《論語·衛靈公》）小人不知自反，
且無恒心，故一有不得，則怨天尤人，徑非其上矣。小人徑
非其上固不合道，其爲上者不能與民同樂亦非也。此處孟
子責難於君，與後世之單責在下者之愚忠愚孝判若雲泥，亦
孔子"君君臣臣父父子子"之義也。憂樂與民同，亦承上文
而言。惟此處添一憂字，與樂相對，是當有辨。蓋憂與樂雖
似對待，實非匹偶。夫樂者心之本體，自天道視之，乾元一
氣周流，萬物遂其自性，魚躍鳶飛，山河大地，無往而不見其
樂也。自人道視之，君子畏天，"戰戰兢兢，如履薄冰"，故
"有終身之憂，無一朝之患"（《離婁下》），道之將廢也歟，學
之不講也歟，是皆君子之憂也。故《繫辭》云："《易》其興於
中古乎？作《易》者其有憂患乎？"惟君子憂道不憂貧，故雖

憂也而實不違其本體之至樂，[1]是謂"君子坦蕩蕩"；至若小人，患得而患失，故肆無忌憚，靡所不爲，所謂"小人長戚戚"（《論語·述而》）。爲君者既能憂樂與民同，則天下歸仁矣，故民亦能進乎君子，樂君之樂，憂君之憂，如此而不王，未之有也。

　　昔者齊景公問於晏子曰："吾欲觀於轉附、朝儛，①遵海而南，放于琅邪，②吾何脩而可以比於先王觀也？"晏子對曰："善哉問也！天子適諸侯曰巡狩，③巡狩者巡所守也；諸侯朝於天子曰述職，述職者述所職也。無非事者。春省耕而補不足，秋省斂而助不給。④夏諺曰："吾王不遊，吾何以休？吾王不豫，吾何以助？一遊一豫，⑤爲諸侯度。"今也不然：師行而糧食，⑥飢者弗食，勞者弗息。睊睊胥讒，民乃作慝。方命虐民，飲食若流。流連荒亡，爲諸侯憂。⑦從流下而忘反謂之流，從流上而忘反謂之連，⑧從獸無厭謂之荒，⑨樂酒無厭謂之亡。⑩先王無流連之樂，荒亡

---

〔1〕 樂是心之本體，憂與樂不相對待諸義，明儒王襞發之最力："問：'然則何以曰憂道，何以曰君子有終身之憂乎？'曰：'所謂憂者，非如是之膠膠役役然，以外物爲戚戚者也。所憂者道耳。其憂道者，憂其不得乎學也。舜自耕稼漁陶，以至爲帝，無往不樂，而吾獨否也。是故君子終身憂之也，是其憂也，乃所以爲樂其樂也，則自無庸於憂耳。'"參前揭《王學與晚明的師道復興運動》中編第三章第二節，第293—300頁。

之行。惟君所行也。'⑪

【簡注】　① 齊景公，姜姓，吕氏，名杵臼。春秋晚期齊國
君主。晏子，名嬰，輔齊景公，後世與管仲並稱。轉附、朝儛，
皆山名。清閻若璩以爲即芝罘、成山。② 遵，循，沿著。放，
至。琅邪，地名，在齊東南。③ 觀，觀民風。適，往。④ 述，
陳，稟告。省（xǐng），視。斂，收穫。給（jǐ），足。⑤ 豫，遊樂，
此處亦遊之義。⑥ 師，衆。此處指隨行軍伍。糧食：古代糧、
食有别，糧指出行所攜乾糧，食指日常糧米。此處用爲動詞，
指師至某地，則向當地索取糧食。⑦ 疑"飢者弗食"至"爲諸
侯憂"爲晏子引古書之言。故下文自爲之訓釋。睊（juān）睊，
側目貌。胥，相。讒，謗。慝（tè），邪慝。作慝，猶言爲非。
方，放，不遵守。命，上帝之命。若流，如水之流，無窮無盡。
流連，沉湎。荒，廢。亡（wú），失。荒亡，泛指縱欲之事。此
句大意：飢餓之人喫不上飯，勞作之人不得休息。民衆側目詬
罵，於是爲非作歹。爲君者不遵守上帝之命，虐待民衆，酒池
肉林，毫無休止。不僅沉湎縱欲之事，而且讓（治下的）諸侯也
不得安寧。⑧ 從，順。⑨ 從獸，追逐野獸。此處指田獵。
厭，足。荒，荒廢。⑩ 亡，通芒，與荒義同（從清俞樾説）。⑪
惟君所行：祗看您怎樣做。

【講疏】　景公之觀，世俗之遊觀也，但娱一己之心目。景
公亦霸者之資，故能得晏子一流人物爲輔，而欲自進乎先王之
道，其心量氣象實較宣王爲優。故孔子至齊，欲以"季、孟之間

待之"(《論語·微子》),雖未能踐行仁道,固心嚮往之也。晏子亦成人之美者,故先善其問,繼則告以先王之觀無非政事,而今君主之巡遊,勞師動衆,民怨沸騰,即爲政事抑且不可,況流連荒亡者乎![1]

觀之爲義,古有實指。《易·大象》云:"風地觀,先王以省方觀民設教。"王者臨於四方,如風之行地,以觀示萬民,是觀之義也。"春省耕而補不足,秋省斂而助不給",所謂"省方";天子巡狩,諸侯述職,所謂"觀民";"一遊一豫,爲諸侯度",所謂"設教"。《周易》、孟子可謂一脈相承。

景公說,大戒於國,出舍於郊。於是始興發補不足。①召大師曰:'爲我作君臣相說之樂!'②蓋《徵招》、《角招》是也。其詩曰:③'畜君何尤?'畜君者,好君也。"④

【簡注】 ① 說,通悅。大戒,出嚴令。舍,居。此處指駐紮。興發,開倉。不足,貧乏。② 大師,樂官,焦循以爲樂工之長。③ 招,通韶。《樂記》:"宮爲君,商爲臣,角爲民,徵爲事,羽爲物。"開倉賑濟爲民事,《韶》爲大舜之樂,舜是君主的典範,大師故仿其樂而作《徵韶》、《角韶》。詩,指《徵韶》、《角韶》之歌詩。④ 畜(xù),養。尤,過。好(hào),愛。

【講疏】 大戒、出舍舊注稍費解。趙岐言:"戒,備也。大

---

[1] 依俞樾說,亡當讀爲芒,與荒義同。見氏著《羣經平議》卷三十二《孟子一》,張鈺翰校點,北京大學出版社,2014 年。

修戒備於國。出舍於郊，示憂民困。"朱子則但言"戒，告命也。出舍，自責以省民也。"焦循釋趙岐，則言"大修戒備，謂預備補助之事……景公將身親振給，故出舍於郊。"以上下文推之，此皆當與上文景公欲出遊合觀之。故出發之前，先於國中嚴令不可干擾地方，所經之處，亦不居邑中，而是駐紮於郊。興發、補不足，皆是出巡之後之事。可知趙氏、朱子皆按字面解之，大體皆是，惟焦氏有誤。

畜君之義，焦循釋爲好君，所謂"畜君何尤"者，言"晏子愛君，何罪之有"，蓋故意與朱子立異，頗不足取。朱注以畜止訓，蓋本《周易》大畜、小畜二卦，實較焦説爲優。蓋畜本有止、養二義，止君之欲，所以養其德也。以君權言，是止其私人性君主之利，而養其公共性君主之義，而晏子則實能踐行此義者：

　　　　（崔武子見棠姜而美之，遂取之。莊公通焉。崔子弑之。）晏子立於崔氏之門外。其人曰："死乎？"曰："獨吾君也乎哉，吾死也？"曰："行乎？"曰："吾罪也乎哉，吾亡也？"曰："歸乎？"曰："君死，安歸？君民者，豈以陵民？社稷是主。臣君者，豈爲其口實？社稷是養。故君爲社稷死，則死之；爲社稷亡，則亡之。若爲己死，而爲己亡，非其私暱，誰敢任之？且人有君而弑之，吾焉得死之？而焉得亡之？將庸何歸？"門啓而入，枕尸股而哭。興，三踊而出。人謂崔子："必殺之。"崔子曰："民之望也，舍之得民。"（《左傳·襄公二十五年》）

　　以儒門之標準視之,晏子其人或非後世所謂純儒,然其所持者乃與孔門大義相合,〔1〕以是知<u>孟子所言乃春秋以前社會之公言也</u>。其時私人性君主權力未昌,士大夫之賢者皆能見及於此;春秋晚期,私人性君主權力大張,士大夫階級逐漸分化出新型官僚集團,孔子所謂"具臣"是也。〔2〕故孟子所言實欲使君權彰顯其公共性一面,後人以保守視之,固其宜也。惟有此保守,乃爲天下存萬古不易之至論,以孔孟之道爲君主專制之代言者,其非愚即誣可以概見矣。

第 五 章

　　齊宣王問曰:"人皆謂我毀明堂,毀諸? 已乎?"①孟子對曰:"夫明堂者,王者之堂也。王欲行王政,②則勿毀之矣。"

---

〔1〕　晏子以儉樸著稱,爲後世墨家所推崇。遂盛傳其阻止孔子受封於齊,此蓋子虛烏有之事,昔人已辨其謬。晏子爲一時賢人,實深明大義者,孔子稱其善與人交(《論語·公冶長》),《史記》言晏子乃孔子所嚴事,當非無根之論。章太炎云:"孟子不欲爲管、晏,然從容諷説,本於晏子者實多。雪宮之對,固純取晏子矣。云舍牛足以王天下,即晏子反對弱穀之對也;云好貨與百姓同之,於王何有,即晏子稱君之德及後宮臺榭而與百姓同之,則湯武可爲之説也。晏子本儒家,自孟子所誦習,學者置其高論可也。"見氏著《蓟漢昌言》,收入《章太炎全集》第七册,虞雲國整理,上海人民出版社,2018年,第110頁。

〔2〕　參《公孫丑下》第九章講疏。所謂新型官僚集團,另可參朱維錚先生《孔子與冉求》一文,浙江大學古籍所編《禮學與中國傳統文化:慶祝沈文倬先生九十華誕國際學術研討會論文集》,中華書局,2006年。

【簡注】 ① 明堂，上古諸侯朝見天子之所。此處指泰山明堂，天子巡狩，與東方諸侯會見於此。據趙岐言，漢時遺址尚存。已，止。② 王（wàng）政，合乎王道的政治。

【講疏】 明堂爲王者布政之所，諸侯來朝，亦於明堂見之，或云與太廟、辟雍、太學名異而實同，古今聚訟，言人人殊，亦不必過求其是。惟明堂所以爲明，蓋言王者以明德臨天下，如日月之照臨四方。故古傳明堂居國之南，夫五行以離火居南，是亦明也。

王曰："王政可得聞與？"對曰："昔者文王之治岐也，①耕者九一，仕者世禄，②關市譏而不征，澤梁無禁，罪人不孥。③老而無妻曰鰥，老而無夫曰寡，老而無子曰獨，幼而無父曰孤。此四者，天下之窮民而無告者。④文王發政施仁，必先斯四者。⑤《詩》云：'哿矣富人，哀此煢獨。'"⑥王曰："善哉言乎！"曰："王如善之，則何爲不行？"王曰："寡人有疾，寡人好貨。"對曰："昔者公劉好貨。《詩》云：'乃積乃倉，乃裹餱糧，于橐于囊。思戢用光。弓矢斯張，干戈戚揚，爰方啓行。'故居者有積倉，行者有裹糧也，然後可以爰方啓行。王如好貨，與百姓同之，於王何有？"⑦王曰："寡人有疾，寡人好色。"對曰："昔者大王好色，愛厥妃。⑧《詩》云：'古公亶甫，來朝走馬，率西水滸，至於岐下。爰及

姜女，聿來胥宇。'⑨當是時也，內無怨女，外無曠
夫。⑩王如好色，與百姓同之，於王何有？"

【簡注】　①昔者，從前。岐，周人舊土。文王始將都城由
岐遷至豐。②九一，九分取一。此古代井田之法，一夫受田百
畝，九百畝爲一井，其中百畝爲公田。世祿，世世守其俸祿。
③關，關卡。市，市肆。譏，察。征，收稅。澤，湖泊。梁，魚梁，
一種捕魚設施。孥，妻兒。此處指株連妻兒。④鰥（guān），老
而無妻。告，求告。⑤發政，布政，行政。斯，此。⑥《詩》，《小
雅·正月》之篇。哿（gě），可。煢（qióng），困悴貌。此詩大意：
富人還過得去，可歎那些困苦無依的人。⑦朱注："公劉，后
稷之曾孫也。《詩》，《大雅·公劉》之篇。積，露積也。
餱（hóu），乾糧也。無底曰橐（tuó），有底曰囊，皆所以盛餱糧
也。戢（jí），安集也。言思安集其民人，以光大其國家也。
戚，斧也。揚，鉞也。爰，於也。啓行，言往遷於豳也。何有，
言不難也。"此詩大意：（公劉）於是存儲貨物，攜帶乾糧，放入
口袋，置於行囊，安集民衆，光大家邦。張弓搭箭，備好兵器，
向豳地前往。何有，何難之有。⑧大（tài）王，公劉九世孫。
即古公亶（dǎn）父（fǔ），或以爲古公乃本號，或以爲久遠之
意，亶甫爲名，後追尊爲大王。妃，配。⑨《詩》，《大雅·緜》
之篇。來朝（zhāo），一早。走馬，迅疾而走。率，循，沿著。
滸，水涯。岐下，岐山之下。姜女，大王之妃。聿，語助詞。
胥，相（xiàng），視察。宇，本指屋檐，引申爲居所。此詩大意：
古公亶父，一大早便帶著人馬，沿著水邊，快速奔到岐山之下。
妻子姜女，也一同來察看居所。⑩曠，空。怨女、曠夫，指未

能按時婚配之男女。

【講疏】　王政之義上文已及之，朱注亦詳。蓋宣王自棄，雖知王政之美而自承好貨好色，孟子因即其所好而進之，然觀宣王之材，實甚難化。朱注以理欲解之，甚爲有見。故云“蓋鐘鼓、苑囿、遊觀之樂，與夫好勇、好貨、好色之心，皆天理之所有，而人情所不能無者”，惟視其“循理而公”抑或“縱欲而私”，私亦孔子所謂“過猶不及”，有違中道者也。此宋明儒“存天理，滅人欲”一説之根本義，不特朱學如此，王學亦然，故周濂溪“主靜無欲”之説實爲兩派所共遵之大義，近世俗學以王學之突破朱學在此等處者，誠起陽明於地下，亦未必首肯之也。

蓋傳統習見有隨語言之變潛銷其義而不自知者。如“明哲保身”、“鳩占鵲巢”二語，其本旨皆用以美賢達，[1]顧或因“斷章取義”，或因時過境遷，迄今皆已流於貶義無疑。執今之是以御古之有者，雖大儒或亦難免，[2]則衆人之誤，斷可知矣。此所以貴學者論世知人，心通其意，否則執一己之成見而妄肆雌黄，强誣古人，自達者觀之，亦徒增浩歎而已。

朱子理欲之論，其義昭如日月，然世俗之見，每以理欲二分如不可逾之鴻溝，其所見實與宣王無別。執此以論宋儒，乃益

---

〔1〕《詩·大雅·烝民》：“肅肅王命，仲山甫將之；邦國若否，仲山甫明之。既明且哲，以保其身。”此美仲山甫也。孔穎達《毛詩正義》卷十八之三。《詩·召南·鵲巢》：“維鵲有巢，維鳩居之。”《詩序》：“鵲巢，夫人之德也，國君積行累功，以致爵位，夫人起家而居有之，德如鳲鳩，乃可以配焉。”《毛詩正義》卷一之三，中華書局影印阮元校十三經注疏本，1980年。
〔2〕如明儒王艮所撰《明哲保身論》，深得經義本旨，然黄宗羲卻批評其“開臨難苟免之隙”。參《明儒學案》卷三十二《泰州學案一·王艮傳》。

形其不近人情;執此以繩當世,則尤見其虛僞矯飾。有明以降,官方雖陽尊朱學,然其精神固已不屬,乃藉其尊君卑臣、存理滅欲諸説昭揭天下,實則不探其本,其所表彰者恰程朱所反對,唯借屍還魂以利用之耳。當此之時,雖家無異説,人無異辭,皆自以爲朱子學矣,然安得真以朱學視之? 予故言"新朱學"以別之。[1]至薄識無勇之徒,不敢明攻當下之時主,乃爭相集矢於已逝之古人,作色相矜,攻之詈之不遺餘力,不知己之非也。故有明自何心隱,力辟周子"無欲"之論,代以"寡欲"之説,游談無根之人一時趨之若鶩,不悟己之所謂欲已非濂溪之欲;[2]及戴震諸人,倡"以理殺人"之論,自以爲可破宋儒矣,後世亦驚爲創見,不悟彼輩所謂理已非朱子之理。[3]古人不可起於地下,昔錢大昕"實事求是,護惜古人"一語最爲得之,蓋亦觀戴震輩之風,而有爲言之也。[4]

---

[1] 拙作《明代史學略論稿》,載《復旦史學集刊》第二輯,復旦大學出版社,2007 年。

[2] 參容肇祖整理《何心隱集》卷二《辨無欲》,中華書局,1960 年。周敦頤《養心亭説》:"孟子曰:'養心莫善於寡欲。其爲人也寡欲,雖有不存焉者,寡也;其爲人也多欲,雖有存焉者,寡矣。'予謂養心不止於寡欲而存耳,蓋寡焉以至於無。無則誠立、明通。誠立,賢也;明通,聖也。"周子所謂無欲即天理也,皆就聖賢分上言之,與孟子就常人所言者不同。《周敦頤集》卷三,陳克明點校,中華書局,2009 年,第 52 頁。

[3] 戴震《孟子字義疏證》卷上《理》,何文光整理,中華書局,1982 年。方東樹已指出其所言不足以駁宋儒,章太炎以爲戴氏與宋儒立論之指向各有不同,言各有當。錢穆則駁其辨朱子學説之誤。參氏著《中國近三百年學術史》,商務印書館,1997 年,第 396—397 頁。一言以蔽之,戴氏誤以當時之新朱學即是朱子學本身,其斥俗學者固是,然於朱子未免過酷矣。此種論學之弊古今中外皆然(如近人所欲打倒之儒學,如西洋俗學之詬詈黑格爾),其駁之者不是,其衛之者亦未必是(如清代之言朱學者),皆未齊其本故也。孟子下文所謂"知言",豈易得哉?

[4] 錢氏所言出其《廿二史考異序》,《潛研堂文集》卷二十四,四部叢刊本。戴氏論學之風可參章學誠《文史通義》卷二《書朱陸篇後》,遼寧教育出版社,1998 年,第 53—55 頁。

綜合言之，本章大旨已如上述，亦後文孟子所謂"形色，天性也"之義（《孟子‧盡心上》）。所以鋪陳如此者（指下文所言好貨、好色），蓋欲以見"與民同之"者無所不在，惟王者能各隨其宜，會而通之也。故即其統體言，是與民同樂；即其分位言，是與民同之。即其本體言，與民同樂者本也，與民同之者末也。故同之乃同樂之擴充；即其流行言，則同之爲體，同樂爲用。同樂乃同之之歸宿。予故曰，本章所言儻合全篇視之，則君德之擴充也。

第 六 章

孟子謂齊宣王曰："王之臣有託其妻子於其友，而之楚遊者。^①比其反也，^②則凍餒其妻子，^③則如之何？"王曰："棄之。"^④曰："士師不能治士，^⑤則如之何？"王曰："已之。"^⑥曰："四境之內不治，則如之何？"王顧左右而言他。^⑦

【簡注】　① 之，到。② 比，及。③ 餒，飢。④ 棄，絕。⑤ 士師，獄官。其屬官有鄉士、遂士等，即此處所謂士。⑥ 已，止。此處指免其職。⑦ 顧，回頭看。

【講疏】　君者所以群其民，爲公共性之位。顧此位亦必由私人性君主以實之，儻無德不堪任者適當此位則何如？明乎此,必當考求君權之轉移。宣王爲齊國之君,而不能行其爲君者之政,是失其職者也,故孟子設二喻以諷之。宣王其人不足與有爲,故顧左右而言他。此亦爲下文誅一夫紂張本。

第 七 章

孟子見齊宣王曰:"所謂故國者,①非謂有喬木之謂也,②有世臣之謂也。王無親臣矣,③昔者所進,④今日不知其亡也。"⑤王曰:"吾何以識其不才而舍之?"曰:"國君進賢,⑥如不得已,⑦將使卑踰尊,疏踰戚,⑧可不慎與? 左右皆曰賢,未可也; 諸大夫皆曰賢,未可也; 國人皆曰賢,然後察之; 見賢焉,然後用之。左右皆曰不可,勿聽; 諸大夫皆曰不可,勿聽; 國人皆曰不可,然後察之; 見不可焉,然後去之。⑨左右皆曰可殺,勿聽; 諸大夫皆曰可殺,勿聽; 國人皆曰可殺,然後察之; 見可殺焉,然後殺之。故曰,國人殺之也。如此,然後可以爲民父母。"

【簡注】 ① 故,舊。故國,歷世長久的國家。② 喬,高。③ 朱子注:"世臣,累世勳舊之臣,與國同休戚者也。親臣,君所親信之臣,與君同休戚者也。"④ 進,獎拔。⑤ 亡,出亡,離開。此處指在哪裡。⑥ 進賢,此處指越級獎拔賢才。⑦ 已,止。國君進賢,如不得已:國君假如一定要獎拔賢才。⑧ 戚,親。⑨ 去，罷去。

【講疏】　本章言治權轉移。[1]君權即所謂政治權力，其目可釐爲二：曰政權，曰治權。[2]何以有政、治之別？蓋亦源於天人相分之義。政治所以群人，即其統體言，所謂天道也，其歸宿在仁；即其分位言，所謂人道也，其歸宿在義。仁言其生生不已，義言其萬物遂性。依仁，故渾然一體；由義，故隨時顯化。[3]王政法天，此仁義之德落實於政治，欲法其生生不息、渾然一體，故置政權以統之；欲法其萬物遂性，隨時顯化，故設治權以理之。夫政者，正也，止於一也。若所止在仁，則是"爲政以德，譬如北辰，居其所而衆星拱之"（《論語·爲政》），無爲而無不爲之政權也；若所止在義，則是"子帥以正，孰敢不正"（《論語·顏淵》），有君臣上下之分之治權也。以時下西洋政體言之，所謂立法權者，政權也；所謂行政權者，治權也。由政、治之別，故有設官分職之義，蓋即治權之中，亦莫不有政、治之別。所謂官者，公也，猶政權也；職者，事也，猶治權也。故言經義者必擘分理析，始明其義，否則膠執一隅，鑿枘難通矣。

────────

[1]　本章大旨，亦可參《萬章上》講疏。

[2]　政權、治權之明確區分，首見於孫中山《三民主義》，其後錢穆、牟宗三等近代學人亦皆援引沿用。此區分其實古已有之，惟尚未如是之明晰。如《周禮·地官·遂人》言遂人"掌其政治禁令"，以"政治"連言，而遂大夫"掌其政令戒禁，聽其治訟"，則政、治皆指廣義之政令，而大小有別。另如僞《古文尚書·冏命》亦言"三后協心，同底於道，道洽政治，澤潤生民"，其義亦與《周禮》相通。晚清以降，政治合爲一詞，學者以政權、治權分言，與古義雖有變化，然亦可以相通，蓋古代君權固亦蘊含此二層次也。惟此區分不見於政、治二名詞，而見於古人所論君臣關係耳。本章即論此二層次相分之依據。

[3]　參《梁惠王上》第一章講疏。

申言之,政權猶今日所言主權,其合理性源於每一時代所認可之"天命",有此天命,斯爲正矣。而治權則隨時空而異,落實爲設官分職之法。當孔子之時,天下之認同尚屬於周,及孟子之時,周天子雖不克承此天命,然列國之君爲周天子所分封者尚未遭質疑,故仍由君主承載政權,若治權則由卿大夫所承擔。此卿大夫自君主視之則臣也,然自民衆視之,亦君也。明政、治之别,始能知孔孟所言君權之真義。此義自漢唐歷宋明,歷代大儒皆知之,惟表達方式各異耳。漢儒屢言"天下者天下人之天下"之論,宋儒倡"人君之職唯在置相"之説,皆本於此。〔1〕明太祖朱元璋廢相,乃欲以君主而身任宰相,合政、治二權而一之,然奕世之後,内閣權力漸張,且日趨制度化,乃變相恢復宋制,至正德、嘉靖時期,號爲"真宰相"。〔2〕顧内閣雖具相權之實而不尸其名,名不正則言不順,爲明代政治埋下

〔1〕 昔錢穆先生曾指出:"中國傳統政治,論其主要用意,可説全從政治的職分上著眼,因此第一注重的是選賢與能,第二注重的是設官分職。"(《國史新論》,三聯書店,2001年,第105頁)此説於對治近代以來"由於革命宣傳,把秦以後政治傳統,用專制黑暗四字一筆抹殺"(《中國歷代政治得失·序》,三聯書店,2001年,第1頁)之學術洵爲卓識,且頗符秦以後歷史之實際,然以此概論傳統,或啓學者之疑,以爲傳統中國於所謂政道始終無法突破,治權日益合理而政權未得其道,此牟宗三先生之説也。(參氏著《政道與治道》第一章,臺灣學生書局,2010年增訂版七刷)實則傳統中國本有其政道,所言亦不止於職分(約當予所謂治權),其政、治二權之關聯糾葛,貫徹於歷史上一切政治實踐之始終,此即中國傳統政道之表現也,惟此表現與近儒所心儀之外王民主有不合,甚至相悖耳。觀孟子之所言,予故曰:中國傳統政治之問題不在如何於政道上開出新局,而在如何踐行前賢所開出之政道,其關鍵不在證悟本體,而在隨機施設。雖然,有證悟本體而未能應機者,未有不能返本而即能應物者也。神感神應,本末一貫,是所望於來哲。

〔2〕 《明史》卷七十二《職官一·内閣》,中華書局,1974年。按此言非虚,如明世宗與内閣首輔張璁於文字往還之間頗以相相稱,是其顯證。參張璁《諭對録》,四庫存目本。

黨爭隱患。以故黃宗羲反思明代政治之弊，首言"有明之無善治，自高皇帝罷丞相始"。[1]及滿人入關，一仿明初二祖之政，以部族政權强力推行之，故政、治二權終歸一統，康熙以降，甚至教權亦歸於君主，合政教之統而一之。此中國政治自秦政以外少有之酷，近人不察其本，謾以所謂君主專制者歸咎宋儒，寧不誣哉！雖然，此實中國近世所欲屏而未能之傳統也，惟此傳統乃直接淵源於清政，是學者之所當知。[2]

春秋以降，治權之承載者漸趨官僚化，於是所謂世臣行政之光景不復。世臣雖非必皆賢，然其存在之合理性不容泯，蓋可以限制私人性君權也。此處孟子引而未發，惟深慨之而已。若宣王則雅不欲論此，其所措意者端在此一官僚制度形成之後，治權當如何轉移，是即所謂審官材，選賢與能也。故云"吾何以知其不才而舍之"？孟子因告之以不可爲左右所蔽，亦不可爲諸大夫所蔽，必待國人之公論，且能察之而後可。所以必察之者，蓋國人雖有公論，亦未嘗無受蔽之可能，如陷蘇格拉底於死地之民主，與夫現代所謂"暴民專政"者是也。故必察之。其所以察之者，天命之性、率性之道、修道之教也，換言之，即王道之仁也。孔子云："當仁不讓於師。"師者，衆也。

---

[1] 前揭黃宗羲《明夷待訪録·置相》，載《黃宗羲全集》第一册，第 8 頁。

[2] 錢穆先生云："我們可以說，清代政治才真是一種君主專制的政治。"前揭《國史新論》第 90 頁。朱維錚先生亦嘗分析所謂"傳統文化"與"文化傳統"之不同，並進而提出近世政治傳統乃直接源於清代，頗爲得之。可參其《走出中世紀》與《音調未定的傳統》諸書的相關討論。以予觀之，清代政治實承元代而來，元制已是秦制，明初承之，惟中期有反覆耳。元明清的政治結構是相同的。參拙作《"周秦之變"與"漢承秦制"》（發表時題作《當經學或諸子學重新成爲理解問題的"視角"》），《文匯學人》2019 年 6 月 28 日。另參《王學與晚明師道復興運動（增訂本）》自序，復旦大學出版社，2020 年。

以經學論,孟子此論亦本之《尚書·洪範》:[1]

> 立時人作卜筮,三人占,則從二人之言。汝則有大疑,謀及乃心,謀及卿士,謀及庶人,謀及卜筮。汝則從,龜從,筮從,卿士從,庶民從,是之謂大同。身其康彊,子孫其逢吉。汝則從,龜從,筮從,卿士逆,庶民逆,吉。卿士從,龜從,筮從,汝則逆,庶民逆,吉。庶民從,龜從,筮從,汝則逆,卿士逆,吉。汝則從,龜從,筮逆,卿士逆,庶民逆,作內吉,作外凶。龜筮共違于人,用靜吉,用作凶。

當箕子之時,卜筮即所謂天道也,相應於孟子所謂"察之"。顧孟子所以不徑言卜筮者,蓋因春秋以降,文明日彰,自孔子傳《易》,儒者已能言天道之理,善《易》者亦不必占,孔子云"不占而已矣"(《論語·子路》)。故孟子與箕子,雖精神血脈一氣貫注,然持論並不苟同,是即所謂"傳心之法",自韓愈以降,學者以道統視之,不亦宜乎!蓋如僅持論相同,則學統耳,未能因時求變,輝光日新,不足以言大道。明此義者,可與言《易》矣。夫《易》有三義,一曰變易,二曰不易,是之謂也。

第 八 章

齊宣王問曰:"湯放桀,武王伐紂,有諸?"[1] 孟

---

[1] 此義唐文治已見及,參氏著《孟子大義》卷二《梁惠王篇大義》。

子對曰："於傳有之。"② 曰："臣弑其君，可乎?"
曰："賊仁者謂之賊，賊義者謂之殘。③ 殘賊之人謂
之一夫。④ 聞誅一夫紂矣，未聞弑君也。"

【簡注】　① 湯、武王，商周之開創者。桀、紂，夏商末代
君主。放，置。② 傳(zhuàn)，書傳記載。③ 賊，害。殘，傷。
④ 一夫，獨夫。

【講疏】　此章言政權之轉移，即《周易·革卦》所云"革
命"："天地革而四時成，湯武革命，順乎天而應乎人。革之時
大矣哉!"宣王誠不足教者，然固非蠢材。孟子見其自棄，故言
君權變置以警之，宣王雖顧左右而言他，然亦耿耿於心，故藉
湯武之事發問，而以臣弑君爲口實。蓋自君主私人之角度言，
未嘗不寄望於此君臣關係之絕對化，以利其縱一己之私也。
惟自孟子視之，君臣雖有小大之殊，然既以義合，尚具一體之
義，而所以成其爲一體者，即仁也。君既害此仁義，則生機斷
滅，是自外於此一體者也，誠一夫耳，失爲君之義矣。故武王
伐紂，"聞誅一夫紂矣，未聞弑君也"。孟子此論，爲歷代儒者
所尊尚，宜乎後世殘賊獨夫食不甘味也。故漢景有"馬肝"之
論，明祖撰《孟子節文》，皆其彰彰者也。[1]

---

〔1〕　漢景帝時《齊詩》博士轅固生與黃生於御前爭論湯武革命，黃生以爲"湯武非受
命，乃弑也"。轅固生云："必若所云，是高皇帝代秦即天子之位，非耶?"景帝云：
"食肉不食馬肝，不爲不知味;言學者不言湯武受命，不爲愚。"《史記》卷一百二
十一《儒林列傳》。《孟子節文》有關研究可參容肇祖《明太祖的〈孟子節文〉》，載
《容肇祖集》，齊魯書社，1989 年。另參鄧志峰《王學與晚明的師道復興運動》導
言，第 11、27 頁。

第 九 章

孟子見齊宣王曰："爲巨室，則必使工師求大木。①工師得大木，則王喜，以爲能勝其任也。匠人斲而小之，②則王怒，以爲不勝其任矣。夫人幼而學之，壯而欲行之。王曰，'姑舍女所學而從我'，③則何如？今有璞玉於此，雖萬鎰，④必使玉人雕琢之。至於治國家，則曰，'姑舍女所學而從我'，則何以異於教玉人彫琢玉哉？"

【簡注】 ① 工師，匠人之長。② 斲（zhuó），砍削。③ 姑，且。女，通汝。④ 雖，即使。鎰（yì），二十兩。一説二十四兩。

【講疏】 此章論政權與治權之關係。政權與治權之別乃君權本身所蘊涵，政權根本於仁，治權根本於義，其義已如上述。仁之與義，若就其本體言，則仁爲本而義爲末；若即其流行言，則義爲體而仁爲用。政權與治權亦然。若統言之，則政權爲本體，治權爲本體之發用。就其根源處，雖可云體用不二，既言發用，則終當有別。孔子云"爲政以德，譬如北辰"（《論語·爲政》），蓋唯政權能虛壹而靜，無所蘄向，方能物來順應，廓然大公，感而遂通天下之故，是所謂聖人以無心應萬物。若政權有特定之蘄向，是有志矣，又安能與物無對，通天下之志乎？故《易》云："君子以虛受人。"（《咸卦·大象》）蓋不能通天下之志，則無以物各付物，各正性命，安得云參天地之化育？

惟其如此，故有政權與治權之劃分。君主既無爲而治，則當親其賢者，讓渡治權，使之有爲，擔此任者曰入仕，此即設官分職之義。由此則政權與治權形成所謂公共性君臣關係，"君使臣以禮，臣事君以忠"（《論語·八佾》），爲大臣者各守一官，爲小臣者各司其職，"君子思不出其位"，[1]百官總已以聽於冢宰（所謂相），如眼耳口鼻各不相屬，而冢宰則使五官有以相通之心官也。故治權乃爲政權之發用，擇相乃君人者之職。若君能體仁，則擇相自賢，而君自處於無爲；若君未能體仁，則必求賢者，學然後臣之，是爲君臣義合。要之，爲政者不當侵治權之職，治權有其自身之獨立性。故孟子告宣王，治屋當任工師，治玉當用玉人，治國亦當用善治之人也。孟子此論實傳統中國政體中君主與士大夫共治之基礎，明此義者，可與言傳統政治矣。然歷來不知其分際，爲君者欲以政權治權合一者所在多有，積之漸久，則政權覆滅，天命改移，亦不得不然者也。此非可云政道無以開出，乃已開出之政道未得其因時之義也。予前文所云"隨機施設"者以此。子曰："人能弘道，非道弘人。"（《論語·衛靈公》）政、治之分際可推廣於一切政體當中，其關鍵在能知君權有公共性與私人性之別，茲不詳及，

---

[1]《論語》載曾子曾言此義，《周易·艮卦·大象》同。

有志者其深求之。

第 十 章

　　齊人伐燕，勝之。①宣王問曰："或謂寡人勿取，或謂寡人取之。以萬乘之國伐萬乘之國，五旬而舉之，人力不至於此。不取，必有天殃。取之，何如？"孟子對曰："取之而燕民悅，則取之。古之人有行之者，武王是也。取之而燕民不悅，則勿取。古之人有行之者，文王是也。以萬乘之國伐萬乘之國，簞食壺漿，②以迎王師，豈有他哉？③避水火也。如水益深，如火益熱，亦運而已矣。"④

　　【簡注】　① 史載，燕王噲禪位其相子之，發生內亂。周赧王元年（前314）齊伐燕。燕國士卒放棄作戰，齊遂大勝。② 簞（dān），竹籃。食（sì），飯。漿，湯水。③ 他，他故。④ 運，轉。

　　【講疏】　本章言政權轉移之條件。戰國以降，周天子名器雖在，然權威盡失，尚不及春秋之世，故列國之君異動頻仍。蓋各國為欲圖強，勢須新建一頗具擴張性格之官僚政體，此政體與西周以來親親尊尊理念下宗子秉政、世卿主治之制度大異，故治權觀念亦由世卿一變而爲進賢。顧進之而不能親，則"八奸"、"二柄"之術興矣，宣揚此術者，厥爲法家。[1]列國之中，三家分晉與田氏代齊皆以卿大夫進爲君權，變動最爲劇烈。魯國雖自春秋中葉已是政在大夫，惟至孔子時則陪臣執國命，公室反得以苟延殘喘，然魯國亦因此無以圖强，積弱迄亡。三家分晉與田氏代齊皆屬諸侯内部權力更迭，蓋因其卿大夫權力積之漸久，故民心屬之，因得代君自立而無内亂，是亦天命更革之一種表現，周天子之承認不過是實已先至，名則隨之，亦"名者實之賓"之謂也。今燕王噲亦欲法堯舜之禪讓，若以燕之受封於周天子言之，則周天子爲政權，燕既爲治權，亦分有其政權，有"不純臣之義"，[2]不可私相授受[3]；若就當時周天子已非政權來源之現實言，則政權屬之燕國社稷，其授受與否當視民心而定。民心屬子之，則當與子之，屬齊則當與齊。若皆不屬，則是不可輕動也。故云"取之而燕民悦則取之，古之人有行之者，武王是也；取之而燕民不悦則勿取，古之人有行之者，文王是也"。蓋文王所以三分天下有其二尚服事殷者，即因殷之民心雖不在紂，然固屬之殷之社稷也，微子、箕子、比干，孔子所謂"三仁"者在焉。及比干剖心，箕子佯狂，微子逃亡，則商之社稷無以自行更新，民心已喪，武王因起而革

---

〔1〕　八奸、二柄，皆《韓非子》篇名，參陳奇猷《韓非子集釋》卷二，上海人民出版社，1974年。

〔2〕　《白虎通》卷六《王者不臣》："王者不純臣諸侯何？尊重之。以其列土傳子孫，世世稱君，南面而治。"

〔3〕　參卷四《公孫丑下》第八章孟子與沈同的討論。本章孟子取後一義，見下文。

之。此殷周革命之大較也。[1]孟子言此，亦欲宣王取法文武，以民心之所向爲依歸，由此則政權之轉移始可無弊。

第十一章

齊人伐燕，取之。諸侯將謀救燕。宣王曰："諸侯多謀伐寡人者，何以待之？"①孟子對曰："臣聞七十里爲政於天下者，湯是也。未聞以千里畏人者也。《書》曰：'湯一征，自葛始。'②天下信之。'東面而征，西夷怨；南面而征，北狄怨。③曰：奚爲後我？'④民望之，若大旱之望雲霓也。⑤歸市者不止，耕者不變。誅其君而弔其民，⑥若時雨降，民大悦。《書》曰：'徯我后，后來其蘇。'⑦今燕虐其民，王往而征之。民以爲將拯己於水火之中也，簞食壺漿，以迎王師。若殺其父兄，係累其子弟，⑧毁其宗

---

〔1〕 此義明儒王艮頗能識之，然稍有未諦。依王氏之意，"紂可伐，天下不可取。彼時尚有微子在，迎而立之，退居於豐，確守臣職，則救世之仁、君臣之義兩得之矣。且使武庚不至於叛，夷齊不至於死，此所謂道並行而不悖也"。其依據亦孟子所言"貴戚之卿，君有大過則諫，反復之而不聽，則易位"。《明儒王心齋先生遺集》卷一《語録》。有關此問題之討論，可參鄧志峰《王學與晚明的師道復興運動》，第204—205頁。按，王說所以云未諦者，蓋三仁既所遭不公，而紂辛依然尸位，可知商之社稷已無以自行更新矣，此與燕王禪位子之而致内亂有根本之異。齊之伐燕，不過助燕民及其社稷一臂之力耳，非根本因素。故私人性君主之更替當視社稷，而社稷則實際承載天命之載體，所謂公共性之君也。此義向來晦暗不明，亦傳統政治所以常被誤解之由。關於政權轉移，另可參《萬章上》第五、六章講疏。

廟，遷其重器，如之何其可也？天下固畏齊之彊
也，⑨今又倍地而不行仁政，⑩是動天下之兵也。王
速出令，反其旄倪，⑪止其重器，謀於燕衆，置君而
後去之，⑫則猶可及止也。”⑬

【簡注】　① 待，應對。②《書》，引文見今存僞《古文尚
書·仲虺之誥》，下同。葛，諸侯國名。見第三章。③ 按狄
字，《孟子》舊本當作夷，南宋以後始據僞《古文尚書》改（從清
臧琳説）。④ 奚，何。後，放在後面。⑤ 霓，虹。⑥ 弔，慰問。
⑦ 徯，待。后，君。蘇，復甦。⑧ 係累，縶縛。⑨ 固，本來。
⑩ 倍地，土地增加一倍。⑪ 反，返。旄，通耄，老人。倪，小
兒。⑫ 去，离去。⑬ 止，止天下之兵。

【講疏】　此章亦承上章而言。子之雖爲相，不如齊田氏
等經營之久，[1]足以爲燕國內部諸勢力所認同，今驟欲更
革，則原有之權力結構異動，因而招致內亂，是即所謂民心不
屬。齊國欲因勢乘便而取之，不知燕民雖反子之，而不欲亡燕
國之社稷以從齊，是燕之天命尚在，故其初雖簞食壺漿以迎
之，終則群起抗之也。蓋宣王空有齊桓之志，而不知興滅繼絶
之義，亦未能審時度勢，故終至覆轍。宣王如併燕，則實力迴
出列國之上，故諸國欲以救燕爲名伐齊。孟子因教之以善待

[1]《史記》卷四十六《田仲敬完世家》：“田釐子乞事齊景公爲大夫，其收賦稅於民以
小斗受之，其（粟）[廩]於民以大斗，行陰德於民而景公弗禁。由此田氏得齊衆
心，宗族益強，民思田氏。”

燕人，爲之立君，則諸侯無出師之名矣。齊蓋未能行孟子之策，故下文宣王云“甚慚孟子”，即此事也。

申言之，《周易・革卦》本言革命之義，其《彖》曰：“己日乃孚，革而信之，文明以説，大亨以正，革而當，其悔乃亡。”孚者，信也，言必待天下信之乃可以革命也，否則有悔隨之矣。夫“所謂己日者，天行以十干爲一周，自甲之時已當革之矣，此時雖革，人未能盡信；如必欲革，則或起干戈也，起干戈則必有生靈塗炭；仁者之所以爲仁，行一不義，殺一不辜，得天下而不爲也。當己之時，已過其半，則人盡孚矣，此可見聖人慎重之至。此如文王三分天下有其二，其力足以革紂而不親革，蓋天命雖至，仍慎而待其時也。如不待時，則雖革亦必有悔；如能元亨利貞以待時，則其悔乃亡。”〔1〕孟子本章所論與《周易》可謂密合。

第 十 二 章

鄒與魯鬨。①穆公問曰：②“吾有司死者三十三人，而民莫之死也。③誅之，則不可勝誅；④不誅，則疾視其長上之死而不救，⑤如之何則可也？”孟子對曰：“凶年饑歲，君之民老弱轉乎溝壑，壯者散而之四方者，⑥幾千人矣；而君之倉廩實，府庫充，⑦有司莫以告，是上慢而殘下也。⑧曾子曰：‘戒

---

〔1〕 前揭《周易義疏》卷七《革卦》。

之戒之！⑨出乎爾者，反乎爾者也。'⑩夫民今而後
得反之也。君無尤焉。⑪君行仁政，斯民親其上、死
其長矣。"⑫

【簡注】　① 鬨，通訌，爭鬥之聲。② 穆公，鄒君。③ 莫
之死，莫爲之死。之字賓語前置。④ 勝，盡。⑤ 疾，憎惡。
⑥ 之，往。⑦ 實、充，充實。⑧ 慢，怠慢。殘，傷。⑨ 戒，慎。
⑩ 反，返。⑪ 尤，過，歸罪。⑫ 斯，則。死其長，(願意)爲其
長上而死。

【講疏】　本章言君民施報之義，由施報可以觀君德也。
夫君之與民有一體之義，民之與君有萬殊之別。君能行仁，則
生機周流，萬民各得其分，各遂其情。故惟仁能通達萬物，所
謂施也；萬物即因仁而各得其宜，是則仁之效，所謂報也。施
之與報，如風至而起瀾，信如影響。《樂記》云："樂也者，施也；
禮也者，報也。樂樂其所自生，禮反其所自始。樂彰德，禮報
情。"禮樂乃仁義之外顯。蓋樂之本在仁，仁者生也，天之德
也；禮之本在義，義者宜也，物之情也。故君以仁化下，則民以
義報君。如王之爲言往也，言天下之歸往，即以民之報君爲
言。《曲禮》云"來而不往，非禮也"，往即所以報其能來之德，
故禮者所以報其仁也。由是言之，君以生意與民，則元氣周
流，萬物發舒，民遂其性，其生機益然者無所底止，是則民之報
君也，萬殊之報一本也。若君以斷滅與民，以殘賊虐民，則元
氣否隔，物失其養，民失其性，是故生機既滅，則君亦無以成其
爲君矣。故君之職(所謂公共性之君)在養民，其究則養民之

性也。

民能以生意報君，是亦仁也，故有殺身成仁、舍生取義者矣。今穆公有司死者三十三人，而民莫之死，是亦鄒眾之所以報穆公也。故云"出乎爾者，反乎爾者也"。《周易·坤·文言》所謂"積善之家，必有餘慶；積不善之家，必有餘殃"，即施報觀念之通俗表達。昔佛教入華，其輪迴報應諸說乃迅速爲國人所接受，不以爲忤，蓋即因其與傳統施報觀念相合也。

第十三章

滕文公問曰："滕，小國也，間於齊楚。① 事齊乎？事楚乎？"孟子對曰："是謀非吾所能及也。② 無已，③ 則有一焉：④ 鑿斯池也，築斯城也，⑤ 與民守之，效死而民弗去，則是可爲也。"⑥

【簡注】　① 間（jiàn），隙。此言處於齊楚兩大國之間。② 是，此。③ 已，止。④ 一，一法。⑤ 池，護城河。城，城牆。⑥ 效，致，盡力。

【講疏】　此居易以俟命之旨也。求其在我者，是所謂居易；雖有其德而未盡其用，是則命也。如春陽方至，萬物發生，皆有其仁矣，然所遭既異，故有成有不成。君子求其在我者，修身以俟之，易簡之道也。《易》有三義，變易，不易，易簡。國家亦然，能有此德，誠王道之本，然非謂有此德則必至乎王道也。故仁德之於王天下，乃其必要條件（所謂小故），所謂有彼而必資於此者也；非充分條件（所謂故），所謂有此而必之於彼者也。儒者所論，多於此等處著眼，俗學不察，以成敗與否論是非，以居位與否論天命，不足辯矣。

　　滕乃小國，於春秋以前尚有可存之道，所謂"以小事大，畏天者也"。至列國爭強之世，即行仁、敬事亦未必保全，無可如何者也。故孟子告以"是謀非吾所能及也"。如有可爲之道，亦惟效死勿去，而視民之蘄向。儻因歷世行仁，民報之而弗去，則哀兵或可一戰，然成敗其惟天知。以德性論言之，文公所問乃智之事也，而孟子乃告以非謀所及，當此之時，能破釜沉舟者，是亦可謂智矣。

第 十 四 章

　　滕文公問曰："齊人將築薛，[①]吾甚恐。如之何則可？"孟子對曰："昔者大王居邠，[②]狄人侵之，去之岐山之下居焉。[③]非擇而取之，不得已也。苟爲善，後世子孫必有王者矣。君子創業垂統，[④]爲可繼也。若夫成功，則天也。君如彼何哉？[⑤]強爲善而已矣。"[⑥]

【簡注】　① 薛，本任姓小國，爲齊附庸，與滕接近，其時已爲齊所吞併,爲齊相田嬰(號靖郭君,孟嘗君田文之父)封地。築薛,擴建薛城。② 邠,地名,即豳。③ 去,離去。去之,離(邠)而往。④ 統,統緒。⑤ 如……何,奈何。⑥ 强(qiǎng),勉力。

【講疏】 齊人欲擴建薛城,[1]文公受大國壓迫,而求自存之道。然實無可營謀者也。不得已,孟子乃告以昔太王避狄之道,然亦不過一線之機而已。君子居易俟命,亦不過"强爲善"而已,成功與否,付之於天,[2]是亦可謂智矣。此智與必求"事濟"之智不同,蓋事濟與否,實不可必也。

第十五章

滕文公問曰:"滕,小國也。竭力以事大國,則不得免焉。如之何則可?"孟子對曰:"昔者大王居邠,狄人侵之。事之以皮幣,①不得免焉;事之以犬馬,不得免焉;事之以珠玉,不得免焉。乃屬其耆老而告之曰:②'狄人之所欲者,吾土地也。吾聞之也:君子不以其所以養人者害人。二三子何患乎無君?我將去之。'去邠,逾梁山,邑于岐山之下居

---

[1] 周廣業《孟子四考・出處時地考》以爲即《戰國策》所言靖郭君田嬰欲"城薛"之事。其事見《齊策一》。
[2] 關於天命之義,可參《盡心上》首三章講疏。

焉。^③邠人曰：'仁人也，不可失也。'從之者如歸市。或曰：'世守也，非身之所能爲也。效死勿去。'^④君請擇於斯二者。"^⑤

【簡注】　① 皮，獸皮。幣，帛。② 屬（zhǔ），會集。③ 邑，築城。④ 身，自己。此句大意：世守之地，不是自己所能自專的。應該致死守之，而不離去。⑤ 斯，此。

【講疏】　創業垂統而可繼，是有本者也。蓋上章孟子所言，文公未悟，故此明告之。滕之處境較昔日太王尤爲艱難，太王之時，狄人勢大，周人不足與抗，故避地徙居。以能行仁，民來歸往，其勢此消彼長，至於武王，則誅伐無道，受命建國。其何以能此者，端在太王徙居行仁此一線機緣。故孟子以此勉文公，"苟爲善，後世子孫必有王者矣"。以《周易》觀之，略當大過之時，"澤滅木"，萬物皆遭滅頂之災，其能有一線生機者，一則"藉用白茅"，一則"枯楊生稊"。太王避狄，惟行之以柔，是"藉用白茅"也。夫茅之爲物，可以縮酒，祭祀之初，置之於地，用以降神。置於地，言其卑也；可以降神，言其德大。故雖置於地，而德行盛大，莫之與京，可象太王之避狄。若"效死勿去"，是"枯楊生稊"也，如老夫娶其女妻，雖有生理而不可必。《易·大過·九二》："枯楊生稊，老夫得其女妻，無不利。"孟子雖未明言易象，而所論皆暗合如此。

其另言"或曰"者，蓋亦未以此爲必能解困之道，能"效死勿去"者，可謂誠矣。前文亦言"效死而民弗去"，是尚欲有爲也，故屬用智；此則惟以君之"效死勿去"爲言，以見君德之當誠。二章之義有別，學者不可輕忽。

第十六章

魯平公將出，嬖人臧倉者請曰：^①"他日君出，^②則必命有司所之。^③今乘輿已駕矣，^④有司未知所之。敢請。"公曰："將見孟子。"曰："何哉？君所爲輕身以先於匹夫者，^⑤以爲賢乎？禮義由賢者出，而孟子之後喪逾前喪。^⑥君無見焉！"公曰："諾。"^⑦樂正子入見，^⑧曰："君奚爲不見孟軻也？"^⑨曰："或告寡人曰，^⑩'孟子之後喪逾前喪'，是以不往見也。"曰："何哉君所謂逾者？前以士，後以大夫；前以三鼎，而後以五鼎與？"^⑪曰："否。謂棺椁衣衾之美也。"^⑫曰："非所謂逾也，貧富不同也。"樂正子見孟子，曰："克告於君，君爲來見也。^⑬嬖人有臧倉者沮君，^⑭君是以不果來也。"^⑮曰："行或使之，止或尼之。行止，非人所能也。^⑯吾之不遇魯侯，^⑰天也。臧氏之子焉能使予不遇哉？"

【簡注】 ① 魯平公，姬姓，名叔。嬖人，身份低微而得寵幸者。臧倉，平公近臣。請，請問。② 他日，往日。③ 之，往。④ 乘輿，君車。⑤ 輕身以先於匹夫：降低身段而尊禮普通人,即禮賢下士。⑥ 逾,過。⑦ 諾,應辭。⑧ 樂正子,名克,孟子弟子,魯人。樂正本官名,後人以官爲氏。子爲男子通稱。⑨ 奚,何。⑩ 或,有人。⑪ 前以士,後以大夫;前以三鼎,後以五鼎:前喪用士的身份,後喪用大夫身份;前喪祭祀用三鼎,後喪用五鼎。⑫ 椁(guǒ),外棺。衣衾(qīn),衣被。此處指裝殮逝者所用。棺椁衣衾,泛指喪禮所用之物。⑬ 爲,將(從王引之説)。⑭ 沮、尼(nì),阻止。⑮ 果,清劉淇《助字辨略》以爲"凡言與事應曰果"。按,即果然之果。果有實之義,引申爲確實、果然。不果,即不如此做某事。⑯ 或,有人。人,他人。此句大意:孟子説,(可能)有人鼓動他出來,(也可能)有人希望他留下。但到底出還是留,不是他人能決定的(還是因爲魯侯自己)。⑰ 遇,爲人所識。

【講疏】　孟子之父早卒,其時家貧,棺椁衣衾甚簡。其母則壽長,時孟子已仕於齊,故葬物逾於其父。臧倉不明其理,以爲厚於母而薄於父,非禮也,故有是議。此蓋其時普通人之觀感,即孟子弟子充虞亦以其棺椁所用之木"若以美然",頗有微詞。公孫丑初未明臧氏之意,故云"何哉君所謂逾者,前以士,後以大夫,前以三鼎,後以五鼎歟"? 此則合禮者也。《中庸》論喪祭之禮云:"武王末受命,周公成文武之德,追王太王、王季,上祀先公以天子之禮。斯禮也,達乎諸侯大夫及士庶人。父爲大夫,子爲士,葬以大夫,祭以士。父爲士,子爲大夫,葬以士,祭以大夫。期之喪達乎大夫,三年之喪達乎天子,父母之喪,無貴賤一也。"孟子之父爲士,故以士禮葬,孟子未仕之時亦惟祭以士，〔1〕三鼎而已。及孟子已仕齊爲大夫，故用五鼎，與禮合。惟臧倉之疑，牽涉當時喪禮一大原則，即父母葬制喪服之差别。如喪服，《中庸》所謂三年喪達乎天子，此蓋孔門之新禮，而非春秋以前之通義。《儀禮·喪服》明主爲父三年喪，父在爲母期而已，故後人頗疑三年喪非周公之制。〔2〕孔子論此義，乃舉殷時高宗諒闇爲例。疑此乃殷人之禮，至周則一如《儀禮·喪服》。蓋殷人尚母，故事父母如一，至周則欲寓尊卑之意於父母之間，此不合人情者也，故孔子斟酌損益，以父母同行三年喪代之。弟子宰予有疑於此，以爲鑽燧改火，天運一周，期則可矣。孔子云："食夫稻，衣夫錦，於女安乎?"(《論語·陽貨》)以心安爲言，正《禮記》所云禮"非從天降也，非從地出也，人情而已矣"之意也(《問喪》)。喪服如此，葬制亦然，故孟子之葬母以厚，並非逾制，乃因前後貧富不同，

---

〔1〕　喪從死者，祭從生者，此固古義。清周廣業《孟子四考·出處時地考》以爲孟子既以士禮祭父，當在四十强仕以後，所以不同意《列女傳》以來流傳已久的孟子父親早卒之説。此説未免過拘，祭用士禮，當係士人家族之通禮。

〔2〕　康有爲《孔子改制考》卷九《喪葬之制孔子改定者》。收入朱維錚編校《中國現代學術經典·康有爲卷》，河北教育出版社，1996 年。按清儒毛奇齡等皆疑三年喪爲殷禮而非周公所制，參本書卷五《滕文公上》第二章講疏，及焦循《孟子正義》同條所引。姚際恒云："上古惟心喪，無時無服，自唐、虞始爲三年之喪，《虞書》'百姓如喪考妣三載'是也。故孔子與宰我論三年之喪，並言父母;《中庸》引子曰'三年之喪達乎天子，父母之喪無貴賤也'，則爲父母之時，皆三年也。《論語》兩言'見齊衰者'，孟子對滕文公，言'齊衰之服'，皆無斬衰之名。則爲父母之服，皆齊衰也。不知何時，尊父抑母，别加斬衰於齊衰之上。如《儀禮》此篇及《禮記》中《檀弓》《曾子問》《喪服四制》，亦皆云然。意者其服既分，則爲父三年，父在爲母期者，其時亦分於其際矣。是《喪服》固後出之書也。"見氏著《儀禮通論》卷十一上《喪服》，陳祖武點校，中國社會科學出版社，1998 年，第 350—351 頁。姚氏之言頗平允，然儻以《喪服》後於孔子，亦未必然，蓋《禮記》諸書皆明記孔子之言，不應齟齬若是，仍當以毛説爲正。

人情有不容已也。參《公孫丑下》第七章。

　　本章所以置於此者，非欲討論喪制也。孟子之意端在"吾之不遇魯侯，天也"一句。蓋孟子之不遇魯侯，即魯侯之不遇於天也，當時天下，欲行王道，舍孟子其誰也？今平公信孟子而未能有恒，所謂知止而未能有定，乃與王政失之交臂，此固屬天命，然亦因其君德之不誠，未能貞固如一，蓋天之所命必於有恒之人也。

孟子章句講疏卷三

公孫丑章句上 凡九章

【解題】 前兩篇論王政與君德,屬外王之事。然外必本之於内,《中庸》所謂"合内外之道也",亦《大學》"物有本末"之義。本篇所言乃孟子之自得,雖勝義紛紜,皆歸本於因時持志、勿忘勿助,爲儒家内聖學之根本。忘與助者,言其各得一偏,未能合乎中道。然亦不可膠執,蓋惟大舜"與人爲善",忘其小己之存在,乃爲極則。

章旨結構圖

1. 王霸(内外)有別。時勢。
2. 三種不動心。内外:志與氣;養勇與知言。忘與助;因時持志。十世可知。
3. 内外之別:以德行仁與以力假仁。
4. 仁之效果。忘與助。
5. 仁政之效。
6. 論不忍人之心。四端。
7. 人役:四端已泯。慎術。
8. 忘與助。大舜與人爲善。
9. 忘與助。

第 一 章

公孫丑問曰："夫子當路於齊，①管仲、晏子之功，可復許乎？"②孟子曰："子誠齊人也，③知管仲、晏子而已矣。 或問乎曾西曰：'吾子與子路孰賢？'④曾西蹴然曰：'吾先子之所畏也。'曰：'然則吾子與管仲孰賢？'曾西艴然不悅，⑤曰：'爾何曾比予於管仲？管仲得君，如彼其專也；行乎國政，如彼其久也；功烈，如彼其卑也。⑥爾何曾比予於是？'"曰："管仲，曾西之所不爲也，而子爲我願之乎？"⑦曰："管仲以其君霸，晏子以其君顯。⑧管仲、晏子猶不足爲與？"曰："以齊王，由反手也。"⑨曰："若是，則弟子之惑滋甚。⑩且以文王之德，百年而後崩，⑪猶未洽於天下；⑫武王、周公繼之，然後大行。今言王若易然，則文王不足法與？"⑬曰："文王何可當也？⑭由湯至於武丁，賢聖之君六七作。⑮天下歸殷久矣，久則難變也。武丁朝諸侯有天下，猶運之掌也。紂之去武丁未久也，⑯其故家遺俗，流風善政，猶有存者；又有微子、微仲、王子比干、箕子、膠鬲皆賢人也，⑰相與輔相之，⑱故久而後失之也。尺地莫非其有也，一民莫非其臣也，然而文王猶方百里起，是以難也。

【簡注】 ① 公孫丑,孟子弟子,齊人。當路,當道,掌權。
② 管仲,名夷吾,相齊桓公,成就霸業。許,期許。③ 誠,實,
確實。④ 曾西,曾子之子曾申,字子西(從宋王應麟説)。吾
子,您。子路,名仲由,衛人,孔子弟子,果勇力行,入政事科。
⑤ 蹵(cù),不安貌。先子,指曾子。艴(fú),惱怒貌。亦通
勃。⑥ 何曾,何乃。功烈,功業。烈猶言光。⑦ 爲,謂(從清
王念孫説)。⑧ 顯,光顯。⑨ 王,音 wàng。由,通猶。⑩ 滋,
益。⑪ 崩,山陵崩,天子、諸侯去世的委婉語。⑫ 洽,遍及。
⑬ 易然,容易如此。法,取法。⑭ 當,匹敵。⑮ 作,興起。
⑯ 去,離。武丁,殷之高宗,爲商朝中興之君。⑰ 微子,紂王
庶兄,周初封爲宋國始祖,奉商祀。孔子許爲"三仁"之一。微
仲,微子之弟,繼微子位。或云乃微子次子(此閻若璩説)。然
以孟子排序觀之,似當以弟爲是。比干、箕子,殷宗室,"三仁"
之二。比干被殺,箕子佯狂,後傳《洪範》。膠鬲(gé),殷末賢
臣。⑱ 輔相,輔佐。

【講疏】 管、晏相齊,霸於天下,時人見其聲勢煊赫,爲後
世所不及,欲法之而不得其門,見孟子言王道,終以爲迂遠而
闊於事情,雖其弟子如公孫丑輩亦所不免,故有此問。孟子因
引曾西之言以少其論。[1]蓋孟子非不知管、晏功業之盛,惟
此功業乃依齊國之勢得之,故云"以齊王猶反手也"。然得此
時勢而終未能王,則其境界之不足亦可見矣。當文王之時,天

---

〔1〕 按曾西,趙岐、朱子皆以爲曾子之孫,宋王應麟《困學紀聞》引《經典釋文‧序録》
之説,以爲當爲曾子之子曾申,字子西。閻若璩等亦有所補正。參氏著《四書釋
地》卷四《曾西》。《清經解　清經解續編》第一册。

時在殷，所謂天時在殷者，由湯至武丁，賢聖繼作，天下歸往之。當此之時，雖有聖人出，亦無以易人心之歸往，《易》所謂"夬履"之時也。[1]至紂之時，賢人尚在，流風善政猶有存者，然文王猶能因紂之弊，收其漸離之人心，以百里之國馴至三分天下而有其二，其德之宏，世莫與敵，非以力假仁者比。以此相形，則王霸之高下明矣。孟子論政，皆歸宿於時勢之可否，人心之向背，以易道言之，人心猶乾也，時勢則坤也，乾坤相合，乃生萬物。亦《中庸》所謂"合內外之道也"。

齊人有言曰：'雖有智慧，不如乘勢；雖有鎡基，①不如待時。'②今時則易然也。夏后、殷、周之盛，地未有過千里者也，而齊有其地矣；雞鳴狗吠相聞，而達乎四境，而齊有其民矣。地不改辟矣，民不改聚矣，③行仁政而王，莫之能禦也。④且王者之不作，未有疏於此時者也；民之憔悴於虐政，未有甚於此時者也。飢者易爲食，渴者易爲飲。孔子曰：'德之流行，速於置郵而傳命。'⑤當今之時，萬乘之國行仁政，民之悅之，猶解倒懸也。故事半古之人，功必倍之，惟此時爲然。"

---

[1]《周易·履卦·象》："剛中正，履帝位而不疚，光明也。"此即九五之"夬履，貞厲"。義解："夫天下者天下人之天下，有德者皆可居之，然帝位惟一，而有德者衆，欲履其位，必決去他人而後可，故曰夬履。夬者，決也。"參拙作《周易義疏·履卦》。

【簡注】　① 鎡（zī）基，一種農具。一說即鋤頭。② 時，指農時。③ 改，更。④ 禦，止。⑤ 置、郵，皆指驛站。而，以。

【講疏】　本章微發時、勢之義。時勢若渾言之，義可無別；若析言之，則有時空之異。如《周易》卦時而爻空，卦當其時，爻當其勢，天道即顯現於此時勢變異之中。王者不作，民苦倒懸，此新王特起之時也；地方千里，民不改聚，此齊國繼王之勢也。本篇大旨在因時持志，勿忘勿助，故以時勢之論領起全篇。

第 二 章

公孫丑問曰："夫子加齊之卿相，得行道焉，雖由此霸王不異矣。① 如此，則動心否乎？"孟子曰："否。我四十不動心。"

曰："若是，則夫子過孟賁遠矣。"曰："是不難，告子先我不動心。"②

曰："不動心有道乎？"曰："有。北宮黝之養勇也，不膚撓，不目逃，③ 思以一豪挫於人，若撻之於市朝。不受於褐寬博，亦不受於萬乘之君。視刺萬乘之君，若刺褐夫。無嚴諸侯，惡聲至，必反之。④ 孟施舍之所養勇也，⑤ 曰：'視不勝猶勝也。量敵而後進，慮勝而後會，是畏三軍者也。⑥ 舍豈能爲必勝哉？能無懼而已矣。'孟施舍似曾子，北宮黝似子夏。夫二子之勇，未知其孰賢，然而孟施舍守約也。⑦昔者曾子謂子襄曰：'子好勇乎？吾嘗聞大勇於夫子矣：自反而不縮，⑧雖褐寬博，吾不惴焉；自反而縮，雖千萬人，吾往矣。'⑨孟施舍之守氣，又不如曾子之守約也。"

曰："敢問夫子之不動心與告子之不動心，可得聞與？""告子曰：'不得於言，勿求於心；不得於心，勿求於氣。'不得於心，勿求於氣，可；不得於言，勿求於心，不可。夫志，氣之帥也；氣，體之充也。夫志至焉，氣次焉。⑩故曰：'持其志，無暴其氣。'"⑪

"既曰'志至焉，氣次焉'，又曰'持其志，無暴其氣'者，何也？"曰："志壹則動氣，氣壹則動志也。今夫蹶者趨者，⑫是氣也，而反動其心。"

"敢問夫子惡乎長？"曰："我知言，我善養吾浩然之氣。"⑬

"敢問何謂浩然之氣？"曰："難言也。其爲氣也，至大至剛，以直養而無害，則塞于天地之閒。⑭其爲氣也，配義與道；無是，餒也。⑮是集義所生者，非義襲而取之也。行有不慊於心，⑯則餒矣。我故曰，告子未嘗知義，以其外之也。

【簡注】 ① 加齊之卿相：獲予齊國卿相之位。按此句乃假設之辭。霸王（wàng），成就霸業、王業。異，驚異，奇怪。
② 孟賁，勇士名。告子，名勝（一曰不害），年稍長於孟子，爲
孟子著名論敵。參《告子上》。③ 北宮黝，齊人（從錢大昕
説），以北宮爲姓。朱子以爲刺客一流。撓，同橈（náo），屈
折。膚撓，肌膚被刺而屈曲。目逃，目被刺而眨眼或轉睛逃
避。④ 挫，挫辱。市朝，集市（從顧炎武説）。褐，毛布。寬
博，寬大之衣，身份微賤者所服。不受，不受挫辱。嚴，畏憚。
⑤ 孟施舍，孟姓，舍名，施爲發語聲（從趙岐説）。⑥ 視不勝
猶勝：不關注勝不勝。會，會戰。⑦ 子夏，名卜商，晉人。曾
子，名參，字子輿，魯人。子夏、曾子皆孔子晚年弟子，子夏爲
文學科，曾子當屬德行科，故外内有別。約，簡約，與博相對。
子夏務博，曾子守約。⑧ 子襄，曾子弟子。縮，直（從朱子
説）。⑨ 不，語詞（從王引之説）。惴，恐懼。不惴，猶言豈不
惴。不字當速讀。往，向前。古以向外曰往，向内曰來。
⑩ 至，到。次，駐。此處義爲隨至。按諸家多以志爲極至，氣
爲其次，兹不從。此句言志爲氣之帥，故志到何處，氣（也
應）跟到何處。次本有駐紮之義。⑪ 持，護持。暴，亂。
⑫ 壹，專一。蹶，顛躓，跌倒。一説即跳躍。趨，走，跑。
⑬ 惡（wū），何。言，言語。言語是周人一種關於語言訓練的學
問。浩然，盛大流行貌。⑭ 直，直道，自然。害，妨害。塞（sè），
充塞。⑮ 配義與道：與義和道（指理）相配。餒（něi），陷。按餒
字本爲飢之義，人飢則肚腹深陷，略似本文所言餒。惟一指無
食，一指無氣。朱子釋爲“氣乏而不充體”，得之。⑯ 襲，掩覆，
披。襲本爲人死入殮之前所覆之衣。義襲指此義不是内生的，
而是如披著一層皮，所以纔是“義外”。慊（qiè），足。

【講疏】　既云四十不動心,則四十以前嘗動心矣,孔子所謂四十不惑亦然。孔孟二師皆自漸修而得,後學執其成説,不能反身體認,徒囂囂自訟,反成戲論。或問:此言"四十不動心",後言"動心忍性",豈矛盾歟? 是曰不然。蓋孟子所言不動心者,非莊子所謂"形若槁木,心如死灰",波瀾不起者也,以動即動者也。若夫不動心之道,孟子析之數端:

其一曰暴氣養勇。如北宮黝、孟施舍之所爲,〔1〕其法虛懸一外在科條(即彼所謂義),經身心之持續訓練,或"不膚橈,不目逃"(北宮黝),或"視不勝猶勝"(孟施舍),馴至於以氣易志,其有成者或可置生死於度外,一往而無前,如墨子之徒,死不旋踵者是也。〔2〕《墨子》亦云:

> 昔者越王句踐好勇,教其士臣三年,以其知爲未足以知之也,焚舟失火,鼓而進之,其士偃前列,伏水火而死,有不可勝數也。當此之時,不鼓而退也,越國之士可謂顫矣。〔3〕

---

〔1〕 按孟施舍,趙岐以爲施爲發於聲,清儒閻若璩、翟灝等疑施舍皆是名字,參焦循《正義》。俞樾亦以孟施爲字,舍爲名。見氏著《群經平議》卷三十二《孟子一》。然趙岐既特爲表出,當有所本。另,武億《群經義證》八《孟子》則引《隸釋》"仲阿東"、"仲阿先"等例以駁翟説,認爲阿字也是語助詞。前揭《清經解　清經解續編》第九册,第1051頁。

〔2〕 《淮南子·泰族訓》:"墨子服役者百八十人,皆可使赴火蹈刃,死不還踵,化之所致也。"何寧《淮南子集釋》卷二十,中華書局,1998年,第1406頁。

〔3〕 《墨子·兼愛下》,孫詒讓《墨子閒詁》卷四。孫氏注:"王(念孫)云:'有字文義不順,有當爲者字之誤也。中篇曰士聞鼓音,破碎亂行,蹈火而死者,左右百人有餘',是其證。'案:王説是也,蘇(時學)校同。"

　　惟北宮黝、孟施舍之勇亦稍有辨，二者之所養雖皆本之既
定原則，然其發用則有外拓與内斂之别。北宮黝能執其勇以
應外侮，故"惡聲至，必反之"，以一己之勇横行天下，春秋戰國
之時如專諸、聶政之徒蓋多與此相類，是爲"外拓之勇"；若孟
施舍之氣則不如此之盛，然亦能不畏三軍，無懼外侮，是爲"内
斂之勇"，若秦舞陽之徒則有愧於此矣。[1]所謂内外之别，頗
似儒者所言博約之異，故氣質與子夏、曾子頗有相通之處。蓋
孔門四科，以學名者惟子夏、曾子兩派，一主師法，一主自
得。[2]　其後荀、孟之分途，亦淵源於此。子夏以文學名，故
"博學而篤志，切問而近思，仁在其中矣"，所謂仁蓋寓於博學
審問當中，其學術亦屬向外拓展一路；若曾子則以德行名，"吾
日三省吾身，爲人謀而不忠乎？ 與人交而不信乎？ 傳不習
乎？"故能"自反而縮，雖千萬人吾往矣"，皆於心體用功，故其
學屬向内收斂一路。子夏之學既成，則設教西河，以師道自
居，其視孔子僅爲傳揚學術之先師，而無特殊之崇重；至曾子
一路則雖自任師道，而不以自居（其義見下），能深體夫子繼往
開來、貞下起元之文化價值，故予孔子皆致特殊尊重，曾子所
謂"江漢以濯之，秋陽以暴之，浩浩乎不可尚已"（《孟子·滕文
公上》）是也。孟子爲曾子後學，故以守約許之，孔子云："以約
失之者鮮矣。"（《論語·里仁》）申言之，所謂内斂與外拓，約與

────────────

〔1〕《史記》卷八十六《刺客列傳》："荆軻奉樊於期頭函，而秦舞陽奉地圖匣，以此進。
　　　至陛，秦舞陽色變振恐，群臣怪之。"
〔2〕予所謂自得與師法乃就兩派爲學之進路而言，此經學所以體現爲經學之關鍵
　　　所在，學術界多就二者人性論之異區以别之，未得其本。參前揭鄧志峰《王學與
　　　晚明的師道復興運動》導言。

博,其根據即在本末體用之別,守約者能在本體處用功,故正本清源,雖其初規模似小,然所謂有本之學,如能擴而充之則終得其大;其務博者皆在流行處著力,其初規模廣大,儻持守不力,則不能源泉混混,盈科後進矣。大凡學術内部有學派之劃分者,多與此相關,如漢學内部有所謂今、古之爭,宋學内有程朱、陸王之異,王學内部亦分歸寂、現成者,〔1〕皆可於此意會之。

"吾不惴焉",朱子無注,王引之以"不惴"之"不"爲語詞,〔2〕不惴即惴也,可從。焦書已引及。蓋惴非不勇也,懼於衣褐之匹夫,人以爲難堪者,是乃曾子之大勇也。此曾子與北宫黝之相異處,蓋其勇一本之理,一本之氣。本於氣者務反人之所爲,本於理者則唯視其當理而從之,是所以爲大勇也。儒之與俠,其分野在此。

其一則告子之不動心,所謂"不得於言,勿求於心;不得於心,勿求於氣"。孟子此章所言,歷來學者多聚訟而莫得其義。儻以上下文詳繹之,實亦不難。蓋孟子一生以辟楊墨爲職志,<u>告子爲孟子最大論敵之一</u>,前人多未明其學派歸屬,以予觀之,則道家派下人也。嘗試論之,道家之學務返於無名之域,得其渾淪之樸。故其所追摹者,常在嗒然若喪,形若槁木,心

---

〔1〕 此種派分王學之法可參岡田武彦《王陽明與明末儒學》第三章《王門三派》,吳光、錢明、屠承先譯,上海古籍出版社,2000 年,第 103—159 頁。蓋歸寂言其本體,現成言其流行,有以貫之者則修證是也。以行動取向派分亦然,予所謂師道、會通、修證者是也,有識者自可辨之。參前揭鄧志峰《王學與晚明的師道復興運動》導言。

〔2〕 閻若璩此前已指出:"不,豈不也。猶經傳中敢爲不敢,如爲不如之類。"氏著《四書釋地》卷四《吾不惴焉》。

如死灰，[1]於世相之紛紜不起分別相者也。夫言，則世相之
表達也。既不起分別矣，則不復有名，人己之言能否相合，更
無復論，此即"不得於言，勿求於心"；蓋不可用心之理智思維
計度之也。既勿求於心，則其如槁木死灰者常止而不變，是即
不動心也。若心有動而不安，亦不可力制其心，[2]當遣其名
相，以至於無，終至與物無忤，此即"不得於心，勿求於氣"。此
老子所謂"虛其心，實其腹"，虛者，使不起意也。故此時亦不
當動氣，否則心亂矣。[3]若楊朱亦然，拔一毛利天下而不為，
蓋外物無攖己心，其所謂不動心者，無心也。近世俗學以個人
主義視之，真可笑咤。蓋因無心，故所謂義內者不可得，無內
外故也，然以告子言，則固義外者也。<u>蓋告子似亦道家中未進
至老莊之境者，但道家之小乘耳</u>。故雖欲無心而尚有人我之
隔、內外之別，此後文（《告子上》）所以有仁內義外之論也。否
則如無心、虛心者皆可與經學相通，《易·咸卦》所謂"君子以
虛受人"，惟虛不起意，始能以無心應萬物，感而遂通天下之
故。由此觀之，朱子以"冥然無覺，悍然不顧"釋告子之學，尚

---

〔1〕《莊子·齊物論》："南郭子綦隱机而坐，仰天而噓，苔焉似喪其耦。顏成子游立
　　侍乎前，曰：'何居乎？形固可使如槁木，而心固可使如死灰乎？今之隱机者，非
　　昔之隱机者也。'"王先謙《莊子集解》卷一。
〔2〕朱子以下多以告子"力制其心"為言，茲不從。蓋云"力制"，亦是求於心也。此
　　實北宮黝、孟施舍之法，二者乃墨家派下人也。
〔3〕王船山已明此義，《讀四書大全說·孟子·公孫丑上》："告子之'不得於言，勿求
　　於心'也，亦謂天下之理，本非吾心之所有而不可勝窮……不如聽其自得自失
　　於天地之間，可以全吾心之虛白。……其謂'不得於心，勿求於氣'者……即使
　　吾心有不能自主之時，亦且任之而俟其自定。……告子之為學術，大要如此，蓋
　　亦源本老莊，而後世佛氏之言亦相承以立說焉。"按告子先於莊子，故"源本老
　　莊"云云，可不必以辭害意。王夫之《讀四書大全說》，收入《船山全書》第六冊，
　　嶽麓書社，1996年。

爲有説,若云"力制其心"則不如言遣心以至於無爲愈。否則其能力制其心者究爲何物耶？毛奇齡云："心焉能不動,裁説不動,便是道家之嗒然若喪,佛氏之離心意識參,儒者無是也。"[1]皆承其説而言。詳下文。

其一即孟子持志養氣之説也。夫孟子之所謂志,非普通所言"心之所之"也,孔子云"志士仁人,無求生以害人,有殺身以成仁";又"志士不忘在溝壑,勇士不忘喪其元",所謂志士皆言志於本心之仁者也。[2]志者,定也,既志於仁,則所謂持志,言能持其志仁之心也,故孟子之不動心,乃依仁由義,即動而動,是所謂居仁者也。[3]居者,住義,守而不失,勿忘勿助。蓋仁義皆本心固有之德,由仁義行,擴而充之,是謂集義;積之漸久,則淬面盎背,通體而有光,浩然之氣形矣。若能順其自然,充拓不已,所謂"以直養而無害",則源泉混混,盈科而後進,必將塞於天地之間。若虛懸一具體之所謂義,强力行之,雖可持之一時,然中主一失,必將氣餒,是之謂義襲,言掩覆在

---

〔1〕 按,焦氏《正義》於"既曰志至焉,氣次焉"條下引毛氏之説云"告子勿求於氣並不求於心,雖不暴其氣,而亦不持志,則是屏心與氣於空虛寂滅",此即朱子所謂"冥然無覺";然於之前"敢問夫子之不動心"條下又引毛説云"告子則又但力制其心,而並不求氣,是既不能反,又不能養",仍囿於制心之論,則其所謂"屏心與氣於空虛寂滅"與予所言遣心以至於無者仍有一間之隔。馬一浮云："告子之不動心,祇是在氣上强把持,是死的,故不能配道義。學神仙與參禪之人皆有此本領,禪師家所謂把定封疆,水泄不通,佛來佛斬,魔來亦斬。與告子之不動心雖有精粗之別,但祇知氣而不知理則同。不知這個把持正是病痛。"此所云"在氣上强把持"蓋亦承朱子力制而來,此工夫與佛老二家之力主遣,空實有不同。《馬一浮集》第三册烏以風《問學私記》,第1167—1168頁。

〔2〕 本書於卷六《滕文公下》有詳細闡述,與本章頗可相參。

〔3〕 關於志、居仁之義,另參《盡心上》第三十三至三十六章講疏。此處重在辨析與諸家之同異,故暫不詳及。

外者也。蓋本源之處既失滋養，終將無以爲繼。告子既勿求於心，則其所謂義必非根源於内者矣。

由志與氣之關係可見儒墨二家之取向。所謂暴氣養勇，乃持守其外在之氣，漸化其心，使成一團死物，何以能此者，即在氣壹可以動志；若持志養氣，則由本心固有之生生之德，漸及於外，則存神過化，天地亦感其生機，何以能此者，即在志壹可以動氣。<u>孟子特辨而析之，以見儒墨養氣之根據</u>。^{〔1〕}以德性論言，人能養氣，且真能表見於生命之實感，則有勇隨之。

必有事焉而勿正，^①心勿忘，勿助長也。 無若宋人然：宋人有閔其苗之不長而揠之者，芒芒然歸。^②謂其人曰：‘今日病矣，^③予助苗長矣。’其子趨而往視之，苗則槁矣。天下之不助苗長者寡矣。以爲無益而舍之者，^④不耘苗者也；^⑤助之長者，揠苗者也。非徒無益，而又害之。”^⑥

【簡注】　① 事，從事。正，定，固定。朱子釋爲預期，亦可通。② 閔，通憫，擔憂。揠(yà)，拔。芒芒然，疲極之貌，猶今言悠悠蕩蕩。③ 其人，指家人。病，累壞。④ 舍，不顧。⑤ 耘，鋤地。⑥ 非徒，非但。

【講疏】　“必有事焉而勿正，心勿忘勿助長”，即因時持志

〔1〕　孟子之養氣，即後文所言養性、踐形，參《盡心上》第一章、第三十八章講疏。此處之所以不直言養性，蓋因墨家本無養性之説，故直論二家養氣之不同。

之義也。惟因時故能勿忘勿助，無過不及，得其中道。《易》云："履，柔履剛也，說而應乎乾，是以'履虎尾，不咥人'。"有事即居仁持志。止一爲正，勿正者，勿定於一端而以爲正，蓋君子守經而不知權，違大人之道矣。後世陽明學於此等處發揮甚多，大旨不逾於此。[1]依孟子之意，告子之勿求即所謂忘，墨者之任氣即所謂助，告子棄而不耘，墨子則揠苗者也。墨子宋人，言宋人者，諷墨子也。上章言"雖有鎡基，不如待時"，若墨子一路，是不知待時者也。

"何謂知言？"曰："詖辭知其所蔽，①淫辭知其所陷，②邪辭知其所離，③遁辭知其所窮。④生於其心，害於其政；發於其政，害於其事。 聖人復起，必從吾言矣。"

【簡注】 ① 詖（bì），偏頗。蔽，遮蔽。② 淫，放蕩。陷，陷溺。③ 邪，邪僻。離，違離。④ 遁，躲閃。窮，不足。

【講疏】 道家之學，得意而忘言，遣言者也，欲返其無名

---

[1] 大程子曰："正是著意，忘則無物。"《河南程氏遺書》卷十一《明道先生語一》，王孝魚點校《二程集》，中華書局，1981年，第132頁。王陽明曰："我此間講學，卻只說個'必有事焉'，不說'勿忘勿助'。必有事焉者，只是時時去集義。若時時無用必有事的工夫，而或有時間斷，此便是忘了，即須勿忘。時時去用必有事的工夫，而或有時欲速求效，此便是助了，便須勿助。其工夫全在必有事上用，勿忘勿助只就其間提撕警覺而已。若是工夫原不間斷，即不須更說勿忘；原不欲速求效，即不須更說勿助。此其工夫何等明白簡易，何等灑脫自在！"《王陽明全集》卷二《傳習錄中·答聶文蔚二》，吳光、錢明、董平、姚延福編校本，上海古籍出版社，1992年，第83頁。

之樸；儒家則必落實於知言，對宇宙萬物予以正面表達，於是依其天理，因其固然，而形名生焉。所謂知言者，明理也。[1]言爲心聲，心之所發，在内爲意，在外爲言，意雖難測，言則可求。誠意則即乎己，知言則視乎人。所謂詖辭者，偏而不公，仁之失也，故蔽；所謂淫辭者，蕩而無本，禮之失也，故陷；所謂邪辭者，惟務私曲，義之失也，故離；所謂遁辭者，惟務自謀，信之失也，故窮。統之者即所謂智也，由智故能知言。若不能知言，而陷於詖、淫、邪、遁，則源頭既濁，是未能持志矣。[2]由此則失之毫釐，謬以千里，"生於其心，害於其政；生於其政，害於其事"。心者即其統體言（常表現爲君心，可括一切政治實踐之初衷），心與政有内外之殊，政與事有本末之别。此處所言五常之德與大《易》相通，是《周易》之五行説也。

　　蓋尤有説。孟子云"我知言，我善養吾浩然之氣"，所謂浩然之氣，乃孟子所養之勇也，惟其所謂勇與墨者之别，端在出之以仁，故浩然之氣可括仁勇二德。至於知言，是所謂智也，然則孟子此言蓋亦以三達德自許焉。[3]本段大旨可與《滕文公下》相參，則其義尤明。

---

〔1〕　知言即明理，具體而言則是明瞭諸家之言。關於此問題，另可參拙作《早期儒家的名辯思想——孔子與荀子之間》，《新經學》第五輯，上海人民出版社，2020年。

〔2〕　前揭《早期儒家的名辯思想》："道家失仁，墨家失禮，法家失義，縱横家失信，雖不必指實，然大體可以相應。"

〔3〕　此義康有爲已發之，《孟子微》卷一《總論》："夫浩氣，大勇也。知言，大智也。惟大勇、大智，而後能擴充其不忍人之心以保四海，所謂大仁也。"樓宇烈整理，中華書局，1987年。按康説稍有未諦，蓋三德之智、仁、勇乃並列者，大勇之本在仁，大智之本亦在仁，故浩氣可括仁、勇二德，不必云大勇而後能擴其仁。至於智，乃綜括仁、禮、義、信四常而來，此處不必言大智。

"宰我、子貢善爲說辭，^①冉牛、閔子、顏淵善言德行。^②孔子兼之，曰：'我於辭命則不能也。'然則夫子既聖矣乎？"^③曰："惡！ 是何言也？昔者子貢問於孔子曰：'夫子聖矣乎？'孔子曰：'聖則吾不能，我學不厭而教不倦也。'^④子貢曰：'學不厭，智也；教不倦，仁也。仁且智，夫子既聖矣！'夫聖，孔子不居，^⑤是何言也？"

【簡注】 ① 宰我，姬姓，宰氏，名予，字子我，魯人。子貢，姓端木，名賜，字子貢，衛人。宰我、子貢皆孔子弟子，入言語科。說辭，言語。② 冉牛，名耕，字伯牛，魯人。閔子，名損，字子騫，魯人。顏淵，名回，字子淵，魯人。冉（伯）牛、閔子（騫）、顏淵亦孔子弟子，入德行科。德行相當於後世的修行，不僅指道德踐履而言。③ 既，已。④ 昔者，以前。厭，足。⑤ 居，自居。

【講疏】 孟子自許知言，公孫丑疑其以聖自居，故發此問。孟子引孔子之言以應之，或以爲乃孔孟二子之謙辭，非也。不以聖自居，即《易》終未濟之義。《易》與天道準，《詩·大雅·文王》曰"維天之命，於穆不已"，天行永無終了之期。如《易》之既濟似有成矣，然"初吉終亂"，已成而終毁，是終於未濟也。^{〔1〕}故孔子亦惟以"學不厭，教不倦"爲言，蓋聖之實

---

〔1〕 參拙作《周易義疏》卷八《未濟》。按《周易·雜卦傳》云"既濟，定也"，其象剛柔當位，且皆以陽承陰，歷來言《易》者頗以之爲善卦，虞氏易尤以既濟定爲蘄向而論爻變，近世學者宗此說者眾。然此實不確，蓋知人而未知天也，否則天道凝矣。

現亦如天德之不息，一息尚存即無以自成也。此亦老子所云
"大器免成"之義。[1]若一以現實之聖人自居，則其道隔矣，
其體凝矣，此儒者之學天生與宗教有別，然亦因此而超乎宗教
者也。蓋古今宗教，必有一現實之教主，如墨家之鉅子，耶教
之基督，信徒頂禮膜拜，不敢異辭，其與孔孟之門一堂風義、師
友切磨之學迥乎不侔。故孔子殁後，雖門人思慕，欲以有子爲
師，終爲曾子諸人所反對，此亦儒墨分途之處。[2]奈何自晚
清康有爲倡爲孔教之説，陋儒乃以爲是真尊孔子之法也，不知
於孔門大義尚未能悉，則其所奉以爲教者究何説也？

　　至於所引孔子之言，是亦有説。蓋孔子之論所以有合於
天道者，即當於其不厭不倦且不居處求之。惟不厭不倦，是所
謂勿忘；不居，是所謂勿助。孔孟所言密合無間。惟孔子但以
學教言，亦親切有味。蓋夫子既以師示現於世，師亦位也，君
子素其位而行，故但言學、教而不言其餘。學者坤道，智之事
也；教者乾道，仁之事也。學欲其虛懷若谷，《易》所謂"君子以
虛受人"，故當不厭，厭，足也。教欲其因材施教，《中庸》所謂
"因時育物"，故當不倦。由此不厭不倦，故孔子雖據師位而能
自拔於世俗小師，不以解惑授業爲足，而能取法乎文王之德之
純，繼往開來，貞下起元，而與其歷史時代之文化精神相應，是
所以爲聖人，爲萬世師。所謂以師道自任者，當於此等處

---

〔1〕　今本《老子·德經》第四十一章（帛書本第四十）"大器晚成"一句，昔陳柱曾言
　　　"晚猶免也"，《帛書老子》乙本徑作"大器免成"，故樓宇烈等皆以爲免字義長，甚
　　　是。參高明《帛書老子校注》，中華書局，1996 年，第 24 頁。
〔2〕　參拙作《孔曾禮學探微》，《中國經學》第二十六輯，廣西師範大學出版社，
　　　2020 年。

求之。

故自任與自居異。以聖自居已如上述，是自視爲已成者也。以道自任則是以此爲蘄向，曾子所謂"仁以爲己任"者，亦鐵肩擔道之義也。以易道論，自居與自任亦有既濟、未濟之別。公孫丑不察，以孟子與子夏輩以聖自居者比，故孟子呃正之。孔孟於此等處皆非謙辭，乃聖賢之如實語，學者所當知。

"昔者竊聞之：子夏、子游、子張皆有聖人之一體，①冉牛、閔子、顏淵則具體而微，敢問所安。"②曰："姑舍是。"③

曰："伯夷、伊尹何如？"④曰："不同道。非其君不事，非其民不使，治則進，亂則退，伯夷也。何事非君，何使非民，⑤治亦進，⑥亂亦進，伊尹也。可以仕則仕，可以止則止，⑦可以久則久，可以速則速，⑧孔子也。皆古聖人也。吾未能有行焉，乃所願，則學孔子也。"

"伯夷、伊尹於孔子，若是班乎？"⑨曰："否。自有生民以來，未有孔子也。"

曰："然則有同與？"曰："有。得百里之地而君之，⑩皆能以朝諸侯有天下；⑪行一不義、殺一不辜而得天下，⑫皆不爲也。是則同。"

【簡注】 ① 子游，姓言，名偃，字子游，吳人。子張，姓顓孫，名師，字子張，陳人。二人皆孔子弟子。一體，猶言一肢。② 具，備。具體而微：體型完備，尚未能大。安，依止。
③ 是，此。指上文公孫丑所問。④ 伯夷，孤竹君之長子，當
紂之亂，與弟叔齊隱居不出。後聞文王仁德，故往歸之。及武
王伐紂，二人不滿其以臣誅君，故恥食周粟，餓死首陽山。伊
尹，助商湯滅夏桀，商湯死後，相其子太甲，太甲不守君道，故
伊尹將其放逐於桐宮。⑤ 何事非君，何使非民：無論何種君
皆可事奉，無論何種民皆可任使。言伊尹皆能正之。⑥ 進，
進取。⑦ 仕，出仕。止，不出仕。按：士有事義，春秋時出仕
非如後世單指做官，而是泛指出來做事。⑧ 久、速，此處指任
職的時間長短。⑨ 班，匹敵。⑩ 君，君臨，管理。⑪ 朝諸侯，
使諸侯來朝。有，奄（覆）有、撫有。按：有天下，本來指爲天下
所歸往，故能統合、保有天下，並非一般意義上的擁有或佔有。
⑫ 不幸，無幸。

　　【講疏】　子游、子夏入孔門文學科，子張亦儒分爲八之一
家，皆經學傳承中大有關係之人物。冉伯牛、閔子騫、顏淵入
德行科，兩派之學一由博學入，一由守約入，所謂“得聖人之一
體”、“具體而微”云云，當出德行科內部之所言。蓋文學之儒，
皆務經學傳承，以師法自居，一得經學之傳，則以爲道在是矣，
既各得經學之一脈，故可云“得聖人之一體”，如子夏傳《春
秋》、《詩經》，子游傳禮等是也。若德行科諸儒則能向內探求，
悟自得之趣，其本源既清，如能充拓不已，則終將至聖人之境。
以其規模與孔子有小大之殊，故云“具體而微”。惟其規模尚
隘，故孟子亦不欲以此自限。蓋德行科諸儒由顏、曾至孟子，
積學既久，規模漸盛，其浩然之氣已不可掩，是孟子所謂“充實

而有光輝”者也(《孟子‧盡心下》)。故孟子此言,非欲淩己於顏、閔諸人之上,實於孔門內在傳承頗具自知之明。蓋孔子設教,顏淵諸人爲消化乃師之學,不得已而走內斂一途,及奕世之後,乃能發之於外,如人“居移氣,養移體”,淬面盎背,通體而有光矣。故顏回與孟子可謂各隨其時耳。

伯夷、伊尹皆古之聖賢,而浩然之氣充塞天地,發之於外者。故公孫丑以二人問孟子之境界。公孫丑乃孟門高弟,故其所問實能由淺入深,而孟子之境界亦於茲漸顯。《禮記‧學記》:“善待問者如撞鐘,叩之以小者則小鳴,叩之以大者則大鳴”,於孟子師弟之問答,吾見之矣。

伯夷“非其君不事,非其民不使,治則進,亂則退”,如狷者之有所不爲,是有“忘”者也;伊尹“何事非君,何使非民,治亦進,亂亦進”,如狂者之進取,是有“助”者也。可以久則久,可以速則速,是履卦所謂“說而應乎乾,是以‘履虎尾,不咥人,亨’”。惟孔子無過不及,得其中道,故孟子云:“乃所願,則學孔子也。”此處孟子所津津樂道者惟隨時之義,且前後呼應,無絲毫滲漏,可見其與大《易》、孔子一脈相承之處,誠不可誣。

大《易》隨時之義,如後世太極拳勁所謂“不丟不頂”,[1]論者或歸諸儒,或歸諸道,言人人殊,迄今未已。即如《易傳》,以之爲儒家故物者有之,以之爲出道家者亦不乏其人,不悟此

---

[1] 姜容樵云:“太極拳至入化境,誠有不見不聞之知覺,不丟不頂,稍觸即應。雖羽毛之加,蚊蠅之落,亦能預知而不容,其感覺靈敏如斯。”參吳志青編《太極正宗》下編第二章《姜容樵先生注清初王宗嶽太極拳論》,上海書店出版社,1985年,第209頁。所謂丟指丟開,頂指出頭,參翁福麟《太極拳傳統理論選摘》,載李秉慈、翁福麟《吳氏太極拳拳械述真》,北京體育大學出版社,1999年,第405頁。

皆與孔孟老莊之大義相通。蓋儒道諸家之分始自戰國，而其根源皆出春秋以上之王官學。漢儒尚知此義，劉歆、班固因有"諸子出於王官說"。故欲執一端以論戰國晚期以後一曲之學尚可，論中葉以前諸大師有本之學則未見其是也。

伯夷、伊尹過猶不及，不如孔子之因時行中。故孟子云諸人皆不可與孔子等齊。惟既同爲聖人，則固有以相通。所謂"得百里之地而君之，皆能以朝諸侯有天下"，是皆能以仁義行者也。惟仁政之界限，端在行一不義，殺一不辜，得天下而不爲。何則？蓋既行仁政，則欲萬民之遂性，殺不辜者，不仁之甚也。今欲行仁政，乃以不仁不義得之，安見其爲仁義？歷代之暴君，以仁義爲口實荼毒生靈者眾矣，孟子此處截斷眾流，以明其非義，蓋亦孔子所謂"己所不欲，勿施於人"之意，此恕道也。"一人"於"天下"爲少數，爲弱勢，社會人群之中，以多數自居者爲得一己之利，或以損害此弱者爲手段，而以全體之利爲口實，皆失仁者也。觀孟子此論，乃知行仁之難。今人論義務與手段，各執一詞，以孟子此論觀之，亦惟仁不仁而已矣。雖然，亦有舍生取義、殺身成仁者也，參後文。

曰："敢問其所以異？"曰："宰我、子貢、有若智足以知聖人，[①]汙不至阿其所好。[②]宰我曰：'以予觀於夫子，[③]賢於堯舜遠矣。'子貢曰：'見其禮而知其政，聞其樂而知其德。由百世之後，等百世之王，[④]莫之能違也。自生民以來，[⑤]未有夫子也。'

有若曰：'豈惟民哉？麒麟之於走獸，鳳凰之於飛鳥，太山之於丘垤，⑥河海之於行潦，⑦類也。聖人之於民，亦類也。出於其類，⑧拔乎其萃，⑨自生民以來，未有盛於孔子也。'"

【簡注】 ① 有若，姓有，名若，魯人，孔子弟子。② 汙(wā)，同窪，低下。焦循以爲本作洿，讀爲夸大之夸，亦通，惟稍嫌迂曲。阿，偏私。好，喜好。此句言三子行事不至於卑下到偏私所好。③ 予，宰我之名。④ 等，等第。此處用爲動詞。⑤ 生民，人類。⑥ 太山，泰山。垤(dié)，小丘。⑦ 行潦(lào)，路上小水窪。⑧ 出，高出。⑨ 拔，本義爲拔擢，引申爲超出。萃，聚，引申爲群。

【講疏】 孔門頗多龍象，四科中，入言語科者，皆以智計勝，宰我、子貢尤其特出者，觀孟子所引，有子蓋亦是科中人，故云"其智足以知聖人"。[1]諸人既有此槃槃大才，乃非可輕易牢籠者，是謂"汙不至阿其所好"。故孔門弟子之中，若顏回則"不違如愚"(《論語·爲政》)，而宰我、子貢獨多機鋒之語，然皆能崇敬孔子不遺餘力，則孔子之規模氣象可知矣。宰我之言，所以起後世君師之辯。蓋上古三代，誠章學誠所謂"官師治教合"之時："天下聰明範於一，故即器存道，而人心無越

---

〔1〕 王應麟《困學紀聞》："(或)曰：有子不列於四科，其人品何如？曰：宰我、子貢、有若智足以知聖人，此孟子之言也。蓋在言語之科，宰我、子貢之流亞也。"參程樹德《論語集釋》卷一，第10頁。

思。"〔1〕春秋以降，王官解體，學術下移，政統與道統析離爲二，所謂君師相分者是也。惟君師既分，則何者爲重？若以世俗之聲榮論，則君權固盛；然政教既分，君權之正統性乃建基於士大夫之道統，故師道爲優。蓋君之德在勇，師之德在仁，此統括三達德之仁也，故君之勇必本於師之仁。戰國以降，大國爭霸，皆卑詞厚幣優禮士人，子夏至魏，惠王郊迎；鄒衍至燕，昭王擁篲前驅。士人亦以此自信，横議天下。宰我首以堯舜與孔子作比，而以夫子爲賢，蓋堯舜乃當時公認之聖王，後世之時君世主不足論矣。

程朱以事功之異論此節，代表北宋儒者之新見解。蓋歷代君主雖多欲抑孔子於君權之下，然儒者尊孔（實即尊崇師道）之聲乃洋洋乎盈耳。就其犖犖大者言之，西漢經學乃行孔子之道者，學者以孔子爲素王，漢成帝因納梅福之議，"封孔子後以奉湯祀"，是亦興滅繼絕之意，乃以賓師處孔子而不臣。〔2〕至王莽主政，古文經學興，周孔之道大昌，於是追謚孔子爲"襃成宣聖公"，抑師道於君道之下。及至李唐，雖終以孔子代周公而爲先聖，以顔回爲先師，封孔子以文宣王，〔3〕似

---

〔1〕　章學誠《文史通義・内篇》卷二《原道中》。

〔2〕　《漢書》卷六十七《梅福傳》，中華書局，1962 年。按《漢書》卷十《成帝紀》："（綏和元年二月詔曰：）蓋聞王者必存二王之後，所以通三統也。昔成湯受命，列爲三代，而祭祀廢絶。考求其後，莫正孔吉。其封爲殷紹嘉侯。三月，進爵爲公，及周承休侯皆爲公，地各百里。"顔師古已指出漢代乃是以"二王之後，並己爲三"。

〔3〕　按唐代於周公、孔子何者爲先聖頗有反復，至高宗顯慶之時以孔子爲先聖，始告定讞。玄宗進孔子爲文宣王。參《通典》卷五十三《孔子祠》，中華書局，1988 年。此問題乃"聖名史"之一部，可參朱維錚先生《中國經學與中國文化》一文，收入氏著《中國經學史十講》，復旦大學出版社，2002 年。

稍加崇重，然其時並用三教而以道教居首，玄宗乃封老子爲帝，則孔子之王爵不足貴矣。宋加孔子爲“至聖”，元加“大成”，稱“大成至聖文宣王”。雖終未稱帝（宋儒如常秩等曾有此建議，惟稱帝則勢須更動禹湯文武），然有明自成化以後樂用八佾，籩豆十二蓋全，畫像圖形，已是天子之禮。至明世宗更定祀典，打壓師道，乃去其天子畫像，僅用木主，樂舞定爲六佾，撤籩豆爲十，其理由則是“我太祖高皇帝雖道用孔子之道，而聖人神智武功文德真與堯舜並矣，恐非孔子所可擬也”。[1]

　　儒者多欲尊孔，於宰我之言頗有異議而影響甚大者爲王陽明。[2]王氏有精金之喻，以爲歷代聖人之爲聖皆如精金，純一不雜，成色不異，而銖兩不同。若堯舜文王爲萬鎰，孔子爲九千鎰，伊尹爲四五千鎰，置孔子於堯舜文王之下。王氏雖以師道自任，然別有懷抱，故此喻頗有滲漏，其後學如鄒元標輩乃極力爲之彌縫。若其高弟弟子王艮乃徑與其師立異：

〔1〕　朱厚熜《御制孔子祀典說》，四庫存目本。

〔2〕　參《傳習錄上》，《王陽明全集》第 27、29 頁有兩處討論此一問題。另，程頤亦反對言堯舜與孔子高低：“或問：‘夫子賢於堯舜，信諸？’曰：堯舜豈可賢也？但門人推尊夫子之道，以謂仲尼垂法萬世，故云爾。然三子之論聖人，皆非善稱聖人者。如顏子便不如此道，但言‘仰之彌高，鑽之彌堅’而已。後來惟曾子善形容聖人氣象，曰：‘子溫而厲，威而不猛，恭而安。’又《鄉黨》一篇，形容得聖人動容注措甚好，使學者宛如見聖人。”《河南程氏遺書》卷十八，《二程集》，第 214 頁。伊川此意甚佳，然於孟子所言蓋未能深體其義，故不以宰我諸人爲然，此皆因宋儒尚受唐以來尊顏之風影響，故於孟子總以爲英氣過盛（參朱子《孟子集注·序說》），不及顏、曾之不事表暴。《河南程氏遺書》卷十五云：“顏、孟之於聖人，其知之深淺同，只是顏子尤溫醇淵懿，於道得之更淵粹，近聖人氣象。”前揭《二程集》，第 151 頁。不知顏孟皆各隨其時耳，即程朱、陸王亦何嘗不然。

堯舜之治天下，以德感人者也。故民曰："帝力何有於我哉！"故有此位乃有此治。孔子曰："吾無往而不與二三子，是丘也。"只是學不厭、教不倦，便是致中和、位天地、育萬物，便做了堯舜事業。此至簡至易之道，視天下如家常事，隨時隨處無歇手地，故孔子爲獨盛也。先師嘗有精金之喻，予以爲孔子是靈丹，可以點瓦成金，無盡藏者。[1]

王氏此論可謂能知孟子者也。

《禮記·樂記》云："王者功成作樂，治定作禮。其功大者其樂備，其治辯者其禮具。干戚之舞，非備樂也；執享而祀，非達禮也。"《易》云："雷地豫，先王以作樂崇德，殷薦之上帝以配祖考。"就王者而言，固禮具而樂備；如非王者，亦皆各有其禮樂，雖亦舞其干戚、執享而祀，然不足以稱備樂、達禮矣。此亦《論語》所謂"禮云禮云，玉帛云乎哉？樂云樂云，鐘鼓云乎哉"之義。所謂治定作禮，言天命已革，乃定名分，設官分職，以形上下也；所謂功成作樂者，君人者所以自得其天命之故，故可以享上帝、配祖考。蓋德者，得也。<u>禮即所定之制度，樂即君權之自我反思。觀其禮，則知其名分定位；觀其樂，則知其自我反思。</u>如舜之樂《韶》，武之樂《武》。韶者紹也，紹堯之德也，以揖讓繼天命；武者武也，順天應人，以征誅革天命。舜、武皆順乎天命，然境界之不同於此可見，此亦五帝、三王之別。

[1]《明儒王心齋先生遺集》卷一《語錄》，東臺袁氏本。有關此問題之討論，參前揭鄧志峰《王學與晚明的師道復興運動》，第206—208頁。

《論語·八佾》:"子謂《韶》,盡美矣,又盡善矣;謂《武》,盡美矣,未盡善也。"季札之言略同,[1]即言武王有慚德也。蓋其文德尚未足以來之,而必有事乎征誅也。雖然,此所謂慚德亦武王之不得已,蓋世變遞降,人心不同,不得不然也。後世以武王以臣伐君爲慚德云云,不足辯矣。

禮樂之義可以推度,蓋有一時之政治,即有一時之禮樂。其達者即其禮樂而觀其政、知其德,則其時代之政治規模及精神無所遁形矣。是爲"百世可知"。"子張問:'十世可知也?'子曰:'殷因於夏禮,所損益可知也。周因於殷禮,所損益可知也。其或繼周者,雖百世可知也。'"(《論語·爲政》)子貢以智名,故其論孔子亦皆著眼於知。

麒麟之於走獸,鳳凰之於飛鳥,泰山之於丘垤,河海之於行潦,皆類也,然境界有小大之別。孔子之於生民,是大人也。宰我所著眼者在於政治,子貢所著眼者在於歷史,有子所著眼者在社會人群,三者雖眼光各異,其推許孔子則一也。所云眼光各異者,政治皆一時之政治,故歷史可以統攝之;歷史乃人類之歷史,故人群可以統攝之。政治言其上下之相分,尊卑有序,義也;歷史言其前後之綿延,生生不息,仁也;統之者則人類之所以自得於天道者,德也。蓋所謂德者,渾言之即是天德;分言之,即所謂仁義。如春生秋殺,合之乃始成歲是也。三家所言與前文君、親、師之劃分相應,蓋君本義,親本仁,統之者則師也。宰我之智,識孔子之義;子貢之智,知孔子之仁;有子之智,

---

〔1〕 季札觀樂,事見《左傳》襄公二十九年,洪亮吉《春秋左傳詁》卷十四。季札爲孔子前輩,爲孔子所重,故《禮記·檀弓》曾言孔子往觀其葬子之禮,則其所見之同亦有由矣。

見孔子之全。孔門後學欲以有子繼夫子者，蓋因其智足以知聖人，去聖人僅一間耳，[1]未必僅因其狀貌之相類也。

第三章

孟子曰：“以力假仁者霸，①霸必有大國，以德行仁者王，②王不待大。湯以七十里，文王以百里。以力服人者，非心服也，力不贍也；③以德服人者，中心悅而誠服也，④如七十子之服孔子也。⑤《詩》云：‘自西自東，自南自北，無思不服。’⑥此之謂也。”

【簡注】　① 以，用。以力，依靠武力。假，假借。以力假仁：實用武力，假借仁義。按，指行事雖然不違背仁義，但非本心發出，如假借於人。後世以假仁假義爲真假之假，已非原義。② 德，得，此處指本心仁德。以德行仁：言其行仁乃本心自然流出。王，音 wàng。③ 贍，足。④ 中心，内心。誠，實。⑤ 七十子，孔子弟子三千，身通六藝者七十二人，故云七十子。⑥《詩》，《大雅·文王有聲》之篇。自，由。思，語詞（從王引之説）。

---

[1] 此小程子所謂有造道之言，有有德之言。造道者能明乎道，而尚未體之也；若有德之言，則是體之矣，所説皆其分内事。昔錢穆先生亦嘗辯《史記·仲尼弟子列傳》所載孔門弟子因有子狀貌類孔子而欲師之一事，以爲“決非當時之情實”，此疑頗有理。然有子與孔子狀貌相類亦未必非事實。參氏著《孔子傳》，三聯書店，2002 年，第 89 頁。

【講疏】 以力假仁，此仁乃一外在規定，義襲者也；以德行仁，集義者也。此霸政與王政根本之別。二者雖皆有以服人，然一以懼，一以悦，前者出於外在之强力，後者出於内在之歸往。由民之歸往，故如源泉混混，盈科而後進，其實力亦由小漸大，故云"王不待大，湯以七十里，文王以百里"。若純由外在强力，儻外力一旦消减，則或將分崩離析矣，故"霸必以大國"。孔子云："道之以政，齊之以刑，民免而無恥；道之以德，齊之以禮，有恥且格。"（《論語·爲政》）格者，來也。此頗可以言王霸之别。所云"七十子之服孔子"者，可由孔子卒後弟子之思慕見之。夫師友義合，不合則去。而孔子卒後，弟子廬於墓側，心喪三年。弟子思慕，見有子狀類夫子，即欲師之，而不計其年少與否（依《史記》有子少孔子四十三歲），是所謂"中心悦而誠服也"。昔孔子病，子路欲以門人爲臣，孔子拒之，一生以師自處。師弟之間亦非如後世之座主門生，一任利益結合，而形君臣上下之别。[1]故孔子之自處以師不以君，是即服之以德而非服之以力也。夫子自述己志，嘗云"老者安之，朋友信之，少者懷之"（《論語·公冶長》），於其弟子之思慕，可見其少懷矣。

---

[1] 如漢代門生故吏與其舉主上司之間尚有君臣關係。章太炎云："觀春秋時，世卿皆稱夫子。夫子者，猶今言老爺耳。孔子爲魯大夫，故其徒尊曰夫子，猶是主僕相對之稱也。"見其《諸子學略説》。按章氏立論好爲異説以驚人，此其所言全憑臆見，而置《論語》明文於不顧。否則如君子一稱，春秋前多指貴族成年男子可以君人者爲言，然則《論語》《左傳》諸書所言之君子便可以無别乎？知其必不爾也。雖然，章説未嘗無所本，《淮南子·泰族訓》（何寧《淮南子集釋》卷二十）所謂"墨子服役者百八十人，皆可使赴火蹈刃，死不還踵，化之所致也"，《莊子·庚桑楚》（王先謙《莊子集解》卷六）"老聃之役，有庚桑楚者，偏得老聃之道"，皆以服役者稱弟子，不詳是否如章氏所論。若在孔門，至多不過如《論語》所謂"有事，弟子服其勞"，以後輩視之耳。否則子路欲使門人爲臣一章不可解矣。

第 四 章

孟子曰：“仁則榮，不仁則辱。①今惡辱而居不仁，是猶惡濕而居下也。②如惡之，莫如貴德而尊士，賢者在位，③能者在職。國家閒暇，及是時明其政刑。雖大國，必畏之矣。《詩》云：‘迨天之未陰雨，徹彼桑土，綢繆牖户。今此下民，或敢侮予？’④孔子曰：‘爲此詩者，其知道乎！⑤能治其國家，誰敢侮之？’今國家閒暇，及是時般樂怠敖，⑥是自求禍也。禍福無不自己求之者。⑦《詩》云：‘永言配命，自求多福。’⑧《太甲》曰：‘天作孽，猶可違；自作孽，不可活。’此之謂也。”⑨

【簡注】　① 辱，屈辱。② 下，指低窪之地。③ 貴德，尚德。賢者，指德才兼備者。位，指官位。④《詩》，《豳風·鴟鴞》之篇，相傳爲周公所作。迨，及。徹，剥取。桑土，桑根之皮。綢繆，纏綿、纏結。牖户，窗户，朱子以爲此處指鳥巢通氣處。予，鳥自稱。⑤ 知道，明白大道。⑥ 般，通盤，盤桓。怠，惰。敖，遨遊。般，趙岐釋爲大，亦可通。⑦ 自己，由己。⑧《詩》，《大雅·文王》之篇。永，長。言，語詞（從王引之説）。配，合。命，天命。⑨《太甲》，《尚書》篇名。作，起。孽，災禍。違，避。活，逃。按，活字今僞《古文尚書·太甲》作逭。活本有復生之義，引申爲逃，故可與逭相假借。

【講疏】 前文既言王霸内外，本章則言行仁之效。仁則天下歸往，心悦誠服，是所謂榮也；不仁則衆叛親離，分崩離析，是所謂辱。未雨綢繆，言隨時用功，亦"勿忘"之義也。蓋惟以德行仁者能守其中道，以力假仁者爲"助"，般樂怠敖者爲"忘"。本卷諸章皆相互呼應而不露痕跡，言似散漫而精神貫注如一，已達一以貫之之境矣。既云"勿忘"，則當反求諸己，於心體處用功，故云"禍福無不自己求之者"。此反身内求之功，即所謂"持志"也，爲下文言"四端"張本。

第 五 章

孟子曰："尊賢使能，俊傑在位，則天下之士皆悦而願立於其朝矣；市廛而不征，法而不廛，[①]則天下之商皆悦而願藏於其市矣；關譏而不征，[②]則天下之旅皆悦而願出於其路矣；耕者助而不税，[③]則天下之農皆悦而願耕於其野矣；廛無夫里之布，[④]則天下之民皆悦而願爲之氓矣。[⑤]信能行此五者，[⑥]則鄰國之民仰之若父母矣。率其子弟，攻其父母，自生民以來，未有能濟者也。[⑦]如此，則無敵於天下。無敵於天下者，天吏也。然而不王者，[⑧]未之有也。"

【簡注】 ① 廛(chán)，居。市廛，市宅，猶今貨棧、商鋪。此處指徵收商鋪税。征，徵貨物税。法，以法治之。不廛，不收其商鋪税。此二句頗聚訟,大意謂:"或賦其市地之廛,而不征其貨;或治之以市官之法,而不賦其廛。蓋逐末者多則廛以抑之,少則不必廛也。"(朱子引張橫渠之説)② 關,關卡。譏,緝查。③ 助,到公田助役。税,收其私田之税。④ 布,錢。夫布,周代一夫(丁壯)受田百畝,凡無業遊民,或無田可耕,或有田不耕,也需出同等力役。里布,周代一户家宅城内城外各二畝半,當種桑樹等作物,如不種者,當替同里二十五家繳納罰金,叫里布。⑤ 氓(méng),逃亡之民。此處指逃亡之民皆來歸往,成爲治下的編氓。⑥ 信,確。⑦ 濟,成。⑧ 王,音 wàng。

【講疏】　本章亦言行仁政之效。"尊賢使能,俊傑在位"、"市廛而不征,法而不廛"、"關譏而不征"、"耕者助而不税"、"廛無夫里之布"皆上文所言"賢者在位,能者在職,國家閒暇,及是時明其政刑"之細目。前四者向來無大異議,惟"廛無夫里之布,則天下之民皆悦而願爲之氓矣"一句聚訟甚多。清儒江永云:

> 夫布,見《周禮·閭師》,凡無職者出夫布。謂閒民爲民傭力者,不能赴公旬三日之役,使之出一夫力役之泉,猶後世之雇役錢也。

又云:

> 里布,見《地官·載師》,凡宅不毛者有里布。謂有宅不種桑麻,或荒其地,或爲臺榭遊觀,則使之出里布,猶後

世凡地皆有地稅也。

周柄中云:"夫布者,論丁出錢以爲賦,猶漢口稅之法。"諸說或以爲口賦,或以爲雇役錢,或以爲凡民皆有,或以爲概施之閑民,多以後世賦役制度擬測之,而各不相下。[1]實則欲明孟子之意,當先知氓字何解。趙岐釋云:"氓者,謂其民也。"朱子因之,徑釋爲民。焦循引段玉裁云:"按此(指趙"其民"之語)則氓與民小別,蓋自他歸往之民則謂之氓,故字從民亡。"焦氏之解雖已及氓字本義,然非由孟子本旨分析而來,故雖舉其說,而未能與孟子大義相應。若夫孟子之學,有本之學也,此章雖似於不經意間敘述治民之法,實則根極理道,層次井然。儒門論學論道,頗主由近及遠,推己及人,此非有意爲之,實乃依仁義行者自然之序,是亦孟子所謂擴充之義。蓋君心者天下之大本,故論治道,自政權以外,首當其衝者厥爲治權,擔其責者爲士君子,故首及之;朝之外則國人也,國人日常生活之地在市,擔其責者爲商人,故次及之;國之外曰郊,郊有關,通關之人爲旅,故又次之;郊外爲野,農人耕作其間,故再次;野外則荒,所謂化外之民,未嘗編戶授田者也,皆天下逃亡者所居,是則氓也,故最終。士、商、旅、農既皆以距國之遠近爲言,儻以民爲泛指天下之民則絶無是理,焦氏所言是也。此義既明,則孟子之義亦不難求。蓋孟子所言治國之術,亦不過居官者俊傑在位,各司其職,爲民者輕徭薄賦,安居樂業而已。

---

[1] 江、周之説參焦循《孟子正義》本條所引。

春秋以降，列國爭强，爲政者於其治下之民横徵暴斂，專利壟斷，遠逾昔時，如作丘甲、丘賦、初税畝之類是也。積之漸久，則不至董仲舒所言"富者田連阡陌，貧者無立錐之地"而不止。王者當與民休息，故孟子所言皆力反當時之暴政。由此觀之，則"廛無夫里之布"似亦可解。蓋井田未壞之前，民衆皆得受田，其宅不毛者有里布以罰之，無職事者則出夫布以服役公家，其逃亡荒服者既無田地，亦不必出夫布、里布，蓋以化外視之也。或疑如此則民豈不皆遁逃乎？是曰不然。蓋古時生產力極低，其山澤未闢者所在多有，亡民既多，則土地漸闢，一年爲菑，二年爲畬，三年爲新田，〔1〕其後則漸入編户爲齊民矣。故"廛無夫里之布"者，正所以鼓勵流民開闢山澤耳。土地漸衆，生齒日繁，既富且庶，然後教之，豈非王道之序乎？如此則天下之民皆悦而願爲之甿矣。天下之民既願歸往，是"仰之若父母矣"。無敵於天下之義，前文已言之。

第 六 章

　　孟子曰："人皆有不忍人之心。　先王有不忍人之心，斯有不忍人之政矣。①以不忍人之心，行不忍人之政，治天下可運之掌上。所以謂人皆有不忍人

---

〔1〕　此《禮記·坊記》鄭玄注所言。《爾雅·釋地》則以"二年爲新田，三年爲畬"，歷來爭訟，然大旨當以一年爲開荒，其後漸次爲熟田。參楊寬《西周史》第232—236頁之討論。

之心者，今人乍見孺子將入於井，皆有怵惕惻隱之心。②非所以內交於孺子之父母也，非所以要譽於鄉黨朋友也，非惡其聲而然也。③由是觀之，無惻隱之心，非人也；無羞惡之心，④非人也；無辭讓之心，非人也；無是非之心，非人也。惻隱之心，仁之端也；⑤羞惡之心，義之端也；辭讓之心，禮之端也；是非之心，智之端也。人之有是四端也，猶其有四體也。⑥有是四端而自謂不能者，自賊者也；⑦謂其君不能者，賊其君者也。凡有四端於我者，知皆擴而充之矣，若火之始然，泉之始達。⑧苟能充之，足以保四海；苟不充之，不足以事父母。"

【簡注】 ① 斯，則。② 乍，突然。孺子，小兒。怵（chù）惕，驚動。惻，凄惻。隱，哀痛。③ 內，讀爲納，結。要，求。聲，名聲。此處指不仁之名聲。④ 惡，音 wù。⑤ 端，端緒。⑥ 四體，四肢。⑦ 不能，指不能行仁義禮智之事。賊，戕害。⑧ 然，通燃。達，通。

【講疏】 不忍人之心，即所謂不容自已，有合於天道生生之德，是即仁也。已，止。《詩》云："維天之命，於穆不已。"如能忍，是止於一端，所謂容已也，必至生機斷滅矣。然此不忍人之心，非可由外在規定，必即其不忍之當下而有以呈現之。如人乍見孺子入井，爲之怵惕哀惻是也。王念孫言，隱、哀爲一聲之轉，即哀也。此惻隱之心，乃心體自然之湧動，不依於

126

外在目的而自足成立,故言非所以納交、要譽及惡其聲而然也。反之,若有納交、要譽、惡其聲之意,則必不容惻隱之心存乎其間矣。或曰:見孺子入井怵然不顧之人,現實中所在多有,則惻隱云云無普遍性,不足以爲人之規定性也。此見甚淺。夫儒家所謂人,非止生物意義上之人,蓋德性意義上之人(此德性非道德之謂),此人乃萬物之靈長,可以盡性知天者也。故人雖不必見孺子入井而皆惻隱之,然凡所謂人者必具此能力無疑。此乃人禽分別之根據。孟子云"人與禽獸相去幾希",其所以幾希者即此怵惕惻隱之能力。

惻隱之心而外,可以見人禽之別者,則羞惡、辭讓、是非之心是也。是即所謂四端,與仁、義、禮、智四常相應。而統合此四端者,即五常之信。蓋五常亦本之五行,五行乃宇宙時空之基本構造,[1]五常乃五行之原則顯現於人心者。天道既如此運行,人能盡性知天,則天人之間必有共通之原則使之相應,此原則即所謂五常。惟昔人所言五常有二,一曰仁義禮智信,一曰仁義禮智聖,二義可通。[2]蓋古人初以通釋聖,通則明矣。《中庸》:"自誠明謂之性,自明誠謂之教。誠則明矣,明則誠矣。"孟子云:"誠者天之道也,思誠者人之道也。"信者誠也,思誠即所謂明也,而聖則明之最高境界。《郭店楚簡·五

---

〔1〕　參前揭《周易義疏·雜卦傳》。
〔2〕　文獻明言仁義禮智聖爲五行者,可參馬王堆帛書《五行篇》及郭店楚簡《五行篇》(皆今人所定名),龐樸以爲《中庸》"唯天下至聖,爲能聰明睿智,足以有臨也;寬裕溫柔,足以有容也;發强剛毅,足以有執也;齊莊中正,足以有敬也;文理密察,足以有別也",及《孟子·盡心下》"仁之於父子也,義之於君臣也,禮之於賓主也,智之於賢者也,聖人之於天道也,有性焉,君子不謂命也"皆與此一五行之義相通,良是。參龐樸《竹帛〈五行〉篇與思孟"五行"説》、《竹帛〈五行〉篇校注及研究》,萬卷樓圖書有限公司,2000年。

行篇》："見而知之,智也。聞而知之,聖也。明明,智也。赫赫,聖也。"又云:"聞而知之,聖也。聖人知天道也。"此皆即明一進路釋聖。故知二説在根本上有以相通,惟言信者自天道性體處言,言聖則自人道心體處言耳。

人心本有五常之德,其發之於意者,則惻隱、羞惡、辭讓、是非之心耳,[1]如火之始燃,如泉之始達,守此而不失,擴而充之,是所謂以仁義行,其行仁政、保四海者,亦惟此耳。若不能擴充,則是所謂"忘"矣,雖事父母之近亦不足以行之。昔儒言知先行後之義者以此。趙岐釋"無惻隱之心者非人也"一句云:"言無此四者,當若禽獸,非人心耳。爲人則有之矣,凡人但不能演用爲行耳。"其後王陽明言知行合一雖自有精義,然與知先行後固非同一層次之事,以此相非,似不足以駁之。

雖然,四端既與五常相配,何以不云五端? 漢人論五行之"土王四季",蓋已意會於此。及宋小程子雖於"土王四季"之

---

〔1〕 此五常之德,即性體之節目。然所謂性體,非如佛家所言空性,一證即得,而是彌綸於天地宇宙之間,而與萬物相合,故須盡己、盡人之性,使"各正性命"。明儒之所以與宋儒相爭者,即在宋儒之性體觀已類同於佛家本體之境,"故求性者,必求之人生以上,至於'心行路絶'而後已,不得不以悟爲極則。即朱子之'一旦豁然貫通',亦未免墮此蹊徑。佛者云'有物先天地,無形本寂寥,能爲萬物主,不逐四時凋',恰是此意,此儒佛之界限所以不清也。不知舍四端之外何從見性? 仁義禮智之名,因四端而後有,非四端之前先有一仁義禮智之在中也。"此劉蕺山之説也,見黄宗羲《孟子師説》卷二《人皆有不忍人之心章》。載《劉宗周全集》第五册。按此説大體極是,然於宋儒亦不無誤解之處。蓋無論程子之以理言天、張子之以氣言天,抑或朱子合而一之,皆爲與佛教相區隔。參《盡心上》第一章講疏。蕺山所批評者,乃理學末流及王學家中雜禪者所持之説。故今言五常乃五行之原則顯現於人心者,即此心所以得於天者,雖爲實證本體之境,然需擴而充之,精進不已,非涅槃之空境也。儻明乎此,則宋明儒可以解紛矣。

說頗致不滿，[1]然其論五常，能並四端與誠合而觀之，且言"惟四者有端而信無端"。[2]至朱子則二義始合。蓋惟誠可以合四端爲一體，而成其爲相生相剋之五行。以心性言，心之所發爲意，惻隱、羞惡、辭讓、是非皆爲有意矣，而信則非意，蓋其了無指向，惟在持守四端之意耳。是即所謂誠意，意能誠則心自正。昔人於《大學》誠意、正心諸義所以未得的解者，蓋皆未審四端之義也，必得孟子之旨而後此義明。以易道言，四端得其易，信則得其不易，故能知止而有定，此定非前所言能忍人之定，勿忘勿助之定也。所謂"土王四季"，亦當即此而觀之。[3]《大學》據云傳自曾子，宋儒以《學》、《庸》、《易》與孟子之學爲一系，信不誣也。如荀子所言，子思、孟子一派以言五行著稱於世，[4]此觀念淵源於《尚書·洪範》與《周易》，皆自上古而來，爲中國文化之根基所在。近代以來，學者於中國文

---

〔1〕《河南程氏遺書》卷十八，小程子云："五行，只古人說迭王字說盡了，只是箇盛衰自然之理也。人多言五行無土不得，木得土方能生火，火得土方能生金，故土寄王於四時。某以爲不然，木生火，火生土，土生金，金生水，水生木，只是迭盛也。"前揭《二程集》，第 223 頁。

〔2〕《河南程氏遺書》卷十五，小程子云："仁義禮智信，於性上要言此五事，須要分別出。若仁則固一，一所以爲仁。惻隱則屬愛，乃情也，非性也。恕者入仁之門，而恕非人也。因其惻隱之心，知其有仁。惟四者有端而信無端。只有不信，更無信。"前揭《二程集》，第 168 頁。按四端無信之討論，另見《遺書》卷十八，前引書第 184 頁，然不如此節透徹。

〔3〕此義當與《萬章下》講疏所言"存心之勢"合觀。

〔4〕《荀子·非十二子》，王先謙《荀子集解》卷三。另參章太炎《子思孟軻五行說》，收入前揭《章太炎學術史論集》。自馬王堆帛書發現以來，已漸成定論，參前揭龐樸《竹帛〈五行〉篇與思孟"五行"說》。陳來以爲郭店簡《五行篇》乃子思所唱（所謂"經"），帛書《五行篇》闡釋前者之部分（所謂"說"）爲孟子所和，後者蓋即荀子所批評者。雖無確據，然可備一說。參氏著《〈五行〉經說分別爲子思、孟子所作論》、《竹簡〈五行〉篇與子思思想研究》二文，見杜維明主編《思想、文獻、歷史：思孟學派新探》，北京大學出版社，2008 年。

化全無信心，故多以五行爲迷信而棄如敝屣，或比附於印歐之
四元素説，以五行爲五種元素，皆屬謬見。顧其理甚深，非數
言可盡，另有專文討論。[1]

第 七 章

孟子曰："矢人豈不仁於函人哉？[①]矢人唯恐不傷
人，函人唯恐傷人。巫匠亦然，故術不可不慎
也。[②]孔子曰：'里仁爲美。[③]擇不處仁，焉得智？'夫
仁，天之尊爵也，人之安宅也。莫之禦而不仁，[④]是
不智也。不仁、不智、無禮、無義，人役也。[⑤]人役而
恥爲役，由弓人而恥爲弓，[⑥]矢人而恥爲矢也。如恥
之，莫如爲仁。[⑦]仁者如射，射者正己而後發，[⑧]發而
不中，[⑨]不怨勝己者，反求諸己而已矣。"[⑩]

【簡注】　① 矢，箭。函，鎧甲。矢人、函人，指製箭及製
鎧甲者。② 巫，巫祝，爲人禱祠、治病。匠，此處指製棺槨的
匠人。③ 里，閭里。古代行政組織有鄉、遂之分。一般認爲，
鄉遂分別居於都邑内外，其基層組織，在鄉爲閭，在遂爲里，皆
二十五家。觀孔子此文所言，里應當已是泛稱。仁，指風俗醇
厚。④ 安宅，安居之所。禦，禁止。⑤ 人役，失去自我、爲人

[1]　參拙作《思孟五行説新論》，《學術研究》2018 年第 8 期。

役使的僕役。⑥ 由,猶。⑦ 爲仁,行仁,依仁而行。⑧ 發,發射。⑨ 中,音 zhòng。⑩ 諸,之於。反求諸己:反身內求。心於身而言,爲内。

【講疏】　人役一節,蓋言不仁不智無禮無義者,四端已泯之小人也。爲人役者雖秉五常之德,然中主已失,流於物化,如工具然。如恥之則中主漸復,返其本矣。如弓人恥爲弓,矢人恥爲矢,二者雖分工使然,儻不知自省,一任其放心,則雖治弓矢而精之,乃皆以殺人爲務耳,失仁甚矣。弓人之恥爲弓,矢人之恥爲矢,非欲去之而他顧,惟能返本歸仁,知弓矢亦可爲行仁之具,如《易·繫辭》所謂"弦木爲弧,剡木爲矢,弧矢之利,以威天下",皆先王之所用,則亦可謂爲仁矣。故孟子直言慎術,[1]欲其反求諸己,然後發之於外,則正本清源,一出之以仁,無可無不可矣。

第 八 章

孟子曰:"子路,人告之以有過則喜。 禹聞善言則拜。大舜有大焉,善與人同。舍己從人,樂取於人以爲善。自耕、稼、陶、漁以至爲帝,①無非取於人者。取諸人以爲善,是與人爲善者也。②故君子莫大乎與人爲善。"

---

〔1〕 關於術的界定,可參《梁惠王上》第七章及《離婁上》第一章講疏。

【簡注】 ① 陶,製陶。漁,漁獵。皆指舜寒微時事。
② 與,助。

【講疏】 子路在孔門中以勇著,雖未入室,然已升堂,故其勇不在氣而在理,能勇於改過。若夫大禹,則稍有進,是勇於爲善者也。改過與爲善固有一間之別。故孔子曰:"禹,吾無間然矣。菲衣食而致孝乎鬼神,惡衣服而致美乎黻冕,卑宮室而盡力乎溝洫。禹,吾無間然矣。"(《論語·泰伯》)惟其聞善言則拜,是鐵肩任道,善必己行,故博施於民而能濟眾,然亦未免有勞矣。《周易·謙卦》所謂"勞謙君子,萬民服也"。[1]此其境界雖高,然未免人我有隔。若舜則有大焉,舍己同人,取於人以爲善,是《周易》所謂"乾始能以美利利天下,不言所利",功成而不居者也。故舜歌《南風》而天下治,其歌曰"南風之薰兮,可以解吾民之慍兮;南風之時兮,可以阜吾民之財兮",[2]一若無與於其間者。然無爲而無不爲,如"黃帝垂衣裳而天下治"。[3]其民亦不知帝功,故野叟抱甕而歌曰:"日出而作,日入而息,鑿井而飲,耕田而食,帝力何有於我哉!"[4]此亦前人所論孔子之境界:

> 季康子謂子游曰:"仁者愛人乎?"子游曰:"然。""人

---

[1] 自昔解《周易》"勞謙"之義者,多引大禹爲證,參拙作《周易義疏》謙卦義解。

[2] 《史記》卷二十四《樂書》:"昔者舜作五弦之琴,以歌《南風》。"其辭見《孔子家語》卷八《辨樂解》,上海古籍出版社,1990年。然鄭玄已未聞其辭,《家語》或爲王肅僞爲,後人頗疑之。然僞爲未必無本,引此以見經學上堯舜之境界而已。

[3] 《繫辭下》:"黃帝、堯、舜,垂衣裳而天下治。"

[4] 所謂唐堯《擊壤歌》也,見皇甫謐《帝王世紀》,宋翔鳳集校,續修四庫全書本。

亦愛之乎?"子游曰:"然。"康子曰:"鄭人丈夫舍玦珮,婦人舍珠珥,夫婦巷哭,三月不聞竽瑟之聲。仲尼之死,吾不聞魯之愛夫子,奚也?"子游曰:"譬子產之與夫子,其猶浸水之與天雨乎! 浸水所及則生,不及則死。斯民之生也,必以時雨,既以生,莫愛其賜。故曰:譬子產之與夫子,猶浸水之與天雨乎?"〔1〕

孟子與子游之學術固大有淵源,〔2〕故其所論大舜遂能與子游之論孔子若合符節。此境界乃孔孟爲政之最高理想,《易》所謂"與天地合其德"也,乃聖人分上之事。

第 九 章

孟子曰:"伯夷,非其君不事,非其友不友。不立於惡人之朝,不與惡人言。立於惡人之朝,與惡人言,如以朝衣朝冠坐於塗炭。①推惡惡之心,②思與鄉人立,其冠不正,望望然去之,若將浼焉。③是

---

〔1〕　劉向《説苑・貴德》,向宗魯《説苑校證》卷五,中華書局,1987 年,第 106 頁。向氏云:"《孔叢子・雜訓篇》子思答縣子引子游語,與此略同。"

〔2〕　《荀子・非十二子》:"子思倡之,孟軻和之,世俗之溝猶瞀儒,嚾嚾然不知其所非也,遂受而傳之,以爲仲尼、子游爲茲厚於後世。"王先謙《荀子集解》引郭嵩燾説,以爲子游當爲子弓之誤,殊無理。郭沫若以爲思、孟一系當出子游氏之儒,且引《禮運篇》所言五行與思、孟相合證之,稍近理,見氏著《十批判書》之《儒家八派的批判》,東方出版社,1996 年,第 131—144 頁。另,清儒陳澧亦曾擬議及之,參郭氏《十批判書・後記之後》,前引書,第 512 頁。綜合論之,予頗疑孟子之學統或出子游氏之儒,而私淑於曾子、子思後學,故能集兩派之成,且由此而上通於孔子也。

故諸侯雖有善其辭命而至者，④不受也。不受也者，是亦不屑就已。⑤柳下惠，不羞汙君，不卑小官。⑥進不隱賢，⑦必以其道。⑧遺佚而不怨，⑨阨窮而不憫。⑩故曰：'爾爲爾，我爲我，雖袒裼裸裎於我側，⑪爾焉能浼我哉？'故由由然與之偕而不自失焉，⑫援而止之而止。援而止之而止者，是亦不屑去已。"⑬孟子曰："伯夷隘，柳下惠不恭。⑭隘與不恭，君子不由也。"

【簡注】 ① 塗，泥。炭，墨。② 惡惡，音 wù è。③ 思，念。鄉人，鄉里常人。望望然，去而不顧之貌（從朱子說）。浼（měi），染污。④ 辭命，諸侯命人來相請時的說辭。⑤ 受，接受。屑，勞（從清段玉裁說）。不屑，不勞，不願。就，即，此處言就位。已，語助詞。⑥ 柳下惠，魯大夫展禽，字季，號柳下，惠爲去世以後其妻及門人私諡。卑，輕視。⑦ 進，仕進。隱，藏。隱賢，隱藏自己的賢能。⑧ 以，用。以其道，用正道。⑨ 遺佚，爲人所棄。⑩ 阨，困。窮，極，沒有出路。憫，憂。⑪ 袒，上身不著衣。裼（xī），上身脫去外衣。按：袒裼連言有二義，一指肉袒，即光著上身或臂膊；一指禮儀場合在華服之外加一層單衣，然後再加一層袒開的外衣，使裏面的衣服爲人所見，具有裝飾效果。此處指前一義。裎（chéng），袒。裸裎，裸體。⑫ 由由，浩然自得之貌。偕，同，共處。自失，自以爲失。⑬ 援，引，拉。止，留。去，離開。按：柳下惠爲了救民，據說三（多）次被貶黜也沒有辭職，因爲他不屑用離開表現清高，所以說"不屑去"。⑭ 隘，狹隘。不恭，簡慢。

【講疏】　伯夷所謂“聖之清者”也，潔身自好，去惡務盡，見不善如探湯，然人我之隔特甚，規模狹隘。柳下惠則所謂“聖之和者”也，出淤泥而不染，遊戲人間，惟既存爾我之念，則是不欲教之矣，非真能兼善天下者，故云不恭。伯夷所謂“助”者，柳下惠則“忘”矣。二人皆至其極而能仁，故亦許之爲聖。無伯夷之義而欲學之者，則“硜硜然小人哉”，雖可以爲士，然不足以爲君子。[1]無柳下惠之仁而欲學之者，則或爲與世俯仰之鄉願，無所不爲矣。故君子而未仁者，不可由夷、惠之道，非言二者不足取也。此爲下文言士大夫出處之義張本。

或問，第二章言伯夷爲忘，伊尹爲助，本章言伯夷爲助，柳下惠爲忘，得無失之矛盾乎？是曰不然。蓋伯夷所以一忘一助者，忘即其出言，是於兼善天下有歉；助即其處言，是於獨善其身有餘。至其所以不及於出者，蓋即因其過於處也。孔子論人，言狂者進取，狷者有所不爲。蓋能進取者必有不爲之事，有所不爲者，則於其能持守者反有似於狂。昔東林顧允成最得其旨：

> 默默自忖，性頗近狷，情又頗近狂……居恒妄意欲作天下第一等人，不近狂乎？反而按其實，尚未能跳出硜硜窠臼也，不近狷乎？[2]

---

〔1〕《論語·子路》：“子貢問曰：‘何如斯可謂之士矣。’子曰：‘行己有恥，使於四方，不辱君命，可謂士矣。’曰：‘敢問其次？’曰：‘宗族稱孝焉，鄉黨稱弟焉。’曰：‘敢問其次？’曰：‘言必信，行必果，硜硜然小人哉，抑亦可以爲士矣。’”對此一人格之討論，參《公孫丑下》第十二章講疏。

〔2〕高攀龍《高子遺書》卷十一《顧季時行狀》，文淵閣四庫全書本。

孟子章句講疏卷四

公孫丑章句下 凡十四章

【解題】 　上卷言孟子之自得,本卷兼言士大夫之出處。蓋王政既興,乃定典禮,設官分職,以成上下。政權之所有者當讓渡治權,故尊賢之論興焉。惟君之求賢,乃如男之求女,必當納采親迎,六禮具備方可,否則是野合也,人不貴之矣。[1]士人出處之義,辭受取與之節,皆當於此求之。戰國以降,士習日偷,行其妾婦之道者衆,孟子故顯發其大義,昭揭天下,所以作育華夏兩千年士風者盛矣。近世以來,斯學之不講也久矣,士君子重溫孟子之微言,以返本而知恥,不亦近於勇乎?

章旨結構圖

1. 論人和爲地利、天時之本。
2. 君師之分:不受君召。
3. 辭受取與:君子不可以貨取。
4. 守官:在其位謀其政。

---

〔1〕《史記·孔子世家》言其父叔梁紇與顏氏女野合而生孔子,鄭玄引之以注《禮記·檀弓》。後人頗聚訟。孔穎達以"不備於禮"釋鄭玄之意,雖不詳其確否,然是古有此一説也。參孔穎達《禮記正義》卷六,中華書局影印阮元校十三經注疏本,1980年,第1275頁。《史記》卷四十六《田敬仲完世家》:"(齊)襄王既立,立太史氏女爲王后,是爲君王后,生子建。太史敫曰:'女不取媒因自嫁,非吾種也,汙吾世。'終身不睹君王后。"

第 一 章

孟子曰："天時不如地利，地利不如人和。三里之城，七里之郭，①環而攻之而不勝。②夫環而攻之，必有得天時者矣；然而不勝者，是天時不如地利也。城非不高也，池非不深也，兵革非不堅利也，③米粟非不多也；委而去之，④是地利不如人和也。故曰：域民不以封疆之界，⑤固國不以山谿之險，威天下不以兵革之利。得道者多助，失道者寡助。寡助之至，親戚畔之；⑥多助之至，天下順之。以天下之所順，攻親戚之所畔；故君子有不戰，⑦戰必勝矣。"

【簡注】 ① 郭，外城。城外有郭，猶棺之有椁。② 環，圍。③ 兵，兵器。革，皮，可作甲胄。兵革，泛指軍器、武備。④ 委，棄。⑤ 域，守。段玉裁《説文解字注》："或，邦也。《邑部》曰：‘邦者，國也。’……凡人各有所守，皆得謂之或（域）。”
此處用爲動詞。⑥　親戚，親族與戚屬。畔，通叛。⑦　有不
戰，不戰則已。

【講疏】　“天時不如地利，地利不如人和”，蓋古人習語，
《尉繚子》、《荀子》皆曾言之。故焦氏《正義》云：“斯言也，《孟
子》之前，應別見古典。”古人言天時有實指，皆本之方術家言，
趙岐云：“謂時日支干、五行王相孤虛之屬。”朱注仍之。[1]焦
循以爲，孔子以前混以天時爲天道，“至孔子贊《易》，明元亨利
貞爲天道，言‘天道虧盈而益謙’，言‘立天之道曰陰與陽，立地
之道曰柔與剛，立人之道曰仁與義’，而天道乃明。孟子以天
道與仁義禮智並言，而此五行時日之術，別之爲天時，而天時、
天道乃曉然明於世”。作此剖判，固焦氏自身學術之眼光所
在，以此而必爲孟子之學，未必然也。如本卷末言“五百年必
有王者興，其間必有名世者。由周而來，七百有餘歲矣，以其
數則過矣，以其時考之則可也”，“五百年必有王者興”，非天道
乎？“以其時考之”，非天時乎？元亨利貞固爲易道之四德，四
德不亦云四時乎？天道本不違天時者也。蓋古人所言天時，
猶今日所言“自然規律”（姑不論所謂規律者能否成立，以及在
何種情形下成立），故所言天道皆求與天時相合，就其爲天下
所公共者言，曰天道；就其因時而變言，曰天時。故隨時亦所
以爲天道也。古人以五行干支推算時日休咎，自以爲合其天

道矣；今人以自然科學當之，亦今日之天時耳。後之視今亦猶今之視昔，時下頗有以歷史終結爲言者，所見陋矣。本章所著眼固不在天時，不過云兩軍交戰，其得進攻之優勢者（所謂環而攻之），廟算佔先，有合其天時矣。或有未得地利而終於失敗者，是所謂"天時不如地利"也。若得其地利，而守之者分崩離析，則亦必敗無疑，故云"地利不如人和"。此二句昔人常不得其解，今作一破的之論。蓋孟子非言天時必不如地利，地利必不如人和，乃言天時必以地利爲必要條件，地利亦必以人和爲必要條件，有天時而無地利者不能攻，有地利而無人和者不能守，人和乃地利、天時之本，如是而已。《大學》云："物有本末，事有終始，知所先後，則近道矣。"又云："其本亂而末治者否矣。"

　　天時、地利、人和所以括傳統所言三才，天得其剛，地得其柔，而人執其中。是故孟子所著眼者，皆在其人群之向心力，[1]是即所謂人和。就王政而言，則是君臣義合。若渾言之，所謂"以德服人者，中心悦而誠服也，如七十子之服孔子也"；若分言之，唯在"君使臣以禮，臣事君以忠"，"君君臣臣父父子子"。故士大夫出處之義亦見於此，臣之忠君，端視其君能否以禮待之，非愚忠也。此先秦儒學之古義，漢唐宋明諸大儒皆知之，惟時君世主希求自尊，另有一班曲學之士極力爲之

[1] 按《荀子·議兵篇》所言："臨武君與孫卿子議兵於趙孝成王前，王曰：'請問兵要。'臨武君對曰：'上得天時，下得地利，觀敵之變動，後之發，先之至，此用兵之要術也。'孫卿子曰：'不然。臣所聞古之道，凡用兵攻戰之本，在乎壹民。弓矢不調，則羿不能以中微；六馬不和，則造父不能以致遠；士民不親附，則湯武不能以必勝也。故善附民者，乃善用兵者也。故兵要在乎善附民而已。'"其言士民親附則同，此蓋儒學之通義。

彌縫，故薄識之徒多以尊君詬病儒者，誠可哀也已。古學不明，民氣不昌，其咎豈在孔孟程朱乎！

第 二 章

孟子將朝王，王使人來曰：“寡人如就見者也，①有寒疾，不可以風。②朝將視朝，不識可使寡人得見乎？”對曰：“不幸而有疾，不能造朝。”③明日出弔於東郭氏。公孫丑曰：“昔者辭以病，④今日弔，或者不可乎？”曰：“昔者疾，今日愈，如之何不弔？”王使人問疾，醫來。孟仲子對曰：“昔者有王命，有采薪之憂，⑤不能造朝。今病小愈，趨造於朝，我不識能至否乎？”使數人要於路，曰：“請必無歸，而造於朝！”⑥不得已而之景丑氏宿焉。景子曰：⑦“内則父子，外則君臣，人之大倫也。父子主恩，君臣主敬。丑見王之敬子也，未見所以敬王也。”曰：“惡！是何言也！齊人無以仁義與王言者，豈以仁義爲不美也？其心曰‘是何足與言仁義也’云爾，則不敬莫大乎是。我非堯舜之道，不敢以陳於王前，故齊人莫如我敬王也。”⑧景子曰：“否，非此之謂也。禮曰：‘父召，無諾；君命召，不俟駕。’⑨固將朝也，聞王命而遂不果，宜與夫禮若不相似然。"⑩曰："豈謂是與？曾子曰：'晉楚之富，不可及也。彼以其富，我以吾仁；彼以其爵，我以吾義，吾何慊乎哉？'⑪夫豈不義而曾子言之？⑫是或一道也。天下有達尊三：爵一，齒一，德一。朝廷莫如爵，鄉黨莫如齒，輔世長民莫如德。⑬惡得有其一，以慢其二哉？故將大有爲之君，必有所不召之臣。欲有謀焉，則就之。⑭其尊德樂道，不如是不足與有爲也。⑮故湯之於伊尹，學焉而後臣之，故不勞而王；桓公之於管仲，學焉而後臣之，故不勞而霸。今天下地醜德齊，莫能相尚。⑯無他，⑰好臣其所教，而不好臣其所受教。湯之於伊尹，桓公之於管仲，則不敢召。管仲且猶不可召，而況不爲管仲者乎？"

【簡注】 ① 王，指齊王。如，謀（從清鄭珍説）。就見，前往來見。② 風，受風。③ 朝將之朝，音 zhāo。造，至。④ 弔，吊喪。東郭氏，齊大夫家。昔者，以前。此處指昨日。⑤ 孟仲子，孟子堂兄弟，學於孟子。采薪之憂，有病的委婉語。⑥ 造，至。趨，小跑。趨造，急赴。要（yāo），攔截。無，勿。之，往。⑦ 景丑氏，齊大夫景丑家。景子，名丑，清儒翟灝以爲即《漢書・藝文志》中《景子》三篇之作者。⑧ 惡（wū），感歎辭，下同。云爾，結尾語助詞。陳，陳説。⑨ 無諸，等不及説"諸"。俟，等待。駕，駕車。⑩ 固，本來。果，參《梁惠王下》第十六章。宜，殆，恐怕（從清王念孫説）。⑪ 以，因，憑藉。

彼以其富：猶言彼（之尊）乃憑藉其富有。下文"我以吾仁"，略同。慊，通歉、嗛，不足。⑫ 夫豈不義而曾子言之：曾子所言難道是不義之事嗎？⑬ 達，通。達尊，通天下之所尊。爵，爵祿。齒，年齒。德，德行。長（zhǎng）民，爲民之君長。⑭ 惡（wū），何。慢，輕慢。就，同注① "就見"之就。⑮ 與，以。⑯ 臣，使之爲臣。王，音 wàng。醜，類。尚，過。⑰ 無他，沒有別的。

【講疏】 三代以前，君師治教合，皆統合於王官。春秋以降，不惟政、治二權劃分日趨明確，由私學之興起，君師政教亦判然爲二，師道不僅獨立於君權，且爲後者具正統性與否之依據。顧現實之中，師雖具教化之權，然具體身份依然在政治統攝之下，是爲廣義之君臣關係，此關係無所逃於天地之間。《詩》云"溥天之下，莫非王土；率土之濱，莫非王臣"者以此。故孔子云："吾非斯人之徒與而誰與？"（《論語·微子》）既無所逃，則無所謂出處之義矣。蓋古人所謂出者，入仕之謂也。由入仕，則上下之間形成狹義之君臣關係，孔孟所謂臣，多即此而言。

孟子時處齊，居賓師之位，與王相見，蓋如士大夫之迭爲賓主，不必以尊卑言。故其欲朝王，亦純出自然。然王既來召，反不之赴，避嫌疑也。[1]故雖託詞有疾，爲使王知賓師之義，乃故於次日出吊東郭氏，明示己之不受召也。昔"孺悲欲見孔子，孔子辭以疾，將命者出户，取瑟而歌，使之聞之"（《論

---

〔1〕 "如就見"之如，清儒鄭珍以爲當從《爾雅》"如，謀也"之義，可從。見氏著《巢經巢經說·孟子》，收入前揭《清經解　清經解續編》第十二册，第 4664 頁。

語·陽貨》),其意略同，[1]所謂不教之教也。景子以孟子違君臣之大倫，蓋亦世俗之見，惟知狹義之君臣關係而不知君臣之大義者也。故責孟子不敬王，未能如禮所言"君命召不俟駕"，昔孔子嘗行之矣。顧以孟子之見，此"君命召不俟駕"之臣，惟出仕者乃可，非所以召師也。朝廷尚爵，以君爲尊，師既未仕，則是不與之序爵也。既不序爵，如以鄉黨視之，當以齒爲尚；如以人群視之，當以德爲先。故孟子以三達尊爲言，爲君、親、師三者劃界。蓋朝廷莫如爵者，君也；鄉黨莫如齒者，親也；輔世長民莫如德者，師也。此分別與當時之社會結構相應。蓋朝廷者，政治領域；鄉黨者，社會領域；賓師所處則文化領域也，優遊其間，既爲國家社會溝通之橋樑，亦爲政治與社會之指導者。

君親師既如此劃界，其爲師者出仕之前提當即"學然後臣之"，故雖爲其臣，而道柄在握。此唯大有爲之君能之，因其舍己而從人也。湯之於伊尹，桓公之於管仲，是其例也。孟子此論，雖有激而言，然揆諸當時之歷史情境，亦頗爲晚周士大夫群體（縱橫家除外）所認同。蓋東周以前，雖王官一體，然其君權乃受制於宗法制度，故宗族權力（所謂親也）尤在私人性君主權力之上。故有貴戚之卿，"君有大過則諫，反覆之而不聽則易位"（《孟子·萬章下》）。"民爲貴，社稷次之，君爲輕"（《孟子·盡心下》），即體現於此。是故歷世相傳有所謂師、傅、保三公坐而論道，爲王者所不臣，流

---

〔1〕 此義朱子已指出。

風餘韻,至漢猶存。[1]其諸侯爲求富强,卑辭厚幣以招徠賢者,亦此政治倫理之實踐者。[2]及秦政一統,君主失其外在牽制,頗成獨尊之勢。師傅一變而爲博士,待詔顧問而已,此世道之一大變。明人丘濬云:

> (始稱皇帝)嗚呼!帝王稱號之盛,至是更無以加矣。盤古以來君稱皇者三,稱帝者五,稱王者三。始皇初併天下,自以爲德兼三皇,功過五帝,乃兼用之以爲稱號,後世襲而稱之,而以王封其臣子,遂爲萬世不可易之制。噫!自有此名稱以來,古道日以湮微,世道日以淪降,名雖尊於古而實不及之遠矣。遂使君道日尊,臣道日卑,上下遂至於懸絕,師臣之禮世不復聞,格心之學竟莫能施。嗚呼,是亦世道大變之一初也歟?[3]

―――――――――

[1] 參賈誼《新書》《傅職》、《保傅》二篇,閻振益、鍾夏《新書校注》卷五,中華書局,2000年。《大戴禮·保傅》拼合二篇而稍有損益。許慎《五經異義》引合《周禮》説:"天子立三公,曰太師、太傅、太保,無官署,與王同職,故曰:坐而論道,謂之三公。"呂思勉疑此三公乃太學中三老,與在朝者不同。説見氏著《先秦史》,上海古籍出版社,2005年,第354—358頁。然無論如何此觀念至漢猶盛,漢制尚有三老五更是其例也。漢明帝永平二年十月"幸辟雍,初行養老禮……尊事三老,兄事五更。"《集解》引《續漢志》云:"用其德行年耆高者,三公一人爲三老,次卿一人爲五更。"王先謙《後漢書集解》卷二《明帝紀》,中華書局,1984年,第51頁。另,楊寬指出,太傅一職金文尚未證實,太師與太保則於西周之時確有大權,有時甚至超過天子。參氏著《西周史》,第315—363頁。

[2] 相關問題可參余英時《士與中國文化》(上海人民出版社,1987年)第51—68頁的討論。顧該書所著眼者端在士大夫群體之整體變化,於其內部各派之不同趨向著墨不多。

[3] 丘濬《世史正綱》卷一《秦世史》,四庫存目本。按戰國以降,諸侯多設博士,然以秦政爲界,前後精神頗有不同。如稷下學士,君之師友也,至秦則待詔顧問而已。後世不察,同等視之,誤矣。

秦以後君師之爭紛起，其以師道相尚者，無論顯隱，多宗孟子之言。至有明之王艮，以大成師道之學相倡，將孟子此義發露無遺。[1]

第 三 章

陳臻問曰：[1]“前日於齊，王餽兼金一百而不受；[2]於宋，餽七十鎰而受；於薛，[3]餽五十鎰而受。前日之不受是，則今日之受非也；今日之受是，則前日之不受非也。夫子必居一於此矣。”孟子曰：“皆是也。當在宋也，予將有遠行。行者必以贐，[4]辭曰：[5]‘餽贐。’予何爲不受？當在薛也，予有戒心。[6]辭曰：‘聞戒。’故爲兵餽之，[7]予何爲不受？若於齊，則未有處也。[8]無處而餽之，是貨之也。[9]焉有君子而可以貨取乎？”[10]

【簡注】 ① 陳臻，孟子弟子。② 兼金，雜金，銅、錫、鉛皆是，可以鑄造貨幣和兵器（從清王夫之説）。一百，百鎰（yì）。古時一鎰爲二十兩。一説二十四兩。③ 薛，見《梁惠王下》第十四章。威王時封其少子田嬰，號靖郭君，宣王時爲相。至齊湣王時子田文繼位，號孟嘗君。清儒江永以爲孟子

宣王時過薛,薛君餽五十鎰,此薛君爲田文,誤。儻真爲田文,
則當在齊湣王時。④　賮(jìn),送行者之禮。⑤　辭,説辭,理
由。⑥　戒,戒備不虞。⑦　兵,兵備。⑧　處,處置。此處指理
由。⑨　貨,賄賂。⑩　取,猶致,此處指羅致。

【講疏】　陳臻爲孟子弟子,至其所問則頗類名家。《漢
書・藝文志》:

> 名家者流,蓋出於禮官。古者名位不同,禮亦異數。
> 孔子曰:"必也正名乎!名不正則言不順,言不順則事不
> 成。"此其所長也。及警者爲之,則苟鈎鈲析亂而已。

若夫名家之學,主於循名責實,以子之矛,攻子之盾,所長
者在辨析語言,界分定義,於其言語所不能盡,定義所不能明
者,則理屈詞窮矣。蓋名家所言之實頗與儒者異。公孫龍曰:
"天地與其所産者,物也。物以物其所物而不過焉,實也。實
以實其所實,不曠焉,位也。出其所位,非位;位其所位焉,正
也。"王琯云:"凡名某物,與其所名某物之自性適相符合,而不
過分;其某物之自性相,即謂之實,實必有其界限標準,謂具有
某種格程,方爲某物;其格程所在,即所謂'位'者是也。"[1]
此論甚確。蓋事物依其類而有分位,所以名其位者曰名,所以
實其位者曰實,故莊子云:"名者,實之賓也。"(《逍遥遊》)若儒
者(指思孟一系)所謂名實則不然,蓋名者命也,實者誠也,皆

---

[1]　王琯《公孫龍子懸解》卷六《名實論》,中華書局,1992年,第87—88頁。

即其統體而言也。是儒者所言爲禮名。名家所執者，萬物各有其分位，儒者雖亦同此，然能由其分位上達其統體，知有所謂分其分而位其位者在。故陳臻以王餽金（不）當受爲前提，[1]責孟子或受或不受，必有一非。不知其所執以爲前提者本身尚須前提，始足以成立，其矛盾者本身尚有不矛盾者以統之也。所謂相反相成者，皆可於此見之。蓋百家之學，多以名家爲根柢，執一端以繩天下，雖持之有故，言之成理，然以其所見甚隘，不足貴也。或如西洋之形上學，强立一原則欲以通之天道，其勢不至鑿枘背反而不止，如康德所駁者是也。蓋其所持以爲故者，非可自足成立，其義亦因時位而有不同，是則天理之節文也，能統此節文者禮也，是《文言》所謂"嘉會以合禮"。故孟子之答陳臻，皆據禮而言之矣。君子而貨取，言無故而受，非禮也。參《告子下》第一章。

第 四 章

孟子之平陸，① 謂其大夫曰：② "子之持戟之士，③ 一日而三失伍，則去之否乎？"④ 曰："不待三。""然則子之失伍也亦多矣。凶年饑歲，子之

---

[1] 兼金，趙岐釋爲"好金也，其價兼倍於常者"。朱子亦從之。惟王夫之以爲"薛，蕞爾國，安所得好金千二百兩以餽游客哉"？另引《左傳》鄭伯盟楚，"無以鑄兵"爲證，以爲古代五金統名爲金，兼金即雜金，包括青金（鉛）、赤金（銅）、白金（錫），可以鑄貨幣與兵器。說見氏著《四書稗疏·孟子上》"兼金百鎰"條。船山全書編輯委員會編校《船山全書》本。唐文治《孟子大義》亦從之。

民，老羸轉於溝壑，⑤壯者散而之四方者，幾千人矣。"⑥曰："此非距心之所得為也。"⑦曰："今有受人之牛羊而為之牧之者，則必為之求牧與芻矣。⑧求牧與芻而不得，則反諸其人乎？抑亦立而視其死與？"⑨曰："此則距心之罪也。"⑩他日，見於王曰："王之為都者，⑪臣知五人焉。知其罪者，惟孔距心。為王誦之。"⑫王曰："此則寡人之罪也。"

【簡注】　① 之，到。平陸，齊下邑，處齊魯之間。國都以外之城邑，曰下邑。② 大夫，邑宰。③ 子，君，對人的客氣稱謂。戟，一種有枝的兵器。士，兵士。④ 失伍、去之有二義。一説：伍，隊伍。失伍，不聽號令；去之，殺之。一説：失伍，不在班次；去之，罷去之（此閻若璩説）。⑤ 羸，弱。轉，棄屍。⑥ 幾(jǐ)，幾乎。⑦ 距心，大夫名，姓孔。⑧ 牧之，養之。牧與芻，牧地與草。⑨ 抑亦，抑或，還是。立，站著。此處指無所行動。⑩ 罪，過。⑪ 見，音 xiàn。為(wéi)都，治邑。邑有先君之廟曰都。⑫ 誦，言。

【講疏】　君子謀道不謀食，其出也不可苟居其位，必當素其位而行，在其位則謀其政，否則是失職矣。趙岐云："章指：言人臣以道事君，否則奉身以退。《詩》云'彼君子兮，不素餐兮'，言不失其祿也。"為臣固當如此，若為君者，其職端在選賢，若不賢者尸位而不知，君亦失其職矣。

第 五 章

孟子謂蚔鼃曰：“子之辭靈丘而請士師，似也，爲其可以言也。^① 今既數月矣，^② 未可以言與？”蚔鼃諫於王而不用，致爲臣而去。^③ 齊人曰：“所以爲蚔鼃，則善矣；所以自爲，則吾不知也。”公都子以告。^④ 曰：“吾聞之也：有官守者，不得其職則去；有言責者，^⑤ 不得其言則去。我無官守，我無言責也，則吾進退，豈不綽綽然有餘裕哉？”^⑥

【簡注】 ① 蚔(chí)鼃(wā)，齊大夫。靈丘，齊下邑。士師，掌邢獄。似，似乎有理。言，諫言。② 既，已。③ 致，還。致爲臣，不再爲臣，即致仕。按，周代君臣多特指上下級關係，君臣義合，不合則去。④ 公都子，孟子弟子。⑤ 官守，職守。言責，諫言之責。此處官守與言責對舉，特指言責之外的政務。⑥ 進退，出仕與退職。綽綽然，寬貌。餘裕，寬裕。

【講疏】 所謂致爲臣，即致仕。《禮記・曲禮下》：“爲人臣之禮不顯諫，三諫而不聽則逃之。”孟子亦云：“（異姓之卿）君有過則諫，反覆之而不聽則去。”（《孟子・萬章下》）所以如此者，蓋因君臣義合，君能君斯臣能臣，君既有過，是不君矣，則臣亦無以爲其臣，故不合則去。所以云致爲臣，即因<u>孟子所謂臣指入仕而言，此即上文所言狹義之君臣關係。此關</u>

係猶今所言上下級，自君—公卿—大夫—士，每級皆有君臣關係寓於其中。蚔鼃亦知禮者，故諫而不從則去。齊人不解其義，以爲孟子惟知責人而不務律己，孟子因發賓師與爲臣不同之義。蓋若爲臣，則有官守言責，固當行其爲臣之義，孟子則非臣也，賓師耳，爲天下之達尊，故進退裕如，綽綽有餘。《呂氏春秋·高義篇》引墨子曰：“比於賓萌，未敢求仕。”高誘注：“賓，客也。萌，民也。”焦氏《正義》云：“然則凡賢能盛德之士未食君禄，俱爲賓，此賓之事也，孟子之盛德，起爲諸侯師，而仕不受禄，所以爲師賓也。”焦氏所釋墨子之言，後人頗有疑之者。[1]然無論如何，戰國之時此種觀念乃甚爲流行。《呂氏春秋》云：“堯不以帝見善綣，北面而問焉。堯，天子也；善綣，布衣也。何故禮之若此其甚也？善綣得道之士也，得道之人，不可驕也。”[2]如此者甚衆。

至於民，所謂“肉食者謀之”。蓋不在其位，不謀其政，亦不擔其責也。[3]顧炎武云：“有亡國，有亡天下。”亡國則一家一姓之事，亡天下則匹夫與有責也。故狹義之君臣關係惟見於行政領域（所謂入仕），若社會人群皆有其各自之原則。至秦代，法家當道，私人性君主權力大張，狹義之君臣關係始彌綸於師弟、夫婦、朋友之間，如學者“以吏爲師”是也。蓋秦代欲復周代之王官學，然徒有其形式，而精神内涵固已與王道之

---

[1]　錢穆以爲客籍之民，當指刑徒而言，參《先秦諸子繫年》第三一《墨翟非姓墨墨爲刑徒之稱考》，第108頁。

[2]　陳奇猷《呂氏春秋校釋》卷十五《下賢》，學林出版社，1984年，第879頁。

[3]　《左傳·莊公十年》：“春，齊師伐我。公將戰，曹劌請見。其鄉人曰：‘肉食者謀之，又何間焉？’劌曰：‘肉食者鄙，未能遠謀。’”前揭洪亮吉《春秋左傳詁》卷六，第240—241頁。按此可見普通民衆之心理，無政則亦無責。

精神迥乎不侔矣。故天下同風,整齊劃一,如蘇軾之批評王安石:

> 文字之衰,未有如今日者也。其源實出於王氏。王氏之文,未必不善也,而患在於好使人同己。自孔子不能使人同,顏淵之仁,子路之勇,不能以相移。而王氏欲以其學同天下!地之美者,同於生物,不同於所生,惟荒瘠斥鹵之地,彌望皆黃茅白葦,此則王氏之同也。[1]

順此以行之,必致生機斷滅。學者如能意會於此,於近时政治之積弊當瞭然矣。彼其所爲皆反儒者也,奈何新進曲學之士反以儒視之? 此所以孔子有云:"德之不修,學之不講,聞義不能徙,不善不能改,是吾憂也。"(《論語·述而》)

第 六 章

孟子爲卿於齊, 出弔於滕, ①王使蓋大夫王驩爲輔行。②王驩朝暮見, ③反齊滕之路, ④未嘗與之言行事也。⑤公孫丑曰:"齊卿之位, 不爲小矣; 齊滕之路, 不爲近矣。反之而未嘗與言行事, 何也?"曰:"夫既或治之, ⑥予何言哉?"

---

〔1〕《蘇東坡集》卷三十《答張文潛書》,國學基本叢書簡編本,商務印書館,1929 年。

【簡注】　① 弔,弔喪。② 蓋(gě),齊下邑。王驩,齊王寵臣。輔行,副使。③ 朝暮,早晚。此處指整日。見,音 xiàn。④ 反,返回。⑤ 行事,出使之事。⑥ 既,已。治,理,料理。

【講疏】　周廣業《孟子出處時地考》云:"《列女傳》載'孟子處齊有憂色,孟母問之,對曰:道不用於齊,願行而母老,是以憂也。孟母曰:夫死從子,禮也。子行乎子禮,吾行乎吾禮。'揆當時情事,孟子之久留齊,固由王足爲善,實因母老待養,而又不欲藉口禄仕,故特不受田里,亦不拘於職守,因得優遊終養,以終母餘年耳。《晉書》劉長盛曰:'子輿所以辭大夫,良以色養無主故耳。'斯言深得其意。"〔1〕夫君子之仕不爲貧,然有時爲貧,蓋因家貧親老無以爲養也。故孟子早年遊齊,爲養母之故,或嘗受大夫之位。及復遊齊國,母已前卒,故惟以賓師自處,雖偶出仕,而不久旋歸(見下)。其以卿位出弔於滕者,蓋因孟子與滕國素多淵源,爲文公所重(參下卷),齊王因請孟子代行,以示隆重其事也。既請其代行,則必有名目,故爵之以卿,以示光寵。夫大國之卿,天子所重,世人亦皆以爲有光矣,然孟子赴滕,諸事一任副使王驩所爲,返齊之路未嘗與言行事,是不屑以卿自處也。故公孫丑有"齊卿之位不爲小矣"之疑,蓋不知孟子何以卑視之也。

孟子答以"夫既或治之,予何言哉",明示不與王驩爲伍也。其所以如此者,非因王驩爲齊王所嬖,乃因其爲齊王之臣也。朱注承襲趙岐,焦循亦然,皆以王驩爲嬖幸權臣,故孟子

---

〔1〕 參焦氏《正義》本卷第七章"孟子自齊葬於魯"條。

以小人待之，此皆未達孟子之心也。蓋如王驩真爲足以債事之小人，則有失職之虞矣，孟子又豈能一任其所爲？

第 七 章

　　孟子自齊葬於魯，反於齊，①止於嬴。②充虞請曰：③“前日不知虞之不肖，④使虞敦匠事。⑤嚴，⑥虞不敢請。⑦今願竊有請也，⑧木若以美然。”⑨曰：“古者棺椁無度，⑩中古棺七寸，椁稱之。⑪自天子達於庶人。⑫非直爲觀美也，⑬然後盡於人心。不得，⑭不可以爲悦；無財，不可以爲悦。得之爲有財，⑮古之人皆用之，吾何爲獨不然？且比化者，⑯無使土親膚，⑰於人心獨無恔乎？⑱吾聞之，君子不以天下儉其親。”⑲

【簡注】　① 反，返。② 嬴，齊南邑。③ 充虞，孟子弟子。④ 不肖，不似，不稱職。⑤ 敦，治（從清孔廣森説）。⑥ 嚴，急。⑦ 請，請問。⑧ 竊，私下。⑨ 木，棺木。以、已通（從朱子説）。以美，過美。然，語辭。⑩ 度，規定。⑪ 中古，指周公制禮時。稱（chèn），相稱。⑫ 達，通。⑬ 直，但，衹是。觀美，看著好。⑭ 得，允許。言禮制所允許。⑮ 爲，與（從王念孫説）。⑯ 比，近。比化者，猶言將朽化者，指屍體而言。⑰ 親，接近。⑱ 恔（xiào），快。⑲ 以天下，因爲天下之故。

儉,薄待。

【講疏】　孟母之卒,當在齊威王之世,孟子初次至齊之時。其族墓在魯,故歸葬焉。然母喪不久而即返,不合禮制,故後人百思不得其解。或云終三年喪以後,然似於下文充虞所言"前日"者不合。故顧炎武以爲改葬,然亦惟臆斷而已。毛奇齡兄弟則以爲返哭於齊,蓋其族雖在魯而家已在外矣。其《經問》云:"孔子要絰而赴季氏之享,孟子甫葬即來齊,聖賢行事有不可以憑臆斷者。先仲氏嘗謂自齊葬魯,則必喪在齊而葬於魯者。若母喪在魯,則其文當云自齊奔喪於魯。戰國游士,多家於寄,以孟母嫠婦,孟子孤兒,則出必偕出,處必偕處,未有拋母居魯而可獨自仕齊者。故《列女傳》云'孟子處齊有憂色,孟母見之',是孟母與孟子同在齊有明據矣。特以墳墓在魯,不得不至於魯合葬,而究之魯翻無家而齊有家,故記曰'反於齊'者,反哭之反也。"[1]孟母葬事,頗招時人物議,如臧倉以其後喪逾前喪,不合禮制。弟子充虞爲孟母作棺,亦頗疑其材過美,因有此問。孟子之答亦直指人心,蓋禮因人情,可以義起,惟視心之所安耳。古之人無棺椁,其所以有棺椁者,亦出於生人不忍之心(參下文),故中古以降爲棺七寸,椁稱之,自天子以至庶人皆用之。自庶人以下,則桐棺三寸而已。故棺椁之制,非直欲世觀美也,此心之不容已也。惟既有此制,人情皆欲厚其親,聖人防其過情,故制禮以節之,所謂"不得不可以爲悦"是也。然行禮必以財,無財亦無以厚其親,

---

〔1〕　焦循《孟子正義》本條下引。

孟子仕齊，家已漸富，其葬母所以過於葬父者，蓋因其父卒時，家境甚貧，亦較普通士人爲儉素。及葬母之時，雖所用亦士禮，然較普通士人爲富厚，相形之下則後喪逾前喪矣。其葬制固無逾越也。世人不察，徒據《儀禮·喪服》所言，虛立一尊父卑母名目以較量孟子之短長，不知父母皆至親，固無別也。

惟喪葬之制既發乎情而止乎禮儀，則以何者爲度？《禮記·檀弓上》：

> 有子問於曾子曰："問喪於夫子乎？"曰："聞之矣，喪欲速貧，死欲速朽。"有子曰："是非君子之言也。"曾子曰："參也聞諸夫子也。"有子又曰："是非君子之言也。"曾子曰："參也與子游聞之。"有子曰："然，然則夫子有爲言之也。"曾子以斯言告於子游。子游曰："甚哉，有子之言似夫子也。昔者夫子居於宋，見桓司馬自爲石椁，三年而不成。夫子曰：若是其靡也，死不如速朽之愈也。死之欲速朽，爲桓司馬言之也。南宮敬叔反，必載寶而朝。夫子曰：若是其貨也，喪不如速貧之愈也。喪之欲速貧，爲敬叔言之也。"曾子以子游之言告於有子，有子曰："然，吾固曰，非夫子之言也。"曾子曰："子何以知之？"有子曰："夫子制於中都，四寸之棺，五寸之椁，以斯知不欲速朽也。昔者夫子失魯司寇，將之荆，蓋先之以子夏，又申以冉有，以斯知不欲速貧也。"

惟雖不欲速朽，亦不可不朽，蓋不朽則與天道有隔矣。其速朽與否端視肌膚之存否。焦循曰："比，猶至也。親，近也。

棺椁不厚，則木先腐，肌膚尚存，必與土近。惟棺椁敦厚，則肌膚先木而化，故至肌膚不存，而木猶足以護之，不使近於土。化，雖有死訓，而不言死言化者，以形體變化言也。"其何以有此者，前人未及深論。嘗試言之，《中庸》云："事死如事生，事亡如事存，孝之至也。"故古人之祭亡親，

> 齊之日，思其居處，思其笑語，思其志意，思其所樂，思其所嗜。齊三日，乃見其所爲齊者。祭之日，入室，僾然必有見乎其位，周還出戶，肅然必有聞乎其容聲，出戶而聽，愾然必有聞乎其歎息之聲。是故先王之孝也，色不忘乎目，聲不絶乎耳，心志嗜欲不忘乎心。致愛則存，致愨則著。著存不忘乎心，夫安得不敬乎？[1]

蓋惟親人之音容宛在，是所以起生者之哀也。人之形體惟因肌膚而有別，其既朽之後盡枯骨耳，如無以別之，不足以興生者之哀矣。其肌膚未化之前，則人見之即知其爲亡親也。如膚未化而木即朽，則暴屍於外，不忍見之矣。故棺椁之禮必以土親膚爲度。又，葬制所以有等級之別者，其初蓋亦因天子七月而葬，諸侯五月，卿大夫三月，[2]葬期既不同，爲防屍腐，則棺椁之制亦因之而異。至其葬期之異，乃因身份不同，訃告需時，來弔者有遠近之殊，如天子則赴告四方是也。

---

〔1〕《禮記·祭義》，陳澔《禮記集説》卷八。齊讀爲齋。另可參沈文倬《宗周歲時祭考實》，載氏著《宗周禮樂文明考論》，浙江大學出版社，2006年，第72頁。

〔2〕《左傳·隱公元年》："天子七月而葬，同軌畢至；諸侯五月，同盟至；大夫三月，同位至；士逾月，外姻至。"洪亮吉《春秋左傳詁》卷五，第188頁。

荀子曰:"故天子七月,諸侯五月,大夫三月,皆使其須足以容事,事足以容成,成足以容文,文足以容備,曲容備物之謂道矣。"[1]此皆禮因人情所致,非刻意爲尊卑等級,使有上下之別也。後世不察,徒以等級高下爲言,失其本矣。

所謂"君子不以天下儉其親"者,蓋因親親者仁也,爲天下之大本,親與天下既有本末之殊,則其輕重之宜不待論矣。此義孟子下文亦屢言之。葬親以禮,即儒者所謂節葬,若墨家之節葬,是以天下爲重而薄待其親矣。

第 八 章

沈同以其私問曰:①"燕可伐與?"②孟子曰:"可。子噲不得與人燕,子之不得受燕於子噲。③有仕於此,而子悦之,不告於王而私與之吾子之禄爵;④夫士也,⑤亦無王命而私受之於子,則可乎?何以異於是?"齊人伐燕。或問曰:"勸齊伐燕,有諸?"曰:"未也。沈同問'燕可伐與'?吾應之曰'可',彼然而伐之也。⑥彼如曰'孰可以伐之'?則將應之曰:'爲天吏,則可以伐之。'今有殺人者,或問之曰'人可殺與'?則將應之曰'可'。彼如曰'孰可以殺之'?則將應之曰:'爲士師,則可

---

〔1〕《荀子·禮論》,王先謙《荀子集解》卷十三。

以殺之。'今以燕伐燕，⑦何爲勸之哉？"

【簡注】　① 沈同，齊臣。② 燕，燕國，召公之後，戰國七雄之一。伐，討伐。③ 噲，燕王名。子之，燕王噲的相。④ 與，給予。吾子，您。對交談者的敬稱。⑤ 夫（fú）士，此士，指上文所言出仕之人。⑥ 然，同意。⑦ 以燕伐燕：用燕國之道討伐燕國。按，此處指齊國行事與燕無異，都是不合理的。

【講疏】　燕王噲欲禪位國相子之，沈同問燕可伐否，孟子惟據理以答之，世人不察，反以孟子勸齊伐燕。〔1〕蓋諸侯之權亦屬政權，乃分有於天子者也。天子之政權轉移視乎天命，〔2〕諸侯政權之轉移當視乎天子。惟此天子非指其私人，乃指公共性天子之權。燕王噲欲私授子之，乃越其權矣。以周代政體視之，諸侯自身乃一被決定者，非可獨立存在，必以天子之權爲其本根。士大夫之治權亦然，必歸本於上一級之政權而後可。由此則天子與諸侯（及公卿），諸侯與卿大夫（諸侯之公卿大夫），卿大夫與士，皆以君臣相維繫，前者爲綱，後者爲目，前者爲主，後者爲客，"如網在綱，有條而不紊"，此即君爲臣綱本義。法家若韓非之徒，乃漸離其本，但以上之馭下

〔1〕　《戰國策》卷二十九《燕王噲既立》："孟軻謂齊宣王曰：'今伐燕，此文、武之時，不可失也。'王因令章子將五都之兵，以因北地之衆以伐燕。"范祥雍箋證本，第1676頁。另，《史記》卷三十四《燕召公世家》亦承其説，可見當時頗有以孟子勸齊伐燕者。
〔2〕　參《萬章上》講疏所論天命轉移諸義。

爲言，一變而成君權獨尊觀念，[1]牢不可破，流毒於後世，亦可慨也。

君爲臣綱，爲臣者其權限有定，不可越職。所謂設官分職，職必本之於官，猶臣必本之於君，治必本之於政是也。越職即所謂侵官，顧侵官之目有二：一曰決定自身，如上文所言燕王噲欲授燕於子之是也。一曰決定他者。蓋職下分職，亦各有其君臣上下，雖有本末之別，然亦具一體之義，非他者也。其所謂他者，與此職並行者也，如耳之與目，口之與鼻是已。周代政體，諸侯之卿大夫除天子外，於他國之君主亦稱陪臣，蓋雖有君臣之名，然不必相互負責也。此風至漢猶然。《中庸》曰"君子素其位而行，不願乎外"；《論語·憲問》曰"君子思不出其位"，皆即此言之也。故燕王之失政，必由周天子伐之。天子既無賞罰之柄，亦當由諸侯之伯者奉天子之命以伐之，是則天吏也。昔季歷、文王之於殷，齊桓、晉文之於周，雖有王霸之殊，皆所謂天吏也，故能興滅國繼絕世，昭仁義於天下也。今齊王伐燕，不奉王命，抑且不行王政，惟欲併之而後快，則安見其爲天吏哉！

孟子之答可以補卷二所未言，顧其答問之法亦頗有深意。沈同問焉，孟子惟應之曰可，而不言天吏之義，是尚有待其再問也。沈同不問，孟子亦不答。蓋孟子本以師道自任，"禮聞來學，不聞往教"，是亦《禮記·學記》所云"善待問者如撞鐘，叩之以小者則小鳴，叩之以大者則大鳴，待其從容，然後盡其聲"之義也。故夫子教人，"不憤不啓，不悱不發，舉一隅，不以

---

[1] 參熊十力《韓非子評論》，惜此書未純，然用心深矣。上海書店出版社，2007年。

三隅反,則不復矣"(《論語・述而》)。此孟子心術之隱微者,
學者不可不知。時人所以盛傳孟子勸齊伐燕者,皆因不明師
者待問之義也。[1]

第 九 章

　　燕人畔。① 王曰:"吾甚慚於孟子。" 陳賈
曰:② "王無患焉。③ 王自以爲與周公,孰仁且智?"
王曰:"惡!　是何言也?"曰:"周公使管叔監
殷,④管叔以殷畔。⑤知而使之,是不仁也;不知而
使之,是不智也。仁智,周公未之盡也,⑥而況於王
乎? 賈請見而解之。"見孟子問曰:"周公何人也?"
曰:"古聖人也。"曰:"使管叔監殷,管叔以殷畔
也,有諸?"曰:"然。"曰:"周公知其將畔而使之
與?"曰:"不知也。""然則聖人且有過與?"曰:"周
公,弟也;管叔,兄也。周公之過,不亦宜乎? 且古
之君子,過則改之;今之君子,過則順之。⑦古之君
子,其過也,如日月之食,民皆見之;及其更
也,⑧民皆仰之。今之君子,豈徒順之,⑨又從爲

---

〔1〕 此義朱子頗能體之。昔司馬温公《疑孟》亦嘗以是爲言,朱子辯之,云:"聖賢之
　　 心,如明鑒止水,來者照之,然亦照其面我者而已矣,固不能探其背而逆照之
　　 也。"此其爲辯,誠較余允文所駁爲高。諸説皆見黄宗羲、全祖望《宋元學案》卷
　　 七《涑水學案上》,陳金生、梁運華點校,中華書局,1986 年,第 287 頁。

之辭。"⑩

【簡注】　① 畔，通叛。② 陳賈，齊大夫。③ 無，不必。
患，擔心。④ 管叔，名鮮，周公之兄。監殷，武王伐紂後，封紂
子武庚於殷，封弟管叔於管國，以監視之。⑤ 以，用。⑥ 盡，
極。未之盡，未能做到極致。⑦ 順，隨順。⑧ 更，改。⑨ 徒，
祇是。⑩ 從，進而。辭，藉口。

【講疏】　此章大義甚明。其關乎心術者有二。一則周公
之用心。周公，古聖人也。既云聖人，必廓然大公，物來順應，
《易》所謂"君子以虛受人"（《咸卦》），無成見於胸者也，故孔子
云："不逆詐，不億不信，抑亦先覺者，是賢乎。"（《論語·憲
問》）蓋逆詐、億不信則是有執，不能虛己臨物，順萬物之情矣。
況管叔爲周公之兄，周公亦惟以弟道事之而已，安能逆探其兄
之惡哉！惟管叔之惡方顯，即能討而誅之，是則物來順應也。
王陽明所謂"常覺常照，則如明鏡之懸，而物之來者自不能遁
其妍媸矣"。〔1〕按管叔或以爲周公之弟（參焦氏《正義》），此
無關大義者也。然揆諸情實，仍當以孟子所言爲是。
　　一則陳賈之用心。觀陳賈之所爲，所謂"豈徒順之，又從
爲之辭"，是並孔子所謂"具臣"者亦不如，孟子所謂"妾婦之
道"也。〔2〕按所謂具臣者，猶言備位之臣也：

〔1〕《傳習錄中》，前揭《王陽明全集》卷二，第74頁。
〔2〕參本書卷六《滕文公下》第二章。

季子然問："仲由、冉求，可謂大臣與？"子曰："吾以子爲異之問，曾由與求之問。所謂大臣者，以道事君，不可則止。今由與求也，可謂具臣矣。"（《論語·先進》）

第 十 章

孟子致爲臣而歸。^①王就見孟子，曰："前日願見而不可得，得侍，同朝甚喜；今又棄寡人而歸，不識可以繼此而得見乎？"^②對曰："不敢請耳，固所願也。"^③他日，王謂時子曰：^④"我欲中國而授孟子室，^⑤養弟子以萬鍾，^⑥使諸大夫國人皆有所矜式。^⑦子盍爲我言之！"^⑧時子因陳子而以告孟子，^⑨陳子以時子之言告孟子。孟子曰："然。夫時子惡知其不可也？如使予欲富，辭十萬而受萬，^⑩是爲欲富乎？季孫曰：'異哉子叔疑！^⑪使己爲政，不用，則亦已矣，^⑫又使其子弟爲卿。人亦孰不欲富貴？而獨於富貴之中，有私龍斷焉。'^⑬古之爲市也，^⑭以其所有易其所無者，有司者治之耳。^⑮有賤丈夫焉，^⑯必求龍斷而登之，以左右望而罔市利。^⑰人皆以爲賤，故從而征之。征商，自此賤丈夫始矣。"

【簡注】　① 致爲臣，致仕。② 不識，不知。③ 固，本來。

163

④ 時子，齊臣。⑤ 中國，在國都之中。⑥ 萬鍾，禄米之數。一鍾爲六斛四斗。⑦ 矜，敬。式，法。矜式，觀摩、取法。⑧ 盍，何不。⑨ 陳子，即陳臻。⑩ 十萬，指致仕前爲卿時的禄米之數。⑪ 季孫、子叔疑，趙岐以爲孟子弟子，蓋誤讀。朱子言此句乃孟子引用季孫之言，可從。魯國有季孫氏、子叔氏，惟不知哪一季孫氏而已。異，可怪。⑫ 已，止。⑬ 龍（lǒng）斷，岡壟斷而高者。此處用爲動詞，即今所謂壟斷。⑭ 爲市，設立市場。⑮ 治，管理。⑯ 賤，卑賤。丈夫，男子。⑰ 罔，通網，一網打盡。市利，交易之利。

【講疏】　孟子於威王之時遊齊，其後見道不行，乃去齊遊滕，過宋，至魏。及宣王即位，乃由魏返齊。其時已聲名甚著，以德顯世，亦如孔子當衛孝公之時所謂“公養之仕”也。故雖處卿位而無職守，是仍以賓師自處也。惟既居之漸久而道不行，乃終欲去之，故致仕而歸。王云欲“中國而授孟子室，養弟子以萬鍾”者，蓋欲仿稷下之例，使孟子不治而議論也。[1]孟子雅不欲此，故發壟斷之義。惟以遊士之不仕爲壟斷蓋亦有說。《繫辭下》云：“日中爲市，致天下之民，聚天下之貨，交易而退，各得其所，蓋取諸噬嗑。”夫商人之興也，乃所以通功易事，使天下之貨物各得其所，此其爲務頗與士職相類。蓋士大夫之從政，所以通天下之志，使萬民各遂其性，其與商人雖有角色之異，及其求通則一也。古之爲市者，令民以其所有易其所無，《易·文言》所謂“乾始能以美利利天下，不言所利”，如

---

[1] 錢穆《先秦諸子繫年》第七六《孟子不列稷下考》。

聖人參天地之化育，功成而不居。及有賤丈夫，必求壟斷而登之，以專交易之利，則萬物不通矣，故人賤而征商，是亦老子所謂"天之道損有餘而補不足"之意也。士大夫之入仕者，既不能爲賓師以教化天下，亦不能素其位而行，無功受禄，反欲專入仕之利，則必壅塞賢路，如天地不交矣，其與壟斷交易之利者相去幾何？

第 十 一 章

孟子去齊，宿於晝。① 有欲爲王留行者，坐而言。不應，隱几而卧。② 客不悦曰："弟子齊宿而後敢言，③ 夫子卧而不聽，請勿復敢見矣。"曰："坐！我明語子。④ 昔者魯繆公無人乎子思之側，⑤ 則不能安子思；泄柳、申詳無人乎繆公之側，⑥ 則不能安其身。子爲長者慮，⑦ 而不及子思；⑧ 子絶長者乎？⑨ 長者絶子乎？"

【簡注】　① 去，離開。宿，住。晝，齊西南近邑。② 隱，倚著。几，一種矮桌。卧，伏。③ 齊，通齋。齊宿，齋戒一晚上。此處指懷著敬意。一説宿通肅，敬（清武億、俞樾説）。④ 語（yù），告訴。⑤ 魯繆（穆）公，魯國君主，名顯。子思，孔子之孫，名伋。無人，没有（知禮的）人。⑥ 泄柳，魯人。申詳，子張之子。⑦ 長者，孟子自稱。⑧ 不及子思：不及繆公待子思。⑨ 絕，拒絕。此處指未能依禮而行。

【講疏】 子思、孟子皆以師自處者也。魯繆公亦嘗知以師禮待子思，[1]故雖未能行子思之道，亦使賢人調護其間以安之。若齊宣則不知此義，故雖欲留孟子而不知所以留。來客亦不明此義，故越俎而代庖，是不知孟子之心者也。先意承志，事長者之禮也，[2]故孟子云："子絕長者乎，長者絕子乎？"

第十二章

孟子去齊。尹士語人曰："不識王之不可以爲湯武，則是不明也；識其不可，然且至，則是干澤也。① 千里而見王，不遇故去。② 三宿而後出晝，③是何濡滯也？士則茲不悅。"④ 高子以告。⑤ 曰："夫尹士惡知予哉？⑥ 千里而見王，是予所欲也；不遇故去，豈予所欲哉？予不得已也。予三宿而出晝，於予心猶以爲速。王庶幾改之。⑦ 王如改諸，⑧則必反予。⑨ 夫出晝而王不予追也，予然後浩然有歸志。⑩ 予雖然，豈舍王哉？王由足用爲善。⑪王如用予，則豈徒齊民安，天下之民舉安。⑫王庶幾

〔1〕 言嘗者，因魯繆公雖知以師禮待子思，而不知所以待。故"亟餽鼎肉，子思不悅"，以爲犬馬畜之。參《萬章下》第六章。
〔2〕 可參《禮記·曲禮》的相關記述。

改之，予日望之。⑬予豈若是小丈夫然哉？⑭諫於其
君而不受，則怒，悻悻然見於其面，⑮去則窮日之
力而後宿哉？"⑯尹士聞之，曰："士誠小人也。"⑰

【簡注】　① 尹士，齊人。干，求。澤，潤澤，猶言好處。
② 不遇，沒有受知。按，被人賞識而得到應有的對待，叫作
遇。③ 三宿，住了三夜。④ 濡滯，遲留。茲不悅，對此感到
不悅。⑤ 高子，齊人，孟子弟子。以告，以此相告。⑥ 惡
(wū)，哪裡。⑦ 庶幾，差不多。⑧ 諸，之。⑨ 反，通返，使回
返。⑩ 不予追，不追我。浩然，自得無求之貌。⑪ 雖然，雖
然如此。由，猶，用，以。⑫ 徒，袛是。舉，皆。⑬ 日，每天。
望，盼望。⑭ 是，此。若……然，像……的樣子。⑮ 悻悻然，
即《論語》"硜硜然"，惱怒作色貌。見，音 xiàn。⑯ 去，離開。
窮，極盡。按，此句形容小人負氣離開之狀，一日能走多遠便
走多遠。⑰ 誠，實，確實。小人，普通人。

【講疏】　戰國以降，士大夫階級益形分化。其不知出處
之義，以一技謀干世主，希求苟容者衆矣，所謂縱橫家者多此
輩也(詳見後文)。亦有士人，恃才自高，言必信而行必果，雖
"硜硜然小人哉"，然亦可以爲士矣，因其能有恒也。此輩士
人多於戰國時所謂"國士"者見之。此輩之理想，在遇於賢
主，"士雖驕之，而己益禮之，[1]蓋"施德者貴不德，受恩者尚

---

[1]《呂氏春秋·下賢》，陳奇猷《呂氏春秋校釋》卷十五，第878頁。

必報"，〔1〕縱橫自恣，快意恩仇。此種國士多於刺客見之，如要離、聶政、荊軻者是也。〔2〕故此輩與君主相見，多先驕之以觀其意，不能禮之者，則徑去不顧，孟子所謂"悻悻然見於其面"者是也；其能下賢者，雖肝腦塗地亦在所不辭。此輩之尤爲典型者厥爲豫讓。《戰國策·趙策》云：

> 晉畢陽之孫豫讓，始事范、中行氏而不說，去而就知伯，知伯寵之。及三晉分知氏，趙襄子最怨知伯，而將其頭以爲飲器。豫讓遁逃山中，曰："嗟乎！士爲知己者死，女爲悅己者容。吾其報知氏之仇矣。"乃變姓名，爲刑人，入宮塗廁，欲以刺襄子。襄子如廁，心動，執問塗者，則豫讓也。刃其扞曰："欲爲知伯報仇！"左右欲殺之。趙襄子曰："彼義士也，吾謹避之耳。且知伯已死，無後，而其臣至爲報仇，此天下之賢人也。"卒釋之。豫讓又漆身爲厲，滅鬚去眉，自刑以變其容，爲乞人而往乞，其妻不識，曰："狀貌不似吾夫，其音何類吾夫之甚也。"又吞炭爲啞，變其音。其友謂之曰："子之道甚難而無功，謂子有志則然矣，謂子知則否。以子之才，而善事襄子，襄子必近幸子；子之得近而行所欲，此甚易而功必成。"豫讓乃笑而應之曰："是爲先知報後知，爲故君賊新君，大亂君臣之義者無

---

〔1〕《説苑·復恩》，向宗魯《説苑校證》卷六，中華書局，1987年。

〔2〕《史記》卷八十六《刺客列傳》。按刺客多趙人，與尚武有關。《史記》卷一百二十九《貨殖列傳》，言趙、衛、中山之地民俗"好氣任俠"，"丈夫相聚遊戲，悲歌忼慨，起則相隨椎剽，休則掘冢作巧奸冶，多美物，爲倡優"。《莊子·説劍》亦以趙爲背景，非偶然也。

此矣。凡吾所謂爲此者，以明君臣之義，非從易也。且夫委質而事人，而求弑之，是懷二心以事君也。吾所爲難，亦將以愧天下後世人臣懷二心者。"居頃之，襄子當出，豫讓伏所當過橋下。襄子至橋而馬驚。襄子曰："此必豫讓也。"使人問之，果豫讓。於是趙襄子面數豫讓曰："子不嘗事范、中行氏乎？知伯滅范、中行氏，而子不爲報仇，反委質事知伯。知伯已死，子獨何爲報仇之深也？"豫讓曰："臣事范、中行氏，范、中行氏以衆人遇臣，臣故衆人報之；知伯以國士遇臣，臣故國士報之。"襄子乃喟然歎泣曰："嗟乎，豫子！豫子之爲知伯，名既成矣，寡人舍子，亦以足矣。子自爲計，寡人不舍子。"使兵環之。豫讓曰："臣聞明主不掩人之義，忠臣不愛死以成名。君前已寬舍臣，天下莫不稱君之賢。今日之事，臣故伏誅，然願請君之衣而擊之，雖死不恨。非所望也，敢布腹心。"於是襄子義之，乃使使者持衣與豫讓。豫讓拔劍三躍，呼天擊之曰："而可以報知伯矣。"遂伏劍而死。死之日，趙國之士聞之，皆爲涕泣。[1]

豫讓雖屢次欲殺襄子，而襄子義之，蓋以其忠也。惟此忠非本之大義，惟視一己之所遇爲高下，非孔孟所謂忠矣。然此固爲君人者所喜，如魏文侯雖知禮賢以邀名，乃屢歎曰："予獨無豫讓以爲臣！"[2]傳統時代之時君世主，常爲勝國遺民綱

---

〔1〕 范祥雍《戰國策箋證》卷十八《趙策一》，第 955—956 頁。
〔2〕 《説苑·尊賢》，向宗魯《説苑校證》卷八，第 203 頁。

開一面者以此。

即此以觀之，則後世所謂“忠臣不事二主，貞女不事二夫”諸觀念實出於此輩。若孔孟則不然，夫子所謂“吾豈匏瓜也哉，焉能繫而不食”？“沽之哉，沽之哉，吾待賈而沽者也。”是亦“良禽擇木而棲，良臣擇主而事”，不以妾婦之道事人者也。學者不察，以愚忠爲源出孔孟，不足論矣。顧孔孟雖不主愚忠，亦不欲士大夫卑污趨下，四處干澤，唯利是從，故以出處之大義教人，使知其節，豈非能行中道者哉！〔1〕

豫讓之徒，一遇則終身不去，不遇則慘然見於辭色。尹士蓋亦有得於此，故以此責諸孟子。其遇不遇之標準端在一己之所持，是義外者也。非如孟子，其出也惟在救世濟民，其處也惟知返本自修，其溫柔敦厚之心，廣博易良之度，乃於去齊

---

〔1〕 儒者之忠臣觀已如上述，所謂貞女諸論，亦戰國秦漢以降流行之觀念（其故擬另文詳述），昔人多以此詬病宋儒，如小程子“餓死事小，失節事大”是也。此誠不學而矯誣者也。《河南程氏文集》卷十八：“問：‘妻可出乎？’（小程子）曰：‘妻不賢，出之何害？ 如子思亦嘗出妻。今世俗乃以出妻爲醜行，遂不敢爲，古人不如此。妻有不善，便當出也。祇爲今人將此作一件大事，隱忍不敢發，或有隱惡，爲其陰持之，以至縱恣，養成不善，豈不害事？ 人修身刑家最急，纔修身便到刑家上也。’又問：‘古人出妻，有以對姑叱狗，梨蒸不熟者，亦無甚惡而遽出之，何也？’曰：‘此古人忠厚之道也。古之人絕交不出惡聲，君子不忍以大惡出其妻，而以微罪去之，以此見其忠厚之至也。且如叱狗於親前者，亦有甚大故不是處，祇爲他平日有故，因此一事出爾。’或曰：‘彼以此細故見逐，安能無辭？ 兼他人不知是與不是，則如之何？’曰：‘彼必自知其罪。但自己理直可矣，何必更求他人知？ 然有識者，當自知之也。如必待彰暴其妻之不善，使他人知之，是亦淺丈夫而已。君子不如此。大凡人說話，所欲令彼曲我直。若君子，自有一箇含容意思。’或曰：‘古語有之，“出妻令其可嫁，絕交令其可交”，乃此意否？’曰：‘是也。’”前揭《二程集》，第243頁。按，曾子出妻，事見《孔子家語・七十二弟子解》，其真實性後世頗有爭議。然由程子之論，可見儒者忠厚之至意。後世俗學日趨虐厲，乃以程子有爲之言斷章取義，其非愚即誣，可以概見矣。蓋此皆不知儒者之學乃所以繩當世，非當世之注腳也。

一事見之。故能歸也浩然，不以一毫榮利縈於己心也。尹士聞之，亦爲所化，故云："士誠小人也。"

第十三章

孟子去齊。充虞路問曰："夫子若有不豫色然。①前日虞聞諸夫子曰：'君子不怨天，不尤人。'"②曰："彼一時，此一時也。五百年必有王者興，③其間必有名世者。④由周而來，⑤七百有餘歲矣。以其數則過矣，⑥以其時考之則可矣。夫天，未欲平治天下也；如欲平治天下，當今之世，舍我其誰也？吾何爲不豫哉？"

【簡注】　① 路問，在路上問。豫，樂。② 尤，歸咎。③ 興，起。④ 名世，命世，即得天之命，可代表一世。名世者，指可以爲王者師之人。⑤ 而來，以來。⑥ 數，年數。過，超過。

【講疏】　孟子之不豫，非世俗所謂不豫也，故孟子答以憂道之義。可參卷二第四章。蓋依當時學者所參之天道，五百年爲一統，必有王者興於世。當前王已興，後王未起之時，亦必有命世者生於其間。由周以來七百餘歲，以其數則過五百歲矣，以其時考之，萬乘之國比比，以齊魏諸國如得行仁政，則反身而王如運諸掌，故云"以其時考之則可矣"。如諸國欲行仁政，則"舍我其誰也"，以此見孟子挺身任道之志，亦孟子自知之明也。

名世之義，朱子以"名於世者"當之，似有未愜。焦氏《孟子正義》云："《漢書‧楚元王傳贊》云：'仲尼稱材難，不其然歟？自孔子後，綴文之士衆矣，惟孟軻、孫況、董仲舒、司馬遷、劉向、揚雄，此數公者，皆博物洽聞，通達古今，其言有補於世。傳曰：聖人不出，其間必有命世者焉。豈近是乎？'命世即名世，謂前聖既没，後聖未起之間，有能通經辨物，以表率聖道，使世不惑者也。"此論稍似有理，然亦未諦。蓋此五百年必興之王者雖或可云聖人，然聖人不必即王者也，否則置周公孔子於何地耶？如班固所云名世者乃在前聖後聖之間，則孔子非名世矣。此與孟子所謂"五百年必有王者興，其間必有名世者"不合，而孔子固孟子心中之名世者也。惟班固所言或亦有説，蓋漢儒以孔子爲素王，亦王者也，可以聖人興起之間傳經大儒爲命世，而孔子自非命世明矣。可知班固與孟子之言根本不合，儻非班固之誤，則必所引之"傳"與孟子不同。如爲班固之誤，則引之以釋孟子豈非徒增紛擾乎？焦氏引此而不加辨，何哉？蓋徒欲引其末後"傳曰"一語以證名世即命世耳。且素王之義本出孟子之後，觀孟子所言"由周以來七百有餘歲矣"可知，若以孔子爲王者，則不必言"以其數則過矣"。要之，班固此處所言皆與孟子無以相應，焦氏徒知尊漢儒所謂"故訓"者，乃置孟子本人之言於不顧，以班固所謂"聖人"代替孟子所謂"王者"，反致扞格不通。以孟子之言考之，既云舍我其誰，則其以名世者自任亦審矣。夫名本訓命，所謂命世者，即當其世而得天命者也。如伊尹、伯夷、柳下惠，以至孔子，雖未居其位，然皆爲天命所攸歸，是即所謂名世。換言之，名世即承擔此道統之人也。[1]以傳經之儒當之，未必合孟子原意。

所言五百年蓋亦有説。《史記·天官書》：

> 夫天運，三十歲一小變，百年中變，五百載大變；三大變一紀，三紀而大備。此其大數也。爲國者必貴三五，上下各千歲，然後天人之際續備。

中國傳統所用爲陰陽合曆，欲其回歸年與朔望月之周期相合，則必十九年七閏。十九年爲一章，二十七章爲一會（五百一十三年），三會爲一統（一千五百三十九年）。所以云一會者，木火土三星每隔五百一十六年會合一次，約當二十七章之數。蓋相會三次，則三星各居首一次，是爲一統。若三統則回歸年、朔望月、干支六十周期皆周迴一次，古人所謂天運一周矣。由木火土三星之運行，則人間必有王者秉木、火、土德者與之相應，是五百年必有王者興之義也。[2]此論今人視之雖似無稽，然實本之當時所研得之天時，且有夏、商、周遞興之歷史爲之證明，故雖以孟子之賢亦深信不疑，良有以也。此孟子學術之歷史性一面，無傷其大義也。

---

〔1〕 孟子於《盡心下》末章開列歷代道統譜系，可參。
〔2〕 此問題可參朱維錚先生所撰《司馬遷》一文，收入《十大史學家》，上海古籍出版社，1989年。

第十四章

孟子去齊，居休。①公孫丑問曰："仕而不受禄，古之道乎？"曰："非也。於崇，②吾得見王。退而有去志，不欲變，③故不受也。繼而有師命，④不可以請。⑤久於齊，非我志也。"

【簡注】 ① 休，地名。② 崇，地名。③ 變，此處指改變去志。④ 師命，師旅之命。⑤ 請，此處指請求離開。

【講疏】 趙岐注："章指：言禄以食功，志以率事，無其事而食其禄，君子不由也。"食功食志之義見卷六第四章。此處所謂仕，非孟子爲齊卿之仕，當在之前。孟子時既出仕，是有功於齊，故當受禄。因欲離開，故不受。及國家有戰事，既仕於人，自有君臣之義，故不可於此時請去。然所以淹留於此者，非其素志也。孟子故與門人論當時出處大義如此。所謂"名以制義，義以出禮"（《左傳·桓公二年》），此即雖無其禮而可以義起者也。以此殿於一卷之末，蓋明學者之出處不可拘執成禮，否則爲義外矣。

孟子章句講疏卷五

滕文公章句上 凡五章

【解題】 王道本於聖學，此內聖外王之道也。惟此道不可抽象言之，必見諸具體實踐，是即所謂政術。其時大國爭雄，若魏惠、齊宣皆信不及者，故但言王道而已，及滕、宋諸小國，則頗欲以王道自存，文公亦有行仁政之志，故孟子所論政術，於滕、宋發露獨多。此卷所言皆其犖犖大者，極綿密。蓋王政之本在於宗聖法天，故“道性善，言必稱堯舜”，此返本之學也，可當《大學》所謂誠意、正心；以此踐履，故知守禮而行，是所謂修身；次言正己而正人，所謂齊家；次言治民恒産，復其井田，使民有恒心，此治國之道也；由君子、小人之分進而知政、治之別，使知王政不僅渾淪一物爲可足，必明分工之義，勞心、勞力有別。顧此相分者亦終須有以統之，故破墨家二本之論，以殿於後。此皆平天下之法也。

章旨結構圖

1. 道性善。人皆可以爲堯舜。
2. 三年喪。爲君者正己正人。
3. 爲國：治民恒産。井田。
4. 與許行論社會分工。君子、小人之分。
5. 與墨者夷之論二本。

第 一 章

　　滕文公爲世子，①將之楚，過宋而見孟子。孟子道性善，言必稱堯舜。②世子自楚反，復見孟子。孟子曰："世子疑吾言乎？夫道一而已矣。③成覸謂齊景公曰：④ '彼丈夫也，我丈夫也，吾何畏彼哉。'⑤顔淵曰：'舜何人也？予何人也？有爲者亦若是。'公明儀曰：⑥ '文王我師也，周公豈欺我哉？'今滕，絶長補短，⑦將五十里也，⑧猶可以爲善國。⑨《書》曰：⑩ '若藥不瞑眩，⑪厥疾不瘳。'"⑫

　　【簡注】　① 滕文公，滕國國君，姬姓，名弘。按，滕爲魯國附庸，諸侯於國內皆可稱公。世子，太子。② 性，人性。按人性所指不同，除性善外，諸子另有性惡、性無善無不善、性善惡混諸說。參《告子篇》。孟子道性善，言必稱堯舜：孟子論性善，必言（人皆可以爲）堯舜。③ 夫（fú）道，此道。夫道一而已：（無論聖人還是凡人，）此道都是一樣的。④ 成覸（jiàn），古書中或作成荊、成慶，古之勇士。⑤ 畏，畏懼。彼，指尊貴有力者。⑥ 公明儀，姓公明，名儀，魯人，曾子弟子。傳說曾對牛彈琴。⑦ 絶，斷。⑧ 五十里，指方五十里。⑨ 善國，行善政的國家。⑩《書》，引文見僞《古文尚書・說命》篇。⑪ 瞑眩，暈眩。⑫ 厥，其。瘳（chōu），病癒。

【講疏】　孟子早年遊齊不遇，故之滕、宋、薛諸國，頗受禮遇。蓋其時大國爭霸，惟務詐力，小國則欲大國行仁，故常以王道爲言，此小國自存之道，不得不然也。當宋之末世，已漸遷於彭城，由滕至楚，此蓋必經之地，[1]文公因就見孟子問道。孟子道性善，勉之以堯舜，[2]文公初不悟其意，或以爲過高，故及其自楚反，復見孟子，孟子乃釋其疑，且引成覬、顏淵、公明儀諸人之言以激勵之。其末引《書》曰"若藥不瞑眩，厥疾不瘳"者，亦取法乎上僅得其中之意也。蓋文公之志在乎自存，若徒以此爲目的，雖無所不用其極，亦未必真能自存，惟當取法堯舜兼善天下之志而行之，雖無心於自存，然自存或在其中矣。

然此非但爲滕一國言之也，儻推之天下萬國，王政之行亦惟本諸性善，志乎堯舜而已。蓋王者法天，參天地之化育，歷代聖王皆能之矣。子曰："大哉堯之爲君也，巍巍乎，唯天爲大，唯堯則之，蕩蕩乎，民無能名焉。巍巍乎，其有成功也，煥乎其有文章。"又曰："巍巍乎舜禹之有天下也，而不與焉。"（《論語·泰伯》）《詩·周頌·維天之命》："維天之命，於穆不已，於乎不顯，文王之德之純。"此皆以聖人法天爲言，惟能法天，故使萬物遂性，各得其情，天下治矣。顧聖人何以能法天，在其性本善；爲政者雖不必皆聖人，亦能宗聖法天者，在其與

---

〔1〕　宋本都商丘，由滕至楚而取道商丘，似頗迂遠，故歷來學者多疑之。宋遷彭城前後史事，可參錢穆《先秦諸子繫年》第九九《宋偃稱王爲周顯王四十一年非慎覬王三年辨》，及附錄《戰國時宋都彭城證》。

〔2〕　此句歷來聚訟，大體以朱子之説爲是："孟子與世子言，每道性善，而必稱堯舜以實之。"

聖人同此本性，皆可上達於天。

　　子貢曰："夫子之文章可得而聞也，夫子之言性與天道不可得而聞也。"（《論語·公冶長》）夫孔子言性，唯曰"性相近"耳，其後弟子各以所得言之。如宓子賤、漆雕開、公孫尼子言性有善惡，[1]若思、孟一派則直言性善。蓋性者，萬物可倚之以上達，《中庸》所謂"天命之謂性"，非言天命即是性，蓋性皆天之所命也。[2]若以天道言，則天下萬物皆乾元一氣之周

---

[1] 王充《論衡·本性篇》，黃暉《論衡校釋》卷三，中華書局，1990年，第132—133頁。

[2] 戴震云："古人言辭，'之謂'、'謂之'有異：凡曰'之謂'，以上所稱解下，如《中庸》'天命之謂性，率性之謂道，修道之謂教'，此爲性、道、教言之，若曰性也者天命之謂也，道也者率性之謂也，教也者修道之謂也。凡曰'謂之'者，以下所稱之名辨上之實，如《中庸》'自誠明謂之性，自明誠謂之教'，此非爲性、教言之，以性、教區別'自誠明'、'自明誠'二者耳。《易》'形而上者謂之道，形而下者謂之器'，本非爲道、器言之，以道、器區別其形而上、形而下耳。"見《孟子字義疏證》卷中《天道》，何文光整理，中華書局，1982年。此言似辯，後人信之不疑，實亦不確。蓋以"之謂"爲以上所稱解下、以"謂之"爲以下所稱解上，固爲有理，然以上解下者非定義此下也，蓋描摹此下耳。如曰天命之謂性，非可云"性也者天命之謂也"，蓋言"性也者……之謂也"乃是定義，若曰"性者，天命也"。而天命之謂性，乃云性可由天命所描摹，然亦可爲其他物事所描摹，換言之，天命乃性之一種描摹，非其界分之定義也。如《繫辭上》："生生之謂易，成象之謂乾，效法之謂坤，極數知來之謂占，通變之謂事，陰陽不測之謂神"，惟言易有生生之德，乾有成象之德（下略）耳，非可云"易也者生生之謂也"、"乾也者成象之謂也"。由此，"一陰一陽之謂道"者，亦惟可云道有一陰一陽之德耳，非可云道即是氣化流行也（按：戴書開首即以氣化流行釋道）。否則如《荀子·禮論篇》所謂"曲容備物之謂道"，亦可云"道也者曲容備物之謂也"歟？以此駁宋儒，豈不謬哉？宋儒雖亦誤讀"之謂"之義，故以性體等同天命，然其誤不在是。關於性之含義，參《盡心上》第一章講疏。另，"謂之"者，猶老子所云"字之"也："有物混成，先天地生，獨立不改，周行不殆，可以爲天下母。吾不知其名，字之曰道。"此"先天地生"者即"形而上"也，故謂之道。故此所謂道乃對道之勉強定義，程頤所謂"惟此語截得上下分明，元來止此是道，要在人默而識之"而爲戴氏所駁者，本不誤，戴氏之誤也。蓋若道若性皆難正面定義，故惟可描摹而使人意會之耳。戴氏所見尚未及此，乃强生分別，後人不察，惟知吠影吠聲，其誤滋甚。

流,皆秉此性者也,然無所謂善惡;若以人道言,[1]則惟人能盡性知天,參天地之化育,此人與禽獸相去幾希者,故云性善。性善者,能善也。[2]孟子言性善者,即人之能否合天而言之也。朱子云:"性者,人所稟於天以生之理也。"朱學以理爲最高範疇,即先秦所謂天也。若承認天人可通,則必承認其相通之可能性,此即所謂性也。朱學以理言之,王學以心言之,清儒以"神明之德"言之,雖義理系統有異,而大歸則同。惟人性既善,則人皆可以爲堯舜,非言人皆堯舜也。故顏淵曰"舜何人也,予何人也,有爲者亦若是矣",氣象渾樸可嘉。成覸乃"果勇者也",[3]故其所言,純以氣魄制勝,落下乘矣。孟子所以引之者,蓋欲文公有以自任耳。

"言必稱堯舜",亦有深義。儒者言王政,必以五帝之道爲依歸。《易·繫辭下》:"神農氏没,黄帝、堯、舜氏作,通其變,使民不倦;神而化之,使民宜之。《易》窮則變,變則通,通則久。是以'自天佑之,吉無不利'。黄帝、堯、舜垂衣裳而天下治,蓋取諸乾坤。"蓋三皇之世,渾樸未開,故有其事而無其治;五帝之時,渾樸初鑿而未染澆風,故宫室雖具而茅茨不剪,百官雖備而猶敦象教,順自然而無爲,垂衣裳而天下治。三皇之

---

〔1〕　分天人之道者,非有所謂對立之天道、人道也,蓋前者就其合一面言,後者就其分一面言耳,此義雖甚簡明,然學者多有誤之者。孟子此義,與《郭店楚簡·五行篇》頗可相參:"德之行五和謂之德,四行和謂之善。善,人道也;德,天道也。"蓋五和即其合言,四和則已分矣,故有天人之别。此五常與四端關係之明證。引文據李零《郭店楚簡校讀記》(增訂本),中國人民大學出版社,2007年,第100頁。

〔2〕　關於孟子性論詳細討論,可參《告子上》、《盡心上》講疏。本篇主旨非論性命之學。

〔3〕　此趙岐之語,《説文》以爲乃"齊景公之勇臣",文獻或言成荆、成慶,皆以勇著,或即此人。參焦循《孟子正義》。

時,民不知倦,五帝則通其變,使民不倦;三皇之時,民不知利,五帝則利用出入,使民宜之。神而化之,亦"利用出入,民咸用之"之義也。是五帝之道,即聖人之道,亦易道之理想也。[1]惟孔孟多言堯舜而罕及黃帝者,蓋因黃帝之時諸事草創,故政教雖備而其爲君之義未彰。堯舜之時,天下多事,君權所以保民者顯露無遺,爲五帝最盛之時也,故《尚書》以《堯典》居首,其黃帝之義則於宰予發之。[2]五帝諸人雖無可證其有無,然在經學義上則爲實有,蓋藉此以言政教之理,惟古人視之則爲實有耳。此如奧林匹斯諸神,雖以今日視之,其存在或爲虛擬之神話,然古希臘諸賢假此所言之哲學,不可誣也。近世之疑古學,既不信相沿之曆譜,乃武斷一切,並其言義理者亦棄如敝屣,誠西諺所謂"傾洗澡水而並及嬰兒"者也。此皆不知經史之學自有其道,不可混爲一談。或以爲既疑黃帝堯舜爲子虛烏有,即可於傳統經學摧陷而廓清之,真淺之乎其言也。

《漢書・藝文志》:"儒家者流,祖述堯舜,憲章文武,宗師仲尼。"此儒家學者之共同蘄向。然亦且有辨。蓋宗孟學者偏於祖述堯舜,承荀學者偏於憲章文武,後者即所謂"法後王"也。此中待發之覆甚多,稍揭於此,以見孟子此言之微意。

第 二 章

滕定公薨,[1]世子謂然友曰:[2]"昔者孟子嘗與我

---

[1] 詳細解説可參拙作《周易義疏・繫辭》。
[2] 有關堯舜保民,詳參下文。宰予問五帝德,見《大戴禮記・五帝德》,王聘珍《大戴禮記解詁》卷七,王文錦點校,中華書局,1983年。

言於宋，於心終不忘。今也不幸至於大故，③吾欲使子問於孟子，然後行事。"然友之鄒問於孟子。④孟子曰："不亦善乎！親喪固所自盡也。⑤曾子曰：'生事之以禮，死葬之以禮，祭之以禮，可謂孝矣。'諸侯之禮，吾未之學也；雖然，吾嘗聞之矣。三年之喪，齊疏之服，⑥飦粥之食，⑦自天子達於庶人，三代共之。"⑧然友反命，⑨定爲三年之喪。父兄百官皆不欲，⑩曰："吾宗國魯先君莫之行，⑪吾先君亦莫之行也，至於子之身而反之，不可。且《志》曰：⑫'喪祭從先祖。'曰：'吾有所受之也。'"⑬

【簡注】　① 滕定公，文公之父。趙岐以爲即《世本》所謂考公，名麋。薨，諸侯死亡的委婉語。② 然友，世子師傅。③ 大故，大變故。一般大凶、大災、大病、死亡皆可稱大故，此處指父喪。④ 鄒，即邾國，《春秋》稱邾婁，魯國附庸，孟子母國。⑤ 固，本來。盡，盡心。⑥ 齊（zī），縫緝衣邊。疏，粗。此處指粗布。按，古人所著喪服，衣邊不縫緝叫斬衰（同縗 cuī），縫緝起來叫齊衰。一般爲父服斬衰三年，父在爲母齊衰一年。父先卒，爲母齊衰三年。此處以齊疏之服代指三年喪的喪服。⑦ 飦（zhān），同饘，糜，稍薄於粥。喪禮，父母之喪三日之内不食，三日之後始食粥，其後一段時間亦祇可粗食。飦粥之食，代指三年喪的飲食。⑧ 三代，指夏商周。⑨ 反，通返。反命，復命。⑩ 父兄，同姓老臣。⑪ 宗國，大宗之國。先君，先代君主。⑫ 志，記。周代職官有小史，專掌邦國之《志》。

⑬ 受,承襲。

【講疏】 君行仁政,若渾言之,當宗聖法天;若析言之,則必由親親始,有子云:"君子務本,本立而道生,孝弟也者,其爲仁之本歟?"(《論語·學而》)故本章所言,則君主之孝道也,是所謂正始之學也。正始乃《春秋》之大義。董仲舒曰:"《春秋》何貴乎元而言之? 元者,始也,言本正也。"[1]以人道言,正始即孟子所云向内探求之功。然正始何以必自親喪始? 孟子嘗云"養生不足以當大事,惟送死可以當大事",故下文滕文公所言之"大事"即以送死言之。夫人之恒情,"少則慕父母,知好色則慕少艾,有妻子則慕妻子,仕則慕君,不得於君則熱中,大孝終身慕父母"(《孟子·萬章上》)。其慕父母者,出於赤子之心,自然而然者,是即仁也。其後則本心漸喪,惟知慕少艾、妻子與君,知復其本者鮮矣。《易》云:"復,其見天地之心乎?"言能返本而復其仁也。故人能於父母在時,事之以禮,雖較養口體者爲難,終不如常保其孺慕之情爲愈。是"惟送死可以當大事"之義。有此孺慕之情,故父母雖逝,而孝子思親之心未已。先王有見於此,故制禮以節之,其過情者退之,其不及者進之,於是喪祭之禮興焉。

子夏三年之喪畢,見於孔子。孔子與之琴,使之弦。援琴而弦,衎衎而樂,作而曰:"先王之禮,不敢不及也。"子曰:"君子也。"閔子騫三年之喪畢,見於孔子,孔子與之

---

[1] 蘇輿《春秋繁露義證》卷四《王道》,鍾哲點校,中華書局,1992年,第100頁。

琴,使之弦。援琴而弦,切切而悲,作而曰:"先王作禮,不
敢過也。"孔子曰:"君子也。"子貢問曰:"閔子哀不盡,子
曰君子也;子夏哀已盡,子曰君子也。賜也惑。敢問何
謂?"孔子曰:"閔子哀未盡,能斷之以禮,故曰君子也。子
夏哀已盡,能引而致之,故曰君子也。夫三年之喪,固優
者之所屈,劣者之所勉。"〔1〕

蓋喪所以慎終,祭所以追遠,曾子曰:"慎終追遠,民德歸
厚矣。"(《論語·學而》)故孝親之道必如曾子所言,"生事之以
禮,死葬之以禮,祭之以禮"(《論語·爲政》),方得其全。

《禮記·檀弓上》:"穆公之母卒,使人問於曾子曰:'如之
何?'對曰:'申也聞諸申之父曰:哭泣之哀,齊斬之情,饘粥之
食,自天子達。'"焦循《孟子正義》引此,云"是孟子亦述曾子之
言,蓋嘗聞諸師者也……孟子言齊疏,猶曾申言齊斬耳",良
是,然亦未能即此而有進,發其微旨。《中庸》云:"期之喪達乎
大夫,三年之喪達乎天子,父母之喪無貴賤一也。"似天子與諸
侯公卿皆無期之喪,故《儀禮·喪服》所云父在爲母,爲妻、祖
父母、世父母、叔父母、嫡孫等皆當服期之喪,蓋爲大夫以下
言之。天子諸侯公卿所以不服期之喪者,蓋如服喪則或致
爲政有間,不當以疏親間君人之職也。然三年喪乃爲父母
服,至親也,孟子云:"君子不以天下儉其親。"故雖天子亦致
政於冢宰三年。《論語》云:"子張曰:高宗諒陰,三年不言,

〔1〕《說苑·修文》,向宗魯《說苑校證》卷十九,第494頁。此事《禮記·檀弓》、《詩》
　　毛傳、《淮南子》、《家語》諸書皆有記載,文稍異,參向氏所注。

· 183 ·

何謂也？子曰：何必高宗，古之人皆然。君薨，百官總己以聽於冢宰三年。"(《論語・憲問》)近人頗疑之(詳下)，然孔子之言蓋皆以孝親之説重於天子之位，則父子之恩先於君臣之義明矣。

三年之喪乃古禮，孔、孟二師皆言之鑿鑿。《論語・陽貨》云：

> 宰我問："三年之喪，期已久矣。君子三年不爲禮，禮必壞；三年不爲樂，樂必崩。舊穀既没，新穀既升，鑽燧改火，期可已矣。"子曰："食夫稻，衣夫錦，於女安乎？"曰："安！""女安則爲之。夫君子之居喪，食旨不甘，聞樂不樂，居處不安，故不爲也。今女安，則爲之。"宰我出。子曰："予之不仁也！子生三年，然後免於父母之懷。夫三年之喪，天下之通喪也。予也有三年之愛於其父母乎？"

然觀《孟子》一書所記，則魯、滕諸國其先君似皆未行此禮。後人或疑孔子所言乃殷制，非周代典禮，[1]或以爲春秋以降禮樂崩壞所致。蓋因學者解先君一詞有異。若以先君爲自魯、滕第一代國君伯禽、叔繡以下，則前説似有理；若以先君爲此前數代之君，則後説似可從。惟以上下文言，後説終屬牽強。顧此皆不敢疑孔子所言也。晚清以降，學人疑古之風漸盛，至康有爲諸人乃漸疑於孔子。故康氏徑以三年之喪爲孔子所創，而以爲父母行期年喪爲古禮。惟康氏徵引雖博，然終

---

〔1〕 參焦氏《正義》所引諸説。

無顯證。且必以先秦諸子所述多爲託古，亦武斷之極。[1]而於文獻中凡可旁證三年之喪爲先於孔子者皆摒棄不論，尤難逃曲學之譏。蓋諸書言及三年之喪者甚衆，雖或晚出（如《禮記》），然以晚周以來師法觀念之流行視之，[2]則未必皆無根之論也。兹引二條史料證之：

> 魯人有朝祥而莫歌者，子路笑之。夫子曰："由，爾責於人，終無已夫！三年之喪，亦已久矣夫。"子路出，夫子曰："又多乎哉，踰月則其善也。"（《禮記·檀弓上》）

又，

> 子夏問曰："三年之喪卒哭，金革之事無辟也者，禮與？初有司與？"孔子曰："夏后氏三年之喪，既殯而致事，殷人既葬而致事。《記》曰：君子不奪人之親，亦不可奪親也，此之謂乎！"子夏曰："金革之事無辟也者，非與？"孔子曰："吾聞諸老聃曰：昔者魯公伯禽有爲爲之也。今以三年之喪，從其利者，吾弗知也！"（《禮記·曾子問》）

---

〔1〕　先秦諸子多不自著書，今所流傳者多其後學所附益，見章學誠撰《文史通義》卷四《内篇四·言公上》。其後吕思勉《先秦學術概論》（東方出版中心，1996 年）、余嘉錫《古書通例》（上海古籍出版社，1985 年）等皆本此爲説，足破清儒以來執其一端即判某書爲僞之謬。

〔2〕　《吕氏春秋》云："君子之學也，説義必稱師以論道，聽從必盡力以光明。聽從不盡力，命之曰背；説義不稱師，命之曰叛；背叛之人，賢主弗内之於朝，君子不與交友。"陳奇猷云："《荀子·大略》云：'言而不稱師謂之畔，教而不稱師謂之倍，倍畔之人，明君不内朝，士大夫遇諸塗不言。'"見氏著《吕氏春秋校釋》卷四《尊師》，第 206、218 頁。

此皆未見諸人有何動機而生造三年喪制也。誠如康氏所言，孔門後學必皆虛構孔子之言行以實其説，則又何必有"倍師"之義？儻真如是，則並孔子其人之有無，吾人亦無從知之矣。參校諸説，雖於孔子之前三年喪之具體情形尚難瞭然，然於魯、滕諸君之不行此制則頗似可解。蓋依孔子，伯禽之所以不行三年喪者乃一時之權變。鄭玄云："伯禽，周公子，封於魯。有徐戎作難，喪，卒哭而征之，急王事也。征之，作《費誓》。"[1]蓋周初封建天下，爲三代以來一大變局。夏殷之爲天下共主，皆因其國族既强，且能誅暴弭亂，故爲諸侯所認同；至於周，則以軍事封建之法威懾天下，其勢必欲核心諸國（如齊、魯）君權强大方可。故齊、魯二國皆於東方夷族有專征之權，[2]惟各地風俗文化既異，其統治手段亦當因地制宜。故周公於分封之時，頗以此意告於受封諸侯：

> 昔武王克商，成王定之，選建明德，以蕃屏周。故周公相王室，以尹天下，於周爲睦。分魯公以大路，大旂，夏后氏之璜，封父之繁弱，殷民六族：條氏、徐氏、蕭氏、索氏、長勺氏、尾勺氏。使帥其宗氏，輯其分族，將其類醜，以法則周公，用即命于周。是使之職事于魯，以昭周公之明德。分之土田陪敦，祝、宗、卜、史，備物、典策，官司、彝

---

[1] 孔穎達《禮記正義》卷十九《曾子問》，中華書局影印阮元十三經注疏本，第1401頁。

[2] 齊、魯皆周最核心勢力，成王時周公命齊曰："東至海，西至河，南至穆陵，北至無棣，五侯九伯，實得征之。"若魯公伯禽之征淮夷、徐戎，當與此類。參《史記》卷三十二《齊太公世家》及卷三十三《魯周公世家》。

器,因商奄之民,命以《伯禽》,而封於少皞之虚。分康叔
以大路、少帛、綪筏、旃旌、大吕,殷民七族:陶氏、施氏、繁
氏、錡氏、樊氏、饑氏、終葵氏;封畛土略,自武父以南,及
圃田之北竟,取於有閻之土,以共王職;取於相土之東都,
以會王之東蒐。聃季授土,陶叔授民,命以《康誥》,而封
於殷虚。皆啓以商政,疆以周索。分唐叔以大路,密須之
鼓,闕鞏,沽洗,懷姓九宗,職官五正,命以《唐誥》,而封於
夏虚,啓以夏政,疆以戎索。〔1〕

　　或“啓以商政,疆以周索”,或“啓以夏政,疆以戎索”,是能
因地制宜也。如此説不誤,則即便周公誠有制禮之舉,其禮亦
未必真能爲天下諸侯所實行,能行者不過朝覲諸典而已。如
周制立子以嫡,然以魯國之守周禮,〔2〕尚多兄終弟及之
事,〔3〕皆因魯本殷地,其風尚使然也。故伯禽值徐戎爲難,
以兵革之理由不行三年喪,其後或因此而成魯國之家法,其國
君皆不行三年喪矣。滕視魯爲宗國,〔4〕故亦不行三年喪,然
則天下諸侯是否皆行此制亦未必相同也。後世學者惟知執一
義以爲準繩,遇有不合即反疑經義,其與陳臻之疑孟子者無别

〔1〕《左傳》定公四年,洪亮吉《春秋左傳詁》卷十九詁:“荀卿子曰:‘繁弱、鉅黍,古之
　　良弓也。’”
〔2〕《左傳·昭公二年》:“春,晉侯使韓宣子來聘,且告爲政而來見,禮也。觀書於太
　　史氏,見《易象》與《魯春秋》,曰:‘周禮盡在魯矣,吾乃今知周公之德與周之所以
　　王也。’”
〔3〕參《史記》卷三十三《魯周公世家》。此問題前人已指出。
〔4〕按周代宗法,公子不可以國君爲宗,故别子爲宗。文王長子伯邑考早卒,武王爲
　　天子,餘子當以管叔爲宗,既以叛亂誅,故以次當以周公爲宗。朱子已是此意,
　　清毛奇齡《經問》言之較詳,焦氏《正義》已引。

矣。學者貴心通其意，使各隨其故，則渙然冰釋，怡然而理順矣。

謂然友曰："吾他日未嘗學問，[1]好馳馬試劍。今也父兄百官不我足也，[2]恐其不能盡於大事，[3]子爲我問孟子！"然友復之鄒問孟子。孟子曰："然。不可以他求者也。孔子曰：'君薨，聽於冢宰。[4]歠粥，[5]面深墨。[6]即位而哭，[7]百官有司，[8]莫敢不哀，先之也。'上有好者，下必有甚焉者矣。[9]'君子之德，風也；小人之德，草也。草尚之風必偃。'[10]是在世子。"然友反命。世子曰："然。是誠在我。"[11]五月居廬，[12]未有命戒。[13]百官族人可謂曰知。[14]及至葬，四方來觀之，[15]顏色之戚，哭泣之哀，弔者大悅。[16]

【簡注】 [1] 他日，昔日。[2] 足，滿意。[3] 盡，盡心。[4] 冢，大。冢宰，百官之長。聽於冢宰：聽任政事於冢宰。[5] 歠（chuò），飲。[6] 墨，黑色。哀戚所致。[7] 即位，就位。[8] 有司，指司禮者。[9] 甚，過度。[10] 尚，加。偃，伏。[11] 誠，實。[12] 廬，倚廬，居喪期間在户外倚牆搭建的窩棚。此處指滕世子居喪時的簡易居所。五月居廬：諸侯五月而葬，故居廬五個月。[13] 命戒，發號施令。此亦居喪不言之禮。[14] 此句大義：百官族人至此方知此禮可行。朱子疑此句有脱誤。一説：百官族人皆認爲世子知禮。[15] 觀之，觀禮。[16] 悦，悦服。

【講疏】　文公之議受阻，不知所措，孟子故明教之以堅其志。此如孔子之告季康子："政者，正也。子率以正，則孰敢不正？"（《論語·顏淵》）蓋君心爲天下之大本，源頭既清，根本既正，且以在上之勢行之，則沛然莫能禦矣。孟子云："大人者，正己而物正者也。"（《孟子·盡心上》）爲君者能自正其心，擴而充之，由百官族人以至於天下萬民，是亦所謂風化天下也。

第　三　章

滕文公問爲國。① 孟子曰："民事不可緩也。《詩》云：'晝爾于茅，宵爾索綯；亟其乘屋，其始播百穀。'② 民之爲道也，③ 有恒產者有恒心，無恒產者無恒心。苟無恒心，放辟邪侈，無不爲已。及陷乎罪，然後從而刑之，是罔民也。焉有仁人在位，罔民而可爲也？④ 是故賢君必恭儉禮下，取於民有制。⑤ 陽虎曰：'爲富不仁矣，爲仁不富矣。'⑥ 夏后氏五十而貢，殷人七十而助，周人百畝而徹，⑦ 其實皆什一也。徹者，徹也；助者，藉也。⑧ 龍子曰：⑨'治地莫善於助，莫不善於貢。'貢者校數歲之中以爲常。⑩ 樂歲，粒米狼戾，⑪ 多取之而不爲虐，則寡取之；凶年，糞其田而不足，則必取盈焉。⑫ 爲民父母，使民盻盻然，將終歲勤動，⑬ 不得以養其父母，又稱貸而益之，⑭ 使老稚轉乎溝壑，⑮

惡在其爲民父母也？夫世禄，⑯滕固行之矣。《詩》云：‘雨我公田，遂及我私。’⑰惟助爲有公田。由此觀之，雖周亦助也。設爲庠序學校以教之：庠者，養也；校者，教也；序者，射也。夏曰校，殷曰序，周曰庠，學則三代共之，皆所以明人倫也。⑱人倫明於上，小民親於下。有王者起，必來取法，是爲王者師也。《詩》云‘周雖舊邦，其命惟新’，⑲文王之謂也。子力行之，⑳亦以新子之國。”

【簡注】　①爲國，治國。②《詩》，《豳風·七月》之篇。于，往。于茅，去取茅草。宵，夜晚。綯(táo)，絞索。索綯，打繩索。亟(jí)，急。乘，登。乘屋，登上屋頂修繕。播，播種。③民之爲道也：民的處事方式。④見《梁惠王上》第七章注釋。⑤儉，少興作。禮下，對下有禮。制，節制。朱子曰：“恭則能以禮接下，儉則能取民以制。”⑥陽虎，即陽貨，魯季氏家臣，一度掌握重權。爲富，求富。⑦五十而貢：一夫受田五十畝，取五畝收益爲貢賦。七十而助：一夫受田七十畝，八家助公田耕作七十畝。此即井田之法。百畝而徹主要有二説：甲、一夫受田百畝，因國野不同，國人十一分取一，野人九分取一，通盤計之，大約十分取一。所以有不同，是因國人須參與戰鬥，自帶武備；乙、一夫授田一百一十畝，徵收十畝所入爲税賦。以上下文言之，當以前説爲是。⑧徹，通。助，藉，言相互借力。⑨龍子，古賢人。焦循以爲可能即《列子·仲尼篇》所言龍叔。⑩校，考校。⑪樂歲，好年成。狼戾，猶狼藉，滿地皆是。⑫　糞，施肥。糞其田，努力施肥耕作。不足，不夠（貢賦）。盈，滿。⑬　盼盼（xī）然，恨視貌。勤動，勞苦。⑭　稱，舉。貸，借。稱貸，舉債。⑮　稚，幼子。⑯　朱子曰："蓋世禄者，授之土田，使之食其公田之入，實與助法相爲表裏，所以使君子、野人各有定業，而上下相安者也，故下文遂言助法。"⑰　《詩》，《小雅・大田》之篇。雨，降雨。及，至。私，私田。⑱　朱子認爲，庠、校、序皆是鄉學，學是指國學。倫，序。⑲　《詩》，《大雅・文王》之篇。⑳　子，指文公。按，諸侯未成年，或先君方卒，新君尚未逾年即位，可以稱子。子一般是對成年人的客氣稱謂。

　　【講疏】　文公既問爲國之術，是已有行仁政之志矣。故孟子皆以切實可行之術忠告而善道之。蓋君心既正，其所施行則必自民事始，何則？民惟邦本，本固邦寧，《書》曰"天視自我民視，天聽自我民聽"，是"君人者以百姓爲天"。[1]故孟子亦斷章取義，引《豳風・七月》之不違農時，喻君之行政亦當不失天時也。

　　以人群之大分言，民爲邦本；以政治之統體言，君爲民本。故君有養民之義，此養非言自下奉上，乃根本之養枝葉也。蓋王者之政，固欲萬民得各遂其性情也。惟人性雖善，而民則無恒心以守之，故必以禮法約束之，否則放辟邪侈，無不爲矣。仁者見此，如見孺子入井，不忍見其泯没天性，出乎禮而入乎

---

〔1〕　劉向《説苑・建本》（向宗魯《説苑校證》卷三，第73頁）引管仲之言，可知此乃春秋以前通義。

刑,故恭儉以養民,置之恒産,養其良知,則民亦由小人而進乎君子,是人人堯舜而比屋可封也。朱子云:"恭則能以禮接下,儉則能取民以制。"以制者,有節也。取於民有節,則民能安居樂業,有其恒産。蓋"君子喻於義,小人喻於利",既喻於利則惟有恒産,始能恒其心矣。以禮接下者,欲養其自尊自重之心也。孔子云:"道之以政,齊之以刑,民免而無恥;道之以德,齊之以禮,有恥且格。"(《論語·爲政》)格,來。蓋養民之義,不惟養其口體,亦養其德也。

"取於民有制",即陽虎所謂"爲仁不富"也。《大學》云:"是故君子先慎乎德,有德此有人,有人此有土,有土此有財,有財此有用。德者本也,財者末也。外本内末,爭民施奪。是故財聚則民散,財散則民聚。"頗可爲陽虎此言之注腳。至其所以節之者,則井田之法。孟子歷引三代賦役之制,而心儀於殷代及周初之助法。近代以來,學者頗疑井田制爲孟子所虛構,及出土文獻中可爲佐證者日衆,乃知其誠有本之言也。[1]爲民父母之義參《萬章上》第四章。

井田制若行,是富之也。庠序學校能設,是教之也。與孔子既庶則先富後教之義合。《尚書·泰誓》云"天降下民,作之君,作之師";《國語》云"民生於三,事之如一。父生之,師教之,君食之",[2]食之即養其生也。養其生是庶之也,井田則富之矣,次則師教之以俾其上達,遂其自性,教之即所以成之也。行仁政者能兼君師而一之,後有王者起,必來取法,是爲

〔1〕 參楊寬《重評1920年關於井田制有無的辯論》,收入《楊寬古史論文選集》,上海人民出版社,2003年。

〔2〕 《國語·晉語一》,徐元誥《國語集解》卷七。韋昭注:"食,謂禄也。"

王者師。顧此君師合一，乃以師合君者也，如柏拉圖之哲學王，非後世强欲以君權而兼道統者比。世俗之論者乃故意混淆其界限，誠非愚即誣者也。

君如誠能推行仁政，則必有如《易》所云存神過化之效，是所謂新民之義也。湯之盤銘曰："苟日新，日日新，又日新。"《康誥》曰："作新民。"《詩》云："周雖舊邦，其命惟新。"是亦所謂《大學》之道也。大學者，成人之學也，[1]孟子引此，是其與《大學》一脈相承者審矣。

顧新民之義尚有具體所指。孟子引《詩》，且以文王當之者，蓋殷周之際，天命已革，文王即此新受命之人也。惟革故所以鼎新，其新之者有三："大人虎變，其文炳也"；"君子豹變，其文蔚也"；"小人革面，順以從君也"（《周易·革卦》）。孟子故勉文公有以力行之，雖未必能以五十里而王天下，固可以"新子之國"也。且如真能以文王爲法，則"後世子孫必有王者矣"。

使畢戰問井地。①孟子曰："子之君將行仁政，選擇而使子，子必勉之！　夫仁政，必自經界始。經界不正，井地不鈞，穀禄不平。②是故暴君汙吏必慢其經界。③經界既正，分田制禄可坐而定也。④夫滕壤地褊小，⑤將爲君子焉，將爲野人焉。⑥無君子莫治野人，無野人莫養君子。請野九一而助，國中什

---

〔1〕　按古人十五入大學，此大學乃對小學言，欲使之成人也。有關此問題，其簡而得要者，可參吕思勉《先秦史》，上海古籍出版社，2005年，第432—436頁。

一使自賦。⑦卿以下必有圭田，⑧圭田五十畝。餘夫二十五畝。⑨死徙無出鄉，鄉田同井。⑩出入相友，守望相助，⑪疾病相扶持，則百姓親睦。方里而井，井九百畝，其中爲公田。八家皆私百畝，同養公田；公事畢，⑫然後敢治私事，所以別野人也。⑬此其大略也；若夫潤澤之，⑭則在君與子矣。"

【簡注】 ① 畢戰，滕臣。井地，井田。② 經界，經劃其田界。一說指國界。正，定。鈞，均。穀祿，以穀爲祿。穀祿不平：（各級士大夫）所得祿米不平衡。③ 汙，同污。慢，怠慢，言不欲定其經界。④ 分田，分授農田。實即趙岐所言"賦廬、井"，即徵稅。廬，野廬，此處指在野的田地。制祿，確定祿制。具體方法可參《萬章下》所言周室頒爵祿之制。⑤ 壞地，土地。⑥ 爲，有。君子，此處指出仕者。野人，此處指庶民。⑦ 野，指郊外之地，稱遂，由遂大夫統之。國，郊內之地，稱鄉，由鄉大夫統之。據《周禮》，鄉下分州、黨、族、閭、比，遂下分縣、鄙、酇、里、鄰，皆是各種基層組織。此大概即周代鄉遂之制、國野之分，類似近世的城鄉之別，衹不過古代的鄉，相當於現在的城。自賦，自備軍賦。鄭玄指出，"周稅輕近而重遠，近者多役也"。⑧ 圭，潔。圭田，猶後世祭田。⑨ 餘夫，當指正常受田的男丁之外，家中已成年卻又未受田者。⑩ 死，葬。徙，徙居。無，不。鄉田，同鄉共田。⑪ 友，友愛。守望，看守、瞭望，指防備盜賊、災禍。⑫ 畢，結束。⑬ 別野人，區別君子、野人，此處指區別公私。⑭ 潤澤，潤飾，使更加精當。

【講疏】　此言復井田之細目，曰經界、分田、制禄，明國野之分，君子（管理者）小人（庶民）之别。野人九一而助，國人十一使自賦，野人所以稍重其賦者，蓋國人尚有武備之責也，是所謂"自賦"。朱子曰："喪禮、經界兩章，見孟子之學，識其大者。是以雖當禮法廢壞之後，制度節文不可復考，而能因略以致詳，推舊而爲新；不屑屑於既往之迹，而能合乎先王之意，真可謂命世亞聖之才矣。"君子、野人之義詳下章。

第 四 章

有爲神農之言者許行，①自楚之滕，踵門而告文公曰：②"遠方之人聞君行仁政，願受一廛而爲氓。"③文公與之處，其徒數十人，④皆衣褐，捆屨、織席以爲食。⑤

陳良之徒陳相與其弟辛，負耒耜而自宋之滕，⑥曰："聞君行聖人之政，是亦聖人也，願爲聖人氓。"陳相見許行而大悦，盡棄其學而學焉。陳相見孟子，道許行之言曰："滕君，則誠賢君也；⑦雖然，未聞道也。賢者與民並耕而食，饔飧而治。⑧今也滕有倉廪府庫，則是厲民而以自養也，⑨惡得賢？"孟子曰："許子必種粟而後食乎？"曰："然。""許子必織布而後衣乎？"⑩曰："否。許子衣褐。""許子冠乎？"曰："冠。"曰："奚冠？"曰："冠素。"⑪曰："自織之與?"曰："否。以粟易之。"
曰："許子奚爲不自織?"曰："害於耕。"⑫曰："許
子以釜甑爨，以鐵耕乎?"⑬曰："然。""自爲之
與?"曰："否。以粟易之。""以粟易械器者，不爲厲
陶冶;⑭陶冶亦以其械器易粟者，豈爲厲農夫哉?且
許子何不爲陶冶，舍皆取諸其宮中而用之?⑮何爲紛
紛然與百工交易?⑯何許子之不憚煩?"⑰曰："百工
之事，固不可耕且爲也。"⑱

【簡注】　① 神農，一般指炎帝神農氏。傳説發明耒耜，
教民耕作，嘗百草入藥。被後世農家、醫家奉爲祖師。爲神農
之言:稱述神農之説。許行，農家代表人物。② 踵，足跟。踵
門，登門。③ 廛，宅，居處。氓，編氓，老百姓。④ 處，居處。
徒，門徒。⑤ 褐，粗布。捆，綁束。屨(jù)，鞋。此處當指草
鞋，故須綁束。爲食，供食，爲生。⑥ 陳良，本楚之儒者，後從
許行。耒耜，一種農具。⑦ 誠，實，確實。⑧ 饔(yōng)飧
(sūn)，熟食。朝曰饔，夕曰飧。饔飧而治:言當自執炊爨，不
可受人供養，無爲而治。一説:指君主自執炊爨，兼治民事。
⑨ 厲，危，害。猶今言"剥削"。⑩ 衣，穿。⑪ 奚，何。冠，戴
帽子。素，本義爲未染色的絲織品，此處當指普通白布。
⑫ 害，妨害。⑬ 釜(fǔ)，煮食器。甑(zèng)，即甗(yǎn)，蒸飯
器。爨(cuàn)，竈。此處指炊爨，生火做飯。鐵，鐵器。此處指
鐵製農具，一説專指犁。⑭ 陶冶，製陶與冶煉。此處指陶匠、
鐵(金)匠。⑮ 舍，止，不再。一説:舍與陶冶連讀，指陶冶作坊。

⑯ 百工，各種工匠。⑰ 憚，怕。⑱ 固，本來。耕且爲，一邊耕一邊做。

【講疏】　本章言勞心勞力之別，此政治權力（即君權）之基礎所在。而勞心與勞力之不同，實本於分工之義。許行本農家，誦法神農之言。神農則傳統所謂"三皇"之一也。《白虎通》："三皇者何謂也？謂伏羲、神農、燧人也。或曰：伏羲、神農、祝融也。《禮》曰：伏羲、神農，祝融，三皇也。"陳立《疏證》："《風俗通》引《禮含文嘉》曰慮羲、燧人、神農。又引《書大傳》，遂人爲遂皇，伏羲爲戲皇，神農爲農皇。"[1]諸書雖不同，然以伏羲、神農當三皇則一也。《易·繫辭下》：

> 古者包犧氏之王天下也，仰則觀象於天，俯則觀法於地，觀鳥獸之文與地之宜，近取諸身，遠取諸物，於是始作八卦，以通神明之德，以類萬物之情。作結繩而爲網罟，以佃以漁，蓋取諸離。包犧氏没，神農氏作，斲木爲耜，揉木爲耒，耒耨之利，以教天下，蓋取諸益。日中爲市，致天下之民，聚天下之貨，交易而退，各得其所，蓋取諸噬嗑。神農氏没，黃帝、堯、舜氏作，通其變，使民不倦，神而化之，使民宜之。《易》窮則變，變則通，通則久。是以"自天祐之，吉無不利"。黃帝、堯、舜垂衣裳而天下治，蓋取諸乾、坤。

---

[1]　陳立《白虎通疏證》卷二《論三皇五帝三王五霸》，吳則虞點校，中華書局，1994年，第49頁。

近人爲古史分期,以遊牧時代當伏羲,而以農耕時代當神農。[1]顧疑古之風既盛,學者頗囂囂於三皇五帝諸人之有無,不悟所謂皇帝王霸者,皆傳統學術對不同時期歷史文化其精神原則所作之反思,與泰西所謂歷史哲學相仿。故歷史上之有無與經學上之有無不可同日而語,知此者始可與論經學矣。

儒者所言,五帝之道也。下可及於禹湯文武之世,上可進於伏羲神農之時,誠可謂能執其中者也。墨家者流雖亦以堯舜禹湯文武爲言,而其歸宿則在大禹,此昔人所言及者。至道家則由五帝而進於三皇者也,或有宗法黄帝者,亦僅及數術,而不達其政本(如《黄帝内經》),與儒家迥乎不侔。故儒道二家之别即五帝與三皇之别。惟此所謂道家與晚周所謂道家者流稍異,乃括數術、兵法、農家、道家諸學而一之者也。要之,戰國初年學術之分野端在儒道墨,非後世所謂九流十家者比。

農家之學宗法神農,亦當爲道家之一脈。儒道之别,儻即其流而觀之,恰如治絲而益棼,若返其本則端在名之一義。夫儒家之學,乃正名之學,孟子所謂知言也;道家則譴名者也,故返本歸真,復其無名之樸。莊子云:

南海之帝爲儵,北海之帝爲忽,中央之帝爲渾沌。儵與忽時相與遇於渾沌之地,渾沌待之甚善。儵與忽謀報渾沌之德,曰:"人皆有七竅以視聽食息,此獨無有,嘗試

[1] 夏曾佑《中國古代史》第一篇第7—9節,河北教育出版社,2000年,第15—17頁。吕思勉《中國制度史》第一章《農工商業》,上海教育出版社,1985年,第2頁。

鑿之。"日鑿一竅，七日而渾沌死。〔1〕

此喻足以當之。惟名起於分，有分斯有名矣。以人類文化之外緣視之，其分野即在所謂社會分工。故孟子與許行學術之異，必由此以觀之，始能得其解。許行既反對分工，故主爲君者與民並耕，去其倉廩府庫，而復三皇之治。《鉤命決》云："號之爲皇者，煌煌人莫違也。煩一夫，擾一士，以勞天下，不爲皇也。不擾匹夫匹婦，故爲皇。"〔2〕此頗類西洋與中土近世之無政府主義。〔3〕

"然則治天下獨可耕且爲與？有大人之事，有小人之事。①且一人之身，而百工之所爲備，②如必自爲而後用之，是率天下而路也。③故曰：或勞心，或勞力；勞心者治人，④勞力者治於人；治於人者食人，治人者食於人，⑤天下之通義也。

【簡注】　① 大人、小人相對而言，此處指上文所言君子、小人。② 備，具備。百工之所爲備：猶言"備百工之所爲"，包攬各行各業的工作。③ 率，導。路，奔走於道路。此處指無時休息(從朱子説)。④ 治，管理。⑤ 食(sì)，養。此處指出

─────────

〔1〕《莊子·應帝王》，王先謙《莊子集解》卷二。
〔2〕《白虎通·論皇帝王之號》，陳立《白虎通疏證》卷二，第45頁。
〔3〕胡適《中國哲學史大綱》(卷上)，載姜義華主編《胡適學術文集·中國哲學史(上)》，第239頁。然胡適未辨許行與陳仲之別，皆視之爲無政府主義，未免有失。關於陳仲，參本書第六卷末章。

賦稅以奉養。勞心、勞力四句,朱子以爲皆孟子引用古語。

【講疏】 然分工乃與文明同時發生,許行既以君民並耕爲返樸,而反對君民因政治而有別,不知即便純粹衣食之生産(按此對應許行所心儀之三皇之世),已有分工寓於其中,故許行雖種粟而後食,然所冠之素及耕饔之具乃不得不易於他人。誠使一人之身而百工之所爲備,則雖三皇之世亦不能復,是"率天下而路也"。路,趙岐釋爲羸路,阮元以爲"謂瘦瘠暴露也"。[1]儻真如此,則必文明覆滅而後可。惟既承認分工之不可無,則其分工者必有以統合之,此統之者即君也。君者,群也。故政治之産生與分工同時,政治領域之分工即所謂設官分職。既有官、職之別,政、事之分,則君臣上下形矣。其爲官者服官政,爲職者掌其事,大者爲官,小者爲職,[2]此政治領域内部所謂勞心、勞力之別。若以社會之統體視之,則君民之間亦有治人、治於人之不同,所謂"有大人之事,有小人之事"。此文明社會之自然狀態,無所逃於天地之間,故云"天下之通義也"。下文孟子因歷舉諸人所熟知之事,以明天下非可並耕而治,必有待於政治之分工,即所謂君子、小人之別。

按,許行一派學術之歸屬頗有爭議。《漢書・藝文志》云"農家者流",後列《神農》二十篇。顔師古引劉向《別録》云:

---

[1] 參焦循《孟子正義》。

[2]《論語・子路》:"冉子退朝。子曰:'何晏也?'對曰:'有政。'子曰:'其事也。如有政,雖不吾以,吾其與聞之。'"參程樹德《論語集釋》卷二十七《子路下》,注引毛奇齡之説。按,"設官分職",本指以官分掌不同職事,官與職在不同語境下大小並不一致。此處僅取其意,不必膠執。

"疑李悝及商鞅所説。"《商君書》、《吕氏春秋》皆引神農之説，《太平御覽》及《北堂書鈔》所引《尸子》亦頗同之。尸子名佼，爲商鞅之師。焦循《孟子正義》據此以爲"許行之學，蓋出於尸佼"，且云："孟子言必稱堯舜，尸、商之徒，仍託神農之言以惑天下，許行從而衍之。"此論雖無確據，然亦甚合理。蓋商鞅本縱横家，嘗學帝王術者也。此支固與道家（雜家亦道家之一支）有相合之處，惟操守或不同耳。[1]錢穆先生則以爲許行即《吕氏春秋·當染篇》所言之許犯，爲墨子之再傳。其言曰：

> 許犯即許行也。春秋時晉有狐突，字伯行（《晉語》注）；齊有陳逆，字子行（哀十一年《左傳》）。《晉語》韋昭注："犯，逆也。"《小爾雅·廣言》："犯，突也。"古人名突、逆字行，知許行蓋名犯字行矣。許行之至滕，曰"願受一廛而爲氓"；"其徒數十人，皆衣褐，捆屨織席以爲食"，此墨子度身而衣，量腹而食，比於賓萌，未敢求仕之遺教也。許行之言曰"滕有倉廪府庫，是厲民而以自養也"，此墨子非禮毁樂之緒論也。並耕之説，蓋自兼愛蜕變而來。則許行之爲墨徒，信矣。墨學盛於南方，許行楚人，亦南方之墨之健者耶？[2]

顧許行之年與墨子再傳頗不相當，今人曾以此駁之，良

---

〔1〕　參前揭鄧志峰《學術自由與中國的思想傳統》一文。
〔2〕　錢穆《先秦諸子繫年》第一一三《許行考》，第408—409頁。另，其《國學概論》（商務印書館，1997年，第46頁）及馮友蘭《中國哲學史》第七章（華東師範大學出版社，2000年，第113頁）亦承是説。

是,然尚未就二者思想之不符處證之。[1]按墨子所謂"度身而衣"云云,見於《呂氏春秋·高義篇》:

> 子墨子游公上過於越。公上過語墨子之義,越王說之,謂公上過曰:"子之師苟肯至越,請以故吳之地,陰江之浦,書社三百,以封夫子。"公上過往復於子墨子。子墨子曰:"子之觀越王也,能聽吾言、用吾道乎?"公上過曰:"殆未能也。"墨子曰:"不唯越王不知翟之意,雖子亦不知翟之意。若越王聽吾言、用吾道,翟度身而衣,量腹而食,比於賓萌,未敢求仕。越王不聽吾言、不用吾道,雖全越以與我,吾無所用之。越王不聽吾言、不用吾道,而受其國,是以義翟也,義翟何必越,雖於中國亦可。"[2]

詳其文意,蓋言如能用墨子之道,則雖處賓萌亦可,此亦儒家"學然後臣之"之義而爲二家所同者,非如許行,所至皆以氓自處也。此其一。又,許行反對君有倉廩府庫,蓋反對一切政治權力,與墨子非樂之義截然不同,因墨子本非反對政治權力者也。《墨子·非樂篇》反有如下之文:

> 君子不強聽治,即刑政亂;賤人不強從事,即財用不足。今天下之士君子,以吾言不然,然即姑嘗數天下分事,而觀樂之害。王公大人蚤朝晏退,聽獄治政,此其分事也;士君子竭股肱之力,亶其思慮之智,內治官府,外收

---

[1] 楊伯峻《孟子譯注》,中華書局,1960 年,第 130 頁注釋 2。其所謂"某氏"即指錢穆。
[2] 《呂氏春秋·高義》,陳奇猷《呂氏春秋校釋》卷十九,第 1246 頁。

· 202 ·

斂關市山林澤梁之利，以實倉廩府庫，此其分事也；農夫
蚤出暮入，耕稼樹藝，多聚叔粟，此其分事也；婦人夙興夜
寐，紡績織紝，多治麻絲葛緒綑布緣，此其分事也。[1]

其所言不惟與許行不同，且多可爲孟子所持君子小人分
野之旁證。可知儒墨二家於此問題並無衝突，而墨子所以非
樂亦惟在聽樂能使諸人違其分所當然之事耳。此錢氏所誤者
二。另以並耕爲自兼愛蛻變而來，亦過於牽強。[2]故許行必
非墨家，明矣。

當堯之時，天下猶未平，①洪水橫流，氾濫於天
下。草木暢茂，禽獸繁殖，五穀不登，②禽獸偪人。
獸蹄鳥跡之道，交於中國。③堯獨憂之，舉舜而敷治
焉。④舜使益掌火，⑤益烈山澤而焚之，⑥禽獸逃
匿。禹疏九河，瀹濟、漯，而注諸海；⑦決汝、漢，
排淮、泗，而注之江，⑧然後中國可得而食也。當是
時也，禹八年於外，三過其門而不入，雖欲耕，
得乎？

后稷教民稼穡，⑨樹藝五穀，五穀熟而民人

〔1〕《墨子·非樂上》，孫詒讓《墨子閒詁》卷八。
〔2〕唐文治以爲"許行蓋惑於平等之論，而不達上下之分"。見氏著《孟子大義》。唐
氏書中屢言平等之說出墨家，蓋與錢氏所見略同。其實絕對平等說實亦淵源
於道家的無差別論，而非出自墨家。因爲墨家本身是講究權威主義的，故有尚
同之說。惟墨者兼愛、尚同之說實有矛盾之處，故墨家亦因此分化。此問題另
擬專文討論。

育。⑩人之有道也，⑪飽食、煖衣、逸居而無教，則近於禽獸。⑫聖人有憂之，使契爲司徒，⑬教以人倫：父子有親，君臣有義，夫婦有別，長幼有序，朋友有信。放勳曰：⑭'勞之來之，匡之直之，輔之翼之，使自得之，又從而振德之。'⑮聖人之憂民如此，而暇耕乎？

堯以不得舜爲己憂，舜以不得禹、皋陶爲己憂。夫以百畝之不易爲己憂者，⑯農夫也。分人以財謂之惠，教人以善謂之忠，爲天下得人者謂之仁。是故以天下與人易，⑰爲天下得人難。⑱孔子曰：'大哉堯之爲君！ 惟天爲大，惟堯則之，蕩蕩乎民無能名焉！⑲君哉舜也！ 巍巍乎有天下而不與焉！'⑳堯舜之治天下，豈無所用其心哉？亦不用於耕耳。

【簡注】 ① 平，安定。② 暢茂，茂盛。繁，多。殖，生。繁殖，指繁殖很多。五穀，一般指稻、菽（豆）、麥、黍（一種粘小米）、稷（小米）。此處泛指所有穀物。登，成熟。③ 偪，同逼。交，交雜。中國，中原。④ 敷，佈，佈散。敷治，平治。⑤ 益，舜臣，助禹治水有功，禹欲傳位於益，不果。掌，主。火，火正。上古傳說有五官，分掌水、火、木、金、土五行之事。⑥ 烈，火猛。山澤，此處泛指山林。烈山澤而焚之：以猛火焚燒山林以驅逐野獸。⑦ 疏，疏通。九河：徒駭、太史、馬頰、覆釜、胡蘇、簡、絜、鉤盤、鬲津。瀹（yuè），疏浚。濟、漯（tà），河名。注，灌注。⑧ 決、排，去除壅塞。汝、漢、淮、泗，皆河名。江，長

江。按，淮水注江，不合地理，自朱子以來皆疑之。實則孟子
祇是言其大勢而已，本非討論地理，學者不必拘執（從清何焯、
錢大昕説）。⑨ 后稷，官名，此處指棄，周人祖先。擅耕作，傳
説堯時掌農業。稼，種；穡，收。稼穡，耕作。⑩ 樹藝，培植。
育，養育。⑪ 人之有道也，猶第三章所言“民之爲道也”。有、
爲音近通用。此義前人多誤。⑫ 逸居，居處安逸。禽獸，走
獸。禽爲走獸總名。⑬ 有，又（從鄭珍説）。契（xiè），舜臣，
殷人祖先。司徒，掌教化之官。《周禮》列爲地官。⑭ 放勳，
堯名。朱子以爲本史臣贊堯之辭，孟子遂以爲堯之號。
⑮ 勞，慰勞。來（lài），使來親近。後合爲一詞，或作勞徠。
匡，正。直，使其能直。輔、翼皆幫助之義，後合爲一詞。振
德，猶《周易·蠱卦》“君子以振民育德”，作新斯民而養育其
德。所引放勳之言，朱子以爲命契之辭。⑯ 皋陶（yáo），堯
臣，掌刑獄。易，治。此處指種好莊稼。⑰ 與，傳給。⑱ 得
人，找到適合的人才。⑲ 則，法，取法。蕩蕩乎，廣大貌。名，
名狀，形容。⑳ 君，盡君道。一説當訓爲美（俞樾説）。巍巍
乎，高大貌。有，撫有。與，益，助（從趙岐説）。按，此助即“揠
苗助長”之助。此處指舜無爲而治。

【講疏】　君子小人既分，然“彼君子兮，不素餐兮”，[1]
言無功不受禄也。君子之所以食於小人者，以其勞心耳。然

---

〔1〕　此《詩·魏風·碩鼠》之文。另，前揭《吕氏春秋·高義篇》亦言：“孔子見齊景
公，景公致廩丘以爲養，孔子辭不受，入謂弟子曰：‘吾聞君子當功以受禄。今説
景公，景公未之行而賜之廩丘，其不知丘亦甚矣。’令弟子趣駕，辭而行。”按此未
必屬實，然由此可見後儒心中之孔子。

則勞心之狀若何？當堯之時，天下未平，洪水猛獸危害民人，禹疏其洪水，舜使益逐猛獸，是堯舜禹之用心也。外患既除，則務養民，后稷以五穀養其口體，契爲司徒教以人倫，是棄、契之用心也。此段所述雖似卑之無甚高論，然詳繹其文，實有精義存焉。兹言之如下：

一、洪水猛獸者，外患也；君人者除其外患，所以保民。保民必以武，是所謂兵事也。樹藝五穀而育民人，所謂君養之；設爲司徒使明人倫，所謂師教之。保民、養民、教民，由外而內，層次井然。昔"子貢問政，子曰：'足食，足兵，民信之矣。'子貢曰：'必不得已而去，於斯三者何先？'曰：'去兵。'子貢曰：'必不得已而去，於斯二者何先？'曰：'去食。自古皆有死，民無信不立。'"（《論語‧顏淵》）其所去之次，亦由外而內，觀孟子所言，與孔子誠可謂若合符節。而孟子亦絕非有意爲之者，一出於敘述之自然，則非於夫子之道熟極而流者，安能有此？

二、下文夷之言"儒者之道，古之人若保赤子"，保之者必其親也。上文"惡在其爲民父母也"，王者固有親之義也。故保民、養民、教民與《國語》所言"父生之，君養之，師教之"之義相應。放勳曰："勞之來之，匡之直之，輔之翼之。"其勞之來之者，親之也；匡之直之者，正之也；輔之翼之者，順之也。所謂順之者，順其本性而誘掖之，是爲師教。若正之者，則君也。此亦分別對應君、親、師三品。則此文上下之關聯如車貫轂，前後呼應，絕妙如斯，誠天地之至文也。然貴在於不經意間合其天則，此孟子所以爲亞聖歟？

三、以放勳之言殿后亦有深意。蓋既勞之來之，匡之直之,輔之翼之,則"使自得之"者,自得其有成也。德者得也,如能擴而充之,則是所謂振德之也。此亦與孟子所言自得、擴充二義相合。且契、棄本爲商、周之始祖,此段所述則似唐虞夏商周二帝三王一氣貫下而收束於堯,君子治民之方可謂備矣。

君子用心於治民,如斯其大矣,然尚有尤大者焉。蓋天下者天下人之天下,此天下固當合君子、庶民而一之。若以君子野人相分後之民衆當之,隘矣。後世宗此論者漫天下,其流弊有不可勝言者。蓋皆秉部分人群之利益爲成見,其初自以爲代庶民而昌言,然不旋踵乃成一强固之利益集團,專爲勞心者言之矣。況此勞心者尚非孟子所謂君子乎!孟子知此,故不以君子之盡心於治民爲極則,言當即此而有進,由君、民之分而上達其合。此合即合群之義,能群之者,即政治權力(君權)本身。

君子既盡心於君權本身,則惟政權與治權是務。<u>其盡心於政權者,傳政是也;其盡心於治權者,選賢是也。</u>當公天下之世,傳政即所謂禪讓;當家天下之世,則立太子傳國本是也。天下後世無論政體變化如何,皆各有其傳政之法,是即所謂政道也。[1]孔孟固皆心儀於公天下者,故孟子此處以堯爲言。堯之擇舜,固已先有傳政之意,至於舜之擇禹、皋陶則頗有不同。蓋後者之本意在於選賢,選賢非爲主持政權,乃治權之任也。然則禹之繼舜,乃因其德所以顯現於治權者,足以當政權之任,故舜亦以命禹,治權固不同於政權也。孟子以"堯以不得舜爲己憂,舜以不得禹、皋陶爲己憂"分言之者,即與政、治

〔1〕　此問題可參《萬章上》講疏。

二權之剖判分別相應。學者必心通其意，乃見孟子一貫之學。即此可知，由保民、養民、教民，以至於傳政、選賢，此皆君子所當勞心者也，又豈能責其"耕且爲"？

不寧惟是。君子勞心之途既異，而境界亦因之有別。以德性論言之，蓋有惠、忠、仁之不同。夫分人以財者，養庶民之生計也，此后稷之事；教人以善者，進小人之德行也，此司徒之職。君子養民是有恩於人者也，固可謂之惠；其教人所以謂之忠者，忠蓋盡己之謂也。曾子所謂"吾日三省吾身，爲人謀而不忠乎？與人交而不信乎？傳不習乎"之忠，即是此意。蓋盡己者，盡己之性也。性本人之所同，故盡己之性亦即盡人之性也。《中庸》云："唯天下之至誠，爲能盡其性，能盡其性則能盡人之性。"能盡人之性故告之以善道，俾之有得，是教人以善也。前文孟子云"我非堯舜之道不敢陳於王前，故齊人莫如我敬王也"，惟此教人以善是所謂忠。《説文》："忠，敬也。"蓋忠之本義，中心有主之謂也，《易》所謂"有孚"，言忠者渾言之也。若析言之，則因事而異。景丑氏所謂"父子主恩，君臣主敬"者，皆忠之目也。至上文所言"父子有親，君臣有義，夫婦有別，長幼有序，朋友有信"，則忠之效也。後世以愚忠於君主私人者爲忠，其失甚矣。

分人以財，教人以善，此固盡心之君子一身所能，惟"君子創業垂統，爲可繼也"（《孟子·梁惠王下》），爲君者盡心於傳政、選賢，則己雖功成身退，而天下仍有繼善之政，源泉混混，盈科而後進，其生生不息者，有合於天道之仁也。夫分人以財，教人以善，雖以義外者任氣而行亦可，然儻失其中主，則其氣餒矣。此如雖有賢人在位，及其身退，繼體之君，未能"宣聰

明作元后"，〔1〕卻任法術而亂舊章，則國家或有傾覆之虞，此
賢人蓋亦能行仁義而非以仁義行也。故云"以天下與人易，爲
天下得人難"。後世未能行公天下之政者，雖偶有明君濟世，
然不旋踵而生靈塗炭，社稷傾覆者以此。傳統時代所以陷於
"一治一亂"固天道之所當然，亦由爲政者未能法天，行堯舜傳
政之法也。牟宗三先生所謂傳統中國"於政道則毫無辦法"，
如言政道之理想未嘗實現，尚且有説，如言政道之解決途徑未
明，則未必然也。何況政道真有所謂一勞永逸之法乎？亦各
隨其時耳。此所以"維天之命，於穆不已"也。蓋政道惟如孟
子所言，必行公天下之政，且德如堯舜者當之始能無弊。近世
西洋之學但言民主政治而不及聖賢成德之教，則其政治亦終
歸於"最不壞的政治"而已矣。雖然，彼亦知治人、治法須相濟
而行者也，是可於其公民教育見之，故亦未可輕非也。俗學不
窺，謾加之以汙名，誠所謂"蚍蜉撼大樹，可笑不自量"也。

　　由此，則爲君者之所盡心，於養民、教民而外，尚須爲天下
得人，始可云法天也。養民者地道也，教民者人道也，繼善傳
政者天道也，略合天地人三才。漢儒言"王道通三"（董仲舒）、
"一貫三爲王"（許慎）者本此，惜大義已失。此於聖王之中，惟
堯舜之禪讓能達此境，故引孔子之言以美之。"惟天爲大，惟
堯則之"一語擴盡前義，是《中庸》所謂"參天地之化育"者也。
既能法天，則是與時偕行，無可無不可，不可以一端名之矣，故

<hr>

〔1〕　此僞《古文尚書·泰誓》之言，取之以見意耳。孔穎達《尚書正義》卷十一《泰誓
　　　上》。今文《泰誓》佚，孫星衍以《史記》所言，升之爲經以當之，或然耳。然無此
　　　句。參孫氏《尚書今古文注疏》卷十，陳抗、盛冬玲點校，中華書局，2004年，第
　　　264—281頁。

云“蕩蕩乎民無能名焉”。當此之際，雖孔子亦且無言，何況民哉！子曰：“予欲無言。子貢曰：‘子如不言，則小子何述焉？’子曰：‘天何言哉，四時行焉，百物生焉，天何言哉！’”（《論語·陽貨》）既能隨時，則必虛心以應萬物，無私意屢雜其間，所謂“聖人以無心應萬物”，故能無爲無不爲，有天下而不與，是真可以爲君者也。此其用心蓋亦如焦循所言“堯舜之無爲，正堯舜之用心耳”，能用心於無心，誠《易》所謂“以貞信洗心，退藏於密”者也。

“吾聞用夏變夷者，①未聞變於夷者也。陳良，楚產也，②悅周公、仲尼之道，北學於中國。北方之學者，未能或之先也。③彼所謂豪傑之士也。④子之兄弟事之數十年，師死而遂倍之。⑤昔者孔子没，⑥三年之外，門人治任將歸，⑦入揖於子貢，相嚮而哭，⑧皆失聲，然後歸。子貢反，築室於場，⑨獨居三年，然後歸。他日，子夏、子張、子游以有若似聖人，欲以所事孔子事之，彊曾子。⑩曾子曰：‘不可。江漢以濯之，⑪秋陽以暴之，⑫皜皜乎不可尚已。’⑬今也南蠻鴃舌之人，⑭非先王之道，子倍子之師而學之，亦異於曾子矣。吾聞出於幽谷遷于喬木者，⑮未聞下喬木而入於幽谷者。《魯頌》曰：⑯‘戎狄是膺，荆舒是懲。’⑰周公方且膺之，⑱子是之學，⑲亦爲不善變矣。”

【簡注】　① 用，以。夏，文明。夷，蠻夷，野蠻。② 産，生。③ 先，超過。④ 彼，指陳良。⑤ 倍，背。⑥ 没，通殁。⑦ 治，理。任，擔。治任，整理行囊。歸，歸鄉。⑧ 反，通返。相嚮，相對。⑨ 場，墓地祭祀的壇場。⑩ 彊（qiǎng），通强，勉强。⑪ 江漢，江、漢之水。濯（zhuó），濯洗。⑫ 秋陽，周人習語。周曆建子，以夏曆十一月爲春。夏曆五六月，盛陽時節，在周已經是秋天，故稱秋陽。暴（pù），暴曬。⑬ 皜皜（hào），潔白貌。尚，加。⑭ 南蠻，周人對四裔後進族群的蔑稱之一。東爲夷，西爲戎，南爲蠻，北爲狄。統稱則爲蠻夷、戎狄、夷狄、戎夷，等等。鴃（jué），伯勞，凶猛之鳥，鳴聲刺耳。鴃舌，言楚地方言難聽。鴃舌之人，指許行。⑮ 非，非議。幽谷，深谷。喬木，高樹。《小雅·伐木》：“伐木丁丁，鳥鳴嚶嚶；出自幽谷，遷于喬木。”⑯《魯頌》，《閟宮》之篇。⑰ 荆，九州之一，後爲楚國別稱。舒，史稱“群舒”，包括舒、舒庸、舒蓼、舒鳩、舒龍等楚附近的小國。荆舒，代指以楚國爲首的南方蠻夷。膺，當，捍禦。懲，懲治。朱子曰：“按今此詩爲僖公之頌，而孟子以周公言之，亦斷章取義也。”⑱ 方且，尚且。⑲ 是，此，指許行之學。

【講疏】　所謂夷夏之辨者，文明與野蠻之别也。[1]道家

---

〔1〕 唐文治《孟子大義》：“愚向謂孟子此節，未免存區域之見。蓋諸夏、夷狄，以禮義教化而分，不以區域而分。”元按，言夷夏不當以區域分，是也，然以此責孟子卻非。當周之世，中夏與楚實文野有别，故有蠻夷戎狄之稱，楚亦自居蠻夷。及後中土或淪爲夷狄，邊地或進爲諸夏，皆屬可能之事，故不必以地域區分夷夏。讀經者當心知其意，故端賴歷代學者爲之疏而通之。唐氏後亦有删經之論，實亦大可不必。

者流惟欲反樸，泯人群之大分，去君臣之大義，自陷於鄙野而不知，夷狄之道也。楚國自成王時熊繹受封，居丹陽，其後漸爲楚俗所化，至周夷王時，其君熊渠自云"我蠻夷也，不與中國號謚"，乃立其子爲王，與周爲敵國。〔1〕隨其疆域擴張，"漢陽諸姬，楚實盡之"。〔2〕爲周朝分封體制之最大威脅。昭王南征而不復，齊桓伐楚，晉楚爭霸，楚與中原大國頗成對壘之勢。中原諸國自視爲諸夏，視楚爲蠻夷，而楚亦逕以蠻夷自居。惟孟子之視楚爲蠻夷者，尚不止此。"楚越之地，地廣人稀，飯稻羹魚，或火耕而水耨，果隋蠃蛤，不待賈而足，地勢饒食，皆窳偷生，無積聚而多貧。是故江淮以南，無凍餓之人，亦無千金之家。"〔3〕既無饑饉之患，故其俗頗不務進取，多宗教之思。故巫風甚盛，而反身内求之士得託身其間。孔子南行，所遇如長沮、桀溺、荷蓧丈人、楚狂接輿等，皆異人而隱居楚地者，昔人頗疑此輩皆道流隱者，信然。則許行諸人或亦出於此輩，亦未可知。至其雜染巫風，可上溯至顓頊之世。顓頊爲楚之始祖，其時"夫人作享，家爲巫史"，故"絕地天通"以抑之。〔4〕然流風所及，至戰國猶盛，此由《楚辭》諸作可見一斑。道家者流，以心齋、坐忘爲入道之術，或亦本於巫術者。〔5〕故歷來視爲可能之老子者，如老聃、老萊子皆爲楚人，〔6〕楚地與道家

---

〔1〕《史記》卷四十《楚世家》。
〔2〕《左傳》僖公二十八年，洪亮吉《春秋左傳詁》卷八，第332頁。
〔3〕《史記》卷一百二十九《貨殖列傳》。
〔4〕《國語·楚語下》，徐元誥《國語集解》卷十八，第512—516頁。
〔5〕參張榮明《中國古代氣功與先秦哲學》的相關討論，上海人民出版社，1987年。
〔6〕《史記》卷六十三《老子韓非列傳》。錢穆《先秦諸子繫年》第七二《老子雜辨》，可參。

者流關係之複雜可以概見矣。楚地之政俗既以道家爲本，不務禮樂，則孟子視之爲夷狄，不亦宜乎？孔子云"夷狄之有君，不如諸夏之亡也"（《論語・八佾》），蓋言其不明君臣之大義也。此王道大義乃人類文明之根本所在，是所謂夷夏之辨也。後世不察，謾以族群分之，甚有日淪於夷狄之道而猶以華夏自居者，亦可哀也。

　　陳相之徒學於陳良，悦周公孔子之道，是已進於華夏之域矣，乃反化於夷狄之道，必無所得於其師者也，故師死而遂背之。然此所謂背師與荀子頗有不同，蓋二家於進學之路一主師法，一主自得。主師法者不背其義，主自得者不背其道。故荀子惟言法後王，憲章文武之政；孟子則法先王，祖述堯舜之道。觀孟子所言孔門弟子之尊師，皆由其精神接契處著眼，此皆向慕之情動於中而發於外，不能自已者也。若曾子則尤有進焉，知聖人不可自居，孔子之位爲不可繼，是真有得於孔子之道者也。

　　"從許子之道，則市賈不貳，①國中無僞。②雖使五尺之童適市，③莫之或欺。④布帛長短同，則賈相若；⑤麻縷絲絮輕重同，則賈相若；五穀多寡同，則賈相若；屨大小同，則賈相若。"⑥曰："夫物之不齊，⑦物之情也；⑧或相倍蓰，或相什伯，或相千萬。⑨子比而同之，⑩是亂天下也。⑪巨屨小屨同賈，⑫人豈爲之哉？⑬從許子之道，相率而爲僞者也，惡能治國家？"

【簡注】 ① 賈，同價。② 僞，虛假。③ 雖，即使。適，至。④ 莫之或欺：沒有人欺騙他。⑤ 相若，一樣。⑥ 按，此一整句爲陳相所言，以下爲孟子之言。⑦ 齊，等齊。⑧ 情，情狀。⑨ 倍，兩倍。蓰（xǐ），五倍。什、伯、千、萬，分別指十倍、百倍、千倍、萬倍。⑩ 比，並，放在一起。⑪ 亂，淆亂。⑫ 巨屨，大鞋。⑬ 爲之，指做大鞋。

【講疏】 "從許子之道，則市賈不貳"云云，非必許行之主張也，或亦陳相依其理而推之者。<u>依許行之論，則無名之樸可復，人我之別終泯，事物惟見其玄同而不見其分異</u>。此道用於交易，則市賈不貳，國中無僞，貨物不視其質地，惟依長短輕重度量，其勢必至於以劣充優，相率爲僞者也。由不欲欺而至大欺，此皆由不知物之分異本於自然，故云"物之不齊，物之情也"。孟子此處以子之矛攻子之盾，誠可謂知言矣。按孟子此文，昔人頗據《莊子·齊物論》以小之，以爲未達。不知莊子所以齊物論者唯在執其道樞，各徵天倪，是即其異而求其同也；若孟子下文之言，"且天之生物也使之一本"，是已得其同，所云物之不齊者，由同而見其異也。故孟、莊之言，雖一偏於人，一偏於天，然所言固不異也。[1]世儒不察，惟斷章取義，則不惟失孟子之旨，亦昧於莊生之義矣。《易》云"火澤睽，君子以同而異"，言其全者也。蓋君子觀天道之有睽，知萬物雖皆一體，然亦有其自性，所謂同中有異也。

---

[1]《荀子·非十二子》言莊子"蔽於天而不知人"，雖不爲無見，然亦在儒家立場中言之也，斯言未足以服莊子，莊子蓋亦知人而後齊之以天者也。

第　五　章

墨者夷之，因徐辟而求見孟子。①孟子曰：“吾固願見，今吾尚病，病愈，我且往見。”②夷子不來。他日又求見孟子。孟子曰：“吾今則可以見矣。不直，則道不見；③我且直之。吾聞夷子墨者。墨之治喪也，以薄爲其道也。④夷子思以易天下，豈以爲非是而不貴也？⑤然而夷子葬其親厚，則是以所賤事親也。”⑥徐子以告夷子。夷子曰：“儒者之道，古之人‘若保赤子’，⑦此言何謂也？之則以爲愛無差等，⑧施由親始。”⑨徐子以告孟子。孟子曰：“夫夷子，信以爲人之親其兄之子爲若親其鄰之赤子乎？⑩彼有取爾也。⑪赤子匍匐將入井，非赤子之罪也。⑫且天之生物也，使之一本，而夷子二本故也。⑬蓋上世嘗有不葬其親者。其親死，則舉而委之於壑。⑭他日過之，狐狸食之，蠅蚋姑嘬之。⑮其顙有泚，睨而不視。⑯夫泚也，非爲人泚，中心達於面目。蓋歸反虆梩而掩之。⑰掩之誠是也，則孝子仁人之掩其親，亦必有道矣。”⑱徐子以告夷子。夷子憮然爲間曰：“命之矣。”⑲

【簡注】　① 墨者，治墨子學者。夷之，姓夷名之。徐辟，孟子弟子。② 且，將。③ 直，正。道不見（xiàn）：道不能顯現。④ 薄，薄葬。⑤ 易，改變。非是，不對。⑥ 賤，輕賤。⑦ 道，道理。赤子，嬰兒。《尚書·康誥》："若保赤子，惟民其康乂。"言像保育嬰兒一樣，使民康泰。⑧ 之，夷之自稱己名。差等，等級。⑨ 施，施行。親，指父母。⑩ 信，的確。⑪ 彼，指夷之所引《康誥》之文。取，取譬，比方。爾也，而已。⑫ 罪，過。⑬ 本，根本。一本，本於一。此處指自本於親而終歸宿於本天。二本，指分別本於天、本於親。⑭ 上世，極古之世。委，棄。壑，溝壑。⑮ 過，經過。蚋（ruì），一種蚊子。姑，疑衍文。朱子以爲語助聲。或曰螻蛄。嘬（chuài），聚在一起喫。⑯ 顙（sǎng），額。泚（cī），泚然汗出之貌。睨，斜視。視，正視。⑰ 夫（fú），此。爲人泚：爲他人所見而汗出。中心，心中。反，返。虆（léi），盛土的籃子。梩（lí），畚（chā），木鍬。掩，埋。⑱ 是，正確。道，方法。⑲ 憮（wǔ）然，悵然自失之貌。爲間，一會兒。命之，受教。

【講疏】 "物之不齊，物之情也。"孟子既發此義，則或啓他人之疑：儻萬物皆無所同，其無有同之者乎？若墨子之徒，則或引之爲同道。夷之欲見孟子，雖不詳其故若何，然觀其一而至再，意向甚殷，或亦聞孟子此言，而欲就正者也。孟子因發一本之論以匡之。發不齊之論以辟道家之同，明一體之義以正墨家之異，斯孟子之學所以爲中道也歟？

以子之矛，攻子之盾，爲辯論常法，孟子頗精此道。故先引夷之厚葬其親一事，以形其自相矛盾。夷之則云"愛無差等，施由親始”，並引《尚書·康誥》“若保赤子，惟民其康乂”，以證成己説。《尚書》爲儒墨所共尊，所以云“儒者之道”者，亦辯論之術，使人不易反駁。非必如康有爲輩所言，儒墨各有不同之《尚書》也。[1]惟墨者所言“愛無差等”即兼愛之説也。《墨子》云：“今夫天兼天下而愛之，撽遂萬物以利之，若毫之末，非天之所爲也？而民得而利之，則可謂否矣。”[2]撽遂即交遂，萬物各遂其情，是天之所以利之也。天既使之各得其利，是天之兼愛也，無有差等，雖毫末之微而得天之愛無異。然此與《周易》、孔子元氣同流、乾坤一體之義不同，[3]蓋墨家本清廟之守，[4]墨子亦宗教家，其視天爲人格天，天與萬物之間乃相互對待之關係，天有其志，萬物必從之乃得福佑。雖貴爲天子，及其爲善，“天能賞之”；及其爲惡，“天能罰

---

[1]　康有爲《孔子改制考》卷十《六經皆孔子改制所作考》。

[2]　《墨子·天志中》，孫詒讓《墨子閒詁》卷七。按撽遂之義費解，俞樾以爲撽當爲邀，交之義；遂亦邀之訛文，故撽遂即當以交釋之。然其説迂曲，孫氏以爲不足據，另以驅禦釋撽，而以遂爲逐字之訛，然下文云“‘以長遂五穀麻絲，使民得而財利之’，則遂字又似非誤，未能質定也”。參前文孫注。竊以爲，前人所以莫得其解者，蓋因誤解“非天之所爲也”一句，以爲天既兼愛，則所爲不可與萬物忤。如“撽遂萬物以利之”非天之所爲，則撽遂之義必如逐如驅，爲否定義。予今以問句斷之，則“非天之所爲也”乃反問，與“撽遂萬物以利之”無忤矣。蓋撽者固交之義，遂則當如本字，遂性之遂也。故撽遂即交遂，此正墨子兼愛之義。

[3]　按，兼乃全體之義，乃事物之總和，故《墨子·經上》云：“體，分於兼也。”《經説》釋之曰：“體，若二之一，尺之端也。”二中兩“一”相並爲兼。尺猶幾何學所謂線段，端即所謂點，衆點集合而成線段。參譚戒甫《墨辯發微》，中華書局，1964年，第77—78頁。此全體非如生命體之一體，而儒家固視天地爲一大生命也，此儒墨根本之別。

[4]　此劉歆《七略》、班固《漢書·藝文志》諸子出於王官之言，近人章太炎、譚戒甫頗贊之。章説見前揭《諸子學略説》，然所論不如譚氏之純，參戒甫《墨辯發微》第一編《名墨參同第五》，第28—30頁。

之”。[1]天與萬物既相分,則墨者視萬物之生乃源於得天之所愛而自生,其子嗣之於父母,不過如瓶中寄物,故父母非其本也。然夷子以爲“愛無差等,施由親始”,是亦本之也。故儻若本天,則父母亦當薄葬;儻若厚其親,則是二本矣。此義不必墨者皆同,然夷之固陷於此矛盾中矣。顧夷之何以自陷於進退失據而不知?亦由其本心之不容已也。故孟子直溯喪葬之本源。蓋上世有不葬其親者,徑委之於溝壑,及見狐狸食之,蠅蚋姑嘬之,則良知發露,不忍其親之暴屍荒野矣。此不忍非由外鑠,亦非要譽之心使然,乃人心固有之物。是即所謂仁根,人子以親爲本,親子關係以此爲紐帶,且以此而結爲一體者也。既爲一體,則天之生物亦非有一人格天以命之,即因其父母之生養而命之也。故人子以親爲本即是以天爲本,非有異也。顧雖爲一體,而其於一體之中亦有遠近之別,因其別而喪葬之禮亦異,是所謂“孝子仁人之掩其親亦必有道也”,差等於茲現矣。

　　儒墨皆以三代聖王爲法,故同尊《尚書》。昔人於此頗爲聚訟,茲發一義,以待來哲。蓋儒墨之別雖源於其所得不同,然所以致此不同者,蓋因二家讀經之法各異。夷之引“古之人若保赤子”之文,以爲保民與保赤子相同,此墨辯名家讀經之法,蓋惟依言語自身以求其義,所謂“字面義”也。若孟子則不同,故告夷之,此乃取譬之語,其意當見於言語之外,所謂“比喻義”也。《墨子》一書,於《尚書》所言上帝云云皆以人格神視之,較諸儒家所言頗合歷史實相,然惟其與歷史實相相合,故

---

[1]《墨子·天志中》,孫詒讓《墨子閒詁》卷七。

不能隨時變易，體易道之生生，有違其歷史性矣。蓋此生生之
道不僅體現於天地萬物之生長，亦體現於歷史文化之中。後
人不察，於此等處多爲儒家回護，大可不必。然如康有爲所
言，儒墨乃託古改制則非，蓋墨家乃食古不化者，若孔孟則以
堯舜還諸堯舜，湯武還諸湯武，是物各付物之義也。

孟子章句講疏卷六

滕文公章句下凡十章

【解題】　上卷所言皆政術，爲政者所以養民；本卷所言則爲矯枉，體仁者所以衛道。養民者，仁也；衛道者，義也。衛道則必去其邪慝，邪者枉也，《易》所謂“閑邪”；矯枉是欲其能正，正者止於一也，《易》所謂“存其誠”。“閑邪存其誠”，大人之事也。《乾·文言》曰：“見龍在田，利見大人，何謂也？子曰：龍德而正中者也。庸言之信，庸行之謹，閑邪存其誠，善世而不伐，德博而化。《易》曰‘見龍在田，利見大人’，君德也。”

章旨結構圖

1. 枉尺直尋。守官。
2. 論縱橫家爲妾婦之道。
3. 仕不可不由其道。
4. 士無事不可食。機心。
5. 王政不可僞行。
6. 師傅正君之法。
7. 不見諸侯之義。脅肩詔笑。
8. 正功利計度之智。
9. 堯、舜、禹、武王、周公、孔子之矯枉閑邪。
10. 正陳仲（墨者）不知何者爲邪。

第 一 章

陳代曰:^①"不見諸侯,宜若小然;^②今一見之,大則以王,小則以霸。且《志》曰'枉尺而直尋',^③宜若可爲也。"^④孟子曰:"昔齊景公田,^⑤招虞人以旌,^⑥不至,^⑦將殺之。志士不忘在溝壑,^⑧勇士不忘喪其元。^⑨孔子奚取焉?^⑩取非其招不往也。^⑪如不待其招而往,何哉?

【簡注】 ① 陳代,孟子弟子。② 宜若,似乎。小,氣度不夠。③ 枉,屈。直,伸。尋,八尺。④ 爲,音 wéi。⑤ 田,田獵。⑥ 虞人,管山澤苑囿之吏。旌,以氂牛尾或羽毛置於杆上的一種小旗,是當時君主召見大夫的信物。⑦ 不至:招虞人當以皮冠,虞人堅持職守,故不至。⑧ 志士,此處指志於仁之士。在溝壑,棄屍溝壑。⑨ 元,首。喪其元,喪其頭顱。⑩ 取,讚許。按,景公欲殺虞人一事,《左傳》昭公四十二年有記載,且言:"孔子曰:守道不如守官。"守官,堅持職守。⑪ 非其招,猶言"招非其道"。

【講疏】 不見諸侯之義詳下,此未仕者與君相交之常法,其以師自居者,當知"禮聞來學,不聞往教"(《禮記·曲禮上》);其以賢自持者,亦當待其君來求,學然後臣之。此雖士君子一人之心術,實亦治國平天下之根本。蓋以一身視天下,雖有小大尺尋之殊；然由誠正而治平，實具內外本末之別。《大學》云：“自天子以至於庶人，壹是皆以修身爲本，其本亂而末治者否矣。”蓋根本既失，雖源泉混混，盈科而後進，亦必失之毫釐，謬以千里。如此，則王霸豈可得乎？

　　既知自重己身，是知止矣。儻不能守之，是無恒心者也。《大學》云“知止而後有定”，言定於所止也。“志士”一節，朱注本之趙岐。《韓詩外傳》：“志士仁人，不忘在溝壑”；《論語·衛靈公》：“子曰：志士仁人，無求生以害仁，有殺身以成仁。”焦循《孟子正義》引此，云：“孔子謂殺身成仁，孟子謂舍生取義，惟取義乃成仁，故志士爲仁人，亦守義者也……死不愛其身，則生可喪其元；生不愛其元，則死何難於在溝壑？志與勇皆以義揆之，故趙氏均以義言。”按趙岐以“死無棺椁”釋“在溝壑”良是，然以君子固窮當之，則非。詳下文。焦氏已點出此二句與“殺身成仁”、“舍生取義”相應，惟因迷信漢人，極力爲趙氏彌縫，而反失之。另，俞樾云：

　　　　志士即知士也。《禮記·緇衣篇》：“爲上可望而知也，爲下可述而志也。”鄭注曰：“志，猶知也。”《楚辭·天問篇》：“師望在肆，昌何志？”王注曰：“言太公在市肆而屠，文王何以志知之也。”是志與知義同。《列子·湯問篇》：“女志强而氣弱，故足於謀而寡於斷。”張湛注曰：“志，謂心智。”蓋志可爲知，故亦可爲智，《論語》每以仁知並言，此云志士仁人，猶云知士仁人也。仁者安仁，知者利仁，故有殺身以成仁，無求生以害仁。《正義》（元按：此指邢昺疏）以爲志善之士，非是。《孟子·滕文公篇》：“志士不忘在溝

壑，勇士不忘喪其元。”此志字亦當讀爲智。〔1〕

　　此言甚辯，且與智仁勇三達德相應，似頗可取，然實則不確。蓋智仁勇三達德者，大人之道也；若殺身成仁，舍生取義，則君子之道也。所以言君子之道者，其取義成仁尚有待乎舍生殺身以得之，非能如《詩經》所言“明哲保身”，是未智也。蓋大人者時止時行，雖處大過，亦能“藉用白茅”；雖涉大川，終能化險爲夷。予故曰：“仁、勇爲一體之兩面，有剛柔之別，惟智者能執其中。”〔2〕故孔子云“志士不忘在溝壑，勇士不忘喪其元”，皆美虞人能奉公守法，信念堅定，殺身以成仁，舍生而取義也。顧焦循以志士即仁人亦不確。蓋志者心之所之，所謂志士，乃志於仁者耳，與仁人尚有一間之隔。惟其求仁既堅，乃可以稱志士。若孔子所謂勇士，乃是定於義者也。志士與勇士其共同之處，在信念堅定，是此章孟子“存其誠”之旨也。然儻詳繹之，則志士與勇士亦頗有別，不可混爲一談。蓋仁乃天地之生機，如乾元一氣周流無際，生生不已，與時偕行。若大人是達乎此境者也，其次如顏回三月不違仁，餘則日月至焉，亦可稱仁人矣。又次則志乎仁者也，是孔子所謂志士。蓋“維天之命，於穆不已”，志士既志乎此，則其有定者，是於不已中有定，孟子所謂“勿忘勿助”是也。若勇者則不然，勇者執

〔1〕　文見俞樾《群經平議》卷三十一《論語二》。參程樹德《論語集釋》卷三十一《衛靈公上》，第 1074 頁。

〔2〕　參本書卷二《梁惠王下》第三章。聖人必能保身，不能保身不足以稱聖人。或問（小程子）：“聖人與天道何異？”曰：“無異。”“聖可殺否？”曰：“聖人智足以周身，安可殺也？如今有智慮人，已害他不得，況於聖人？”《河南程氏文集》卷十八，《二程集》，第 209 頁。

義,所謂義乃仁之顯現於當下者也。故子曰:"當仁不讓於師";曾子云:"自反而縮,雖天下人吾往矣。"縮者,直也。《周易·坤·文言》:"敬以直內,義以方外。"若分言之,頗有內外之別;若渾言之,直即義也。孟子嘗言,曾子較子夏爲守約,若以孔子與曾子較,則孔子尤爲守約,蓋一本於仁,一本於義故也。

由此,則殺身成仁與舍生取義亦頗有辨。既言成仁,則人我之別已泯,一體之境可復,故雖殺其身而不怨。孔子云:"求仁而得仁,又何怨!"(《論語·述而》)蓋殺身成仁多於不公正之境域見之,殺身是受刑也。古者刑徒不葬於墓,[1]故趙岐以"死無棺椁"釋"在溝壑"甚爲有得,然以受刑殺身同於窮困未達之君子固窮,則誤矣。蓋殺身成仁,其殺之成之者皆由外力,己若無與於其間者,孟子所謂"順受其正"(《孟子·盡心上》)。至舍生取義,其舍之取之者皆勇者自身,今所謂奮不顧身者也,多於義所當爲之時見之。以天人關係論,仁者天道也,義者人道也,孔曰成仁,孟曰取義,孔孟境界之別亦於茲見之。雖然,孔孟固時不同,大歸無異也。

且夫枉尺而直尋者,[①]以利言也。如以利,則枉尋直尺而利,亦可爲與?

---

〔1〕《荀子·禮論》:"刑餘罪人之喪,不得合族黨,獨屬妻子,棺椁三寸,衣衾三領,不得飾棺,不得晝行,以昏殭,凡緣而往埋之,反無哭泣之節,無衰麻之服,無親疏月數之等,各反其平,各復其始,已葬埋,若無喪者而止,夫是之謂至辱。"王先謙《荀子集解》卷十三。

【簡注】 ① 且夫,況且。

【講疏】 尺短而尋長,此純然計較之心也,是所謂"以利言"。顧有大利有小利,其能枉尺直尋者,是求其大利也。然上下交征利,不奪不厭,必有爲一己之小利而罔顧人群之大利者,是所謂枉尋而直尺。孟子前文所以言"行一不義,殺一不辜,而得天下,皆不爲也"(《公孫丑上》),亦職此之故。此求利之心,即本篇大旨所欲閑之"邪心"也。焦氏《正義》曰:"《風俗通·十反篇》云:'孟軻稱不枉尺以直尋,況枉尋以直尺。'蓋不待召而見,實不能一見即霸王,是枉尋直尺而已。"亦稍可通。

昔者趙簡子使王良與嬖奚乘,①終日而不獲一禽。②嬖奚反命曰:'天下之賤工也。'③或以告王良。④良曰:'請復之。'⑤强而後可,⑥一朝而獲十禽。⑦嬖奚反命曰:'天下之良工也。'簡子曰:'我使掌與女乘。'⑧謂王良。良不可,曰:'吾爲之範我馳驅,⑨終日不獲一;爲之詭遇,⑩一朝而獲十。《詩》云:⑪"不失其馳,舍矢如破。"⑫我不貫與小人乘,請辭。'⑬御者且羞與射者比。⑭比而得禽獸,雖若丘陵,⑮弗爲也。如枉道而從彼,⑯何也?且子過矣,枉己者,未有能直人者也。"

【簡注】 ① 趙簡子,晉大夫趙鞅,後爲晉卿。王良,以善御(駕車)出名。嬖奚,簡子幸臣,名奚。與嬖奚乘(shèng):

爲嬖奚駕車。② 終日，一整天。禽爲走獸總稱。③ 反，通返。
返命，覆命。賤，差，與良對。工，泛指有技藝的工匠。④ 或，有
人。⑤ 復，再。⑥ 强（qiǎng），勉强之。可，同意。强而後可：
盡力勉强（他），方纔同意。⑦ 一朝（zhāo），自天亮至早飯時。
古人早飯叫朝食。⑧ 掌，主，負責。女，通汝，指嬖奚。⑨ 範，
法度，規範。馳驅，此處指駕御。⑩ 詭，詭譎，不正。遇，求遇。
詭遇，用不正的方式去求。按，此言奚不善射，需要自己用不正
確的駕御方法去配合他，纔能射中。⑪《詩》，《小雅·車攻》之
篇。⑫ 馳，驅馳之道。舍，放。如，而（從王引之說）。破，破
的。朱子曰："言御者不失其馳驅之法，而射者發矢皆中而力，
今嬖奚不能也。"⑬ 貫，習，習慣。小人，常人。言嬖奚非君子，
不懂驅馳之法。請辭，請（允許我）辭。⑭ 比，黨比，阿附。
⑮ 丘陵，形容禽獸所積之高。⑯ 彼，指前文所言諸侯。

【講疏】　言王良、嬖奚之事，是以一車之御，明治國之理
也。蓋射者喻君也，御者喻臣也，禽喻民也。射者以中禽爲
的，亦猶君之治國以得民爲務。王良，善御者也，不欲以詭道
中禽，治國亦不可以詭道得之，民不可欺也。《禮記·射義》：
"射者仁之道也，求正諸己，己正而後發，發而不中，則不怨勝
己者，反求諸己而已矣。"惟禽之奔走甚速，非射者可及，故必
駕車以逐之，是有待乎御者也。此如天下不可以一人治之，必
有待乎臣，民視臣亦君也，所謂治權也。然則君臣關係亦可由
射御見之。御者執御，期乎其射者之中的，故射尊而御卑。然
御雖居下，乃適爲一車之本。若御不正，則射者雖正而不中，
故必求善御者。惟御射皆正乃可。此《詩》"不失其馳，舍矢如

破"之義也。求善御者即親賢臣，此義人君皆知之，然臣既正而君不正則天下亦無以治。孟子曰："惟大人爲能格君心之非。"又曰："大人者，正己而物正者也。"孔子云："所謂大臣者，以道事君，不可則止。"（《論語·先進》）若王良之爲御，射者既不正，則己不欲與之乘，其執御之法頗有大臣之風。古來善御者稱王良，有以夫！達巷黨人曰："大哉孔子，博學而無所成名。孔子聞之，謂門弟子曰：吾何執？執御乎？執射乎？吾執御矣。"（《論語·子罕》）孔子此言，蓋深體乎射御之道者也。

蓋尤有説。孟子猶恐陳代未悟，故言："枉己者，未有能直人者也。"所謂屈己伸人，是欲所見者能合其直道，是則真所謂"直人"。直者，正也。儻求仁義而不以仁義之道，則其所伸者利耳，亦非仁義矣，故亦不可以言直。由是觀之，其"爲達目的，不擇手段"者，無論如何冠冕堂皇，皆孟子所棄者也。

第 二 章

景春曰："公孫衍、張儀豈不誠大丈夫哉？[①]一怒而諸侯懼，安居而天下熄。"[②]孟子曰："是焉得爲大丈夫乎？子未學禮乎？丈夫之冠也，[③]父命之；[④]女子之嫁也，[⑤]母命之，往送之門，戒之曰：[⑥]'往之女家，[⑦]必敬必戒，[⑧]無違夫子！'[⑨]以順爲正者，[⑩]妾婦之道也。[⑪]

【簡注】 ① 景春，或言孟子弟子，由文中責問其"子未學禮"來看，是可能的。當係魏人，孟子遊梁時所從學者。公孫衍、張儀亦皆魏人，習縱橫之術，皆曾爲秦、魏等大國之相。公孫衍號犀首，曾配五國相印，爲合縱長。② 熄，同息，安定。③ 丈夫，男子。冠，指冠禮。古代男子二十歲成年，可以戴冠。④ 命之，主持其事。⑤ 女子，此處當指爲人做妾者，故由母親主持其事。如係正式出嫁，應由父母共同主持。⑥ 戒之，告誡她。⑦ 之，到。女（rǔ），同汝。汝家，夫家。⑧ 敬，恭順。戒，謹慎。⑨ 夫子，丈夫。⑩ 以順爲正：以恭順爲尺度。⑪ 妾婦，非正式聘娶的妻子。

【講疏】 公孫衍、張儀皆縱橫家也，先後相秦，於戰國諸強林立之時，縱橫捭闔，聲勢甚著。趙岐以爲景春亦"爲縱橫之術者"，或疑《漢書·藝文志》兵陰陽家有《景子》十三篇，即此人。[1]縱橫家之傾向前文已頗言之，蓋此輩多以遊說干利祿者也。既惟利祿是務，則但視人主之所好以爲高下重輕，其所以"一怒而諸侯懼"者，不過如狐假虎威，"焉得爲大丈夫乎"！

孟子此章所言冠婚之禮與《儀禮》似頗有不同。今《儀禮·士冠禮》以賓命之，周柄中云："蓋父不自命，而以其命之義出於賓，亦不親教子之意也。"[2]《儀禮·士昏禮》云：

父送女，命之曰："戒之敬之，夙夜毋違命！"母施衿結

---

〔1〕 參焦循《孟子正義》。漢劉熙注《孟子》，亦以景春爲學縱橫之術者，參周廣業《孟子四考》卷三《孟子古注考》。
〔2〕 參焦氏《正義》。

悅,曰:"勉之敬之,夙夜無違宮事!"庶母及門內,施鞶,申之以父母之命,命之曰:"敬恭聽,宗爾父母之言。夙夜無愆,視諸衿鞶!"壻授綏,姆辭曰:"未教,不足與爲禮也。"[1]

至昏禮母命女子之言則尤異,閻若璩云:"大抵孟子言禮,多主大綱,不暇及詳。抑《儀禮》定於周初,而列國行之久,頗各隨其俗。"[2]按,周氏之言尚有說,若閻氏之論,雖欲於《孟子》與《儀禮》之間極力彌縫,然其歧異之處乃終不可掩。嘗試論之,昔人之所以致誤於此者,蓋於孟學精微之處尚未瞭然,且多爲並時俗見如三從四德者所誤。不知此非戰國以前夫妻關係之實相也。

《白虎通》云:"妻妾者,何謂也? 妻者,齊也,與夫齊體。自天子下至庶人,其義一也。妾者,接也,以時接見也。"《釋名·釋親屬》曰:"妾,接也,以見接幸也。"[3]《說文》亦云:"妻,婦與夫齊者也,从女从屮从又。又,持事,妻職也。"《白虎通》又云:"夫者,何謂也? 夫者,扶也,扶以人道者也。婦者,服也,服於家事,事人者也。"[4]古人辨妻妾極嚴,夫妻有齊體之義,故夫之於妻必納采親迎,六禮具備乃始成禮,非必欲卑之,如後世世俗所言"夫爲妻綱"者也。故男子於親迎之前,

---

[1] 鄭玄注:"悅,佩巾";"鞶,鞶囊也。男鞶革,女盤絲。"見賈公彥《儀禮注疏》卷六,中華書局影印阮元校十三經注疏本,1980 年,第 972—973 頁。敖繼公云:"庶母賤,不敢有所戒,惟舉尊者之言,以重告之。及於衿,亦不敢專以己之所施爲言也。"見姚際恒《儀禮通論》卷二,陳祖武點校,中國社會科學出版社,1998 年,第 74 頁。

[2] 焦氏《孟子正義》引。

[3] 《白虎通·論妻妾》,陳立《白虎通疏證》卷十,第 490 頁。

[4] 同上書,《論嫁娶諸名義》,第 491 頁。

“父醮子，命之，辭曰：‘往迎爾相，承我宗事。勗帥以敬，先妣之嗣，若則有常’”。[1]蓋以相視妻，亦猶夫君之置相以求治也。故儒者所言求賢之禮頗與娶妻相類，皆因其相互關係有以相通也。所謂夫妻“相敬如賓”者，亦當於此觀念下始得其解。近世頗有以此訴病古人者，皆以今律古者也，可笑殊甚。且觀《儀禮》所言父母送女之辭，未有明言“無違夫子，以順爲正”者。上文所引“夙夜毋違命”實乃毋違翁姑之命耳，《禮記·昏義》：“婦順者，順於舅姑，和於室人，而後當於夫。”《白虎通》故云：“婦人學事翁姑，不學事夫者，示婦與夫一體也。”[2]《穀梁傳》桓公三年九月所言尤爲明確：“父戒之曰：‘謹慎從爾舅之言！’母戒之曰：‘謹慎從爾姑之言！’諸母般申之曰：‘謹慎從爾父母之言！’”[3]予故斷之曰：孟子所言女子者，惟當指妾而言，故下文云妾婦之道也。《禮記·內則》曰“妾事夫人，婦事翁姑”，則其順事於夫子而無違，亦應有之義也。[4]蓋孟子本言士大夫出處之義，以家庭關係譬之，出處以禮，以道事君者，正妻也；其出處不以禮，如縱橫家者流，則如淫奔之人耳，故《禮記·內則》云：“聘則爲妻，奔則爲妾。”引申言之，妾者接也，言六禮未具而自行交接者也，其相接者不以莊而以狎。夫妻之間交接以禮，無所謂遠近；若妾之與夫，

---

[1]　前揭姚際恒《儀禮通論》卷二，第73頁。

[2]　《白虎通·論事舅姑與夫之義》，陳立《白虎通疏證》卷十，第486頁。

[3]　般，當即施肇之肇，則《穀梁》此言可視爲《儀禮》之注腳。鍾文烝《春秋穀梁傳補注》卷三本條下引《國語》子夏曰：“婦學於舅姑者，禮也。”駢宇騫、郝淑慧點校，中華書局，1996年，第86頁。

[4]　《白虎通·論天子嫡媵》：“所以不聘妾何？人有子孫，欲尊之，義不可求人爲賤也。”陳立《白虎通疏證》卷十。故妾媵皆女家自往送之。孟子此言“女子之嫁也，母命之”云云，當即指此而言。

則無禮以維之，故"近之則不遜，遠之則怨"，是孔子所謂"唯女子與小人爲難養也"之義也。後儒不察，以此女子指代一切女性，其尊之者固以爲當然，其異議者則以爲性別歧視，尊孔反孔，囂囂聚訟，不知皆與孔子之義不相應也。此孔門根本之義，微孟子，吾人何克臻此！

　　居天下之廣居，立天下之正位，行天下之大道。①得志與民由之，②不得志獨行其道。富貴不能淫，③貧賤不能移，④威武不能屈。⑤此之謂大丈夫。"

【簡注】　① 廣居，寬廣的居所。廣居、正位、大道，皆比喻之辭。朱子曰："廣居，仁也。正位，禮也。大道，義也。"② 與，助。由，順著。之，指大道。"與民由之"與前文舜"與人爲善"句式相同。③ 淫，過度。此言亂其心。④ 移，改易。此言改變其操守。⑤ 屈，使屈服。

【講疏】　"居天下之廣居"，是視天下爲一家，與萬物爲一體者也，仁也，《文言》所謂"居體"；"立天下之正位"，是能正天下之位者也，萬物各有其分位，履其位而行，禮也，《文言》所謂"正位"；[1]得天下之大道，故率性而行，因其固然，得志與民由之者此道也，所謂"達則兼善天下"；不得志獨行者亦是此

---

〔1〕《易·坤·文言》："君子黄中通理，正位居體，美在其中而暢於四支，發於事業，美之至也。"

道，所謂"窮則獨善其身"，是皆義也。朱注得之。若夫"富貴不能淫，貧賤不能移，威武不能屈"，則是持守本心，貞定如一，故以信當之。仁禮義信正合易道之四德。

《周易》本言大人之道，孟子所謂大丈夫即大人之義也。前人頗疑十翼成於孟門，以《文言》視之，其精神實與孟子所言若合符節。

第 三 章

周霄問曰：① "古之君子仕乎？"孟子曰："仕。傳曰：② '孔子三月無君，③則皇皇如也，④出疆必載質。'⑤公明儀曰：'古之人三月無君則弔。'"⑥"三月無君則弔，不以急乎？"⑦曰："士之失位也，⑧猶諸侯之失國家也。禮曰：'諸侯耕助，⑨以供粢盛；⑩夫人蠶繅，⑪以爲衣服。⑫犧牲不成，粢盛不潔，衣服不備，不敢以祭。惟士無田，則亦不祭。'⑬牲殺器皿衣服不備，⑭不敢以祭，則不敢以宴，⑮亦不足弔乎？""出疆必載質，何也？"曰："士之仕也，猶農夫之耕也，農夫豈爲出疆舍其耒耜哉？"曰："晉國亦仕國也，未嘗聞仕如此其急。仕如此其急也，君子之難仕，何也？"曰："丈夫生而願爲之有室，女子生而願爲之有家。⑯父母之心，人皆有之。不待父母之命、媒妁之言，⑰鑽穴隙相窺，逾牆相從，⑱則父母國人皆賤之。古之人未嘗不欲仕也，又惡不由其道。⑲不由其道而往者，與鑽穴隙之類也。”⑳

【簡注】 ① 周霄，魏人，據《戰國策·魏策》所記，當魏昭王（惠王之孫、襄王之子）之時，其人與魏文子（即孟嘗君田文）相善。年輩晚於孟子，當係孟子入梁，慕名而來學者。② 傳（zhuàn），記。③ 無君，未仕，猶近世所言“未找到東家”。古人出仕之後上下之間形成具體的君臣關係。④ 皇皇如，有求而不得之貌。⑤ 疆，境。此處當包括國境與大夫采邑之境。質，即贄，也作摯，與人相見之時所執之物。依士相見禮，士與人相見執雉，下大夫執雁，上大夫執羔羊。載質，以車載贄。⑥ 弔，慰問。⑦ 以，通已，太。⑧ 位，職位。⑨ 耕助，古代設有藉田，天子、諸侯親自舉行耕作儀式，由庶人助成，叫作耕助。⑩ 粢（zī）盛（chéng），盛在碗裏的黍稷。有時也引申爲祭祀時用來盛米的器皿。此處指祭祀之用的祭米，一般便用藉田中出産的米。⑪ 夫人，諸侯之妻的稱謂。蠶繅（sāo），養蠶繅絲。⑫ 衣服，此處指用夫人親自參與蠶繅而製成的禮服。⑬ 按，士不仕則無禄無田，無法舉行正常的祭祀。即使有祭祀，也祇能叫“薦”。《禮記·王制》：“（大夫、士）有田則祭，無田則薦。”⑭ 牲殺，犧牲。祭祀所用犧牲都應“特殺”，即專門爲祭祀所殺，故名。器皿，指祭祀所用禮器。⑮ 宴，指大宴賓客。古代祭祀重於宴賓客，不舉行祭祀，亦不可大宴賓客。⑯ 丈夫，男子。室、家對言，即家庭之義。古代男以女爲室，女以男爲家。⑰ 命，婚禮時父母的命辭。妁，媒。媒妁

(shuò)之言：古有媒氏，斟酌二姓可否，所作的判合之言。媒妁，此處泛指婚禮前後爲之通問、占卜的媒人。⑱ 穴隙，孔洞，窟窿。逾，越。⑲ 賤，輕賤。惡(wū)，哪裡。或直讀爲厭惡之惡。⑳ 與，如(從俞樾説)。

【講疏】　孟子與周霄相見，約在梁襄王時。[1]與景春相見雖不詳何時，然言談所及之公孫衍、張儀諸人皆魏人，且顯貴於時，亦當是孟子游梁時事。蓋魏人以張儀輩爲楷模，亦猶夫齊人之慕管、晏，故常爲士大夫議論之談資也。孟子自身難進易退，門生弟子相隨而至者(即下文所謂後車數十乘)皆無職事，且以遊説干禄之士爲不足法，頗啓時人之疑，以孟子爲不欲仕而自高者也。孟子因發君子急仕之義，其與張儀、公孫衍輩不同者，惟在出處皆由其道耳，與上文“妾婦之道”相呼應。

春秋以降，國野無別，士庶漸混。春秋中葉，“公食貢，大夫食邑，士食田，庶人食力”尚有典可稽，[2]至孔孟之時則士無田者蓋已不少。士者事也，士既無田，故學而優則仕，由以往之國人一變而爲新興之官僚。孔門弟子出身寒微者甚衆，[3]“學干禄”者亦復不少，雖孔子亦未免“三月無君則皇皇如也”，則其時士人之窘境可以概見矣。故孟子云“仕不爲貧也，而有時乎爲貧”(《萬章下》)，此亦孟子初年之寫照。本章孟子引公明儀之言，“古之人三月無君則弔”，且比士人之入仕如農夫之耕田者，以此。故先秦士人之求仕，初亦依其所長

---

[1]　參焦循《孟子正義》。
[2]　《國語・晉語四》，徐元誥《國語集解》卷十，第350頁。
[3]　參錢穆《先秦諸子繫年》第二九《孔子弟子通考》，第96頁。

以自活耳,此天經地義之事,非曰後"三年清知府,十萬雪花銀"者比。惟"歲寒,然後知松柏之後凋也"(《論語‧子罕》),士之入仕既爲謀生,則就其所恃以爲謀生之具者,流品自別,高下自現。若夫"民以食爲天",無恒産則無恒心,凡所以求生者,如水之就下,亦有説也。"如使人之所欲莫甚於生者,則凡可以得生者何不用也?使人之所惡莫甚於死者,則凡可以避患者何不爲也?"(《孟子‧告子上》)若士人而如此,則安見其爲有恒之士哉!當孔孟之時,士大夫趨利而日就卑污,行其妾婦之道,而遺妻子之羞者衆矣,此豈非皆昔日孺慕殷殷之赤子哉!聖賢於此而發其不忍人之心,故導之以仁義之道,提撕而切磨之,隨材而成就之。是以孔子教人,知其本爲干禄也,而告之以"君子謀道不謀食,耕也,餒在其中矣;學也,禄在其中矣,君子憂道不憂貧"(《論語‧衞靈公》)。其意皆在啓發其向上一機。惟既以操守氣節相倡,則士大夫或頗有以謀道自高者,若子夏、田子方一流是也。子夏晚居西河,其流風餘韻至孟子入梁之時蓋亦未歇,末流則相率爲僞,故周霄亦以此疑孟子。蓋此風既開,其士人欲謀生者反以爲不切於己而以僞非之,於是謀道、謀食乃若判然二途而不可合。其謀道者固日陷於僞而不知,其謀食者則自甘卑下,反喪其入道之機。故孟子之告周霄,亦惟以謀食爲言,知君子小人非以謀食與否分,而以如何謀食分。則其純以謀食求仕者亦不必自棄,此循循善誘之心,豈不偉哉!昔孟懿子、孟武伯、子游、子夏皆嘗趨夫子問孝,孔子所言各各不同,亦隨其材而成就之耳。

古人相見必以贄,禮也。贄猶後世之名刺,以贄見,則主人知以何禮待之矣。此贄即相交之媒介也。古人出疆必載贅，急於求仕也。蓋君子“不仕無義”（參下文），士之求仕，亦如女子之有歸。《易·象》曰：“歸妹，天地之大義也，天地不交而萬物不興。歸妹，人之終始也。”故孟子云：“丈夫生而願爲之有室，女子生而願爲之有家，父母之心，人皆有之。”然雖人同此心，其婚嫁亦必以禮，否則人賤之矣。蓋不以禮即所謂奔，“奔則爲妾”，是所謂“鑽穴隙相窺，逾牆相從”者也。婚嫁既如此，士之欲仕豈可“不由其道”，否則人亦賤之矣。《吕氏春秋·下賢篇》：

> 魏文侯見段干木，立倦而不敢息。反見翟黄，踞於堂而與之言，翟黄不悦。文侯曰：“段干木官之則不肯，禄之則不受，今女欲官則相位，欲禄則上卿，既受吾實，又責吾禮，無乃難乎？”

文侯知以師禮待段干木，於翟璜則以奴畜之，挫辱有加。及其理由，惟視受禄與否，甚爲淺薄。至翟璜則可謂咎由自取，蓋儻能學然後臣之，三諫不從則去，則文侯亦必禮之矣。既不能以道自任，又不能以禮自持，而徒欲守大臣體貌，豈可得哉！《易》云“謙尊而光，卑而不可逾”（《謙·象》），以其有禮也。觀孟子所言，爲使求仕者保其尊嚴，所慮深矣。

第 四 章

彭更問曰：[①]“後車數十乘，從者數百人，以傳食於諸侯，②不以泰乎？"③孟子曰："非其道，則一簞食不可受於人；④如其道，則舜受堯之天下，不以爲泰。子以爲泰乎？"曰："否。士無事而食，⑤不可也。"曰："子不通功易事，⑥以羨補不足，則農有餘粟，女有餘布；⑦子如通之，則梓匠輪輿皆得食於子。⑧於此有人焉，入則孝，出則悌，⑨守先王之道，以待後之學者，而不得食於子。子何尊梓匠輪輿而輕爲仁義者哉？"⑩曰："梓匠輪輿，其志將以求食也；君子之爲道也，⑪其志亦將以求食與？"曰："子何以其志爲哉？⑫其有功於子，可食而食之矣。且子食志乎？食功乎？"曰："食志。"⑬曰："有人於此，毀瓦畫墁，⑭其志將以求食也，則子食之乎？"曰："否。"曰："然則子非食志也，食功也。"

【簡注】 ① 彭更，孟子弟子。② 傳(zhuàn)，轉。食(sì)，饋。傳食，輾轉接受供養。③ 以，已，太。泰，驕泰，此處言過分。④ 簞(dān)，一種圓形有蓋兒的竹籃，可以盛飯或衣物。食(sì)，食物。⑤ 無事，沒有職事。食，喫飯。⑥ 通，溝通。功，功績，此處指做事之後的成果。易，交換。通功易事：溝通各行業的成果，使之相互交換。⑦ 羨，有餘。女，指織女。⑧ 梓匠，梓人，匠人，皆木工。輪輿，輪人，輿人，皆車工。⑨ 悌，愛敬兄長。⑩ 爲仁義，踐行仁義。⑪ 爲道，行道。⑫ 何……爲，固定句式。以，用。子何以其志爲哉：你何必用其志呢？⑬ 食，皆音sì，此處義爲供養、酬勞。⑭ 毀，毀壞。畫，劃。墁(màn)，抹（mò）牆的抹子。此處指抹好的牆。毀瓦畫墁：把瓦打破，把抹好的牆劃花。按，這都是無功而有害之事。

【講疏】　彭更蓋孟子弟子而出仕者，嘗聞"士無事而不可食"之義。見孟子徒從甚盛，轉食於諸侯，頗不然之，以爲逾分。逾分所以云泰者，蓋因泰卦。當泰之時，天地交而萬物通，君子當居安思危，以爲持盈保泰之術。故《泰·九三》云"無平不陂，無往不復，艱貞無咎"，此天地轉折之機也。若小人則安逸享樂，恰如飛鳥，翩翩往來，既不能有功於人，亦不能戒慎恐懼，雖居安泰而適爲亂階。故《泰·九四》云："翩翩，不富以其鄰，不戒以孚。"泰之時既當戒懼，其不戒懼者則爲甚矣。[1]孟子深知其義，故不以泰自居，乃折而返之履卦，亦大器免成之意也。《序卦》云："履（而泰）然後安，故受之以泰。"《周易》上經本以天時言，[2]上經三十，首乾而終離，言乾坤闔闢之諸種態勢。履而後有泰，既居履則是不泰矣。何以言居履之時？以孟子所言"如其道，則舜受堯之天下不以爲泰"，正《履·彖》所謂"亨，剛中正，履帝位而不咎，光明也"之義也。蓋惟堯舜可以稱帝，履之義乃"説而應乎乾"，正與堯之禪舜義旨相合。孟子固深通易道者，於茲又得一證。

---

[1]　另如大壯之卦本意爲壯盛，然盛極而衰，故壯亦有"傷"義。參陸德明《經典釋文·周易》。王弼、孔穎達《周易注疏》附，中華書局影印阮元校十三經注疏本。易卦類此者所在多有，參拙作《周易義疏》。此皆一詞之内而正反兩義兼備，猶黑格爾所謂德文"奥伏赫變"（Aufheben）之例也。近人錢鍾書於此頗有發明，見《管錐編》第一册《周易正義·論易之三名》，中華書局，1986年。

[2]　朱子以"而泰"二字爲衍文，可從。見氏著《周易本義》卷四《序卦傳》，中國書店據世界書局影印《四書五經》本，1985年。有關《周易·序卦》及泰卦之解釋，可參前揭拙作《周易義疏》。

　　彭更未明孟子之義，仍以孟子及其徒從爲無所事事，且既以君子之道自居，而志在求食，尚不如梓匠輪輿之表裏如一也。蓋彭更亦視謀道與謀食爲兩橛者。孟子故因"毁瓦畫墁"一事，明食志與食功不可截然劃分。所謂食志者皆食功耳，孟子雖與弟子周遊轉食而不以爲泰者，亦皆因其有功於時，而非因其求道之志也。

　　然則轉食諸侯何以有大功於世？此彭更所大不解者。孟子若曰：儻惟以梓匠輪輿之所爲謂之事，則入仕亦非事矣。入仕所以有功者，因其"通功易事，以羨補不足"也。此節當與上卷所言分工之義相參，蓋分工雖不可無，然必有統合之者，是即所謂君也。此如人有耳目口鼻各不相能，其統合之者即心官也。社會既有分工，其勞力者各不相得，必有勞心者調和其間，使農之餘粟，女之餘布，得以相互交易，通其有無，"損有餘而補不足"，天之道也。君既能勞心以治民，民則能貢助以報君，有此貢助，則梓匠輪輿可食於官矣。《國語》云："工商食官。"韋昭注："工，百工。商，官賈也。《周禮》，府藏皆有賈人，以知物價。食官，官廩之。"[1]由孟子所言"梓匠輪輿皆得食於子"，知彭更當時必已入仕爲官。梓匠輪輿之所以得食於官，以其有功也。趙岐云："梓匠，木工也。輪人、輿人，作車者。"古人爲輪以木爲之，木可以爲輪，如杞柳可以爲桮棬，告子、孟子、荀子皆即此而論人性之善惡。依孟子意，杞柳之可以爲桮棬，非僅外力使然，[2]必其固有此可以爲桮棬之性乃

---

〔1〕《國語・晉語四》，徐元誥《國語集解》卷十，第350頁。

〔2〕《荀子・勸學》："木直中繩，輮以爲輪，其曲中規，雖有槁暴，不復挺者，輮使之然也。"是出於外力也，與孟子異。王先謙《荀子集解》卷一。

可,此如人可以爲善,亦由其性本善也。故梓匠輪輿之所爲是能順木之性使成輪輿,與爲師者順人之性以爲仁義頗可以相喻。其所以能相喻者,蓋因工所以馴化自然,師所以教化生民。其對象一以物,一以人,而教化之理則同。是即所謂教化也,文化之根本亦在於此。[1]顧人既爲萬物之靈,其教民者豈不如化物者哉? 孟子本以守先待後之師自居,固視教人先於化物者也。孟子此論,若以今人視之,當云人文學術與科學技術孰先? 近世以來,科學技術於人類生活漸居中心地位,不惟視宇宙爲物化之自然,且最終人亦僅爲自然之一物,漸失其萬物靈長之尊嚴,於是率獸食人者比比,人類復返於叢林時代,亦可哀也矣。重温孟子此論,寧不令人深慨乎? 昔道家有見於此,欲復返其渾淪之樸,以銷其因機事而起之機心,莊子有言:

> 子貢南遊於楚,反於晉,過漢陰,見一丈人方將爲圃畦,鑿隧而入井,抱甕而出灌,搰搰然用力甚多而見功寡。子貢曰:"有械於此,一日浸百畦,用力甚寡而見功多,夫子不欲乎?"爲圃者仰而視之曰:"奈何?"曰:"鑿木爲機,後重前輕,挈水若抽,數如泆湯,其名爲橰。"爲圃者忿然作色而笑曰:"吾聞之吾師,有機械者必有機事,有機事者必有機心。機心存於胸中,則純白不備;純白不備,則神生不定;神生不定者,道之所不載也。吾非不知,羞而不爲也。"子貢瞞然慚,俯而不對。有間,爲圃者曰:"子奚爲者邪?"曰:"孔丘之徒也。"爲圃者曰:"子非夫博學以擬

---

[1] 如英文 culture,其拉丁文字根即"耕作"之義,頗可與此相通,此人所共知者。

聖,於于以蓋衆,獨弦哀歌以賣名聲於天下者乎？汝方將忘汝神氣,墮汝形骸,而庶幾乎！而身之不能治,而何暇治天下乎！子往矣,无乏吾事。”

子貢卑陬失色,頊頊然不自得,行三十里而後愈。其弟子曰：“向之人何爲者邪？夫子何故見之變容失色,終日不自反邪？”曰：“始吾以爲天下一人耳,不知復有夫人也。吾聞之夫子：事求可,功求成,用功少,見功多者,聖人之道。今徒不然。執道者德全,德全者形全,形全者神全。神全者,聖人之道也。託生與民並行,而不知其所之,汒乎淳備哉！功利機巧必忘夫人之心。若夫人者,非其志不之,非其心不爲。雖以天下譽之,得其所謂,警然不顧；以天下非之,失其所謂,儻然不受。天下之非譽无益損焉,是謂全德之人哉！我之謂風波之民。”反於魯,以告孔子。孔子曰：“彼假修渾沌氏之術者也。識其一,不知其二；治其内,而不治其外。夫明白入素,无爲復朴,體性抱神,以遊世俗之間者,汝將固驚邪？且渾沌氏之術,予與汝何足以識之哉！”[1]

所謂假修“渾沌氏之術”,非真修也,郭象云：“以其背今向古,修爲世事,故知其非真渾沌也。”[2]“識其一,不識其二”,

---

〔1〕《莊子·天地》,王先謙《莊子集解》卷三。
〔2〕《莊子》（郭象注）卷五《天地》,文淵閣四庫書本。“修爲世事”,王先謙《莊子集解》卷三引作“羞爲世事”,義長。按郭象以真假解“假修渾沌氏之術”,後人多從之,惟宋道士羅勉道《莊子循本》以爲孔子後文所言“明白入素”一句即指漢陰丈人,鍾泰《莊子發微》（駱駝點校,上海古籍出版社,2002年）卷十二本之,以爲假當爲假託之義。兹不從。蓋漢陰丈人之反對機事,不可言“遊世俗之間”。

即知其合而不知其分也，〔1〕儻眞如是，則必陷於許行輩所不可解之吊詭當中矣。莊子亦知此，故借孔子之語，言當“體性抱神，以遊世俗之間”，是則無可而無不可矣。以佛家喻之，修渾沌術者猶小乘也，知合而不知分，知天而不知人；若抱神以遊者則入大乘矣，故來去自如，得任化逍遥之趣。此境界始可與孟子相當，蓋孟子亦知去機事之不可，故惟言當以教人先於化物，則其所謂機心者亦終將爲仁義所化，消於無形矣。消泯機心，亦本卷主旨所謂“閑邪存其誠”也。

第 五 章

萬章問曰：^①“宋，小國也。今將行王政，齊、楚惡而伐之，^②則如之何？”孟子曰：“湯居亳，^③與葛爲鄰，葛伯放而不祀。^④湯使人問之曰：‘何爲不祀？’曰：‘無以供犧牲也。’湯使遺之牛羊。^⑤葛伯食之，又不以祀。湯又使人問之曰：‘何爲不祀？’曰：‘無以供粢盛也。’湯使亳衆往爲之耕，老弱饋食。^⑥葛伯率其民，要其有酒食黍稻者奪之，^⑦不授者殺之。^⑧有童子以黍肉餉，殺而奪之。《書》曰：‘葛伯仇餉。’^⑨此之謂也。爲其殺是童子而征之，四

〔1〕　郭象云“徒識修古抱灌之樸，不知因時任物之易”，亦可通，然不如以分合釋之。蓋如以《周易》通之，一二即太極與兩儀也，太極言其合，兩儀言其分，亦《老子》“道生一，一生二”之義。參《周易義疏》卷四坎、離二卦義解。

海之内皆曰：'非富天下也，[10]爲匹夫匹婦復讎也。'[11]湯始征，自葛載，[12]十一征而無敵於天下。[13]東面而征，西夷怨；南面而征，北狄怨，曰：'奚爲後我？'民之望之，若大旱之望雨也。歸市者弗止，芸者不變，誅其君，弔其民，如時雨降。民大悦。《書》曰：'傒我后，后來其無罰。'[14]'有攸不惟臣，東征，綏厥士女，匪厥玄黄，[15]紹我周王見休，惟臣附于大邑周。'[16]其君子實玄黄于匪以迎其君子，其小人簞食壺漿以迎其小人，[17]救民於水火之中，取其殘而已矣。[18]《太誓》曰：'我武惟揚，侵于之疆，[19]則取于殘，殺伐用張，于湯有光。'[20]不行王政云爾，苟行王政，四海之内皆舉首而望之，欲以爲君。齊、楚雖大，何畏焉？"

【簡注】 ① 萬章，孟子弟子，參與《孟子》一書寫定。② 惡，厭惡。③ 亳，商早期都城。④ 葛伯，葛國的君長。放，放縱。⑤ 遺(wèi)，給予。⑥ 饋食(sì)，獻食物，此處指去田裏送飯。⑦ 要(yāo)，攔截。酒食之食，音 sì。⑧ 授，交出。⑨ 餉(xiǎng)，饋。《書》，見僞《古文尚書·仲虺之誥》。仇，怨。仇餉，與餉者爲仇。⑩ 富，猶言垂涎、貪圖。⑪ 匹夫匹婦，普通男女，猶言普通百姓。⑫ 載，始。⑬ 十一征，征伐十一國。⑭ 見《梁惠王下》第十一章。⑮ 攸，國名(從近人楊伯峻説)。有，語氣詞。不惟臣，不臣，不守臣道。綏，安。厥，其。士女，男女，此處泛指天下人民。"東征，綏厥士女"，是武

王所爲。匪,同篚,筐。玄黃,玄色與黃色,此處指奉敬給周王
的絲帛。古書中又稱玄纁。玄色指青黑或赤黑,黃色指黃或
赤黃。玄黃分別與天地顏色相近,所以有象徵意義。匪厥玄
黃:(攸人)用筐裝著(象徵天地的)玄黃絲帛。⑯ 紹,當訓爲
助,金文中常見。休,美,指天之美命。紹我周王見休:助我周
王實現天之美命。臣附,歸服。大邑周,猶周人稱商人爲"大
邦殷",或後世諸侯及藩屬所稱"上國"。此句一般指孟子概括
《尚書·武成》所言,參今僞《古文尚書·武成》。⑰ 君子,指
有位之人。小人,指庶人。實,滿。此處意爲裝滿。簞食壺
漿:用簞盛著食物,用壺盛著湯水。⑱ 殘,害,禍害。此處指
殘害人民的暴君。⑲《太誓》,《尚書》篇名。今僞《古文尚書》
之文小異。我武惟揚:文王威武奮揚(從近人陳夢家說)。于,
國名(從陳夢家、楊伯峻說)。⑳ 用,以。殺伐用張:殺伐之功
因以張大。于湯有光:比湯伐桀更見光彩。

【講疏】　王政之道,孟子所以告於齊梁諸君者備矣。此
因萬章所問而申之者,蓋譏宋未能真行仁義也。宋乃殷之孑
遺,故孟子首引湯事言之。昔葛伯放而不祀,於湯予取予求,
而湯皆應之,可謂仁至義盡矣。所以未征之者,尚未有害人之
舉也。及葛伯仇餉,"爲其殺是童子而征之",天下皆服而不疑
其有私,是王政之效也。要言之,王政必見諸天下之歸往,故
復言文王之征伐,亦暴君之民先歸往之,而後方奮揚威武,誅
其殘賊,非徒恃武力者也。

孟子所以繫本章於此者,蓋欲正當時小國君主爲圖自保
而僞行仁政之心也。所以言僞行仁政者,蓋其所爲亦不過功

利計度之心而已，但求速效，而不知以德行仁，以待天下之歸往。此亦"假仁"者也。僞行仁政，是亦枉也。有攸，楊伯峻以爲乃攸國，亦引陳夢家説，言"侵于"、"取于"之"于"亦國名，[1]或然。

第 六 章

孟子謂戴不勝曰：① "子欲子之王之善與？我明告子。有楚大夫於此，欲其子之齊語也，②則使齊人傳諸？③使楚人傳諸？"曰："使齊人傳之。"曰："一齊人傳之，衆楚人咻之，④雖日撻而求其齊也，⑤不可得矣；引而置之莊嶽之間數年，⑥雖日撻而求其楚，⑦亦不可得矣。子謂薛居州，⑧善士也，使之居於王所。在於王所者，長幼卑尊，皆薛居州也，王誰與爲不善？在王所者，長幼卑尊，皆非薛居州也，王誰與爲善？一薛居州，獨如宋王何？"

【簡注】　① 戴不勝，宋執政，或以爲即下文戴盈之，一名一字。② 齊語，説齊語。③ 傳，教。諸，之乎。④ 咻，讙，喧譁。⑤ 撻，捶打。求其齊，希望他説齊語。⑥ 莊、嶽，分别爲

---

〔1〕 楊伯峻《孟子譯注》，中華書局，1960 年，第 150 頁注 8 及注 14。陳説見氏著《尚書通論》，河北教育出版社，2000 年，第 64 頁。按陳氏已證所謂"我武惟揚"當指文王，趙岐以下多以武王言者，蓋誤矣。

齊街、里之名。⑦　楚，說楚語。⑧　薛居州，宋君師傅。

【講疏】　本章言爲師傅者教君之術。戴不勝，孫奭、閻若璩等皆以爲即下文所言戴盈之，蓋名字相應也。錢穆疑戴不勝乃宋王偃之庶兄。《史記·宋世家》云宋君偃弑兄自立，錢氏因辯之：

> 《宋策》云：“或謂大尹曰：君日長矣，自知政，則公無事。不如令楚賀君之孝，則君不奪太后之事矣，則公常用宋矣。”《韓非子·説林下》亦云：“白圭謂大尹曰：君少主也，而務名。令荆賀君之孝，則君不奪公位，而敬重公，公常用宋矣。”白圭時宋君乃偃，初立年少，故太后大尹主政用事，而偃已務名，長而好行仁政，有以也。[1]

戴不勝使賢人薛居州傅王，孟子因告之以必使王之周圍皆君子人乃可，否則無益也。蓋雖人性本善，亦不過如種子而已，必擇其肥饒之地，待雨暘時若，耕之耘之，乃可望其成，此輔之翼之者，即師也。否則如牛山之木（《孟子·告子上》），雖有善性亦終歸漸滅而已。後世君主亦多爲子孫置官署以教之，若詹事府之類是也，然庸君愚主層出不窮者，蓋亦因自幼生於深宫之中，長於奴隸人之手，“一齊人傅之，衆楚人咻之”，冀其堪爲中主已是難得，又安望其爲堯舜之主哉！至以齊楚喻之者，或亦有微意存乎其間，楚人固孟子心中之

---

〔1〕　前揭《先秦諸子繫年》，第319頁。

夷狄也。

申言之，天下萬物，有其生必有其成。其生之者，乾道也；其成之者，坤道也。所謂“閑邪”者，不惟閑其能生者之邪，亦當閑其能成之者，則其義始全。蓋人雖皆可以爲堯舜，而成之者則師也，故本章以正師傅之道言，無絲毫滲漏。惟此義亦可由坤德見之，蓋坤之性順，故陽動而陰即動，不經曲折，此之謂直；坤之性承，所謂承非謂柔説取媚，而是隨陽得中，剛方有守。其德合無疆，故謂之大。是《易・坤・六二》所謂“直，方，大，不習無不利”。《坤・文言》：“直其正也，方其義也。君子敬以直内，義以方外，敬義立而德不孤。”故惟直方乃能見坤道之成，其不直不方者必不敬不義，是所謂邪也。

第 七 章

公孫丑問曰：“不見諸侯何義？”孟子曰：“古者不爲臣不見。①段干木逾垣而辟之，②泄柳閉門而不内，③是皆已甚。④迫，斯可以見矣。⑤

【簡注】　① 不爲臣，此處指不在該諸侯之國出仕。② 段干木，姓段干，魏國人。垣，牆。辟，同避。蓋魏文侯最初欲見段干木，段干木越牆避之，後文侯以客禮待之。③ 泄柳，魯繆公時人。内，同納。④ 已甚，過甚。⑤ 迫，急切。斯，則。

【講疏】　不見諸侯之義，《萬章下》言之最詳，蓋言儵不爲臣，則不可招而往也。爲臣則君命召不俟駕，禮也。如爲庶人，"召之役則往役，君欲見之，召之，則不往見之"，義也。"且君之欲見之者，何爲也哉？曰：爲其多聞也，爲其賢也。曰：爲其多聞也，則天子不召師，而況諸侯乎？爲其賢也，則吾未聞欲見賢而召之者也。"故"不爲臣不見"，非言不可相見，言不可召而往見也。孟子至齊，雖未爲臣而欲朝王，是往見也。及宣王召之，則稱疾不往，且使知之。蓋本欲傅質宣王，俾其學然後臣之，既來相召，是無來學之意矣，故不往也。

魏文侯來見段干木，逾垣而避之；魯繆公來見泄柳，閉門而不納。依《儀禮·士相見禮》："若先生異爵者請見之，則辭。辭不得命，則曰：'某無以見，辭不得命，將走見。'先見之。"鄭玄注："先生，致仕者也。異爵，謂卿大夫也。辭，辭其自降而來。走，猶出也。先見之者，出先拜也。《曲禮》曰：'主人敬賓則先拜。'"[1]按異爵指爵位過於士者言，先生雖指致仕者，蓋亦可類推於在位之人。及孟子時，國君之禮賢者不以君自居，而來下士，其爲士者猶或不肯見之，孟子亦依禮而言，既辭不得命，則見之可也。

陽貨欲見孔子而惡無禮，①大夫有賜於士，不得受於其家，②則往拜其門。③陽貨矙孔子之亡也，④而饋孔子蒸豚；⑤孔子亦矙其亡也，而往拜

---

[1]　賈公彥《儀禮注疏》卷三，第978頁。

之。當是時，陽貨先，⑥豈得不見？

【簡注】 ① 陽貨，即《滕文公上》第三章所言陽虎。見(xiàn)，現身。此處指召見。惡(wù)，擔心。無禮，遭拒。② 不得，沒有能夠。不得受於其家：指受賜的士沒有能夠在家接受禮物。③ 往拜，前往拜謝。其門，指大夫家。④ 矙(kàn)，窺視。亡，不在。⑤ 饋，贈，此處指饋送。豚，小豬。⑥ 先，此處指先以禮而來。古人重視直道往還，有施有報，故"來而不往非禮也，往而不來亦非禮也"(《禮記·曲禮上》)，所以要還禮。

【講疏】 陽貨欲召孔子，孔子既非其臣，不來亦不違禮，然則人必以陽貨爲無禮矣。故以蒸豚饋之，使不得不來也。孔子固不欲見之，故亦矙其亡而還拜，是終不見也。《論語》言遇之於途，不言見也。朱注以陽貨饋蒸豚爲先來，則孔子之往拜是"迫，斯可以見矣"。焦循則以"陽貨先"之先爲設辭(猶言儻陽貨先來)，孔子之往拜亦是不見之意。蓋陽貨如能先以禮來見，則孔子亦當見之於家中矣。焦説義長。[1]

---

[1] 按：孟子此節，歷來聚訟。陽貨並非有爵之大夫，亦是士，故本章言大夫有賜、往拜其門云云，並不相合。或以爲春秋時非大夫爵位而任邑宰或卿大夫家臣者，亦可以稱邑大夫或家大夫(如毛奇齡)，或以爲乃孟子疏略所致(如全祖望)。實則孟子本節本非討論古禮，而是指有身份高低，但又無直接君臣隸屬關係者相互交往之義。當時孔子在陽貨治下，但與之無君臣隸屬關係，既不直其所爲，故不欲見之，亦不失禮。但既有上下之別，儻受賜而不在家，亦當回拜。此與大夫、士相交之禮亦合。故知孟子此處所引大夫、士云云，當係泛指。毛、全之説，分見二氏所著《四書賸言》《經史答問》，焦循已引及。

曾子曰：‘脅肩諂笑，^①病于夏畦。’^②子路曰：‘未同而言，^③觀其色赧赧然，^④非由之所知也。’^⑤由是觀之，則君子之所養可知已矣。”^⑥

【簡注】　① 脅，收斂。脅肩，雙肩緊收，形容小心拘束之狀。諂笑，強笑。② 病，難受。夏畦，夏日蒔弄菜畦。病於夏畦：比夏日蒔弄菜地還要累。③ 言，此處指附和。未同而言：觀點未同而附和。④ 赧赧（nǎn）然，慚愧貌。⑤ 由，子路之名。⑥ 所養，所當修養。

【講疏】　不爲臣不見，禮也。召之即往，是失其中主，喪其恒心矣。當孟子之時，士大夫之枉己而欲直人者甚衆，若縱橫家者流，雖屈己事人而富且貴焉，世人皆以爲智。顧仁勇既喪，惟務智謀，則凡可以獲利祿者，靡所不爲矣。趙岐以不爲臣而見是“不義而富且貴”，可謂深得其旨。爲矯此弊，必須持志養氣，涵養本源，是謂“君子之所養”也。其究也，浩然正氣充塞宇宙，始足以稱大丈夫。本章所以引曾子、子路之言以正之者，子路於孔門以勇著，曾子則以孝稱，孝親是能仁也。子路所謂“未同而言”者，蓋仁尚未失，中心有愧，故“觀其色赧赧然”，惟迫於威勢而不得不與人同，其所失者勇耳；至於曾子所謂“脅肩諂笑”者，雖病於夏畦，而不以爲愧，則仁根已喪，失其本矣。合曾子、子路之德，而後仁勇兼備，知止而後有定，恒心復矣。所謂知止者，知其本心，仁也；所謂有定者，信念堅定，勇也。仁乃心之本體，君子所當止；勇則持守有恒，知止而能定。故仁勇兼備即君子之恒心也，是所謂“存其誠”。孟子之言具有深意，學者不可泛泛求之。

第 八 章

戴盈之曰：“什一，^①去關市之征，^②今茲未能。^③請輕之，^④以待來年，然後已，^⑤何如？”孟子曰：“今有人日攘其鄰之雞者，^⑥或告之曰：‘是非君子之道。’曰：‘請損之，^⑦月攘一雞，^⑧以待來年，然後已。’如知其非義，斯速已矣，^⑨何待來年？”

【簡注】 ① 什一，十分取一。② 去，除。關，關口。市，市場。征，徵稅。③ 茲，斯，則。④ 輕，減輕。⑤ 已，停止。⑥ 日，每天。攘，攘取。凡有物外來，而不歸還，曰攘。此處泛指盜竊。⑦ 損，減損。⑧ 月，每月。⑨ 斯，則。已，止。

【講疏】 戴盈之既知什一之法、去關市之征，是知所當爲矣，義也。既知其義，而仍待來年，孔子所謂“見義不爲，無勇也”（《論語·爲政》）。人皆有不忍人之心，所謂仁也。雖輕其賦稅，而未去其苛徵，是於苛徵尚能忍矣，孔子所謂“知及之，仁不能守之，雖得之，必失之”（《論語·衛靈公》），失仁者也。仁勇既失，則其所爲亦惟出於謀劃算計而已，智也。本章所言與上章一脈相承，故繫之於此。

第 九 章

公都子曰：“外人皆稱夫子好辯，敢問何也？”①孟子曰：“予豈好辯哉？予不得已也。天下之生久矣，②一治一亂。③

【簡注】　① 敢問，請問。② 生，生民。天下之生民久矣：自有人類以來已經很久了。③ 治，合乎條理。亂，不合條理。按，孟子所謂治亂，與後世所言政治統一和分裂不是一回事。

【講疏】　本卷之宗旨在“閑邪存其誠”。格君心之非，正妾婦之道，皆“閑邪”也。顧所以閑之者要在存其誠，復其仁勇之德是也。本章爲一卷之結穴，孟子歷引堯、舜、禹、武王、周公、孔子所以矯枉閑邪者，以彰明己意。惟邪曲之生，多源於自私用智，此非三達德之所謂“智”，乃仁勇既失，懸崖撒手之“智”也。故本章之歸宿端在言智，可與孟子所論“知言”相參。

辯者爭也，焦氏《正義》雜引諸書以明此義，然其說迂曲。譚戒甫云：“《説文》：‘辯，治也；从言在辡之間。’又‘辡，罪人相訟也。’按辛者罪也。二罪相訟，以言治之於其間，謂之爲辯。引申爲凡兩造是非之爭。”[1]蓋聽訟務在執其兩端以叩其中，儻不能執其中者亦欲以己意治之，則反起爭端，故辯之有

---

[1]　譚戒甫《墨辯發微》第二編《上經校釋》，中華書局，1964 年，第 157 頁。

爭義當本於此。惟孟子之所以辯者，乃因天下未執其中者衆，其異端邪説失之毫釐，則謬以千里。閑邪所以衛道，亦此心之不容已也。不容已者，仁也；不容已而顯現於當下，而必辯之者，義也。孟子閑邪之心與前聖皆同，而其發用所以不同者，時空既殊，則各有攸宜矣。故歷代聖人之所爲雖不同，皆有以維持世教，是所謂治。及時移世易，異端迭興，以往之所是者不可用於今，故亂，待新聖繼起，則由亂返治矣。然則治亂不必僅以政治實踐言，有中道以持衡世運，即所謂治。是所謂"一治一亂"。蓋人類文明既隨歷史文化而展開，必有合於易道矣，《易》云："一陰一陽之謂道。"

當堯之時，水逆行，①氾濫於中國。蛇龍居之，民無所定。②下者爲巢，上者爲營窟。③《書》曰：④'洚水警余。'⑤洚水者，洪水也。⑥使禹治之，禹掘地而注之海，⑦驅蛇龍而放之菹。⑧水由地中行，江、淮、河、漢是也。險阻既遠，⑨鳥獸之害人者消，⑩然後人得平土而居之。⑪

【簡注】　① 水逆行，河水漫溢。水勢本由上至下，如今反其勢而行，故曰逆行。② 所定，定所。③ 上、下，指所居之處地勢高低。巢，樹屋。營窟，高原或山上的窟穴。④《書》，引文見今僞《古文尚書·大禹謨》。⑤ 洚（jiàng，另音 hóng），洪洞無際。洪洞，渾沌。警，儆，警醒。余，我。此舜自稱。⑥ 洪，大。⑦ 掘地，指挖開壅塞。⑧ 放，逐。菹（jù），有草的沼澤。⑨ 遠,遠離。⑩ 消,消除。⑪ 平土,平地。

【講疏】《易‧繫辭下》:“黃帝垂衣裳而天下治。”蓋文明
初興之時,未有外物相擾,故萬物遂性,各得其情,如人之初
生,渾然赤子之心者也。隨文明之拓展,故與外物相感應。外
物之來有順有逆,順之者所以助其生生,《易》所謂“繼之者
善”;逆之者所以促其自省,《易》所謂“成之者性”(《繫辭上》)。
性者萬物倚之以上達,必由自省始能體之。有聖人出,故能
“盡性知天”,是所謂“存其誠”。《中庸》:“誠者,天之道也。”以
華夏之歷史言,其最初感應之外患源於自然,洪水是也;次則
源於禽獸,猛獸是也。此堯舜所臨之具體情境,所謂邪也。堯
舜之所以閑其邪者,命禹治之,“掘地而注之海,驅蛇龍而放諸
菹”,是堯舜禹之保民也。

　　堯舜既没,①聖人之道衰。②暴君代作,③壞宮室
以爲汙池,④民無所安息;棄田以爲園囿,使民不得
衣食。邪説暴行又作,⑤園囿、汙池、沛澤多而禽獸
至。⑥及紂之身,⑦天下又大亂。周公相武王,⑧誅紂
伐奄,⑨三年討其君,⑩驅飛廉於海隅而戮之。⑪滅
國者五十,驅虎、豹、犀、象而遠之。天下大悦。
《書》曰:⑫‘丕顯哉,⑬文王謨!⑭丕承哉,⑮武王
烈!⑯佑啓我後人,⑰咸以正無缺。’⑱

【簡注】　① 没,同殁。② 衰,衰歇。③ 暴君,朱子以爲

指夏太康、孔甲、履癸、商武乙之類。作，興。④ 宮室，指民居。汙池，池塘。此處指供暴君遊樂的水塘，如商紂的酒池肉林。⑤ 邪說，如夏桀自比於日，商紂自言"我生不有命在天"。⑥ 沛澤，水草豐沛的沼澤。⑦ 及紂之身：等到紂在世的時候。⑧ 相（xiàng），助，輔佐。⑨ 奄，東方大國，助紂爲虐。⑩ 三年，一般認爲指武王觀兵孟津到終於伐紂的時間。⑪ 飛廉，紂幸臣，以善跑聞名。海隅，海濱。戮，辱。按戮也可以訓殺，二義不同，可兩存之。⑫《書》，引文見僞《古文尚書·君牙》。⑬ 丕，大，偉大。顯，光顯。⑭ 謨（mó），謀，謀劃。⑮ 承，繼承。⑯ 烈，光烈，功業。⑰ 佑，佑助。啓，開，開導。我後人，我們這些後人。⑱ 咸，皆。以，用。以正，行正道。無缺，無缺失。

【講疏】 由自然之橫逆，人類始知人我之別。當舜之時，歌《南風》而天下治，野叟不知帝功，乃云"帝力何有於我哉"！及禹平洪水猛獸，人類始知君臣上下之義，故由五帝之治而進於三王。顧尊卑既生，所以害民者多出於君，故孟子云"堯舜既没，聖人之道衰，暴君代作"，上既陵下過甚，民多不得衣食，"園囿、汙池、沛澤多而禽獸至"，蠻夷猾夏，人類復返於夷狄之道，文明岌岌乎危矣。故周公相武王，誅其暴君，兼併夷狄，"驅猛獸而百姓甯"，是文武周公之閑邪保民也。

世衰道微，① 邪說暴行有作，② 臣弑其君者有之，子弑其父者有之。孔子懼，③ 作《春秋》。《春秋》，天子之事也。是故孔子曰：④ '知我者其惟

《春秋》乎！⑤罪我者其惟《春秋》乎！’

【簡注】　①微，不見。②有，通又。③懼，擔心。④是故，因此。⑤其惟，恐怕在於。

【講疏】　由君之陵下，夷狄之猾夏，人不知義，故作禮以別之，周公其人也。顧名分既別，爲求顯名，則覬覦者日衆，及“世衰道微”，“臣弑其君者有之，子弑其父者有之”，復返於夷狄之道，是害此文明者多出於下。既無明王起而正之，故孔子作《春秋》正名分，代行天子之權，使亂臣賊子知懼，是孔子之閑邪保民也，故亦可稱一治。其知之者固許爲素王，其罪之者反以爲僭分，故孔子有“知我罪我”之歎。按此處所言諸聖之學皆就其閑邪一義著眼，非其學問之全體也。孔子作《春秋》，“貶天子，退諸侯，討大夫”（《史記·太史公自序》），而此處僅以下之弑上爲言，乃因誅伐暴君已有文、武、周公行之在前。故孟子於後文另論孔子之集大成，以補本章之所未備。

聖王不作，諸侯放恣，①處士橫議，②楊朱、墨翟之言盈天下。③天下之言，④不歸楊，則歸墨。楊氏爲我，⑤是無君也；⑥墨氏兼愛，⑦是無父也。⑧無父無君，是禽獸也。⑨公明儀曰：‘庖有肥肉，廄有肥馬，民有飢色，野有餓莩，此率獸而食人也。’⑩楊墨之道不息，⑪孔子之道不著，⑫是邪說誣民，⑬充塞仁義也。⑭仁義充塞，則率獸食人，人將相食。吾爲此懼，閑先聖之道，^⑮距楊墨，^⑯放淫辭，^⑰邪説者不得作。^⑱作於其心，害於其事；^⑲作於其事，害於其政。聖人復起，不易吾言矣。

【簡注】 ① 放恣，放縱。② 處士，未出仕的士。橫議，橫加議論。儒者以有本有源爲縱，無本無源爲橫。③ 楊朱，其生平不詳，戰國前中期道家代表人物。墨翟，魯人（一説宋人），墨家創始人。盈，滿。④ 言，言論。⑤ 爲我，愛身。楊氏爲我：楊氏主張"爲我"。⑥ 無君，反對君臣關係。⑦ 兼愛，平等地愛。墨氏兼愛：墨家主張"兼愛"。⑧ 無父，否定父子關係。⑨ 禽獸，動物。按，此處禽獸指純粹生物學意義上的人，如同不懂得社會倫理的走獸，並非如後世學者所言，是孟子在罵人。⑩ 此句參《梁惠王上》第四章。⑪ 息，平息。⑫ 著，顯明。⑬ 誣，强加。⑭ 充塞，堵塞。⑮ 閑，捍衛。按閑本義爲門檻，故有捍衛、摒除二義。如"閑邪存其誠"，即用後一義。⑯ 距，通拒。⑰ 放，逐。淫辭，放蕩而不守條理之辭。⑱ 作，生起。⑲ 害，妨害。

【講疏】 由未能"君君，臣臣，父父，子子"，故孔子作《春秋》以正名分。惟正名之學既興，天下皆務於言名矣。名者實之賓也，論名而不本諸實，論實而不明一本萬殊之理，故游談無根者衆，所謂處士橫議也。^{〔1〕}既游談無根，則凡百所爲雖

---

〔1〕 橫議即游談無根，或以驕橫釋之，非也。蓋橫乃對縱言，儒者所尚，有本有末之學也，是所謂縱；其無根者則是橫矣。後人能體此意者惟清人周長發，創"橫通"之説，與有本之通相對。章學誠深賞之，作《橫通篇》，見《文史通義》卷四。

不由禮，而皆可出之以名言，"其持之有故，其言之成理"（《荀子·非十二子》），足以風動一時。聖王不作，諸侯僭禮，得百家之文飾，尤自恣矣。顧百家論名者雖多，儻要其本，不過楊、墨二家而已。夫道家者流，遣名者也，既遣名，則必泯君臣上下之分，其究也，失政治社會之大義，而退處於蠻荒時代。楊朱之流，拔一毛利天下而不爲，其視政治人群之責任，蔑如也，是所謂楊氏之爲我。墨家者流，執於名者也，但明分異，不顧一體之本同，以名辯之學强聒於天下，不知天下有無以名辯者焉。由不知本末之異，故等視父子之親與夫朋友之愛，其究也，乃視父母同於路人，是墨者之兼愛也。不知政治人群之大義，所謂無君也；不知親疏內外之有別，所謂無父也。父子之親，仁也；君臣之分，義也。無君無父，是皆退處於人群開化以前，所謂禽獸也。《禮記·曲禮上》："鸚鵡能言，不離飛鳥；猩猩能言，不離禽獸。"<u>孟子所言之禽獸，不過如今日所謂生物學意義上之人耳，後世學者不明其義，頗以世俗詬詈之言當之，以爲逾分，不足辯者也。</u>[1]蓋人與禽獸相去幾希，孟子之意，皆在捍衛人類之文明，使自別於野蠻之境。惟仁義既喪，則有愛禽獸過於愛人者，所謂"庖有肥肉，廄有肥馬，民有飢色，野有餓莩"，當此之時，人類文明亦岌岌乎殆哉！孟子有憂之，故衛聖王之道，距楊、墨，去無禮之淫辭、無義之邪説，此孟子之閑邪保民也。

　　按，"作於其心，害於其事；作於其事，害於其政。聖人復

---

[1]　朱子已有此論，故陸象山特爲辯之。見鍾哲點校《陸九淵集》卷三十四《語録上》，中華書局，1980年，第425頁。清閻若璩《四書釋地》依然討論此事。

起,不易吾言矣",《公孫丑上》"知言"一章言"生於其心,害於其政;發於其政,害於其事。聖人復起,必從吾言矣",文稍有異。焦循以爲"彼云生於其心,此云作於其心;彼云發於其政,此云作於其事;彼先言政後言事,此先言事後言政,彼此不同,互相發明,非偶然也",良是。然以"習於"、"述於"釋"生於",以與"作於"相對,以爲有作、述之別寓於其間,皆自生攪擾,甚無謂也。嘗試論之,"知言"一章即心之統體言,故先言政;本章則即不同之淫詞邪説言,皆心之分位也,故先言事。政之與事,固有内外本末之别也。

　　昔者禹抑洪水而天下平,①周公兼夷狄驅猛獸而百姓寧,②孔子成《春秋》而亂臣賊子懼。《詩》云:'戎狄是膺,荆舒是懲,則莫我敢承。'③無父無君,是周公所膺也。我亦欲正人心,息邪説,距詖行,放淫辭,④以承三聖者;豈好辯哉?予不得已也。能言距楊墨者,聖人之徒也。"

【簡注】　① 抑,抑制。② 兼,兼併。③ 此句參《滕文公上》第四章。④ 詖行,偏頗之行。邪説、詖行、淫辭,參《公孫丑上》第二章。

【講疏】　孟子何以能距楊、墨,放淫辭、邪説?以其知言也。"何謂知言?曰:詖辭知其所蔽,淫辭知其所陷,邪辭知其所離,遁辭知其所窮。"故孟子之所爲,實即正天下之所言,是即辯也。予嘗論之，詖辭、淫辭、邪辭、遁辭恰對應仁、禮、義、信四德之失，統之者則智也，故云知言。本章孟子自言"亦欲正人心，息邪説，距詖行、放淫辭"者，距詖行者仁也，放淫辭者禮也，息邪説者義也，正人心者信也，統之者亦智也。《大學》云"意誠而後心正"，能正其心則是必能誠意矣。誠者，信也。既云知言，是孟子之持以正當世之失者，以其智也。然則大禹、周公、孔子何以能閑邪而保民？<u>蓋禹抑洪水而天下平，本天地生生之仁也</u>；周公誅暴君、兼夷狄、驅猛獸，乃民貴君輕、用夏變夷之大義；孔子成《春秋》而亂臣賊子懼，欲以定君臣父子之禮耳。孟子所欲以"承三聖者"，則智也。仁義禮智即孟子所謂四端，統之者則信也。信者誠也，以四端閑邪，乃所以存其統體之誠耳。此五常之德不惟可矯相應之枉，且於歷史中自然展開，而與宇宙時空之五行相應，以寓孟子自身之文化歷史觀，其義深矣。經學本有二種五常説，或統之以智（如《周易》），或統之以信（如《中庸》），本章合二爲一，且各得其所，孟子之於經學誠可謂能執其要矣。

第 十 章

匡章曰：[①] "陳仲子豈不誠廉士哉？[②] 居於陵，[③] 三日不食，耳無聞，目無見也。井上有李，螬食實者過半矣，[④] 匍匐往將食之，三咽，[⑤] 然後耳有聞，目有見。"孟子曰："於齊國之士，吾必以仲子爲巨擘焉。⑥雖然，仲子惡能廉？⑦充仲子之操，則蚓而後可者也。⑧夫蚓，上食槁壤，下飲黃泉。⑨仲子所居之室，伯夷之所築與？抑亦盜跖之所築與？所食之粟，伯夷之所樹與？⑩抑亦盜跖之所樹與？是未可知也。"曰："是何傷哉？彼身織屨，⑪妻辟纑，以易之也。"⑫曰："仲子，齊之世家也。兄戴，蓋祿萬鍾。⑬以兄之祿爲不義之祿而不食也，以兄之室爲不義之室而不居也，辟兄離母，⑭處於於陵。他日歸，則有饋其兄生鵝者，⑮己頻顣曰：⑯'惡用是鶃鶃者爲哉？'⑰他日，其母殺是鵝也，與之食之。其兄自外至，曰：'是鶃鶃之肉也。'出而哇之。⑱以母則不食，以妻則食之；以兄之室則弗居，以於陵則居之。是尚爲能充其類也乎？⑲若仲子者，蚓而後充其操者也。"

【簡注】 ① 匡章，齊國人，威、宣時期名將，與父親不睦，世俗以爲不孝，但卻爲孟子所重。② 陳仲子，齊國隱士，或作田仲，出身世家。誠，確實。廉士，廉潔之士。按，廉本義爲事物的邊，引申爲邊界、分際，所以在行爲上有分辨、不苟取，皆可以叫作廉。③ 於（wū）陵，齊國地名。④ 李，李子。蠐（cáo），蠹蟲。實，果肉。⑤ 三咽，吞咽了好幾口。⑥ 巨擘（bò），大拇指。⑦ 雖然，儘管如此。惡（wū），哪裡。能廉，稱得上廉。⑧ 充，實，"推而滿之"（朱子說）。操，操守。充仲子之操：如實達到仲子（心目中的）操守。蚓，蚯蚓。蚓而後可：

必須做的像蚯蚓一樣，纔可以（稱得上廉）。⑨ 槁壤，乾土。黃泉，濁水。⑩ 抑，發語辭。盜蹠，一作盜跖，春秋時魯國著名的大盜。樹，種。⑪ 傷，害，妨害。彼，指陳仲。身，親自。履，鞋。⑫ 辟(pì)，擗(pǐ)麻，績麻的第一道工序。此處泛指績麻。纑(lú)，布縷經過練治的叫纑，可以織布。未練治的，祇可以作小功及以上的喪服。此處泛指織布。易，交易。⑬ 兄戴，指陳仲之兄陳戴。蓋，句首發語辭。一説：蓋(gě)為所食之邑。一説：戴蓋當連讀，意思是乘軒車，頭頂軒車之蓋。禄，俸禄。⑭ 辟，同避。⑮ 餽，贈。⑯ 己，指陳仲。頻，同顰(pín)，皺眉。顣，同蹙(cù)，蹙頞(è)，擠鼻梁。顰蹙，皺眉不悦之貌。⑰ 鶃鶃(yí)，鵝叫聲。⑱ 哇，吐。⑲ 充，實。充其類：如實體現其所屬之類的含義。參《萬章下》第四章。

【講疏】 焦氏《正義》云：

> 匡章見於《戰國策》，一在《齊策》，秦假道韓、魏以攻齊，齊威王使章子將而應之，秦兵大敗；一在《燕策》，齊宣王令章子將五都之兵，以因北地之衆以伐燕，齊大勝燕。然則章子在齊，歷仕兩朝，屢掌軍伐。

匡章乃齊國名將，武人固當以勇自任，所謂"志士不忘在溝壑，勇士不忘喪其元"，以其堅確有恒也。故匡章之贊陳仲，亦以其義不苟取，持守甚堅，是所謂廉也。語云"志士不飲盜泉之水，廉者不受嗟來之食"，有以夫！孟子亦知之，故以陳仲為齊國士人之巨擘，此所云士，取其無恒產而有恒心也。既能有恒，故於己所視爲不義者，避之惟恐不及，“以其兄之祿爲不義而不食也；以兄之室爲不義之室而不居也”。甚至不與不義者同處，避兄離母，居於於陵。不義者，邪也，陳仲之去不義，是廉士之閑邪也。

所謂充其類，即如實體現其所屬之類之義。陳仲不欲接觸無義之財，故以兄之居所、食物爲不義；然妻之所交易，所謂“彼身織屨，妻辟纑，以易之”，亦未能必其非盜跖所爲者，或亦不義者也。二者雖直接、間接有別，而皆屬於一大類，二者皆未可云絕對合義。儻真欲不接觸不義，惟蚯蚓之“上食槁壤，下飲黄泉”可以當之。夫駁辯之常法，依其所持之故、所言之理，馴至其道，以察其是非，是所以爲“充其類”。觀陳仲之所爲，反與其所持者相悖，是自相矛盾矣。依孟子之見，與人相交，當以守禮爲則，不必懸擬其是否爲義，否則是義外、“絕物”矣。〔1〕

然則陳氏之學何屬？朱子引范氏之説“仲子避兄離母，無親戚君臣上下”，以無君無父之言觀之，則與楊、墨二家皆有合者也。《荀子·非十二子》：“忍情性，綦谿利跂，苟以分異人爲高，不足以合大衆，明大分，然而其持之有故，其言之成理，足以欺惑愚衆，是陳仲、史鰌也。”楊倞注云：“忍謂違矯其性也，綦谿未詳，蓋與跂義同也。利與離同，離跂，違俗自絜之貌，謂離於物而跂足也。《莊子》曰：‘楊、墨乃始離跂，自以爲得。’”此蓋范氏之言所本。顧楊氏之言未合荀子原意。《不苟篇》：“人之所惡者，吾亦惡之。夫富貴者則類傲之，夫貧賤者則求

---

〔1〕 參《萬章上》講疏論“交際”。

柔之。是非仁人之情也，是姦人者將以盜名於晻世者也，險莫大焉。故曰：盜名不如盜貨，田仲、史鰌不如盜也。”亦“苟以分異人爲高”之義。觀陳仲之所爲，既與富貴之人分異，則從其學者，上者則爲劫富濟貧之遊俠，下者則是雖萬乘之君亦不憚焉之刺客。故《戰國策》載趙威后嘗問齊使：“於陵子仲尚存乎？是其爲人也，上不臣於王，下不治其家，中不索交諸侯，此率民而出於無用者，何爲至今不殺乎?”〔1〕此韓非子所謂“俠以武犯禁”者也。後世學者以威后言其“率民無用”，頗以隱士逸民如長沮、桀溺輩視之，而歸之於道家者流，〔2〕蓋未審陳仲之學與長沮、桀溺、許行輩學術之差別所在。

　　嘗試論之，沮、溺之學雖孔子言其“欲潔其身而亂大倫”，頗與陳仲相似，然其詳不可得也。姑不論。若許行之以君臣並耕相倡率，是欲泯君臣之大分也，其意與陳仲之以天下爲不義而疏離之有根本不同。故二者雖皆以隱逸見世，似後人所謂“無政府”者，然前者之無政府，復返於政治昌明以前，無名者也；後者之無政府，視政治爲不義，不合作者也，其流則爲反政府，所謂以武犯禁者，此也。陳仲亦當爲墨家派下人也。故儒道墨之學皆可淪於隱逸，而歸宿根本有別。若以本章之大旨論，既以閑邪爲言，則儒道墨亦於此有別。道家者，遣名者也，故萬物無攖己心，任自然而無爲，如舍纜放船，順風張棹，無所謂邪者也。既云無邪，則道家之不以閑邪爲務可知矣。

〔1〕　劉向《戰國策》卷十一《齊王使使者問趙威后》，上海古籍出版社，1998年。
〔2〕　全祖望《經史答問》，焦氏《正義》已引及。另，胡適曾將陳仲與許行一併列爲無政府主義，前揭《胡適學術文集·中國哲學史（上）》，第239—241頁，其誤解處前文已辯之。

此告子所以"不得於心，勿求於氣"者也。故孟子於道家，惟辨其養勇而不及其閑邪，[1]有以也。至墨者之義襲，執一端以繩當世，非能如儒者之以仁義行。故其於閑邪，亦惟知以一端判其合義與否，於其所視爲不義者，摧陷廓清不遺餘力，雖流於生機斷滅而不知。故孟子非辨其不知閑邪，乃辨其不知何者爲邪也。以此殿一卷之末，則閑邪之義，始云備矣。

惟趙威后之言蓋亦有説。威后所狀陳仲其人似頗肖之，然以無用爲口實而欲殺之者，則盡顯三晉法家與齊魯儒學之異。蓋儒法於政治思想之異，端在其君臣觀。二家雖同主君尊臣卑，然儒者所謂臣乃指入仕者言，雖尊卑有序，尚以禮相待，各守其職，不合則去；其致爲臣者或有師之義焉，朝廷之爵外，且有鄉黨之尚齒、人群之尚德有以維繫之，政治、社會、文化諸領域三足鼎立，相互平衡，爲君權劃界；至於未仕者雖可泛稱爲臣，然非君尊臣卑者比，乃民貴君輕之民耳。故儒者之君臣觀必合三義乃得之。[2]至法家之所謂臣，則由入仕之人拓展至社會全體，社會人群皆由君臣一維一氣貫下，文化與社會漸失其獨立性，終至生機潛銷，文明覆滅而後止。儒墨以言相爭，道家欲遣其言，至法家則不許人言矣。李斯所謂"天下無異議，則安寧之術也"（《史記·秦始皇本紀》）。觀威后之言，視不合作者皆爲異己而必欲誅除之，豈孟子所能夢見哉！

---

[1]　養勇參本書卷三《公孫丑上》第二章講疏。

[2]　近世或有論及民本與所謂民主之關係者（較早者如康有爲《孟子微》），多不知民本之説在孟子及儒家學術中之位置所在，見有一民字，即相皮傅而已，蓋二者本非討論同一問題也。此類學術如今俯拾皆是，百年前章太炎即屢以中國學術其失在於"汗漫"爲言，其所針對原在經學，不意而今經學渺矣，而惟見其汗漫者在，亦可哀也已。

蓋孟子雖反對陳仲之學，然亦許之爲齊國士人之巨擘也。孟子之前傳《易》者尚知“不事王侯，高尚其事”，至戰國已降則有“凶”矣。[1]荀子趙人，亦頗染三晉之風，故其論陳仲亦徒以“苟分異於人以爲高”爲言，不及孟子遠甚。其一變而爲法家，爲秦政營謀者，亦有由矣。故經學之傳荀子不無大功，若其經義本旨，固當由孟子上溯，而折中於夫子焉。晚世以來，初則楊、墨之言盈耳，繼則法家之術大興，終則並楊墨之學而不如者氾濫橫絶，孟子往矣，知言者誰歟？

---

〔1〕《周易•蠱卦•上九》：“不事王侯，高尚其事。”《象》曰：“不事王侯，志可則也。”《帛書周易》作“不事王侯，高尚其德，凶。”參鄧球柏《帛書周易校釋》，湖南出版社，1987年，第143頁。該書釋凶爲“小人憂憂恐懼狀”，蓋欲調和二本之不一致，不知二書實自不同系統而來也，此問題筆者另有專門討論。

孟子章句講疏

下

鄧秉元 撰

上海人民出版社

孟子章句講疏卷十一

告子章句上凡二十章

【解題】　告子乃孟子主要論敵之一，其爭論之核心即在性論、養氣與義外之説。養氣之義《公孫丑上》既已言之，本文則以性論爲中心，而義外之説貫穿其間。蓋心（本心）、性有别，萬物之性必由氣質見之，故程子有言："論性不論氣，不備；論氣不論性，不明。二之則不是。"告子之學本出道家，而稍兼墨學，以遣心、養氣爲務，故孟子惟與之辯性、養氣、義之内外，而另言本心。以德性論觀之，性言其仁，義言其智，氣言其勇，必三者相合，乃爲全德。

顧性之義有二，其一曰"天下之言性，則故而已矣"（《孟子·離婁下》），此事物之自性也；其一曰"天命之謂性"（《中庸》），此萬物之通性也。萬物皆天地之發竅，故二性兼而有之。然人之所以爲人而有别於他物者，乃因人之本心可以上達於天，故得其天命之善，是所謂人性善也。"盡心則知性"，盡心乃窮盡其本心也，雖人人皆具此心，而唯聖賢能證其仁義禮智信（聖）之全德。故本篇所論，首則論人性之善，並揭示性之二種含義，次則論義外之失，次則言人皆與聖人同類之義，次則論性及本心之違失，次則以小大之别彰顯本心與習心之

交戰。其所言以德統智之心性結構，不惟可與《離婁》、《盡心》諸篇對觀，與《大學》格致誠正之説亦密合無間。

章旨結構圖

幾種性論
- 1. 德行是順乎人性抑或戕賊人性？可矯輮性（可能性）。
- 2. 人性是否有傾向性。性無善無不善論。
- 3. 人性的幾個層次。生之謂性。

義外之辨
- 4. 辨告子“仁内義外”之説。食色，性也。
- 5. 敬與義。

本　心
- 6. 論性善、才、本心，及其經學證明。
- 7. 不善之起源一：環境之陷溺本心。聖人與我同類。
- 8. 不善之起源二：本心之斫喪。良心。存夜氣。
- 9. 不善之起源三：雖知存心而未能有恒。專心致志。
- 10. 不善之起源四：本心與習心之交戰。
- 11. 本心之放失。求放心。

小大之辨
- 12. 心與身。知類。
- 13. 養財與養身。思。
- 14. 養其小者爲小人，養其大者爲大人。
- 15. 大體與小體，先立乎其大。心之官則思。
- 16. 天爵與人爵。
- 17. 良貴與俗貴。
- 18. 仁與不仁。小大相奪。
- 19. 熟與不熟。仁熟。
- 20. 大匠與俗匠。知類。

第 一 章

告子曰：“性，猶杞柳也；^①義，猶桮棬也。^②以人性爲仁義，猶以杞柳爲桮棬。”

孟子曰：“子能順杞柳之性而以爲桮棬乎？將戕

賊杞柳而後以爲桮棬也？③如將戕賊杞柳而以爲桮
棬，則亦將戕賊人以爲仁義與？率天下之人而禍仁
義者，必子之言夫！"

【簡注】 ① 杞柳，柳樹的一種。一説爲杞木。② 桮
(bēi)棬(quǎn)，木製器皿的毛坯。指未經雕繪、上漆等工
序。③ 戕(qiāng)賊，戕害。

【講疏】 告子之學甚雜，趙岐以爲名不害，乃"兼治儒墨
之道者，嘗學於孟子"。[1]宋孫奭《孟子注疏》疑爲《盡心下》
之齊人浩生不害。另有記載名勝，王應麟以此爲告子之名，全
祖望則疑與不害一名一字。[2]焦循引胡煦之説，以告子本篇
論性之説屢變，如矯揉同於性僞、生之謂性通於佛氏、仁内義
外諸説，乃向孟子請益之辭，其言曰：

> 胡氏煦《籌燈約旨》云："告子，孟子之弟子也。後來
> 荀、揚如性惡、禮僞、善惡混之説，皆各執一見，終身不易，
> 而告子則往復辨論，不憚煩瑣。又且由淺入深，屢易其

---

[1] 參《公孫丑上》第二章趙岐注。

[2] 孫奭疑浩生爲告子之字，不害爲名，遂致後世祀典多以告子爲孟子弟子。全祖
望亦頗疑之。見《經史問答》卷七，朱鑄禹校注《全祖望集彙校集注》下册，上海
古籍出版社，2000 年，第 1970 頁。周廣業《孟子四考》卷四《出處時地考·門弟
子》一節，引王應麟《困學紀聞》之説，以爲告子名勝，與浩生不害爲兩人。《清經
解　清經解續編》第九册，第 1093 頁。另，閻若璩已指出浩生乃複姓，與《公孫
丑上》及《告子上》所言告子非一人。見氏著《四書釋地》卷三《告子》，《清經解
續清經解》第一册，第 206 頁。

辭,安知最後無復有言,不既曉然於性善之旨乎? 今人謂
《告子》諸章,皆告子之言,其言固屢易其説矣。安有自謂
知性,曾無定論,猶向他人屢易其説者也? 屢易其説,則
請益之辭也。今觀其立言之敍,其始杞柳之喻,疑性善爲
矯揉,此即性僞之説也。得戕賊之喻,知非矯揉矣,則性
中有善可知矣。然又疑性中兼有善惡,而爲湍水之喻,此
即'善惡混'之説也。得搏激之説,知性本無惡矣,則疑
'生之謂性',此即佛氏之見也。得犬牛之喻,知性本善
矣,則又疑仁内而義外。及得耆炙之喻,然後知性中之
善,如是其確而切、美且備也。"

另引《墨子·公孟篇》以爲受教於墨者:

　　二三子曰:"告子言義而行甚惡,請棄之。"墨子曰:
"不可,告子言談甚辨,言仁義而不吾毀。"又告子受教於
墨之實驗。

　　然焦説亦不無矛盾之處。蓋墨子生卒年雖不詳,其卒年
則與孟子生年甚近,[1]儻告子爲墨子弟子,則當爲孟子長
輩,雖不恥下問之事或有之矣,然請益云云,實未必然。孟子
及弟子皆以"告子"相稱,此固尊稱也。康有爲言告子"亦孔子

---

[1] 關於墨子生卒年,梁啓超《墨子年代考》以爲墨子生年約當孔子(西元前 551—
　　西元前 479)卒後十餘年,卒年約當孟子(約西元前 372—西元前 289)生前十餘
　　年。錢穆則以爲墨子生卒年在孔子卒後十年與孟子生前十年之間,壽逾八十。
　　見《先秦諸子繫年》三一《墨子生卒考》,第 103 頁。

後學,而爲孟子前輩大儒",[1]雖於其學派或未可必,然於二者年輩已略得其實。且即便矯揉、性僞與"生之謂性"之説亦未必矛盾,其後之層層遞進、屢易其説者,皆胡氏想象之辭耳。告子學術之一貫,歷來學者多有言之者,詳下文。

就本篇所言,告子之論與墨辨名家雖頗有相類之處,實則相去甚遠。蓋墨家於"義"已有定義,如"義,利也"(《經上》)即是。此處性、義皆以比喻言之,頗似儒道二家。且觀前引《公孟》之言,其與墨家之聯繫亦未必深入。其言人性猶如杞柳,義猶桮棬,[2]是以杞柳與桮棬爲二物,前者無善無惡,後者則是善也。善乃矯揉所得,此外於常人者也,故與下文所言"義外"之説實無分别。

其實告子之學乃與道家相類,其"不得於言,勿求於心;不得於心,勿求於氣"之説,頗類道家之學而未能進至老莊之境者。[3]如楊朱之外物無攖己心,亦如宋鈃之"不累於俗"、"見侮不辱"(《莊子·天下》),世俗所謂"義"皆外於吾心,可不必隨其波而逐其流,猶莊子所謂"吾生也有涯,而知也無涯,以有涯隨無涯,殆矣"(《莊子·養生主》)。<u>故告子之論"義外",並非以"義"爲歸宿,而是欲超越此"義",與老莊"絶聖棄智"之説相通。</u>下文告子所論雖皆以知性(觀察理性)爲中心,其學實非以知性(觀察理性)爲歸宿,此論告子者不可不知。墨學固

---

〔1〕 康有爲《孟子微》卷二《性命》,樓宇烈整理,中華書局,1987年,第36頁。

〔2〕 桮棬,朱子以爲"若厄匜之屬"。清蔣仁榮引揚雄《方言》之説,"海岱之間謂盌爲棬,盌音椀";"盂,海岱、東齊、北燕之間或謂之盌。"可備一説。見氏著《孟子音義考證》,《清經解 清經解續編》第十三册,第6751頁。

〔3〕 參《公孫丑上》第二章講疏。

主知性（觀察理性），前人以本篇爲據，遂疑告子近墨家。既近墨家，則自然以"力制其心"釋"不得於心，勿求於氣"。既"力制其心"，則與"不得於言，勿求於心"之說遂成兩橛。蓋"不得於言，勿求於心"之遣言，不惟墨家無此義，[1]亦正是孟子所力闢者，今既以道家解之，則怡然而理順矣。

性乃天命所賦予之能力，此義學者聚訟紛紜，《盡心上》另有詳述。告子既以杞柳、桮棬爲喻，孟子乃言此杞柳之成爲桮棬，實亦杞柳之可以矯輮（可塑性、可能性）使然，[2]然則常人與君子非二類也。常人即可能之君子，而君子乃常人之自我實現（即所謂成德）。儻常人與君子爲異類，則君子乃戕賊常人而成，君子之成爲君子實有違人性。戕賊之論既出，則必有藉仁義爲口實而踐踏生民者，此孟子所謂"率天下之人而禍仁義"。此性僞之說，後爲荀子所極力發揮，所謂"人性惡，其善者僞也"；[3]然不旋踵乃一變而爲李斯、韓非，未始非其學說之訛謬有以致之。當孟子之時，列國爲求速強，法家思想實已瀰漫天下，其最具代表性者即秦國之用商鞅，商鞅之年輩大體與告子相當。告子所言雖非性惡，然其矯揉之論乃與性惡論相同。今觀《商君書》，務予民衆以嚴密控制，使爲專制政治之工具，故愚民、虐民之術皆登峰造極。其人性論雖未以性惡

---

〔1〕《墨子·小取》："以名表實，以辭抒意，以説出故。"言辭本來就是表意，不得於言，豈可不求於心。

〔2〕可以矯輮（可塑性）亦性之一種，乃習性之來源。此義嚮來論性者多不重視，故多以"本質主義"方式論性善、性惡。參《盡心上》第一章講疏。

〔3〕參《荀子·性惡》。按告子與荀子性僞之説相通，先儒已頗言之。蓋荀子不僅明以孟子性善説爲論敵，其本文所據頗有與告子邏輯相同者，兹稍引以附注如下。如"夫陶人埏埴而生瓦，然則瓦埴豈陶人之性也哉"！另言"工人斲木而生器，然則器木豈工人之性也哉"！與杞柳之喻極似，然邏輯似不如告子之謹嚴。

爲名，而性惡自在其中。《商君書·算地》：

> 民之性，飢而求食，勞而求佚，苦則索樂，辱則求榮，
> 此民之情也。……羞辱勞苦者，民之所惡也；顯榮佚樂
> 者，民之所務也。

然則孟子之所以力言性善，實於斯民有大悲憫之心也。惟戕賊人性之說亦非法家獨有，耶教亦倡原罪、矯揉之論，故亦以外鑠之論爲當然。其歷史形態乃至受其影響而興起者，多以馴化人群爲使命，其極端者往往流於"師心自用"而不知，不知教化之義端在順人類之本性而誘掖之、輔助之，使成就其自性之德。[1]

孟、告二家各執己見，皆難以說服對方，所以然者，端在其思維有異。蓋孟子所持者，德性之見；告子、荀子所持，則知性之說。其"性"之所指既有不同，未可輕言此是彼非。學者儻明此義，則各安其是即可，不必强同。雖然，人性善之說勝，則人類之尊嚴可以保持，免遭淩轢矣。[2]然反觀歷史及現實人

---

[1] 參《離婁上》第二十三章"人之患在好爲人師"章講疏。

[2] 明儒羅汝芳已有見於此："芳自始入仕途，今計年歲將近五十，竊觀五十年來，議律例者，則日密一日；制刑具者，則日嚴一日；任稽察、施栲訊者，則日猛一日。每當堂階之下、牢獄之間，睹其血肉之淋漓、骸骨之狼藉，未嘗不鼻酸額蹙，爲之歎曰：'此非盡人之子乎？非曩昔依依于父母之懷，戀戀于兄妹之傍者乎？夫豈其皆善於初，而不皆善於今哉？'及睹其當疾痛而聲必呼乎父母，覓相依而勢必先乎兄弟，則又信其善於初者，而未必皆不善於今也已。故今諦思吾儕能先明孔孟之說，則必將信人性之善，信其善而性靈斯貴矣，貴其靈而軀命斯重矣。"《近溪子續集·乾》，方祖猷、梁一群、李慶龍等編校《羅汝芳集》，鳳凰出版社，2007年，第239頁。

類尊嚴所遭之踐踏，乃知二者之勝負正未易言。

或曰：耶教言原罪，此人性惡之説，然而倡人權者以西人爲最勝，何哉？應之曰：基督教固言原罪，而近世啓蒙以來，學者倡爲天賦人權之説，且言人人皆具，此正破原罪之説者也。故所謂天賦人權，實已變原罪爲性善，惟不以性名之耳，此理性之光明使然。[1]學者不察，猶以西人爲持性惡之論，是知二五而不知一十也。惟近代西哲所論理性，多未跳出知性之窠臼，又何嘗證會德性之圓融，遂多想象揣摩之辭，是其不足耳。[2]顧此亦不可輕議，蓋中土之能證圓融者亦極罕見，俗學迄今惟知以性善爲話柄，不僅未達其義，甚且南轅北轍，陽云性善而陰則以性惡待之。

第 二 章

告子曰："性，猶湍水也，① 決諸東方則東流，② 決諸西方則西流。人性之無分於善不善也，猶水之無分於東西也。"

孟子曰："水信無分於東西，③ 無分於上下乎？人性之善也，猶水之就下也。人無有不善，④ 水無有

---

〔1〕 孫寶瑄云："孟的思鳩（現通譯孟德斯鳩）學術，亦以良知爲本旨。"按孫説蓋晚清士人對近代西方啓蒙思潮最初感受之一種，值得重視。見氏著《望山廬日記》光緒二十七年，上海人民出版社，2015年，第297頁。

〔2〕 康德《實踐理性批判》實已觸及此一問題，可參牟宗三《圓善論》之討論。另如海德格爾輩已漸度越其傳統，然仍與中土德性論有一間之隔。兹不詳及。

不下。⑤今夫水，搏而躍之，⑥可使過顙；⑦激而行之，⑧可使在山，是豈水之性哉？其勢則然也。人之可使爲不善，其性亦猶是也。”

【簡注】　① 湍，波流縈迴之貌。② 決，決口。③ 信，誠，確實。④ 人無有不善：人（之本性）没有不善的。按，善是指生命的本然狀態。⑤ 下，向下流。⑥ 搏，擊。躍，跳。⑦ 顙，額。⑧ 激，水流受阻而激起。

【講疏】　人性無善無不善，乃言人性無所謂善惡，是無善惡之規定性，佛家謂之無記性。既無規定性，故以水之無分東西爲喻，此道家萬物自然之旨，告子所言並未有失。[1]孟子既言人性爲善，是有規定性矣，故引水之舍上就下爲喻，言水雖可以手挑之使過額頭，或使由低處而上流，然皆其勢使然，人之可以爲惡，乃因外物使然。趙岐注：“躍，跳；顙，額也。人以手跳水，可使過顙，激之可令上山，皆迫於勢耳，非水之性也。”[2]然則孟子所喻亦未失其旨。二喻皆合己説，故僅就辯論而言，可謂高下未分。

　　當孟子之時，道家者流盛倡“反者道之動”、“天地不仁”（《老子》）、“天發殺機”（《陰符經》）之説，此皆顯然與“天地之大德曰生”（《周易》）、“人性善”（《孟子》）之説相抗，蓋欲於此

---

〔1〕 劉宗周曰：“‘湍水’亦即前章之意，言其無善無不善也。東流西流，祇是爲習所使，晦翁謂其善惡混，亦非。”斯言得之。見黄宗羲《孟子師説》卷六《性猶湍水章》，吴光主編《劉宗周全集》第五册，浙江古籍出版社，2007年，第626頁。
〔2〕 焦循以爲“猶戕賊杞柳爲桮棬也”，此喻並不恰當。

對抗之中揭示宇宙自然本無善惡可言也。墨子之説亦稍類。
"楊子見逵路而哭之,爲其可以南可以北;墨子見練絲而泣之,
爲其可以黄可以黑。"[1]告子性無善惡之説實即此一思潮之
代表。法家尤本此以言性惡之説。荀子其後亦言性惡、善僞,
即因晚周道、法、墨諸家之刺激所表現於儒學者。及佛教入
華,以生生爲陷入輪迴,而以超越此生生之涅槃靜寂爲歸宿,
故性無善惡之説,宋儒頗以爲佛老之先鞭,駁斥甚力。北宋蘇
軾一派蜀學即與之相應。[2]明儒王龍溪等既盛倡心無善惡
之論,於告子反推崇有加,許之爲"聖門別派"。[3]爲矯正此
論,明末儒者乃力倡"至善無惡"之論,以至善之境超然於善惡
之具體判分,蓋性善與性無善惡之善本即不同層次之善,其所
指不同也。縱觀歷史,乃知性善、性惡與性無善惡諸説皆相待
而出者,此人類之思維結構使然,人之性情有別,所見或得其
全、或得其偏,是則有異耳。夫義理之學亦皆觀象而得,[4]
學者立場不同,所見亦異,雖偏全有別,而不可徑言其非是。
猶盲人摸象,與正確與否無關。

---

[1] 《淮南子·説林訓》,何寧《淮南子集釋》卷十七,第1230頁。
[2] 朱子即指出蘇軾一派與告子之學相應,見《孟子集注》本篇第六章。
[3] 《龍溪王先生全集》卷八《孟子告子之學》,吴震整理,鳳凰出版社,2007年,第
    188頁。王陽明《傳習録下》:"性無善無不善,雖如此説,亦無大差;但告子執定
    看了,便有個無善無不善的性在内。有善有惡又在物感上看,便有個物在外。
    卻做兩邊看了,便會差。"《王陽明全集》卷三《語録三》,吴光、錢明、董平、姚延福
    編校,上海古籍出版社,1992年,第107頁。按以告子從感物看,此亦本宋儒
    之説,如胡宏《釋〈疑孟〉·性》:"孔子曰:'人生而靜,天之性也。感於物而動者,
    性之欲也。'知天性感物而通者,聖人也;察天性感物而節者,君子也;昧天性感
    物而動者,凡愚也。告子不知天性之微妙,而以感物爲主。"《胡宏集》,吴仁華點
    校,中華書局,1987年,第318頁。此物感實即本文所言知性(觀察理性)。惟
    宋明儒既致力於德性之知,故於告子之學並未罄其底裏。
[4] 此處所謂觀象,參拙作《易象與時間:關於易象學的論綱》。

第 三 章

告子曰："生之謂性。"①

孟子曰："生之謂性也，猶白之謂白與？"②

曰："然。"

"白羽之白也，猶白雪之白；白雪之白，猶白玉之白與？"

曰："然。"

"然則犬之性猶牛之性，牛之性猶人之性與？"

【簡注】 ① 生之謂性：生所以謂之性。② 白之謂白：白所以謂之白。

【講疏】 "之謂"與"謂之"有別，此義清儒戴震諸人已發之，其論則非，予既已辨之矣。簡言之，所謂"甲謂之乙"，乃言乙乃甲之名，如"形而上者謂之道"，"道"乃用以命名形而上之境；所謂"甲之謂乙"，乃言甲係用以描摹乙境者，如"一陰一陽之謂道"，此"一陰一陽"乃形容此道者也。[1]故所云"生之謂性"，言"性"乃由事物自身之"生"而見之。[2]如牛之生存狀

---

[1] 參《滕文公上》第一章講疏。

[2] 牟宗三曰："'生'即是出生之生，是指一個體之有其存在而言。"參《告子篇上疏解》，氏著《圓善論》第一章，臺灣學生書局，1985 年，第 5 頁。

態乃牛之性，犬之生存狀態即犬之性，而人亦然。此知性所觀事物之自性，即《離婁下》所言"天下之言性者，則故而已矣"之性。所謂"故"則是墨家所言"故，所得而後成者也"，即普通所謂因果之理。[1]蓋某一事物之"所得而後成"即事物之實然狀態，亦即事物自身之"生"也。

告子蓋亦稍習墨辨名學而尚有未達者。[2]及孟子以"生之謂性"猶"白之謂白"相問，即率爾應之曰相同。孟子故以名辯之法爲之推理，言性既與白相類，而白羽、白雪、白玉之白復皆同，則犬之性、牛之性與人之性必相同者也，此則似極不合理者，蓋犬、牛及人之生存狀態固不同者也。觀告子所以致誤者，其故有二：

其一，性既指事物之自性，故與顏色之白本非同類。[3]古希臘哲學分言實體及偶性，與此稍異，英哲洛克（John Locke）則有第一性質、第二性質之分。故事物之顏色與自性乃不同層次之觀念，此即"生之謂性"不同於"白之謂白"也。經學所論自性蓋可以括實體與第一性質、第二性質而一之。孟子所以由此發問，實已有見於此。以德性論觀之，所謂實體，乃基於本體之自身；所謂第一性質，乃基於本體之發用；所

---

[1] 參《離婁下》第二十六章講疏。

[2] 呂祖謙、全祖望皆以告子爲名家學者公孫龍之師，即以其言名辯之學。全祖望以爲"孟子殆以其矛刺其盾"。見《經史答問》卷七，《全祖望集彙校集注》，第1970頁。雖於史無徵，但於理甚合。牟宗三以爲孟子自身推理錯誤，而告子未及反應。牟説非是，此想象之辭也。《圓善論》第一章，第8—9頁。

[3] 後漢劉熙注《孟子》，言"孟子以爲白羽之白性輕，白雪之性消，白玉之性堅"，其論非是。至司馬光《疑孟》則言："孟子言白羽之白云云，告子當應之曰：'色則同矣，性則殊矣。'"實爲有見。參翟灝《四書考異》卷三十三《孟子·告子上》，《清經解　清經解續編》第三册，第3885頁。

謂第二性質,乃基於本體之顯相。[1]雖體用不二,用相一如,其體用相之概念(名)既有分別,是其所指有異也。[2]顏色與第一性質既皆屬自性,在告子而言,自萬物之各有其自性(此即下文各有其生)觀之,亦可不必分別言之。"不得於言,勿求於心",告子不屑於名相之辨也。

　　其二,儻以事物之性同於事物之白,則"生之謂性"乃唯可理解爲事物之存有(生),而不可對此存有(生)作具體規定,然則此"性"已非事物之自性,而是事物之通性矣,此即宋儒所謂性體。故儻告子承認犬之性即牛之性,牛之性即人之性,則亦可另與孟子展開駁辯。此"生之謂性"語義之分歧使然。蓋"生之謂性"既可理解爲"性乃事物存有之狀態(生)",朱子所謂"生,指人物之所以知覺運動者而言……與近世佛氏所謂'作用是性'者略相似";亦可云"性乃言事物之存有(生)"。後

---

〔1〕　亞里士多德把事物劃分爲實體、數量和性質,實體與其他範疇(如各種偶然屬性即"偶性"和數量等)的區別是,"除了實體而外沒有一個別的範疇能獨立存在,所有別的範疇都被認爲衹是實體的賓辭"。氏著《物理學》第一章第一節,張竹明譯,商務印書館,1982年,第18頁。依照洛克《人類理智論》第二卷,所謂性質是指物體可以引起觀念形成的能力。有些性質與物體是不能分開的,譬如廣延、形狀、動靜、數目等等,便是所謂第一性的性質;至於顏色、聲音、氣味、滋味等,則屬於第二性的性質。很顯然,實體其實超越具體性質,第一性的性質與觸覺有關,第二性與視聽嗅味四覺有關。洛克甚至還提出了第三種性質,譬如物體所具有的某種特別能力,如火可以通過第一性的質在蠟塊或土塊中產生新顏色或新密度的能力。從德性論角度,這三種性質其實也便是分別從體、相、用角度把握到的事物的性質。當然,如果不加細分的話,第一性質除了堅硬或不可入性之外,其實也可以劃入相的範疇。
〔2〕　"體用不二"之義近代經熊十力重新予以論證,"用相一如"的提法可參拙作《德性與工夫:孔門工夫論發微》。佛學所謂"性相一如"雖非不是,然儻相論未明,則性論亦未免懸空。且儒學等雖亦主張性相一如,然其理據與佛學並不一致。

一理解即便孟子亦無以否認。[1]然觀首章告子所作"性猶杞柳"之喻，其以性爲現實狀態之義甚明，此亦孟子與告子討論時二者所共喻之前提。故孟子既導出犬之性、牛之性與人之性相同之說，便已顯出告子自身之悖論，故不復與辯矣。

綜上所述，觀孟子、告子之爭論，儻不拘執於各家立場，人性當分三層次。其一曰人之動物性，此由人之形軀所表現之自性，此性因生存及延續之本能所見，亦可由人、犬、牛形態、能力之異見之，即下文告子所謂"食色，性也"之性。其二曰人之所以異於犬、牛共通之性，即人之所以異於禽獸者也。此性可由人之社會屬性（人格）見之。蓋孟子所關注者唯在人禽之別——"人與禽獸相去幾希"，然則孟子亦非不知人、犬、牛形軀之差異，惟既以禽獸一名總括之，乃醫師、畜牧者（如孔子所嘗爲之"乘田"）、動物學家之事，此專業領域之事耳，孔子所謂"鄙事"，[2]非哲人之事也。

即此第二層次之中，亦有兩端。其一以人之現實狀態定義人性，其一則以人之應然狀態定義人性，後者是即所謂第三

---

[1] 此說宋儒劉敞已見及此，焦循《孟子正義》引葉紹翁《四朝聞見錄》所載劉敞之性論："惟人受天地之中以生，故謂之性，豈殉所得而擬哉！凡混人物而爲一者，必非識性者也。孟子道性善，亦第謂人而已。假如或兼人物而言，則犬之性猶牛之性，牛之性猶人之性，當如告子之言。"然下文焦氏引李光地、戴震之論，力反宋儒"謂孟子專以天命言性"，則非。姑且不論引用孟子"形色天性"之說，而以氣質言之，乃晚明以來儒學之共識；即以孟子本義言之，孟子雖承認"兼氣質"之性，此即本文所謂"生存狀態"之性，此實然之性；然實則欲人由此見及人之實然非一成不變者，乃即在此成德之過程之中，而表現其人性之實然。此實然因此是向潛在之成聖可能，即回復其本心的過程永遠開放的實然。

[2] 子曰"予少也賤，故多能鄙事"，"鄙哉由也"，"小人哉樊須也"。子夏所謂"雖小道猶有可觀，致遠恐泥"。此亦經學所謂小大之辨，孔子主大而不廢小，參拙作《德性與工夫：孔門工夫論發微》。

層次,此處可見知性與德性之不同。觀告子所言,實已觸及第二層次,此由下文所論善惡之産生及仁内義外可見,惟未以"性"名之耳。馬克思所言"人是一切社會關係之總和",故否定抽象之人性論,庶幾近之;而孟子所持則第三層次也,此即下文所論"知類"之説。

　　申言之,孟子性善之説,宋儒以《中庸》"天命之謂性"通之,言性乃天之所命,朱子釋本篇首章即言"性者,人生所稟之天理也"。此性萬物皆具,惟人可上達於天,此人類所以爲萬物之靈長。然人類之氣質固有不同,故雖人性本善,而現實中其德性之差別相去甚遠。程子因有"論性不論氣,不備;論氣不論性,不明"之説,[1]此指現實中人德性境界之不同而言。張載亦有"變化氣質"之説,言由其實然境界上出,而進至於聖賢。故理學以氣質之性、天命之性相區分,與上述所言第一、三層次分別相應。[2]其説流傳既廣,人類或陷於小廉曲謹之罪惡意識,士大夫獨立精神遂而不彰。故明儒漸反此説,引孟子"形色天性"之義,言氣質非惡,以消除天命與現實生命之緊張。

　　及至清儒,亦一力強調人性不離氣質,李光地所謂"孟子論性,已兼氣質",此義固是;[3]又欲彌合孟子所言人禽之別,故以善僅爲人類形質之本能,而反對宋儒"謂孟子專以

---

[1]　《河南程氏文集》卷六,《二程集》,第81頁。

[2]　張載《正蒙·誠明篇》:"形而後有氣質之性,善反之則天地之性存焉。故氣質之性,君子有弗性者焉。"章錫琛點校《張載集》,中華書局,1978年,第23頁。按此,則氣質之性主要即指第一層次之性。

[3]　李光地《榕村語録》卷六《下孟》諸條可參。其主旨即言"孟子所謂性善,單指人性",並非程子所謂"孟子言性是極本窮源之性"。後者也即《中庸》首章"天命之謂性"。陳祖武點校,中華書局,1995年,第98頁以下。

天命言性",此一超越性天命觀。焦氏廣引李光地、戴震、程瑤田之論,[1]所言不越乎此。其說亦未嘗無所見,如程瑤田有言:

使以性爲超乎質、形、氣之上,則未有天地之先,先有此性,是性生天地,天地又具此性以生人物,如是,則不但人之性善,即物之性亦安得不善? 惟指其質、形、氣而言,故物之性,斷乎不能如人性之善。雖虎狼有父子,蜂蟻有君臣,而終不能謂其性之善也。何也? 其質、形、氣,物也,非人也。物與物雖異,均之不能全乎仁義禮智之德也。人之質、形、氣,莫不有仁義禮智之德,故人之性,斷乎其無不善也。然則,人之所以異於物者,異於其質、形、氣而已矣。自不知性者,見夫質、形、氣之下愚不移,遂以性爲不能無惡。而不知質、形、氣之成於人者,無不善之性也。後世惑於釋氏之說,遂欲超乎質、形、氣以言性,而不知惟質、形、氣之成於人者,始無不善之性也。

依程瑤田之意,孟子既言人禽之別,且凸顯人性之善,則物性必不善矣;儻以物性之善反推,則復與孟子所言矛盾。殊不知即宇宙之統體而言,承認萬物之通性可上達於天,萬物皆宇宙生成之表現,故皆可言善,本即晚明儒學應有之義。顧憲成所謂:

---

〔1〕 按程瑤田,本文初發表時(見《新經學》第三輯),筆誤作"程廷祚",是當改正。下同。

孟子不特道性善,且道形善,所謂"形色天性"是也。……以肉眼觀,通身皆肉;以道眼觀,通身皆道也。[1]

此義亦爲羅汝芳等所承認,實爲晚明多數學派之共識。[2]所謂"人禽之分"不必表現在人性善而萬物性惡,如小程子即言,"人與禽獸相去幾希"者,端在人能"存心"而動物則不能。實與孟子本篇所言人之"可以"爲善相應。[3]此存心之能力雖亦由人之獨特形質見之,然非形質即能決定人之是否存心也,必有發心、立志、知恥、返本之意志乃可,故可以"養性"。儻依清儒所論,不惟孟子所謂"本心"之義已無必要,心之所以爲心乃惟由其"心知"見之。

與程瑤田不同,戴震以爲人與動物皆有所謂"仁義",所區別者正在"心知":

性者,分於陰陽五行以爲血氣、心知,品物區以別焉。……性雖不同,大致以類爲之區別。……凡血氣之屬,皆知懷生畏死,因而趨利避害,雖明暗不同,不出乎懷生畏死者同也。人之異禽獸不在是。禽獸知母而不知父,限於知覺也。……知覺云者,如寐而寤曰覺,心之所通曰知,百體能覺,而心之知覺爲大。……若夫鳥之反

---

〔1〕　顧憲成《商語》,黄宗羲《明儒学案》卷五十八《东林学案一》,第 1393 頁。
〔2〕　參拙作《師教與博學:羅汝芳與晚明王學的精神轉折》,《復旦史學集刊》第三輯,復旦大學出版社,2009 年。此文經修改後收入拙作《王學與晚明師道復興運動》(增訂本),第四編第二章,復旦大學出版社,2020 年。
〔3〕　《河南程氏遺書》卷十八,《二程集》,第 214 頁。

哺,雎鳩之有別,蜂蟻之知君臣,豺之祭獸,獺之祭魚,合於人之所謂仁義者矣,而各由性成。人則能擴充其知至於神明,仁義禮智無不全也。仁義禮智非他,心之明之所止也,知之極其量也。……自堯舜而下,其等差凡幾? 則其氣稟固不齊,豈得謂非性有不同? 然人之心知,於人倫日用,隨在而知惻隱,知羞惡,知恭敬辭讓,知是非,端緒可舉,此之謂性善。……然則所謂惻隱、所謂仁者,非心知之外別"如有物藏焉於心"也。……仁義禮智非他,不過懷生畏死,飲食男女,與夫"感於物而動者"之皆不可脫然無之,以歸於静,歸於一,而恃人之心知異於禽獸,能不惑乎所行,即爲"懿德"耳。……孟子矢口言之,無非血氣心知之性,孟子言性,曷嘗自歧爲二哉! 二之者,宋儒也。[1]

此"心知"即本文所謂"知性"(觀察理性)。然則清儒與宋明儒之異,端在一任德性,一任知性,其心體有别也。顧儻依程瑶田、戴震之論,則孟子所謂"反身而誠","誠之者,人之道","萬物皆備於我也","盡心知性","養性事天",諸與《中庸》所言"天命之謂性"相通者,皆爲虚文。此儒學宗教性之表見,而爲清儒一掃而盡空之。儒學至於有清,所以未能"正位凝命"者,其源在是。要言之,性雖不可離氣質而言,如宋儒所言之空理,然亦非氣質可限。天如萬水同源,性則涓涓細流,本心則涓涓之水也。故性實合本心與氣質而言,"合内外之

---

[1] 戴震《孟子字義疏證》卷中《性》。何文光整理,中華書局,1961 年,第 25—38頁。標點稍有不同。

道”也。[1]

　　就中戴震所言極具理致。究其立論前提，實在孟子“形色，天性也”之説（《盡心下》）。形色即孟子下文所謂才。朱子以此形色等同氣質，言惟聖人可以“盡其理”而“充其形”。至明儒則力言形色亦善，戴震既以此爲前提，且直以此性爲“懷生畏死，飲食男女”之血氣心知。回顧歷史，荀子實則即以此“懷生畏死，飲食男女”之自然人性爲性惡，而欲對此惡加以矕栝矯揉，積僞而成君子、聖人；程朱亦以氣質之性爲惡之起源，而欲人復返本然之理。戴氏既不承認此本然之理，認此理爲“意見”，而直以自然人性爲性善，則荀子之“化性起僞”、張朱之“變化氣質”皆成戕賊此性。故在戴震而言，程朱與荀子雖表面一言性善、一言性惡，實則一般無二，故曰：“宋儒立説，似同於孟子而實異，似異於荀子而實同。”[2]觀此可知，戴震立説之一貫處，即在承認孟子首章所謂性善及不可戕賊此性，性善決非胡適所謂“套話”而可隨便“丟開”者。[3]戴氏之批評宋儒“以意見爲理而禍天下”、“以理殺人”，亦皆由孟子“戕賊”之義得以證成。顧孟子雖言“形色天性”，然“惟聖人，然後可以踐形”，此即下文所引“有命焉，君子不謂之性也”，於血氣心知之外，尚有“萬物皆備於我”之本心、性體存焉。所謂“以理殺人”者，端在殺人者强詞以奪理，非理學殺人也，師心自用之盲目意志殺人耳。

－－－－－－－－

[1]　關於心、性關係，可參《盡心下》第一章講疏。

[2]　戴震《孟子字義疏證》卷中《性》，第 34 頁。

[3]　胡適《戴東原的哲學》，收入姜義華主編《胡適學術文集・中國哲學史》（下），中華書局，1997 年，第 1022 頁。

　　由此觀之，乾嘉諸儒所見，代表知性在清代之自覺，雖較西學所造尚相去甚遠，然於中國文化而言，實有特殊價值。此系學術自先秦以來雖綿延未絶，然僅止於致用之工具，並未真正發展。顧以知性視角注經，不明儒學"先立乎其大"之義，雖於文獻及小學頗有創穫，於先儒義理精微處未免茫然失據，遂一意曲解經文以就己説，反致經義汗漫而不可讀。此宋儒"物各付物"之説所以爲長。[1]

　　雖然，程瑶田似亦欲彌合不同理境所言之性：

　　　性一而已，有善而已矣。如必分言之，則具於質、形、氣者，爲有善有惡之性。超乎質、形、氣者，爲至善之性。……若以賦稟之前而言性，則是人物同之。犬之性猶牛之性，牛之性猶人之性，何獨至於人而始善也？故以賦稟之前而言性，釋氏之言性也，所謂"如何是父母未生前本來面目"也。是故性善斷以氣質言，主實有者而言之。

　　程瑶田所言性之三層次，動物之性乃性惡，人性乃性善，皆就形質以後而言，後者亦上文所謂第二層次之性。其未有形質之先者，則是佛家之空性，或云至善，或云無善無惡。此處所缺失者，即是人與天地萬物爲一體之一體性，而有待於人之存心、操心而逐漸證成者，此孟子所言德性論之人性。後二者清儒混而爲一，故以宋明理學爲佛學，戴震所謂"程子朱子

---

〔1〕《河南程氏遺書》卷六："'致知在格物'，物來則知起。物各付物，不役其知，則意誠不動。"《二程集》，第84頁。

其初所講求者，老莊、釋氏也"，此皆非也。[1]此與近世或有科學家，視哲學爲玄談，故摒諸宗教之列同科。歷來論人性者，既執持某一立場，遂以他人所論爲非，不知諸立場皆人類精神之境界，不必相互否定。惟以儒學欲合天地萬物爲一體之立場而言，則勢必須言性善；儻欲證精神之絶對自由與解脱，則不得不言無善無惡；儻欲强調其有待矯揉，則言性惡亦可；儻欲見其可善可惡，則性善惡混亦不可逕非。諸説雖皆論性，然所指不同也。孟子實有見於此，故首章便以"率天下之人而禍仁義"爲言，蓋惟人性善之立場，乃真可以捍衛人類之德性與尊嚴也。儻無此尊嚴，則自由云云，皆成虚話。

第 四 章

告子曰："食色，性也。仁，内也，非外也。[1]義，外也，非内也。"

孟子曰："何以謂仁内義外也？"

曰："彼長而我長之，非有長於我也。[2]猶彼白而我白之，從其白於外也，[3]故謂之外也。"

曰："異於！[4]白馬之白也，無以異於白人之白也！[5]不識長馬之長也，[6]無以異於長人之長歟？且謂長者義乎？長之者義乎？"

─────────────

〔1〕《孟子字義疏證》卷中《性》，第26頁。

曰："吾弟則愛之，秦人之弟則不愛也，是以我爲悅者也，⑦故謂之内。長楚人之長，亦長吾之長，是以長爲悅者也，⑧故謂之外也。"

曰："耆秦人之炙，⑨無以異於耆吾炙。夫物則亦有然者也。⑩然則耆炙亦有外歟？"

【簡注】 ① 内，發之於内。外，自外而來。此處指客觀的，不隨人的主觀視角轉移。② 長，音 zhǎng。下同。③ 從，順。④ 異於，怪哉。⑤ 異於，不同於。下同。⑥ 不識，不知。⑦ 此句大意：自己的弟弟則愛，秦國人的弟弟則不愛，是親愛與否皆出於自己。⑧ 此句大意：尊敬楚人中的年長者，也尊敬自己人中的年長者，是尊敬與否要看是否年長。按，秦人、楚人皆指外國人，與己無關者，故没有感情聯繫。⑨ 耆，同嗜。炙，烤肉。⑩ 夫物，此物，此事。此處指上文所言愛人、長人等問題。然，如此。

【講疏】 依告子，所謂"性"惟指人之禽獸（動物）性，即人類之"形軀我"，[1]所謂"食色，性也"。而人之社會性則由"仁、義"見之，未可以"性"稱之。蓋告子所謂義，乃出於内心之推度比量，如比較兩者之大小、長短、長幼，其所比較者乃事物之間各種條件之相互關係，而非事物與觀察主體之關係。故云"彼長而我長之，非有長於我也"。據下文，長當讀爲年長之長，趙岐已指出。此年長幾何（即年齡）乃出於客觀之觀察，

---

[1] 勞思光曾判分人類自我爲形軀我、認知我、情意我、德性我，兹用其意。

如"彼白而我白之"，乃觀察主體對事物條件（即經驗）之如實記録。此"仁内義外"説與《管子》、《墨子》相通。[1]此記録經主體内在之比量推度，即形成對事物經驗之客觀判斷。然則告子所謂義，乃在對事物如實觀察之基礎上，由知性對經驗所作之客觀判斷。對外物之客觀觀察，以及對事物之相互關係予以推斷，其觀察、判斷之結果乃非主體喜好所決定者，故言"外"。是即告子所謂"義外"之説。[2]至於外物之自性，即外物之所利，此即《離婁下》孟子所謂"天下之言性者，則故而已矣，故者以利爲本"。故前揭墨子所言"義，利也"，正與孟子《離婁篇》所論"天下之言性者"及本章告子之言可以相應。

　　"異於白馬之白"，朱子引張氏之説，以"異於"二字爲衍文，或以爲當以二字絶句，皆可通。[3]孟子亦承認白馬之白無異於白人之白，此知性所見之客觀性。顧孟子所質疑者，比較馬之長幼，所謂"長馬之長"，固有客觀性無疑；然"長人之長"，即比較人之長幼，豈亦與"長馬之長"相同乎？蓋告子之所謂長幼，因其年齡皆有客觀性，故長幼之判斷乃客觀的，是所謂外在之"義"。而孟子則視此判斷本身爲内在之"義"，趙

―――――――――

[1]　《管子・戒篇》："仁從中出，義由外作。"《墨子・經下》："仁内也，義外也。"翟灝已指出，引文同前。

[2]　此義牟宗三已指出，告子"祇在義隨客觀事實而定，故謂之外"。《圓善論》第一章，第15頁。

[3]　翟灝云："《集注考證》曰：'江西一儒者謂異字自是一句，告子以白喻長，孟子謂此二事不同，不可引以爲喻，故曰異。'按：獨以'異'字别句，'於'字終爲衍矣。愚謂别句良是，而别之當以'異於'二字，蓋歎告子之説可怪異，如《論語》云'異乎吾所聞也'。《梁惠王上篇》'王無異於百姓之以王爲愛也'，此'異於'二字之見於本經者。"氏著《四書考異》卷三十三《孟子・告上》，前引書第3886頁。依此，異於二字，猶言"怪哉"。

岐所謂"章指，言事雖在外，行事者皆發於中"。此即《坤文言》"敬以直內，義以方外"，所謂"義"乃內心對外物之正確判斷及表達。[1]且人之長幼，或可依年齡，或可依身份，或可依學識，惟視具體情形而定，得其時措之宜。此即宋明儒所謂"處物爲義"。程子曰：

> 在物爲理，處物爲義，體用之謂也。[2]

陽明亦言：

> 在物爲理，處物爲義，在性爲善，因所指而異其名，實皆吾之心也。心外無物，心外無事，心外無理，心外無義，心外無善。吾心之處事物，純乎理而無人僞之雜，謂之善，非在事物有定所之可求也。處物爲義，是吾心之得其宜也，義非在外可襲而取也。[3]

陽明所言實與孟子若合符轍。然具體經驗之客觀性雖無可置疑，儻必以此經驗判斷爲依託內心而謂之內，雖不無理據，卻未必足以服告子之心。自西洋哲學觀之，告子之言與未經懷疑論（如休謨）洗禮之近代經驗主義哲學，實秉同一洞見。及康德出，乃以現象與物自身劃界，判斷之對象乃主體所攝之現象，而於物自身存而不論，其說實與孟子所言

---

[1] 參拙作《周易義疏》卷一《坤文言》義解，第47頁。
[2] 《四書章句集注》，中華書局，1983年，第330頁。
[3] 《王陽明全集》卷四《與王純甫二》，第156頁。

“義内”相通。惟孟子所謂“義”乃德性之“義”，與康德稍有不同。

不寧惟是。既涉及人倫，常有超越於觀察理性（即知性）之邏輯關係者。如某人身居何職，此固有其客觀性；然儻論其爲君爲臣，則必視其與他者之相對關係予以判斷。此外父子、兄弟、師友乃至出處大義莫不皆然。判斷何者爲義，到底是相互比較之“長幼、先後”本身爲“義”，還是判斷孰長孰幼、孰先孰後爲“義”？此即“長者義乎，長之者義乎”？此處後一“長”字爲動詞，即判斷其長幼。蓋依告子，年齡長幼、位次先後、職位高低皆客觀自明者，無内心（主體）參與其中；而孟子乃强調判斷此長幼、先後、高低者乃是出於内心之抉擇。故孟子所論之“義”乃就人我關係而言，此與下文告子所論之“仁”，皆非在外者也，故云“義内”。然則告子與孟子所言義内、義外，儻依其各自之定義，相互皆各得其是，並無矛盾，[1]唯一任知性、一任德性，[2]心體層次有別而已。

---

〔1〕　告子之論古今惟劉蕺山最爲有見：“告子之言，總是一意；孟子辨之，亦總是一意。晦翁乃云‘告子之辭屢屈，而屢變其説以求勝’，是尚不知告子落處，何以定其案哉！”另言朱子與象山辯“義外”之説，“告子‘義外’，是求義於外而行之，金溪（指象山）之言是也。晦翁乃謂其必欲自得於己，而在外者一切置之不問，恐未必然。告子既（已）〔以〕爲理不在内，勢不得不求之於外，不然，則内外兩無所主，焉能自立其説哉！”前揭《孟子師説》卷五《食色性也章》，《劉宗周全集》第五册，第 627—628 頁。觀此，可知朱子所言告子於“在外者一切置之不問”，實深得告子本人之意，然此義非告子所言“義外”之義。蕺山雖見及告子義外之説，然即以此爲告子本人之學，亦稍可議。告子實以“義外”之理由，證明“在外者一切置之不問”。參本篇第一章所論。

〔2〕　關於知性與德性之關係，可稍參《離婁上》、《離婁下》講疏及前揭拙作《德性與工夫》、《易象與時間》諸文。

　　知性與德性皆有其邊界,二者之"義"所指既不同,則義內、義外亦各有當。[1]告子既聞孟子"義內"之論,乃申言"仁內"之說,言吾弟則愛之,非吾之弟則不愛之,愛乃仁之世俗義,此仁愛之心固依自我之抉擇,所謂"以我爲悅者也",故謂之"內";至於比較楚人之長幼以及楚人與我之長幼,此皆可依長幼之理判斷者也,此長幼之理乃一客觀原則,儻合乎此長幼原則,所謂"以長爲悅者也",故謂之"外"。以西洋哲學通之,告子所言"仁內"有類於人之意志抉擇,[2]其"義外"乃即知性之客觀判斷。

　　雖然,告子所言亦不無漏洞。所謂"長人之長",如私人宴會,友朋之間,當以序齒決定位次之先後,此固有年齡爲之客觀標準;儻遇公宴,當以序爵論先後,亦有客觀標準;雖以孟子視之爲義內,然儻言義外亦無不可。然儻遇某一宴飲場合,決定序爵或序齒,即決定何者爲義,則仍有賴於個人之抉擇,故判斷本身便已經有抉擇(即意志)參與其間。是告子所謂"義外"之客觀判斷者,亦必有內在之心參與其間,是即孟子所謂"義內"。[3]

─────────────

[1] 告子以認知判斷爲義外,自其立場而言亦無不可,此與西洋經驗主義者相類。然儻以知性之能認知爲義內,亦無不可,此即康德之先天範疇論。故純粹之知性言義內、義外皆可,端視論者之立場所在。孟子但言義內,實際已經涵攝康德之說。參下文。

[2] 此意志抉擇一般而言即自由意志(Free Will),但後一概念不同思想家頗有分歧。

[3] 此問題在佛家略當"作意",《瑜伽師地論》卷五十五:"作意云何? 謂能引發心法。"此亦現象學所謂"意向性"。判斷作爲意識活動,儘管可以允許自明性,但不可能沒有意識的參與。這就是孟子說的"義內"。

孟子故以嗜食膾炙(味覺)爲例,而申其說。蓋人之喜好,常有於人我不加分別者,[1]此猶"老吾老以及人之老",或如人之年齡不及吾,而吾亦因其有德、有才而敬之長之,是皆所謂"夫物"也。夫物猶言此物、彼物。故曰"耆秦人之炙,無以異於耆吾炙。夫物則亦有然者也"。此敬長、尊老、嗜炙皆發之於内心者,非外在原則可以決定何者當好、何者當敬。然則判斷此應然之宜者,豈外在於自我者歟?"義者,宜也",此乃儒者一貫之說。

綜合言之,<u>孟子所言"仁義内在"乃就心體之所發而言,告子所言"仁内義外"則就事物之決定與判斷而言,告子非無所見,然所以有失者,端在尚未體察判斷、欲望、情感、意志諸領域皆相互影響,皆是心性之不同層次,且相結爲一體者</u>。此皆内在於此心,而爲此心所發者。如敬、不敬乃人之意志,愛與不愛乃人之情感,嗜與不嗜乃人之欲望,義與不義乃人之判

---

〔1〕　牟宗三翻譯《孟子》此句,"孟子說:你既以同長說義外,那麼對於炙(不管是誰的炙)有同嗜,這嗜炙亦有外嗎?"故下文言:"其實嗜炙既是口味問題,亦不必有同嗜,此同嗜之同並無必然性。"《圓善論》第一章,第14—15頁。按牟氏此翻譯於原文理解有誤,孟子所言"耆秦人之炙"、"耆吾之炙"其實皆指同一人而言,言無論其喜歡秦國菜抑或是家鄉菜,皆是其自身主觀嗜好,並非爲客觀原則所決定。此理故可以與判斷楚人之長及吾之長相類比。牟氏乃忽生一"同嗜"之論,實無的放矢。詳上下文,當係因後文討論"口之於味也,有同耆焉;耳之於聲也,有同聽焉;目之於色也,有同美焉"一句而致誤。唐文明批評牟氏對孟子的批評,認爲"這是一個非常輕率的評價",是也;但理由卻是因爲牟氏"錯失了孟子的共通感思想",表明唐氏對原文的理解與牟氏無別。至於後者以共通感問題探討孟子之說,其實亦誤解孟子之意,蓋孟子所言"目之於色也,有同美焉",此美不當理解爲審美之美,其實便是討論視覺的形成,與前文味覺、聽覺相應,此孟子表述不精確處,不必曲爲發揮也。參本篇第七章講疏。唐說見氏著《隱秘的顛覆:牟宗三、康德與原始儒家》,三聯書店,2012年,第86—95頁。

斷。觀本章之辯論，孟子持論一貫而告子所論仁義乃斷爲兩截。告、孟二子所見，固偏、全有別也。

第 五 章

孟季子問公都子曰：^① "何以謂義內也？"

曰："行吾敬，^②故謂之內也。"

"鄉人長於伯兄一歲，則誰敬？"

曰："敬兄。"

"酌則誰先？"^③

曰："先酌鄉人。"

"所敬在此，所長在彼，^④果在外，非由內也。"

公都子不能答，以告孟子。

孟子曰："敬叔父乎？敬弟乎？彼將曰：'敬叔父。'曰：'弟爲尸，^⑤則誰敬？'彼將曰：'敬弟。'子曰：'惡在其敬叔父也？'^⑥彼將曰：'在位故也。'^⑦子亦曰：'在位故也。'庸敬在兄，^⑧斯須之敬在鄉人。"^⑨

季子聞之曰："敬叔父則敬，敬弟則敬，果在外，非由內也。"

公都子曰："冬日則飲湯，夏日則飲水，然則飲食亦在外也？"

【簡注】 ① 孟季子，朱子以前版本多無孟字，孫奭以爲即季任。公都子，孟子弟子。② 行吾敬：實踐我心中所敬之事。③ 酌，敬酒。④ 敬，（内心）尊敬。長，（形式上）看重。⑤ 尸，古代祭祀時充當神主的人。⑥ 惡，音 wū。⑦ 在位，在其位。按，指在應該的位置。⑧ 庸，常。⑨ 斯須，暫時。

【講疏】 前文曾引《文言》"敬以直内，義以方外"之説，以釋孟子所謂"義"。此《文言》解釋《坤·六二》"直方大，不習無不利"之辭。《周易》以乾坤之德表現萬物之生成，乾主而坤從，乾生而坤成，直、方、大皆坤德之表現。"直"言其與乾陽之配合無任何曲折，此感則彼應之；"方"言其恰到好處，無過、不及；"大"言其成就之廣，遍宇宙無處無之。所謂敬以直内，言唯以恭敬之心承之，始能虛中應外；所謂義以方外，言唯得其發心之義，始能恰到好處。故敬乃指存心之狀態，義則發用於人我相交之際，以心性之本末而言，敬在義之前，故爲義之本。《易傳》源出孔子，故孟子所言與之若合符節。公都子乃孟門弟子，蓋有聞於《文言》此説矣，故其答孟季子"義内"之問，乃言"行吾敬，故謂之内也"。其意若曰，義乃敬之發用（所謂"行吾敬"），"敬"既在内，則"義"亦不可云外。故此敬乃一心理狀態，與下文"誰敬"、"敬叔父"之敬不同。凡釋本章，儻不知以《文言》敬義之論爲前提，則首二句不可解，蓋"義"乃泛指一切事宜之義，非專指敬不敬某人而言。

公都子所學雖是，尚未能成其變化。及孟季子舉一似是而非之例，則不能答矣。如鄉人雖年長於親兄，以兄弟之義言

之,是當重兄甚於鄉人也,何以一同飲酒,先敬外人? 敬有先後,是重亦有別也。心敬兄而行後之,似有矛盾。其先敬鄉人,以其長於兄也,此世俗之規則(即禮俗)也,故云外在之"義";而其内心實際敬重者在其兄,是所依從之"義"(禮俗規矩)非由所敬而出,敬雖在内而義則在外也。

孟子乃另舉一例,言叔父與弟之間所重在於叔父,而祭祀之時,弟或在尸位而受衆人之祭。古人祭祀先人,必爲立尸,猶後世之神主牌。其擇尸之法,必以受祭祀者同昭穆之人爲之,如孫爲祖之尸是也。人既爲尸,則衆人拜祭之如見先祖。當此之時,非拜尸其人也,乃拜其位耳。故云"在位故也"。此義雖告子亦無以難之。依孟子之義,此位乃具體情境,禮有經有權,如嫂叔雖不親授,臨危則援之以手,[1]而此權衡之心,即在内者也。斯須猶言偶然。故云常敬在兄,其在鄉人者不過偶然因時之宜而已。

孟季子之反應亦極迅速,乃應之曰:敬叔父有敬叔父之義(規定),敬弟有敬弟之義,然皆外在規定如是而已,故云"外"也。公都子此時已明孟子"義内"之根本,故言冬日飲熱水,夏日飲冷水,並非有此外在之規定也,乃飲者個人之權衡耳。自周以來,人習禮樂,其禮之具體儀節有似於不可犯之規定,故普通人視之以爲外在之義。不知"禮者天之經也,地之義也"(《樂記》),"名以制義,義以出禮"(《左傳》),此禮之儀節(規定)非一成不變者也,實則出於内在權衡之

---

[1] 參《離婁上》第十七章講疏。

“義”。是即所謂“禮因人情，可以‘義’起”。此如孔子與宰我論三年喪：

　　宰我問：“三年之喪，期已久矣！君子三年不爲禮，禮必壞；三年不爲樂，樂必崩。舊穀既没，新穀既升，鑽燧改火，期可已矣。”子曰：“食夫稻，衣夫錦，于女安乎？”曰：“安。”“女安則爲之！夫君子之居喪，食旨不甘，聞樂不樂，居處不安，故不爲也。今女安，則爲之！”宰我出。子曰：“予之不仁也！子生三年，然後免于父母之懷。夫三年之喪，天下之通喪也。予也有三年之愛于其父母乎？”（《論語·陽貨》）

　　宰我以爲“三年之喪，期已久矣”。孔子雖言其“不仁”，然未言其不是。所謂不仁乃與三年喪者比較而言，非真不仁也。心之安否，乃權衡“所宜”與否之尺度，此即“義内”之意。宰我既安於一年之喪，亦不可言其不是。然所是本於所安，即孟子所謂“義内”之義。本章大旨儒先所言相去不遠，兹不具引。

　　申言之，無論德性抑或知性，孟子所謂“義”皆出於内心之權衡，孟子之學既以德統智，故於告子所言知性之判斷並無否定，然吾人亦不可因此而徑以孟子所論爲道德知識（“價值層之事”），告子之學爲客觀知識，此牟宗三先生之説也。牟氏既作此判分，故其“價值層之事”所言未免稍嫌狹隘。蓋本文所言孟子“德性之心”固可以與牟氏“人類的道德心靈”相交集，然此德性之心並非與知性事實判斷相對立，相反，知性亦德性

運用之一種。[1]如本章公都子所言"冬日則飲湯，夏日則飲水，然則飲食亦在外也"之說，其實與上章"嗜炙"之論，並無區別，牟氏乃云：

> 　　案公都子如此答可謂不倫不類。言至此，可謂一團亂麻，糾纏不清，完全迷失。冬日飲湯，夏日飲水，正如冬日宜於裘，夏日宜於葛。孟季子與告子正由此說義外，何竟陷於其中而又發"然則飲食亦在外也"之問，而期圖明飲食爲内？冬日飲湯，夏日飲水，表面看，似與前孟子所說"嗜秦人之炙無以異於嗜吾炙，然則嗜炙亦有外歟"相同，其實完全不同。嗜炙發之於嘗覺之悦，故可方便由之以明悦由内發，而冬夏之異飲則隨時而轉，與嗜炙之同嗜完全不同，何以相類？公都子此答甚無謂，可以不理。[2]

牟說非也。所謂冬夏之異非客觀者也，亦不過言個體飲食

---

[1]　按唐文明曾批評牟宗三此篇過於强調道德與知識的差别，並認爲孟子的若干判斷其實也是以事實爲基礎，此説良是。（前引書第 95 頁）然其書於牟宗三的總體批評卻是難以成立的，主要原因即在於，唐氏把牟宗三的學説定義爲"道德主義"，認爲"人與動物的不同並不像道德主義者所説的那樣，在於人是一種具有同情心的道德的動物，而是在於人是天命在身者"（前引書第 51—52 頁）；這一判斷其實明顯誤解甚至貶低了牟宗三在《道德的理想主義》一書中基於"怵惕惻隱之心"對心體的詮釋，後者的惻隱之心並不簡單是一種道德意義上的同情心，其實就是天命本源之下良知的發用。這一誤讀導致該書基於孟子性善論而對牟宗三的批評一節，在整體上是錯誤的。總的來説，唐氏對牟氏的批評，忽視了牟氏道德理性的超越性意義。而牟宗三本身的問題則在於把孟子"以德統智"的心性結構狹隘化，變成主要進行價值判斷的"内在的道德性"。牟氏此外把王學視作孟子學，而把朱子視爲"别子爲宗"，其實也有這方面的問題在。

[2]　牟宗三《圓善論》第一章，第 19 頁。

嗜好之判斷皆内心所決定,無論時空變易如何,同一人之嗜好皆由其自主。此亦非所謂"道德的心靈",公都子不過就此以明人類之判斷皆由内而成。此非公都子之迷失,乃牟氏立論之失也。孟子之學以德統知,既不廢知性,則清儒誤解其以"血氣心知"論性,亦有由矣。然則宋明理學與乾嘉漢學,皆各得其一偏也。

第 六 章

公都子曰:"告子曰:'性無善無不善也。'或曰:'性可以爲善,可以爲不善,是故文武興則民好善,幽厲興則民好暴。'① 或曰:'有性善,有性不善,是故以堯爲君而有象,以瞽瞍爲父而有舜,以紂爲兄之子且以爲君,而有微子啓、王子比干。'② 今曰'性善',然則彼皆非歟?"

孟子曰:"乃若其情,則可以爲善矣,乃所謂善也。③ 若夫爲不善,④ 非才之罪也。惻隱之心,人皆有之;羞惡之心,人皆有之;恭敬之心,人皆有之;是非之心,人皆有之。惻隱之心,仁也;羞惡之心,義也;恭敬之心,禮也;是非之心,智也。仁義禮智,非由外鑠我也,⑤ 我固有之也,弗思耳矣。⑥ 故曰:求則得之,舍則失之。或相倍蓰而無算者,不能盡其才者也。⑦《詩》曰:⑧ '天生蒸民,有物有則。⑨ 民之秉夷,⑩ 好是懿德。'⑪ 孔子曰:'爲此詩

者，⑫其知道乎！⑬故有物必有則，民之秉夷也，故好是懿德。'"

【簡注】 ① 文武，周文王、武王。幽厲，周幽王、厲王。② 微子啓，商紂王庶兄，本封於微，名啓。周初受封，建立宋國。此處言以紂爲兄之子，蓋行文有錯亂。比干，商紂叔父，因進諫被商紂所殺。微子、比干與箕子，被孔子稱爲"三仁"。③ 乃若，至於。其，指"才"，材質。情，實。此句大意：至于材質本身，則（本來）可以行善，這纔是（我們）所説的（性善之）善。④ 若夫，至於。⑤ 鑠，消鑠，融化，此處指影響。⑥ 思，運思，抉擇。按，思是一種主動運思的狀態，即下文所謂"求"。⑦ 倍，二倍。蓰(xǐ)，五倍。無算，無法計算。此句大意：主動求取（本心）就會得到，如果放棄，就會喪失。有人（不僅不求取，反而與本心）相去甚遠，都是不能盡其材質（所本來具有的可能性）。⑧《詩》，《大雅·烝民》之篇。⑨ 蒸，同烝，衆。物，事。則，準則。⑩ 夷，通彝，常。此處指常性、本性。⑪ 是，此。懿德，美德。此句大意：天生衆民，隨事當不失其準則。民能秉持這一常性，纔能追求美德。⑫ 爲，作。⑬ 知道，懂得大道。

【講疏】 前文已指出，性無善無不善，乃指人性無所謂善惡，本無善惡之規定性，其與性善惡混之説截然不同。蓋性善、性惡、性善惡混乃同一層次之説，皆就德性視角而言，無善無惡論所關注者則不必以德性爲先。故"性無善無不善"實即根源於"生之謂性"，非如朱子及清儒所言告子"曾無定論"、"屢易其説"。

依王充,性善惡混乃周人宓子賤、漆雕開、世碩、公孫尼子之説:

> 周人世碩以爲"人性有善有惡,舉人之善性,養而致之則善長;〔惡〕性,養而致之則惡長。……(密)〔宓〕子賤、漆雕開、公孫尼子之徒,亦論情性,與世子相出入,皆言性有善有惡。〔1〕

此説雖亦以德性爲視角,然以善惡爲可以生長,頗類唯識家種子之説。至於公都子引"或曰"所謂聖父而生惡子,頑父亦生聖人,微子啓、王子比干與紂同宗而善惡迥然,稍類漢儒性三品之説,朱子已見及之,故云"韓子(按指韓愈)性有三品之説蓋如此"。故性三品之説與世碩之説其實有別,焦氏乃言"公都子此問,即其(世碩)説也",此承戴震《孟子字義疏證》之説,未免大而化之。

且無論性善、性惡、性善惡混、性無善無不善諸説皆普遍人性論,唯性三品之説與之不同。人性既不普遍,故人亦可分數等,以性三品爲基礎,故有班固之《古今人表》,以上古以來人分三等,三等之中復有三級,此即魏晉九品中正制之權輿。此義實漢以來學術政治變化關鍵之一。

即此觀之,先秦諸子三派之中,道、墨皆近無善無不善之説,惟儒學乃別樹一幟。然道、墨之學亦需面對善惡倫理,故言"性可以爲善,可以爲不善,是故文武興則民好善,幽厲興則民好暴"。其後荀子似亦認同此説,故言民之性乃如水在盤盂,"槃圓而水

---

〔1〕 王充《論衡·本性篇》,黃暉《論衡校釋》卷三,中華書局,1990年,第132—133頁。

圓”，“盂方而水方”。〔1〕今人或以荀子爲“性朴論”，實則唯告子性無善無不善之説可以稱爲性朴。若荀子之直以性惡爲言，似未可以性朴論限定之。〔2〕惟荀子未能持守孔門德性大義，其心性立

---

〔1〕 《荀子·君道篇》：“君者，儀也，儀正而影正；君者，槃也，槃圓而水圓；君者，盂也，盂方而水方。”王先謙《荀子集解》卷八，第 234 頁。

〔2〕 説參周熾成《荀子乃性朴論者，非性惡論者》，收入康香閣、梁濤主編《荀子思想研究》，人民出版社，2014 年。按傳統學者多以荀子性惡論與韓非一系學術直接相關，周氏乃言《荀子》諸篇皆言人性本始材朴，衹有《性惡篇》專言性惡，另引張申、谷方、黎洪雷等説，以爲性惡並非韓非子觀點，故荀、韓其實皆屬於性無無惡的性朴論。林桂榛則追本溯源，言 1923 年劉念親已認爲《性惡篇》當係西漢之後學者僞作，其後中日學者遞有申論。見氏著《荀子性朴論的理論結構及思想價值》一文，亦收入上書。不過，反對荀子性惡論的最大問題，一是尚無文獻直接依據；其次，這一説法否定了荀子學術發生變化的可能性，因此是一種較爲武斷的觀點。第三，並未注意《性惡篇》所言同時包括兩種人性論，除性惡外亦隱含性有善有惡，所謂“化性起僞”乃針對“性惡”者而言。其中性有善有惡論開了韓非子之先河。第四，對於《韓非子》中與性惡論相通之處未能平心予以檢討。兹引數證如下。1)荀子所言性惡，其主要描述即是“今人之性，生而有好利焉”；“生而有耳目之欲，有好聲色焉”；“今人之性，飢而欲飽，寒而欲煖，勞而欲休，此人之情性也”。2)關於人性的類似描述亦見於《商君書》，而《商君書》乃對韓非有直接影響者。上文已引。3)《韓非子·南面》：“夫不變古者，襲亂之迹；適民心者，恣姦之行也。民愚而不知亂，上懦而不能更，是治之失也。人主者，明能知治，嚴必行之，故雖拂於民心立其治。説在商君之内外而鐵殳，重盾而豫戒也。”此句直以順民心爲“恣姦”，不可以不謂之性惡也。4)《商君書·算地》：“民之求利，失禮之法；求名，失性之常。”《韓非子·外儲説》：“四、利之所在，民歸之；名之所彰，士死之。”5)《荀子·性惡篇》：“故檃栝之生，爲枸木也；繩墨之起，爲不直也；立君上、明禮義，爲性惡也。”另言：“直木不待檃栝而直者，其性直也；枸木必將待檃栝、烝、矯然後直者，以其性不直也。”這表明荀子承認木有性直與不直，意味着人性亦有自善的可能性。但荀子下文依然言“凡人之性者，堯、舜之與桀、跖，其性一也”，即是因爲即便本始材質如何好，都必須有待於教育。但在韓非子那裡，這一區別並没有真正得到彌合，或許對荀子的觀點仍有保留，或許並未看到《性惡篇》全文。《韓非子·顯學》：“聖人之治國，不恃人之爲吾善也，而用其不得爲非也。……夫必恃自直之箭，百世無矢；恃自圜之木，千世無輪矣。自直之箭、自圜之木，百世無有一，然而世皆乘車射禽者，何也？ 隱栝之道用也。”此檃栝之道，即孟子所言矯揉，荀子《性惡篇》所謂檃栝也。綜上所述，韓非子雖非嚴格的性惡論，但不僅與《性惡篇》的思想有着直接淵源，而且在事實上鼓吹一種針對性惡的法家實踐學説。這也就是孟子所説的“率天下之人而禍仁義”。

場已偏於知性,故不得不言"本始材朴",此其立場所致。[1]蓋性朴本身並無善惡之規定性,而性善、性惡、性善惡混、性三品諸論,實皆以德性爲尺度,其所以有別者,在諸家所言乃德性之實然,而孟子則言其應然。然則孟子與餘子所言之"人",其"類"不同也。

就中惟孟子性善論乃獨探德性思維之本,蓋惟能知本心者,始可以言"盡其心者,知其性也"(《孟子·盡心上》)。孟子故言,性善之"善"非世俗所謂"善"也,此猶君子所謂性、命亦非世俗所謂性、命。孟子曰:

> 口之於味也,目之於色也,耳之於聲也,鼻之於臭也,四肢之於安佚也,性也;有命焉,君子不謂性也。仁之於父子也,義之於君臣也,禮之於賓主也,知之於賢者也,聖人之於天道也,命也;有性焉,君子不謂命也。(《盡心下》)

蓋世俗之所謂"性"即告子所言"食色,性也"之性,亦即"天下之言性者,則故而已矣"(《離婁下》)之自性,非君子所言之"性"也。[2]然則性善之"善"何謂也? 孟子曰:性善之"善",是言人類本能實有爲善之能力,[3]非普通所謂某一行

---

[1]　此問題另擬專文討論。

[2]　按此性之存在,亦孟子所承認者,故阮元云:"此章'食色性也'四字本不誤,其誤在以義爲外。"但阮氏即以此爲孟子所謂性,亦不確。參氏著《揅經室集》卷六《性命古訓》,《清經解　清經解續編》第六册,第8193頁。

[3]　孟子此義古今學者多誤解,實即勞思光所言"價值自覺"之能力,而非"自然意義之實然"。參氏著《新編中國哲學史》第三章下,廣西師範大學出版社,2005年,第120—121頁。

爲之善惡。所謂才者，裁也，分也，[1]此猶德乃道之分有，即
人之所得於此統體之天者也。故才乃性之載體，即朱子所謂
"才猶如材質，人之能也"。此才即天賦之能力，乃人性之實
然，實即荀子所謂"性"、宋儒所謂"氣質"。才之義略當本文所
謂自性，儻詳析之，則稍有別。蓋才由天賦，自性則可涵後天
實踐積習。魏晉學者所言才性，實即由此引申者。荀子見人
類常有不善之舉，故云性惡，是以人類本有之才能爲有局限，
是所謂"罪"。後世基督教言原罪之"罪"，亦是此義，乃局限性
之義，非法律意義之"罪"。

　　"乃若其情，則可以爲善"一句，學者頗聚訟。趙岐釋若爲
順，言順其情之自然。朱子則言"情者，性之動也。人之情，本
但可以爲善而不可以爲惡"，其大義亦未嘗不是，惟稍有未諦
而已。蓋情者，實也。[2]其，指"才"而言。乃若，猶言"至

---

〔1〕《說文》："才，草木之初也。"故才可以通哉、載，皆有始義，參桂馥《說文解字義
　　證》，中華書局，1987 年，第 526 頁。然觀本章孟子所言，乃言萬物之材質，雖亦
　　蘊含始生之義，但直訓以萬物初生畢竟有所不合。《正字通・手部》："才，與裁
　　通。"《戰國策・趙策一》："今有城市之邑七十，願拜内之於王，唯王才之。"段玉
　　裁《說文解字注》以爲才、財、裁同音通用。《周易・泰卦》"后以財成天地之道"，
　　據陸德明《經典釋文》"財，荀（爽）作裁"，此裁實即裁處、剪裁之義。故本文以裁
　　釋才，言萬物之初生，亦即萬物之分有（受命）於天者。
〔2〕戴震《孟子字義疏證》卷下《才》："情，猶素也，實也。"前引書，第 41 頁。俞正燮
　　《癸巳存稿》四："情者，事之實也。《大學》'無情者'，鄭注云'情猶實也'，是也。"
　　《清經解　清經解續編》第十一冊，第 4294 頁。牟宗三云："'人之情'即是人之
　　爲人之實，情者實也，非情感之情。"前揭《圓善論》，第 23 頁。勞思光亦言：
　　"'情'訓爲'實'，乃先秦用語之通例。"前引書，第 123 頁。按，所謂"其情"意爲
　　"實際情形"，楊伯峻注此篇雖引戴震之說，然認爲"情、才皆謂質性"，顯然是以
　　"實"解釋爲"質性"，此則甚誤。見氏著《孟子譯注》，中華書局，1960 年，第
　　260 頁。

於”。[1]所謂“可以爲善”與行爲不善之區別,即《公孫丑上》所云“不爲”與“不能”,荀子亦指出“可以”與“能”概念之別,蓋“可以”乃言事物之可能性,“能”則言事物之實際狀態。[2]

　　此可以爲善之材能,乃人所同具,然則即清儒所謂人所獨有,爲氣質所決定者歟?非也。孟子下文既言“聖人與我同類”,又言“形色,天性也,惟聖人,然後可以踐形”(《盡心下》),即惟聖人始能達其天德之圓滿,則其所謂人性即人所上達於天之通性,是即《中庸》所云“天命之謂性”之性體。此性體之表現於人者,即是人性、本心。清儒雖似駁斥宋儒天理、氣質二性之分,實則拆解《中庸》與《孟子》之關係,此其本旨所在也。儻思孟一體之關係破除,則宋明理學即在經學上予以否定矣。予曾撰文稍揭思孟之異,然二者乃工夫進路之異,非心性本體之異也。[3]

　　本心之全德曰五常,至其發用則是四端:“惻隱之心,仁之端也;羞惡之心,義之端也;辭讓之心,禮之端也;是非之心,智之端也。”(《公孫丑上》)所謂“辭讓之心”即是“恭敬之心”,學者不必以辭害意。四端人人皆具,蓋凡是人類,未有不可以顯發其惻隱、羞惡、恭敬、是非之心者。《公孫丑上》雖僅就孺子入井一事揭示惻隱之心,[4]羞惡、恭敬、是非之心亦可以例

─────────────

[1]　此清儒程瑶田説,焦循已引及。
[2]　《荀子·正名》:“所以能之在人者謂之能。能有所合謂之能。”皆指其實然者而言。《性惡》:“雖不能爲禹,無害可以爲禹。足可以徧行天下,然而未嘗有能徧行天下者也。……然則可以爲,未必能也;雖不能,無害可以爲。”
[3]　工夫論上子思重心,孟子重性,開儒門内心體、性體之别,參拙撰《思孟五行説新論》。
[4]　參《公孫丑上》第六章。

推。如乞人亦不欲受嗟來之食，是羞惡之心在也；傲慢者亦未嘗全無戒懼，是恭敬之心在也；交易而皆欲其公平，是是非之心在也。四端之發，皆由人與萬物同體之平等心使然。四端既在，則是人人具有表達仁義禮智之能力，然則仁義禮智諸範疇（德）乃内具於此心者。非如火之化金，全由外力爲之，是即所謂"外鑠"。<u>此人人所"固有之"者，是予所謂先天德性範疇。</u>至於人或所行不善，是因不求其本心耳，非無此本心也，故曰"求則得之，舍則失之"。蓋求、舍即相應於五常之"信"，信者定也，誠也，實也，能如實踐行仁義禮智四德，是所謂"求"也，否則即所謂"舍"之。所謂"倍蓰而無算"，言不能順其固有行善之才能，且與之相去甚遠也。倍蓰言相差二倍、五倍，無算即無數，猶言甚遠也。

此先天德性範疇即五常，可由孔子對《烝民》一詩之詮釋見之。"天生烝民，有物有則。民之秉夷，好是懿德。"依朱注，"物，事也；懿，美；夷，《詩》作彝，常也。"所謂"有物有則"者，物猶事也，"則"乃指應物之法則，即所謂"秉彝"之常性。其事事不失其法則者，是所謂懿德。然人類何以能好此懿德，而欲事事得所，即因人人皆具此常德。夫事事得所者，止於至善也；何以能"止於至善"？其前提即在秉其常德。故"大學之道，在明明德，在親民，在止於至善"，其"明德"即與此常德之義相應。聖賢所言，可謂若合符轍。惟由在昔之常德，經孔子之求仁、三達德，演化爲子思、孟子明確所言之五常，此孔門義理之變化，學者所當知。[1]

---

〔1〕　參前揭拙作《德性與工夫：孔門工夫論發微》。

第 七 章

孟子曰：“富歲，子弟多賴；[①]凶歲，[②]子弟多暴。非天之降才爾殊也，[③]其所以陷溺其心者然也。[④]今夫麰麥，[⑤]播種而耰之，其地同，樹之時又同，[⑥]浡然而生，至於日至之時，皆孰矣。[⑦]雖有不同，則地有肥磽，[⑧]雨露之養，人事之不齊也。[⑨]故凡同類者，舉相似也，[⑩]何獨至於人而疑之？聖人與我同類者。故龍子曰：[⑪]‘不知足而爲屨，我知其不爲蕢也。’[⑫]屨之相似，天下之足同也。口之於味，有同耆也，易牙先得我口之所耆者也。[⑬]如使口之於味也，其性與人殊，若犬馬之與我不同類也，則天下何耆皆從易牙之於味也？[⑭]至於味，天下期於易牙，[⑮]是天下之口相似也。惟耳亦然，至於聲，天下期於師曠，是天下之耳相似也。惟目亦然，至於子都，[⑯]天下莫不知其姣也；[⑰]不知子都之姣者，無目者也。故曰：口之於味也，有同耆焉；耳之於聲也，有同聽焉；目之於色也，有同美焉。[⑱]至於心，獨無所同然乎？[⑲]心之所同然者，何也？謂理也，義也。聖人先得我心之所同然耳。故理義之悅我心，猶芻豢之悅我口。”[⑳]

【簡注】 ① 富歲,好年成。賴,可依賴。② 凶歲,荒年。③ 才,材質。殊,分別。④ 然,使之然,令其如此。⑤ 麰(mōu),大麥。⑥ 耨(nòu),除草。樹,種植。⑦ 浡,通勃。日至,日子到了。孰,同熟。⑧ 磽(qiāo),貧瘠。⑨ 人事,人的活動。按,此處指耕種、施肥等事。不齊,不一樣。⑩ 舉,皆。⑪ 龍子,古賢人。⑫ 足,腳。爲履,做鞋。蕢,草籃。⑬ 耆,通嗜。易牙,善烹飪,爲齊桓公所寵幸。⑭ 此句大意:假使(每個)人的口味,本質上都與他人不同,就像犬馬和我們人類不同類那樣,那麼爲何天下人的嗜好都順着易牙的口味呢?按,孟子此處對人的口味嗜好與味覺稍有混淆,但並不影響對自己觀點的論證。⑮ 期,期望,此處猶言就正。⑯ 子都,古代美男子,見於《詩經·鄭風》。或以爲即春秋鄭國大夫公孫閼,字子都。⑰ 姣,美貌。⑱ 美,欣賞。⑲ 然,讚許。⑳ 悦,取悦,滿足。芻豢,家畜。食草動物叫芻,雜食動物叫豢。

【講疏】 人性既同,何以有善、惡之分,賢、不肖之不齊?孟子故引二事爲喻。其一曰,年歲若豐,子弟多可恃;年歲不好,則子弟常暴躁。朱注:"賴,藉也。豐年衣食饒足,故有所顧藉而爲善。"蓋亦"倉廩實而知禮節"之義。趙岐乃直以"善"釋之,焦循爲之疏通證明,然輾轉難通。蓋趙氏以賴屬善,非以善訓賴也。至阮元以懶釋賴,言"富歲子弟多賴,謂其粒米狼戾,民多懈怠",言"賴與暴俱是陷溺其心",説亦可通。然以孟子前後文參之,似仍當以朱子所言爲是。[1]

---

〔1〕 阮説焦氏、牟氏已引及。具體理由可參《盡心上》第二十三章講疏。

依孟子之意，子弟雖同，而所以表現如此其異者，環境之變化影響其心態使然也。心之應物，深入事相之中，猶陷溺其間也。既陷溺其間，故爲事相所牽引，而有所偏向，《大學》言："所謂修身在正其心者，身有所忿懥，則不得其正；有所恐懼，則不得其正；有所好樂，則不得其正；有所憂患，則不得其正。"即是此義。

其二曰，種植莊稼，種子相差無幾，儻土地肥力、雨水滋養、耕種勞作（所謂"人事"）諸外在條件相同，則其成熟大約同時。[1]儻種子相同，其所以成熟期不同者，即因外在條件不同。此皆經驗可證明者，故孟子得一結論，言同類之事物，其表現皆相似。"類"之有"似"義，蓋即由此引申者。夫事物之"類"猶種子也，以大《易》觀之，猶乾之生也；外在條件，猶坤之成也。佛家不言生成，故但言因緣、增上緣，與此略同。

普通所論物性，皆指事物之分類，事物之性質相同者，即屬同類，《周易·同人》所謂"類族辨物"。故有犬之性、牛之性，即犬類與牛類之屬性而已。儻言人性，是探求人之所以爲人類之共同性。孟子所以不以人性爲惡、爲朴者，即因爲惡、爲朴所著眼者乃在人與禽獸（即動物）所共通者，非人類所以區別於禽獸之特殊性。儻以人類可以思維爲言，動物亦有思維，現代科學實驗，或言植物亦有恐懼、欲求諸情緒者。儻以人類爲兩足動物，雞鴨亦兩足動物也。儻以人類爲有語言，

―――――――

[1]　"日至"，朱子以爲"成熟之期"，孔廣森及趙佑皆以爲指夏至而言，可備一說，然實無關大義。參焦循所引。

“猩猩能言,不離於禽；鸚鵡能言,不離飛鳥”（《禮記·檀弓》）。儻以人類爲有社會組織,動物世界亦頗有組織極嚴密者,如蜜蜂、狼群、猴群皆是。

然則人類所以區別於禽獸,即“人與禽獸相去幾希”者,究竟何在？且現實之人,有聖賢、大人、君子、善人,亦有常人、惡人,不一而足,儻以自然呈現規定人類之共同性,則又豈可僅以人性爲惡？儻即以性三品立論,則人類之所以爲同類者安在哉？是皆人性理論之疑難。荀子所謂“人性惡,其善者僞也”之說,實亦揭示此一矛盾所在。蓋除非性僞之能力乃少數人所獨有,否則即是人皆具備此性僞之能力,即人皆“可以”爲聖人,儻同意此論,是即孟子性善說。故孟子非不知現實人類所呈現出之種種惡行,惟惡人亦皆“可以”爲善,是即所謂性善。故對普通人而言,不僅惡人、小人與我同類,聖人亦我之同類。

申言之,孟子此義頗與近世西哲海德格爾之義可以相通,海氏之此在論實即其人性論。其人性論所以特出者,端在並未簡單予人性以抽象之定義,如主體、自我等等；相反,“此在的本質根基於他的生存”。[1]此即“存在先於本質”之說。換言之,人之所以爲人者,非抽象的共同性,乃即是人之如何籌劃其自己之生存。此一能籌劃自身之存在的此在,即是其本真的能在,以經學之表述形容,此即海德格爾心目中之“君子”。反之,那種“從它自身脫落,即從本真的能自己存在而沉

---

〔1〕 海德格爾《存在與時間》,陳嘉映、王慶節合譯,熊偉校,三聯書店,1999 年,第135 頁。

淪於‘世界’”者，則是“靠閒言、好奇與兩可來引導的”“常
人”。[1]常人即經學所謂小人也。其與孟子所同者，在不以
抽象之人性爲人性，人性即顯現於此自我實現之中；其與孟子
所異者，在此一自我實現之歸宿有異，本真的“能在”與聖人、
君子終有不同。其本真之能在蓋稍有類於道家之真人、李贄
之“童心”。二者之異同雖非可簡單明之，然學者儻循此以求，
或可於中西學術之溝通另闢一徑。

　　此義既明，孟子下文乃轉而探求所謂“同類”其判分之依
據，此依據即見諸對事物之感受與觀察，荀子所謂“緣天官”，
亦即佛家所謂眼耳鼻舌身意六識。此感受見諸口鼻與身體，
即味覺、嗅覺與觸覺。孟子唯以易牙爲例，言人之味覺有相同
者，此味覺可以括嗅覺與觸覺。或言人類飲食不同，未必皆以
易牙爲所期，此不明大義者也。蓋味覺與口味不同，口味固人
所不同，而味覺則未嘗有別。易牙長於烹飪，乃天下最知味
者，孟子但引之以言味覺之相同而已，學者心知其意可也。另
引子都之美以及師曠之聰，乃天下所共期者，此言人之視覺、
聽覺有同然者。此處所謂視聽，亦不必以審美言。凡此五覺，
即括感覺、知覺與表象之能力，其根本即所謂知性，佛家所謂
第六識、意識，“以了別爲體”者也。故上章所引《盡心下》孟子
之言曰：

　　　　口之於味也，目之於色也，耳之於聲也，鼻之於臭也，

〔1〕　海德格爾《存在與時間》，第204頁。

四肢之於安佚也，性也；有命焉，君子不謂性也。

此眼耳口鼻四肢，即上文佛家之五根。此味之性、聽之性、目之性，乃人人所同者，即由"感性"而進於"知性"也。[1]惟孟子既欲以此自然本性與天命之性相區別，故不以"性"言之，蓋感性、知性雖人人皆具，然皆有待於外物，故爲習得之物，是所謂"有命焉"；本心之所以爲本心，即因初生赤子惟知孺慕，並無習得之知，故德性先於知性，是謂"性善"。蓋孟子以認知心（知性）爲視覺、聽覺、味覺、嗅覺及觸覺所涵攝（此五覺實攝佛家六識），而以德性之知爲心官所獨。此處知性雖未以"心"稱之，實亦心性結構之內在層次，學者不可輕忽。故本篇第九章乃言"今夫弈之爲數，小數也；不專心致志，則不得也"。對弈乃知性之運用，此無可疑者，既以"專心致志"稱之，可知孟子並不否認知性乃心之運用，惟不以"本心"視之耳。儻知性非心性結構之一部，亦不必有"本心""良心"概念，以與"心"或"習心"相區別矣。參下圖。

───────────

[1] 焦循云："孟子此章，特於口味指出性字，可知性即在飲食男女。"按：本章孟子所言"如使口之於味也，其性與人殊"之性，乃口味之性，言每個人的口味在本質（即性）上與他人不同。此性並非孟子所謂性，而焦氏混淆之。蓋焦氏以身體感受言性，故此處未能指出感性、知性與本心德性之別，是其所失。惟所引戴震《孟子字義疏證》，以心分爲神、靈兩個層次，略與德性、知性相當，以安頓孟子之說。其說曰："子產言人生始化曰魄，既生魄，陽曰魂。曾子言陽之精氣曰神，陰之精氣曰靈。神靈者，品物之本也。蓋耳之能聽，目之能視，鼻之能臭，口之知味，魄之爲也，所謂靈也，陰主受者也；心之精爽，有思輒通，魂之爲也，所謂神也，陽主施者也。"此亦承晚明管志道諸人所論而稍有變化，然戴氏未必知明儒之說也。且觀其所謂思，亦不過與西洋哲學所言"意志"相當，雖亦本心之功能，然與孟子所論本心之深義尚有一間之隔。

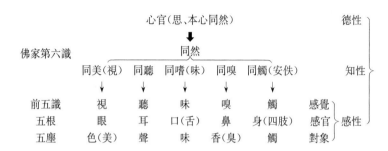

　　然則不惟知性有所同視、同聽,心亦有"所同然"者,即所謂本心也。本心之"交於物"即所謂理、義,[1]故言"理義之悦我心,猶芻豢之悦我口"。朱子引程子所謂"在物爲理,處物爲義",理之與義亦有本末、體用之别。本心同然略當佛家平等性智,是即上章所言"民之秉彝"之常德。此常德固有誠(信)、明(聖)之别,後者略當佛家所謂大圓鏡智。此義甚深,兹言其大略而已,容後另詳。

　　蓋尤有説。宋儒程顥有言,"吾學雖有所受,天理二字卻是自家體貼出來。"[2]理學之所以爲理學,即根於孟子本章理義之説。理、義非心也,猶芻豢之非口,然理、義皆心與物交,自然合轍者也。[3]猶如芻豢,草食曰芻,雜食曰豢,即牛羊豕三牲也,乃食之美者,故以芻豢之悦口喻理義之悦心,孟子之深意不可輕忽。我心者,本心也,本心所發即是理義,故唯理義始能悦人之本心,其無理、非義者,或可悦人之習心,豈

───────────────

〔1〕　大程子曰:"理義,體用也。"是以理爲體,以義爲體之發用。《河南程氏遺書》卷十一,《二程集》,第133頁。

〔2〕　《河南程氏外書》卷十二,《二程集》,第424頁。

〔3〕　戴震《孟子字義疏證》以"理在事情"駁斥宋儒"性即理"之説,實則直以宋明理學等同佛老之學,於理學(尤其是朱子學)並未真正理解。擬另作朱子之義理學,以了此公案,容後另詳。

能悦本心乎！參下章養氣之説。此本心雖人人盡同，然惟"聖人先得我心之所同然耳"。

第 八 章

孟子曰："牛山之木嘗美矣。^①以其郊於大國也，斧斤伐之，^②可以爲美乎？是其日夜之所息，雨露之所潤，非無萌蘖之生焉，^③牛羊又從而牧之，^④是以若彼濯濯也。^⑤人見其濯濯也，以爲未嘗有材焉，^⑥此豈山之性也哉？雖存乎人者，豈無仁義之心哉？其所以放其良心者，^⑦亦猶斧斤之於木也。旦旦而伐之，^⑧可以爲美乎？其日夜之所息，平旦之氣，其好惡與人相近也者幾希，^⑨則其旦晝之所爲，有梏亡之矣。^⑩梏之反覆，則其夜氣不足以存。^⑪夜氣不足以存，則其違禽獸不遠矣。^⑫人見其禽獸也，而以爲未嘗有才焉者，是豈人之情也哉？^⑬故苟得其養，無物不長；苟失其養，無物不消。^⑭孔子曰：'操則存，^⑮舍則亡。出入無時，莫知其鄉。'^⑯惟心之謂與！"^⑰

【簡注】 ① 牛山，在齊國國都臨淄東南。嘗，曾經。② 伐，砍伐。③ 息，生息，長養。萌蘖(niè)，萌芽。此句大意：因其在大都郊外，（不斷受到）斧斤砍伐，怎麼能茂美呢？

（隨着）一天天的長養，受到雨露的滋潤，並非沒有萌芽生出。
④ 從而，跟着。牧，放牧。⑤ 若彼，那樣。濯濯，光潔貌。
⑥ 材，木材。⑦ 放，縱放，走失。良心，本心。⑧ 旦旦，日日。
⑨ 幾希，不多。⑩ 有，又（從清鄭珍説）。梏，桎梏。⑪ 反覆，
不斷。存，保存。⑫ 違，離。⑬ 情，實。⑭ 消，消亡。⑮ 操，
操持。⑯ 鄉，同嚮，方向。⑰ 心，此處指本心。

　　【講疏】　本章亦承上章所言，人性既然相同，何以善惡不
齊？上章以環境之陷溺其心爲言，本章則直論本心之喪失。
蓋本心乃性之明體，性不可喪，可喪者本心耳。故以齊國東南
牛山之木爲喻，言牛山昔日亦曾百物茂美，而今則光禿禿一
片，非山不能生物，乃因刀斧砍伐，加之以牛羊之放牧，遂致如
此。所謂山之性，並非山之定義，乃以山之功能言。《周易》以
山象艮，艮者止也，取山之爲百物所依止，故"仁者樂山"，即因
其生生不息之義。濯濯，光潔貌。山之性與人性不同，然可引
以爲喻者，因二者之象有以相通，此易象思維之運用。故人之
才性亦然，良心（即本心）人人皆具，而或有放失者，亦因其白
日所爲，無不違背理義、自伐其心，是不能如上章所言，以理義
悦我之心，以致心失其養。故雖爲人，而所行與動物無異，人
遂以爲未嘗有善之才性。所謂情者，實也，人之情即所謂"人
類之實際情形"，與上章"乃若其情"之情，意義無別。所謂"孤
陰不生，孤陽不長"，蓋陽猶種子，陰如條件、助緣，生物之成長
必陰陽相合乃可。上章言其心陷溺，是本心雖在而條件不合
也，所謂"孤陽不長"；本章則言自伐本心，是條件雖備而種子
有傷也，所謂"孤陰不生"。故云"苟得其養，無物不長；苟失其

養,無物不消"。此養皆指性及本心而言。

存夜氣之説歷來聚訟。依趙岐所言,即指人"與賢人相近之心"日漸銷鑠,"夜氣不能復存"。朱子亦隨文作解:

> 平旦之氣,謂未與物接之時,清明之氣也。好惡與人相近,言得人心之所同然也。幾希,不多也。梏,械也。反覆,展轉也。言人之良心雖已放失,然其日夜之間,亦必有所生長。故平旦未與物接,其氣清明之際,良心猶必有發見者。但其發見至微,而旦晝所爲之不善,又已隨而梏亡之,如山木既伐,猶有萌蘖,而牛羊又牧之也。晝之所爲,既有以害其夜之所息;夜之所息,又不能勝其晝之所爲,是以展轉相害。至於夜氣之生,日以寖薄,而不足以存其仁義之良心,則平旦之氣亦不能清,而所好惡遂與人遠矣。

朱子云夜氣之生,日以寖薄,其大義雖未嘗不是,然云夜氣不足以存其良心,則尚有未安,蓋孟子所言不足以存者乃夜氣也,此夜氣即本心良知之體現。劉蕺山所謂"此氣即是良心,不是良心發見於此氣也"。朱子蓋不欲人認氣爲理,故有此言。蕺山則以理氣合一,故言夜氣即良心。後世儒者,或以曾子之"吾日三省吾身",大《易》之"乾乾夕惕",爲欲存其夜氣,[1]義理未嘗不是,卻非經文本旨。夫三省、夕惕也者,唯君子能之,既能如是,又何致有旦晝之梏亡?故孟子所言夜氣

────────────

[1] 參《周易義疏》乾卦九三疏證引耿南仲之説,第19頁。

之生,乃人人皆具者也。

　　嘗試言之。孟子既言"其日夜之所息,平旦之氣,其好惡與人相近",所以然者,乃因此人人所具"秉彝之良"即是"天命之性",雖旦晝所爲皆自伐其本心,而其本源固在。惟其氣至微,是所謂"幾希"。此猶山下出泉,雖泉眼爲外物所封栝,然本源既在,是依舊能生息也。此《周易》所言困卦、井卦之義。山之生養萬物亦是如此,蓋其萌芽具在。白居易詩所謂"野火燒不盡,春風吹又生"。故此文所言夜氣之存,並非下篇"存心養性"之存,"存心養性"乃事天之學也;存夜氣即保存夜氣之謂。儻旦晝所爲,能依仁由義,則是上章所言心合理義,是"理義之悦我心"也。是即《公孫丑上》所言集義養氣之道:"其爲氣也,配義與道;無是,餒也。是集義所生者,非義襲而取之也。"

　　所謂配義之"道",當即上章所謂"理"。氣者體之充,以理義與氣相合,乃能發乎中而充拓於外,此氣之爲人所觀者,即所謂氣象。《大學》所謂"誠於中而形於外",即是此義。由此觀之,夜氣乃本心所生者,浩然之氣乃君子集義而生者,顧義既源出本心,則浩然之氣其本源即在夜氣,儻充而拓之,則可塞於天地宇宙之間。以《中庸》比況之,所謂夜氣者,未發之中也;浩然之氣者,已發而中節之和也。以大《易》六龍言之,潛龍勿用者,夜氣之存也;六龍御天者,浩氣之發也。[1]學者既

─────────

〔1〕　唐文治《孟子大義》:"先儒謂孟子'夜气'之説爲前聖所未發。竊謂孟子此説,實本於《易》之復卦……蓋子、丑之交,微陽發動之會,天地生物之機,即萌於是。"其説亦可通。以乾卦言,初爻本即一陽來復之初陽也。

明此義,則欲其夜氣之存,則工夫即在集義養氣而已,雖三省、夕惕皆養氣耳,不必徒逞玄言。

此集義養氣之工夫,即下文孔子所謂"操心",操者,持也,趙岐所謂"秉心持正"。能持守此心而不舍,即《公孫丑上》"因時持志"之説:"必有事焉而勿正,心勿忘,勿助長也。"所謂操心即是"持志",既不舍之,又不助長;所謂"出入無時,莫知其鄉",即所謂"因時",孔孟所言若合符轍。出入猶言隱顯;鄉,即嚮,方向之向。[1]夫志者心之所之,能持其志,是能定於此志也,是即孟子所謂養勇,所謂誠也。蓋五常之中,唯四端爲本心所發之意,而誠則非意,乃是使四端各能如實定其意向,此即《大學》所謂"誠意"。[2]故人雖各具本心,且皆可發之於仁義禮智之四端,然所以或爲聖賢,或爲小人者,即因未能誠意,此孟子所謂操心也。

第 九 章

孟子曰:"無或乎王之不智也。① 雖有天下易生之物也, 一日暴之, 十日寒之,② 未有能生者也。吾見亦罕矣,③ 吾退而寒之者至矣, 吾如有萌焉何

---

[1] 以方向之向爲釋,此蔣伯潛説。牟宗三駁蔣説,以爲不如朱子"出入無定時,亦無定處"。另引程子所言"心豈有出入? 亦以操舍而言耳。操之之道,敬以直內而已",見《圓善論》第一章,第35頁。其大旨亦未嘗不是,惟看出入二字太實,實則心之出入即指本心之隱顯,"鄉"既以出入爲言,實即隱含方向之意,此非大義所關,學者心通其意可也。

[2] 參《公孫丑上》第六章講疏。

哉！^④今夫弈之爲數，^⑤小數也；^⑥不專心致志，^⑦則不得也。弈秋，^⑧通國之善弈者也。使弈秋誨二人弈：^⑨其一人專心致志，惟弈秋之爲聽；一人雖聽之，一心以爲有鴻鵠將至，思援弓繳而射之。^⑩雖與之俱，^⑪學弗若之矣。^⑫爲是其智弗若與？曰：非然也。"^⑬

【簡注】 ① 或，同惑，疑惑。② 暴，同曝，曬，使温暖。寒，冷凍。此處曝曬比喻幫助生物生長，冷凍比喻阻礙生物生長。③ 見，音 xiàn。④ 如……何：(對之)能怎麽樣。此句大意：我出現於王前(的次數)也很少了，我離開之後阻礙王的力量就來了。對(他那些)萌生(的邪志)，我又能怎麽樣呢？⑤ 弈，下棋(指圍棋)。⑥ 數，技。⑦ 專，一。致，達。志，志意。按，意是心之所發，志是心之所之，即有一定指向的意。⑧ 弈秋，善弈之人，名秋。⑨ 誨，教。⑩ 援，引。繳(zhuó)，用繩索繫着的箭。⑪ 俱，一起。⑫ 弗若，不如。按：此句一般皆以"俱學"連讀，兹據清武億説改。⑬ 非然，不是這樣。

【講疏】 人性雖同，而本心易失，上章既已言之矣。顧本心之德目有五，即所謂五常也，其中惻隱、羞惡、恭敬、是非之心人皆有之，及誠信之德既失，故舍之矣。其如牛山之木者，乃本心盡喪，有似於無。另有植物萌生者，是本心已發，然一曝十寒，故終亦無以生長。此如孟子教王，偶一見之，告以正

道,如同以日曝之,然既退則言他學者紛紛而至,是"寒之者至矣"。此王或以爲即齊宣王(如朱子),然亦未可必。孟子嘗語宋臣戴不勝:

> "子欲子之王之善與? 我明告子。有楚大夫於此,欲其子之齊語也,則使齊人傅諸? 使楚人傅諸?"曰:"使齊人傅之。"曰:"一齊人傅之,衆楚人咻之,雖日撻而求其齊也,不可得矣;引而置之莊嶽之間數年,雖日撻而求其楚,亦不可得矣。子謂薛居州,善士也,使之居於王所。在於王所者,長幼卑尊,皆薛居州也,王誰與爲不善? 在王所者,長幼卑尊,皆非薛居州也,王誰與爲善? 一薛居州,獨如宋王何?"(《滕文公下》)

其事與本文所言極類,疑即指宋君也。雖然,此無關大旨者,蓋孟子在齊、魏亦未嘗不可引以爲喻,學者不必膠執。

故本篇所言與上章頗有不同,其一曝十寒者是知存此心而未能,是有志而未定者也,孟子因教以專心致志之法。此存心之工夫也。所謂專心即《繫辭上》"乾,其靜也專"之"專",《史記·秦始皇本紀》所謂"普天之下,搏心壹志",《文子·自然》所謂"天地專而爲一,分而爲二",專即搏摯爲一之義。[1]言能使心之所發搏摯爲一,始能達其所謂志也。此專心致志即《大學》所謂致知,參下章。

---

[1] 前揭拙撰《周易義疏·繫辭上》第六章義解,第380—381頁。

　　蓋尤有説。孟子所以引弈秋爲喻者,對弈非德性之事,乃知性之運用。知性既爲德性所統攝,是小道也,故云"小數"。"數"與"術"通,趙岐所謂"技"也。焦循云"此章以智明性,與前章以仁義明性互見之",實已有見於此。然既云"智即性之神明也",又云"性有神明之德,所以心有是非。心有是非,則有惻隱、羞惡、恭敬矣",〔1〕可知焦氏實以知性爲本,而不明其德性本源,故以是非之心(孟子所謂智之端)先於仁義禮三者。觀此可知清儒之所長及其致誤之由矣。

　　雖然,無論德性與知性,無論"處物爲義",抑或察其事理、明其是非,皆當依其内在範疇(德之四端),引而伸之,觸類而長之,不可受外物干擾,離其本心之德也。即如數學推理,其每一步之證明皆當合乎邏輯或定理,是"依仁由義"、"專心致志"所表現於數學者。孟子以弈棋爲例,其道理亦未嘗不同。故康德之貢獻,乃在由人類科學可以認識事物之理,逆推人性本具知性之先天範疇;孟子則由人類之可以教化,意會五常之德乃人性所先天具有。所可憾者,孟子以德統智之説未能大宏,知性之學自戰國以後,於中土漸趨漸滅,宋儒亦蔑視聞見之知,故智之一德,亦僅虛明之智而已,未能應物。是雖尊孟子而尚有所偏,故得其大而遺其小,終未能大成也。清儒則以智先德,於孟子所欲立之大者反失之。雖然,此處所言但其大略而已,他日擬另詳之。

---

〔1〕　參本篇第八章"惻隱之心"條下焦氏《正義》。

第 十 章

孟子曰："魚，我所欲也；熊掌，亦我所欲也。二者不可得兼，舍魚而取熊掌者也。生，亦我所欲也；義，亦我所欲也。二者不可得兼，舍生而取義者也。生亦我所欲，所欲有甚於生者，故不爲苟得也。①死亦我所惡，所惡有甚於死者，故患有所不辟也。②如使人之所欲莫甚於生，則凡可以得生者，何不用也？使人之所惡莫甚於死者，則凡可以辟患者，何不爲也？由是則生而有不用也，由是則可以辟患而有不爲也。③是故所欲有甚於生者，所惡有甚於死者，非獨賢者有是心也，人皆有之，賢者能勿喪耳。一簞食，一豆羹，得之則生，弗得則死。嘑爾而與之，行道之人弗受；蹴爾而與之，④乞人不屑也。萬鍾則不辨禮義而受之。⑤萬鍾於我何加焉？爲宮室之美、妻妾之奉、所識窮乏者得我與？⑥鄉爲身死而不受，⑦今爲宮室之美爲之；鄉爲身死而不受，今爲妻妾之奉爲之；鄉爲身死而不受，今爲所識窮乏者得我而爲之——是亦不可以已乎？⑧此之謂失其本心。"

【簡注】　① 苟得，苟且得之。指無甚大志，祇要活命就好。② 辟，同避。③ 是，此，此處指本心良知。④ 嘑（hū）爾，

呼喝着。蹴（cù）爾，踢踏着。⑤ 萬鍾，以萬鍾米爲俸禄。古代一鍾十釜，六斛四斗。⑥ 奉，侍奉。得，德。此處指受其接濟而感其恩惠。⑦ 鄉，同嚮，以前。⑧ 已，止。

【講疏】　四端發於本心，然或陷溺於外在觸緣；或日日斫喪，舍之而不操；或雖欲存而未能專心致志，此孟子於上述三章所言者。不欲陷溺其心者，《大學》所謂"正心"也；操心、持志者，《大學》所謂"誠意"也；專心致志者，與《大學》所謂"致知"相應。本章所言，是本心雖發於內，而人欲已萌，天人交戰，未能守之者，是亦《大學》所謂誠意、正心之間也：

　　所謂誠其意者，毋自欺也，如惡惡臭，如好好色，此之謂自慊，故君子必慎其獨也！

誠者定也，實也，其未能誠其意者，是本心所發之意未能持守，而爲欲望所奪也。"欲正其心者，先誠其意"（《大學》），意既未誠，故心爲欲望所牽，故有所忿懥、恐懼、好樂、憂患，是不得其正矣。《大學》："所謂修身在正其心者，身有所忿懥，則不得其正；有所恐懼，則不得其正；有所好樂，則不得其正；有所憂患，則不得其正。"朱注引程子曰："身有之身，當作心。"其意未嘗不是，實則大可不必。蓋《大學》所云"不得其正"者，即指"身"而言，非言"心"也。實則原文乃言，儻心有所忿懥、恐懼、好樂、憂患，則身不得其正，此古人之語言習慣而已。〔1〕

---

〔1〕《史記·貨殖列傳》："洛陽街居，在齊秦楚趙之中，貧人學事富家。"其語序當爲"洛陽在齊秦楚趙之中，街居貧人學事富家。"

孟子本章所言之欲生，是“有所恐懼”；所言宫室之美、妻妾之奉，是“有所好樂”；所言爲窮乏者所感激，是兼好樂與憂患。此欲望即來自肉體之身，此身乃動物性之人之所謂“利”。

故孟子先以魚與熊掌爲例，揭示欲望與抉擇此欲望之意志之存在。其舍魚而取熊掌，乃源於知性之功利計度者，蓋二者雖皆欲食，然物以稀爲貴，故舍賤而取貴。其次則言欲生與欲義，以世俗所爲觀之，其舍義而取生者，固比比皆是，然儻人人如此，則人之爲求生存必將無所不爲矣。顧現實之中，其舍生取義者亦所在多有，且不惟聖賢，雖行道之乞人亦知尊嚴爲何物，足證本心人人皆具，賢者所以與衆人有別者，端在本心“能勿喪”而已。所謂“失其本心”者，言本心雖現而復失之，與上文本心因自伐而不生者尚有不同。此孟子義理微妙之處，學者不可不察。後世所謂“研幾”，所謂“養出端倪”，即在此時也。

申言之，抉擇魚與熊掌、生與義，即權衡其本末重輕，此《大學》“致知”之義。前者以知性相權衡，所謂小智也；後者以本心相權衡，是所謂大智也。能依其知性及本心權衡，所謂致知；復能依其本心相取舍者，即所謂誠意。故“致知”乃“誠意”之本，《大學》所謂“欲誠其意者，先致其知”，是也。陽明以致良知爲八條目總綱，一氣貫下，其道理未嘗不是，然朱子以窮理釋致知亦無所失，惟所謂“一旦豁然貫通”(朱子《大學章句》)，是有語病耳。蓋無論格致誠正，皆當有本心之參與，其致知者，依知性及本心以致之也；其誠意者，依本心以誠之也；正心者，亦依其本心而正之也。此本心即陽明所謂良知，陽明有見於格致誠正之所同，朱子見及心意知物之所異，合之則雙

美,離之則兩傷。歷代儒者多望文生義,不知以孟子心性之學解《大學》,則怡然而理順,渙然而冰釋矣。其格物致知之義,朱子所以近之者,亦非因解經得來,乃因其義理架構與孟子有暗合者耳。朱子所以爲後世道統之宗,有以也。近世牟宗三先生嘗以明道、陽明爲準繩,言朱子"別子爲宗",[1]非惟不合於歷史,於經學大義亦未能圓融。

第十一章

孟子曰:"仁,人心也。①義,人路也。②舍其路而弗由,③放其心而不知求,④哀哉! 人有雞犬放,則知求之,有放心,而不知求。學問之道無他,⑤求其放心而已矣。"

【簡注】 ① 人心,人的本心。② 人路,人所應行之路。③ 由,順着。④ 放,放逸。求,找回。⑤ 無他,沒有別的。

【講疏】 本心雖生而既喪,是不能專心也,猶雞犬之放失,故云放心。雞犬之放而知求索之,是功利計度之心使然;本心既放逸而不知求,亦可哀矣。心具仁義禮智四德,而此處

---

〔1〕 牟宗三先生於《心體與性體》一書以明道、象山至陽明、蕺山爲"逆覺體證"之圓教典型,故判朱子之學爲別子爲宗,與儒學歷史不符,實因誤解朱子之學所致。擬他日另詳此義。

惟言仁義者,仁可以括禮,義可以括智也。[1]仁乃本心所自發,義則與物相交之際所顯現者,故一言人心,一言人路,本末、源流有別也。人心故可居,人路故可由,是所謂"居(依)仁由義"。人之現實狀態往往非聖賢也,乃小人耳,皆本心已失,儻能尋回其放逸之心,則是由小人復歸赤子,是所謂"依仁"也;儻能集義而行,則是所謂"由義",故積漸成德而君子、大人可期矣。昔人爲求放心,而專以歸寂反觀爲學,雖能專心矣,而無以致其志,其學亦未免有弊。劉宗周言:

> 先儒之求放心者,大概捐耳目,去心智,反觀此澄湛之本體。澄湛之體,墮於空寂,其應事接物,仍俟夫念頭起處,辨其善惡而出之,則是求放心大段無益也。且守此空寂,商賈不行,后不省方,孟子何必又言"義,人路"乎!蓋此心當惻隱時自能惻隱,當羞惡時自能羞惡,渾然不著於人爲,惺惺獨知,旋乾轉坤,俱不出此自然之流動,繞是心存而不放。稍有起爐作竈,便是放心。[2]

---

[1] 此義昔人已言及,參前揭拙作《德性與工夫》一文所引李光地之説。

[2] 前揭黄宗羲《孟子師説》卷六《仁人心也章》,前引《劉宗周全集》第五册、第635—636頁。顧炎武亦言:"'學問之道無他,求其放心而已矣。'然則但求放心,可不必於學問乎?與孔子之言'吾嘗終日不食、終夜不寢以思,無益,不如學也'者,何其不同邪?他日又曰'君子以仁存心,以禮存心',是所存者,非空虚之心也。夫仁與禮,未有不學問而能明者也。孟子之意,蓋曰能求放心,然後可以學問。使弈秋誨二人弈,其一人專心致志,惟弈秋之爲聽;一人雖聽之,一心以爲有鴻鵠將至,思援弓繳而射之,雖與之俱,學弗若之矣。此放心而不知求者也。然但知求放心,而未嘗'窮中罫之方,悉雁行之勢'(原注:馬融《圍棋賦》),亦必不能從事於弈。"黄汝成《日知録集釋》卷七、第260頁。其説未嘗不是,然不如蕺山所言爲透徹,蓋求放心與學問非二事也,事事物物皆能專心,即是求其放心矣。此義唐文治《孟子大義》亦見及之。

故“放心”能否尋回，端視專心與否，此義可括德性、知性而言。[1]“仁，人心也”一句，訓詁或有歧義。此處人心、人路乃指點語，非仁、義之定義。明儒唐伯元云：“李延平曰：‘仁，人心也，孟子不是以心名仁。’羅文莊曰：‘延平之見卓矣。’二子可謂有功於孟子。”[2]

第 十 二 章

孟子曰：“今有無名之指，①屈而不信，②非疾痛害事也。③如有能信之者，則不遠秦楚之路，爲指之不若人也。指不若人，則知惡之；心不若人，則不知惡。此之謂不知類也。”④

【簡注】　① 無名之指：手的第四指。② 信，同伸。③ 害事，礙事。④ 類，比類，分類。

---

[1] 牟宗三云：“按此處所謂‘學問’即是‘人之爲人’之學問，不是得知經驗知識之學問，如今之所謂科學者。如依陸象山之口吻說，人之爲人之學問，學即是學此，問即是問此；學即是學着如何求其放心，問即是詢問如何求其放心。蓋此學即是道德實踐之學也。……此處分別說仁爲人心，義爲人路，亦祇一時之方便耳。不可執死。”《圓善論》，第43—44頁。按牟說非也。蓋仁心之發，固非經驗知識可盡，亦非必離經驗知識而言。且放心但對仁心之放失而言，放心既求，是能專心矣，故能依仁由義，此“由義”即言發之於外也，亦本心之擴充。牟氏所以以“義爲人路”乃一時方便語，實即未明孟子所以仁義並言之義。蓋牟氏視仁義之心乃“一切理性存有之價值上”之“實性”，此“實性”“隨時當下可以呈現”。不知仁義禮智雖皆可視爲内在範疇，可以顯現於外，然非超越之“實性”。
[2] 唐伯元《醉經樓集》卷二《求放心解》，朱鴻林點校，中華書局，2014年，第39頁。

【講疏】　秦楚之路，言其遠也。五指之中無名指最無用，儻不如他人，亦欲其完美。至於心之未得全德，則不知厭惡之，是不知以成聖自期也。此義與上文"有放心而不知求"、"聖人與我同類"大旨相通，故云"不知類"。[1]此知與陽明"知行合一"之旨可通。

　　如前所述，人性非固定之一物，乃即表現於自我實現之中，儻一息尚存，自當精進不已，否則即是沉淪。夫子之不厭不倦，文王之"純亦不已"，此聖人先得我心同然，具足人性之表現。且《易》終於未濟，聖人亦不可終成也。故吾人雖非聖人，不可以不學聖人也。聖人乃真足以表現人性之充實，不知聖人與我同類，是不以己爲人類矣，是謂"不知類"。不以己爲人，是不知自重也。人知自重，即羞惡之心發現，孟子教人，多即其恥感言也。

第十三章

　　孟子曰："拱把之桐、梓，①人苟欲生之，皆知所以養之者。至於身，而不知所以養之者，豈愛身不若桐、梓哉？弗思甚也！"②

〔1〕　朱子云："不知類，言其不知輕重之等也。"牟氏亦引之。按此說雖非大失，然亦未諦。不知類即本心放失，不知己與聖賢同類，儻知同類之義，則知求放心、惡心不若人、知身之當安，此與輕重之等無關。按孟子之類實相當於今數學之"集合"概念，參拙作《早期儒家的名辯思想——孔子到荀子之間》。另參《告子下》首章講疏。

【簡注】 ① 拱，兩手所圍。把，一手所握。桐、梓（zǐ），皆木名。② 思，此處兼有思考、決斷之義。

【講疏】 依趙岐及朱子，拱乃兩手所圍，把言一握之細。樹木無論粗細，人苟欲生之，皆知養之之法。至於身，亦當有以修養之，蓋身重於木也。《大學》：“仁者以財發身，不仁者以身發財。”與孟子本篇可以相通。

“權然後知輕重”，“度然後知長短”，身與木孰輕孰重，非權之以秤，乃權之以心也。下文言“心之官則思”，心之比量、反思，是所謂“權”、“度”也。心之抉擇，是所謂“思”也。儻泛言之，思固可以統攝權度；儻析言之，權乃致知層次之事，思則誠意層次之事。然則思有“意志”之義，非僅“思考”之謂也。子曰“學而不思則罔”，思有抉擇義，故儻不思，則必惘然而無所得。故孟子曰：“誠者，天之道也；思誠者，人之道也。”[1]所謂思誠，即《中庸》所謂“擇善固執”，亦是“思”有意志抉擇之義之明證。

養身之義，孟子亦惟引而不發，蓋可括修身、養生二義而言。修身之義下章另言之，至於養生，如老子所云“五色令人目盲，五音令人耳聾，五味令人口爽，馳騁田獵令人心發狂”，是皆耽於物欲、傷其己身而弗思者也。

第十四章

孟子曰：“人之於身也，兼所愛；① 兼所愛，則

---

[1] 牟宗三已指出，參下文所引。

兼所養也。無尺寸之膚不愛焉，則無尺寸之膚不養也。所以考其善不善者，②有他哉？於己取之而已矣。體有貴賤，有小大。③無以小害大，④無以賤害貴。養其小者爲小人，養其大者爲大人。今有場師，⑤舍其梧檟，養其樲棘，⑥則爲賤場師焉。⑦養其一指，而失其肩背，而不知也，則爲狼疾人也。⑧飲食之人，⑨則人賤之矣，爲其養小以失大也。飲食之人，無有失也，⑩則口腹豈適爲尺寸之膚哉！"⑪

【簡注】　①兼，並，全。②考，考量。③體，身體。貴賤，重輕。此句大意：身體（各部分）有輕重、小大的不同。④害，妨害。⑤場師，蒔弄場圃的工人。⑥梧、檟，即桐、梓。樲棘，酸棗與荆棘。⑦賤，下等。⑧狼疾人：患了狼疾的人。按狼性多疑，常回頭顧視，肩背有疾病，則不能回顧，故名。⑨飲食之人：（祇知道）喫喝的人。⑩無有失也：沒有錯失。⑪適，但，祇是。此句意爲：假如以飲食養生的人，沒有道義方面的錯失，那麼養生還是遠比養尺寸之膚有意義的。

【講疏】　本章亦承上而言，人之兼愛其身，是知養生者矣。然養生之法，亦當權衡其身體之貴賤、小大。貴賤、小大，猶言輕重、本末。此權衡乃由乎心者，故云"於己取之"。此權衡貫通知性與德性之見，是所謂智也。人之遇襲，倉皇之間，以肢體護頭面，故知頭面重於四肢。是所謂"體有貴賤，有小

大，無以小害大，無以賤害貴”。如修場圃者，儻不辨梧檟（即桐、梓，皆名貴之木）、樲棘之貴賤，人必輕視之矣。另如人知養生，而以一指重於肩背，或徒養口腹而不知有重於口腹者，此皆因小失大，人亦賤之矣。狼疾者，依朱注，狼本多疑，故常回顧，儻肩背有疾，則不能回顧，是所謂狼疾也。“飲食之人”，猶言徒知飲食而不知頤養之道者。養口腹即養生也，且口腹遠重於尺寸之肌膚，肌膚尚當頤養，何況口腹！儻在大體上“無所失”，則意義遠較養尺寸之皮膚爲大。是養生本合理之事，然儻不知其尤大者，是仍爲小人耳。故云“養其小者爲小人，養其大者爲大人”。此如《周易》頤卦，當頤之時，人皆知當養也，而或如初九之“舍爾靈龜，觀我朵頤”，唯知大快朵頤、養其肉身，而不知養其合乎天道之尤大者，故有凶而“不足貴”也。[1]

自第十二篇以來，諸篇皆辨析物之本末、貴賤、小大、輕重。《大學》：“物有本末，事有終始，知所先後，則近道矣。”所謂“知所先後”即是致知也。自天地萬物乃至身心，無往而非物也，既與物交，是所謂“格物”也。格，至。

第 十 五 章

公都子問曰：“鈞是人也，①或爲大人，或爲小人，何也？”

孟子曰：“從其大體爲大人，從其小體爲小人。”

---

〔1〕　參拙撰《周易義疏》頤卦義解，第 177—183 頁。

曰："鈞是人也，或從其大體，或從其小體，何也？"

曰："耳目之官不思，而蔽於物。物交物，^②則引之而已矣。^③心之官則思；思則得之，不思則不得也。此天之所與我者，^④先立乎其大者，則其小者不能奪也。此爲大人而已矣。"

【簡注】　① 鈞，同均。② 物交物：物與物相交。③ 引，牽引。④ 與，賦予。此，指上文所言耳目等五官、心官的能力，二者小大有別。

【講疏】　此亦承上章而言，大人、小人皆以德性之境界論，非以身份地位論。人性既同，何以有大人、小人之分？前文所言陷溺其心、斫喪本心、失其本心諸義皆是也。儻自存心之内容觀之，固亦有小大之別。惟上文言養生，故以大體、小體爲喻，此人所易喻者。<u>本章言大人、小人而亦以大體、小體爲喻，實已隱含"人與天地萬物爲一體"之義</u>，即《盡心上》所謂"萬物皆備於我也"。此一體之觀念，就知性而言，誠不可理喻，蓋知性以人我分立爲格局，其視萬物皆各有自性，歷歷分明，安得云一體？然儻以德性觀之，人之所得，皆分有於此一體之宇宙者，故得其一體之仁者爲大體，所謂天也；失此仁者爲小體，所謂人也。然則宇宙一體之象與人之眼耳口鼻乃至四肢之同在此身，亦未嘗不可以相喻。所謂大人者，得人之所以上達於天之通性矣，其小人則惟知此身，是各得其利之自性

耳。故人之從大、從小，皆在心官所擇而已。心之功能在思慮、計度、決斷，此上天所賦予之本能也。

物與物交，則以力相牽引，此人所共知者。依墨子，"力，重之謂"(《經説上》)，後世以引力釋重力，即本於孟子此章。天人猶言乾坤，萬物皆秉坤德，固有下墜或外逸之勢，惟本心足以持之。當心物相接之時，耳目功能所根植者唯是觀察，而非決斷，此佛家所謂六根，是亦物也，故可爲外物牽引，唯此心官之思(決斷)乃可以抗拒外力之牽引。以德性論言之，此決斷之思可當五常之信。信者，定也。儻決斷之力不足，則如《莊子》所言，"有機械者必有機事，有機事者必有機心"(《天地》)。後世如司馬光以"扞格外物"釋《大學》"格物"之義，蓋亦受孟子本章所啓發。雖然，此非《大學》格物之本旨也。心官既能先擇其大者，是有所立矣，則外物不能蔽且誘之，是所謂"小者不能奪"也。擇其大是能誠其意，故本心不失，[1]是所謂"唯大人爲不失其赤子之心"之大人也。

第十六章

孟子曰："有天爵者，有人爵者。仁義忠信，樂

---

〔1〕　焦循言："先立乎其大者，謂心能主乎耳目，非離乎耳目之官，而專致力於思。然則所謂'先立乎其大者'，舍視聽言動，無下手處也。"焦氏論心蓋衹以知性爲言，故以心之主宰耳目感官即爲"先立乎其大"，不知孟子所謂思兼意志而言，非局限於知性者也。牟宗三曰："嚴格言之，惻隱、羞惡、恭敬、是非之心中皆有思明之作用(即誠明之作用)在其中。此思即他處孟子言'思誠'之思，亦《洪範》'思曰睿，睿作聖'之思。依康德詞語説，是實踐理性中之思，非知性理解中之思。"前揭《圓善論》，第52頁。此則甚爲有見。

善不倦，此天爵也。公卿大夫，此人爵也。古之人，修其天爵而人爵從之。①今之人，修其天爵以要人爵。②既得人爵而棄其天爵，則惑之甚者也，終亦必亡而已矣。"③

【簡注】　① 從之，隨之而來。② 要，求。③ 亡，喪失。指人爵而言。

【講疏】　所謂天爵，言修其本心，因德性境界不同，而有聖人、君子、常人、惡人之別。其得仁義忠信者，有大人、君子之美德，乃貴於常人，猶有爵者也，是天命之性所與者，故曰天爵。至於人爵，乃因世間法所得之位，其位分之獲得，功績之小大，非因其德也，而常隨其時勢。故雖以周公、孔子之大聖，而不得天子之位，暴君、佞臣而居位者反比比皆是。老子所謂"天之道損有餘而奉不足，人之道損不足以奉有餘"。上古之時，德位一致，韓非所謂"上古競於道德"，是本章所言"修其天爵而人爵從之"；〔1〕及至戰國，修德之人雖亦常爲人所尊仰，然以修德爲手段以求人爵者亦多矣，所謂"終南捷徑"是也。此沽名釣譽以求利祿者耳，故登岸則舍筏，人爵既得則棄其天爵。後世所謂僞儒，皆此輩也。此非不知天爵之重，然而皆棄

---

〔1〕 牟宗三已指出"古之人修其天爵而人爵從之"未必具有確然性，是也。但認爲"是句警戒勸勉語"，亦稍有可商。蓋此處所言古之人即指上古理想聖王之時，此在今日固未必承認之爲史實，而在孟子及時人心中，固視之爲史實也。綜合古今，可視此"古之人"爲理想或應然。

之，是惑之甚者。顧天爵既喪，而以利相爭，必至分崩離析，其可久乎？

第十七章

孟子曰："欲貴者，人之同心也。人人有貴於己者，弗思耳。人之所貴者，非良貴也。^①趙孟之所貴，^②趙孟能賤之。《詩》云：^③'既醉以酒，既飽以德。'言飽乎仁義也，所以不願人之膏粱之味也。^④令聞廣譽施於身，^⑤所以不願人之文繡也。"^⑥

【簡注】　① 良，誠，實。② 趙孟，趙氏之長。按趙氏在春秋爲晉國之卿，後三家分晉，而爲大國。此處泛指位高權重者。③《詩》，《大雅·既醉》之篇。④ 願，希求。膏，肥肉。粱，精米。⑤ 令，善。廣，大。聞、譽，名譽。⑥ 文繡，繡着花紋的衣服，泛指美服。

【講疏】　本章亦承上而言。"欲貴"者，猶今言"人往高處走"，欲爲他人所重視，此人心所同者。惟或以天爵爲貴，或以人爵爲貴，不知人皆有其"秉彝"之德，是所謂"良貴"也。朱子以爲"良者，本然之善"，焦循以爲良貴猶言最貴。實則良貴與

良知、良能之良皆當訓誠，即本心真實之義。[1]良之有比較義、善義，蓋即由此引申者。

趙孟位高權重，是能賞罰予奪者也，此言人爵也。人爵既可以予奪，是不足貴者，儻天爵在身，則不可奪矣。子曰"三軍可奪帥也，匹夫不可奪志也"（《論語·子罕》），即謂是也。"富潤屋，德潤身"（《大學》），儻能飽以仁義，則不惟浩然之氣自生，且有善聞廣譽加諸身矣，此皆"先立乎其大者"自然之效，又豈能爲華服美食之欲所奪，是所謂"其小者不能奪"。

第十八章

孟子曰："仁之勝不仁也，猶水勝火。今之爲仁者，①猶以一杯水救一車薪之火也。不熄，則謂之水不勝火。此又與於不仁之甚者也，②亦終必亡而已矣！"③

【簡注】 ① 爲仁，行仁。② 與，助。③ 亡，失。指失其仁。

---

[1] 阮元云："按良能、良知良字，與'趙孟之所貴，非良貴也'良字同。良，實也（見《漢書》注），無奧旨也。此良知二字不過孟子偶然及之，與良貴相同，殊非七篇之中最關緊要之言。且既爲要言，亦應良能二字重於良知，方是充仁推恩之道。不解王文成何所取，而以爲聖賢傳心之秘也（下言此乃魏晉清談老莊者發軔，再變爲禪學，而成陽明宗旨）。"説見氏著《揅經室集·一集》卷九《孟子論仁論》，叢書集成初編第二一九九册，商務印書館，一九三五年，第182—183頁。按：良本有實義，阮氏本《漢書·荊燕吳傳》"誅伐良重"注訓良爲實，其説極是。然對"良知"、"良能"之理解則非。蓋實即是誠，良知、良能即誠知、誠能，皆人性所本有。此正孟子奧旨所在。參《盡心上》第十五章論良知、良能。

【講疏】 上述諸章皆言天人交戰、大小相奪之義，然何以其為大者常不勝於小，此常人所大不解者。下篇所論"禮與食孰重"亦與此相類。孟子故以水火為喻，言水雖滅火，然杯水車薪亦不可。另如種子雖能生，儻培土太過，亦不能生矣。夫浩然之氣必集義而生，否則其夜氣之所存、平旦之氣亦不足以勝外物之陷溺矣。本章當與存夜氣章合參。

第十九章

孟子曰："五穀者，種之美者也。^①苟為不熟，不如荑稗。^②夫仁亦在乎熟之而已矣。"

【簡注】 ① 種（chóng），種稑（lù），穀物的通稱。② 荑（tí）稗，一種可食的野稗。

【講疏】 荑稗亦可食，而不如五穀味美。然儻五穀不熟，尚不如荑稗之熟者也。五穀、荑稗，蓋可分喻德性與知性也。"仁熟"者，猶前文所言"依仁由義"；所謂不熟者，猶"義襲"也，雖得其形而未得其實。人見其義襲，以為仁義亦不過如是，是反教人以不仁也。孔孟所言鄉愿，近世所謂孝道、禮教，與夫時下偽儒所倡導之儒教乃至文化傳統，徒承襲聖學之表，"以己之昏昏，使人昭昭"（《孟子·盡心下》），皆此類也。然則德豈可不修，學豈可不講乎？孔子曰："德之不修，學之不講，聞義不能徙，不善不能改，是吾憂也。"（《論語·述而》）惟修德講

學,始知仁與不仁;惟徙義遷善,始見熟與不熟。聖賢雖往,而遺經尚在,所謂"溫故"也;遷善改過,集義而行,所謂"知新"也。子曰:"溫故而知新,可以爲師矣。"

第 二 十 章

孟子曰:"羿之教人射,必志於彀;^① 學者亦必志於彀。大匠誨人,必以規矩;學者亦必以規矩。"

【簡注】 ① 彀(gòu),弓滿,此處指彀率。

【講疏】 所謂彀者,指彀率而言,此張弓之法度也。后羿乃善射者,故首以遵守彀率教人。"離婁之明,公輸子之巧,不以規矩,不能成方圓"(《孟子·離婁上》),此皆大匠也,亦必以規矩教人。若俗匠,則但求偶中,未必能守其法度也。孟子又云:"規矩,方圓之至也;聖人,人倫之至也。"(《離婁上》)聖賢教人,亦必教人以成聖之道。"聖人與我同類",論人性者,必當取法乎聖人也。若俗學則不然,但以生命之實然論人性,則生命之"充實而有光輝"者皆不復可得矣。本篇既論人性,以志於聖人及學聖人之法殿後,固其宜也,是孔門內聖之學也。

孟子章句講疏卷十二

告子章句下凡十六章

【解題】 本心與習心固有小大之異，然當事爲之際，何者爲小，何者爲大，尚未易明也。"心之官則思"，孟子乃隨文示例，以見心思之用，當權衡揣度，不可以渾淪言之。此亦《詩經》"有物有則"、孔子"道不遠人"之旨。老子云："有名萬物之母。"有物斯有名矣，蓋惟權斯可以正名，《春秋》乃孔子權衡天下之書，故《莊子·天下》有言："《春秋》以道名分。"子曰："我欲載之空言，不如見之於行事之深切著明也。"

故人之所行雖似，儻發心不同，則含義有別。以心性論言之，孟子之學以德統知，大不廢小，當德、知交接之際，方圓既不相耦，名實亦難一致，故汗漫叢生。此小大相分之根據，亦儒墨相爭之焦點，與孔子"毋必、毋固"之說遥相呼應。本篇所破斥者，無論宋鈃、淳于髡，皆與墨學相通。儻以首章所論"齊本"與上篇"知類"合觀，可覘孟子名辯之學。

本篇雖大旨貫通如一，次序則由外而内，由末及本。首揭本末、輕重、小大、内外之理，次言政道治法，次言賢者持守及

出處之義，終之以返本復性之法。外王、修身、内聖，層次井然，而爲《盡心篇》張本。

章旨結構圖

辨本末、輕重、小大、内外之理
1. 辨本末輕重小大。兩種禮。兩種名。齊本。
2. 兩種“堯舜”。
3. 兩種“怨”。
4. 兩種“罷兵”之說。義與利。
5. 禮儀與禮意。辨内外。
6. “先名實”與“後名實”。辨内外。

政道與治法
7. 王與霸。古與今。論政道。
8. 教民與殃民。兩種臣（尚賢）。
9. 兩種良臣。
10. 兩種政道：堯舜之道與貉桀之道。論分工及治法。
11. 兩種治水之術。

持守及出處
12. 兩種執。
13. 兩種所好。
14. 去就、出處之義。

復性之法
15. 動心忍性。
16. 動其心。

第 一 章

任人有問屋廬子曰：^①“禮與食孰重？”

曰：“禮重。”

“色與禮孰重？”

曰：“禮重。”

曰：“以禮食則飢而死，不以禮食則得食，必以禮乎？親迎則不得妻，^②不親迎則得妻，必親迎乎？”

屋廬子不能對。③明日之鄒，④以告孟子。

孟子曰:"於答是也何有?⑤不揣其本而齊其末，⑥方寸之木可使高於岑樓。⑦金重於羽者，豈謂一鉤金與一輿羽之謂哉?⑧取食之重者與禮之輕者而比之，奚翅食重?⑨取色之重者與禮之輕者而比之，奚翅色重?往應之曰:'紾兄之臂而奪之食，⑩則得食，不紾，則不得食，則將紾之乎?踰東家墻而摟其處子，⑪則得妻，不摟，則不得妻，則將摟之乎?'"

【簡注】　① 任，國名。屋廬子，孟子弟子，名連。② 親迎，古代婚禮的最後一個環節，男子須至女家親迎。③ 對，答。④ 之，到。⑤ 何有，有何難處。⑥ 揣，揣量。而，以。⑦ 岑(cén)樓，高聳似山的樓。⑧ 鉤，帶鉤。輿，車。⑨ 奚翅，何啻。⑩ 紾(zhěn)，扭。⑪ 摟，牽，脅迫。處子，未嫁的年輕女子。

【講疏】　"食色，性也"，此雖告子之説，固生物之通則;禮則人類所獨有。故儻在禽獸，則但言食色即可，不必以禮言。告子以自然論人性，雖不必廢禮，然以禮爲外在規定，不如食色之重。孟子既以上達於天者論人性，則二者缺一不可，亦不無輕重之分。蓋儻無食色，雖形軀無以自存，尚不失爲人類;然儻無禮，則不可以爲人矣。此孟子"無惻隱之心，非人也;無羞惡之心，非人也;無辭讓之心，非人也;無是非之心，非人也"之義。此處言禮，可以括仁義禮智四德。故禮乃人倫之本，是

禮重於食色之義。此非欲輕視食色也，學者不必以辭害義。

言孰重者，即問何者爲本。本重而末輕，即前文所謂小大之義。此輕重、小大皆非知性之客觀量度，乃自德性論之本末先後而言。人類生命之有待於禮（德，精神）與食色（略當後文所言"形色"，軀體），亦猶生命之必本諸乾、坤，乾生坤成、乾主坤從，雖皆不可無，而小大、輕重判然。顧此判斷乃德性論之關係判斷，與普通邏輯判斷不可混爲一談。前者乃基於事物在統體中之位相（姑名之曰"物象"），後者則是基於獨立之事實。所云位相，係指事物之態勢或事態，非孤立的原子事實。此處所謂原子事實，非指古希臘原子論或印度古哲所謂極微，亦非邏輯原子論之原子事實。依常識之見，事物皆有其名實，名實各從其物類，種屬有別，可名之曰事實。此事實乃知性所構畫者，相互之間猶原子之互不統屬，故亦可名之曰原子事實。戰國以降，墨辯、名家言之甚悉，西學即以此爲大宗，佛家則視之爲俗諦，雖孔孟亦無以反對。其理雖不究竟，[1]然固有其實用之價值也。顧儒者所言名實尚不止此，蓋種屬關係之外，尚有所謂"禮名"：

　　　禮的核心觀念便是"名分"或"名位"，"名位不同，禮

[1]　以今日知性之反思而言，其實已經突破常識關於事實確定性之理解，如光之波粒二象性、電磁場之存在、量子力學等相關理論，皆已超越常識關於物體的理解。哲學領域尤其深入。然此種事實依然在三種意義上流行。一是在人類感官直觀的層次，此類孤立"事實"似乎依然成立，並影響人類常識的形成。二是此種事實在日常活動中仍有實用價值。三是歷史上諸種常識皆依此而立，歷代各種學說也多在此基礎上開始討論。故討論古人學說，亦當明瞭其所對話之對象。

亦異數”(《左傳・莊公十八年》),禮名的根本不在於對自然物性質(類屬性)的確定,而是事物在宇宙中所應然具有的名分。譬如同樣是一頭牛,作爲自然物的牛,與作爲犧牲的牛在名分上是不同的。[1]

　　既言禮名,故同一名之存在,可因分位不同而表相異之實,故名分先於事實。此理不見於自然事物之間,因自然事物皆可爲原子事實所統攝;而常見於閉合結構之中,如生命形態,政治架構,禮樂系統,德性論及宇宙論,等等。此儒家名辯論之根本,學者不可輕忽,兹以下圖表之:

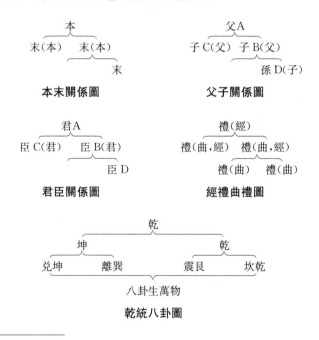

本末關係圖

父子關係圖

君臣關係圖

經禮曲禮圖

乾統八卦圖

---

〔1〕　拙作《早期儒家的名辯思想》。

知統三德五常圖

　　申言之，不同事物因名分而形成架構，故欲討論具體事物，必先於此架構中理解之。此即上文"名分先於事實"之義。此思維所以是德性思維者，即因分析事物名實之前，已先承認事物與他者之一體性，故此事物乃分有（即有得）於此一體性者。此分位、架構之義所蘊含者，蓋無一體性之承認即無所謂分位、架構。

　　首先，每一分位之名必須與其上下左右直接相關者合觀，凡上下皆本末關係，左右皆先後關係（如以上諸圖），此即《大學》所言："物有本末，事有終始，知所先後，則近道矣。"

　　其次，分位之間不可以隨意躍遷。如父子關係圖中，"子之子"（D）與"父"（A）乃子孫觀係，不可以直稱父子。"子之子"稱其父 B（即"子"，加引號以表其名）之兄弟 C（亦"子"）爲"諸父"，亦不可以直稱"父"。此在宗法制（尤其是五服制）中更易瞭然。君臣亦然，"臣之臣"與"君"（D 與 A）衹可云陪臣，"臣之臣"與其君之同僚（D 與 C）亦然，非直屬君臣，故亦不爲之負責。儻相互比較大小，亦衹可以同級及上下級相比較，如齊國管仲，雖於諸侯爲陪臣，而權勢財富實過於列國之君。其與列國君臣（甚至周天子），雖有君臣之名，而並無其實。此關係亦可見諸抽象問題之討論，如孔子論仁，多當機指點，此當機即有賴於各人之分位。普通人不察，每以禮名爲一定義，故常打破此架構而混淆其分位，遂致思維混亂。章學誠所謂"橫通"，章太炎所云"汙漫"，其實皆源於此。此類混亂亦可以消

除,荀子命之曰"所爲有名",此乃名相劃分之依據:

> 異形離心交喻,異物名實玄紐,貴賤不明,同異不別。如是,則志必有不喻之患,而事必有困廢之禍。故知者爲之分別,制名以指實,上以明貴賤,下以辨同異,貴賤明,同異別。如是,則志無不喻之患,事無困廢之禍,此所爲有名也。(《正名》)

所謂"貴賤"是指禮名之層次不同,所謂"同異"是指事物之自然屬性。不同層次之名不可以相互混淆。歷來解荀者衆多,於此理尚多未予正視。[1]實則此理乃儒門所共遵,孟子下文所言"齊本",其理正同。

如前所述,任人所問禮與食色孰輕孰重,實承上篇告子與孟子之爭論而言。以心性論言之,即本心與習心之孰輕孰重。屋盧子既言禮重,是以本心爲大也。然任人乃設二例:一曰以禮食則飢餓而死,[2]不以禮則得食。此猶"男女授受不親"乃禮也,然儻過重此禮,則"嫂溺不必援之以手"之說興矣,否則是禮輕於食也。二曰親迎則不得妻,[3]不親迎則得娶妻。

---

〔1〕　參前揭拙作《早期儒家的名辯思想》。

〔2〕　按清儒討論禮食,多糾結於饋食禮、公食大夫禮等具體問題之爭論,此皆枝節問題,非孟子本旨也。參焦循《孟子正義》。

〔3〕　清儒討論親迎,多糾結於天子是否親迎之義,此亦無關大旨者。焦氏且引清儒周柄中之說,不從《公羊傳》天子亦親迎之說,而主《左傳》,理由則取唐陸淳所謂天子"尊無二上",故不當親迎之論。元按:陸淳所言非也。《公羊》所言蓋孔子新義,若《左傳》所言,雖或爲周代故事,然其理據亦唯可言天子不可因私廢公,非尊天子其人也。周公、孔子制禮雖若相反,而其大義則若合符轍。若焦循輩,不惟力闢宋儒之師道自任,即爲《孟子》作注,亦時時不忘尊君,生當蠻夷猾夏之時,而所爲如此,真小人儒之尤者也。

當此之際，人必因娶妻而廢親迎也，然則禮輕於娶妻，是輕於色也。此二論似皆合乎名理（邏輯），屋廬子故不能答。

儻依名理（邏輯）言之，禮與食實無可比較，蓋禮、食分屬不同集合（類），各含不同層次，儻以不同角度衡量，或此重於彼，或彼重於此，不可輕言孰重。惟以孟子性善論而言，德性之本先於自然存在，儻無仁義禮智四端，則人亦不成其為人矣。故可言禮（此處以禮統攝四德）重於食色。此禮乃禮之統體，而與統體之食色為同一層次，故為本末關係。而具體之禮與統體之禮，亦即曲禮與經禮之別，雖皆有禮之名，而所指（實）不同。食色亦然。任人乃以曲禮替換經禮，以禮之輕者與統體之食相比較，混淆其分位，以形其自相矛盾。此在邏輯學而言，即屬偷換概念，蓋此不同分位在邏輯學中本當以不同概念表之也。此用於辯論，或可使對手一時理屈詞窮，儻用以探討學理，實未見其是。故孟子乃舉金重於羽為例，此言同等條件之比重耳，豈可以一帶鉤之金與一車之羽泛泛比較？另如比較高下，亦當齊其本而為之。所謂同等條件，即"齊本"之義，亦即上文荀子所言"明貴賤"。上篇孟子論天人交戰與大小相奪，以杯水車薪為喻，亦同此例。<u>故所謂齊本，在名理（邏輯學）而言，實即保證邏輯推理過程中概念層次之一致性</u>。觀任人之討論中，其禮、食之名雖同，而概念所指（實）則已變換矣。

然則經學所以流於汗漫，其故亦可知矣。禮名即事物在其分位中之顯象，非自然事物之定義（常名）也。[1]老子故云：

---

〔1〕 以"常名"為略同於邏輯學所言"定義"，乃因二者雖中西有別，然皆知性思維之結果，皆所以表事物之實。中土先秦與古希臘學者具體使用各自概念時內涵外延容有微異，然大旨可通。時下學者頗有強調中西思想之絕對差異者，此予所不敢苟同。蓋儻無心同理同之處，則人類之對話亦無可能。惟有知其所同，方能真明其所異，是謂人類不同文化思維之"同而異"。

"道可道,非常道;名可名,非常名。"常名乃知性所構畫之物名,荀子謂之"散名",可"緣天官"而明之。此亦普通所言名實之名,墨子所謂"以類取,以類予"(《小取》)。道家以無名爲尚,欲復其渾淪之樸,故言"非常名"。自儒者言之,則此"非常名"者,乃天地間之禮名也,亦與常名有別。孔子之"正名",即指禮名而言。儻不顧禮(天理)之架構性,夷禮名與常名(定義)於平列,則思維必有汗漫之失。此德性、知性相互轉換之機括,學者不可不察。華夏文明所以每況愈下,章太炎所謂中國學術"其失在於汗漫"(《諸子學略説》),實皆禮樂崩壞所致,其義理根源具在於此。

孟子既已揭明大旨,於章末乃引一反例,以禮之稍重者與食之輕者相較,則禮重於食矣。復以禮之重者與娶妻相較,則禮亦重於色矣。然則彼之言食色爲重者,亦非定論。此"以子之矛攻子之盾",以形任子持論之偏。

第 二 章

曹交問曰:① "人皆可以爲堯舜,有諸?"②

孟子曰:"然。"

"交聞文王十尺,湯九尺,今交九尺四寸以長,③食粟而已,④如何則可?"

曰:"奚有於是?⑤亦爲之而已矣。有人於此,力不能勝一匹雛,⑥則爲無力人矣。今日舉百鈞,⑦則爲有力人矣。然則舉烏獲之任,⑧是亦爲烏獲

而已矣。夫人豈以不勝爲患哉？⑨弗爲耳。徐行後長者，⑩謂之弟；疾行先長者，謂之不弟。夫徐行者，豈人所不能哉？所不爲也。堯舜之道，孝弟而已矣。子服堯之服，誦堯之言，行堯之行，是堯而已矣。子服桀之服，誦桀之言，行桀之行，是桀而已矣。"

　　曰："交得見於鄒君，可以假館，⑪願留而受業於門。"

　　曰："夫道若大路然，豈難知哉？人病不求耳。⑫子歸而求之，有餘師。"⑬

　　【簡注】　① 曹交，姓曹，名交，大概是曹國後人。一說爲鄒國同姓遠族。② 諸，之乎。③ 長，身高。④ 食粟而已：祇會喫飯。⑤ 奚有於是：與這裡所說的何干呢？⑥ 匹，偶。一匹雛，兩隻小雞。⑦ 百鈞，三千斤。⑧ 烏獲，古力士，據說可舉千鈞。舉烏獲之任：能舉起烏獲所能承擔的重量。⑨ 不勝，不勝任。⑩ 徐行，緩行。此句大意：與長者同行，能讓其一頭。⑪ 假，借。⑫ 病，患，怕。⑬ 有餘師：可以爲師的大有人在。

　　【講疏】　依趙岐，曹交乃曹君之弟。[1]曹本宋之附庸，

---

[1] 《春秋》哀公八年，宋人入曹，《左傳》則云滅曹，則其時已無曹君。故後人於曹交之身份議論紛紜。清儒惠士奇、閻若璩、毛奇齡等亦多有考證，然訖無定論。如閻若璩即引中山之後復有中山之例，言曹亡之後亦或有另一曹國。按曹既滅國，後人以曹爲氏，觀其與鄒相往來，身份大概亦頗不低。蓋曹國之後也。趙岐所言當有所本。所以稱曹君者，疑曹雖滅，其都城陶丘之大夫，俗亦以曹君稱之，顧非曹國之君耳。另，清趙紹祖言，鄒君亦曹姓，曹交既可假館，或即鄒之同姓遠族。見氏著《讀書偶記》卷四，趙英明、王懋明點校，中華書局，1997 年，第 51 頁。

都於陶丘，當時號爲"天下之中"（《史記・貨殖列傳》）。時孟
子所言王道，頗爲宋、滕、鄒諸弱小之國所樂聞，曹交蓋亦聞其
風而來學者。"人皆可以爲堯舜"，乃孟子所倡，曹交故以此爲
問。然觀其所述，蓋亦但聞其聲而不明其義。故言文王身長
十尺，湯九尺，皆高於常人，而自己亦高於常人，然何以未能成
聖，而與常人無別？蓋人之與人，可相比較者亦多矣，如身高、
體重、年齒、顏色、氣力、身份、學問、德行等等皆是。然聖人之
與常人，其差別何在？孟子故引氣力爲言，言無論手難縛雞抑
或力舉百鈞，皆與堯舜與否無關。此亦上章齊本之義，蓋堯舜
所以爲堯舜，人之與堯舜所同然者，以其德性之本言也。儻以
外在尺度規定人之所以爲人，亦猶以食色爲性，而不知德性之
本。故本章所以與上章相承者，即在破斥俗見之偏，矯告子義
外之謬。儻明此義，則見矛盾之上有不矛盾者以統攝之，宇宙
之架構性得以彰顯。

　　觀曹交之言，蓋心智不甚全者，然既慕堯舜之聖而欲學
之，孟子亦忠告而善道之。言堯舜之道亦不過孝弟而已，子能
知孝知弟，服堯之服、誦堯之言、行堯之行，即是堯矣。不可學
桀也。此全若告小兒之語。蓋堯之所以爲堯者本不在是，然
儻教小兒，則往往如此。朱子以爲曹交蓋不知事長之禮：

　　　　詳曹交之問，淺陋粗率，必其進見之時，禮貌衣冠言
　　動之間，多不循理，故孟子告之如此兩節云。

　　其言似求之過深。及曹交欲留鄒受業，孟子乃告以道如
大路，並不難知，人之患在不求而已。"有餘師"者，猶子曰"三

人行必有我師”,言可取法者隨處可見也。朱子亦以此言爲搪塞之言：“蓋孔子餘力學文之意,亦不屑之教誨也。”後儒多從之,非也。蓋以曹交之心智不全,即真欲教之,亦不過令其入孝出弟、灑掃應對足矣,堪爲其師者比比皆是,雖從孟子,所以教之者亦不過如此。學問固不可躐等而求也。故孟子所以告之者皆如實語。以孟子之告曹交,可見聖賢諄諄誨人之至意。

第 三 章

公孫丑問曰：“高子曰：① ‘《小弁》，②小人之詩也。’”

孟子曰：“何以言之？”

曰：“怨。”

曰：“固哉，③高叟之爲《詩》也！④有人於此,越人關弓而射之,⑤則己談笑而道之；無他,疏之也。其兄關弓而射之,則己垂涕泣而道之；無他,戚之也。⑥《小弁》之怨,親親也。親親,仁也。固矣夫,高叟之爲《詩》也！”

【簡注】 ① 高子,齊人。一説即傳子夏《詩》學的高行子（王應麟説）。②《小弁》,《詩經·小雅》篇名。③ 固,膠固不通。④ 爲,治。⑤ 關弓,彎弓。⑥ 戚,親。

【講疏】　據《毛詩序》，昔周幽王既寵幸褒姒，生子伯服，故欲殺太子宜臼而立之。宜臼之師傅乃作《小弁》之詩以刺幽王。朱子乃徑以此詩爲宜臼所作，[1]蓋受孟子此章影響而言者也。其詩曰：

> 相彼投兔，尚或先之。行有死人，尚或墐之。
> 君子秉心，維其忍之。心之憂矣，涕既隕之。

其意若曰，視彼自投羅網之野兔，尚或縱之；道有死人，尚或埋之。君子持心，何其忍也！此擬宜臼之意，"君子"即指其父幽王而言。依世俗之禮，"父母愛之，喜而不忘；父母惡之，憂而不怨"。萬章亦嘗以此相問。[2]故齊人高子釋此詩，[3]以爲既怨其父，是不知禮者，非君子之詩。高子蓋以禮爲當守之準則，此即告子義外之說。可見子夏一派學術實求之於外者。孟子故以固稱之，此猶刻舟求劍，是不知權衡以心者。孔子所疾"意必固我"之"固"，亦此意也。

依孟子之義，詩人之怨並非怨恨之意，乃是"愛之深，責之切"之意耳。儒者之義，"父子不責善"（《離婁上》），故此責非"責善"之義，而是埋怨其不善。《曲禮下》："子之事親也，三諫而不聽，則號泣而隨之。""隨之"之義與《周易·蠱卦》及《孝

---

〔1〕　趙岐以爲尹吉甫之子伯奇所作，後世多不從。
〔2〕　參《萬章上》第一章講疏。
〔3〕　高子另見《公孫丑下》、《盡心下》，清翟灝以爲非同一高子，且引王應麟説以爲即子夏傳《詩》之高行子。趙佑《四書溫故録》則彌縫其説，言高行子後學於孟子，然年已老宿，故以叟稱之。似當從翟灝之説。見翟灝《四書考異》卷三十四。

經》"幹蠱"之義不同，此儒學內部差異所在，可暫勿論。[1]所謂"號泣"者，即含怨慕之意。蓋人既見父母陷於不義，豈可無動於衷？惟親之，故不忍不怨責之也，此不忍人之心，即所謂仁也，親親，亦仁之表現於父子兄弟之間者。否則是淡然處之，漠視其入泥潭，是則與親親之義相反矣。

即此可知，同一怨字，而有小大之別。此如孟子與齊宣王論樂，論好貨、好色、好勇，皆欲其"大之"，二者名相雖同，而精神實異，不可簡單以概念視之也。人之精神固有境界差異，與禮名之因分位有別可以相通。語言亦本含多義，蓋古語甚簡，初皆以"怨"表之，及後歧義漸增，故孳乳轉繁，而有怨恨、怨慕之別。可見社會既已分化，知性思維日趨複雜，爲交流之便，對語義確定性之要求亦漸增。此即墨辯、名家興起之背景，亦經學訓詁及語言學發展之因緣。

　　曰："《凱風》何以不怨?"①

　　曰："《凱風》，親之過小者也；《小弁》，親之過大者也。親之過大而不怨，是愈疏也。親之過小而怨，是不可磯也。②愈疏，不孝也；不可磯，亦不孝也。孔子曰：'舜其至孝矣，五十而慕。'"

【簡注】　①《凱風》，《詩經·邶風》篇名。② 磯(jī)，激。以石投水，曰磯。不可磯，言水太淺，不能含容。

————————

〔1〕　參《離婁上》第二十八章講疏。

【講疏】 公孫丑乃復以《凱風》相問。依《毛詩序》,

> 《凱風》,美孝子也。衛之淫風流行,雖有七子之母,猶不能安其室。故美七子能盡其孝道,以慰母心,而成其志爾。

所謂淫風、不安其室,乃指七子之母欲再嫁,七子故自責"母氏聖善,我無令人"、"有子七人,莫慰母心",既不怨母,且成其志。詳參孟子之意,蓋與《毛詩序》所見相應。上古時代,再嫁尚屬自由,後世視爲"淫風"者,孟子但言"小過"而已,蓋其時本無後世所謂"從一而終"之説也。至其所過在何,亦不可考矣。班昭《女誡》所謂"禮,夫有再娶之義,婦無二適之文"(《後漢書·列女傳》),乃漢世禮教之産物,未必孔孟本旨。[1]子思之母、妻皆曾另適他人。所謂"夫爲妻綱"者,其初意蓋僅言夫婦乃君相齊體之義,而隱含內外之別。[2]秦漢以後,乃遂轉爲男性對女性之淩駕,其去先秦儒者之見亦遠矣。明代以降,女子守節之風甚囂塵上,悠悠萬世,惟此爲大,故或疑孟子爲妄語。孟子既不可疑,遂轉疑《詩序》爲妄,雖大儒如劉宗周、黃宗羲訖未能免,遑論其餘。[3]今世欲復興傳統者,亦當知所去就,否則執一成説即以爲傳統,誠可謂刻舟求劍,亦可謂

---

[1] 如《白虎通》所言婦人三從之義(《爵·婦人無爵》)、從一而終之説(《嫁娶·妻不得去夫》)之説,後者雖本諸《禮記·郊特牲》所謂"壹與之齊,終身不改,故夫死不嫁",然先秦蓋僅視之爲夫婦之理想,至漢世始變爲易俗之禮教矣。

[2] 關於夫婦大義,可參《滕文公下》第二章講疏,另參拙作《周易義疏》歸妹卦義解。

[3] 參黃宗羲《孟子師説》、毛奇齡《四書賸言》、周柄中《四書典故辨正》,焦氏已引及。

“固”矣。雖孔子之所嘗行,儻時過境遷,亦當以理衡之,詳析其所以然之故,不可盲從也。

朱注:“磯,水激石也。不可磯,言微激之而遽怒也。”母之過既小,故七子亦惟自責而不怨其母,否則是如水之過淺,雖以小石投之,即波瀾四起,所謂“不可磯”也。子之承事父母,既不責善,亦當含容其小過,子曰:“事父母幾諫。見志不從,又敬不違,勞而不怨。”(《論語·里仁》)故孟子復引孔子之言,言大舜因父母之不良,雖五十而“號泣于旻天”,是即所謂“怨慕”(《萬章上》),蓋惟能思慕之,是以能埋怨之也。

綜合言之,怨恨乃習心所發,怨慕乃本心所發,前者欲彼此分隔,後者乃欲復其一體之義。二者雖皆有“怨”之名,乃適相反對者,蓋小大有別也,學者當用心察之。

第 四 章

宋牼將之楚,① 孟子遇於石丘,② 曰:“先生將何之?”

曰:“吾聞秦、楚構兵,③ 我將見楚王,說而罷之;④ 楚王不悅,我將見秦王,說而罷之。二王我將有所遇焉。”⑤

【簡注】 ① 宋牼,一作宋鈃(xíng),宋人,年長於孟子,學術在道、墨之間。之,往。② 石丘,地名。③ 構,通搆,交。

④ 説，音 shuì。⑤ 遇，遇合。

【講疏】　宋牼當即宋鈃，[1]依趙岐，孟子既以先生相稱，是長於孟子也。莊子嘗論其學，以爲：

> 不累於俗，不飾於物，不苟於人，不忮於衆，願天下之安寧以活民命，人我之養，畢足而止，以此白心。古之道術有在於是者，宋鈃、尹文聞其風而悦之。作爲華山之冠以自表，接萬物以別宥爲始。語心之容，命之曰"心之行"。以聏合驩，以調海内。請欲置之以爲主。見侮不辱，救民之鬭，禁攻寢兵，救世之戰。以此周行天下，上説下教。雖天下不取，强聒而不舍者也。故曰：上下見厭而强見也。雖然，其爲人太多，其自爲太少，曰："請欲固置五升之飯足矣。"先生恐不得飽，弟子雖飢，不忘天下，日夜不休。曰："我必得活哉！"圖傲乎救世之士哉！曰："君子不爲苛察，不以身假物。"以爲無益於天下者，明之不如己也。以禁攻寢兵爲外，以情欲寡淺爲内。其小大精粗，其行適至是而止。（《天下篇》）

《荀子·非十二子》則以墨翟、宋鈃並稱，言其"不知壹天下、建國家之權稱，上功用、大儉約而僈差等，曾不足以容辨異、縣君臣"。其學蓋介乎道、墨之間，既以道家無欲之旨自

---

〔1〕　朱子已疑其即《莊子·天下》所云宋鈃。此前唐楊倞注《荀子·非十二子》亦已指出。

修，故無分別心：“不累於俗，不飾於物，不苟於人，不忮於眾”，
“見侮不辱”，“以情欲寡淺為内”，“大儉約而僈差等”；且富墨
者救世之情懷，故“禁攻寢兵，救世之戰。以此周行天下，上說
下教。雖天下不取，强聒而不舍”，“不忘天下，日夜不休”。其
學雖尤偏於道家者流，然與楊朱之“拔一毛利天下而不為”異
路，當係道教之前身。故“作為華山之冠以自表”，自淩於萬物
之上。蓋萬物皆為一孔之見所宥，故當去其遮蔽，而全天然之
則，是所謂“接萬物以別宥為始”。“別宥”之義，《吕氏春秋》
有言：

> 齊人有欲得金者，清旦，被衣冠，往鬻金者之所，見人
> 操金，攫而奪之。吏搏而束縛之，問曰：“人皆在焉，子攫
> 人之金，何故？”對吏曰：“殊不見人，徒見金耳。”夫人有所
> 宥者，固以晝為昏，以白為黑，以堯為桀，宥之為敗亦大
> 矣。亡國之主，其皆甚有所宥邪！凡人必別宥，然後知。
> 別宥則能全其天矣。（《去宥》）

萬物既各得其所，是得其所利矣，故以此調和天下，是所
謂“以聏合驩，以調海内”。聏，和。此即墨子“交相利”之説：

> 昔者文王封於岐周，絕長繼短，方地百里，與其百姓
> 兼相愛，交相利（則），是以近者安其政，遠者歸其德。聞
> 文王者，皆起而趨之，罷不肖股肱不利者，處而願之曰：
> ‘奈何乎使文王之地及我，（吾）則吾利。豈不亦猶文王之
> 民也哉！是以天鬼富之，諸侯與之，百姓親之，賢士歸之，

未殁其世，而王天下、政諸侯。（《墨子·非命上》）

　　顧墨子之學雖以知性爲本，且爲墨辯、名家所發揚，然與辯者之學實不同也。其以天志、兼愛、交利爲歸，則宗教精神之體現。墨學後來之分化以此。[1] 秦漢以降，墨學亦闌入道教，《墨子》一書因之以傳，有以夫！當戰國初葉，老、墨之學大興，若告子、宋鈃諸人皆依違於二者之間，[2] 而顯名於世。後世不察，或歸諸道，或歸諸墨，故聚訟不已。學者儻不爲後世學派之名所宥，能依理析之，則渙然冰釋矣。

　　曰：“軻也請無問其詳，願聞其指。① 說之將何如？”
　　曰：“我將言其不利也。”
　　曰：“先生之志則大矣，先生之號則不可。② 先生以利說秦、楚之王，秦、楚之王悅於利，以罷三軍之師；是三軍之士樂罷而悅於利也。爲人臣者，懷利以事其君，③ 爲人子者，懷利以事其父，爲人弟者，懷利以事其兄，是君臣、父子、兄弟終去仁義，④ 懷利以相接；⑤ 然而不亡者，未之有也。先生以仁義說秦、楚之王，秦、楚之王悅於仁義，而罷三軍之師；是三軍之士樂罷而悅於仁義也。爲人臣

----

〔1〕　墨學後來之分化，學者所論不同。以予所見，當分尚賢、尚同、兼愛三支，此說曾稍發於爲程楚鍵君《墨子通義》（未刊稿）所作序言，兹不具論。
〔2〕　如告子雖歸本道家，其義外之論又與墨家相通，是其學介乎二家之間。

者，懷仁義以事其君，爲人子者，懷仁義以事其父，爲人弟者，懷仁義以事其兄，是君臣、父子、兄弟去利，懷仁義以相接也；然而不王者，未之有也。何必曰利？”

【簡注】 ① 指，大旨。② 號，名義。③ 懷利，懷着求利之心。④ 去，離開，違背。⑤ 接，交接，交往。

【講疏】 孟子亦非不贊成罷兵之志者，可議者惟其所用之名義而已，是孟子所謂“號”。義利之辨，其大旨《梁惠王上》論之詳矣。本章所以再言之者，乃欲揭其發心之異。蓋以利説之者，乃純然功利計度之心；以義説之者，乃本心之所發。利之與義，知性之與德性，固有小大之別也。

第 五 章

孟子居鄒，季任爲任處守，①以幣交，②受之而不報。③處於平陸，④儲子爲相，⑤以幣交，受之而不報。他日由鄒之任，⑥見季子，由平陸之齊，不見儲子。屋廬子喜曰：“連得間矣。”⑦問曰：“夫子之任見季子，之齊不見儲子，爲其爲相與？”

曰：“非也。《書》曰：⑧ ‘享多儀，⑨儀不及物，⑩曰不享。惟不役志于享。’⑪爲其不成

享也。"⑫

　　屋廬子悦。或問之，屋廬子曰："季子不得之鄒，儲子得之平陸。"

【簡注】　① 季任，任君之弟。任爲薛之同姓小國。② 幣，財帛，禮物。③ 報，答禮。④ 平陸，地名。⑤ 儲子，齊相。⑥ 之，到。⑦ 連，屋廬子之名。間，間隙，機會。⑧《書》，《洛誥》之篇。⑨ 享，獻祭。儀，儀式。⑩ 物，禮物，此處當指禮物所隱含之德。⑪ 役，使。役志，用心。⑫ 此句大意：獻祭儘管儀式繁複，但儻若儀式與祭品隱含的德不相稱，仍然是没有獻祭。不用心於獻祭，便是没有獻祭。

【講疏】　依趙岐，"季任，任君之弟。任君朝會於鄰國，季任爲之居守其國也。儲子，齊相也"。季任、儲子皆嘗以幣（禮物）與孟子相交，亦皆"受之而不報"。及後孟子由鄒至任、平陸，乃惟往見季任而不見儲子。夫"來而不往非禮也"，乃通行之大義。儻以此爲據，則孟子所行是有滲漏、矛盾矣，故屋廬子自以爲"得間"。遂問孟子，蓋因"儲子但爲齊相，不若季子攝守君位，故輕之邪？"（朱注）孟子故引《尚書·洛誥》，言"獻祭之儀節雖繁，儻其禮不及獻祭之本，如同不獻祭。所以然者，因其不用心於獻祭也"。[1] 是儲子雖似以禮來交，然實未成禮也。此亦《周書》"黍稷非馨，明德惟馨"之義（《左傳》僖公五年引）。或有仍不明其義者，屋廬子乃釋之曰："季子爲君居

---

〔1〕　趙岐訓儀爲法，訓物爲事，"儀不及物"謂"事有闕也"。朱注則以儀爲禮，以物爲幣（禮物），兹稍從趙氏而不同，詳下。

守,不得往他國以見孟子,則以幣交而禮意已備。儲子爲齊相,可以至齊之境内而不來見。"此朱子引徐氏之説,大義可謂得之矣。

及物之説,前人多未重視,不過隨文解義而已。蓋及者至也,然所謂物者,究爲何義? 蓋物固可泛指指事物、萬物,亦有禮物之義,朱子本章即以禮幣釋之。古人祭祀,所以酬神也,故必求"備物",《國語》云:

> 子期祀平王,祭以牛,俎于王。王問于觀射父,曰:"祀牲何及?"對曰:"祀加於舉。天子舉以太牢,祀以會;諸侯舉以特牛,祀以太牢;卿舉以少牢,祀以特牛;大夫舉以特牲,祀以少牢;士食魚炙,祀以特牲;庶人食菜,祀以魚。上下有序,則民不慢。"王曰:"其小大何如?"對曰:"郊禘不過繭栗,烝嘗不過把握。"王曰:"何其小也?"對曰:"夫神以精明臨民者也,故求備物,不求豐大。"(《楚語下》)

所謂備物,即指祭祀時犧牲之完整。[1] 古人以百物皆神明所賜,"神降之嘉生,民以物享,禍災不至,求用不匱"(《國語·楚語下》)。此物亦自嘉生所出。自《周易》觀之,即百物初成,可以薦之神明,而爲神明所"觀"者。臨之義爲"大",當臨卦之時,萬物已"大",是初成矣;《序卦》"物大然後可觀",即與臨、觀二卦相應;蓋既有臨、觀之德,故可以獻於神明享用之,是則噬嗑之義。《周易》卦序以臨、觀、噬嗑相次者以此。

---

〔1〕 "備物"之義,可參拙作《孔曾禮學探微》。

其未得萬物之成者,不可以稱"物"也。儵以常人(小人)與君子之關係喻之,君子乃人類之成德者,"犧牲"、"禮物"則百物之成德者也,故可以薦之神明。百物之中,牛乃三牲之最大者,故可以喻"物"之總體,萬物之"物"遂以牛爲義符。莊子所言"庖丁解牛",即以解牛喻萬物之依理而解。[1]

本章所謂"及物",乃指獻祭之時與神明溝通之德,[2]此德雖可由禮物見之,實則以禮物爲媒介耳。故禮儀雖備、禮物雖完,儵無以溝通天人之德,是即"儀不及物"。

觀本章所言,雖同一禮儀,有無禮意,固小大有別也。孔子曰:"禮云禮云,玉帛云乎哉! 樂云樂云,鐘鼓云乎哉!"(《論語‧陽貨》)是其義也。

第 六 章

淳于髡曰:"先名實者,[①] 爲人也;[②] 後名實者,[③] 自爲也。[④] 夫子在三卿之中,[⑤] 名實未加於上下而去之,[⑥] 仁者固如此乎?"

孟子曰:"居下位, 不以賢事不肖者, 伯夷也。五就湯、五就桀者, 伊尹也。不惡汙君, 不辭小官者, 柳下惠也。三子者不同道, 其趨一也。[⑦]一者何

---

〔1〕　參拙作《周易義疏》離卦義解。

〔2〕　焦循引鄭玄注釋《洛誥》之文,言"儀不及物"乃指儀式甚簡,不及所進貢篚之物之多。江聲《尚書集注音疏》(《清經解　清經解續編》第三册)亦以鄭注爲義長。兹聊備一說,然孟子引此文之義實與鄭玄不同,此斷可知者。

也？曰仁也。君子亦仁而已矣，何必同？”

　　曰：“魯繆公之時，公儀子爲政，子柳、子思爲臣，⑧魯之削也滋甚。⑨若是乎賢者之無益於國也。”

　　曰：“虞不用百里奚而亡，秦繆公用之而霸。不用賢則亡，削何可得與？”⑩

　　【簡注】　① 先名實：以名實爲先。名，此處指有仁者愛人之名。實，此處指有仁者愛人之實。此句意思是：(仁者)應該先做到既有愛人之名，又有愛人之實。② 爲(wèi)人，爲他人。按爲人即愛人，愛人方可以稱仁者。③ 後名實：不追求“仁者愛人”之名與實。④ 自爲(wéi)，獨善其身。⑤ 三卿，大國有三卿。孟子曾居卿位。⑥ 加於上下：體現於對上、對下。去，去職。⑦ 趨，歸趨。⑧ 公儀子，名休，魯相。子柳，泄柳。⑨ 削，削弱。滋，益，更加。⑩ 何可得，豈可得。

　　【講疏】　上文言本末、大小之義，内外亦可以本末言也。所謂内聖外王，當以何者爲先？ 以具體事物言，誠莊子所謂“名者實之賓也”，實爲内而名爲外；顧以人生境界論之，則猶有進於此者。關於本章名實之論，朱子曰：

　　　　名，聲譽也。實，事功也。言以名實爲先而爲之者，是有志於救民也；以名實爲後而不爲者，是欲獨善其身者也。名實未加於上下，言上未能正其君，下未能濟其民也。

其說大體可通,然惟以聲譽、事功解之,亦未免過實。淳于髠乃宗晏子者,其學實與墨者之徒相近。[1]墨子摩頂放踵、兼愛天下,蓋淳于髠所謂仁者也。墨子釋仁,一則曰:"仁,體愛也"(《經上》);一則曰"仁,愛己者非爲用己也。不若愛馬者"(《經説下》)。[2]墨子言兼愛,其所謂仁,實即愛人如己之義。所謂"體愛",即言如實體會"愛"。此愛非泛言之愛,而是如愛己之愛,與愛馬不同,愛馬是欲其有用,此功利之心也。此用未必騎乘之用,蓋可以括藝術性之欣賞,是亦用也。惟愛己之愛則不同,乃無條件之愛也。人能於他者體此愛己之愛,是所謂仁也。故《經》文雖言"體愛",而恐人誤解其義,故於《經説》中區分愛己、愛馬兩種愛。蓋人雖皆有愛己之心,尚不可以言仁者也,仁者必由愛人見之。[3]故樊遲問仁,孔子曰:"愛人。"此義無論孔、墨,皆無不同。《墨子·兼愛中》:

　　子墨子言:"今諸侯獨知愛其國,不愛人之國,是以不憚舉其國以攻人之國。今家主獨知愛其家,而不愛人之家,是以不憚舉其家以篡人之家。今人獨知愛其身,不愛人之身,是以不憚舉其身以賊人之身。是故諸侯不相愛,則必野戰;家主不相愛,則必相篡;人與人不相愛,則必相賊;君臣不相愛,則不惠忠;父子不相愛,則不慈孝;兄弟不相愛,則不和調。"

---

〔1〕　參《離婁上》第十七章講疏。
〔2〕　此據孫詒讓説,參譚戒甫《墨辯發微》第二編《上經校釋》,第83頁。然譚氏解釋此二句之義,惟以"體諸己身"爲言,似未達一間。詳下。
〔3〕　《盡心上》另區分親親、仁民、愛物之別,義理尤爲精微。

  "既以非之,何以易之?"子墨子言曰:"以兼相愛、交相利之法易之。""然則兼相愛、交相利之法將奈何哉?"子墨子言:"視人之國,若視其國;視人之家,若視其家;視人之身,若視其身。"

  觀此可知,泛言仁義,孔墨亦無不同,惟二者所言大義不同耳。<u>蓋墨子執持人己之獨立,惟視之若一耳。由人己之獨立,則萬物各有其名實,而非一體</u>;其終則或流於二本之說,此暫不具論。[1]<u>儻依孟子之義,人己雖皆有其自性,各有其名實,然本源未嘗不同,皆秉此天地生生之仁。此仁即君子之"所性"。</u>[2]故人之愛人,雖有差等,而實涵一體之義。其差等之根據,乃因内外本末之別有以見之。此亦與人之自然情感相應。此墨者與儒學分野之大端。

  故本章所謂名,言仁者所居之名;所謂實,言仁者所爲之實。名實,言既有愛人之名,復有愛人之實。<u>依淳于髡之意,仁者既當愛人,則應首先符合"仁者愛人"之名實,其自爲者惟務自修,未能及物,是不仁也</u>。是亦"循名責實"之意。所謂自爲,在孟子而言固可曰"獨善其身",蓋"萬物皆備於我也",雖修身亦不失其萬物一體之義;然自淳于髡之見,蓋如楊朱之"拔一毛利天下而不爲"也。孟子而今既未能致君澤民,即欲抽身而退,是不仁也。淳于之説實與墨子相通。就中惟"名實

---

〔1〕 參《滕文公上》末章孟子與夷之的討論。

〔2〕 君子所性,表現爲仁義禮智信五種德,即所謂五常。然仁可以統攝五常,故言仁爲君子之"所性"。此處不必以辭害意。參《盡心上》第二十一章講疏。

未加於上下"或有別解，蓋以"上下"對應"三卿"之上下二卿，[1]言孟子之聲譽、事功未能過其儕輩也。然此固小節，當以朱子之説爲優。

以孟學大義參之，名實與心體尚内外有别。仁之所以爲仁，尚不足以名實斷之。<u>德言其體，名表其相，實見其用</u>。此説與淳于髡之見不同，二家對人性之理解固異。<u>淳于髡惟以名實論人，而孟子則欲觀其德性之本</u>。孟子故引伯夷之清、伊尹之任、柳下惠之和，此皆孟子心目中之仁者也，而其相不同。[2]蓋伊尹無論治亂皆進，固有似於淳于髡所謂仁者矣，然伯夷、柳下惠亦不可不謂之仁也。以"爲人"爲行仁者，亦如前文告子"義外"之論，視禮義爲外在之規定，未免膠柱鼓瑟之失。墨者尚同，故求整齊劃一；儒者言大同，是同中有異。子曰："君子和而不同，小人同而不和。"(《論語・子路》)可與此文相參。

就中惟伊尹"五就湯、五就桀"之義稍嫌費解。《萬章下》但言"湯三使往聘之"，《史記・殷本紀》言"湯使人聘迎之，五反然後肯往從湯，言素王及九主之事。湯舉任以國政。伊尹去湯適夏。既醜有夏，復歸於亳。"然則五反、五就之説，蓋皆泛言而已。[3]顧伊尹既已就湯之聘，何以又"去湯適夏"，史

---

〔1〕《禮記・王制》："大國三卿，皆命於天子。"孔穎達正義："三卿者，依周制而言，謂立司徒兼冢宰之事，立司馬兼宗伯之事，立司空兼司寇之事。"全祖望以爲大抵即指上卿、亞卿、下卿而言。焦氏已引及。

〔2〕關於此一問題，可參《萬章下》第一章講疏。

〔3〕翟灝《四書考異》卷三十四引明胡應麟之説略同，惟翟氏引《鬼谷子・忤合篇》"五就湯，五就桀"之文，以爲孟子所見實爲五，此則不足據。蓋《鬼谷子》之文亦未必指實而言也。

實皆未能明。朱子乃引楊氏之説，言：

> 伊尹之就湯，以三聘之勤也。其就桀也，湯進之也。湯豈有伐桀之意哉？其進伊尹以事之也，欲其悔過遷善而已。伊尹既就湯，則以湯之心爲心矣；及其終也，人歸之，天命之，不得已而伐之耳。若湯初求伊尹，即有伐桀之心，而伊尹遂相之以伐桀，是以取天下爲心也。以取天下爲心，豈聖人之心哉！

其説雖合理，然亦未必史實。觀孟子所言伊尹"治亦進，亂亦進"，疑伊尹本潔身不出，湯既聘之，乃幡然以"先覺覺後覺"自任，及後遂欲進而説（shuì）桀，是所謂"亂亦進"也。桀既不可説，遂助湯伐之。其詳亦不可求矣。[1]所以引伊尹爲説者，墨子之學本出殷人者也，[2]當戰國之時，人君世主以尚賢相號召，宗墨子者雖以交利天下爲言，然固以仁者自命，雖暴君污主亦從之不疑。人儻詰之，則彼固曰，吾爲救世愛人而來也。其終則或流於縱橫家之無忌憚。孟子有憂之，故昌言儒者出處大義，如此方可保持精神之獨立。

孟子所言仁賢之尺度，淳于髡蓋頗不然之，故云公儀休曾爲魯穆公相，泄柳、子思亦爲魯臣，此儒者所謂賢人也，然何以魯國反削弱更甚？朱子以爲淳于髡蓋譏刺孟子即便不去，亦無益於齊國也，其説良是。孟子乃以百里奚爲例，言其雖爲虞

---

〔1〕 參《萬章上》第七章講疏。
〔2〕 參前揭拙作《早期儒家的名辯思想》。

國之臣而虞實未能用，至於秦國，是真能用之也，故一則亡國，一則成霸。然則所謂用與不用，當考求其實際，不可徑以出仕與否言。此亦與上文所論仁與不仁邏輯正同，蓋不可執著其相也。

日："昔者，王豹處於淇，①而河西善謳。②緜駒處於高唐，③而齊右善歌。④華周、杞梁之妻，善哭其夫，而變國俗。⑤有諸內，必形諸外。⑥爲其事而無其功者，髡未嘗覩之也。是故無賢者也，有則髡必識之。"

日："孔子爲魯司寇，不用，⑦從而祭，⑧燔肉不至，⑨不稅冕而行。⑩不知者以爲爲肉也；其知者以爲爲無禮也。乃孔子則欲以微罪行，⑪不欲爲苟去。⑫君子之所爲，衆人固不識也。"⑬

【簡注】 ① 王豹，衛人。一説齊人（從鄭珍説）。淇，水名。② 謳，歌，唱歌。③ 緜駒，齊人。高唐，齊西邑。④ 齊右，齊國西部。⑤ 華周、杞梁，皆齊國大夫，死於戰事。傳説其妻哭倒城牆，其中杞梁之妻即孟姜女故事原型。⑥ 諸，之於。形，體現。⑦ 不用，不得其用。⑧ 從而，跟着。⑨ 燔，同膰(fán)。膰肉，熟的祭肉。按古代有頒胙之禮，根據具體祭祀規制，以祭肉分給與祭者或有關聯的人。⑩ 稅，通"脱"。冕，禮帽。⑪ 微罪，小過。⑫ 苟去，隨便離去。⑬ 固，本來。

【講疏】　孟子既以内聖外王立論,淳于髡乃另引"有諸内,必形於外"之義反駁之,且引王豹、緜駒及華周、杞梁之妻爲證。[1]此極似《大學》"誠於中形於外"之説:

> 小人閒居爲不善,無所不至,見君子而后厭然揜其不善,而著其善。人之視己,如見其肝肺然,則何益矣。此謂"誠於中,形於外"。故君子必慎其獨也。曾子曰:"十目所視,十手所指,其嚴乎!"富潤屋,德潤身,心廣體胖,故君子必誠其意。

儻孟子贊同其説,則難免陷入邏輯矛盾,蓋既"有諸内,必形於外",則其未形於外者,是未能"有諸内"也。公儀休、泄柳、子思諸人既未能形於外,是必"無諸内"也。儻以名理(邏輯)觀之,淳于髡所言乃不完全歸納,其結論實未可必。孟子亦有見於此,乃直破其大前提,言"有諸内"者,其"形於外"亦非如淳于髡所言,如是之直接也。故引孔子去魯爲例以駁之。其事朱子引《史記·孔子世家》言之略備:

> 按《史記》:"孔子爲魯司寇,攝行相事。齊人聞而懼,於是以女樂遺魯君。季桓子與魯君往觀之,怠於政事。子路曰:'夫子可以行矣。'孔子曰:'魯今且郊,如致膰于大夫,則吾猶可以止。'桓子卒受齊女樂,郊又不致膰俎于

---

[1]　諸説本事,焦氏《正義》考證頗詳,可參。杞梁妻即哭長城之孟姜女。王豹,鄭珍以爲當是齊人奔衛者,參氏著《巢經巢經説·孟子》,《清經解　清經解續編》第十二册,第4665頁。

大夫，孔子遂行。”孟子言以爲爲肉者，固不足道；以爲爲無禮，則亦未爲深知孔子者。蓋聖人於父母之國，不欲顯其君相之失，又不欲爲無故而苟去，故不以女樂去，而以膰肉行。其見幾明决，而用意忠厚，固非衆人所能識也。然則孟子之所爲，豈髡之所能識哉？

朱子所言孔子之心術雖大體皆是，[1]然於孟子所言聖人、衆（常）人之别尚未深求。常人思維以知性爲主，尚未能進至德性之域。故既知“誠於中，形於外”之説，遂以二者爲因果關係。儻“誠於中”必“形於外”，則其未“形於外”者，必未能“誠於中”也。以名理觀之，此論亦屬合理。顧儒者所謂“誠於中，形於外”，乃就德性思維而言，誠中乃形外之本（前提），非“誠於中”則必無以“形於外”；顧雖“誠於中”亦未能必其“形於外”也。“誠於中”猶種子也，“形於外”則如種子之能否成熟，尚視乎“地有肥磽，雨露之養、人事之不齊也”（《告子上》）。且以《離婁上》所言“誠僞”之論觀之，虚僞不實者（假象）亦所在多有，其“形於外”者或非“誠於中”所致，孟子故以“觀人眸子”諸法辨其心術之隱微，[2]此種義理之微妙，非仁者實難辨

〔1〕按關於“微罪”，後世學者議論紛紜，清儒如閻若璩，乃言孔子以“不脱冕”自罪，而不欲責其君相，見氏著《四書釋地》卷二《去魯》。近人楊伯峻《孟子譯注》亦從之。此説非也。閻氏所據，當爲《史記・樂毅列傳》，樂毅所言本爲“古之君子，交絶不出惡聲；忠臣去國，不絜（潔）其名”。蓋樂毅走趙，受燕惠王責讓，故引此自辯，以爲未嘗忘其故君。所謂“不潔其名”，其義實與“不出惡聲”無異，不爲自己辯白也。且《曲禮下》雖言大夫士去國“不説人以無罪”，亦指不必聲辯於人而已，非教人以有罪自誣也。孔孟皆主君臣義合者，不合則去，非一冬烘先生也，否則孔子亦不必作《春秋》矣。《史記・孔子世家》亦明言孔子責季桓子。

〔2〕參《離婁上》第十五章講疏。

識，豈衆人所易知？

綜合言之，由孟子與淳于髡之論，可見儒、墨名理之異，後者乃知性之學也，故名實之論不同。知性之與德性，固有小大之別也。

第 七 章

孟子曰：“五霸者，三王之罪人也。① 今之諸侯，五霸之罪人也。今之大夫，今之諸侯之罪人也。天子適諸侯曰巡狩；諸侯朝於天子曰述職。春省耕而補不足，秋省斂而助不給。② 入其疆，土地辟，田野治，養老、尊賢、俊傑在位，則有慶，慶以地。③ 入其疆，土地荒蕪，遺老、失賢，掊克在位，則有讓。④ 一不朝，則貶其爵；再不朝，則削其地；三不朝，則六師移之。⑤ 是故天子討而不伐，諸侯伐而不討。⑥ 五霸者，摟諸侯以伐諸侯者也，⑦ 故曰：五霸者，三王之罪人也。五霸，桓公爲盛。葵丘之會，⑧ 諸侯束牲載書而不歃血。⑨ 初命曰：‘誅不孝，無易樹子，⑩ 無以妾爲妻。’再命曰：‘尊賢、育才，以彰有德。’三命曰：‘敬老、慈幼，無忘賓旅。’⑪ 四命曰：‘士無世官，官事無攝，⑫ 取士必得，⑬ 無專殺大夫。’⑭ 五命曰：‘無曲防，無遏糴，⑮ 無有封而不

告。'⑯曰:'凡我同盟之人,既盟之後,言歸于好。'今之諸侯,皆犯此五禁,故曰:今之諸侯,五霸之罪人也。長君之惡,⑰其罪小;逢君之惡,⑱其罪大。今之大夫皆逢君之惡,故曰:今之大夫,今之諸侯之罪人也。"

【簡注】　① 五霸,此處指春秋五霸,除齊桓公、晉文公之外,說法不一,一般指秦穆公、宋襄公、楚莊王。也有人把吳王闔閭、越王句踐列入五霸。三王,夏商周三代創始之王,即夏禹、商湯、周文王和武王。② 省(xǐng),視察。斂,收。不給(jǐ),不足。③ 疆,疆域,境內。辟,墾闢。治,整治。養老,尊養年高有德者。慶,慶賞,獎勵。④ 遺老,未能養老。掊(póu)克,聚斂。讓,責讓。⑤ 六師,周代天子六師,此泛指軍隊。移之,此處指征討。⑥ 討,聲討。天子討而不伐:指天子出令聲討,由諸侯、連帥等負責征伐。⑦ 摟,牽,脅迫。⑧ 葵丘之會,魯僖公九年(西元前651年),齊桓公小白大會諸侯於葵丘,成爲春秋首位霸主。⑨ 束,捆束。束牲,指會盟時犧牲捆而不殺。載書,盟書。歃(shà)血,古代會盟,爲表取信,殺牲獻祭,並取血微飲。按,不歃血,是指葵丘之會信用昭著,不必歃血,即能相互取信。⑩ 初命,首先誡命。誅,求,追究。易樹,改立。子,世子。按,此處是指不許用君主私意改變禮制所歸定的世子。⑪ 彰,顯。慈,愛。賓旅,賓客及羈旅之人。按賓客,當指賓萌,即外來歸附的流民。⑫ 無攝,不可以(讓他人)攝代。⑬ 得,得人。⑭ 專殺,(不遵法度而以君主

私人之命)擅殺。⑮ 曲防,設置不該設的隄坊,如以鄰爲壑或壅斷水源。遏,止。糴(dí),買米。遏糴:指災荒時禁止別國來購買糧食。⑯ 封而不告:分封國邑而不上告天子(從朱子説)。⑰ 長(zhǎng),助長。⑱ 逢,逢迎。

【講疏】 本章大義甚明。《公孫丑上》:

> 孟子曰:"以力假仁者霸,霸必有大國;以德行仁者王,王不待大。湯以七十里,文王以百里。以力服人者,非心服也,力不贍也;以德服人者,中心悦而誠服也,如七十子之服孔子也。"

夫"以力假仁,此仁乃一外在規定,義襲者也;以德行仁,集義者也。此霸政與王政根本之别。二者雖皆有以服人,然一以懼,一以悦,前者出於外在之强力,後者出於内在之歸往"。[1]孟子所謂假仁,非世俗僞君子之行,專事欺人者也,其實即同於告子義外之説。故五霸非不善也,其所行,如本章"五命"、"五禁"云云,亦往昔王者之仁行也。然皆亦步亦趨而已,非聖賢依仁由義,自本心流出,而能得其因時之宜者。故霸之於王,境界固有小大之别。《梁惠王下》孟子言先王之觀,即引晏子之言:

> 天子適諸侯曰巡狩,巡狩者巡所守也;諸侯朝於天子

---

[1] 《公孫丑上》第三章講疏。

曰述職,述職者述所職也。無非事者。春省耕而補不足,
秋省斂而助不給。夏諺曰:"吾王不遊,吾何以休? 吾王
不豫,吾何以助? 一遊一豫,爲諸侯度。"

五霸所行,亦仁者之所當行也,顧何以云有罪? 罪者,過
也,非刑法所云"犯罪"之義。孟子故曰:"天子討而不伐,諸侯
伐而不討,五霸者,摟諸侯以伐諸侯者也。"朱子曰:

> 討者,出命以討其罪,而使方伯連帥帥諸侯以伐之
> 也。伐者,奉天子之命,聲其罪而伐之也。摟,牽也。五
> 霸牽諸侯以伐諸侯,不用天子之命也。

此説語甚渾淪,蓋言五霸征討諸侯雖是,然當請命於天
子,不應專斷自爲。顧朱説雖似,亦未必孔孟本旨。天下有
道,固"禮樂征伐自天子出";然"禮樂征伐自天子出"亦未必有
道之世,蓋秦政之下常有以私意僭禮而冒充禮樂者;所可知者,
惟不從天子出爲無道耳。然儻有諸侯能奉禮樂以補救之,亦可
云"禮樂征伐自諸侯出"(《論語·季氏》)。此春秋霸政所以爲
貴。天下既無聖王,雖周天子尚在,亦未必遵五霸之請,儻所請
不從,又當何如? 此猶舜之不告而娶,蓋儻告父母,父母不從則
反不美。故"用天子之命云云",孟子未必如是之迂也。且孟子
既遍説齊魏,欲其遵行王道,非真尊周室者也,故宋人有詩戲
言,"當時尚有周天子,何必紛紛説魏齊",可謂不知務也。[1]觀

---

[1] 事見馮夢龍《古今譚概·文戲部》,欒保群點校,中華書局,2007 年。此雖某士
與李覯戲言,然其事卻實爲宋代士人所關心者。另如《陸九淵集》卷三十四《語
錄上》:"(嚴)松嘗問梭山云:'有問松:"孟子説諸侯以王道,是行王道(轉下頁)

其說齊宣王："《詩》云：'王赫斯怒，爰整其旅，以遏徂莒，以篤周祜，以對于天下。'此文王之勇也。文王一怒而安天下之民。"時文王亦不過一諸侯，而云"一怒而安天下之民"，可知<u>孟子並無請命天子之心也</u>。何況儻行如桀紂，雖天子亦可誅也。

故詳本章文義，孟子所以不足五霸者，實因其"摟諸侯而伐"，蓋五霸既未能以德行仁，天下亦未能歸往，故不得不以力脅迫之，是所謂"摟"之也。任德與任力，實有本心與習心之別。其下云今之諸侯、今之大夫，亦不過言每況愈下，是皆以小大之別寓於其間。

顧"今之諸侯"所以尤小者，乃因戰國諸侯皆唯力是視，韓非所謂"上古競於道德，中世逐於智謀，當今爭於氣力"（《五蠹》），此"當今"即指戰國之世。韓非本出道家，故以三王五霸之仁義爲"智謀"，其視仁義亦不過可資利用之手段耳，與告子義外之說亦通。及戰國之唯力是視，則雖義外亦不可得，蓋仁義早已滅棄矣。以孟子觀之，其去五霸亦遠矣，故云"五霸之罪人"。孟子故不憚辭費，歷數葵丘之會齊桓與諸侯所定之盟約，雖王者而在，亦不過如此；雖"以力假仁"，亦實能行仁也。故夫子之論管仲，一則曰："桓公九合諸侯，不以兵車，管仲之力也。如其仁！如其仁！"再則曰："管仲相桓公，霸諸侯，一匡

（接上頁）以尊周室，行王道以得王位？"當如何對？'梭山云：'得天位。'松曰：'卻如何解後世疑孟子教諸侯篡奪之罪？'梭山云：'民爲貴，社稷次之，君爲輕。'象山再三稱歎曰：'家兄平日無此議論！'良久曰：'曠古來無此議論！'松曰：'伯夷不見此理。'先生亦云。松又云：'武王見得此理。'先生曰：'伏羲以來，皆見此理。'"鍾哲點校《陸九淵集》，中華書局，1980年，第424頁。按梭山（陸九韶）此義爲劉蕺山所稱賞，且曰："孟子之時，周氏僅一附庸耳，列國已各自王，齊秦且稱帝矣，周室如何可興？以春秋之論加諸戰國，此之謂不知務。"見黃宗羲《孟子師說》卷一《放桀伐紂章》，前揭《劉宗周全集》第五册《補遺六》。

天下，民到於今受其賜。微管仲，吾其被髮左衽矣。”(《論語・憲問》)小儒不知此義，徒見孟子言“仲尼之徒無道桓文之事者”(《梁惠王上》)，即貶之以爲不足道。其所見亦陋矣。

顧“今之諸侯”所行雖惡，爲臣者當有以正之，孔子曰“守道不如守官”(《左傳・昭公二十年》)，是於君有師道也；儻不能正之，又不能去，則必爲虎作倀矣，是爲“長君之惡”，其罪與君同；然亦有“先意承志”、以惡教君者，是所謂“逢君之惡”，其惡則尤大矣，故云“今之大夫，今之諸侯之罪人也”。言“今之大夫”，隱“古之大夫”，蓋後者能以師道自任也。

孟子本章以三王五霸連言，可證三五説之臻於完成，亦陰陽、五行二義合流之産物。學者由此，可以覘時代之變化矣。趙岐以爲：“五霸者，大國秉直道以率諸侯，齊桓、晉文、秦穆、宋襄、楚莊是也；三王，夏禹、商湯、周文王也。”五霸之具體人物雖有爭議，反可證三五之説入人之深。然即本章大旨而言，此非孟子措意之中心所在，姑置之可也。

第 八 章

魯欲使慎子爲將軍。①孟子曰：“不教民而用之，謂之殃民，②殃民者，不容於堯舜之世。一戰勝齊，遂有南陽，③然且不可。”④慎子勃然不悦，曰：“此則滑釐所不識也。”⑤

曰：“吾明告子：天子之地方千里；不千里，不足以待諸侯。⑥諸侯之地方百里；不百里，不足以

守宗廟之典籍。周公之封於魯，爲方百里也；地非不足，而儉於百里。⑦太公之封於齊也，⑧亦爲方百里也；地非不足也，而儉於百里。今魯方百里者五，子以爲有王者作，則魯在所損乎？在所益乎？徒取諸彼以與此，⑨然且仁者不爲，⑩況於殺人以求之乎？君子之事君也，務引其君以當道，⑪志於仁而已。"

【簡注】　① 慎子，魯人，名滑（gǔ）氂。一說即慎到，法家代表人物。② 殃，禍害。③ 南陽，汶陽（從清全祖望說）。④ 然且不可：（即便）如此，尚且不可。按此句當一氣貫下，言即便一戰勝了齊國，遂占據南陽，（有這樣的功勞，）也不可以爲堯舜時代所容。有學者以爲此句未完（楊伯峻說），不確。⑤ 不識，不知。⑥ 待，（以禮）接待。⑦ 儉，不足。⑧ 太公，姜姓，名尚，齊國始封祖。⑨ 徒，空。⑩ 然且，如此尚且。⑪ 當道，合道。

【講疏】　周世教民之法，《左傳》言之略備：

晉侯（文公）始入而教其民，二年，欲用之。子犯曰："民未知義，未安其居。"於是乎出定襄王，入務利民，民懷生矣，將用之。子犯曰："民未知信，未宣其用。"於是乎伐原以示之信。民易資者不求豐焉，明徵其辭。公曰："可矣乎？"子犯曰："民未知禮，未生其共。"於是乎大蒐以示

之禮,作執秩以正其官,民聽不惑而後用之。出穀戍,釋宋圍,一戰而霸,文之教也。(《左傳·僖公二十七年》)

五霸雖心術不及三王,然所行之法尚與王者大同。周代兵民合一,晉文在外十九年,返晉之時,年已六十有二,深感時不我待,故亟欲用兵圖霸。其始入而教,蓋束之以軍法,欲其從命也。舅犯則教以明義、能信、知禮,蓋明義則欲其返本,故"出定襄王",是能尊王也,復政治一體之義;"入務利民",是"小人樂其樂而利其利"(《大學》)。民既得其生趣("懷生"),始味其上下一體之仁。顧此内在之仁義亦當有所守,是即能信。史言文公伐原,約以退兵之時,當其時至,雖形勢有利於己,亦如期退兵,此與商君立木用意相同,其所異者,端在秦之"尚首功"、"開阡陌"皆誘之以利耳。秦既因利而興,亦因利而亡,而其流毒於世者已不可挽,孟子義利之辨所以昭示者遠矣。顧民雖明義能信,可謂得其本矣,略當《中庸》"未發之中";儻欲其"發而中節",則必有待於禮,方得天理之節文。所謂"文"者,即言禮之精益求精,中而能和。是故孔子讚歎周禮,言"郁郁乎文哉,吾從周"![1] 文公教民,歸宿於禮,而以大蒐之軍禮,執秩之制度當之,是真可謂"文之教"矣。故重耳稱霸天下,而後嗣謚之以"文"者,以此。後世史家,論大國爭霸,多以利益關係爲視角,於其背後之文教常目爲虛文,是亦小人之"喻於利"也。魯之慎滑釐,蓋善用兵者,故孟子規之如此。警其不可殃民,當知教民之義。慎子或言即《莊子·天

---

[1]　關於文的含義,參拙作《孔曾禮學探微》。

下》所言慎到，[1]然尚無明據。惟慎到學出墨家，又爲法家著名人物，本文慎子之"不教民"則實與二家相通。

孔子曰："以不教民戰，是謂棄之"；"善人教民七年，亦可以即戎矣。"(《論語·子路》)聖賢所以主教民者，欲其知禮而有所立。夫教之者，即放勳所言："勞之來之，匡之直之，輔之翼之，使自得之，又從而振德之。"(《滕文公上》)所謂"匡之直之，輔之翼之"，實即依其本性而誘掖之，及其既能自得，復擴而充之，是能依仁由義而成德矣。儻不能教之，是罔民、虐民也。孔子曰："不教而殺謂之虐。"(《論語·堯曰》)孟子亦言："無恒產而有恒心者，惟士爲能。若民，則無恒產，因無恒心。苟無恒心，放辟邪侈，無不爲已。及陷於罪，然後從而刑之，是罔民也。焉有仁人在位，罔民而可爲也？"(《梁惠王上》)罔者網也，罔民者言以羅網陷民於罪也。

惟夫子教民之義，學者似亦未能深察。晉頃公十三年(西元前513年)，范宣子以刑書鑄於鼎，孔子頗不然之，曰：

> 晉其亡乎！失其度矣。夫晉國將守唐叔之所受法度，以經緯其民，卿大夫以序守之，民是以能尊其貴，貴是以能守其業。貴賤不愆，所謂度也。文公是以作執秩之官，爲被廬之法，以爲盟主。今棄是度也，而爲刑鼎，民在鼎矣，何以尊貴？貴何業之守？貴賤無序，何以爲國？且夫宣子之刑，夷之蒐也，晉國之亂制也，若之何以爲法？

---

〔1〕 按《莊子·天下篇》慎到師墨子弟子禽滑釐，明薛應旂《四書人物考》以爲本章所言滑釐即禽滑釐之名。清翟灝從之。參氏著《四書考異》卷三十四《孟子·告子下》。

（《左傳·昭公二十九年》）

昭公六年，鄭人叔向亦有類似之論。近世以來，俗學頗以此爲孔子詬病，以爲維護等級制度，無平等精神。不知禮之義在"別上下"，故對上對下皆有約束之功。刑鼎非所以教民者，乃束民之具耳。刑鼎鑄矣，法成文矣，民衆雖似平等，對上並無權利之可言，尤與社會進步無涉。所謂一人獨立、萬人俯首式之平等，實人類精神之墮落。且法家之法亦與西洋法律淵源不同，後者源於自然法（Law of Nature），此自然法猶華夏所謂道、理。故西洋法律所對應於華夏傳統者，非刑法也，乃括禮、刑而一之之禮法耳。故西洋之宗教、法律，即西洋之禮教。俗學動言西洋無禮教，惟中土爲禮樂文明，真淺之乎其言也！惟其大宗一本德性，一本知性，是中西文化區別之所在，學者不必以辭害意。

禮之爲禮，乃因"絜矩之道"，故能直道而行。[1]法家之法則出於君主之私意，立一外在科條，强迫民衆從之，以此治國，民將無所措其手足矣。故禮俗之下，社會尚有自由空間，與法術所寄望之一元化統治實可謂大相徑庭。春秋以降，私人性君權漸張，自子産初鑄刑鼎以來，以法術治國之意識漸萌，實則即與此一大勢相表裏。老子所謂"法令滋彰，盜賊多有"；孔子所言"道之以政，齊之以刑，民免而無恥"（《論語·爲政》），皆針對法家之法而言。然則孔子所批評者，非言法律不

可以教民也，乃言其違背真正之"法度"耳。[1]既違背法度，故雖似教民，而實則虐民也。後世秦政即集戰國法家之大成。近世學者不察，徑以法家之法當法治，且於中西文化以禮、法強生分別，誠可謂知二五而不知一十也。蓋見一"法"字，即望"文"生義，此皆理論思維貧弱所致。[2]其説流毒既廣，於華夏文化之戕害至今未已，良可哀歎。

戰國以降，諸侯既以富國強兵爲務，所用之臣亦以是否助君求利爲衡量之尺度，此墨者"尚賢"之義。[3]依孟子之見，爲臣者當"以道事君"，爲大人者當"格君心之非"，是即所謂"引其君當道"而"志於仁"。此與慎滑釐所欲爲者，是義利有別也。故儒與墨法雖皆尚賢，而名同實異。或曰：當戰國之世，不圖強亦無以自存，且孟子所言，有聖王出，魯國之地當在所損，此誠迂闊之見耳，可見仁者之無益於國也。應之曰：儻志於仁而行王道，則湯以七十里，文王以百里，魯國誠有過之而無不及也，是孔子所欲復興之東周歟！夫"君子喻於義，小人喻於利"，言義而利在其中矣。孟子亦非不知現實之利害，顧爲政者當知其本也，是亦首章所言"齊本"之義。俗學至此，喜言"就事論事"，此皆策士、智術師之所爲耳，非可以論政治之理者也。

第 九 章

孟子曰："今之事君者曰：'我能爲君辟土

---

〔1〕 關於此問題，另可參拙作《早期儒家的名辯思想》。
〔2〕 另如見"民本"之説，即與"民主"概念橫加比較，亦望文生義而已。
〔3〕 參前揭《早期儒家的名辯思想》。

地，①充府庫。'②今之所謂良臣，古之所謂民賊也。君不鄉道，③不志於仁，而求富之，是富桀也。④'我能爲君約與國，⑤戰必克。'今之所謂良臣，古之所謂民賊也。君不鄉道，不志於仁，而求爲之强戰，是輔桀也。由今之道，無變今之俗，雖與之天下，⑥不能一朝居也。"⑦

【簡注】　①辟，墾闢，拓廣。②充，充實。③鄉，同嚮。④桀，夏桀。此處泛指暴君。⑤約，要結。與，助。與國，友邦。⑥與，給。⑦一朝，一天。居，安處。

【講疏】　本章亦承上章而言，良臣與民賊義利有別。依孟子之義，儻以富强爲務，則上下交爭，人人逐利，雖據有天下，亦不能長有之也。儒者非不言利，言義而利在其中矣。戰國以降，霸政亦不可得，華夏禮樂文明遂淪於夷狄。所謂"淪於夷狄"者，孔子所謂"諸夏而夷狄則夷狄之"是也，是《春秋》尊王之大義。諸侯既未行王道，法家富强之術反成時代主流。及仁義不施，攻守異勢，虐民無已，數世而亡，是孟子所言誠得其證矣。及至暴秦，可謂集其大成，雖無桀紂之名，而得桀紂之實。後世歷朝，雖統治之術各異，王道亦罕行之者，其"霸、王道雜之"者尚能自存，蓋霸政之中尚存王道之理念有以約束之。漢唐宋所以稱"後三代"者以此。[1]餘則或數世猝亡，或

────────

〔1〕　以漢唐宋爲"後三代"之説出自明邱濬《世史正綱》。筆者關於其內涵的初步討論，可參拙作《王學與晚明師道復興運動》(增訂本)序。

動盪不已,故改革之論,不絕於耳。此皆孟子所謂"雖與之天下,不能一朝居也"。是亦《孟子》開篇所言"苟爲後義而先利,不奪不厭"(《梁惠王上》)。學者不察,猶以孟子爲迂闊,豈非不知養生之人,飲食起居無節,既見疾病之發,反責論病理者爲無用,亦可哀矣。

蓋猶有說。孔子曰:"道二,仁與不仁而已矣。"(《孟子·離婁上》)儻以政治言之,亦不過王政之與桀政,二者一本之義,一本之利;以心性論觀之,則一出於本心,一出於習心,固有小大之別也。

第 十 章

白圭曰:① "吾欲二十而取一,何如?"

孟子曰:"子之道,貉道也。②萬室之國,③一人陶,④則可乎?"

曰:"不可,器不足用也。"

曰:"夫貉,五穀不生,惟黍生之,無城郭、宮室、宗廟、祭祀之禮,無諸侯幣帛饔飧,⑤無百官有司,故二十取一而足也。今居中國,去人倫,無君子,⑥如之何其可也? 陶以寡,⑦且不可以爲國,況無君子乎? 欲輕之於堯舜之道者,大貉、小貉也;欲重之於堯舜之道者,大桀、小桀也。"⑧

【簡注】 ① 白圭，名丹，圭當爲字，周人。② 貉，同貊(mò)，北方夷狄族群。貉道，夷狄之道。③ 國，邑。④ 陶，製陶。⑤ 幣帛，禮物。饔(yōng)飧(sūn)，飯食，此處指宴飲。⑥ 君子，此處指官長。⑦ 以，而。陶以寡：製陶的工匠不夠。⑧ 大貉、小貉，或大或小的夷狄之政。大桀、小桀，或大或小的暴政。按此處大小，指距離堯舜之道的遠近而言，近爲小，遠爲大。

【講疏】 三代賦役以十分取一爲主。孟子曰："夏后氏五十而貢，殷人七十而助，周人百畝而徹，其實皆什一也。"(《滕文公上》)所言夏殷雖未必盡爲史實，然相去當不甚遠。此皆三代聖王之制，及其制既壞，則國危矣。

白圭執魏國之政，[1]既欲二十而取一，是欲輕民之賦，以見其發心之仁。顧"徒善不足以爲政"，仁政當遵"堯舜之法"(《離婁上》)。孟子故言，此蠻夷之道耳，蠻夷既無農業，亦無禮樂政教，是無文化也。至於華夏，則社會分工日繁，始足以有城郭宮室、宗廟祭祀之禮。本章所言人倫及君子之不可無，是亦有分工之義寓於其間，孟子與許行言之詳矣。[2]顧分工雖社會發展之事實，亦人群一體之所必需。"君者，群也"，合群即政治之本。

嘗試論之。此保民、養民、教民之事，與農、工皆人群一體之不可無。言陶人乃括所有工人。《尚書·泰誓》有言："天降

〔1〕 按《史記·貨殖列傳》所言魏文侯時白圭執政，與本章之白圭，先儒多以爲非同一人。清儒全祖望、周廣業等續有考證，參焦循《孟子正義》。綜合諸説，二白圭當是同一人，而《史記》時間記載有誤。
〔2〕《滕文公上》第四章。

下民，作之君，作之師。"君師乃政教之承擔者，而農人、工人亦"爲國"者所必需。賦役之徵，即養此主持政教者，是所謂君子。孟子乃以陶人爲例，言其國既大，儻陶人不足亦不可，何況無君子以主持政教乎？蠻夷政教簡率，故可二十取一，尚爲有説；然既無政教人倫，則其人雖秉仁義之性，而無以成德，是未得其生成之大者，亦不過小人耳。此猶種子雖能生，而無陽光雨露、土壤培植，亦未能得其成也。然則賦役所以養君子，亦人群之不可無者。儻與首章合參，則君子小人之分亦猶禮與食孰重，二者固小大有別也。

雖然，此言君子、小人不過因循周代習語，非以其德行論。儻自儒者言之，惟"君子體仁"始"足以長人"也（《乾文言》），是則孔門所謂"君子"也。君子之義，至孔門爲一變，學者不可輕忽。要之，孟子雖言分工，而實則論人群之一體。惟學者好言階級對立，不知君子、小人雖有階級之別，固亦有一體之義存乎其間，此不可誣也。其唯務相爭者，無論上之陵下、下之犯上，皆失一體之義矣。儻馴致其道，則政治必分崩離析，是桀紂之道也。故《坤文言》曰："積善之家必有餘慶，積不善之家必有餘殃，臣弑其君，子弑其父，非一朝一夕之故，其所由來者漸矣，由辯之不早辯也。"

先王制爲什一之税，亦適得其平而止。儻賦役不足，則爲蠻夷之道，因其多寡而爲大貉、小貉；儻賦役過多，則爲桀紂之道，因其多寡而爲大桀、小桀。過猶不及也。賦役過重，是取民自肥，此虐民之道耳，非教民所必需者矣。

申言之，本章雖言賦役，蓋欲以此廣言"堯舜之法"也。前文言爲政之道，本章則言爲治之法。孔門德行科動言本心，惟

孟子則内外兩言之,所謂"徒善不足以爲政,徒法不能以自行",學者不可輕忽。本章當與《離婁》上下篇合參。

第 十 一 章

白圭曰:"丹之治水也愈於禹。"①

孟子曰:"子過矣。②禹之治水,水之道也。③是故禹以四海爲壑。④今吾子以鄰國爲壑。水逆行,⑤謂之洚水。洚水者,洪水也。仁人之所惡也。吾子過矣!"

【簡注】　① 愈,通逾,超過。② 過,錯。③ 水之道,(合乎)水自身的道理。④ 壑(hè),溝壑,此處指排水的所在。⑤ 逆行,不順流而行。

【講疏】　丹乃白圭之名,蓋爲尊孟子,故以名自稱也。然白圭實非自謙者,乃自言治水之術,有過於禹。蓋彼時治水之技術既已進步,當度越古昔矣。孟子不欲與之論技術之事,惟與之言治法。大禹治水亦孟子之所重,故《離婁下》有言:

> 孟子曰:"天下之言性也,則故而已矣;故者,以利爲本。所惡于智者,爲其鑿也。如智者若禹之行水也,則無惡于智矣,禹之行水也,行其所無事也。如智者亦行其所

無事，則智亦大矣。天之高也，星辰之遠也，苟求其故，千歲之日至，可坐而致也。"

所謂"天下之言性者，則故而已矣"，是純用知性，但明因果之理；所謂"行所無事"，即不以功利計度之心營謀之，雖不無知性參與其間，而非純任知性，此即德性之知。孟子之學以德統知，雖不廢"天下之言性"，而"惡其鑿"。是亦子夏"雖小道必有可觀者焉，致遠恐泥"之義，蓋小大有別也。

雖然，《離婁下》但以大禹治水爲喻耳，本章則徑以治水爲言，亦所謂治法也。蓋禹既"行所無事"，其所謂"事"，猶庖丁解牛，"依其天理，因其固然"，[1]此即孟子所言"必有事焉而勿正，勿忘勿助長"之"事"（《公孫丑上》），是所謂"依仁由義"。既因其固然，則但視水道於何處壅塞，即於何處疏而浚之，而不問其何族所居，何國所屬也。水既終歸於四海，是"以四海爲壑"。此視天下爲一家者也，是所謂一視同仁。觀白圭之治水，爲紓一己之水患，無視水道何在，徑以鄰國爲溝壑，雖發爲洪水亦在所不顧，此純任功利計度之心，是未能仁也。此猶孟子之告齊宣，不惟未仁，或有"後災"也（《梁惠王上》），然則其所利者何在耶？仁與不仁，即義利、大小有別。

第 十 二 章

孟子曰："君子不亮，[1]惡乎執？"[2]

---

〔1〕 以上參《離婁上》第二十六章講疏。

【簡注】　① 亮,通諒,信。② 惡,音 wū。執,守。

【講疏】　自本章以下,乃言君子出處之義。所貴乎君子者,在其有所守也。觀其所守,始知君子、小人之別。

朱子曰:"亮,信也,與諒同。"其說乃本之趙岐。此即孔子所言"友直,友諒,友多聞"(《論語·季氏》)之"諒",乃誠信之義。執者,定也,信也,此信乃信念堅定之義。孔子曰:"人而無信,不知其可也。大車無輗,小車無軏,其何以行之哉?"(《論語·爲政》)無論君子小人,皆以信爲貴,是孟子所謂有恒之士,蓋"無恒産而有恒心者,唯士爲能",是也。顧君子所執惟是信諒,趙岐所謂"舍信將安執之"? 故能依仁由義,因時而變;若常人所執則僅外在之義耳,是有小大之別。本章大旨實與上文所言若合符轍。若朱子所言,"惡乎執,言凡事苟且,無所執持",或於大義尚有未達也。

第 十 三 章

魯欲使樂正子爲政。孟子曰:"吾聞之,喜而不寐。"

公孫丑曰:"樂正子強乎?"①

曰:"否。"

"有知慮乎?"②

曰:"否。"

"多聞識乎?"③

曰:"否。"

"然則奚爲喜而不寐?"

曰:"其爲人也好善。"

"好善足乎?"

曰:"好善優於天下,④而况魯國乎?夫苟好善,則四海之内,皆將輕千里而來告之以善。⑤夫苟不好善,則人將曰:'訑訑,⑥予既已知之矣。'訑訑之聲音顔色,距人於千里之外。⑦士止於千里之外,則讒諂面諛之人至矣。⑧與讒諂面諛之人居,國欲治,可得乎?"

【簡注】 ① 强,剛强。② 知慮,謀略。③ 識(zhì),記。多聞識:博聞强記。④ 優,有餘裕。優於天下:治理天下也有餘。⑤ 輕,不重,不遠。⑥ 訑(yí)訑,象聲詞,對他人建議不屑一顧之貌。兩訑字應該是一音而拉長。⑦ 距,通拒。⑧ 讒(chán),進讒言。諂,諂媚。面諛,當面奉承。

【講疏】 上章言君子之所守,本章則言君子之所好。二者皆君子之發心,而内外指向有别。所守不可執定,否則是義外矣,所好又豈可不然?孟子故言,君子儻有所好,亦惟好善而已。

以德性論觀之,强乃言其勇,知慮及多聞皆言其知,好善

乃言其仁也。是亦三達德之義。《離婁下》有言：

> 禹惡旨酒，而好善言。湯執中，立賢無方。文王視民如傷，望道而未之見。武王不泄邇，不忘遠。周公思兼三王以施四事；其有不合者，仰而思之，夜以繼日；幸而得之，坐以待旦。

　　此皆古聖賢之好善者。若子張之書紳、[1]子路"有聞，未之能行，唯恐有聞"（《論語·公冶長》），乃士君子之好善也。知慮及多聞所以有別者，多聞猶《中庸》所謂"博學"，知慮即所謂"審問"、"慎思"、"明辨"，孔子曰"學而不思則罔，思而不學則殆"，蓋兩言之。所以有此別者，博學乃擴充知識之廣度，思辨乃擴充知識之深度。二者非不重要，然非孟子所激賞於樂正子者。後世以考據當聞見之知，學者亦多以博學爲務，而於知慮之學則不復深究，尚非孟子所謂聞見之知也。[2]華夏學術之格局日趨卑下，有如此者。

　　本章專以好善爲言，並非智、勇二德無關緊要，乃言仁之尤重耳，是亦所謂本末、小大之別。是即孔子所言："君子義以爲上。君子有勇而無義爲亂，小人有勇而無義爲盜。"（《論語·陽貨》）孔孟二師但言仁、義乃先於勇、知，惟言仁、言義亦各隨其時而已，學者不可膠執。夫"君子體仁足以長人"（《周

---

〔1〕《論語·衛靈公》："子張問行，子曰：'言忠信，行篤敬，雖蠻貊之邦行矣；言不忠信，行不篤敬，雖州里行乎哉？立則見其參於前也，在輿則見其倚於衡也，夫然後行。'子張書諸紳。"

〔2〕 參《離婁上》第一章講疏。

易·文言》），蓋仁則天下歸往之矣，故云“苟好善，則四海之內，皆將輕千里而來告之以善”。不惟魯國，雖治天下亦綽綽有餘矣。優即有餘之義。儻不好善，則是另有所好，則不惟拒人於千里之外，人亦因其所好而以利啖之，所謂讒諂面諛者即在其中。然則好善與好利，固有小大之別也。趙岐注：“訑訑，自足其智，不耆（嗜）善言之貌。”

第十四章

陳子曰：“古之君子，何如則仕？”

孟子曰：“所就三，所去三。迎之致敬以有禮，言將行其言也，則就之；禮貌未衰，言弗行也，則去之。其次，雖未行其言也，迎之致敬以有禮，則就之；禮貌衰，則去之。其下，朝不食，夕不食，飢餓不能出門户。君聞之，曰：‘吾大者不能行其道，又不能從其言也，使飢餓於我土地，吾恥之。’周之，亦可受也，免死而已矣！”

【簡注】 ① 陳子，即陳臻。② 就，近。此處指出仕或接受君的周濟。三，三種情形。去，離開。此處指致仕或不仕。③ 以，而，而且。致敬以有禮：盡其恭敬，且能合禮。④ 言弗行：不用其言。⑤ 周，周濟。

【講疏】　仕進與否即所謂出處,出處之義前文言之已詳,茲不贅述。[1]本章以去就爲言,蓋去就之義尚廣於出處也。致敬有禮,學然後臣之,此得君行道之正路也。既爲行道而出,故雖"禮貌未衰,言弗行也,則去之"。蓋君臣之義絶矣。若迎之致敬且有禮,而亦就之者,是欲引以爲師也,此孔子於衛孝公之時所謂"公養之仕"也。及禮貌既衰,是不以師道奉之矣,故亦去之。蓋師友之義絶矣。若既未能學然後臣之,亦不能奉養之,則君子必不出矣。不出是不爲仕,但爲編氓而已。或有爲貧而仕、抱關擊柝者,亦可;其飢餓未出而受君之周濟亦可,然惟可言就,不可言仕矣。若周濟之亦未能,則去之矣。孟子本章既言所就三、所去三,惟末一"去之"引而未發。蓋"士不可託於諸侯"而可以受君之周濟,[2]儻周之亦未能,任其死於溝壑,則君權失其養民之義。其民或如《詩經·碩鼠》所言,"逝將去汝,適彼樂土",之他國而爲氓(流民);或則"時日曷喪,予及汝偕亡",[3]揭竿而起矣。是皆所謂"去之"。

綜合言之,孟子所以言"所就三,所去三"者,蓋亦不欲學者虛懸一出處之義,義者宜也,當隨其時,否則是"義外"矣。

第十五章

孟子曰:"舜發於畎畝之中,[①]傅説舉於版築之

---

〔1〕　參《公孫丑下》講疏及《萬章下》講疏。
〔2〕　參《萬章下》第五、六章講疏。
〔3〕　此《梁惠王上》引《湯誓》之言。

間，②膠鬲舉於魚鹽之中，③管夷吾舉於士，④孫叔敖舉於海，⑤百里奚舉於市。⑥故天將降大任於是人也，必先苦其心志，勞其筋骨，餓其體膚，空乏其身，⑦行拂亂其所爲，⑧所以動心忍性，⑨曾益其所不能。⑩人恒過，⑪然後能改；困於心，衡於慮，而後作；⑫徵於色，發於聲，而後喻。⑬入則無法家拂士，出則無敵國外患者，⑭國恒亡。然後知生於憂患，而死於安樂也。”

【簡注】 ① 發，興起。畎畝，農田。② 傅說（yuè），商高宗武丁之相。舉，舉用。版築，一種築牆之法。以兩版相夾，置土其中（一般爲有黏性的黃土），人踩踏其上，或用杵夯實。此法流傳久遠，近世尚有用之者。③ 膠鬲，周文王賢臣。④ 管夷吾，即管仲。士，士師，獄官。⑤ 孫叔敖，楚莊王之相（令尹）。海，海濱。⑥ 百里奚，參《萬章上》第九章。⑦ 空，窮。乏，絕。空乏其身：使之身陷絕境。⑧ 行，將。按此行字以往多訓爲行動之行，非。拂亂，打亂。⑨ 動心，打動其心。忍性，堅忍其性。⑩ 曾，同增。⑪ 恒，常。過，犯錯。⑫ 困於心：心志受困。衡，通橫，不順。衡於慮：思慮不通。作，奮起。⑬ 徵，驗。喻，明白。此句大意：（人常）待他人正色直言相告，然後纔能明白。⑭ 入、出，在內、在外。法家，守法之士。拂，通弼，輔弼。

【講疏】 朱子曰：“舜耕歷山，三十登庸。說築傅巖，武丁

舉之。膠鬲遭亂，鬻販魚鹽，文王舉之。管仲囚於士官，桓公舉以相國。孫叔敖隱處海濱，楚莊王舉之爲令尹。"百里奚之事，或曰："百里奚自鬻於秦養牲者，五羊之皮，食牛，以要秦繆公。"孟子於《萬章上》已辨其不實。此處所言似與俗說無異，而實不同。蓋孟子所駁斥者不在百里奚是否養牛於秦，而在其自鬻以干說繆（穆）公，非潔身自好者所當爲。[1]然則孟子所知之百里奚，蓋自虞逃亡，隱居於秦，以僕隸爲人養牛爲生，而不求聞達者也。繆公既遇之於市，識其爲賢者，遂以國政委之，而百里奚亦識其爲賢者，遂助其成就霸業。是所謂"舉於市"。無論畎畝、版築，抑或市肆、監獄，皆身心勞苦之所在也。自舜以下，可括五帝、三王、五霸時代之擔大任者。

　　孟子以諸人爲例，言人之所以能承擔大任，非因其聰明伶俐，乃因其心志之堅強，蓋儻無恒心，不足以負重致遠也。此養氣、養勇之用意所在。[2]蓋勞苦艱辛，所以觸動其本心，堅忍其本性，以增益其所不能，俾出類拔萃，超乎常人也。孔子曰"予少也賤，故多能鄙事"，亦其證也。及後太史公亦有"發憤"著書之論（《報任安書》），此學者所熟知者。<u>孟子此言動心忍性，實爲下篇言存心養性、盡心知性張本</u>，皆德性分上之事也。蓋《中庸》雖言"或生而知之，或學而知之，或困而知之，及其知之一也"，然以常人之情形，多有過之後始能改，學知固已罕見，遑論生知矣。朱子云：

---

〔1〕 參《萬章上》第九章講疏。
〔2〕 養勇之說可參《公孫丑上》第二章講疏。

衡與橫同。恒，常也。猶言大率也。橫，不順也。
作，奮起也。徵，驗也。喻，曉也。此又言中人之性，常必
有過，然後能改。蓋不能謹於平日，故必事勢窮蹙，以至
困於心、橫於慮，然後能奮發而興起；不能燭於幾微，故必
事理暴著，以至驗於人之色，發於人之聲，然後能警悟而
通曉也。

　　“困於心，衡於慮，而後作”，趙岐注：“衡，橫也。橫塞其慮
於胸臆之中，而後作爲奇計異策，憤激之説也。”乃言橫逆現
前、心焦慮竭之狀，此固人所習見，惟其理尚有可求者，蓋可於
《周易》困、坎兩卦見之。夫“澤無水，困”，故困卦之象上澤下
水，水所象者乃生命之本源。及本源枯竭，則湖泊乾涸，於澤
中生物而言，是則困矣。故《序卦》有言：“困乎上者必反下，故
受之以井。”“反下”亦即返本，“蓋澤既無水，則闕地及泉，水終
復出矣”。如人以木穿井取水之狀，故困之後繼之以井卦，其
象上水下木，是則通矣。另如坎卦，“坎，陷也”，陽陷於陰之
象，故“習坎，重險也”。然亦職此之故，坎卦二陽可以爲宇宙
相通之始原，人能守其中主（即本心），打通本源，故可與天地
相通，是卦辭所謂“有孚，維心亨”。孚，信，定。故卦德有謀而
能信，是所謂“衡於慮，而後作”。[1]然儻無此自反，則終陷於
困、坎，難以自拔矣。

　　“徵於色，發於聲，而後喻”，趙岐注：“徵驗見於顏色，若屈
原憔悴，漁父見而怪之；發於聲而後喻，若甯戚商歌，桓公異

―――――――――
〔1〕　參拙作《周易義疏》困、坎兩卦義解。

之。"此釋人之困境固可,然所謂"喻"者皆指他人而言,似有未諦。朱子故以"驗於人之色,發於人之聲"作解,蓋雖本其説而不盡以爲然。此言人之不易自反,常待他人聲色俱厲,始能喻也。其不待辭色,即能曉喻者鮮矣。此句當由"人恒過"一氣貫下,言常人之難教如此。故通篇乃言大人必出於困苦也。雖然,困苦未必成就大人,學者不必以辭害意。孟子曰:"人之有德慧術智者,恒存乎疢疾。獨孤臣孽子,其操心也危,其慮患也深,故達。"(《盡心上》)亦是此義。

常人既難教如此,儻此常人而爲有國者又何如? 孟子故言,儻内無守法之士足堪輔弼,外無敵國外患以勞苦其心,則國常亡矣。何哉? 所謂法家拂(弼)士,言守道守官而堪爲輔弼者也。有法家弼士,故能犯顔直諫;有敵國外患,故因恐懼而常用其計度之心。二者與"徵於色,發於聲"、"困於心,衡於慮"分别相應。有一於此,國可不亡,儻兩者皆失,則國亡矣。蓋憂患之中,常人尚能振作,儻安樂之世,此《周易》泰卦之時也,君子尚能居安思危,"艱貞无咎";小人則"象如飛鳥,翩翩往來,不知所止,失其中主故也"。[1]是所謂"生於憂患,而死於安樂"。《周易》、《孟子》可謂若合符節。

第十六章

孟子曰:"教亦多術矣![1]予不屑之教誨也者,

---

〔1〕　參拙作《周易義疏》泰卦九三、六四兩爻義解。

是亦教誨之而已矣。”

【簡注】 ① 術，方法。

【講疏】 不教之教，孔子亦嘗行之。“孺悲欲見孔子，孔子辭以疾，將命者出户，取瑟而歌，使之聞之。”（《論語·陽貨》）蓋人來而不教，是欲其自反也。上章言生於憂患，即因橫逆現前，人易知自反，是所謂“動其心”也。本心受外物所蔽，愈久愈深，習慣成自然，以爲未嘗有本心者。處安樂者，是尤難自拔也。雖苦口婆心，亦未必能悟。此如佛家所言，六道之中，天人福報雖大，較之人道，反不易發心向佛也。橫逆如上章所言，乃天之所爲者，其未遭此橫逆者則何如？爲師者故發惻隱之心，以不教教之，俾其自反，是亦教誨之矣。良藥苦口，法門衆多，隨機施設，各有攸當，學者既不可輕忽，又不可執定也。然則儻執定一法以教人，是亦“義外”也。屑，趙岐注爲挈（通潔），言“我不挈其人之行，故不教誨之”，焦循亦從之，實則其說迂曲，亦不合語義。段玉裁《説文解字注》另引《方言》，言“屑，勞也”，[1]不勞即不願，即今時“不屑”之義所本。

---

[1] 《廣韻》：“屑，清也，顧也，勞也。”不顧、不勞，皆有不欲之意。《正字通》故直接以“輕視”釋之。

孟子章句講疏卷十三

盡心章句上_{凡四十六章}

【解題】 孟子之學，心性合一之學也。心行旁迄錯雜，不惟本心、習心有別，其所謂習心者，亦有情（情感）、欲（欲望）、知（知性）、意（意志）之不同。所謂習心，皆合性而言。蓋萬物之生，皆出天之所命。故萬物之性，亦皆本之於天。此本於天者有知有能，是皆萬物本能之性也，故性統知、能。性雖本能，然亦有通性、自性之別，通性在自性之先，故爲性之本。此義前文言之備矣。

萬物既爲身體所限，故習心用事，惟人爲萬物靈長，能有以自反，而得其本心，是所謂"性善"，是所謂"人與禽獸相去幾希"。本者，根也。盡心者，窮盡此心至於本根也。人能盡心，始明性之本源，是所謂知性。知性則知人之所以上達於天者，是所謂知天。本心爲性之明覺，故與性相互作養，人能存其本心，則能養其上達於天者，而得生命之實感，是所謂養性。人能養性，至於夭壽不疑、死生以之，始真能壁立千仞、頂天立地，是所謂立命。上篇自其發用處論性，所謂性善不善、小大之辨是也；本篇則直探性天之本，儒者事天、立命之學遂得以昭揭天下。孔子曰："死生亦大矣"；又曰："朝聞道，夕死可矣。"孟子以立命之學殿於七篇之末，不惟見本心與性皆歸宿

於天,君子立身之大本亦於焉可見。

　　本篇凡四十六章,其文皆似甚簡,而義旨一以貫之。首言心、性、天、命之總綱,以合内外之道;次言心、性、天本體造極之境;次言存心、養性、立命之工夫,皆與總綱密合。此儒者盡性至命之學,與大《易》、《論語》、《中庸》義旨相通。本篇既出,孟子學術之大體可謂底裏傾盡,臻於圓融矣。蓋儒者之學,周公集百王之大成,而達其政本;孔子集歷聖之大成,而明其道本;孟子則執其道樞,與百家相駁辯,而斯學始大明於世。象山云:"夫子以仁發明斯道,其言渾無罅縫;孟子十字打開,更無隱遁。"故夫子爲大道所宗,而入學之門當由孟子也。微孟子,吾孰與歸?

章旨結構圖

性命總綱		1. 總論盡心,知性,知天;存心,養性,事天,立命。
		2. 論知命,正命,盡其道。道家趨避(造命),墨家非命。
		3. 論内求。内外之別。
本體	盡心	4. 論萬物一體,反身,誠,樂,仁與恕。
		5. 不知反身者。
		6. 論恥(羞惡之心,五常之義),恥之恥。
		7. 論恥。
		8. 論樂與忘(好善忘勢)。
		9. 論自得之樂(囂囂,不慍)。
		10. 反身:凡民與豪傑之別。
		11. 忘(好善忘勢)。
	知性	12. 以仁、恕(佚道與生道)化民則不怨。養民之性。
		13. 存神過化。上下與天地同流。
		14. 仁言、仁聲:論内外之別。
		15. 論良知、良能;仁義内外有別。
		16. 論存心、集義。
		17. 依(居)仁由義。
		18. 操心與慮患;仁知一體。
	知天	19. 四種一體性。
		20. 四種樂。
		21. 論欲、樂、性之層次。
		22. 證所過者化(文王以政發仁)。
		23. 證過化(以政發仁)。

24. 論志道、成章;"盡其道"。
25. 恒(勇、信)義與利。
26. 論執一;信與義;存神。
27. 執一。
28. 破無所執。
29. 有恒;盡其道。
30. 反身内求;假仁(未"盡其道")。
31. 無伊尹之志;假義。
32. 論教化之用;養性。
33. 論尚志;工夫論。
34. 論尚志與義外有别。
35. 論親與天下孰重;尚志。
36. 論居;居、志、氣之層次。
37. 論恭敬之實(誠)。
38. 形色天性,踐形。變化氣質;盡己之性;内聖。
39. 論理、義。
40. 五種教化。盡人之性。
41. 不枉道而行。守禮俟命。
42. 殉身、殉道與殉人;直道而行。
43. 挾長、挾貴,失恭敬之心。修身以俟。
44. 違失五常。居易俟命。
45. 親親、仁民、愛物;知本末先後之别。居易。
46. 當務;知本末先後之别。居易。

其中：
- 存心：24–31
- 養性：32–40
- 立命：41–46
- 工夫

第 一 章

孟子曰:"盡其心者,[1]知其性也。[2]知其性,則知天矣。存其心,[3]養其性,所以事天也。[4]殀壽不貳,[5]修身以俟之,[6]所以立命也。"[7]

【簡注】　① 盡,窮盡。心,習心。按,習心即泛言之心,精神的自然狀態。窮其習心,至於盡處,則見本心。② 性,本然之性。按本章所謂性,皆指萬物本然之性,即正文所言通

性。③ 存，存察。按存兼有察識與不失二義。心，本心。
④ 事天，敬事上天。⑤ 貳，疑貳，疑惑。⑥ 俟，等待。⑦ 立
命，挺立自己的生命。按此處所謂立命，是把自然的生命或命
運，根植於天命之中。

　　【講疏】　所謂"盡其心"，指窮盡其心，此心乃即習心而
言。[1]習心以知性（觀察理性）爲主，而以德、意、情、欲爲一體，
此常人當下即是之心也。佛家以心王視之，而統攝諸識所變現
之心所有法。心行恒轉如瀑流，刹那生滅，新新不已。佛家欲
人觀此心行之緣起生滅，而悟真如涅槃之常樂我淨。惟自德性
論觀之，此緣起生滅雖似空華，亦各成其象、各得其用，故"聖人
立象以盡意"、"顯諸仁，藏諸用"（《繫辭上》）。[2]儻窮究此心，
至其極境，則見本心呈露，是即吾人與萬物爲一體，可以上達
於天者，[3]《中庸》所謂"未發之中"。本心之在大《易》，即所
謂乾元："大哉乾元，萬物資始，乃統天。"（《乾·彖》）蓋天（宇
宙）雖爲一體，然自人道觀之，固已在時空之中展開。[4]《詩》

────────────

〔1〕　言即者，不是亦不離也。此心儒者多言本心，大意未嘗不是，然本心乃盡心所
　　　得、所呈露者，故仍當以習心爲是。本心實不離此習心。
〔2〕　此處所謂仁，乃指本體而言。本體概念雖係後起，至中古佛教及玄學極盛，然其
　　　觀念先秦早已有之。如《繫辭》或言"顯諸仁，藏諸用"、"精義入神，以致用也"，
　　　或以天地之撰（事）、萬物之情與"神明之德"對應，此仁、神、德皆是體用之體的
　　　層次。參拙作《周易義疏·繫辭上》第五章疏證。
〔3〕　此天非自然天，乃即宇宙之統體而言也。宇宙亦非物理學之宇宙，乃生機盈溢
　　　之生命宇宙。牟宗三以爲指"超越意義的天"，誠是。見其《圓善論》第二章《心、
　　　性與天與命》，第132頁。惟自習心乃可言超越，自本心言，無所謂超越也。是
　　　學者所當知。
〔4〕　此人道即萬物立場，惟人類爲萬物之靈，故言人道，非人類社會倫理（人倫）之
　　　義。此外，時空亦非抽象範疇，乃由生命展開所呈現者，此義參拙作《易象與時
　　　間：關於易象學的論綱》。

曰“維天之命,於穆不已”(《大雅・文王》),此渾淪不已之天,所以成其一體性者,自其體言,曰有,曰一,曰仁,曰太極;自其象言,曰命,曰道,曰天理,曰乾元;[1]自其用言,曰德,曰心,曰生,曰各正。[2]言心者,以人心喻之耳。天地以生物爲心,[3]聖賢之參贊天地者以心,是人心乃天地之發竅,能不失其天心者即所謂本心。惟既以生物之心爲本心,則非如佛家涅槃之抽象理境,可由人心一證即得者。[4]蓋回復本心,已爲“體仁”之君子,儻能定於此境,亦可與大化同流,不致澌滅矣;[5]惟欲優入聖域,必當“於穆不已”,贊天地之化育,而無有終成也。

　　所謂性者,生也,生命之本能也。本能分知(能知)與能(能爲,作用),合併言之曰本能。故曰:性統知、能。人既與天

---

〔1〕　命乃擬人之辭,即道説。此開言語、名辯之學。

〔2〕　此德即天德,此心即天心,在人則爲本心。《周易・復卦》:“復,其見天地之心乎!”各正,即《文言》“乾道變化,各正性命”或“敬以直內,義以方外”之方。方亦同正。

〔3〕　“天地以生物爲心”,此朱子《仁説》之言。然亦未嘗無本,《易》曰:“天地之大德曰生”(《繫辭下》);又曰:“復,其見天地之心乎!”(《復卦・象傳》)

〔4〕　按此言一證即得,非指一悟即得,乃指其定境。蓋佛家視世界如空華,故不起分別心。而儒者則雖見事物之生滅異變,仍能常應此生物之心。惟此生物之心,必由物始能見之耳。參下文“道不遠人”之義。

〔5〕　依《禮記・曲禮下》:“天子死曰崩,諸侯曰薨,大夫曰卒,士曰不祿,庶人曰死。”《檀弓上》:“君子曰終,小人曰死。”依鄭玄注,“卒,終也。不祿,不終其祿。死之言澌也,精神澌盡也。”此文固然可以理解爲古人關於身份地位的某種規定,但從禮制中所隱含的地位與精神境界相互呼應的角度來説,死意味着精神的澌滅,終則是某種精神形態之告一段落。以佛家視角觀之,死相當於進入輪迴,終相當於預流果、一來果或阿羅漢以上的境界。惟“六合之外,聖人存而不論”(《莊子・齊物論》),但存察而已,不必形諸言説也。後世道教所言諸神格,頗淵源於此。儒學所以具宗教性者以此,惟學者不可耽於此境,仍有向上一機也。

地萬物爲一體，是得其相通者矣，所謂通性（本性，德性）；[1]萬物既各得其命，各賦其形，是所謂自性（才）；惟人之性受矯鞣（可塑性），意志亦由自主，故因其所習，而成其現實性，是所謂習性。[2]三性之中，孔孟惟以其上通於天者爲性，故學者不必以辭害意。子曰：“性相近也，習相遠也。”（《論語·陽貨》）言性使人相接近，以成其一體，而習則使人相遠、相離也。[3]

故通性者，萬物可倚之以上達，惟人能自覺此渾淪一體，[4]是所以爲全德，即本心也。此全德與生命水乳交融，所以謂之性。[5]《中庸》“天命之謂性”，言性乃天之所命，非言性即是天命也。[6]此性與常識所言自性不同，常人以知

---

〔1〕 就人與萬物相通而言，曰通性；就萬物皆本於天而言，曰本性；就萬物皆有得於天而言，曰德性。諸義所指皆同。與此相對者，曰自然之性，曰習性，曰現實性，曰才性，皆就現實狀態指點，然含義有別。

〔2〕 此處“人”既可指群體而言，亦可指個體。群體之自性乃人類之自然屬性，個體之自性即性格。通性一詞雖爲杜撰，然亦有所本，《莊子·大宗師》：“墮枝體，黜聰明，離形去知，同於大通，此謂坐忘。”此“大通”即天之境。按莊子以儀則言性，相當於自性，可由孟子所謂“才”見之；其通之境則以德言之，此即孟子之性，本文所謂通性。故性修則德復（返德），《天地篇》：“泰初有無，無有無名。一之所起，有一而未形。物得以生謂之德。未形者有分，且然無間謂之命。形體保神，各有儀則謂之性。性修反德，德至同於初。”才之義參《告子上》第六章講疏。

〔3〕 按此句之義前人多誤解，糾纏於此性爲本性還是習性。不知遠、近皆爲動詞。兹不具論。

〔4〕 如人皆有惻隱、辭讓、羞惡、是非之心，即此本心存在之證明。此心不僅可以對人，亦可以對物言。

〔5〕 此全德不即是性，與生命水乳交融始爲性。理學言性即理、王學以本心與性爲一，雖大旨亦通，然實非一物，蓋皆由此致誤。詳下文。

〔6〕 按之謂、謂之有別，參《滕文公上》第一章講疏。楊儒賓以爲，孟子論性乃以人性爲主，非如宋儒所言天地萬物之本體，與本書所論孟子心性結構稍有不同。參氏著《從〈五經〉到〈新五經〉》第六章《〈孟子〉的性命怎麼和“天道”相貫通的?》，臺灣大學出版中心，2013 年，第 185—189 頁。關於孟子之性不僅局限於人倫界之證明，本篇論知性、養性諸章皆可參。特別是第四章“萬物皆備於（轉下頁）

性(觀察理性)構畫自然，與孔門德性之義不同，前文辨之詳矣。[1]然則惟盡心始能知其"通性"，惟知"通性"，始能明天人一體之故，是所謂知"天"。通性與本心，皆本於天者也，惟誠、明有別。[2]本心乃性(通性)之明體，故同中有異。言誠，可見天道之生生、存有、因時、有恒；[3]言明，可見天心之一

───────────

(接上頁)我"、第十三章"上下與天地同流"、第十九章"正己而物正"，皆是直接證明。此外，孟子論性是否與《中庸》相合，宋明儒大體無異詞，但近世學者頗多異議。本書亦承宋明儒之見，故以《中庸》《孟子》互釋。蓋儻無此同體之性，則惻隱之心實不可能。此惻隱之心，近世學者或以移情、假設釋之，皆非。移情之説，既不承認生命之實感，惟造一詞以擬議之而已，實則空洞無物。此皆因局限於知性思維使然。以德性論觀之，人之可以移情，即因有氣以感通之。人之可以感通，即因本與萬物未失其一體性。

[1]　常人言性，即《離婁下》所言"天下之言性者，則故而已矣"，參《離婁下》講疏第二十六章、《告子上》講疏。按此處"知性"(觀察理性)乃名詞，非本章動賓結構之"知性"。

[2]　參第十五章言良知、良能。

[3]　《周易・乾・彖》："大哉乾元，萬物資始，乃統天。雲行雨施，品物流形，大明終始，六位時成，時乘六龍以御天。"資始即存有之義，生生可當乾德之健。統天之義有三，"大明、御天，健也；終始，有恒也；時成而且時乘者，因時也。因時者，變易也；有恒者，不易也；健者，易簡也。易有三義，合健、有恒、因時三義者，乃可稱統天也。"參拙作《周易義疏》乾卦義解。《中庸》："誠者物之終始，不誠無物。"萬物皆氣之所凝，蓋儻不誠，萬物皆不成其爲物，是亦合生生、存有二義而言。牟宗三先生則主要以創生、存有之義爲言，創生即生生也，可謂得其大。依其所言，"性即是能起道德創造之'性能'"，"此性體即吾人道德實踐(道德行爲之純亦不已)之'先天根據'或'超越的根據'"，"自其有絕對普遍性而言，則與天命實體通而爲一。故就統天地萬物而爲其體言，曰形而上的實體(道體，Metaphysical Reality)，此即是能起宇宙生化之'創造實體'；就其於個體之中而爲體言，則曰'性體'，此則是能起道德創造之'創造實體'，而由人能自覺地作道德實踐以證實之，此所以孟子言本心即性也。"參氏著《心體與性體》第一部《綜論》，臺灣正中書局，1969 年，第 40 頁。按此説所見甚精，惟言孟子以本心即性，此雖宋明儒通説，然尚有未諦，蓋心、性有別，孟子所言本心乃性之明體。此外，其"道德理性"概念亦有可商，茲不具論。

體、虛寂、大公、明覺。[1]明覺乃未失其一體、神光自照之覺，雖不離知覺，固與知覺不同，後者乃知性所覺知者也。[2]

顧何以能盡其心？曰存。所謂"存其心"者，保任、存察其本心，使不失、且能復也。"理義之悦我心，猶芻豢之悦我口"（《告子上》），本心既存，則能護持、滋養其通性，使漸固也，此皆可發用於身體之中，是所謂"養性"。《大學》"富潤屋，德潤身，心廣體胖"，亦是此義。參第二十一章。<u>人能養性，始能實證此天人之一體，故知、能（行）合一</u>。[3]

事有二義，其一曰"敬事"之事，朱子所謂"順承而無違"，焦循所謂"猶人臣事君也"。其一曰"從事"之事，即《公孫丑上》所謂"必有事焉而勿正"之事。<u>自習心而言，則爲敬事；自本心而言，則可云從事</u>。君子、小人（常人）境界不一，其與天之關係亦不一致，小人惟可言敬事，大人則可言從事，蓋雖言從事而敬在其中矣。若有君子，如顏回之"三月不違仁"（《論

---

[1] 一體即是渾沌之境，相對於絕對的無，渾沌一體已是明之顯現。絕對的無並非空無，乃是絕對無所顯現。故《周易》卦序乾坤在屯之前，乾坤爲純形式而無所顯現，亦即絕對的無，屯即渾沌之境。老子所謂"象帝之先"，道教及宋儒言"父母未生前"、"無極而太極"，其實已有見於此。魏晉玄學家言有無之辯，亦在此際。西洋神學言上帝無中生有（ex nihilo）創造世界，亦自此際開始，惟諸家立場有異，故所見有別。虛寂、大公、明覺，即《繫辭上》"易无思也，无爲也，寂然不動，感而遂通天下之故"，小程子所謂"廓然大公，物來順應"。

[2] 明覺、知覺略當熊十力所謂性智、量智，參《離婁下》第一章講疏所引。此明覺亦可當牟宗三所言"智的直覺"："（此）'心知'既不是感觸的知覺之知，亦不是有限的概念思考之知，乃是遍、常、一而無限的道德本心之誠明所發的圓照之知。此'心知'之意義乃根據孟子所謂'本心'而說。非認知心，乃道德創生之心。"見氏著《智的直覺與中國哲學》第十八節，臺灣商務印書館，1971年，第186頁。

[3] 陽明言"知行合一"其實當爲知、能合一。如不行孝親、友弟，實即不能孝親、友弟也。

語・雍也》），尚與天道有隔，故敬事、從事常交錯而言也。世俗之人恒以君子自居，不知君子以上乃果位境界，非可以自居者。〔1〕

　　然則所謂“事天”，當以敬事、從事合言。孟子諸篇所言存心之義甚夥，皆事天之學也。惟儒者事天，非必立一超越性境界，若上帝，若天國，若淨土，而爲崇拜、敬事之對象。“道不遠人”（《中庸》），〔2〕人能隨處返本應物，使“各正性命”，是即事天也。

　　無論人之能否事天，既與宇宙時勢交錯變化，則有果（境遇）隨之，如受天之命令也，故謂之“命”。《萬章上》：“莫之爲而爲者，天也；莫之致而至者，命也。”此命運不知何所從來，惟可歸之於天。如天地生物，各有通性、自性，而萬物有成有不成（習性），除萬物自爲者之外，亦皆天之所命。惟習心不知天命與己爲一體，視內外依然有別，故有性、命之分。所謂內外，皆即習心而言。本心及性（通性）爲習心之本，故曰內；一己身命之所遇，則以爲自外來。儻自本心觀之，固無所謂內外之別也。故人儻復性，則“合內外之道”（《中庸》）。以名理言之，內者必然也，外者偶然也，其實亦無所謂必然、偶然。語言本約定俗成，世俗論命既已如此，儒者乃不得不言正命：其自性而來者曰正命，乃天之前定；其自習而來者非正命，故可以改。參下章。

────────

〔1〕　孔子不以仁人、君子自居，其所自處，亦不過好學有恒之士而已。彼時君子乃社會對一般貴族之通稱。參《離婁下》第六章講疏。
〔2〕　按“道不遠人”之人，前人多作人類或人事解，竊以爲此句意謂“道不可脱離對象而求”，參拙作《説“絜矩之道”》，《中國文化》2019 年秋季號。

　　然則命與天亦有別。天命猶天之言，就其軌持萬物言，曰
天道；就其隨時而至言，曰天時。[1]天道本來蕩蕩平平，天時
則有吉凶否泰。道有路之義，亦有道説義，天之道説乃無言之
命，故"上天之載，無聲無臭"（《中庸》）；夫子亦曰："天何言哉？
四時行焉，百物生焉，天何言哉！"四時行、百物生，是即天之言
也，亦即此百物之天命。然百物有成有不成，是其個體之命亦
有不同。以命之運轉流行而言，曰命運；以命之涵蓋一身而
言，曰生命（性命）。

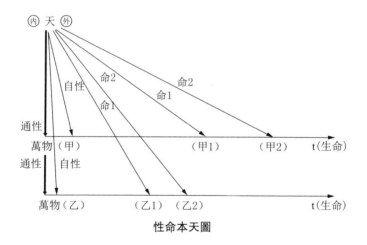

性命本天圖

　　萬物既各得其命，故各有窮通壽殀。自天道言之，窮通壽
殀既皆天之所命，自與天道生生之意不違。自萬物言之，其窮
蹙、殀亡者，是"天地不仁，以萬物爲芻狗"（《老子》）。人情好
生惡死，故當死生之際，或"窮極呼天"，或斥"昊天不弔"，皆欲
違其本然之命也。蓋雖皆本天，常人儻未能知性、養性，則不

[1]　參《公孫丑下》首章"天時不如地利"講疏。

能實證此性命相通之理，故常憂戚；惟聖賢可以"盡性至命"，〔1〕"殀壽不貳"，合二而一。夫子自言"四十而不惑，五十而知天命"，然則四十以前固有大惑，五十以前亦嘗憂懼也。〔2〕

顧儒者亦言衛生，衛此天命自然之生也。"身體髮膚，受之父母，不敢毀傷，孝之始也"（《孝經·開宗明義章》），"既明且哲，以保其身"（《詩經·大雅·烝民》），皆此義也。儒者不主輕生死，故與俠士有別。蓋人儻不愛己，又安能愛人，輕生死者，是未仁也。然既得天命召喚，亦可"殺身成仁"、"舍生取義"。蓋恢復其生生之大本，是此身雖終，而實得其永生（仁）。故《儒行》有言：

> 儒有居處齊難，其坐起恭敬，言必先信，行必中正，道途不爭險易之利，冬夏不爭陰陽之和；愛其死以有待也，養其身以有爲也。其備豫有如此者。

世俗之人，既欲全身保命，或從事修攘，以祈天永命，故流爲方術之士。後衍爲"造命"之說。顧身命雖重如此，仍有"所欲有甚於生者，所惡有甚於死者"，如"不自由毋寧死"、"寧鳴而死，不默而生"者是也。"非獨賢者有是心也，人皆有之，賢者能勿喪耳。"（《告子上》）蓋君子既能知性、養性，終能不喪本心、"殀壽不貳（疑）"，是矯其自然之性，順其天命之性，而俟其

---

〔1〕 《周易·繫辭上》："樂天知命，故不憂。"《周易·説卦》："昔者聖人之作易也……窮理盡性以至於命。"
〔2〕 參《盡心下》第十九章講疏。

應然之命矣。<u>人能超拔於自然性命之間，自其習心復返本心，而因其對天命之信念而挺立宇宙之間。是即所謂"立命"</u>。故儒者所行既過，儻有天罰（佛家言業果），亦悔之改之而已，不必求免其罰也。然儻能誠心"補過"，亦可"無咎"。[1]此與《儒行》所言"（儒有）往者不悔，來者不豫；過言不再，流言不極……其特立有如此者"之義正同。[2]另如《論語·八佾》：

> 王孫賈問曰："與其媚於奧，寧媚於竈，何謂也？"子曰："不然。獲罪於天，無所禱也。"

此言小者尚可恕，儻所失已大，是無可恕矣。若巫者、道流則喜用修禳之術，使人逃其天罰。是亦《中庸》"君子居易以俟命，小人行險以徼幸"之義。行險者，用謀也。[3]孔子亦不違之，故"鄉人儺，朝服而立於阼階"（《論語·鄉黨》）。惟儒者不執著於此，故"敬鬼神而遠之"（《雍也》）。此悔過之義，諸大宗教亦頗有之。依佛經所言，釋迦亦未能全免其宿世業報，然既歷世修持，是其報已輕。<u>是正命固不可改，然可改其習心以應之。</u>

《說文》："立，住也，从大立一之上。"徐鉉曰："大，人也。一，地也。會意。"[4]立之字乃言人之頂天立地。當此之際，

---

[1] 《繫辭上》："無咎者，善補過也。……震無咎者存乎悔。"此處所謂震，即指天罰。

[2] 此處不可以辭害意。《儒行》所言"往者不悔"，不是不悔改，而是不以悔存心。故下文言"過言不再"，是即悔改之證。

[3] 險，此處當是"有謀"之義，與《周易》坎險義通。參拙作《周易義疏》坎卦義解，另參下文。

[4] 許慎《說文解字》，中華書局，1963年，第216頁。

雖未必爲勿忘勿助之大人，固可時時見其天心矣。既矯其自
然之性，則必與當下之生命相反，老子云"反者道之動"，《易》
言"復，其見天地之心"（《復卦》），皆是也。反求與修身之義，
下文另有詳述。要言之，盡心、知性、知天者，言天道之本體
也；存心、養性、事天者，言復性之工夫也；殀壽不疑、修身俟命
者，言君子之證果（有得）也。〔1〕

　　《孟子》本章，前人人言言殊，蓋於天、命、性、心諸義理解
不同。夫天本不可名，此如道家之"道"，"强而名之"（《老
子》），則或曰天，或曰道。《説文》："天者，顛也，至高無上，從
一、大"；"道，所行道也。"此皆以現實生活之切近者比喻之，以
見其義，實未作何種規定也。

　　遠古之世，莫可究詰，試以文字書契以來言之。殷之至上
神常以帝名之，周人則力言天命，此見諸《詩》《書》而爲學者所
熟知者。蓋周本視殷爲大邦，初亦尊崇其上帝，及既克殷而爲
天下共主，勢須有以解釋之。故追本溯源，乃見族群遞嬗，王
政遞嬗，其能統此遞嬗者，惟"於穆不已"、不可名狀之天。此
天乃總括一切人事所以然之故。周本農業部族，於天運之周
期變化尤爲敏感，在人類諸大民族中德性思維最爲發達。故
有天人合德、祖考"配天""配上帝"諸觀念之反思。故"郊祀后
稷以配天，宗祀文王於明堂以配上帝"（《孝經》）；"作樂崇德，
殷薦之上帝以配祖考"（《周易·豫卦》）。

　　晚周以降，人文漸興，乃有道之觀念流行。道家既主"玄

---

〔1〕　子曰："君子坦蕩蕩，小人常慼慼。"（《論語·述而》）坦蕩蕩即因"樂天知命"而
　　來，其未能坦蕩蕩者，尚未達君子階位也。《論語》所言君子，凡非從俗指代貴族
　　者，皆是果位之義，非世俗人可以自居者。孔子亦未嘗以君子自居。

同",務言一體,《老子》所謂"天法道,道法自然",故天爲第二義。儒者既不廢天,遂以"天道"連言。墨者則好言天志。儻以世俗人格神觀念衡之,墨家似尤近,蓋墨者既出平民,亦多殷遺也。故多秉知性思維之見,而主天人相分、人我分立。此因儒道二家本出周人之上層,其德性思維遂亦根深蒂固。周代王官學術本即以道統物、以德統知,及晚周道術分裂,其學術之分野,脈絡之淵源,尚有不期而然者。[1]

漢承秦火之餘,天人一體之義已失,學者乃競言天人感應、性分三品,雖有趙氏奮起救正,尚未能挽其頹波。東漢以降,道教勃興,頗以禱祠崇拜爲事天之術;當佛老昌大之世,佛家治心、道家治身、儒者治世之說爲舉世所宗,儻自中古文化之精神結構而言,固有其不滅之價值;惟即經學自身而言,是失內外交養之義矣。韓愈之闢佛、揭道統論,李翱之撰《復性書》,雖所造深淺不一,而精神趨向已定。蓋此風激盪垂二百餘年,宋儒始能接續孟子學脈,而明儒者內聖之學。

顧宋儒雖言返本,實則欲復內聖外王之大義,與佛老出世之教畢竟不同。故宋儒之攘棄佛老,其理由或曰儒公而道私,或曰佛家乃出夷狄,其實亦不過欲學者扭轉趨向,面向世間。此實宋學轉捩關鍵之點。儒者言"志於道"、"道不遠人"、"各正性命",皆"面向世間"之義。

然則宋儒之舍天、舍道而言天理者,從可知矣。大程子曰:"吾學雖有所受,天理二字卻是自家體貼出來。"[2]天理

---

〔1〕 本節關於殷周文化分野之討論,可參拙作《早期儒家的名辯思想》。

〔2〕《程氏外書》卷十二,《二程集》,第424頁。按二程初學於周敦頤,所以爲此言者,即因濂溪主靜無欲之說尚與佛老牽纏不清,故有"周茂叔窮禪客"之論。見《河南程氏遺書》卷六,《二程集》,第85頁。

雖爲孟莊二子所已言，然惟至二程乃成最高境界之代言，蓋懼學者動以出世爲言，流於自我解脱也。[1]理本不離物而言，故不離世間；且孟子既言“理義之悦我心，猶芻豢之悦我口”（《孟子·告子上》），是理固在義之内，可以爲本者矣。[2]程子故曰：

　　心也，性也，天也，一理也。自理而言謂之天，自稟受而言謂之性，自存諸人而言謂之心。

朱子遂引此以釋本章盡心、知性、知天之義。且云：

　　心者，人之神明，所以具衆理而應萬事者也。性則心之所具之理，而天又理之所從以出者也。
　　張子曰：“由太虚，有天之名；由氣化，有道之名；合虚與氣，有性之名；合性與知覺，有心之名。”愚謂盡心知性而知天，所以造其理也；存心養性以事天，所以履其事也。不知其理，固不能履其事；然徒造其理而不履其事，則亦無以有諸己矣。

程子以理言天，張子以氣言天，一言其用，一論其相，其説微異。朱子遂以理爲本體、以變化氣質爲工夫，匯而一之。雖以天爲“理之所從以出”，然以“知天”爲“造其理”，由“太虚”

〔1〕　如《河南程氏遺書》卷二上：“昨日之會，大率談禪，使人情思不樂。”可見當日士大夫聚會談禪之一斑。見《二程集》，第23頁。
〔2〕　參《告子上》第七章講疏。

"氣化"以論天、道,實已截斷漢唐時代以宗教意識視天之蘄嚮。上帝主宰之義雖不廢,顧已非天道之本,所本者天理也。惟既以德性範疇("心所具之理")言性,[1]往往流於抽象之教條,天命之源遂難暢達,而失其"德潤身"之義。性、心交相作養,性既不復,本心則難存。理學之出現本富救世精神,其後所以漸失神采,日趨僵化,終爲秦政所利用,亦職此故也。故象山力倡心學,以矯其失。然元儒亦難承之。此超越精神之恢復,可由江門心學求之,經湛門、江右王門之提倡,至劉宗周得其大成。晚明諸儒論性亦頗有見,重還性與身體不可分離之古義。兹不具論。[2]

及至清儒,既以知性(觀察理性)言心,以自然欲望視性,與孟子本章大旨全不相應。其持論雖未嘗不可自成一説,惟以此義加諸孟子,遂有汗漫之失。戴震云:

> 孟子曰:"盡其心者,知其性也。知其性,則知天矣。"耳目百體之所欲,血氣資之以養,所謂性之欲也,原於天地之化者也。是故在天爲天道,在人咸根於性而見於日用事爲爲人道。仁義之心,原於天地之德者也,是故在人爲性之德,斯二者一也。由天道而語於無憾,是謂天德;由性之欲而語於無失,是謂性之德。性之欲,其自然之符

---

[1] 此問題擬另文詳述。

[2] 可稍參拙作《王學與晚明師道復興運動》(增訂本)第四編第二章第三節《東林學派的"復性之學"》。程子論性本不離氣,陽明《傳習録》中亦重提性氣不分之説,其實已接近孟子論性古義。此説與現代西方哲學"身體主體"之説頗可相發。關於"身體主體"概念,參楊儒賓《儒家身體觀》導論,上海古籍出版社,2019年。

也；性之德，其歸於必然也。歸於必然，適全其自然，此其爲自然之極致。[1]

戴氏之天乃指有形之天地，天地之化自然而然，人性之欲亦自然而然，此自然中有應然（即戴氏所謂"必然"）者，爲天德、爲性德；人能達此"仁義之心"，即達其性德，則天道由此無憾，人道由此無失。是謂盡心、知性、知天。<u>此説之矛盾所在，即在孟子言人性既善，故不可戕賊（逆）其人性（《告子上》），然則何必有"性之欲""性之德"、自然、應然（戴氏所謂"必然"）之分？</u>儻"性之欲"爲善，則何必另設應然之義？儻性之德爲仁義，仁義爲應然，則是戕賊此自然者也。其在荀子，既以人性爲惡，故自可戕賊此人性，積僞而成善。戴氏既持荀子自然人性論，又欲彌合孟子仁義四端諸説，有此矛盾，固其宜也。[2]及後程瑶田亦據《中庸》由盡己之性推廣至盡人之性、盡物之性，爲"心盡矣"，[3]以盡心爲認識萬物之性，"窮盡物則，以知其心所具之性"。焦循引之，以爲盡其心，即"伏羲之通德類情，黃帝堯舜之通變神化"，存心養性以事天即"參天地之化育"，此"存之養之即所以修身，使天下皆歸於善"。儻如其所言，則盡心與盡性爲無別矣。其説皆與孟子本章大義不合。近儒解此問題者莫過牟宗三先生，於宋儒諸家可謂辨析毫芒，

---

〔1〕《原善》，焦氏已引及。
〔2〕戴震人性論之矛盾，參《告子上》講疏。阮元《揅經室集》卷六《性命古訓》（《清經解　清經解續編》第六冊）也認爲古人"但言節性，不言復性"，大體與戴震相應。
〔3〕《中庸》引文見第四章。

然於孟子之心性結構亦有未合之處。[1]

第 二 章

孟子曰:"莫非命也,順受其正。① 是故知命者,② 不立乎巖牆之下。③ 盡其道而死者,④ 正命也。桎梏死者,⑤ 非正命也。"

【簡注】 ① 此句大意:(人之所遭)莫不是命,(君子當)順受其正命。② 知命,懂得正命的道理。③ 巖,危,高聳。④ 盡其道而死:所行皆正而仍然面臨死況。⑤ 桎梏,枷鎖,此處指因犯罪而受到處罰。

【講疏】 非命之義,嚮有二說。趙岐曰:"莫,無也。人之終無非命也。命有三名:行善得善曰受命,行善得惡曰遭命,行惡得惡曰隨命。"觀趙岐之意,似以"莫非"連讀。此義朱子亦承之,故言:

---

[1] 牟氏所失在未能揭示孟子仁知一體之心性結構,衹關注仁(道德理性)的層次。參《告子上》講疏關於牟氏之學的討論。勞思光分自我爲德性我、認知我、情意我、形軀我,對自我之内在層次已極有見。楊澤波以仁性、智性、欲性三分論孔子的心性結構,但仍以孟子爲仁性、欲性。參氏著《孟子性善論研究》(再修訂版)序言、導論及第十二章。上海人民出版社,2016年。諸說與本書有關德性、知性的理解雖問題意識相似,但結構不同,具體含義亦相去甚遠,故亦不必混爲一談。

　　人物之生，吉凶禍福，皆天所命。然惟莫之致而至者，乃爲正命，故君子修身以俟之，所以順受乎此也。……盡其道，則所值之吉凶，皆莫之致而至者矣。……犯罪而死，與立巖牆之下者同，皆人所取，非天所爲也。此章與上章蓋一時之言，所以發其末句未盡之義。

　　朱注雖簡，其實已無餘韻。惟視此句甚輕，以爲“蓋一時之言”，是其所失。船山本之作《訓義》，亦能闡其底蘊。〔1〕焦循既釋此章，乃引《韓詩外傳》之説，言“非命”二字相連，即章末“非正命”之義。遂言“莫非命，禁戒之辭，謂不可非命而死也”。後世“死於非命”乃成習語，是“非命”連讀亦久矣，惟“非命”之義未必如焦循所言耳。《韓詩外傳》：

　　哀公問孔子曰：“有智壽乎？”孔子曰：“然。人有三死而非命也者，自取之也：居處不理，飲食不節，勞過者，病共殺之。居下而好干上，嗜欲無厭，求索不止者，刑共殺之。少以獲（敵）衆，弱以侮强，忿不量力者，兵共殺之。故有三死而非命者，自取之也。”《詩》云：“人而無儀，不死何爲！”〔2〕

　　《説苑·雜言》所記唯文字稍異。詳其上下文，孔子所謂

〔1〕　參王夫之《四書訓義》卷三十七《孟子·盡心上》。
〔2〕　屈守元《韓詩外傳箋疏》卷一，巴蜀書社，1996年，第20頁。

"人有三死而非命者，自取之也"，其意蓋曰人有三種死況，乃咎由自取也，皆不可以稱之爲命。並非如焦氏所言，以"非命"爲固定名辭也。[1]今就《論語》所記，其泛論命者略引如下：

子曰："吾十有五而志於學，三十而立，四十而不惑，五十而知天命，六十而耳順，七十而從心所欲不逾矩。"（《爲政》）

伯牛有疾，子問之，自牖執其手，曰："亡之，命矣夫！斯人也而有斯疾也！斯人也而有斯疾也！"（《雍也》）

季康子問："弟子孰爲好學？"孔子對曰："有顏回者好學，不幸短命死矣！今也則亡。"（《先進》）

子夏曰："商聞之矣：死生有命，富貴在天。"（《顏淵》）

子曰："道之將行也與，命也；道之將廢也與，命也。公伯寮其如命何！"（《憲問》）

子曰："不知命，無以爲君子也；不知禮，無以立也；不知言，無以知人也。"（《堯曰》）

孔子似惟言命與非命，而未言正命。然觀《韓詩外傳》所言，其"自取之"而死者不可以命言，則孔子之"命"，即孟子所言"正命"也。二師論命與世俗命運之義不同。依世俗之義，人之窮通、禍福、壽夭皆天之所命，莊子所謂"死生，命也"（《大宗師》），即上引子夏所言"死生有命，富貴在天"之意。此義儒

---

[1] 屈守元《韓詩外傳箋疏》引薛據《孔子集語》及《孔子家語·五儀解》，此句皆作"人有三死而非其命者"，顯然不可以"非命"連讀矣。參該書第 21 頁注〔四〕。

道兩家雖皆不廢，然儒家主順受其正，道家主因任自然，其所因、所順者實不相同。如《老子》所言"禍兮福之所倚，福兮禍之所伏"，《淮南子·人間訓》於塞翁失馬一章亦引申此義，皆以禍福利害言之，與正命與否無關。故儒、道亦因此分途，儒者主"殺身成仁"，故不務趨避；道家主全生保命，是欲人趨避也。[1]後者與古史官所言占卜之道相通，蓋占卜皆教人趨吉避凶者也。至孔子，則自言與巫史有別，"吾求其德而已，吾与史巫，同途而殊归者也"（《帛書周易·要》），[2]故不以趨避爲順命，而特表君子知命之説。孔子論《易》，所謂"不占而已矣"（《論語·子路》），亦可由此觀之。上文所謂"不知命，無以爲君子也"，蓋亦恢復天命之古義，此孔子"正名"之學也。然則近世學者多以孔子爲命定論者，皆膚末皮相之見耳。惟世俗語義既已變化，命之含義遂亦混淆。墨子繼起，乃並一切命運之説皆欲一掃而盡空之，此即"非命"之説：

　　子墨子言曰：執有命者以雜於民間者衆。執有命者之言曰："命富則富，命貧則貧；命衆則衆，命寡則寡；命治則治，命亂則亂；命壽則壽，命夭則夭；命雖强勁，何益哉？"以上説王公大人，下以駔百姓之從事，故執有命者不仁。故當執有命者之言，不可不明辨。

---

〔1〕此處所論道家，亦泛言之。如莊子即與一般道者不同，茲不具論。
〔2〕老氏之學"清虚以自守，卑弱以自持"（《漢書·藝文志》），與趨避之義相通。且老子一説本周之徵藏史（《莊子·天道》），亦與周代史官傳統相通。關於孔子與巫史之別，可參拙作《從巫史到孔子：〈周易〉文本的經典化——一種基於經學進路的探討》。

　　……今天下之士君子，或以命爲有，(蓋)〔盍〕嘗尚觀
於先王之書？……先王之憲亦嘗有曰"福不可請，而禍不
可諱，敬無益、暴無傷"者乎？

　　……今用執有命者之言，是覆天下之義。覆天下之
義者，是立命者也，百姓之誶也。〔1〕説百姓之誶者，是滅
天下之人也。(《非命上》)

　　今天下之士君子，或以命爲亡。……然胡不嘗考之
百姓之情？自古以及今，生民以來者，亦嘗見命之物、聞
命之聲者乎？則未嘗有也。若以百姓爲愚不肖，耳目之
情，不足因而爲法；然則胡不嘗考之諸侯之傳言流語乎？
自古以及今，生民以來者，亦嘗有聞命之聲、見命之體者
乎？則未嘗有也。(《非命中》)

　　觀墨子所斥，所謂"福不可請，而禍不可諱，敬無益、暴無
傷"，當指儒家順命之説：

　　有强執有命以説議曰："壽夭貧富，安危治亂，固有天
命，不可損益。窮達、賞罰、幸否有極，人之知力，不能爲
焉。"群吏信之，則怠於分職；庶人信之，則怠于從事。吏
不治則亂，農事緩則貧，貧且亂政之本，而儒者以爲道教，
是賊天下之人者也。(《非儒下》)

　　墨子既欲非命，乃提出判斷合理性之標準，是爲三表

---

〔1〕　誶，孫詒讓引俞樾説，釋爲憂。《墨子閒詁》卷九。

之法：

> 何謂三表？子墨子言曰：有本之者，有原之者，有用之者。於何本之？上本之於古者聖王之事；於何原之？下原察百姓耳目之實；於何用之？廢以爲刑政，觀其中國家百姓人民之利。此所謂言有三表也。（《非命上》）

　　"本之"即指可信據之經驗，"原之"乃指理性觀察之實踐，"用之"則指理論應用之效驗。顧上古歷史言人人殊，未必可以徵實；順命、非命亦各有信之者，難以觀其效驗。然則墨子所能信據者實即"自古以及今，生民以來者，亦嘗見命之物、聞命之聲者乎？則未嘗有也"。墨子本知性思維，以觀察理性爲判斷依據，固其立場所在。雖言天志，然此天乃一理性天，惟視人之義不義而報之，以行其賞罰。是亦殷紂王所謂"我命由我不由天"之義。[1]其所論頗爲漢代天人感應説張本。惟既以未見、未聞者爲烏有，亦武斷之至。

　　由是觀之，道家趨避、墨者非命，皆各得一偏者也，必當以孔子知命之學爲中道。然儒者亦非絕對不言趨避，爲與道家區以別之，孔孟故發正命之説，此即本章"莫非命也，順受其正"之義。故言：雖皆命也，而有正不正之別；其覆壓於危牆之下而死者，與夫所行不義、桎梏而死者，皆不正者也；惟盡其道者雖死亦不違其正命。與上引《韓詩外傳》之言實皆相應，惟

---

[1]　參《墨子·天志》。"我命由我不由天"，見《史記·殷本紀》。墨子本殷遺也，故與之相合。

稍簡略耳。觀趙岐所言正命、遭命、隨命云云，蓋皆漢儒畫蛇添足之論，實無甚大義可言。如所言遭命之説，蓋本《白虎通》所言，"冉伯牛危言正行，而遭惡疾"，是爲行善得惡，[1]故與正命相區別。夫"行惡得惡"之"隨命"固非"正命"，冉伯牛既入孔門德行科，蓋亦"殀壽不貳，修身以俟"者也，另如顔回雖殀亡，亦可謂"盡其道而死者"也，豈可不視爲正命？以是知漢儒已不明孔子知命之大義，惟以功利之見辨別善惡。及至王充，乃於隨命另載一義：

> 《傳》曰："説命有三：一曰正命，二曰隨命，三曰遭命。"正命謂本稟之自得吉也。性然骨善，故不假操行以求福，而吉自至，故曰正命；隨命者，勠力操行而吉福至，縱情施欲而凶禍到，故曰隨命；遭命者，行善得惡，非所冀望，逢遭於外，而得凶禍，故曰遭命。（《論衡·命義篇》）

雖剖判頗細，去聖言則彌遠。[2]漢儒既多以世俗禍福爲依歸，亦可見世俗命説影響之大，此道教興起之土壤。及佛教入華，其三世因果之説較道流尤爲精密，數百年間，無論士民文野，皆趨之若鶩，亦有由矣。及至宋儒，始能究明大義，然後世學者亦多隨文解義，或與《易傳》、《中庸》所言盡性致命諸説相互比量，徒擬諸高天之上，未嘗求其的論。

嘗試論之。所謂"盡其道而死者"，即依仁、合義、守禮而

---

[1] 據焦循考證，正命、遭命、隨命之説當出《孝經援神契》，其後《白虎通·受命篇》、《論衡·命義篇》大同小異，趙岐所言與《白虎通》合。

[2] 按此王充所引並加以詮釋之説，非王氏本人之説。此處暫不詳及。

死者也;其未能正命而死者,是不仁、不義、無禮而死者也。此三說正與《韓詩外傳》所言三種非命之死相應。以德性論言之,仁義禮居四德、五常之三,所以不言智與信,蓋因死不可以智言,因信而死,亦未必完全合道。凡依仁、合義、守禮而死者,皆合道而能信者也。故儻泛言"盡其道而死者",惟可以依仁、合義、守禮三者觀之。〔1〕

　　夫人情莫不好生惡死,然亦有殺身成仁、舍生取義者也,無論夭壽,是皆所謂正命。孔子曰:"志士仁人,無求生以害仁,有殺身以成仁。"(《論語·衛靈公》)另如魯人汪錡,雖一童子,孔子曰:"能執干戈以衛社稷,可無殤也。"〔2〕此舍生取義者也,孔子亦以正命待之。至於守禮而死,則多於忠臣義士見之。《左傳·昭公二十年》:

　　　　齊侯田於沛,招虞人以弓,不進。公使執之,辭曰:"昔我先君之田也,旃以招大夫,弓以招士,皮冠以招虞人。臣不見皮冠,故不敢進。"乃舍之。仲尼曰:"守道不如守官。"

　　虞人雖未殺身,然固有因守官而殺其身者也。當此之時,既守其官,是能依禮而行,豈可不云"盡其道"? 孟子故曰:"昔

---

〔1〕 仁義禮乃五常之三,其智者不必死,不智則無義。然亦有知其不可爲而爲之者矣,是欲守其仁義禮者,雖有智可以逃死,亦不得不爲也,是所謂"舍身取義",故不必論智與不智。其因信而死,如《莊子·盜跖》:"尾生與女子期於梁下,女子不來,水至不去,抱梁柱而死。"此不知權變者也,是亦不智、不義之類。若守其仁義禮而死者,是皆有其信者也,亦不必單言之矣。此處可見古人義理之精密。
〔2〕 按此事《左傳》哀公十一年、《禮記·檀弓下》皆言之,引文據《左傳》。

齊景公田，招虞人以旌，不至，將殺之。志士不忘在溝壑，勇士不忘喪其元。孔子奚取焉？取非其招不往也。"(《滕文公下》)其不仁、不義、無禮者亦有數端：

其一曰因不仁而死。仁本有不同層次，大可以彌綸天地，小則惟以愛己、愛親、愛人、愛物爲言。既以愛爲言，是出於内者也，此義雖告子亦不否認。[1]顧人之愛既出於内，是不能必其有此愛也。如人雖知孝親、敬長，亦能以禮事之，不可謂之不孝也，然固有内心實不愛其親、實不敬其長，而能依禮而行者也。此在陽明，以爲失其良知，然此良知與否非他人可知也。故雖君子亦有不仁者，[2]言其所行雖正，卻乏愛心也。世俗之人，相交以禮，即便不知愛人，[3]亦非取死之道。其不知仁愛而爲取死之道者，其惟並己身亦不愛者乎？人之當愛己身，其故有二。《孝經》曰："身體髮膚，受之父母，不敢毀傷，孝之始也。"(《開宗明義章》)蓋愛身亦愛親遺體之義，是亦仁也。其不知愛身者，是失親親之仁矣。己身既不愛，又焉能愛人？此其一。人之能有愛人之仁，其所本者既在人能愛己，否則無惻隱之心矣。此其二。

人既不愛己身，則疾病隨之，儻因此而殺身，是不得其正命者也。蓋惟無原因可求者始可言命，否則是有理可求，非天之所命也。此即《萬章上》所言"莫之爲而爲者天也，莫之致而至者命也"之義。孔子亦云："知其不可奈何而安之若命，德之

---

〔1〕 參《告子上》第四章講疏，另下文尤細分仁、愛之別，此處則可不必。參本篇第四十五章。

〔2〕 《論語·憲問》："君子而不仁者有矣夫，未有小人而仁者也。"

〔3〕 此"人"非人類之人，乃括己身以外宇宙間一切事物而言。

至也。"(《莊子·人間世》)此論雖出《莊子》,實與夫子所言不悖。故孔子評論伯夷、叔齊餓死首陽山之下,曰:"求仁而得仁,又何怨!"(《述而》)〔1〕伯夷、叔齊不食周粟而死,乃"自取"之也,非天命之也,故亦不必怨天。孔子則雖不爲人知,而亦不怨天:

　　子曰:"莫我知也夫!"子貢曰:"何爲其莫知子也?"子曰:"不怨天,不尤人,下學而上達。知我者其天乎!"(《憲問》)

　　既明此義,故"居處不理,飲食不節,勞過者,病共殺之"乃是咎由"自取",不可以視之爲正命。孟子本章所言不立乎危牆之下,亦同此義。觀《論語》,夫子之所以"食不言,寢不語"、"食不厭精,膾不厭細。食饐而餲,魚餒而肉敗,不食。色惡,不食。臭惡,不食。失飪,不食。不時,不食。……肉雖多,不使勝食氣。唯酒無量,不及亂。沽酒市脯,不食"(《鄉黨》),皆攝生保身之義也。反之,既知攝生之道,而無故染疾、飢不擇食、因義過勞(此亦舍生取義)者,亦不可言非正命也。

　　其無故染疾者,不妨以上引冉伯牛之事證之,故子曰:"亡之,命矣夫! 斯人也而有斯疾也。"顏回之死,夫子亦言"不幸

---

〔1〕 按此説本爲衛君而發,衛靈公逐其世子蒯聵,靈公薨,國人立蒯聵之子、出公輒。後晉人欲納蒯聵而出公拒之。《論語·述而》:"冉有曰:'夫子爲衛君乎?'子貢曰:'諾,吾將問之。'入曰:'伯夷、叔齊何人也?'曰:'古之賢人也。'曰:'怨乎?'曰:'求仁而得仁,又何怨!'出曰:'夫子不爲也。'"雖爲衛君而發,其實亦是爲伯夷、叔齊而發,此處惟論其大義,學者不必以辭害意。

短命",其故正同。古人之所以欲人"頤養天年"者,爲求其正命也。

　　其<u>飢不擇食者</u>,可以墨子所非孔子之行證之:

> 孔某窮于蔡、陳之間,藜羹不糂。十日,子路爲享豚,孔某不問肉之所由來而食;號人衣以酤酒,孔某不問酒之所由來而飲。哀公迎孔子,席不端弗坐,割不正弗食。子路進請曰:"何其與陳、蔡反也?"孔某曰:"來,吾語女:曩與女爲苟生,今與女爲苟義。"夫飢約,則不辭妄取以活身;贏飽,則僞行以自飾。汙邪詐僞,孰大於此?(《墨子·非儒下》)

　　墨子既曾學儒,蓋亦頗聞孔子之往行。惟既不解其人,學術亦本異路,故於孔子極盡譏諷之能事,稱孔某而不名。既聞孔子攝生之義,偶聞孔子陳蔡之事,便以爲"得間"矣,此在名理而言,孔子似無可辯駁,然儻以夫子所言"知命"觀之,則孔子所行亦無可非議。蓋前者乃爲生存,後者乃知命之義。<u>本文既引子路之疑,墨子或子路門人,於此又得一證。</u>[1]<u>子路在孔門乃不得正命者(詳下),墨子之非命,蓋淵源於此乎</u>?

　　其<u>因義過勞者</u>,或可以孔子之言證之。子曰:"士而懷居,不可以爲士矣。"(《憲問》)士者事也,[2]既有公事,自當不辭

---

[1] 前人疑墨子出漆雕氏之儒,以其任俠也。子路亦孔門勇者,且年紀居前。漆雕氏之儒蓋即子路之儒也。

[2] 《白虎通·爵》:"士者事也,任事之稱也。"按,此漢儒通說,故《毛詩傳》、《說文》皆持此論,邢昺《孝經注疏·士章》並引之。

辛勞、不可苟安也。《周易・蹇卦》："王臣蹇蹇,匪躬之故。《象》曰:王臣蹇蹇,中無尤也。"此言王臣雖處蹇難,然非爲自身,亦不可怪責也。〔1〕

其二曰因不義而死。是即上文孔子所言"居下而好干上,嗜欲不厭,求索不止者,刑共殺之"。以德性論言之,人之好干上、貪得無厭,是無廉恥、羞惡之心也,故以不義言之。此理甚易,不必舉證矣。

其三曰因無禮而死。是即"少以敵衆,弱以侮强,忿不量力者,兵共殺之"。人之忿不量力,如城濮之戰楚將子玉,雖似勇矣,實無恭敬之心也。〔2〕"子謂顏淵曰:'用之則行,舍之則藏,惟我與爾有是夫!'子路曰:'子行三軍,則誰與?'子曰:'暴虎馮河,死而無悔者,吾不與也。必也臨事而懼,好謀而成者也。'"(《述而》)故子貢"惡勇而無禮者"(《陽貨》),夫子則警子路:"若由也,不得其死然。"(《先進》)子路乃孔門勇者,所謂"野哉,由也!"(《子路》)子路之死,非正命也。

"子之所慎:齊(齋)、戰、疾。"(《述而》)此皆孔子修身俟命之法。蓋齋於神靈之前,使精神專一,能收其不知羞惡之心,則不爲不義之舉矣;當戰而慎,是養其戒懼恭敬之心,則不爲無禮之事矣;當疾而慎,是養其哀痛、惻隱之心,則不失其仁矣。人能戒慎於不仁、不義、無禮之事,而仍因疾、因戰、因刑而死者,則必非己之過也,此真"莫之致而至者命也",故"知其不可奈何而安之若命",是真所謂"殀壽不貳,修身以俟"者也。

---

〔1〕 參拙作《周易義疏》蹇卦六二義疏。
〔2〕 事見《左傳》僖公二十七年,即言子玉"剛而無禮"。

夫子自言"五十而知天命",蓋知大道之不廢,斯文之在兹,[1]是其德已進至仁者生生之境矣。

第 三 章

孟子曰:"'求則得之,舍則失之',①是求有益於得也,②求在我者也。③'求之有道,④得之有命',是求無益於得也,求在外者也。"

【簡注】 ① 舍,止,放棄。② 有益,有助。③ 在我者,自己本來有的。④ 道,方法。

【講疏】 "求則得之,舍則失之"、"求之有道,得之有命"二語,蓋古之成語。[2]首句亦見《告子上》,言人之本心,乃性分所固有,雖或陷溺、放失,尚有存之之道,不必外求,故曰"在我"。[3]故孔子曰:"仁遠乎哉? 我欲仁,斯仁至矣。"(《論語·述而》)

依上章,"盡其道而死者,正命也",不惟生死、夭壽,人之

---

[1] 按大道不廢可見諸上引公伯寮之事,依《憲問》:"公伯寮愬子路于季孫。子服景伯以告,曰:'夫子固有惑志于公伯寮,吾力猶能肆諸市朝。'"是孔子已知道之將行、將廢與公伯寮無關。時孔子已過五十。另,《論語·子罕》:"子畏於匡,曰:'文王既没,文不在兹乎? 天之將喪斯文也,後死者不得與於斯文也;天之未喪斯文也,匡人其如予何'?"此皆孔子已知天命之證。

[2] 此清儒翟灝之説,焦循已引及。

[3] 參《告子上》第六章講疏。《告子上》第八章另有"操則存,舍則亡",大義亦同。

窮通、禍福皆有“盡其道”而不得者，此即“求之有道，得之有命”，亦孟子所謂正命。故孔子云：“富貴如可求，雖執鞭之士，吾亦爲之；如不可求，從吾所好。”（《述而》）所謂“可求”者，“盡其道”而求也，執鞭雖爲賤役，亦不必非之。蓋“雖小道猶有可觀”（子夏語），是亦“盡其道”也。故又曰：“飯疏食飲水，曲肱而枕之，樂亦在其中矣。不義而富且貴，於我如浮雲！”（《述而》）以道求之而仍不得，則安之若命，不爲不義之舉也。此安貧樂道即是“從吾所好”。孔子此言，學者多隨文解義，實則當與孟子正命之說相參，始明其理。

　　不寧惟是。上文既言“莫之致而至者命也”，其有理可求者，不必言命；惟以道求之而仍不得，是則命耳。<u>故命之爲命，自人觀之，乃絶對無理可言者</u>。[1]如人之富貴，儻因爲人執鞭，乃至一切合理行爲所致，此皆“盡其道”者也，故不必言命。另如人之富貴，雖不勞而獲，然本出富貴之家，承襲祖業，是亦有理可言者也，不必言命。至於何以生於此富貴之家，是則命也。或有拾人金而昧之者，是“莫之致而至者”也，固可以命言，此世俗所謂福也，然君子乃以爲不義之財（未能“盡其道”），故“於我如浮雲”。亦有人兢兢業業，察其天時，別其地理，選其嘉種，深耕易耨，然種瓜而不得，種豆而不收，此豈非天哉。惟天命如此，則是“所求無益於得也”，然則<u>自習心而言，此天命乃自外而來者，亦即非由“性”而來者，是即“求在外者也”</u>。然則性之與命，是内外有别也。

―――――――

〔1〕　自天觀之，當亦有理可言，故諸大宗教皆欲言之，聖人則存而不論，蓋非人類之
　　　先務也。且即明其理，君子亦惟“居易俟命”而已，此孔子所傳易簡之道。先務
　　　之義，參本篇末章。

　　蓋尤有説。孟子本章所言求得、内外，皆自習心而言，此即常識所謂自我。本心既爲習心之本，故言内；天命非自我所決定，故言外。其内外之間者何也？曰身。故天命儻泛言之，實涵三義。其一曰"生之謂性"，乃此身形質之稟賦也，下文另有討論；其内則"天命之謂性"，此世俗視之爲命，而君子固以之爲性也（即通性，參上文）；其外則此"莫之致而至者"，此絕對之天命。蓋在内者固天之所命，在外者既無理可言，亦唯可歸之於天。隨人類認識之拓展，此理雖漸有可言者，然天爲人之限制性，始終如影隨形。其即此身而言者乃人事之理，是皆可以謀之，故孔子"所欲與"者，乃"臨事而懼，好謀而成"者，此亦俗語所謂"謀事在人，成事在天"、"盡人事，聽天命"之義。既言"好謀"，則知性（指觀察理性）即含蘊其間，此孔門仁智一體之精神結構。由是觀之，漢儒惟言命而不知性（指天命之性）、知身（即氣質之性）而不知命，至於清儒所知者唯一身耳，性、命之大旨皆無與焉。

　　綜上所述，自習心而言，在内者乃宇宙一體之通性，在外者則上天授此個體之天命也。命者，令也。由在内之性，可證宇宙之一體；由在外之命，乃見絕對之律令。[1]由此律令，則君子所當爲者，亦唯"修身以俟"：修身以復性，"居易以俟命"；小人既不識性命之理，則唯出之以功利計度之心，"行險以徼幸"而已（《中庸》）。既復性，是"樂天"者也；既俟命，故"不憂"矣。"不憂"亦可攝上文"殀壽不貳（疑）"。故《易》曰："樂天知

─────────

[1] 儻知此絕對律令而不明性體，即西洋神學。故康德祇有道德神學，而無牟宗三所言道德的形上學。

命,故不憂"(《繫辭上》)。及既合性、理(本心與物之交)、命於一道,則天人合一,是大《易》所謂"窮理盡性,以至於命"也(《説卦》)。是即孔門立命之學。學者儻明此義,則《論》、《孟》、《易》、《庸》之旨可以貫通如一。惜宋明儒以性等同天命,不知性雖本天而非同於天,命亦有本然(天)與律令(命)之別,故性之與命,本不可强合也。[1]惟有此異,故聖人知天而有別於天。《中庸》曰:

> 君子之道,費而隱。夫婦之愚,可以與知焉,及其至也,雖聖人亦有所不知焉。夫婦之不肖,可以能行焉;及其至也,雖聖人亦有所不能焉。天地之大也,人猶有所憾。

聖之字從耳從口,所言者乃上天之消息也。既有所憾,故當敬畏天命。孔子曰:"畏天命,畏大人,畏聖人之言。"(《論語·季氏》)漢儒不知性而知命,故猶重譴告;宋儒雖明性學,亦知主敬,尚能恪守斯旨。惟王安石輩乃多師心自用,無復敬畏矣。此與道教、禪宗之流行亦不無關係,乃華夏烏托邦意識之源。及後宗宋儒者性體之義既失,象山、陽明乃以心體救正

---

〔1〕 按性、命相分之説,道教尚保存之,故言煉性修命、性命雙修。宋明儒觀點以程子、陽明最爲分明。《傳習錄上》:"性一而已。自其形體也謂之天,主宰也謂之帝,流行也謂之命,賦於人也謂之性,主於身也謂之心。"其所以致誤者,一因誤讀《中庸》"天命之謂性"一語。朱注:"命,猶令也。性,即理也。天以陰陽五行生化萬物,氣以成形,而理亦賦焉,猶命令也。於是人物之生,因各得其所賦之理,以爲健順五常之德,所謂性也。"此外,程子、陽明以流行言命,當係誤讀《詩經》"維天之命,於穆不已"之義。蓋天命雖然流行不已,然非言此流行不已者即是命也。此猶性乃天之所命,然天之所命亦不即是性。

之，惜末流亦陷於猖狂恣肆之習。蓋心體雖明而未能存之，亦無以養其性。泰州王心齋乃發“大人造命”之說，雖不爲無見，然以性造命，等同天神，其流弊有不可勝言者。[1]明季惟劉宗周得宋儒性宗之傳。蓋學者當游心於敬畏與灑落之間，道可任而不可居，以是知俟命之説爲無弊也。

申言之，天人之道，乃一切學術所共由。佛家不欲顯言天命，而言“因緣生萬法”，故有因緣，有增上緣，略示内外有別。此因緣和合實即業力因果，亦不出儒者所言天命也。雖以佛力之威神，亦難逃業力。其以大梵天王當中土之天，非也。儻以耶教觀之，則天命相應於上帝，惟耶教不承認天命之性，故必有待於耶穌之“道成肉身”以當此性，聖靈則相應於人之本心。及後既承認“三位一體”，是猶儒者所言天、性、本心皆可上通如一。蓋耶教既主人之性惡（原罪），[2]其救贖與否惟可依上帝之恩典，故聖靈必由外鑠，不可有本心之名。及康德出，既欲人之“德福一致”，則勢必假定上帝存有（命）、靈魂存在（略近於性）、意志自由（略當本心之明體）三義。諸說雖大義未失，固不如孔門性命之旨爲圓融。近世學者，惟棲霞牟宗三論此甚深，能補康德之闕，然既欲上推聖境，而以圓教爲依歸，尚有可商之處。[3]蓋孔門性命之説乃以不圓見其圓也，是亦《易》終未濟、虛中應外之旨。

---

[1] 關於師心自用，另可參拙作《王學與晚明師道復興運動》（增訂本）導言、第四編第一章第二節、第二章第三節。

[2] 此皆以天主教、新教等主流神學言之，其不承認三位一體諸義者，亦可由此衡之。本篇體例所關，暫不詳及。

[3] 康德、牟宗三之説，可參康德《實踐理性批判》、牟宗三《圓善論》諸書。以上諸義，擬專文另述，兹不詳及。

第 四 章

孟子曰："萬物皆備於我矣，^①反身而誠，^②樂莫大焉。强恕而行，^③求仁莫近焉。"^④

【簡注】　① 備，全備，具備。此句大意：萬物（之通性）我都具備了。② 反身，返求自身。按，普通人的自然傾向是向外伺察（觀察）萬物，所以向內叫"反"。誠，實，如實體察萬物之性。此句大意：能反求自身，而實證此性。③ 强（qiǎng），勉力。恕，恕道。按，指"己所不欲，勿施於人"。④ 求仁莫近：想要求仁，沒有比這更近便（的途徑）。

【講疏】　上章既分內外，此言"反身"，是向內而言也。蓋儻向外，我身與萬物彼此異構，歷歷分明，不可以言"備於我"也。〔1〕惟向內而言，乃見人我之性皆上通於天。天爲宇宙之統體，人乃指人我分立之萬物。萬物既皆居此宇宙之中，亦當本之於天。然則萬物之性即我之性，是所謂"備於我"。備即一體之義。古人祭祀，重視備物，即犧牲之完整。故無論勠

---

〔1〕　近世以來，頗有以唯心主義認識論解孟子此説者，可謂全錯。諸説雖本舶來之見，然清儒已由觀察理性論之。焦循曰："謹按此章，申明知性之義也。知其性而乃盡其心，然則何以知其性？以我推之也。我亦人也，我能覺於善，則人之性亦能覺於善，人之情即同乎我之情，人之欲即同乎我之欲，故曰‘萬物皆備於我矣’。"按焦氏本節所謂"知性"乃動賓結構，非知性思維之"知性"，然其思維固無別也，此可由其言"覺"見之。

豢,皆可用之,惟毛色不純以及身體不完整者不可用。〔1〕蓋
惟備物,乃代表物德之完整,可以敬獻於神明。萬物各能成
己,而人能自反、成物,是所以爲備物。孟子藉此備物之義,而
言萬物之性亦皆與我爲一體。萬物之性既皆一體,故人與天
地萬物始不復有隔。此亦《中庸》所言"合内外之道"。〔2〕《中
庸》另言:

> 唯天下至誠,爲能盡其性;能盡其性,則能盡人之性;
> 能盡人之性,則能盡物之性;能盡物之性,則可以贊天地
> 之化育;可以贊天地之化育,則可以與天地參矣。

《中庸》由盡己之性、盡人之性至盡物之性,蓋反言此理。
此即宋儒所謂"人與天地萬物爲一體"之義。

誠者,實也。首章言"盡心知性",猶禪宗"明心見性",本
心與性之理雖明,然必實體之,乃得其存之養之之樂。此樂乃
吾身與萬物同體之樂,如春陽雷動、萬物發舒,皆能欣欣向榮
也。故《中庸》曰:"大哉聖人之道! 洋洋乎! 發育萬物,峻極
於天。"《周易》之釋此境,其在豫卦,故曰:"雷出地奮,豫。先
王以作樂崇德,殷薦之上帝以配祖考。"古樂(yuè)與樂(lè)
通。此樂(yuè)非普通音樂(古稱之爲"音"),乃指祭祀之樂
歌,可以上達於神靈者。故《樂記》言"樂統同,禮辨異",此同

---

〔1〕 參《國語・楚語下》"楚昭王問於觀射父"一節。引文見《告子下》第五章講疏。
　　關於備物與禮之關係,參拙作《孔曾禮學探微》。
〔2〕《中庸》:"誠者,非自成己而已也,所以成物也。成己仁也,成物知也。性之德
　　也,合外内之道也。故時措之宜也。"

即人與天地萬物一體之同。此境體現於吾人之心,即是本心呈露之樂(lè),故陽明曰"樂是心之本體",非言本體是樂,而言本心之狀態乃體現爲樂。此樂超越一切世間凡俗之樂,而爲之本,故云"樂莫大焉",非以樂之程度言也。[1]孔子曰:"不仁者不可以久處約,不可以長處樂。"(《里仁》)又曰:"君子坦蕩蕩,小人常戚戚。"(《述而》)人能觀其自心,則君子、小人境界判然。蓋"坦蕩蕩"者未必君子,[2]而"常戚戚"者必是小人也。小人猶言常人、普通人,學者不必以辭害意。人能以小人自處,知恥而反身,始有入道之機。

此萬物一體之境,儻以名相言之,即是天道生生之仁。蓋反身乃言復性之工夫,誠乃言復性之境界,樂乃言復性之體驗,[3]求仁乃復性之歸宿。有此仁,則自我與天地同流,而證其生生之境。故能超越死亡,"殀壽不貳",佛偈所謂"無憂亦無怖"。惟佛家以憂怖源出於愛,故言"因愛故生憂,因愛故生怖"。以儒者觀之,此愛雖亦仁之體現,固與生生之仁境界有別也。故孔子雖知天命,然不欲以宗教律令化導之,後者即周以來禮教所言鬼神之說,墨家、道教乃至人類各大宗教大體皆秉同一立場。自經學言之,此命宗也。夫子"敬鬼神而遠

---

[1] 參第二十章。

[2] 晚明王門有"樂學派",其末流即唯樂是求,蓋即因此致誤。關於樂學派,參拙作《王學與晚明師道復興運動》(增訂本)第二編第三章第二節。

[3] 此體驗人於日常生活中皆可見之。如人能由恨人改爲愛人,即可體會此樂。孟子本章所言反身而誠,或以爲乃某種冥契型的宗教經驗,非是。宗教家於精神灌注,物我兩忘之際固然可冥契某種境界,但此亦不過小道,乃天道之"端倪"而已,尚非真正與"天地同流"。"上下與天地同流"乃萬物之本然,惟返本復性,始真能體之耳。此絕非個體冥契可限者。如人能無愧於心,既可體會此樂,此固非冥契之時也。

之”，所以如此者，<u>蓋因上通於天者人人俱在，可不必外求也。此夫子所發性宗之大義，是所以爲天德也</u>。[1]《論語·先進》：

> 季路問事鬼神，子曰：“未能事人，焉能事鬼？”曰：“敢問死。”曰：“未知生，焉知死？”

子路蓋墨者先驅，故以鬼神相問。孔子非不言鬼神，而於人我之間指點之，亦欲子路得以復其本心之仁。所謂生，亦非世俗所謂生活、生命之生，而是天道之生生。自《周易》言之，生生非可泛言之也，上經三十卦，由乾坤以降直至第二十八卦大過死象，即生命自身之示現。由大過復經坎離，由坎離復生乾坤，則是貞下起元、由死而生。[2]明此生生之理，乃可以超越具體死亡。此即“未知生，焉知死”之義。孔子曰：“加我數年，五十以學《易》，可以無大過矣。”（《述而》）“加我數年”者，蓋孔子尚未五十，自言儻五十之年得明大《易》生生之理，則可不必有大過之死象矣。[3]古人五十而死不爲殀，儻未及五十，雖“殀壽不貳”，亦當凜然也。孔子之學，求仁之學也，其一生汲汲皇皇，雖似不離乎人（“事人”），實即對越鬼神也，是“丘之禱也久矣”。

---

〔1〕 據《帛書周易·要》孔子歷數自己與此前巫史易之差異，終乃自言：“吾達其天德矣。”參前揭《從巫史到孔子：〈周易〉文本的經典化——一種基於經學進路的探討》。

〔2〕 參《周易義疏》上經卦序義解。

〔3〕 《論語》此言“大過”當以大過卦解之，參拙作《周易義疏》大過卦義解。

孔子語子路先"事人",學者頗以"奉事"解之,自上下文而言似無不可。然"事"亦有"從事"之義(參首章),事人亦不必以事親、敬長言之,言待人接物亦可。此亦《中庸》"道不遠人"之義,非言大道不離人倫日用,乃言道之所存,當自具體情境見之。[1]蓋人事自身即蘊含物則("有物有則"),此物則可以"忠恕"之道求之:

> 子曰:"道不遠人。人之爲道而遠人,不可以爲道。《詩》云:'伐柯伐柯,其則不遠。'執柯以伐柯,睨而視之,猶以爲遠。故君子以人治人,改而止。忠恕違道不遠,施諸己而不願,亦勿施於人。"(《中庸》)

"忠恕"之所以"違道不遠",即因人我之間皆具"秉夷(彝)之德",依《告子上》,此"秉夷之德"即人之本心。[2]儻以諸篇互參,則知本章下文所言"强恕而行,求仁莫近焉"之義。實則此恕道即本心之"直道",[3]亦即"己所不欲,勿施於人"之義。人己相交,欲求其物則,當本忠恕之道,此因本心人人皆具;然則欲求取本心者,莫近於行"恕"之時也。[4]是即"强恕而行"也。

强,勉也,猶言勉力而爲。《中庸》:"不勉而中,不思而得,

---

[1]　關於"道不遠人"的辨析,參拙作《說"絜矩之道"》。

[2]　參《告子上》第六章講疏。

[3]　前揭《說"絜矩之道"》。

[4]　按忠者信也,實也,忠非本心,然儻無忠,則本心皆不定,故曾子(《里仁》)、子思皆言"忠恕"。仁不見於忠,而見於恕,蓋"己所不欲,勿施於人",即吾人惻怛不忍之仁心也。

從容中道,聖人也。"蓋能"不勉而中"方是"中道"也。普通人唯可言"勉",其強勉之中,則是"忠";其強勉之恕,則是"強恕"。所以言"忠恕違道不遠",蓋因二者離"從容中道"已不遠矣。惟"忠""恕"雖皆可通仁,然一有爲,一無爲,是"恕"尚先於忠也。[1]故子貢問孔子:"有一言而可以終身行之者乎?"子曰:"其恕乎! 己所不欲,勿施於人。"(《衛靈公》)故求仁當自"強恕而行"始,是所謂"求仁莫近焉"。

由此觀之,《中庸》言"忠恕",而本章惟言"強恕",正可見孟子義理之精。知"強恕"之義,乃知儒門所謂盡心,非如佛老之冥然兀坐、觀其本心,亦非隨處體認其抽象而應然之理,而是隨時反身,"成己成物",使萬物"各正性命"。

第 五 章

孟子曰:"行之而不著焉,[①]習矣而不察焉,[②]終身由之而不知其道者,[③]衆也。"

【簡注】　① 著,明,覺知。② 習,熟習。察,精察。③ 道,道理。

【講疏】　本章乃承上而言,人雖皆有"秉彝之良",皆可上達於天,然能知性者鮮矣。朱子曰:"著者,知之明;察者,識之

---

[1] 此亦《梁惠王上》第六章所言積極仁政、消極仁政之説所本。

精。言方行之而不能明其所當然，既習矣而猶不識其所以然，所以終身由之而不知其道者多也。"陽明本此，言"行之明覺精察處便是知"，其不能明覺精察者是不知反身之義也。此亦《繫辭上》所謂"百姓日用而不知，故君子之道鮮矣"。

第 六 章

孟子曰："人不可以無恥。無恥之恥，^①無恥矣。"

【簡注】　① 無恥之恥：受辱（之後）也没有（感覺到）羞恥。

【講疏】　"終身由之而不知其道者"既如是之衆，儻欲教育之，當自何始？如佛家教人，必自苦始，欲人離苦得樂；耶教教人，必恫之以罪，欲人希求拯救。儒者教人，欲人有所承擔，常曰立志，然何以有立有不立？儻教人成聖，或應之曰：成聖者有幾，不成聖者又何妨？儻教人得其大樂，或應之曰：吾惟知今樂之樂，不欲聞古之樂也。或有受其歆動者，亦不過欲受人尊敬，頂禮膜拜，此動之以利者也。<u>宋明儒之末流，常陷於虛僞者，未必非立志成聖之説有以致之也</u>。今世學者，或有欲學聖賢者，吾欲"先攻其邪心"也。〔1〕

---

〔1〕《荀子·大略》："孟子三見宣王不言事。門人曰：'曷爲三遇齊王而不言事？'孟子曰：'我先攻其邪心。'"

孟子似早見及此，故首言知恥。所謂知恥，即羞惡之心
也。人皆有惻隱、羞惡、恭敬（辭讓）、是非之心，此皆本心仁義
禮智之端也，欲人之復其本心，必當有以動之，使知自反。顧
惻隱、辭讓、是非諸心皆向外者也，其所及者外物耳，雖有以動
之，亦不必其能自反。惟羞惡乃指向人之自身，如言“人與禽
獸相去幾希”，則人或恥之矣，故欲有爲，以自別於禽獸。既知
自別於禽獸，乃動之以“不當泯然衆人”，或可令其發憤向上也。
既知發憤圖強，儻動之以“人皆可以爲堯舜”，則或有優入聖域
之機。此羞惡之心，即返本入道之門。故“人不可以無恥”。

雖然，儻真無恥可言，或可以“恥之恥”動之，以復其羞惡
之心。上篇末章，孟子曰：“教亦多術矣，予不屑之教誨也者，
是亦教誨之而已矣。”蓋不教之教，乃故意羞辱之，所謂“恥之
恥”，使動其羞憤之心也。儻並此“恥之恥”亦無之，如縱橫家，
如鄉愿，則真不可救藥矣。此佛家所謂一闡提，永世不可成佛
者。按“無恥之恥，無恥矣”一句，先儒多解作能恥其無恥，則
可無恥辱之累，雖文意可通，實無大義可言。孟子似不必作此
畫蛇添足之語。

第 七 章

孟子曰：“恥之於人大矣。爲機變之巧者，[1] 無
所用恥焉。不恥不若人，何若人有？[2]”

【簡注】　①爲機變之巧：巧於隨機應變，指爲達目的，不

擇手段。②此句大意：不如別人而不感到羞恥，怎麼趕得上
別人呢？

【講疏】　此復申言恥之義。無恥則不可入道，終身爲小
人矣，故“恥之於人大矣”。此羞惡之心固可與惻隱、辭讓、是
非之心同時，亦可與憂虞、悔吝乃至攘奪、竊盜、要譽等功利之
心相併。惟恥之相反者非無恥也，乃“無恥之恥”者也，是不可
與羞恥心相併。此無恥之恥者儻非木石之人，〔1〕則必“爲機
變之巧者”。蓋巧詐之人，〔2〕唯欲用其巧計，無所不爲，不知
恥爲何物，乃無恥之尤者也。戰國之時，兵家、縱橫家中，此類
多有，蓋皆道家之末流也。若今世之技術專家，滅棄天理人
倫，乃至無所不爲者亦多矣。

“不恥不若人，何若人有”，義頗聚訟。趙岐曰：“不恥不如
古之聖人，何有如賢人之名也？”其說可從。蓋言古之聖賢儻
不有恥不如人之心，又如何成爲“如此人物”（若人）？　此與上
篇“舜發於畎畝之中”一章可以相參。

第 八 章

孟子曰：“古之賢王，好善而忘勢。古之賢士，

〔1〕　如道家修行者之“形若稿木，心如死灰”（《莊子·齊物論》），佛家禪定，或墨家之
　　　“氣壹動志”（參《公孫丑上》），皆可至此境。然既脱此境，則恥亦隨復。
〔2〕　趙岐釋“機變之巧者”爲“造機變陷阱之巧，以攻戰者”，蓋指魯班、墨子之徒，或
　　　指兵家之用計謀以陷人者。朱子已不然之，釋爲“爲機械變詐之巧者”，是也。
　　　焦循引高誘《淮南子·原道訓》注“機械，巧詐也”，云“不必以攻戰言之”。

何獨不然? 樂其道而忘人之勢。故王公不致敬盡禮，則不得亟見之。^①見且由不得亟，^②而況得而臣之乎?"

【簡注】 ① 亟(jí)，急。② 由，通猶。

【講疏】 前文言"反身而誠，樂莫大焉"，此樂乃樂天者也。人之爲人，合天人、性命於一身，其樂天知命者稍類莊子所言"真人"之境:

> 知天之所爲，知人之所爲者，至矣。知天之所爲者，天而生也；知人之所爲者，以其知之所知以養其知之所不知，終其天年而不中道夭者：是知之盛也。……其好之也一，其弗好之也一。其一也一，其不一也一。其一與天爲徒，其不一與人爲徒。天與人不相勝也，是之謂真人。(《大宗師》)

所謂天、人即分別與性、命對言。故"其耆(嗜)欲深者，其天機淺"(《大宗師》)，"爲學日益，爲道日損"(《老子》)，反之亦然，此皆言天、人境界之別。惟莊子言"天與人不相勝"乃客觀立場，若孟子，固欲以人合天，盡心、知性、知天。既得此一體之樂，則於人事(即"天人"之人)之分位差別皆消而泯之，是所謂"忘"，孔子、顏回所言"心齋"、"坐忘"雖以内聖修證之理言，其義則可相通。既由心齋之與道(或神靈)合一，則可以忘其外物也。

　　顔回曰:"回之家貧,唯不飲酒不茹葷者數月矣。如此,則可以爲齋乎?"曰:"是祭祀之齋,非心齋也。"回曰:"敢問心齋。"仲尼曰:"若一志,无聽之以耳而聽之以心,无聽之以心而聽之以氣! 聽止於耳,心止於符。氣也者,虚而待物者也。唯道集虚。虚者,心齋也。"(《人間世》)

　　顔回曰:"回益矣。"仲尼曰:"何謂也?"曰:回忘仁義矣。"曰:"可矣,猶未也。"他日復見,曰:"回益矣。"曰:"何謂也?"曰:"回忘禮樂矣。"曰:"可矣,猶未也。"他日復見,曰:"回益矣。"曰:"何謂也?"曰:"回坐忘矣。"仲尼蹴然曰:"何謂坐忘?"顔回曰:"墮肢體,黜聰明,離形去知,同於大通,此謂坐忘。"仲尼曰:"同則無好也,化則無常也,而果其賢乎! 丘也請從而後也。"(《大宗師》)

　　莊子或顔回門人,自韓愈以來,多有此論,觀《莊子》書中所引孔、顔之處,未必皆出寓言。[1]蓋齋戒觀想皆周人祭祀前應有之義,德行科本修道之人,與道家固有相通之處,其所異者,在道家惟以安命保身爲務(如楊朱之"爲我"),與儒者參天地化育之理想迥然不侔。故其天人、性命之架構雖同,而莊子多言天,孟子多言人,其實並不相非。荀子故曰"莊子蔽於天而不知人"(《非十二子》),雖言其所蔽,實則許其知天也,學者不必以辭害意。

　　由此觀之,樂之與忘,乃一體之兩面,不忘不足以爲樂。

──────────

〔1〕 明末覺浪道盛、方以智、王夫之等亦頗闡此説,近人鍾泰《莊子發微》言之尤力。最近討論當推楊儒賓《儒門内的莊子》,從形氣─身體主體視角欲重新證成此義,説亦可參。另參《盡心下》第三十七章講疏。

故七情雖有喜怒哀樂，喜、樂則並不相同，蓋喜有所指之物，而樂則無對象可言，[1]此亦上文《大宗師》中孔子所言"同則無好(hào)"之義。故樂可以形容萬物一體之境。其樂天知命者固不憂生死，若樂其道而忘其勢，亦是應有之義。惟樂道忘勢有二，一曰忘己之勢，此賢王之好善者也；一曰忘人之勢，此賢士之安貧樂道也。此與《告子上》所言"天爵"之義可以相參。惟忘勢者可以相與爲友，不可以相招也。故世俗王公儻欲見之，亦當致敬盡禮來求，儻欲臣之，亦當學然後臣之也。

按，本章所欲言者惟樂道忘勢而已，致敬盡禮云云，非篇義所關。孟子諸篇本非作於一時，多平生講學而爲弟子所記者，及晚年與萬章之徒退而修之，想來亦不過分門別類置於諸篇之内，故常有歧出之論。篇義既明，則見孟子貫珠之旨。然則當有二孟子：其一曰講學之孟子，諸篇既爲講學之實録，當合具體情境參之；其一曰作書之孟子，可於諸章之一貫處求之。近人常言，先秦諸子不自著書，以孟子觀之，未可一概而論。

第 九 章

孟子謂宋句踐曰：① "子好游乎？② 吾語子游：③ 人知之亦囂囂，④ 人不知亦囂囂。"

曰："何如斯可以囂囂矣？"⑤

---

〔1〕 參第十三章。

曰:“尊德樂義,則可以囂囂矣。故士窮不失義,達不離道。⑥窮不失義,故士得己焉;⑦達不離道,故民不失望焉。⑧古之人,得志,澤加於民;不得志,修身見於世。⑨窮則獨善其身,達則兼善天下。”⑩

【簡注】　① 宋句踐,姓宋,名句踐。② 游,交游。③ 語(yù),告訴。④ 囂囂,恬淡自得之貌。⑤ 斯,則。⑥ 窮,窮途。達,通,順境。⑦ 得己,不失自我。⑧ 失望,失去瞻望。按,此處指士本來是民衆瞻顧、期望的對象。⑨ 見,音 xiàn。⑩ 善,修飭。兼,並,一起。

【講疏】　本章大旨亦承上而言。囂囂,趙岐以爲“自得無欲之貌”,朱子從之。焦循考證甚精,以爲趙説蓋本《爾雅·釋言》以閑釋囂,與《莊子·齊物論》“大知閑閑”相通。閑閑,《經典釋文》以爲“廣博之貌”。段玉裁則以爲此囂囂義爲“人自得無欲,如氣上出悠閒也”。[1]按焦説大體無謬,然亦有可爲引申者。《齊物論》所謂“大知閑閑,小知間間”,《釋文》以“廣博”釋“閑閑”,頗與《禮記·經解》相通:“廣博易良,樂教也。”樂(yuè)與樂(lè)之關係上文已言及,“廣博易良”乃正形容心體之樂。諸説可以貫通。

宋句踐其人不詳,所謂好游,趙岐以爲“好以道德游,欲行其道者”,朱子遂以游爲“游説”之義,此蓋因下文句踐希求人

---

〔1〕 以上皆參焦循《孟子正義》所引。

知,故作此解。實則游亦可作交游解,言句踐好與人交游也。儻泛言之,亦可言游於世。故孟子告以交友之道,言無論人之知否,皆可以自得其樂也。士人修身見世,或爲養親,或爲干禄,或求聞達,其欲人知本亦無可厚非。其知而能遇者命也,其不知而不遇者亦命也。其在經典,以《周易》姤卦所言爲最深。[1]惟"君子求諸己,小人求諸人"(《衛靈公》),是則不同耳。兹以孔子所言,略示如下:

> 子曰:"人不知而不愠,不亦君子乎?"(《學而》)
>
> 子曰:"不患人之不己知,患不知人也。"(《學而》)
>
> 子曰:"莫我知也夫!"子貢曰:"何爲其莫知子也?"子曰:"不怨天,不尤人,下學而上達。知我者其天乎!"(《憲問》)
>
> 子曰:"君子病無能焉,不病人之不己知也。"(《衛靈公》)

言"囂囂",則"不愠"之義已在其中。孟子下文之言皆所熟知者,蓋君子樂天知命,故"尊德樂義"。此義在自身言,是出處之義,修身見世,故"窮不失義";儻發之於外,則是"兼善天下",是所謂"達不離道"。蓋此道即孔子"志於道"之道,[2]與老氏奉爲最高者不同,《中庸》所謂"率性之謂道",言此道乃循性而行者也。終則以"古之人"作結,道不行,則修身以俟;道得行,則兼善天下。此亦前文孔子所言"道之將行也與,命也;道之將廢也與,命也"之義。

---

〔1〕 姤者,遇也。參拙作《周易義疏》姤卦義解。

〔2〕 《論語·述而》:"子曰:志於道,據於德,依於仁,遊於藝。"

第 十 章

孟子曰：“待文王而後興者，^①凡民也。^②若夫豪傑之士，雖無文王猶興。”

【簡注】　① 興，興起，奮發。② 凡民，常人。

【講疏】　君子既兼善天下，則天下皆能復性矣。能優爲之者，其文王乎？非唯文王也，文王固君子之極境也。凡民者衆人也，亦上文所言“終身由之而不知其道者”，因王政之教化，始能復其性，是“待文王而後興者”也。若豪傑之士則能自反，故“雖無文王猶興”。

第 十 一 章

孟子曰：“附之以韓、魏之家，^①如其自視欲然，^②則過人遠矣。”

【簡注】　① 附，依託。韓、魏，春秋晉國六大家族之二，後與趙氏分晉，自立爲韓國、趙國、魏國。此處泛指大家巨族。此句大意：人有韓、魏這樣的大家巨族爲依託。② 欲，通坎（從段玉裁説）。坎然，不自滿。

【講疏】　本章亦以"忘"爲言。趙岐曰："附，益也。韓、魏，晉六卿之富者也。言人既自有家，附益韓、魏百乘之家，其富貴已美矣。而其人欿然不以足，自知仁義之道不足也。此則過人甚遠矣。"其不以自足者，雖與上文賢王之"好善忘勢"尚有不及，然亦"過人遠矣"。朱子引尹氏之説，"言有過人之識，則不以富貴爲事"，似有未諦。

第 十 二 章

孟子曰："以佚道使民，^①雖勞不怨。^②以生道殺民，^③雖死不怨殺者。"

【簡注】　① 佚，通逸，安舒。② 勞，辛苦。③ 生道，生養（萬民）之道。

【講疏】　"以佚道使民"，可以文王之事證之。依《詩經》，文王之建靈臺，"經始勿亟，庶民子來"（《梁惠王上》）。雖欲民之勿疾，而民皆"子來"，是即所謂"勞而不怨"。蓋文王之爲此靈臺、靈沼，皆與民共之，是安民之所也，可謂"佚道"。[1]"以生道殺民"，趙岐以爲"謂殺大辟之罪者"，其説可

---

[1]　趙岐以爲可以《詩·豳風·七月》"亟其乘屋"之類當之，朱子引程子之言亦從之。然《七月》本身農人似甚勞苦，非可以言佚道也。《毛詩序》亦言此詩乃"陳后稷、先公風化之所由，致王業之艱難"。故不從。

從。後儒亦多泛泛從之，非也。蓋因"殺人者死"乃"以直報怨"之"直道"，亦即前文所謂"恕道"。〔1〕"以直報怨"既爲公義，殺人者人亦殺之，爲君者秉公義而殺此不義之人，被殺者亦不怨之矣。

綜上所述，"以佚道使民"者，仁也；"以生道殺民"者，恕也。仁之與恕大本無別，儻仔細區分，仁者愛人，恕者不忍施諸人也。參第四章。仁、恕皆盡心者也，顧本章所言尚不止盡心而已，蓋王者既以仁恕而行，則養民之性，故皆爲所化，是所以"不怨"也。本章以下至十八章，所論皆"知性"之事。性以身見，諸章言性，故多以教化、正物爲言。

第 十 三 章

孟子曰："霸者之民，驩虞如也；^①王者之民，皞皞如也。^②殺之而不怨，利之而不庸，^③民日遷善而不知爲之者。^④夫君子所過者化，^⑤所存者神，^⑥上下與天地同流，豈曰小補之哉？"^⑦

【簡注】　① 驩虞，歡娛。② 皞皞，浩浩，廣大自足之貌。③ 庸，功，居功。④ 日，逐日。⑤ 所過者化：所過之處，萬物皆爲其所化。⑥ 所存者神：所存之本心神妙不測。⑦ 小補，

---

〔1〕　此處"殺人者死"指故意殺人者，學者不必以辭害意。關於以直報怨，可參前揭《說"絜矩之道"》。

小有補益。

【講疏】 驩虞即歡娛，言樂其利也。皞皞即浩浩，廣大之貌，樂其德也。驩虞與皞皞，即上文所言喜、樂之別。當霸者之時，是無王者也，〔1〕諸侯之中，惟霸者能"以力假仁"，是亦行仁政也，過他國之率獸食人者遠矣，故霸者之民皆歡樂之也。既有王者，則天下是無別矣，雖行仁政，民衆得其安樂，《樂記》所謂"治世之音安以樂"；顧此皆以制度行之，非"惠而不知爲政"者也。〔2〕既"以德行仁"，是能養民一體之性，故"殺之而不怨"，雖利民而不居其功，民雖逐日遷善而不知爲之者，如《擊壤歌》所謂"帝力何有於我哉"！〔3〕

由此可見君子養性之道。此道非以理告人而已，而是"上下與天地同流"，自其與天地萬物一體處動之。此略當莊子"獨與天地精神往來"之義（《天下篇》）。蓋君子所存者，乃其本心也，即天地生物之心。《盡心下》："聖而不可知之之謂神。"此心神妙不測，故曰"所存者神"；此生物之心乃乾變坤化之源，萬物皆爲所化，故曰"所過者化"。此亦《中庸》"贊天地之化育，則可以與天地參矣"之義，豈可言"小補"於世？儻推原其本，亦不過存心養性有以致之。言君子而不言聖賢者，聖賢亦人也，君子亦皆可爲。〔4〕

---

〔1〕 所謂無王者，非無世俗意義上之時王或天子，而是無行王道者。
〔2〕 參《梁惠王下》講疏。
〔3〕 按程子亦引此歌釋之，朱注已引及。
〔4〕 朱子以爲君子乃聖賢之通稱，兹不從。小補之義，朱子亦以爲指霸者之政，雖可通，亦未免過拘。

第十四章

孟子曰："仁言，^①不如仁聲之入人深也。^②善政，不如善教之得民也。善政民畏之，善教民愛之；善政得民財，善教得民心。"

【簡注】　① 仁言，同情的語言。② 仁聲，同情的聲音。按，此"仁聲"，一說指音樂（趙岐），一說指聲譽（程子、朱子），兹不從。入人，打動人。

【講疏】　本章與《離婁下》所言頗可相通。孟子曰："以善服人者，未有能服人者也。以善養人，然後能服天下，天下不心服而王者，未之有也。""善政"者"以善服人"，使人能明其理，故"民畏之"；"善教"者"以善養人"，與民成其一體，故"民愛之"。民既畏服，故能奉養之，是"得民財"；民既愛之，故皆歸往之，是"得民心"。仁聲乃惻隱之心所發，故能動人實感，而生同體之意。以本篇大義觀之，仁言、善政皆自外來；仁聲、善教，則能動人之本心。故其效不同。

申言之，本章所言仁言、仁聲與政、教之別，即是理、性之不同，學者不可輕忽。人與天地萬物爲一體者，皆即其性言也。以理教人者，明之也；以性教人者，誠之也。故啓人良知者，非告其理即可，必當動其本心，養其人我相通之本性，"輔之翼之，使自得之"（《滕文公上》）。是所以爲知"性"之學也。此聖人所以能"存神過化"，教人於無形也。

第十五章

孟子曰:"人之所不學而能者,其良能也。^①所不慮而知者,^②其良知也。孩提之童,無不知愛其親者,及其長也,無不知敬其兄也。親親,仁也。敬長,義也。無他,達之天下也。"

【簡注】 ① 良,實。② 慮,思考。

【講疏】 性統知、能。學與慮皆知性(觀察理性)之運用,故皆有外在所指。其不待慮而知、不待學而能者,是人人固有"秉彝之良"。此良知、良能即在孩提之無不愛親見之。顧雖皆性體之發用,而良知、良能有別。蓋良能者誠也,良知者明也,是所謂誠、明之別。《中庸》:"自誠明,謂之性;自明誠,謂之教。誠則明矣,明則誠矣。"《中庸》自心言性,故言誠、明;孟子以性顯心,故言知、能。孟子既發此論,則心性之結構乃大明於世。然則知與能固人性之兩維,以"知"言,則論德性與知性;以"能"言,則論事物之"可以"與"可能"。所謂人性善惡者,就其"能"而言也。惟德性之良知、良能可以合二爲一,是孟子所謂"良心"(《告子上》)。若荀子既未明德性之義,故知、能二義有隔,遂不得不以性惡、材朴(無善無惡)並言。[1]

綜上所述,"性統知、能"凡有二義:一曰自然之性涵攝知、

〔1〕 以上另擬專文討論。

能兩面,此知亦括德性與知性(聞見)之知。二曰人之德性(本性,通性)亦攝知、能兩面,即本章所謂良知、良能。在昔儒者,多未深究此義,故常以良知、良能混爲一談。後世陽明學即多言良知而罕言良能,是其所偏也。

仁之與義,稍有內外之別。孩提既有愛親之心,及其稍長,儻發之於外,則是敬兄、敬長之義。趙岐曰:"欲爲善者無他,達,通也,但通此親親敬長之心,推之天下人而已。"此即孟子擴充之說,諸篇論之詳矣。惟擴充之法亦不可輕忽,猶上章所言,儻能養其良能,則自可發其良知也。良者實也,良之義,參《告子上》"人之所貴者,非良貴也"章。

或曰:敬兄之說不可恃。小兒雖知愛親,然與兄奪食者多矣,豈非不敬兄乎? 此亦不學而能者也。荀子言人性惡者以此。應之曰:良知、良能皆本能也,然本能卻不即是良能。惟即此本能之中而不失其上達於天者,是真所謂良能也。依此良能而發之於外,故可以敬兄、敬長也。<u>儻無此良能,或可畏服其兄,然不知有敬也</u>。孟子本章故以敬長爲言,此敬皆自其內心所發,非由外鑠者也。

第十六章

孟子曰:"舜之居深山之中,與木石居,與鹿豕遊,其所以異於深山之野人者幾希。及其聞一善言,見一善行,若決江河,沛然莫之能禦也。"[1]

【簡注】 ① 沛然，盛大貌。禦，止。

【講疏】 本章與《離婁下》所言可以相參：

孟子曰：“人之所以異於禽獸者幾希；庶民去之，君子存之。舜明於庶物，察於人倫，由仁義行，非行仁義也。”

深山野人者，庶民也，猶衆人、小人也。舜所存者，本心也。此本心發之於外，即上文所言“由仁義行”。惟《離婁上》所強調者，在舜之依仁由義；本章則形容其本心勃發之狀，澎湃不已，若決江河。蓋此沛然莫之能當者，即心體内在之生機也。此“聞一善言，見一善行”，當即孟子“集義”之説。蓋言人之善言、善行與己之本心共貫同流，如涓滴之水匯入滄溟之中，是亦《公孫丑上》所謂舜“善與人同”、“取於人以爲善”之義。孟子自言“我知言，我養吾浩然之氣”，蓋集義既久，則發爲“浩然之氣”（《公孫丑上》）。惟彼處所言在“氣”，本章則言大舜之“神”；前者言“至大至剛”，後者言“沛然莫之能禦”，一而二、二而一者也。此境與《莊子》所言“無聽之以心而聽之以氣”（《人間世》）或“以神遇而不以目視”（《養生主》）可以相通。

第十七章

孟子曰：“無爲其所不爲，① 無欲其所不欲，如此而已矣。”

【簡注】　① 無,勿。其,此處指本心。

【講疏】　此亦居(依)仁由義之義。依本心良知良能而行,是依(居)仁由義。人能不爲良能所不爲,不欲良知所不欲,則復其本心矣。本章大義,朱子引李氏之言,其意略同,兹不具引。趙岐言"無使人爲己所不欲爲者,無使人欲己所不欲者",蓋以恕道言之,大義亦通。惟文句似不甚協,故不從。

第十八章

孟子曰:"人之有德慧術知者,^① 恒存乎疢疾。^②獨孤臣孽子,^③ 其操心也危,^④其慮患也深,故達。"^⑤

【簡注】　① 德慧,智慧。術知(zhì),才智。② 恒,常。疢(chèn)疾,疾病,此處泛指災患。③ 孤臣,疏遠之臣。孽子,庶子。④ 危,艱危,艱難。⑤ 達,通。

【講疏】　德慧術知,趙岐釋爲德行、智慧、道術、才智,朱子則云德之慧、道之知,皆可通,惟不甚確。道物相接曰術。[1]德與道,即孔子所言"志於道,據於德",二者一内一外,仁與義亦然。慧,乃德所發之慧,即德性之知也;知,乃及

---

〔1〕 關於此問題,可參《離婁上》第一章講疏。

物發用之智，可通於聞見之知。此即今人所言智慧、才智。所以能有德慧（智慧）、術知（才智）者，即因操心與慮患。操心，言操持其本心使不失，《告子上》所謂"操則存"，所以復其性。慮患乃知性之運用，人既處於憂患，反易"動心忍性"，於是用其謀略，故"慮患也深"。儻能"增益其所不能"，則亦可至亨通，是所謂"達"也。此即上文孔子所謂"好謀而成"者。蓋<u>生於憂患</u>，雖不知天命如何，而能反其本心，用其謀略，是能德知雙運者也。由此亦可見孟子仁知一體之心性結構，學者每輕忽之。蓋人之患乃自外來者，其居易俟命，反身内求，固可以殀壽不貳、不憂不懼；然儻欲脱此憂患，亦當運用其知也。《周易》坎卦卦義爲陷於險中，卦德則爲"有謀"，蓋惟有此謀，始能脱其坎險也。[1]

本章與上篇"天將降大任"章可以相參。疢疾，即疾病之義，泛言之則災患也。"操心也危"，言戒慎恐懼以對正其心，[2]此道甚難，故曰"危"。孤臣孽子，朱子以爲遠臣、庶子，"皆不得於君親，而常有疢疾者也"。既慮患，故當守正，"戰戰兢兢，如履薄冰"，依禮而行，不可錯失。故不惟須操持本心，一出於正；亦當深謀遠慮，以自保其身。故德慧、術知隨之而生。蓋處"憂患"者未必能生，然能"生於憂患"者，常有德

---

[1] 參拙作《周易義疏》坎卦義解。另參屯卦、蹇卦、困卦義解。坎之義本爲險、爲陷，然自卦德而言，人心能險，即是有謀。心險本爲中性詞，猶言"胸中大有丘壑"、"有城府"，流爲貶辭如"人心險惡"。《莊子·列禦寇》："孔子曰：凡人心險於山川，難於知天。"

[2] "操心也危"，與《荀子·解蔽》、僞《古文尚書·大禹謨》所言"人心惟危"，危字之義頗可相通，惟一自人心對事物之觀察而言，一自人心之回復本心而言。參前揭拙作《早期儒家的名辯思想》。

慧術知隨之也。此亦首章“養性”之義，惟不僅養其德性，亦可以養其知性也。

蓋猶有説。自第十二章以下至此，皆言知“性”。近人言人性論，惟知論人性善惡，此皆一偏之見。蓋性乃心身相結之樞紐，人之所能皆性也。所能且及物者有三，曰德性、知性、可能性，是皆性也。本章言操心、慮患，是所著眼者在德性與知性也。

第 十 九 章

孟子曰：“有事君人者，①事是君，則爲容悦者也。②有安社稷臣者，以安社稷爲悦者也。有天民者，達可行於天下而後行之者也。有大人者，正己而物正者也。”

【簡注】　① 君人，治人。② 悦，喜悦，滿足。爲容悦，以容爲悦。此句大意：有事奉君長的，爲哪位君長做事，就以被君長認可爲滿足。

【講疏】　前文言“萬物皆備於我”，是言宇宙一體之義。顧此一體性亦當有以表現之。人我之間相結爲群，則群亦涵一體性矣。及人群漸大而至其極，其能群之者，即所謂君。“君者，群也。”故政治權力乃人群（即社會）一體性之體現。惟

此一體性亦有開放與封閉之別,如天命雖爲一體,然既"於穆不已",則爲"開放之一體性";此開放性一旦喪失,則生機必漸銷矣。孟子故於此章揭示一體性之層次,其有得於天人之道者深矣。

常人(小人)本不知一體之義,然亦有知一體之説者,惟不知何者爲一體耳。故既委質爲臣,則思與君爲一體,既事其君,遂以苟容取悦爲盡心之道,此"小人同而不和"之法,非君子"群而不黨"、"和而不同"之道也。此亦封閉之一體性,後世忠君愛國、集體主義之起源在此。[1]其爲臣者,雖佞幸、愚忠、斯德哥爾摩綜合徵有別,其實亦無大異,是亦人類奴性之源。

其稍有進者,則以君子之道自任者也。既知民貴君輕之義,故不以私人性君權爲效忠之對象,而明君權公天下之義,是所謂"社稷次之,君爲輕"(《盡心下》)。此其所忠者,非君主私人,乃守其官者也,故子曰"守道不如守官"。或有尤進於此者,"君有大過則諫,反覆之而不聽,則易位"(《萬章下》)。此皆"安社稷臣者",以安社稷爲樂也。此一體之義已漸開放,然亦僅止於此矣,不知有尤大者焉。近世有言政權與人權孰大者,儻明乎此,亦當知所去就矣。蓋政治之上,另有尤大者在。儻以儒學言之,天理大於君權(主權、政治權力)。儻人權能建

---

[1] 近世愛國主義情形似稍複雜,亦有初以公共性君權爲國,然爲私人性君權所篡亂者,顧此公共性君權之上亦有尤大者,如天理是也,故不可執定。此義墨子亦頗知之,故言屈君申天,惟其所謂天乃爲墨者之團體所竊據,故尊其道者,終以同爲務,是亦封閉之一體性也。人類歷史所以屢興宗教戰爭者,其源在是。此"封閉的一體性"概念之提出,可參《新經學》第五輯編後記,上海人民出版社,2020 年。

基於天理，固大於君權也。此傳統經學之通義，惟秦政之下，禮樂皆無，此道亦遂廢矣。下篇言社稷變置一章可參。

安社稷固然不易，能具守官之勇即可爲之，故亦不甚難。其能超越君權一體之上，必上躋於天而知天地萬物爲一體之義者。此雖一體，而萬物"各正性命"（《乾·象》），是能得天地之大生、廣生者也。此即上文"窮則獨善其身，達則兼善天下"之天民。此天民蓋知存心養性、修身以俟者，是亦顏回所言天子：

內直者，與天爲徒。與天爲徒者，知天子之與己皆天之所子。而獨以己言蘄乎而人善之，蘄乎而人不善之邪？若然者，人謂之童子，是之謂與天爲徒。（《莊子·人間世》引）

所謂"內直"，直即是仁，[1]與德相通，即本章所謂性。此"童子"，可當孟子所言赤子之心。此雖莊子所引，然大義乃與孟子密合，學者不可以寓言視之也。[2]有此天民、天子之義，可知孔門德行科非以世俗所言天子爲尊者。能存心、養性、事天，始可云天子；世俗"天子"，儻不能存心、養性、事天，

---

〔1〕《繫辭上》："夫乾，其靜也專，其動也直。"《孟子·公孫丑上》："以直養而無害。"大體皆通。參前揭拙作《說"絜矩之道"》所論"直道"。

〔2〕按莊子亦有天民、天子之說，《庚桑楚》："宇泰定者，發乎天光。發乎天光者，人見其人，物見其物。人有脩者，乃今有恒；有恒者，人舍之，天助之。人之所舍，謂之天民；天之所助，謂之天子。"惟莊子全自內聖角度而言，孟子則由內聖進之於外王，故進入政治領域。莊子、孟子之相互呼應，即二者皆本於顏回之證。此義鍾泰《莊子發微》亦稍見之，其卷四釋《人間世》此節，即引孟子天民之義爲言。

實亦不足以爲天子也。"王"之義亦然，王者通天地人，而爲天下所歸往，時王儻無以及此，亦非王者也。春秋之時，天子、王諸義既已變亂，孔子作《春秋》、"正名分"，故特表天王之義，顔、孟所言者，蓋皆孔子之新義也。而以孔子爲素王之説，亦因之以成。素王亦天王也。"性與天道"，子貢尚且"不得而聞"（《公冶長》），此夫子微言所存，不可行於當世，而可懸衡於萬古者，寧不偉歟？

天民之義既明，則無以上矣，蔑以加矣。惟既同爲天民，固有"先覺"如伊尹者，"以先知覺後知，以先覺覺後覺"（《萬章上》），儻推而之於天下萬物，即"正己而物正"者也。以其德，固亦天民也；以其功，則可稱大人矣。[1]蓋"君子素其位而行，不願乎外"，"無入而不自得焉"（《中庸》），無論隱、見、飛、潛，皆大《易》所謂龍也。

第二十章

孟子曰："君子有三樂，而王天下不與存焉。①父母俱存，兄弟無故，一樂也。仰不愧於天，俯不怍於人，②二樂也。得天下英才而教育之，三樂也。君子有三樂，而王天下不與存焉。"

---

[1] 小程子曰："順天行道者，天民也。順天行政者，天吏也。大人者，又在二者之上。"《河南程氏遺書》卷十八《伊川先生語四》，《二程集》，第213頁。

【簡注】　① 王，音 wàng。② 怍，慚。

【講疏】　反身而誠，是與天地萬物爲一體，故"樂莫大焉"。此境已神而明之，固非常人可及，亦非君子可及。如上章所言，一體之義固有不同層次，儻自樂境而言，亦當大小有別。顧樂與喜不同，喜因其對象與己之關係不同、輕重不同，自深淺有別。其"漫卷詩書喜欲狂"，"何處登臨不狂喜"者，蓋其極境矣。喜既有所指向，故有偏弊，《内經》所謂"喜傷心"。若樂則不然，凡於人我同體之境皆可見之，惟此同體之境既有本末，故樂亦小大有別。此小大，非以世俗輕重之程度言也。且樂亦無對象可言，惟在此一體境中，故覺此樂耳。孟子故言，君子有三樂，乃先於王天下者，蓋王天下者亦樂也。父母俱存，兄弟無故，此親親之仁也；仰不愧天，俯不愧人，是人我之義也，可於鄉人、朋友見之；得天下英才而教育之，是由近及遠，而其王天下者亦不過推廣之於萬民耳。天下英才尚可見者也，王天下唯可以制度爲之，是不可見者也。儻以本末次序觀之，是三樂皆先於王天下也。[1]喜、樂之義早爲世俗所混淆，如孟子問齊宣"獨樂樂，與衆樂樂"已是如此，《貨殖列傳》所言"巨萬者乃與王者同樂"亦是顯例。古來學者引孟子此章者衆，然明其大義者鮮矣。

---

[1]　此義牟宗三先生亦有所見，以三樂分別當天倫、修身、文化，大義可通。又言："王天下固重要，乃君子所不廢，而且内聖必然函着外王之要求，然而總就人間文化整體以觀，輕重本末之間不可不知。"見氏著《圓善論》第三章"所欲、所樂與所性"，前引書第 164 頁。

第二十一章

孟子曰:"廣土衆民,君子欲之,所樂不存焉。中天下而立,定四海之民,君子樂之,所性不存焉。①君子所性,雖大行不加焉,②雖窮居不損焉,分定故也。③君子所性,仁義禮智根於心。④其生色也,⑤睟然見於面,⑥盎於背。⑦施於四體,⑧四體不言而喻。"⑨

【簡注】 ① 所性,所本之性。② 大行,大行其道。③ 分(fèn)定,所得於上天的,是一定的。④ 根於心,紮根在心。⑤ 生色,發之於外。⑥ 睟(suì)然,潤澤貌。見,音 xiàn。⑦ 盎,豐厚盈溢之象。⑧ 四體,四肢。⑨ 喻,明。四體不言而喻:四肢無需(心)發出命令,便能動止合宜。

【講疏】 本章亦承上而言,欲之與樂,亦不同也。廣土衆民皆欲望所求者,此猶孔子所言"富貴如可求",得之固喜,然君子所樂者不在是,以其無一體之義也。其頂天立地,定四海之民,如王者之王天下,亦能樂之,然樂之所以樂者不在是,故曰"所性不存焉"。然則前文所言一體與樂,尚不即是性,性乃二者之本也。"所性",言君子之所謂性者,非天下人所言之性也。此性不隨外在環境而變,無論窮通、夭壽,雖大行其道而無增,不得其志而不損。有得於天,故言分(fèn);恒常不變,

故曰定。此性儻以德言之，乃表現爲仁義禮智，而植根於本心，故曰“根於心”。儻發諸於外（“生色”），則於其容貌之潤澤，生機之盈溢，乃至視聽言動之發而中節見之。何以言生色？蓋顔色乃目所及者，故色可以括視聽也。下文另言“四體不言而喻”，亦即隱含視聽言動之義。《中庸》所謂“發而中節”。清儒不欲言心，如毛奇齡乃必欲解心爲身，言仁義禮智“本於身”；或解根爲始，言“始於心”，[1]實皆徒事張皇耳。

晬然，言顔色潤澤；盎然，朱子以爲“豐厚盈溢之意”。此亦《大學》“富潤屋，德潤身，心廣體胖”之義。依焦循，盎與泱、英諸字皆可通，可釋爲顯榮之榮。儻其説不誤，則盎亦可釋爲枯榮之榮，言生機流溢之象，今成語所謂欣欣向榮、生機盎然者，亦是此義，故朱子説是也。此亦能先立乎其大，故不以辭害意。惟何以曰“盎背”，學者多不得其解。按《周易》曰“艮其背”，亦曰“艮其限”，乃人身督脈所在，亦修煉家所常意守之處。[2]然則“德潤身”尚不止以氣色之潤澤而言，實可以養身也。此亦後文踐形之義。養性、養身、養氣，在孟子而言，非兩事也。“氣，體之充也”，所謂“四體不言而喻”，即因浩然之氣充盈體内，是達其天德矣。“其爲氣也，至大至剛，以直養而無害，則塞於天地之間。”（《公孫丑上》）

本節與《公孫丑上》養氣章所言，當係孟子自身體驗，與莊子亦皆密合，學者不可輕忽。蓋前文多以政治、倫理言，本章

---

〔1〕　參焦循《孟子正義》。
〔2〕　參拙作《周易義疏》艮卦義解。

則以身體言,亦可見養性之說實如《中庸》所言:"君子之道費而隱……《詩》云'鳶飛戾天,魚躍于淵',言其上下察也。"

第二十二章

孟子曰:"伯夷辟紂,居北海之濱,聞文王作,興曰:'盍歸乎來! 吾聞西伯善養老者。'太公辟紂,居東海之濱,聞文王作,興曰:'盍歸乎來! 吾聞西伯善養老者。'①天下有善養老,則仁人以爲己歸矣。②五畝之宅,樹墙下以桑,匹婦蠶之,③則老者足以衣帛矣。五母雞,二母彘,無失其時,④老者足以無失肉矣。⑤百畝之田,匹夫耕之,八口之家足以無飢矣。所謂西伯善養老者,制其田里,⑥教之樹畜,⑦導其妻子,⑧使養其老。五十非帛不煖,⑨七十非肉不飽。不煖不飽,謂之凍餒。⑩文王之民,無凍餒之老者,此之謂也。"

【簡注】 ① 參《離婁上》第十三章。② 歸,歸宿。③ 匹婦,一個普通婦人。蠶,養蠶。④ 失其時,違失時令。⑤ 失肉,沒有肉喫。⑥ 制其田里:爲其定授田、里居之制。按,依孟子之意,當指井田一夫百畝及五畝之宅。⑦ 樹,耕作。畜(xù),養殖。⑧ 妻子,妻子、兒女。⑨ 煖,同暖。⑩ 餒,飢。

【講疏】　伯夷之事,《離婁上》亦曾言之,可以相參:

　　孟子曰:"伯夷辟紂,居北海之濱,聞文王作,興曰:'盍歸乎來! 吾聞西伯善養老者。'太公辟紂,居東海之濱,聞文王作,興曰:'盍歸乎來! 吾聞西伯善養老者。'二老者,天下之大老也,而歸之,是天下之父歸之也。天下之父歸之,其子焉往? 諸侯有行文王之政者,七年之內,必爲政於天下矣。"

　　兩章所釋背景相同,然用意有別。彼言誠能動物,故天下歸之以信;此章大旨則極隱晦,似僅陳述養老之政。觀首二句文字皆同,似非不同語境所言,而是有意爲之者。此亦《孟子》一書本其自作之證。以本篇大義觀之,孟子本章所言,蓋以文王之政,爲上文"過化存神"一語作疏。如僅"制其田里,教之樹畜,導其妻子,使養其老",即可收"仁人以爲己歸"之效。以政教民,亦誠可謂"所過者化"矣。

第二十三章

　　孟子曰:"易其田疇,① 薄其稅斂,民可使富也。食之以時,② 用之以禮,③ 財不可勝用也。民非水火不生活,昏暮叩人之門户,求水火,無弗與者,至足矣。聖人治天下,使有菽粟如水火。菽粟如水

火，而民焉有不仁者乎！”

【簡注】　① 易，治。田疇，田地。② 食，此處指徵收賦稅。③ 用，役使。

【講疏】　此亦承上而言，發聖人以政教民之旨。趙岐注：“易，治；疇，一井也。”田疇即泛言田地。使民勤力耕作，輕其賦役，則民可富足。民既富足，儻見不足者，皆易發其惻隱之心，是所謂仁也。然則聖人動人心之法，亦可謂神妙不測矣。此非必事實，孟子固言其理也。朱子引尹氏之言，以爲“言禮義生於富足，民無常産，則無常心”，是則非也。何以言之？曰“倉廩實而知禮節，衣食足而知榮辱”者，言人既富，則知自別於禽獸，此羞惡之心也，非必其行仁也。蓋人人雖具本心，而陷溺之者衆，如年穀不登，人既乏食，故不易發其善心。年景既佳，則陷溺之者少矣，故仁心易發。《告子上》：“富歲，子弟多賴；凶歲，子弟多暴。非天之降才爾殊也，其所以陷溺其心者然也。”賴者，恃也，可依靠也。[1]

第二十四章

孟子曰：“孔子登東山而小魯，① 登太山而小天下。故觀於海者難爲水，② 遊於聖人之門者難爲

---

[1]　《漢書・高帝紀》：“始大人常以臣亡賴。”應劭曰：“賴者，恃也。”

言。③觀水有術，必觀其瀾。日月有明，容光必照焉。④流水之爲物也，不盈科不行；⑤君子之志於道也，不成章不達。”⑥

【簡注】　① 東山，曲阜東之高山。② 難爲水，難以看得上普通的水。③ 難爲言，難以發表議論。④ 容光，小縫隙。⑤ 爲物，某物之所以成爲某物。此處指特徵。盈，滿。科，坎，坑。⑥ 成章，完成一章。達，通。

【講疏】　東山，或以爲蒙山，[1]在魯之東。本章文義不難，然大義所在，學者並不一致。趙岐以爲賢者當志其大，朱子則以爲“言聖人之道大而有本，學之者必以其漸，乃能至也”。此皆因文義所蘊含者各取所需，亦不可以言其非是。顧儨依本篇大旨而言，蓋言人於性命之際，自當“盡其道”而求之。蓋大人之“正物”、“兼善天下”，欲其“各正性命”（《易》）、“止於至善”、“君子無所不用其極”也（《大學》）。

依文義而言，孔子登東山而小魯，登泰山而小天下，蓋言視野及境界高下有別。顧雖高下有別，東山與泰山亦皆各極其勝，蓋風景不同也。[2]下文言滄海與聖人之學，孟子懼人誤解其意，特爲表出“觀水有術，必觀其瀾”，故觀於海者所以難爲水，非止因滄海自身之大也，乃因海水波瀾壯闊，不可以

---

〔1〕　如周廣業《孟子四考》、翟灝《四書考異》卷三十五皆作此説。
〔2〕　朱子曰：“所見既大，則其小者不足觀也。”按自趙岐以來，學者大體皆同此説，實則非也。詳下。

一端名。亦如聖人之道甚大,不可以一端言。所謂瀾者,水之波紋也,水之與水其質相類,然所以不同者,即因其波瀾不同也。此即《論語》所言文質之義:

> 子曰:"質勝文則野,文勝質則史。文質彬彬,然後君子。"(《雍也》)

> 棘子成曰:"君子質而已矣,何以文爲?"子貢曰:"惜乎! 夫子之説,君子也。駟不及舌。文猶質也,質猶文也。虎豹之鞟,猶犬羊之鞟。"(《顔淵》)

文之最高境界即是禮,孔子所謂"郁郁乎文哉"、"文不在兹乎",皆指禮而言。後世重質輕文者多,不知孔門所謂文,乃指精益求精以達至善之義。故《中庸》云"禮儀三百,威儀三千",又曰"君子尊德性而道問學,致廣大而盡精微",所言"威儀三千"、"盡精微",皆以文而言。文、質與西洋哲學形式、質料之義頗可以相參。由純粹質料角度而言,形式(文)決定事物之性質。此文不止言花紋,或外在虛文;如事物之結構、文理,亦皆所謂文也。[1]此亦與"觀水有術"之義相通。

至於"日月有明,容光必照焉"一句,趙岐注:"容光,小隙也。"後儒多從之,即縫隙可以容光之處。學者多著眼於"大明照幽微"(趙岐),或"明之有本"(朱子),不知與觀水一句皆爲

---

[1] 參前揭拙作《孔曾禮學探微》。關於文,另可參拙作《"以經術緣飾吏治"發微:早期的經學、禮教與政治》,《復旦政治哲學評論》第十一輯,上海人民出版社,2019年。

類似之比喻也。[1]蓋水之與水不殊，惟波瀾有異；光之與光亦無別，惟視明之所及耳。孟子若曰，儻日月有明，則其於容光之隙必無不照也。然則觀明不必直視日月，當觀其容光之處，所謂容光者，亦猶水之有瀾也。《周易・離卦》："日月麗乎天，百穀草木麗乎土。重明以麗乎正，乃化成天下。"此以光明之燭照萬物作比，亦如聖人之以禮樂（文）化成天下。故《周易・賁卦》："觀乎天文，以察時變；觀乎人文，以化成天下。"諸義皆能密合。

此義既明，方知本章所言志道、成章之旨。孟子亦以流水作比，《離婁下》言"源泉混混，盈科後進"，是強調其源泉之有本，本章則強調"不盈科不行"。科，坎，坑。《周易》以水流爲坎之本象，六畫坎卦即所謂"習坎"，即"重坎"、坎之又坎。故水流乃坎之連接，必先盈一坎，而後進之，及再遇一坎，亦必盈而後進，是爲"不盈科不行"。然則盈科之狀即猶水之有瀾、容光之得照，亦如禮文之精益求精也。所謂成章，即斐然成章之義，章者，文也。《說文》用其引申義，曰"樂竟爲一章"，尤通。然則君子之志於道，亦當如水之"不盈科不行"，凡遇一事，即當切磋琢磨，"無所不用其極"（皆參《大學》），待其成章而後通也。是所謂"不成章不達"。以此返視孔子之登東山而小魯，蓋亦無可非也，東山之於魯，亦可謂成章矣。惟孔子能不以盈科、成章爲足，故能通之於天下。

---

〔1〕　朱子亦以二句比喻類似："此言道之有本也。瀾，水之湍急處也；明者，光之體；光者，明之用也。觀水之瀾，則知其源之有本矣；觀日月於容光之隙無不照，則知其明之有本矣。"此以有本爲言，雖不違孟子學術大旨，實非孟子本章大義。詳下。

第二十五章

孟子曰：“雞鳴而起，孳孳爲善者，^① 舜之徒也。雞鳴而起，孳孳爲利者，蹠之徒也。^②欲知舜與蹠之分，無他，利與善之間也。”

【簡注】 ① 孳孳，孜孜，勤勉。② 蹠(zhí)，同跖，盜跖。

【講疏】 本章文義甚簡，所以置於此者，蓋亦承上而言。盈科、成章皆有恒者也，然有恒者固不必爲善也。故言如大舜、如盜跖等輩，皆雞鳴即起，孜孜以求者，然一爲善，一爲利。爲善乃反求本心，依仁、由義之事也，若求利則惟用其習心耳，二者内外有別。以德性論言之，有恒可當三達德之勇、五常之信。子路曰：“君子尚勇乎？”子曰：“君子義以爲上。君子有勇而無義爲亂，小人有勇而無義爲盜。”(《陽貨》)若盜跖，是小人之尤者也。

第二十六章

孟子曰：“楊子取‘爲我’，^① 拔一毛而利天下，^②不爲也。墨子‘兼愛’，摩頂放踵利天下，^③爲之。子莫‘執中’，^④執中爲近之。執中無權，^⑤猶執

一也。所惡執一者，爲其賊道也，⑥舉一而廢百也。"

【簡注】 ① 取，擇取，主張。② 而，以。③ 摩，摩禿。放，至。踵，足跟。④ 子莫，魯國賢人。一説即魏公子牟（近人孫詒讓），一説乃顓孫子莫或子張之子申詳（近人羅根澤、錢穆）。執，秉持。⑤ 權，權變。⑥ 賊，害。

【講疏】 楊、墨皆孟子所深闢者，然亦非完全否定之。蓋二家皆於道有所見，惟各得其一偏耳。道家之學亦欲究其性天，復其自然而然之道，與儒者實有相通之處；顧其長生保命之道僅就人之一身而言，視天下猶敝屣也，故言"爲我"。後世理學言儒公而道私者以此。所言"拔一毛利天下而不爲"，乃依理言之者，欲人各守其分際，"人人不損一毫，人人不利天下，天下治矣"。[1]顧分際雖明，而失一體之義，儻以政治而言，必"無君"也（《滕文公下》）。以西洋政治學言之，是溫和的無政府主義。至於墨者之主兼愛，亦不可以不謂之仁也，故雖勞苦而不辭。摩頂，即摩突（禿）其頂；放，至。由頭頂至足跟皆摩禿之，即《莊子·天下篇》所謂"腓無胈，脛無毛"之義。此義焦氏已言之。夫墨學誤在惟知兼愛，而不知物性不齊之義。[2]二家之學正相反對，以孟子觀之，皆各執一端者也。一端亦非全誤，此猶盲人摸象，"舉一而廢百"，是害道者也。子曰："吾有知乎哉？無知也。有鄙夫問於我，空空如也。我

---

〔1〕《列子·楊朱篇》張湛注。
〔2〕參《滕文公上》第四章講疏。

叩其兩端而竭焉。"(《論語·子罕》)

子莫其人不詳,趙岐、朱子皆以爲魯之賢人,孫詒讓疑即《荀子·非十二子》所言魏牟,羅根澤以爲即《説苑·修文篇》所謂顓孫子莫,錢穆則以爲即子張之子申祥(即《公孫丑下》申祥)。子莫之學處兩家之間,似折而中之,是所謂"執中"。[1]顧中非可如是而執者,必當權衡其情境,方得其宜,此亦中庸之理。有"執中"(秉持中道)之意,是所謂"近之",然亦似是而非而已,是"執中無權,猶執一也"。孟子於各家皆有所取,是可見儒道之大矣。[2]以德性論而言,執者,定也,信也。本章蓋亦承上而言,言信之云否,當"惟義所在"(《離婁下》),不可以執一也。人能知此神化通變之義,[3]而因時行之,是亦前文所謂"所存者神"矣。

第二十七章

孟子曰:"飢者甘食,①渴者甘飲,是未得飲食之正也,②飢渴害之也。③豈惟口腹有飢渴之害?人

---

[1] 孫説見氏著《籀高述林》卷一《子莫學説考》,轉引自王蓬常《諸子學派要詮》卷三《荀子·非十二子篇》。羅根澤《子莫考》,參《羅根澤説諸子》,上海古籍出版社,2001年。錢穆大體贊同羅説,並進而以爲即子張之子申祥。參氏著《先秦諸子繫年》八一《子莫考》。儻此説不誤,則趙岐以爲魯之賢人一説是也。錢氏亦指出,申祥當早於楊朱。故孟子此處所言折中,未必是子莫有意折中楊、墨,蓋因其學術處於楊、墨之間,故以執中爲言。

[2] 朱子引楊氏之説,言禹、稷類墨子,顏回似楊朱,惟諸人有"權",故"易地則皆然","不然,亦楊、墨而已矣。"此説甚爲有見。

[3] 焦氏以變通神化之説釋孟子之拒斥執一,可謂得之。

心亦皆有害。人能無以飢渴之害爲心害，則不及人不爲憂矣。”

【簡注】　① 甘，甘美，以……爲甘美。② 是，此。正，正道。③ 害，妨害，影響。

【講疏】　本章亦承上而言。飢食渴飲，各隨其時，此正道也。然或甘食而棄飲，或甘飲而棄食，皆執一端者也。學術之於人心亦然。其有不知大道，見人之有所好，即欲己有之，亦大可不必。反之，儻執己之所有以衡人，恐亦失之矣。此執一者皆非出於本心，而是出於欲利之心。<u>此欲利非言欲望、利益，凡有所向，即是欲利之心。</u>[1]與《大學》正心之旨相通。蓋心有所忿懥、恐懼、好樂、憂患（《大學》），則身皆不得其正矣。

第二十八章

孟子曰：“柳下惠不以三公易其介。”①

【簡注】　① 介，耿介，操守。

【講疏】　既言不可執一，則隨波逐流之說興矣。或有以

---

〔1〕“祗有所向便是欲”，程子已有此義。參《盡心下》講疏第三十五章討論。

柳下惠爲説者，言其雖有女子裸裎在側而不以爲異，[1]且既稱聖人，是聖人可無所執也。孟子若曰，柳惠"進不隱賢，必以其道"，即便誘之以三公高位，亦不改其操守。其所執守者，人蓋未之見也。朱子以"和而不流"況之，得之矣。

第二十九章

孟子曰："有爲者，辟若掘井，①掘井九軔而不及泉，②猶爲棄井也。"

【簡注】 ① 辟，通譬。② 軔，同仞，八尺。

【講疏】 有爲者，猶前文所言豪傑之士，"雖無文王猶興"，是知反求也。故以掘井喻之，言必當及泉也。否則，雖用力甚深，是仍未能"盡其心"也。既未盡心，安能知性？性乃生生之本源，可以上通於天者，故《周易》以井卦喻之。[2]本章孟子之喻亦若合符轍。"有爲"、"棄井"之説，可與《離婁上》所言"自暴自棄"相參："自暴者，不可與有言也；自棄者，不可與有爲也。言非禮義，謂之自暴也；吾身不能居仁由義，謂之自棄也。"

---

[1] 參《萬章下》第一章講疏。
[2] 參拙作《周易義疏》井卦義解。

第三十章

孟子曰:“堯舜,性之也;^①湯武,身之也;^②五霸,假之也。^③久假而不歸,惡知其非有也?”^④

【簡注】　① 性之,自然順其本性。② 身之,反身體證此性。③ 假,借,假借。④ 惡,音 wū。有,(自己)擁有。此句大意:(即便)久借不還,又哪知並非自己所有呢?

【講疏】　本章以二帝、三王、五霸之境界彰顯存心復性之理。堯舜順乎天則,湯武以德行仁,五霸以力假仁,所行雖皆合義,然固境界有別者也。性乃天之所命,赤子之心人皆有之,堯舜是未失者也,湯武是反身而得者,若五霸乃“義襲而取之也”(《公孫丑上》)。如人身披華服以掩其敗絮,故言義襲。假,借。“久假而不歸”一句稍聚訟,趙岐以爲“譬如假物久而不歸,安知其不真有也”?漢儒大體皆同此義,如賈誼引孔子之言,所謂“少成若天性,習貫(慣)如自然”(《漢書·賈誼傳》)。[1]僞《古文尚書·太甲》亦有“習與性成”之語。朱子則曰:“言竊其名以終身,而不自知其非真有者。或曰:‘蓋歎世人莫覺其僞者。’亦通。”依孟子本篇大義,朱子得之。蓋惟知反身内求者,方可以盡心知性也,其假仁者,存心不誠,是未

---

〔1〕《孔子家語·七十二弟子解》、《大戴禮記·保傅篇》文字微異,大義無別。《保傅篇》蓋亦賈誼所作。

能"盡其道"者也。

第三十一章

公孫丑曰："伊尹曰：'予不狎于不順。'①放太甲于桐，②民大悅；太甲賢，③又反之，④民大悅。賢者之爲人臣也，其君不賢，則固可放與？"

孟子曰："有伊尹之志，則可；無伊尹之志，則篡也。"

【簡注】 ① 狎，習見。不狎，看不慣。不順，不順道。② 放，置，外放。③ 賢，變好。④ 反，同返。

【講疏】 伊尹之言，見於僞《古文尚書·太甲》，惟不知孟子所本者出於何書。朱子注："狎，習見也。不順，言太甲所爲，不順義理也。"伊尹之放太甲，合乎民心，及其返之亦然，是順天而爲者也。參《萬章上》第六章。本章亦承上章之論，蓋言人臣放君，雖若合義，然儻無"伊尹之志"，是亦假義者也，故云"篡"。所謂篡者，蓄意謀奪之也。

第三十二章

公孫丑曰："《詩》曰：① '不素餐兮。'②君子

之不耕而食，何也？”

　　孟子曰：“君子居是國也，其君用之，則安富尊榮；其子弟從之，則孝弟忠信。‘不素餐兮’，孰大於是？”

　　【簡注】　①《詩》，《魏風·伐檀》之篇。②　素餐，白食。

　　【講疏】　“不素餐兮”，出《魏風·伐檀》之篇。何以不可素餐？曰報。《禮記·曲禮上》：“太上貴德，其次務施報。禮尚往來，來而不往非禮也，往而不來亦非禮也。”夫“貴德”但可以責己，人我之間，惟當以施報爲尚，此推己及人之恕道，是直道也。世俗所謂“不素餐”，亦不過爲人所用，是報之以利也。儻其君用之，固已非素餐矣；儻不爲君用，亦可教其後生子弟。教育子弟何以曰“不素餐”？蓋君子教人，欲子弟能孝弟忠信，是養其性也，其用豈不大於爲君謀利者乎？故本章重點在“子弟從之，則孝弟忠信”一句，蓋亦承上文，而言善、利有別耳。以通篇大旨言之，本章以下，蓋言養性之義也。《中庸》云“天命之謂性，率性之謂道，修道之謂教”，養性者，修道也，故下文多以教爲言。所言尚志、養氣、誠、踐形諸義，皆養性之節目。本節與《公孫丑上》養氣一章可以相參。

第三十三章

　　王子墊問曰：①　“士何事？”②

孟子曰:"尚志。"③

曰:"何謂尚志?"

曰:"仁義而已矣。殺一無罪,非仁也;非其有而取之,④非義也。居惡在?⑤仁是也。路惡在? 義是也。居仁由義,大人之事備矣。"

【簡注】 ① 墊,齊王之子。② 事,從事,致力於。③ 尚志,高尚其志。④ 有,擁有。⑤ 居,處,安住之所。惡,音 wū。

【講疏】 所謂士,是有恒心者也。故曰"無恒産而有恒心者,唯士爲能"(《梁惠王上》)。顧士亦有多種,未必皆志於仁者也。其"言必信,行必果,硜硜然小人哉"者,亦可以謂之士。[1]故齊國王子問士當以何爲己任,孟子曰,當以仁義之志爲尚,是所謂"尚志"。孟子本主"以志帥氣"者,"持其志,無暴其氣"(《公孫丑上》),故當究心於志也。

不寧惟是。人心雖止虛靈明覺,儻真能"尚志",則可以任天下之重。"殺一無罪,非仁也;非其有而取之,非義也",雖似泛言"出處、辭受、取與"之義,然儻守之不失,則"行一不義,殺一不辜,而得天下,皆不爲也"(《公孫丑上》)。此"王天下"之重亦皆由不殺無罪、不取非義而來。故所謂"居仁由義"即是前文所言"集義"。仁是五常之本,故言"居";義乃此仁體因時因事而發,故言"路"。居,言所處也。故曰:"仁,人心也;義,人路也。"(《告子上》)"居仁由義",能時時定於此境,則大人之

---

〔1〕 參《公孫丑上》第九章講疏。

事亦不過如此。所謂大人之事，非以其功也，乃因其志於仁也。故曾子曰：

> 士不可以不弘毅，任重而道遠。仁以爲己任，不亦重乎？死而後已，不亦遠乎？（《論語·泰伯》）

<u>以通篇大義言之，志者心之所之，其志於仁者，是欲人於本心發端處即能定之，</u>孟子蓋示人以用功之法。此亦儒者"研幾"之學。[1]《周易·繫辭下》："子曰：知幾其神乎？君子上交不諂，下交不瀆，其知幾乎？幾者動之微，吉之先見者也。君子見幾而作，不俟終日。"周敦頤《通書》曰"誠無爲，幾善、惡"，言善惡自幾時即已分矣。既以仁義持其志，"志壹則動氣"，是能達之於外矣，此亦孟子養性之學。

第三十四章

孟子曰："仲子，[1]不義與之齊國而弗受，[2]人皆信之，是舍簞食豆羹之義也。人莫大焉亡親戚、君臣、上下。[3]以其小者，信其大者，奚可哉？"[4]

【簡注】　① 仲子，即陳仲，參《滕文公下》第十章。② 與，給。不義與之：不以合義的方式給他。③ 簞食（sì），一簞食物。

---

〔1〕　關於"研幾"，可參《萬章下》解題。

豆羹，一豆羹湯。焉，於(從王引之說)。亡，通無。④ 奚，何。

【講疏】 陳仲子之事詳見《滕文公下》，本齊國世家，"兄戴，蓋禄萬鍾，以兄之禄爲不義之禄而不食也，以兄之室爲不義之室而不居也，辟兄離母，處於於陵"。仲子之學蓋出墨家，"苟以分異人爲高"(《荀子·非十二子》)，雖以廉隅自持，而不知大義。[1]孟子故言其不食兄禄、不居兄室之所謂義，亦不過如人舍一簞食、一豆羹而已，實不足道也。而人皆信之，以爲儻欲與之齊國而不合義，彼亦不受也。是仲子以廉潔之名高天下。此蓋承上章而言取與之道。仲子之取與不過如簞食、豆羹，而人信其可以不取天下。此"不義與之齊國而弗受"，頗似上文所言"行一不義，殺一不辜"得天下而不爲者。是能"尚志"而以仁義行者也。依孟子，仲子之所謂義，亦不過義外者耳，非真能出於本心者也。其離母，是無親戚者也；隱處於陵，是無君臣者也；避兄，是不知上下者也。親戚、君臣、上下，普通人皆可爲之，仲子三者皆無，是不仁不義者也，又安能"尚志"而以仁義行？ 是所謂"以其小者，信其大者"。"不義與之齊國"之爲大義，先儒多未能明，兹論之如此。

第三十五章

桃應問曰： ① "舜爲天子，皋陶爲士， ② 瞽瞍殺

---

〔1〕 參《滕文公下》第十章講疏。

人，則如之何?"

　　孟子曰："執之而已矣。"③

　　"然則舜不禁與?"

　　曰："夫舜惡得而禁之?④夫有所受之也。"⑤

　　"然則舜如之何?"

　　曰："舜視棄天下，猶棄敝蹝也。⑥竊負而逃，⑦遵海濱而處，⑧終身訴然，⑨樂而忘天下。"

【簡注】　① 桃應，孟子弟子。② 士，獄官。③ 執，捉拿。④ 惡，音 wū。⑤ 所受，所受命，指職守。此句大意:舜豈能禁止他? 是(皋陶)的職守所在。⑥ 敝蹝，同敝屣，破爛的草鞋。⑦ 竊，偷偷地。負，背着。⑧ 遵，沿着。處，居。⑨ 訴，同欣。

【講疏】　桃應爲孟子弟子，故與孟子設問瞽瞍殺人一事，以論聖賢義理，趙岐所謂"揆聖意也"。本章大旨，朱子得之，而稍有未盡:

　　此章言爲士者，但知有法，而不知天子父之爲尊;爲子者，但知有父，而不知天下之爲大。蓋其所以爲心者，莫非天理之極，人倫之至。

　　朱子所以未盡者，蓋依本篇大旨，皋陶與舜是皆能"盡其道"者也。皋陶之"盡其道"在於守官，舜之"盡其道"則在取舍

親親與天下之孰重。此在世俗觀之，似大不合理者，孟子乃遂即此不合理處，指點聖人盡性之學。蓋以舜之處境，其父殺人，皋陶執之，此固天經地義之事，故雖爲天子，不得壞其法。且皋陶爲士，己爲天子，雖云皋陶執之，猶己執之也。己執父，似不仁；不執之，則不義。既爲天子，固不得犯公義；然儻不爲天子，則可援親親相隱之義矣。[1] 欲忠孝、仁義能兩全者，則惟有辭去天子之位一途。以俗見觀之，天下重於親身；以聖人觀之，則是親親大於居位。故本章之重點在"竊負而逃"，蓋既爲編氓，自可子爲父隱，皋陶儻能執之，亦無不可；然既"遵海濱而處"，是皋陶亦無從覓之矣。是大舜之所以"盡其道"也。

要之，本章孟子蓋設定一極端場景，以言本心與天下孰重，天下固然重要，然儻失其本心，則天下不過大利而已。故舜之所爲，是亦義重於利，"行一不義"得天下而不爲也。舜之"尚志"如此，是舜之所以爲舜也。

第三十六章

孟子自范之齊，① 望見齊王之子，喟然歎曰："居移氣，② 養移體，③ 大哉居乎！ 夫非盡人之子與？"孟子曰："王子宮室、車馬、衣服多與人同，④ 而王子若彼者，其居使之然也。況居天下之廣居者乎？⑤ 魯君之宋，呼於垤澤之門。⑥ 守者曰：'此

---

〔1〕 參前揭拙作《説"絜矩之道"》。

非吾君也，何其聲之似我君也？’此無他，居相
似也。”

【簡注】　① 范，齊邑。齊，此處指都城臨淄。之，往。
② 居，處，處境。移，改變。氣，氣象。③ 養，奉養。體，形
體。④ 宮室，居所。⑤ 居天下之廣居：住在天下最寬廣的居
所。按，天下之廣居，指仁。⑥ 垤（dié）澤之門，宋國城門
之名。

【講疏】　居者，言住於此也。如人居於房舍，所謂“安宅”
也。《離婁上》：“仁，人之安宅也；義，人之正路也。曠安宅而
弗居，舍正路而不由，哀哉！”故居仁者，即本心安住於仁，能有
恒而不失，則本心“存”矣。本心既存，則性得其養，是謂“養
性”。既養其性，始能得其生命之實感也。儻此實感徹內徹
外，則是後文所謂“踐形”矣。即此可見心、性之別。此義人不
易知，孟子故以齊王之子及魯君發之。范乃齊國之邑。王子
雖“宮室、車馬、衣服多與人同”，然氣象乃大不同，蓋養尊處優
使然也。故言“居移氣，養移體”，氣指氣象，體言儀表，合言之
略當今所云氣質，古人所謂“威儀”。[1]所謂“養尊處優”，非
指其心志而言，乃言其心志所處之勢。此勢未必決定其志與
氣，[2]然固可滋養之也。趙岐曰：“居尊則氣高，居卑則氣
下，居之移人氣志，使之高涼。”蓋已有見於此。夫“志壹則動

─────────

〔1〕　參《梁惠王上》第六章講疏論威儀一節。
〔2〕　如《梁惠王上》言梁襄王，即云“望之不似人君”，是居亦或未能移氣
　　　也。另與《萬章下》解題所言“存心之勢”可以相參。

氣，氣壹則動志”(《公孫丑上》)，亦可見<u>居、志、氣</u>三者之相互<u>影響</u>矣。顧齊王之子與魯君所居者亦不過養尊處優而已矣，其能“居天下之廣居”，以萬物一體之仁爲安宅者，豈不尤大乎？

第三十七章

孟子曰：“食而弗愛，[①]豕交之也。[②]愛而不敬，獸畜之也。[③]恭敬者，幣之未將者也。[④]恭敬而無實，君子不可虛拘。”[⑤]

【簡注】 ① 食(sì)，養。② 交，相待。③ 畜(xù)，養。④ 幣，幣帛，禮物。將，持奉。此句大意：恭敬，是没有捧在手上的禮物。⑤ 虛，虛文。拘，致，招致。朱子釋爲留，亦通。此句大意：表面恭敬，卻没有實際，君子是不能用這種虛文招致或挽留的。

【講疏】 養而不愛，是未仁也，如人之待豕。愛而不敬，是無禮也，如人之養畜。人我相交以禮，雖以幣帛奉人，而無此恭敬之實，是雖有儀式而無其實者，如孟子引《書》所言“儀不及物”(《告子下》)。拘，致。朱子以爲“當時諸侯之見賢者，特以幣帛爲恭敬，而無其實也”。斯言得之。惟即本篇大義而言，恭敬之實者，誠也，非誠不足以言養性矣。

第三十八章

孟子曰："形色，天性也。①惟聖人然後可以踐形。"②

【簡注】　① 形，身體。色，容貌。天性，自然本性。② 踐形，（把所性）實踐於形體。此句大意：形與色是人的自然本性。祇有聖人纔真正能做到把天命之性如實踐行於形體。

【講疏】　天性，猶言自然本性，即告子所言"生之謂性"。此天下之所言性也，孟子亦不反對，然非君子之所性也。形之與色，乃狀人之體貌，身軀曰形，容貌曰色。此容貌非止面容，亦涵身之容，如氣色之類是也。《莊子·大宗師》："大塊載我以形。"踐形之義，古今頗聚訟。趙岐曰：

> 踐，履居之也。《易》曰"黃中通理"，聖人內外文明，然後能以正道履居此美形。不言居色，主名尊陽抑陰之義也。

此論實亦不誤，而後人多不從。朱子但言"人之有形有色，無不各有自然之理，所謂天性也。踐，如踐言之踐。蓋衆人有是形，而不能盡其理，故無以踐其形；惟聖人有是形，而又能盡其理，然後可以踐其形而無歉也"。大旨皆通，惟因各自

義理系統而有所抑揚。[1]其所誤者，在以天性爲天理。不知自然本性亦天之所命，即世俗所謂天性也。[2]晚明學者多反對宋儒“氣質之性”，故以形色當氣質，言氣質之善，肯定人情與欲望，此固新説，然不必爲孟子本旨。及至清儒，亦就物之自然屬性言性，戴震、焦循遂以踐形爲天下萬物之各得其所：“性至不同，各呈乎才，人之才，得天地之全能。……知卉木之性，良農以時刈，良醫任以處方。聖人神明其德，是故治天下之民，民莫不育於仁，莫不條貫於禮與義。”[3]此説與上文“正己物正”之理亦通，然未必孟子本章之義也。

嘗試論之。踐形當統括形色言之，其義即上文所言“君子所性，仁義禮智根於心。其生色也，睟然見於面、盎於背。施於四體，四體不言而喻”。踐形指“施於四體”，踐色即是“生色”。性體雖人所固有，與自然本性固有順逆之別，故“君子所性”不同於“天下之言性”。老子亦云：“吾所以有大患者，在吾有身”；又云：“五色令人目盲，五音令人耳聾，五味令人口爽。”

---

〔1〕 楊儒賓指出趙岐、朱子關於踐的解釋不同，後者有“實現”義，其説可從。參氏著《儒家身體觀》第三章《論孟子的踐形觀》，上海古籍出版社，2019年，第146頁。然以爲趙、朱之説皆不合原意。其實僅從釋經角度言，二家皆不誤。趙氏以履居釋踐，亦本“居移氣”、“居仁”之説而來，乃安住之義，故云“履居此美形”。所謂美形，與《荀子·勸學》所言“美身”相通：“君子之學也，入乎耳，著乎心，布乎四體，形乎動靜。……君子之學也，以美其身。”楊儒賓已認爲荀子“美身”説與孟子“踐形”説可以相通，參前引書導論，第17頁。此蓋儒學各派共同看法，趙氏語言容有粗處，然大旨不誤。此外，關於朱子所言“自然之理”，實亦天理，在朱子系統中，亦即是“所性”，故朱子亦不誤。此處可見釋經與析論不同。析論則察其所異，因學者論説系統各有不同；釋經則觀其立説是否可以“調適而上遂”，以明其所指。以此衡之，趙、朱之説皆不誤。

〔2〕 此天性，諸家大體以天命之性相釋，兹不從。

〔3〕 參戴震《孟子字義疏證》及《原善》，焦氏已引及。

荀子則直以此自然本性爲惡之來源。至於孟子，雖不以自然人性(才)爲惡，亦自然而然者耳，"志壹"固可"動氣"，"氣壹"亦能"動志"(《公孫丑上》)，隨才成就而已。惟聖人所能者尚不止此，既能集義養心，而生浩然之氣，終則睟面盎背、達於四體。"氣，體之充也"(《公孫丑上》)，浩然之氣既充盈此體，是自然之性皆爲天命之性所化矣，乃個體養性之極致，是《中庸》所謂"盡己之性"。此即孟子"踐形"之義。宋儒言"變化氣質"以此。其通體光輝之境，後文尚有討論。

　　蓋尤有説。孟子既言"惟聖人然後可以踐形"，是未能踐形者不可以聖人言也。莊子所謂"内聖外王"(《天下》)，後人頗誤解之，以爲惟内聖始可以外王。近儒乃發以内聖開出新外王之論。雖泛言之亦無不可，然其説實與聖王本義相違，故不得不假道於"良知的自我坎陷"之説。[1]蓋儻必内聖而後可以外王，則孟子津津告語齊梁，欲其以王道行者，皆爲虛語矣。夫人皆有其本心，儻擴而充之，在身可以踐形爲聖，在世可以施仁作王，身之與世，固有内外之別也，是所謂内聖外王。故聖可以統王，而王者不必皆聖也。雖然，此在先秦，或爲曾子、孟子一派新義，若大禹之狀若偏枯，似非聖者也，而世皆以聖王視之。大禹非不能踐形也，蓋無暇盡心於此耳。此《周易·頤卦》所言"天地聖人之頤"。然則孟子"惟聖人然後可以踐形"與子思"心之精神是乎聖"(《孔叢子·記問》)之説不同。後世若象山、慈湖以心學相倡者，皆子思之宗子也。思孟皆爲

─────────

〔1〕　此牟宗三先生之説也。顧此説雖與聖王本義不合，然本身亦自有其意義，非可輕率否定之也。關於牟先生此説之意義，擬另文詳述。

德行科大儒,荀子且以思孟並稱,然二家之説實大同而小異,
予昔嘗稍揭其異同,〔1〕學者可以相參。

第三十九章

　　齊宣王欲短喪。①公孫丑曰:"爲朞之喪,②猶愈
於已乎?"③孟子曰:"是猶或紾其兄之臂,④子謂之
'姑徐徐'云爾。⑤亦教之孝弟而已矣。"

　　王子有其母死者,其傅爲之請數月之喪。⑥公孫
丑曰:"若此者何如也?"曰:"是欲終之而不可得
也,⑦雖加一日愈於已。謂夫莫之禁而弗爲者也。"⑧

　　【簡注】　① 短喪,縮短喪期。② 朞(jī),周年。③ 愈,
過。已,止。④ 紾,扭。⑤ 姑,且。徐徐,慢慢來。⑥ 傅,師
傅。⑦ 終之,終喪,此處指服滿三年喪。⑧ 此句大意:(前面
反對朞年喪)是指無人禁止而自己不願服(三年)喪而言。

　　【講疏】　趙岐注:"齊宣王以三年喪爲太長久,欲減而短
之,因公孫丑使自以其意問孟子。"三年喪齊國是否曾行,實未
可知。周代三年喪之情形,前文亦有討論。〔2〕或曰宣王蓋聞

---

〔1〕　參拙作《思孟五行説新論》。
〔2〕　參《滕文公上》第二章講疏。

此大義，顧又以三年爲太久，遂欲定爲一年之喪。是謂"短喪"。[1]孟子故引兄弟相爭爲例，言當此之際，唯可告之以孝弟之義，當兄友弟恭，不可以教之"且須緩行"。及有王子之母死，依禮，此王子既非嫡子，父在爲諸母無服，[2]故其師傅爲之請數月之喪，孟子乃嘉許之，言王子欲終親喪而不可得，雖加一日，亦勝於不加者。嚮日所言，乃就其可以自由服喪而不欲行三年喪者言。

依本章大義而言，孟子必以三年喪相告者，言其理也；嘉許其請數月之喪者，言其義也。理之與義，皆本心所發，孟子故曰："理義之悅我心，猶芻豢之悅我口。"（《告子上》）理義既能悅心，是即"養性"也。顧儻細究之，理、義亦不無分別。程子云"在物爲理，處物爲義"，此亦《詩經》"有物有則"之旨。[3]此理之表現於外者，即是禮，與本心常德之禮稍有一間之別，學者不可混淆。顧理雖如此，而或爲時空所限，故有權時之義。孟子之言，可謂各有攸當。

第四十章

孟子曰："君子之所以教者五：有如時雨化之

---

〔1〕　此清趙佑《四書温故録》之説，焦循已引及。

〔2〕　按趙注以爲"王之庶夫人死，迫於嫡夫人，不得行其喪親之數"，清閻若璩、錢大昕等皆引古禮壓降當指父而言，乃壓於其父，非嫡母。焦氏已引及。此説雖是，然觀趙岐之義，蓋從王子之視角而言，其爲嫡母當行朞年喪，是所謂"迫於嫡夫人"也。趙説亦不誤。此在本文，其實無關大義。

〔3〕　參《告子上》第六章講疏。

者，有成德者，①有達財者，②有答問者，有私淑艾者。③此五者，君子之所以教也。"

【簡注】 ① 成德，使之成德。② 達財，通其材，隨材成就。③ 私淑，私善。艾，治。一説：淑通叔，拾。艾通刈，取。

【講疏】 君子教人，欲其成人也，此即《中庸》所言"盡人之性"。然所教之方亦各有不同。所謂時雨之化，如上文所言文王以政教民，是"所過者化"也。亦如五帝之世，野叟不知帝功，而曰："帝力何有於我哉！"[1]季康子嘗問子游，孔子既偉大如許，何以鄭人知愛子產，不知愛仲尼？子游曰：

> 譬子產之與夫子，其猶浸水之與天雨乎！浸水所及則生，不及則死。斯民之生也，必以時雨，既以生，莫愛其賜。故曰：譬子產之與夫子，猶浸水之與天雨乎？（《説苑·貴德》）

此皆"時雨化之"之義。[2]依此言之，除王政化民之外，歷代賢哲，或立德，或立功，或立言，其精神浸潤於語言文化，乃至民族心理之中，而爲後人"日用而不知"者，亦皆所謂"時雨化之"。雖然，亦有暴政邪説流毒於後世，或亦可言"化之"，顧非可言"時雨"矣。

---

〔1〕 皇甫謐《帝王世紀》卷二，宋翔鳳集校，續修四庫全書本。
〔2〕 參《公孫丑上》第八章講疏。

其次則成德者。成德之義，儒門亦有不同。依思孟一派德行科而言，蓋指仁義禮智信五常齊備者。郭店楚簡《五行篇》：

> 五行：仁形於內謂之德之行，不形於內謂之行；義形於內謂之德之行，不形於內謂之行；禮形於內謂之德之行，不形於內謂之行；智形於內謂之德之行，不形於內謂之行；聖形於內謂之德之行，不形於內謂之德之行。德之行，五和謂之德，四行和謂之善。善，人道也。德，天道也。……五行皆形於內而時行之，謂之君子。

帛書本略同，惟次序作仁智義禮聖，稍有不同。[1]至於《易傳》，則以乾德詳論君子教人成德之序：

> 君子以成德爲行，日可見之行也。"潛"之爲言也，隱而未見，行而未成，是以君子"弗用"也。君子學以聚之，問以辯之，寬以居之，仁以行之。《易》曰"見龍在田，利見大人"，君德也。九三重剛而不中，上不在天，下不在田，故乾乾因其時而惕，雖危无咎矣。九四重剛而不中，上不在天，下不在田，中不在人，故或之。或之者，疑之也，故"无咎"。夫大人者，與天地合其德，與日月合其明，與四時合其序，與鬼神合其吉凶，先天而天弗違，後天而奉天

---

[1]　引文據荆門博物館編《郭店楚墓竹簡》，文物出版社，1998 年。帛書《五行篇》，收入裘錫圭主編《長沙馬王堆漢墓簡帛集成》第四册，中華書局，2014 年。关于五行之討論，參前揭拙作《思孟五行说新論》。

時。(《文言》)

其大人之義,即隱仁、禮、義、信、智五常。[1]既主成德,故德行科雖學孔子,亦皆主學其人,故云:"子夏、子游、子張皆有聖人之一體,冉牛、閔子、顏淵則具體而微。"(《公孫丑上》)[2]至於其他諸科,雖亦本孔子成德之教,實則因材施教、隨材成就而已。[3]儻泛言之,即是本章所謂"達財"。財、才、材皆可通。才者裁也,[4]分也,此才即人之自然屬性,分有於天者,故云"富歲子弟多賴,凶歲子弟多暴,非天之降才爾殊也"。且云:"若夫爲不善,非才之罪也。"人之才性既別,故當各盡其才,其所以未能"盡其才"者,即因失其本心:"仁義禮智,非由外鑠我也,我固有之也,弗思耳矣。故曰:求則得之,舍則失之。或相倍蓰而無算者,不能盡其才者也。"(《告子上》)[5]然則才雖非善之源,固"可以爲善",唯有以本心性體養之,始能爲善矣。能教人各"盡其才",即本章所謂"達財"。

其次則答問者。人既來問,或據實明告;或循循善誘;或"初筮告,再三瀆,瀆則不告"(《周易·蒙卦》);或"不憤不啓,不悱不發。舉一隅不以三隅反,則不復矣"(《論語·述而》);或"善待問者如撞鐘,叩之以小者則小鳴,叩之以大者則大鳴"(《禮記·學記》);或"不屑之教誨也者,是亦教誨之而已矣"

〔1〕 參拙作《周易義疏·乾文言》義解。
〔2〕 此雖非孟子之語,然是德行科內部有此一說也。
〔3〕 此義朱子已發。
〔4〕 才,翟灝以爲"多與裁通。今即裁義爲說,成德者就其德性以成,達裁則需引達於中行之路,以裁成之。"氏著《四書考異》卷三十五《孟子·盡心上》。
〔5〕 參《告子上》第六、七章講疏。

（《告子下》）。誠可謂“教亦多術矣”（《告子下》）！

其次則私淑者。淑艾，趙岐釋淑爲善，釋艾爲治。後儒多從之。焦循則以淑爲叔，艾爲刈，淑艾即拾取之義。私淑艾即私淑之義。其説甚精，可從。然趙説大義亦未失。此言雖無耳提面命，而能自得其説，且奉以爲師者。如孟子自言“予未得爲孔子徒也，予私淑諸人也”（《離婁上》）。此與被“時雨之化”者不同，蓋私淑是因自覺而有所認同也。下篇言有“聞知者”、“見知者”，其聞知者即私淑也。此後世道統論之依據，宋儒所謂“傳心之法”也。

第四十一章

公孫丑曰：“道則高矣、美矣，宜若登天然，似不可及也。①何不使彼爲可幾及而日孳孳也？”②

孟子曰：“大匠不爲拙工改廢繩墨，③羿不爲拙射變其彀率。④君子引而不發，躍如也。⑤中道而立，⑥能者從之。”

【簡注】　① 及，達到。② 幾，幾乎，差不多。幾及，容易達到。而，以。此句大意：爲什麼不使它（按，指儒者之道）容易達到，以便（普通人）可以每天孳孳以求呢？③ 繩墨，尺度，規矩。④ 彀（gòu）率（lǜ），拉弓的尺度。⑤ 躍如，躍躍欲試之貌。⑥ 中道而立：立於大道正中。按，此爲雙關語。

【講疏】　公孫丑以爲大道高若登天，似難以企及。何不隨順人情，以淺近之法教人，使人容易接近，而願意孜孜以求。此道蓋即指孟子本篇所言本心、性命諸論。

儒學自有淺近之道，如灑掃應對者可習可教，公孫丑所言當非後者，以是知所言當指聖賢境界。故孟子乃曰，欲習工匠之事，當遵繩墨；欲學張弓，當循法度；欲習君子之道，亦當遵君子之法度也。君子既得其度，猶張弓者引而不發，大道呼之欲出矣。躍如，朱子釋爲"如踊躍而出也"，得之。"中道而立，能者從之"，亦"禮聞來學"、虛中應外之義。

申言之，<u>不由君子法度，則不得其門而入。以德性論言之，是不遵禮、義者也</u>。《孟子·萬章下》："夫義，路也；禮，門也。惟君子能由是路，出入是門也。"禮在本心而言，則是恭敬之心。枉道而行，是不恭也。且道之行廢，自有其命，君子修身以俟，亦不必枉道以求。子曰："道之將行也與？命也。道之將廢也與？命也。"（《論語·憲問》）本章以下，皆以五常爲言，此皆本心常德，即君子之"所性"，夭壽不貳，是爲立命之學。

第四十二章

孟子曰："天下有道，以道殉身；① 天下無道，以身殉道。未聞以道殉乎人者也。"

【簡注】　① 殉，從。

【講疏】　大道之所以爲道，即在使天地萬物"各正性命"。於萬物而言，因道而充盈、潤澤其身也。故"天下有道，以道殉身"。儻天下無道（道不可行），則當以身從道。子曰："邦有道，危言危行；邦無道，危行言孫（遜）。"（《論語·憲問》）言雖可遜，行不可枉。不可如縱橫家者流，枉道以從人。後者即"妾婦之道"。枉道從人者，是不恭也。《離婁上》："責難於君謂之恭，陳善閉邪謂之敬，吾君不能謂之賊。"故本章大旨，實亦承上而言。枉之反曰直，直道而行，即"居易俟命"。易，平易。蓋無論殉道、殉身，皆平常事耳，是所謂易。

第四十三章

　　公都子曰："滕更之在門也，^①若在所禮，^②而不答，^③何也？"孟子曰："挾貴而問，^④挾賢而問，挾長而問，挾有勳勞而問，^⑤挾故而問，^⑥皆所不答也。滕更有二焉。"

【簡注】　①　滕更，滕君之弟。②　若在所禮：似乎屬於應受禮遇之列。③　不答：不回答（他的請問）。④　挾，倚恃。⑤　勳勞，功勞。⑥　故，故舊之好。

【講疏】　挾之義可參《萬章下》。滕更乃滕君之弟，而在弟子之列。趙岐以爲蓋以貴、賢自居，故孟子不答，此亦不答

之答,欲其自反也。以本篇大旨言之,有挾而問師,是失恭敬之心,未能修身以俟也。

第四十四章

孟子曰:"於不可已而已者,無所不已。①於所厚者薄,無所不薄也。②其進銳者,其退速。"③

【簡注】 ① 已,止。此句大意:連不能擱置的事也會擱置,那就沒什麼不能擱置。② 此句大意:對厚待自己的人刻薄,則沒什麼不能薄待。③ 銳,敏銳。此句大意:銳意速成的人,退得也快。

【講疏】 已,止。可已,猶言可止。"緍蠻黃鳥,止于丘隅"(《大學》),人之所止,在其禮也。不可已而已,是亦枉道而行,未能居易俟命者也。馴致其道,則無所不已,是不義矣。

所厚者,言厚待己者也,故亦當厚之。孔子所謂"以德報德"(《論語·憲問》)。[1]"於所厚者薄",是不知禮尚往來之義者也,故無禮。禮尚往來即直道也。[2]於所厚者尚能如此,則"無所不薄"矣,是不仁。所謂進銳者,欲速成也,是未能俟命。既有躁進之失,常不能有恒,故其退反速,是不智。恒

---

〔1〕《大學》:"其本亂而末治者否矣;其所厚者薄,而其所薄者厚,未之有也!"此文與本章並非言一事,然可相參。朱子以本對應身,以所厚對應家,非是。

〔2〕禮之爲直道,參前揭拙作《說"絜矩之道"》。

者,定也。定於五常爲信。觀孟子本章所言,分別與仁義禮智信五常相應,惟反言之耳。蓋四十一章以下乃言事天之學,五常既失,是未能居易俟命也。

申言之,"其進鋭者其退速",汉儒嘗引作《老子》所言,[1]不見於傳世本《老子》。然其説與老子之學實合。如"跂者不立,跨者不行","反者道之動"之類,皆似也。儻非漢儒誤引,則可見老、孟二子相通之處。[2]蓋二家雖大本不同,固皆有得於《易》,《易》卦六爻,三爲躁位,[3]故常有違失。易道可以觀化,此儒老之所同也。<u>本篇所論"正命"、"立命",多與《論語·憲問》呼應</u>,[4]<u>蓋原憲本孔門知命者也</u>。進鋭退速之義亦然:

> 闕黨童子將命。或問之曰:"益者與?"子曰:"吾見其居於位也,見其與先生並行也。非求益者也,欲速成者也。"

第四十五章

孟子曰:"君子之於物也,愛之而弗仁;①於民也,仁之而弗親。②親親而仁民,③仁民而愛物。"

---

〔1〕　見《後漢書》卷六十三《李固傳》。清儒翟灝等已注意及之。

〔2〕　如臧琳即以爲是"孟子述老子",見氏著《經義雜記》卷五,《清經解　清經解續編》第二册,第1436頁。

〔3〕　參拙作《周易義疏》乾卦義解。

〔4〕　此義前人似罕及,然即此可見《孟子》當已見完整之《論語》(至少是《憲問》篇),且能直探其大旨。《憲問》宋儒以來大都以爲原憲所記。

【簡注】　① 愛，愛惜。仁，同情。② 親，疼愛。③ 親親，疼愛親人。

【講疏】　仁之義，儻統言之，則宇宙一體之生機，凡人我、彼此之以生意相連者無不可以言仁也；儻析言之，則固有親親、仁民、愛物之分。愛，惜。言仁則有同類之情、同體之悲，然亦汎愛之耳。孔子所謂"汎愛衆，而親仁"（《論語·學而》），近人以友愛或博愛釋之，亦通。〔1〕親者，思慕之也。<u>由親親，而仁民，而愛物，所依託者，雖皆吾人本心之仁，而內外有別也</u>。〔2〕君子待物，能各隨其所止，是篤恭守禮者也，與"君子思不出其位"（《憲問》曾子之言）者同。以易道通之，艮者止也，故《艮卦·大象》亦言"君子以思不出其位"。《彖傳》則曰："時止時行，其道光明。"君子親親、仁民、愛物，遠近各得其所，是真能"居易"者也。

第四十六章

孟子曰："知者無不知也，①當務之爲急；②仁者無不愛也，急親賢之爲務。堯舜之知而不遍物，③急

---

〔1〕　如蔡元培即曾發表《對於教育方針之意見》，以自由、平等、友愛三項與儒學所説的義、恕、仁相通。參氏著《我在教育界的經驗》，收入高平叔編《蔡元培教育論著選》，人民教育出版社，1991年。此"友愛"，後通譯爲"博愛"。

〔2〕　近人言愛之差等多本此章。如唐文治《孟子大義》："夫親親、仁民、愛物，皆發於不忍之心，所謂理一也。然親親有親親之道，仁民有仁民之道，愛物有愛物之道，各有其等差而不可越，各有其秩序而不容紊，所謂分殊也。"

先務也。堯舜之仁不遍愛人，急親賢也。不能三年
之喪，而緦小功之察；④放飯流歠，⑤而問無齒
決；⑥是之謂不知務。”

【簡注】　① 知者，智者。② 務，趣，致力。③ 遍物，遍察
萬物。④ 緦，緦麻，即五服中最輕的緦麻之服，服喪三月。小
功，五服中的第四等，服喪五月。⑤ 飯，食。歠（chuò），飲。
放飯，放縱而食。流歠，放肆而飲。⑥ 決，斷。齒決：古禮，宴
飲時，乾肉要用手撕開，不可直接用牙齒咬斷，濕軟的肉則用
牙齒直接咬斷，叫作齒決。

【講疏】　先務者，所當務者有先後也。堯舜皆大聖，既仁
且知，然知物、愛人皆有先後。以政治而言，遍愛人是“惠”也，
如子產以己車“濟人於溱、洧”，是“惠而不知爲政”（《孟子·離
婁下》）。既不知務，故僅爲“惠人”而已（《論語·憲問》）。爲
政者當以親賢爲務，則百官得人，是雖不勞而天下治矣。或如
三年之喪，乃爲父母至親者也，不以此爲先務，反辨析緦麻、小
功之喪，是亦不知本末内外之别者。另如與尊者共食，不可大
嚼大啜，當此之時，是否以齒斷肉乃小事，可勿問也。〔1〕以本
篇大旨言之，知務之義，即《大學》所言：“物有本末，事有終始，
知所先後，則近道矣。”人能知本末先後，是所謂“居易”也。儻
自君子成德言之，修身、立命者，君子之先務也。子曰：“不知

〔1〕 放飯，趙岐以爲“大飯”，即“大食”，食、飯皆爲動詞。孔穎達以爲古人以手自食
器取飯，將其餘飯放回食器之中，故不潔淨。焦循已引及。兹從趙氏。

命，無以爲君子也。”(《論語·堯曰》)人能知其當務，是真能以仁義禮智信存心，夭壽不貳，是所以立命也。本節凡六章，皆爲首章作疏，有此立命之學，儒者壁立千仞之精神始自足圓成，視後世僞儒之明哲保身、蠅營狗苟，相去何啻霄壤！以此知孟子“修身以俟”、《中庸》“居易俟命”，非泛泛而談。此真能“天行健，君子以自强不息”者也。今世學者讀此，當知所愧。

孟子章句講疏卷十四

盡心章句下 凡三十八章

【解題】 上篇正言性命與本心之理，以及君子盡心、養性、事天、立命之大義。然世俗所謂盡心，非君子之盡心也。本篇析而辨之，以見人事所以不齊之故。君子以此持衡天下，則可以知人論世矣。繼言聖賢盡心之境以及本心茅塞之狀，而以存養工夫殿於後。諸章與上篇所言頗有文似不同，而意實相發者。此亦上下篇相耦之義，《孟子》七篇可謂一以貫之。

章旨結構圖

如何判斷是否盡心
1. 不仁非盡心。梁惠王（霸者）不足以稱盡心。
2. 假仁、義外非盡心。春秋無義戰。
3. 不誠非盡心。盡信書不如無書。
4. 善戰失仁非盡心。
5. 是否能巧可觀其盡心。
6. 盡心者不縈懷於外物。
7. 不恕之報。
8. 政事之盡心：保民與壟斷。
9. 不明恕道。
10. 盡心之兩種層次：慮患與操心。
11. 好名非"尚志"。
12. 爲政者當盡心於仁賢、禮義、政事。
13. 假仁不可以得天下。

第 一 章

孟子曰："不仁哉，梁惠王也！ 仁者，以其所愛及其所不愛；[①]不仁者，以其所不愛及其所愛。"

公孫丑問曰："何謂也？"

“梁惠王以土地之故，糜爛其民而戰之，^②大敗。將復之，^③恐不能勝，故驅其所愛子弟以殉之。^④是之謂以其所不愛及其所愛也。”^⑤

【簡注】　① 及，推及。② 糜爛，摧殘。③ 復之，再戰。④ 殉，從。⑤ 是，此。

【講疏】　梁惠王之事，前文已頗言之。[1]惠王欲廣土衆民，故驅民而戰，先敗於桂陵(十七年)，再敗於馬陵(三十年)，太子申被虜，主將自殺，是所謂“驅其所愛子弟以殉之”。人皆愛其子，而終於害之者，是因圖利而不仁有以致之。仁者依仁由義，“親親而仁民，仁民而愛物”(《盡心上》)，是“以其所愛及其所不愛”；[2]若梁惠王則反之也。惠王自言：“寡人之於國也，盡心焉耳矣。河內凶，則移其民於河東，移其粟於河內。河東凶亦然。察鄰國之政，無如寡人之用心者。”(《梁惠王上》)本篇孟子以梁惠王之事置於篇首，蓋有深意存焉。惠王殫精竭慮，以功利計度爲心，是亦勤矣，然君子所謂盡心，非惠王之盡心也。不仁，無以言盡心。

第 二 章

孟子曰：“春秋無義戰，彼善於此，則有之矣。

---

[1]　參《梁惠王上》講疏。
[2]　朱子已指出本章乃“承前篇之末三章之意”。

征者，上伐下也，敵國不相征也。"①

【簡注】 ① 敵，匹敵。

【講疏】 《老子》曰："失道而後德，失德而後仁，失仁而後義。"以三五之説方之，道德、仁義分別與三皇五帝、三王五霸之世相應。故學者多以五霸爲義，雖孔子亦言桓公、管仲之仁，所謂"九合諸侯"、"一匡天下"（《論語·憲問》），其據以匡正天下者皆似合義者也。孟子乃學孔子者，而發此危論，學者所不能解。董仲舒遂設爲調停之法：

> 難者曰："《春秋》之書戰伐也，有惡有善也，惡詐擊而善偏戰，恥伐喪而榮復讎，奈何以春秋爲無義戰而盡惡之也?"曰："凡《春秋》之記災異也，雖敵有數莖，猶謂之無麥苗也；今天下之大，三百年之久，戰攻侵伐，不可勝數，而復讎者有二焉，是何以異於無麥苗之有數莖哉！不足以難之，故謂之無義戰也。以無義戰爲不可，則無麥苗亦不可也；以無麥苗爲可，則無義戰亦可矣。若《春秋》之於偏戰也，善其偏，不善其戰，有以效其然也。《春秋》愛人，而戰者殺人，君子奚説善殺其所愛哉！故《春秋》之於偏戰也，猶其於諸夏也，引之魯，則謂之外，引之夷狄，則謂之內；比之詐戰，則謂之義，比之不戰，則謂之不義。故盟不如不盟，然而有所謂善盟；戰不如不戰，然而有所謂善戰。不義之中有義，義之中有不義。辭不能及，皆在於指，非精心達思者，其庸能知之！"（《春秋繁露·竹林》）

　　董生蓋以"無義戰"爲泛泛而言,如日常語言,某物甚少則云無有。故有詐戰、偏戰之分。偏戰指各處一邊,堂堂正正之戰,[1]詐戰則偷襲者也。詐戰不如偏戰,偏戰不如不戰。儻以不戰爲義,則戰爭皆屬不義,其實已偷換孟子之概念。是雖欲彌合孟子"春秋無義戰"之説,而内涵已非。及至趙岐,乃言"征伐誅(紂)〔討〕,不自王命,故曰'無義戰'也"。後儒多從之。此蓋因文中"征者,上伐下也,敵國不相征也"一句而誤解之。[2]然此亦似是而非,如大國不以王命征伐爲不義,其受人侵擾而奮起抵抗者亦不義乎? 是不能自圓其説者也。

　　嘗試言之。先儒所以致誤者,皆似設一標準以爲義,此義外之論也,正孟子所反對者。孟子所以作此論者,蓋亦原五霸之心而言之。五霸皆假仁者也,既假仁,則無以依仁由義,無論其征伐之善否,皆非義戰也。其爲一己利益相征伐者,尤不必論。此皆就經學之原則而判斷之,諸儒多以是否合乎事實衡量之,非也。孟子亦知普通之立場,故云"彼善於此,則有之矣"。文中雖言征當指上之征下,亦不過隨文解釋而已,此在孟子書中亦所常見。並非用征之不當者,以偏概全也。

　　以本篇大旨言之,齊桓、晉文"戎狄是膺,荆舒是懲"(《詩經·閟宫》),皆有功於華夏者,孔、孟亦皆不廢其人,夫子且以管仲爲"如其仁"(《論語·憲問》)。然儻依大道而論,尚非真能"盡心"者。孟子所遊大國,以齊、梁(魏)爲最,梁惠王自言"晉國,天下莫强",齊宣王則亟欲聞"齊桓、晉文之事",孟子不僅直言"仲尼之徒無道齊桓、晉文之事者"(《梁惠王上》),且於

---

〔1〕《公羊傳·桓公十年》:"此偏戰也,何以不言師敗績?"何休注:"偏,一面也。結日定地,各居一面,鳴鼓而戰,不相詐。"
〔2〕關於五霸是否當從天子之命而征伐,另可參《告子下》第七章講疏。

《盡心下》篇首即明正之，其淑世之意可謂深矣。本篇開首言霸者假仁之非盡心，結末則言鄉愿乃"德之賊"，皆所謂莠之亂苗、紫之奪朱、似是而非者也，故孟子亟正之。

第 三 章

孟子曰："盡信《書》，①則不如無《書》。吾於《武成》，②取二三策而已矣。③仁人無敵於天下。以至仁伐至不仁，而何其血之流杵也！"④

【簡注】　①《書》，《尚書》。②《武成》，《尚書・周書》篇名。③策，竹簡。④杵（chǔ），舂杵，舂米所用。一説即楯之訛文，楯，盾。

【講疏】　"血之流杵"，〔1〕今僞《古文尚書・武成》言紂軍"前徒倒戈，攻於後以北，血流漂杵"。宋儒尚多信此僞《古文尚書》。然此篇因係晚出，且與《漢書・律歷志》所記《武成》文字不符，清代學者多不採信。漢世或有真《古文尚書》存世，然其書久已不傳。或疑孟子誤讀《武成》之文。顧東漢王充作《論衡》，其《語增篇》、《藝增篇》，皆駁《武成》血流浮杵之不實。〔2〕

---

〔1〕　按賈誼《過秦論》言"流血漂鹵"，亦盾之義，朱子已注意及之，而未敢必。王夫之以爲杵當即楯之誤。見氏著《四書稗疏・孟子下篇》。

〔2〕　參王鳴盛《尚書後案》卷三十一《武成》，《清經解　清經解續編》第三册。另參焦循《孟子正義》本章。

可知孟子非誤讀也。趙岐云：

> 文之有美過實，聖人不改，録其意也。非獨《書》云，《詩》亦有言"嵩高極天"、"則百斯男"，亦已過矣。

《詩》本非紀實之書，不必强求。然無論《武成》所記是否紂軍倒戈，其"血流漂杵"皆當是誇張之語無疑。孟子於《詩》，惟言"不以文害辭，不以辭害志"（《萬章上》），於《武成》則直斥其不可信，蓋《詩》《書》之性質本不同也。"書以道事"（《莊子·天下篇》），欲人"疏通知遠"（《禮記·經解》），不可以不慎也。

顧孟子疑《書》之理由，非言其用語誇張，蓋"不以辭害志"可也；而是因武王伐紂乃"至仁伐至不仁"，既有前徒倒戈之事，是殷人歸往之也，故云"無敵於天下"。即便紂之親信負隅頑抗，亦當一擊即潰，何至於血流漂杵也。此固非歷史判斷，然史載武王伐紂，戰事一日即畢，是孟子所言亦大體不違史實。[1]依本篇大旨言之，《武成》所記，是不誠者也，作者其未盡心於此乎？《書》乃歷史文獻，孟子既主論世知人，故不憚辭費，加以駁辯。

不寧惟是。當孟子之時，《書》在孔門當已稱經，而孟子所疑如此，教人不可盲從也。而其質疑之根據，即在史事與義理之矛盾。吾人固知不可輕易以理衡史，然亦不可否認，理乃衡

---

[1] 王充《論衡·語增篇》："若孔子言，殆〔且〕浮杵；若孟子之言，近不血刃。浮杵過其實，不血刃亦失其正。"王充以《尚書·武成》所記爲孔子之言固非，以"兵不血刃"駁孟子，似乎亦未必孟子本意。王者之世亦豈無惡人？紂亦有其徒黨，如《萬章上》萬章所問舜逐四凶，《滕文公下》孟子自言周公相武王誅紂伐奄，驅飛廉於海隅，豈可言兵不血刃？王氏所言過矣。

判歷史記載之一尺度。歷代史事之誇誕不實者，所在多有，儻無理以衡之，則莫可究詰矣。故無論武王伐紂是否殺戮過甚，孟子此疑皆有其意義。吾人固可信《武成》所記爲實，而疑武王之不仁，亦自可據武王之仁而疑《武成》之不實也。惟以當時及後世觀之，文王三分天下而服事殷，紂王無道、武王伐之、殷人倒戈，以及周人之興滅繼絕，雖分封諸侯而能因地制宜、尊重其傳統，此皆不可易之事實，然則孟子之疑是也。儻無此事實爲支撐，唯以虛構之仁義爲口實，而改篡歷史、文過飾非，如後世暴君所習爲者，則孟子真妄人矣。後世小儒，以"相斫書"觀史，不信人間有仁義在，見一異説，即如獲至寶，而以史疑經。經固可疑，然不可無理而輕疑也。

第 四 章

　　孟子曰："有人曰：'我善爲陳，[①]我善爲戰'，大罪也。國君好仁，天下無敵焉，南面而征北夷怨，東面而征西夷怨，曰：'奚爲後我？'[②]武王之伐殷也，革車三百兩，[③]虎賁三千人。[④]王曰：'無畏！寧爾也，[⑤]非敵百姓也。'若崩厥角稽首。[⑥]征之爲言正也，各欲正己也，焉用戰？"

　　【簡注】　① 陳，通陣。② 奚，何。③ 革車，兵車之一種，此處泛指兵車。兩，同輛。④ 虎賁，勇士。⑤ 寧，安定。爾，你們。⑥ 厥，其。此句大意：(殷人)稽首至地，好像要崩掉額角。

【講疏】 “善戰者服上刑”(《離婁上》),“今之所謂良臣,古之所謂民賊”(《告子下》),此義前文屢言之,皆失仁者也。並時所謂賢者,若兵家、墨家,皆以善戰鳴,亦世俗所目爲盡心者也。本章亦本孟子與梁惠王所言“仁者無敵”之義,惟既承上而言,故引湯武革命之事,言湯之征伐,“南面而征北夷怨,東面而征西夷怨”,如“大旱之望雲霓”(《梁惠王下》);武王伐紂亦告殷人,非以百姓爲敵,故殷人繳械降之矣。“若崩厥角稽首”,言其稽首之深,乃似崩其額角也。〔1〕本章亦釋“征”之義,言征者正也,湯武以己正人,而人皆正己,故無需戰矣。可知孟子上章之“征”,亦不過隨文解釋者。而二章相對,乃見孟子心中尚不以“上伐下”爲極則,必得其正乃可。漢儒以下不知此義,故致膠柱鼓瑟,其不爲暴君所利用者鮮矣。然則爲君者以戰正人,去“盡心”尚遠,況以戰求利者乎?

第　五　章

孟子曰:“梓匠輪輿,^①能與人規矩,^②不能使人巧。”

【簡注】　①梓匠輪輿,梓人、匠人、輪人、輿人,分掌木

---

〔1〕　趙岐釋“厥角”爲“額角犀厥地”,錢大昕以爲即以角頓地之義,並引應劭之説,以證漢儒多釋厥爲頓。且言“漢儒去古未遠,當有師承。訓‘厥角’爲‘其角’起於東晉之古文,孫疏從之,誤矣”。其發明漢儒之説雖是,然未必符合孟子所引《尚書》古義也。兹不從。錢説見氏著《潛研堂文集》卷四。

材、木工、製輪、造車等事,此處泛指技術工人。② 與,給。

【講疏】 規矩可傳,巧則需人自得。此即《莊子・大宗師》所謂道"可傳而不可受,可得而不可見"。本章大旨,即趙岐所言:"規矩之法,喻若典禮,人不志仁,雖誦憲籍,不能以善。"人學技藝,以巧爲盡心;儻欲成德,當以依仁由義爲盡心。其不能依仁由義、從容中道者,猶習技藝而未能巧也。由其未巧,知其未盡心也。儻申言之,依仁由義以德性之知爲言,巧則以聞見之知爲言,孟子之學以德性爲本,而不廢知性,亦於焉可見。惟巧雖在知性層次而言,然亦未止於知性,乃由技進道,可以通神者。是亦有合於天道之誠者。以西洋學術通之,此巧略當波蘭尼所言"支援意識"。近代西學於此種"意會知識"討論甚夥,[1]於德性之學實已漸有所窺。[2]

第 六 章

孟子曰:"舜之飯糗茹草也,①若將終身焉。②及其爲天子也, 被袗衣, ③ 鼓琴, 二女果, ④ 若固

---

[1] 參波蘭尼(M. Polanyi)《科學、信仰與社會》、《個人知識》等著作。波蘭尼把意識區分爲焦點意識(focal awareness)和輔助、支援意識(subsidiary awareness),後者可能無法明説,但可以意會。這種意會知識(tacit knowledge),也有學者譯爲"默會知識"。較爲系統的討論,可參郁振華《人類知識的默會維度》,北京大學出版社,2012年。

[2] 譬如海德格爾,其思想實已接近德性思維。參拙作《易象與時間:關於易象學的論綱》。

有之。"

【簡注】 ① 飯,食,噢。糗(qiǔ),乾飯。茹草,噢野菜。
② 終身,終其一生。③ 被,同披。袗(zhěn)衣,細葛衣。
④ 果,侍。

【講疏】 糗以米麥、豆粉等熬之,言粗礪之食也。袗
衣,或言以絺為之,當指細葛布,較粗葛為精。[1]本章文義
可作多重解讀,如素位而行、居易俟命,皆是也。儻依篇義
而言,舜乃大聖,是能盡心者也,然舜之盡心惟在反身內求,
不為外物所縈懷。故學者儻縈懷於外物者,是未能盡心也。
孔子曰:"士志於道,而恥惡衣惡食者,未足與議也。"(《論
語·里仁》)

第 七 章

孟子曰:"吾今而後知殺人親之重也: 殺人之
父, 人亦殺其父; 殺人之兄, 人亦殺其兄。然則非自
殺之也, 一間耳!"①

【簡注】 ① 一間(jiàn),《説文》:"間,隙也。"一間,一條

---

〔1〕 參焦循所引任大椿、孔廣森之説。

小縫,猶言相去不遠。

【講疏】 殺人之父兄,人亦報之,此報仇之義,乃直道也。亦前文所言施報之義。[1]人之殺人父兄,反致己之父兄爲人所殺,則與父兄爲己所殺,相去僅一間耳。以己之失,而致父兄之亡,是未仁也;不知人之報己,是未能恕也。"强恕而行,求仁莫近焉"(《盡心上》),是皆未能盡其心者也。雖然,孟子所言殺人之父兄云云,皆指不義而行者,學者不必以辭害意。

第 八 章

孟子曰:"古之爲關也,①將以禦暴;②今之爲關也,將以爲暴。"

【簡注】 ① 爲關,設關卡。② 禦,抵禦。

【講疏】 君權有保民之義,故古之設關禁,將以禦暴;今之爲關,乃束民者也,爲求利耳。孟子反對壟斷,[2]故云"將以爲暴"。當此之時,其爲政者亦可自云盡心矣,然非古之盡心也。今、古之別,即小人(利)與君子(義)之分。

---

[1] 參《盡心上》第三十二章講疏。
[2] 參《公孫丑下》第十章講疏。

第 九 章

孟子曰:"身不行道,不行於妻子;^①使人不以道,^②不能行於妻子。"

【簡注】　① 不行於妻子:在妻子、兒女這裡也行不通。② 使,任使。

【講疏】　此亦承上而言直道,人能有推己及人之恕,即所謂直道也。否則"出乎爾者,反乎爾者也"(《梁惠王下》)。正己方能正人,儻身不行道,則此道亦不行於妻、子;任使他人,儻不合恕道,雖妻子、兒女之親,亦必不從。

第 十 章

孟子曰:"周于利者,^①凶年不能殺;周于德者,邪世不能亂。"^②

【簡注】　① 周,備,準備充分。② 邪世,不好的世道。亂,惑亂。

【講疏】　周於利者,不惟求利,且能慮患;周於德者,不惟

行道,且能反求。反求者,操心之謂也。能慮患者,雖凶年亦得保全;能操心者,雖邪世亦堪自守。此與上篇"獨孤臣孽子,其操心也危,其慮患也深,故達"及《告子上》"操則存,舍則亡"可以相參。慮患乃知性思維之盡心,操心、操則存皆言其本心也。必二者兼備,乃可稱盡心。

第十一章

孟子曰:"好名之人,能讓千乘之國。① 苟非其人,簞食豆羹見於色。"②

【簡注】　① 乘,音 shèng。② 簞(dān)食(sì),一簞食物。豆羹,一豆羹湯。一簞、一豆,猶今言一籃、一碗。

【講疏】　堯舜能讓天下,古之聖王"行一不義,殺一不辜,而得天下,皆不爲也"(《公孫丑上》),是皆以仁義之志爲尚(《盡心上》)。好名之人,亦能讓千乘之國,其行雖似,而其志不同也。儻所讓非足以成名,則雖讓一簞食、一豆羹,亦見於顏色。孟子描摹好名之人,可謂出神入化。"簞食豆羹",亦見上篇評論陳仲子,仲子雖亦負能讓齊國之名,亦不過"讓簞食豆羹之義"耳。二章可以相參。

第 十 二 章

孟子曰：“不信仁賢，^①則國空虛。^②無禮義，則上下亂。無政事，則財用不足。”

【簡注】 ① 仁賢，德能兼備者。仁者有德，賢者有能。② 空虛，無人支撐。按，屋無柱石則顯空虛，仁人賢士即國家柱石。

【講疏】 仁賢、禮義、政事皆爲政者所當盡心者。故觀其國家空虛，是不盡心於仁賢也；觀其上下悖亂，是不盡心於禮義也；觀其財用不足，是不盡心於政事也。所以先言仁賢，即因仁賢乃上篇所言先務：“堯舜之仁不遍愛人，急親賢也。”儻以爲政者私人而言，固當首以親親爲首；以爲政者而言，則必以親賢爲先。此亦孟子上篇“親親”先於“仁民”之義。顧儒墨雖同主尚賢，而於何者爲賢則大異。墨、法、縱橫諸家皆以能利國者爲賢，儒家則必欲求其仁者。故梁惠王見孟子，首言“何以利吾國”，孟子乃截斷衆流，“王何必曰利，亦有仁義而已矣”（《梁惠王上》）。

禮義，乃言國之制度，儻制度不立，則上下亂矣。故“徒善不足以爲政，徒法不能以自行”（《孟子·離婁上》）。子曰：“人能弘道，非道弘人”（《論語·衛靈公》），故必以求人爲先。儻得其人，則仁者自可依仁由義，禮義皆可由此開出。此仁非匹夫匹婦所謂仁者，必博習先王乃至人類一切治法，取精而用

宏，始足以言之。

王者禮義既定，設官分職，各有主持其事者，是所謂政事也。梁惠王當河内饑荒，移其民於河東，移其粟於河内，亦不爲不是；然此有司之職耳，惠王不知以仁賢、禮義爲務，是失其職矣。孟子譏子産"惠而不知爲政"(《離婁下》)，用意亦在於此。政事乃所以足天下之財用，仁賢在位，上下有序，財用既足，人人各得其利，則天下可以稱治矣。

第十三章

孟子曰："不仁而得國者，[1]有之矣。不仁而得天下，未之有也。"

【簡注】 ① 得國，爲一國之人所擁戴。

【講疏】 所謂得國、得天下，非言攻城略地，滅人之國而據有之者，言得其人心之歸往也。趙岐曰："桀紂幽厲，所得猶失，不以善終，不能世祀，不爲得也。"其義甚佳，後儒多從之。儻詳參之，或亦可有别解，而大義無失。上篇言"霸者之民，驩虞如也；王者之民，皞皞如也"。霸者既能假仁以濟世，其國亦較他國稱治，民既歡娱之，是亦德之矣。然亦僅此而已，尚未得天下之歸往也。然則霸者之未足以稱盡心，昭然若揭矣。另如希特勒初政，民衆受其欺誑舉國若狂，是亦德之矣。然終無以得天下。

第十四章

孟子曰：“民爲貴，社稷次之，君爲輕。是故得乎丘民而爲天子，①得乎天子爲諸侯，得乎諸侯爲大夫。諸侯危社稷，則變置；②犧牲既成，粢盛既潔，③祭祀以時，④然而旱乾水溢，⑤則變置社稷。”⑥

【簡注】　① 丘民，草野之民。② 變置，改立。③ 粢（zī）盛（chéng），盛在祭器内的穀物，此處泛指供品。④ 以時，按時。⑤ 旱乾，乾旱。水溢，洪潦。⑥ 社稷，前兩處指國家，此處指社神與稷神（穀物之神）。

【講疏】　此文亦與上篇“有事君人者，事是君，則爲容悦者也。有安社稷臣者，以安社稷爲悦者也。有天民者，達可行於天下而後行之者也。有大人者，正己而物正者也”一節可以相參。[1]蓋四者所盡心者各有不同也。其安社稷臣者，亦知“諸侯危社稷，則變置”；及“犧牲既成，粢盛既潔，祭祀以時”，是皆“盡其道”以奉社稷神靈矣，而仍災害頻仍，則此神靈必不明者也，故以民之故，變置社稷。[2]此天民之用心也。然孟

---

〔1〕　參《盡心上》第十九章講疏。
〔2〕　孫奭《孟子注疏》認爲是指變置神主。如顓頊以來以句龍爲社、柱爲稷，後來湯有七年之旱，遂以棄易柱。然此事歷史上僅一例，毛奇齡以爲未可爲據。參氏著《四書賸言》卷二，《清经解　清经解续编》第一册。全祖望則同孫説，以爲古人“加罰於社稷有三等”，一是暫停祭祀，一是遷其壇壝，一是更其配祭之神，“然亦未嘗輕舉”。參氏著《經史答問》卷七。兹從孫、全二氏之説。

子亦有引而不發者,如天子不順命則如何? 此即上篇所言伊尹放太甲於桐宮之事。儻世無伊尹,而太甲一變爲桀紂,則湯武革命隨之矣。若伊尹、湯、武,是皆"正己而物正"之大人也。而其根據即在"順天應人",[1]是所謂"得乎丘民而爲天子"。近儒以此發明共和之義,頗爲得之。唐文治云:

> 戰國之時未有共和之說(周厲王時共和行政,與後代共和意異),而孟子曰"得乎丘民而爲天子"者,開共和之學説,自孟子始。蓋天子者,民之所推戴,故民爲邦本。[2]

唐氏所言周代共和行政,以及共和學説自孟子始,尚可以商榷,然大義已得。近人津津於孟子民本與西洋民主觀念之差異,不知二者於根本上之相通。民本固不同於民主,然民本所着眼者在民之優先性,儻無此優先性,則民主亦不可得。而民之所以可爲主,亦因近代以降,公民教育得以推廣,故有此爲主之能力矣。蓋惟其德可上達於天者,堪爲之主也。此即孟子所謂天民,以政治言則爲公民,蓋惟得其所天,是真能成其廓然大"公"也。以内聖曰天,以外王則曰公。其在古代,民者冥也,闇昧無知,民主實不可行。然儻民智已開,其欲據其君位爲私有而爲民做主者,亦不可行矣。故知民主乃人類現代之時義,而民本固萬古之常經也。

---

[1] 參《萬章上》講疏關於政治合法性問題之討論。
[2] 唐文治《孟子大義》。

第十五章

孟子曰：“聖人，百世之師也，伯夷、柳下惠是也。故聞伯夷之風者，頑夫廉，懦夫有立志。聞柳下惠之風者，薄夫敦，鄙夫寬。^①奮乎百世之上，百世之下聞者莫不興起也。非聖人而能若是乎？而況於親炙之者乎！”^②

【簡注】　① 參《萬章下》第一章。② 親炙，（受其）親自熏炙。熏炙，猶言調教。

【講疏】　本章言盡心之效。伯夷、柳下惠之事，前文言之已詳，茲不具論。上篇言聖人“所過者化”、如“時雨之化”，除爲政教民之外，歷史人物之影響於後世，亦“化之”也。[1]本文以伯夷、柳下惠所影響於後世者，言聖人盡心於百世之上，而影響及乎百世之下，是動乎此而應於彼也。故《易》云：

　　子曰：同聲相應，同氣相求；水流濕，火就燥；雲從龍，風從虎，聖人作而萬物睹。本乎天者親上，本乎地者親下，則各從其類也。（《文言》）

子曰：“君子疾没世而名不稱焉。”（《論語·衛靈公》）此後

---

〔1〕　參《盡心上》第十三、二十二、四十章講疏。

世名教形成之根據。蓋儻名實不副，則成上文所言好名之人
矣。依本篇大旨而言，孟子所強調者在聖賢之盡心，且言百世
之下尚且如此，儻親炙之者，則尤易化之矣。及至太史公爲伯
夷作傳，而反言其理，故與孟子之言不甚協："伯夷、叔齊雖賢，
得夫子而名益彰。"〔1〕史公乃國士自期者，蓋不無荀子之影
響，且自傷身世使然也。

第 十 六 章

孟子曰："仁也者，人也；①合而言之，道也。"②

【簡注】 ① 人，他人。此句大意：仁是關聯着他人的。
② 此句大意：合人我（内外）而言，纔可以叫道。

【講疏】 本章或疑有錯簡。如宋人已據外國本補之，朱
子引爲一說："外國本'人也'之下，有'義也者宜也，禮也者履
也，智也者知也，信也者實也'凡二十字。"其實亦大可不必。
趙岐言："能行仁恩者，人也。人與仁合而言之，可以謂之有道
也。"此以人爲施行仁義者，似亦不甚確。儻究其底裏，蓋即
《中庸》所謂"合内外之道"：

　　　　誠者非誠己而已也，所以成物也。成己，仁也；成物，

---

〔1〕 按《史記・伯夷列傳》亦引《文言》"雲從龍，風從虎，聖人作而萬物睹"之語，觀上下
　　文，蓋與下文"得夫子而名益彰"意思相連，言孔子出而伯夷、叔齊皆爲人所睹矣。

知也。性之德也，合内外之道也。

此“合内外之道”，上篇已頗言之。本章“仁也者，人也”，趙岐、朱子皆以人爲泛言人類之人。實則人當理解爲人我之人，如“道不遠人”之人，即對象或“他人”之義。[1]然則“仁也者，人也”，義爲“人之仁當由他人（按，指具體事物）處見之”。蓋仁不可抽象言之，必有其對象，始能見之。如惻隱之心，仁也；然抽象地汎愛人類、動物乃至宇宙，未必真能仁也。[2]儻無對象，君子亦惟虛中待物而已，此即《文言》所謂“敬以直内”，直即仁也。儻有一抽象之“仁”横亘胸中，則非仁矣。故“仁也者，人也”，實即成己、成物之義，故合之方可以曰道。儒者言“志於道”，然日常語言之中，道之具體含義常因時而異，無論天道、人道、道術、方術，乃至普通所言方式、做法，皆可以道稱之，學者亦當隨文解義，不可膠執。

第十七章

孟子曰：“孔子之去魯，曰‘遲遲吾行也’，去父母國之道也。去齊，接淅而行，去他國之道也。”①

---

〔1〕　按：清儒阮元《論語論仁論》（《揅經室集·一集》卷八，第 157 頁）引鄭玄以“讀如相人偶之人”釋《中庸》“仁者，人也”之仁，以爲：“相人偶者，謂人之偶之也。凡仁，必於身所行者驗之而始見，亦必有二人而仁乃見。”此説良是，然必欲以此否定作爲範疇之五常則非。蓋仁雖必由人我之間始見，然倘無本心，亦無以發其仁也。另參拙作《説“絜矩之道”》。

〔2〕　參第三十六章講疏。

【簡注】　① 參《萬章下》第一章。

【講疏】　本章亦見《萬章下》，所以重出於此者，其義有別也。蓋雖皆去國，父母之國與他國畢竟不同。孔子因道不行而去國，義也，故於齊果決其行；然於父母之邦，乃隨生不忍之意，此本心之仁也。其一有仁、一無仁，即夫子盡心之明證。此盡心非言夫子有意於此也，乃心內自然流出者也。

第 十 八 章

孟子曰："君子之戹於陳蔡之間，^①無上下之交也。"^②

【簡注】　① 戹，困厄。陳蔡，陳國、蔡國。② 此句大意：無上下君臣與其交好。

【講疏】　戹，厄，困也。焦循以爲即絶糧之義。孔子南遊，居於陳、蔡，不得其志。及楚人來聘，陳、蔡之大夫皆懼。《史記·孔子世家》：

> 孔子遷於蔡三歲，吳伐陳。楚救陳，軍於城父。聞孔子在陳、蔡之間，楚使人聘孔子。孔子將往拜禮，陳、蔡大夫謀曰："孔子賢者，所刺譏皆中諸侯之疾。今者久留陳、蔡之間，諸大夫所設行皆非仲尼之意。今楚，大國也，來

聘孔子。孔子用於楚，則陳、蔡用事大夫危矣。”於是乃相與發徒役圍孔子於野。不得行，絶糧。從者病，莫能興。孔子講誦弦歌不衰。子路愠見曰：“君子亦有窮乎？”孔子曰：“君子固窮，小人窮斯濫矣。”

孟子解釋此事，乃言夫子於陳、蔡“無上下之交”。趙岐以爲“其國君臣皆惡，上下無所交接”。此據史事解之，後儒亦無異辭。顧《周易·繫辭下》：“子曰：知幾其神乎！君子上交不諂，下交不瀆，其知幾乎！”蓋不諂、不瀆即與上下交之道也。本篇皆以心性爲言，孔子之無上下交，即指孔子之不諂上，不侮下，非止敘述事實也。以世俗言之，夫子蓋未盡心也，然亦如此方爲夫子之盡心。夫子盡其道而行，而所遭如此，亦可謂命矣。故《世家》下文即發“君子固窮”之義，是亦如大舜之不以外物縈心也。

第十九章

貉稽曰：①“稽大不理於口。”②

孟子曰：“無傷也。③士憎兹多口。④《詩》云⑤‘憂心悄悄，⑥愠于群小’，⑦孔子也。‘肆不殄厥愠，⑧亦不隕厥問’，⑨文王也。”

【簡注】　①貉，通貊（mò）。貉稽，姓貉，名稽。②理，

賴,利。口,議論。③ 傷,害,妨害。④ 憎,讀爲增,益,更加。茲,此。多口,多嘴,衆口所議論。⑤《詩》,前句出《邶風·柏舟》,後句出《大雅·緜》之篇。⑥ 悄(qiǎo)悄,憂心之貌。⑦ 愠,愠怒,中傷。群小,一衆小人。⑧ 肆,發語詞。殄(tiǎn),絕。厥,其。⑨ 隕,墜。問,聞,名聲。

【講疏】 本章自趙岐以來多無異辭,惟清儒翟灝另生新解:

> 理,兼條分、修治之義。……稽曰"不理",蓋自病其言之無文。……孟子曰"憎多口",即《論語》"禦人以口給"、屢憎於人之意。謂群小輩徒理於口,亦爲士君子所憎惡。惟能以文王、孔子之道理其身心,即有憎其口之不理者,特群小輩耳。於己之聲聞,無隕越也。[1]

此蓋以多口爲佞者之徒。顧此説雖似,於所引二詩,並不相諧,故不得不渾淪解之也。依趙氏之義,理者賴也,焦循釋爲利;憎讀爲增。貉稽蓋言不利於衆口,孟子乃曰無妨,人既爲士,則爲人所譏評者轉多。昔孔子亦"憂心悄悄,愠于群小",爲小人所中傷;文王雖不能不爲群小所中傷,然亦未失其令聞。依本篇大義觀之,當以趙氏爲是。蓋上章既言孔子因無上下交而爲群小所害,本章則承上而言,爲士者可取法文王、孔子,不必以外物縈懷。"有不虞之譽,有求全

---

[1] 焦循《孟子正義》已引。

之毀”(《離婁上》)，此皆非“在我”者也，君子欲盡心於内，固當有忘於外也。荀子亦云“内省而外物輕”(《修身》)，此儒者之通義也。

申言之，既曰“憂心悄悄”，是孔子亦嘗有憂矣。夫子自言“五十而知天命”，即言五十以前未知天命也，故有憂懼。學者言孔子常過高，不知孔子亦常人也，惟能時時自反，精進自修，行年五十，終至“妖壽不疑”之境，故“君子坦蕩蕩”，不以外物縈懷矣。然耳尚未順，是内心尚起波瀾也。學者儻知聖人不離常人之義，則聖人可學。

第 二 十 章

孟子曰：“賢者以其昭昭，^①使人昭昭；今以其昏昏，^②使人昭昭。”

【簡注】　① 昭昭，明白。② 昏昏，同昬昬，闇昧。

【講疏】　昭昭，言其智也。賢者自覺覺他，以本心推擴於外，是“以其昭昭，使人昭昭”。今之人所以反是者，蓋因源頭蔽塞之故也。既欲正人，是“使人昭昭”；本心不明，是“以其昏昏”。此良知已失者也。本章趙岐惟以“治國”爲言，昏昏、昭昭皆指其法度，雖不誤，然未免稍隘。朱子則未局限於此，是也。

第二十一章

　　孟子謂高子曰：^①“山徑之蹊間，^②介然用之而成路；^③爲間不用，^④則茅塞之矣。^⑤今茅塞子之心矣。”

【簡注】　① 高子，齊人。見《告子下》第三章。② 徑，小路。蹊（xī），鳥獸足跡。③ 介然，持續不斷之貌。④ 爲間（jiàn），隔了一段時間。⑤ 茅，茅草。

【講疏】　蹊間，當指鳥獸足跡所過之處。“山徑之蹊間，介然用之而成路”一句，儒先頗爲聚訟。趙岐言“山徑，山之領有微蹊，介然，人遂用之而不止，則蹊成爲路”。後儒多言趙氏以“介然”從上讀，然“不止”之義不知所來，故從上、從下，亦未可必。朱子則以“介然”從下，釋爲“倏然之頃”，不詳所本。至於清儒，亦有數説：孔廣森以“間介”連讀屬上句，意爲隔絶，“言雖有足跡隔絶之處，然人苟由之，皆可以成路”；趙佑則以介爲分別之義，且屬下讀，謂以“人力闢除之”；焦循引《荀子·修身》“介然必以自好”及《漢書·律歷志》“介然有常”之説，釋爲“特行而不旁賒”，亦從下讀。^{〔1〕}

　　<u>按諸説之中，當以趙氏、焦氏所言合之爲是。所以然者，當由本章大旨定之</u>。本篇皆言盡心，故孟子以山間蹊徑爲喻。

---

〔1〕 焦氏已引及。

蓋山者本心也，山間原有蹊徑，猶本心之理、可引之以出者。介本有"畫"之義，《説文》："介，畫也。"故儦以介然從上讀，則是"山間蹊徑劃然，儦用之則成路"之義，實亦可通。然介亦有耿介、堅固、有恒之義，儦屬下讀，則爲不止之義。此言本心之理具在，儦持守有恒，依仁由義，則大道可期（成路）；儦偶然不能持守，則本心蔽塞（茅塞）矣。今觀《荀子》及《漢書》所用"介然"詞義，皆有耿介、有恒之義，故以焦氏所言從下讀爲是。實則趙氏當已有此意。惟焦氏所言亦稍有可商之處，如曰："蓋山領廣闊，原可散亂而行，縱横旁午，不相沿踐。今介然專行一路，特而不散，自畫而不亂。"此"原可散亂而行"之説，殆與孟子之喻不相合。然此亦不必爲焦氏病，蓋焦氏之意本在解通文義耳。本心茅塞之義另可參《告子上》，孟子諸篇之文皆相互呼應者也。

第二十二章

高子曰："禹之聲，①尚文王之聲。"②

孟子曰："何以言之？"

曰："以追蠡。"③

曰："是奚足哉！④城門之軌，⑤兩馬之力與？"

【簡注】 ① 聲，樂。② 尚，上，超過。③ 追（duī），鐘鈕。蠡，嚙木蟲，引申爲蟲嚙。一説追當訓雕，雕琢。蠡爲旋蟲，鐘

紐（清宋翔鳳説）。④ 奚，何。⑤ 軌，車轍。

【講疏】 追爲鐘鈕。蠡，據《説文》，本“囓木蟲”之義。追蠡，則是鐘鈕剥蝕，若斷若離之義。[1]先儒大旨皆通。高子見禹之鐘剥蝕遠過文王之鐘，故言大禹之重樂過於文王。此以知性直觀權衡輕重之法，亦似有據者也。實則頗類刻舟求劍之説。[2]孟子則言，城門之車轍如此之深，人見兩馬過之，便以爲兩馬之力，非也。<u>蓋高子之誤，在於未能“齊本”，是源頭未明也。</u>[3]其論物理尚且如此，況人事之理乎？故上章孟子言“今茅塞子之心矣”。<u>蓋本心之茅塞，既可見諸仁，亦可見諸知。</u>

第二十三章

齊饑。① 陳臻曰：“國人皆以夫子將復爲發棠，②殆不可復？”③

孟子曰：“是爲馮婦也。④晉人有馮婦者，善搏虎，⑤卒爲善士。⑥則之野，⑦有衆逐虎，虎負嵎，⑧莫之敢攖。⑨望見馮婦，趨而迎之。⑩馮婦攘

---

〔1〕趙岐、朱子皆以追爲鐘紐，蠡爲剥蝕之貌。宋翔鳳以爲鐘當訓雕琢之雕，蠡爲《周禮》所言“旋蟲”，即鐘紐。參氏著《孟子趙注補正·盡心章句下》，《清経解清經解續編》第十册，第 2036 頁。

〔2〕參《吕氏春秋·察今》。

〔3〕齊本之義，參《告子下》第一章講疏。

臂下車，^⑪衆皆悦之，其爲士者笑之。"

【簡注】　① 饑，饑荒。② 發，開倉賑濟。棠，棠邑，地名。③ 殆，恐怕。復，再。④ 馮婦，人名，姓馮，名婦。⑤ 搏虎，徒手打虎。⑥ 卒，終。善士，爲人稱賞的士。⑦ 之，往。⑧ 負，背靠。嵎（yú），山角。⑨ 攖，迫近、觸犯。⑩ 趨，小跑。⑪ 攘，向外推。

【講疏】　暴虎、馮河，即徒搏、徒涉，皆勇者也。然匹夫之勇，非爲士者所貴。子曰："暴虎馮河，死而無悔者，吾不與也。必也臨事而懼，好謀而成者也。"（《論語·述而》）馮婦蓋本庶人，既卒爲善士，爲士君子所稱賞，當非因其徒手搏虎也。故及其攘臂再爲，則爲同爲士者所笑。齊國饑荒，孟子曾請齊君發棠邑之粟以賑濟之。〔1〕今齊復饑，故陳臻言國人皆欲其復請。不知此事可一不可再也。蓋君主儻盡心於民事者，開倉賑濟乃應有之舉，不煩人請。初次饑荒，而待人請，尚有藉口可言，及再饑而不知賑濟者，是不仁者也。子曰："可與言而不與之言，失人；不可與言而與之言，失言。知者不失人，亦不失言。"（《論語·衛靈公》）儻再爲請，雖似能仁，然亦不智矣，而爲有識者所笑。故引馮婦搏虎以喻之，言士，所以喻有識者。以本篇大旨言之，能發仁心固善，然亦當有智隨之，始可稱"由義"也。

---

〔1〕 楊伯峻以爲即今山東即墨南之甘棠社。且引顧炎武《山東考古錄》："當時即墨爲齊之大都，倉廩在焉。"氏著《孟子譯注》，中華書局，1960 年，第 333 頁。

第二十四章

孟子曰："口之於味也，目之於色也，耳之於聲也，鼻之於臭也，^①四肢之於安佚也，^②性也；有命焉，君子不謂性也。仁之於父子也，義之於君臣也，禮之於賓主也，知之於賢者也，^③聖人之於天道也，命也；有性焉，君子不謂命也。"

【簡注】 ① 臭（xiù），氣味。② 佚，同逸。③ 知，同智。

【講疏】 口好好味，目好好色，耳好好聲，鼻欲好臭，四肢欲求安佚，皆人之自然本性，告子所謂"生之謂性"。然君子不謂性，蓋常人皆習心用事，然既云習心，是皆自外來者，故曰"有命焉"。蓋君子所以盡心者不在是，此皆外物也，得之有命，故不繫己心。父子有仁，君臣有義，賓主有禮，選賢有知，有聖人以承天道，[1]此皆未可必者也，須修養乃得，故世俗以爲自外而來，如天所命。然君子知反身内求之義，"求則得之，舍則失之"，故以之爲内在本性。本章與上篇性命之義可以相發。反身乃盡心之本，實盡心之首務也。另，本章所言仁、義、禮、智、聖人，與子思五行之仁義禮智聖相應，[2]"聖

---

〔1〕 此天道，俞樾以爲指"吉凶禍福占驗之道"，非。見氏著《羣經平議》卷三十三《孟子二》。

〔2〕 關於五行説，可參拙作《思孟五行説新論》。

人”之“人”或亦衍文，然其義亦可相通。本章性皆本有，然前者乃指自性，後者則爲通性。命則指自外來，乃習得之物，並非天命、命運之義，前人於此多誤。[1]

第二十五章

浩生不害問曰：①“樂正子，何人也？”②
孟子曰：“善人也，信人也。”
“何謂善？何謂信？”
曰：“可欲之謂善，③有諸己之謂信，④充實之謂美，充實而有光輝之謂大，大而化之之謂聖，聖而不可知之之謂神。樂正子，二之中，四之下也。”⑤

【簡注】　① 浩生不害，齊人，姓浩生，名不害。② 何人，何如人，怎麼樣的人。③ 可欲，值得期望。之謂，纔可以稱作。④ 有諸己：實有之於己。信，實誠。⑤ 二，前二者。四，後四者。

【講疏】　浩生不害乃齊人，其事蹟不詳。樂正子即孟子弟子樂正克，《告子下》言其好善，故魯人用之爲政，孟子聞之

---

[1]　漢宋以下諸儒之説暫不列舉。近儒牟宗三先生則以此處所謂命乃指自然本性及仁義禮智之真性兩方面的限制因素，實則亦以命運解之。此説固亦有義理可言，然與孟子性命觀不合。參《盡心上》第一章講疏。

"喜而不寐"。故本章以善人、信人許之。善之義,孟子以可欲指點之。惟儒家所言可欲與老子不同,老子言:"不見可欲,使民心不亂。"此就人之欲望而言。<u>儒者所言可欲當指值得本心所欲之境,是知反身内求者也。既知反身内求,而又能實有諸己,方可以謂之信</u>。《周易》謂之"有孚",老子所謂"窈兮冥兮,其中有精;其精甚真,其中有信",皆是此境。能有其中主,是其德已至君子之境矣。本章孟子蓋以此揭示君子聖賢修爲之内境,頗有前人所未及發者。上篇所言"盡其心也,則知性矣",豈虛言哉!

本章大旨,朱注甚精:

天下之理,其善者必可欲,其惡者必可惡。其爲人也,可欲而不可惡,則可謂善人矣。凡所謂善,皆實有之,如惡惡臭,如好好色,是則可謂信人矣。張子曰:"志仁無惡之謂善,誠善於身之謂信。"力行其善,至於充滿而積實,則美在其中而無待於外矣。和順積中,而英華發外;美在其中,而暢於四支,發於事業,則德業至盛而不可加矣。大而能化,使其大者泯然無復可見之迹,則不思不勉、從容中道,而非人力之所能爲也。張子曰:"大可爲也,化不可爲也,在熟之而已矣。"程子曰:"聖不可知,謂聖人之至妙,人所不能測。非聖人之上,又有一等神人也。"

此皆就心性境界而言。就中稍可補充者,信、美、大、聖、神之境,可由《周易》无妄、大畜、頤、大過、坎、離諸卦見之。

《周易》自剥、復以下，皆言復性返本修德之道。復是返本也，大體可當本章之"善"。无妄是能真實不虚者，即孟子本章所謂"信"。及至大畜，則"剛健篤實，輝光日新"，正與"充實之謂美"、"充實而有光輝之謂大"二義相應。美、大之境，大體與孔子所言仁人、大人相當。[1]至於頤，則"大而能化"、"聖而不可知"，故可以通過大過死象，而達天道之生生。[2]孟子不言《周易》，而所言皆能與之密合，是深於《易》者也。顧此唯可與會者道，難向常人言也。

第二十六章

孟子曰："逃墨必歸於楊，[1] 逃楊必歸於儒。歸，斯受之而已矣。[2] 今之與楊、墨辯者，如追放豚，[3] 既入其苙，[4] 又從而招之。"[5]

【簡注】 ① 墨，墨翟。楊，楊朱。此處指墨、道兩派。② 斯，則。③ 放，放逸，逃跑。④ 苙，豬欄。⑤ 招，胃（juàn），絆其足。

【講疏】 墨者以知性（觀察理性）爲本，知性以人我分立

爲先。既主兼愛，是向外求者也。及既知向裏，是有"我"矣；有我而不知一體之義，則務以小我爲先，故成楊朱"爲我"之學。是所謂"逃墨必歸於楊"。既明"合內外"之理，[1]則漸能復其中道，而向儒矣。是所謂"逃楊必歸於儒"。上篇言子莫執中，雖未得其中道，然亦漸歸於儒者也。君子以化人爲務，非欲咎其既往也。世儒不知，雖與楊、墨辯，而不知此理，此蓋欲爭勝而已，是於盡心之道尚有欠者也。故以追逃逸之豕爲喻，欲其歸欄而已，不必又羈束之也。孔子所謂"既往不咎"（《論語·八佾》）。苙，豬欄。招，胃，羈束其足。[2]以本篇大旨言之，與楊墨辯而欲化之，仁也；辯之甚嚴者，義也；不咎其既往者，恕也。[3]此亦上篇所言，"强恕而行，求仁莫近焉"。蓋"道不遠人"，隨時隨事皆可求之，非有一抽象之天理，須人返本內求也。

第二十七章

孟子曰："有布縷之征，①粟米之征，力役之

---

[1] 如"內聖外王"之義即首見於《莊子·天下》，有學者糾纏於名詞先後，以爲此道家影響於儒家者，此皆不知學術大義者。論學當觀其大體也。

[2] 按招，趙岐訓爲胃。然字書皆無胃義，故清儒趙佑、焦循等皆疑之。唯段玉裁以爲招當與豕字音近通用。《說文·豕部》："豕，豕絆足，行豕豕。"段玉裁《說文解字注》："豕豕，艱行之皃。孟子曰：'如追放豚，既入其苙，又從而招之。'趙曰：'招，胃也。'按胃之謂絆其足。經文招字與豕古音相近。招之即豕之也。"豕，音 chù。

[3] 朱子曰："此章見聖賢之於異端，距之甚嚴，而於其來歸，待之甚恕。距之嚴，故人知彼說之爲邪；待之恕，故人知此道之可反，仁之至，義之盡也。"

征。君子用其一，緩其二。用其二而民有殍；②用其三而父子離。"③

【簡注】　① 布縷，布帛。征，征收賦役。② 殍(piǎo)，餓殍。③ 離，離散。

【講疏】　本章亦承上而言，人之盡心隨處可以爲之也。如征收賦役，可分布縷、粟米、力役，用其一則當緩其二。蓋普通人雖耕織並作，然皆需費時費力，故朱子曰："征賦之法，歲有常數，然布縷取之於夏，粟米取之於秋，力役取之於冬，當各以其時。若並取之，則民力有所不堪矣。"斯言得之。按此章非泛言當輕徭薄賦者，趙岐言"國有軍旅之事，則橫興此三賦也"，兹不從其說。<u>同一征税，儻能知其時節先後，即可發政施仁</u>，要在擔其責者之能盡心也，<u>所謂存神過化，即可於此等處觀之，不必如俗儒所言，動以宗教境界發之也</u>。另如《禮記·月令》所言，聖人所以欲人知天時者，其義深遠哉！此亦所謂三公"論道經邦，燮理陰陽"之義。[1]孟子以此示人以盡心之道，真可謂撥雲見日矣。吾輩之於聖人，要在善學之，否則雖知孟子有此言，亦不過等閒視之，或僅以歷史文獻觀之，是辜負聖賢矣。

---

〔1〕偽《古文尚書·周官》："立太師、太傅、太保，兹惟三公，論道經邦，燮理陰陽。"按三公非周初建制，《周官》篇亦晚出偽書，然其燮理陰陽之説乃與《月令》相通無疑。

第二十八章

孟子曰："諸侯之寶三：土地、人民、政事。寶珠玉者，^①殃必及身。"^②

【簡注】 ① 寶珠玉：以珠玉爲寶。② 殃，災殃。及，波及。

【講疏】 上章以政事言之，本章則示諸侯以盡心之法。諸侯乃君也，故有公共性與私人性之別。其唯以私人性君主自處者，則以珠玉爲寶；馴致其道，則上下交征利，不至於亡國覆宗而不止。故云"殃必及身"。至其能守公共性君主之義者，亦當知所先後，以土地、人民、政事爲寶。前文言"無政事，則財用不足"，財用是所以養民者也，《大學》所謂"財散則民聚"。又言："是故君子先慎乎德。有德此有人，有人此有土，有土此有財，有財此有用。"顧此處所言之人，乃前文所言"不信仁賢"之賢人，非指民而言也。學者不必引"有人此有土"以疑本章"土地、人民"之序，二者本非一事也。

土地、人民皆先於政事，然二者當以何爲先？對諸侯而言，土地與社稷不一不異。社乃土神，稷乃穀神，土地爲本，社稷爲其用。儻依上文"民爲貴，社稷次之，君爲輕"之義，固當以民在社稷之先，故水旱不時則可"變置社稷"，然土地亦無可變置。土地乃天子所封，諸侯既爲天子守土，當與之共存亡，故《禮記·曲禮下》有"國君死社稷"之說。故本章

不言社稷而直言土地。對諸侯而言，當社稷傾覆之際，政事可以廢，人民可以逃，而土地不可棄也。孔子曰：“守道不如守官。”守官，即守其職分。<u>守土、人民、政事，皆諸侯之職分，當盡心者也</u>。

第二十九章

盆成括仕於齊。^①孟子曰：“死矣盆成括！”

盆成括見殺，^②門人問曰：“夫子何以知其將見殺？”

曰：“其爲人也，小有才，未聞君子之大道也，則足以殺其軀而已矣。”

【簡注】　① 盆成括，姓盆成，名括。② 見殺，被殺。

【講疏】　盆成括其人其事不詳，其人小有才，是世俗所謂智也。老子曰：“知常曰明，不知常，妄作凶。”[1]智者可以保身，而竟因其智而死者，是未得本心之智也。孟子亦不過依理言之者，《中庸》所謂“至誠之道，可以前知”，《繫辭下》所謂“君子知微知彰”，皆此義也。

---

〔1〕　朱子曰“恃才妄作，所以取禍”，實已隱含此義。

第 三 十 章

　　孟子之滕，①館於上宮。②有業屨於牖上，③館人求之弗得。④或問之曰：⑤ "若是乎從者之廋也!"⑥

　　曰："子以是爲竊屨來與?"⑦

　　曰："殆非也。"⑧

　　"夫子之設科也，⑨往者不追，⑩來者不拒。苟以是心至，斯受之而已矣。"⑪

　　【簡注】　① 之，往。② 館，舍，下榻。上宮，別宮名（用朱子説）。③ 業屨，織而未成的鞋。牖（yǒu），窗户。④ 館人，館中人。⑤ 之，一般認爲是指孟子，故下文亦是孟子作答。⑥ 廋（sōu），藏匿。⑦ 與，同歟。⑧ 殆，恐怕。⑨ 子，他本作"予"，當從。設科，分科授教。⑩ 往者，離開的人。⑪ 斯，則。按，此句爲孟子所言。

　　【講疏】　孟子居於滕之別宮，有來訪者竊館人之業屨，故館人來問。以爲從者竊之。故孟子與館人對答如上。[1]所言"往者不追，來者不拒"，其義與上文言楊墨既歸，當行恕道，"斯受

――――――

〔1〕 按末句"夫子"，或本作"夫予"，趙岐注、孫奭疏皆作"夫我"，知二家所見亦同。朱子《孟子集注》則作"夫子"，後人多從之。清臧琳以爲今《十三經注疏》中《孟子》本文乃後人據朱子注本所改。參氏著《經義雜記》卷二《夫子之設科也》條。清經解本。趙佑、焦循大體皆同臧説。

之而已"大旨略同。子曰:"君子不逆詐,不億不信。"(《論語·憲問》)蓋虛中應物,乃師友相交之禮也。參《離婁下》第九章。

第三十一章

孟子曰:"人皆有所不忍,達之於其所忍,^①仁也;人皆有所不爲,達之於其所爲,義也。人能充'無欲害人'之心,^②而仁不可勝用也。人能充'無穿踰'之心,^③而義不可勝用也。人能充無受爾汝之實,^④無所往而不爲義也。士未可以言而言,是以言餂之也;^⑤可以言而不言,是以不言餂之也。是皆穿踰之類也。"

【簡注】 ① 達,通。② 充,擴充。③ 穿,穿穴。踰(yú),越牆。穿踰,盜竊。④ 實,情。無受爾汝之實:不願受人呼喝這種情感。按,古人直稱爾、汝,常見於尊對卑,否則爲不敬。⑤ 餂(tiǎn),探取。

【講疏】 不忍人之心,即惻隱之心;有所不爲之心,即羞惡之心。"不欲害人"乃恕道,即消極的仁,蓋雖未能積極愛人,而不忍害之也;^[1]"不穿穴踰牆",亦屬羞惡之心。此二

---

〔1〕 消極的仁與積極的仁其實即仁、恕之別,關於此問題,可參《梁惠王上》第六章講疏。

心，人當少時多嘗有之。儻能擴而充之，則仁義用之不竭。朱子云："爾汝，人所輕賤之稱。""爾汝之實"，言受人呼喝也，不受人呼來喝去，亦上篇知恥之義。人能知恥，且擴而充之，則無往而不爲義。

"士可以言而言"一句，趙岐以爲即孔子所言"可與言而不與之言，失人；不可與言而與之言，失言。知者不失人，亦不失言"之義，是則非也。觀孔子所言，是不知而爲者也，孟子所言則是明知可言與不可言，而有意爲之。故一爲不智，一爲不義，二者不可混淆。如《離婁下》所言，齊大夫公行子有子之喪，諸人皆越位與王之寵臣王驩言，是非禮者也，然可以取悅之，此即"士未可以言而言，是以言餂之也"；另如身爲大臣而逢君之惡，是"可以言而不言，是以不言餂之也"。言士，可括士以上者，此等事皆於前文所謂"上交"之際見之。人之諂上，可謂盡心矣，然非君子之"盡心"也。

第三十二章

孟子曰："言近而指遠者，①善言也；守約而施博者，②善道也。君子之言也，不下帶而道存焉。③君子之守，修其身而天下平。人病舍其田而芸人之田，所求於人者重，④而所以自任者輕。"

【簡注】 ① 指，意旨。② 施，施用。③ 不下帶，腰帶之

上,指目光所及之處。④ 芸,通耘,除草。"人之田"、"求於人"之人,皆指他人而言。

【講疏】　本章大義朱子得之:"古人視不下於帶,則帶之上,乃目前常見至近之處也。舉目前之近事,而至理存焉,所以爲言近而指遠也。"至於君子"修其身而天下平"一句,則對應"守約而施博"。此皆契合本篇之大旨,<u>蓋盡心之學,重在反求,及其有得,則道不遠人,當下即可求之</u>。所言不離當下,是言近也;雖近而皆關乎性天,是其旨遠矣。其道不離五常,而歸本於仁,是守約也;擴而充之,則仁義"不可勝用",是施博也。既知此易簡守約之道,則不可舍内而務外,舍己之田而耕他人之田也。陽明所謂"抛卻自家無盡藏,沿門托鉢效貧兒",是人之所以自任者太輕矣。此孔門德行科一貫之學。

第三十三章

孟子曰:"堯、舜,性者也;① 湯、武,反之也。②動容周旋中禮者,③盛德之至也。哭死而哀,非爲生者也。經德不回,④ 非以干禄也。⑤言語必信,非以正行也。⑥君子行法,⑦以俟命而已矣。"⑧

【簡注】　① 性,自然順其本性。② 反,同返。③ 動容,動作儀容。周旋,迴旋。中禮,合禮。④ 經,常。回,邪。

⑤ 干禄,求禄位。⑥ 以正行:按照正確的規定行事。⑦ 行法,如法而行。⑧ 俟,待。

【講疏】 上篇言"堯舜,性之也;湯武,身之也;五霸,假之也",與本章可以互參,然著眼之處稍有不同。身之、反之,皆言反身而得之義。故先儒多以復性言之,是也。堯舜自然不失此性,是性之也;湯武能反身復性,是反之也。至其動作、儀容皆能"周旋中禮",蓋言不惟復性,且能從容發之於外,是不惟"守約",且能"施博"也。故爲"盛德之至"。後世能當此境者,其孔子乎。不專言孔子者,以堯舜、湯武、孔子,易地而皆然也。下文所言,亦皆言復性以後之事;哀哭死者,非爲生者之觀瞻也,乃出於本心之仁;守其常德而不爲邪,非爲干求禄位也,乃出於本心之義;出言必信,並非人告之以當行也,乃出於本心之不容已。邪乃義之失。[1]以正行,即依世俗所謂正道而行,此告子義外之學也。行法,即依理、合道而行。君子所以如此者,蓋亦敬俟天命而已。故上文引孔子之言,"丘之禱也久矣",君子俟命,即君子之禱也,是時時皆對越上帝者也。

第三十四章

孟子曰:"說大人,① 則藐之,② 勿視其巍巍

---

〔1〕 邪乃義之失,可參《公孫丑上》第二章講疏論"知言"一節。

然。③堂高數仞，④榱題數尺，⑤我得志弗爲也。食前方丈，⑥侍妾數百人，我得志弗爲也。般樂飲酒，⑦驅騁田獵，⑧後車千乘，⑨我得志弗爲也。在彼者，皆我所不爲也；在我者，皆古之制也，吾何畏彼哉！”⑩

【簡注】　① 說，音 shuì。② 藐之，輕藐之。③ 巍巍，高貌。④ 仞，八尺。⑤ 榱(cuī)題，椽頭。⑥ 食前方丈：飲食陳列，可方一丈，形容其排場闊大。⑦ 般，同盤，盤桓。般樂，遊樂。⑧ 驅騁，馳騁。⑨ 後車，隨行的車子。⑩ 畏，畏懼。

【講疏】　此大人非以德性言，故趙岐曰：“謂當時之尊貴者。”巍巍，言其高。堂高數仞、椽頭數尺，形容其宮室壯麗。食前方丈，言鼎食所列，可方一丈。般，趙岐釋爲大。《說文》：“般，辟也。象舟之旋，從舟。從殳，殳，所以旋也。”段玉裁注：

> 《釋言》曰：“般，還也。”還者今之環字，旋也。荀爽注《易》曰：“盤桓者，動而退也。”般之本義如是，引伸爲般遊、般樂。

依此，此般即同盤旋之盤。盤樂，即指遊樂。後車千乘，極言其從者之衆。此皆所謂“巍巍然”者。尊貴者與普通士人身份懸絕，常人見之易於生畏。如太史公所言：“凡編户之民，

富相什則卑下之，伯則畏憚之，千則役，萬則僕，物之理也。"
(《貨殖列傳》)以道自任實不可以空言，或憑少時血氣，大言自
高，然儻無真實修養，一旦受挫，則其氣餒矣。孟子故教人以
調心之法，此猶佛家令人破肉身之執著，故作九種不淨觀，如
"作青瘀想"、"作骷髏想"，皆是也。故曰，與貴人言，當輕藐
之，勿視其高高在上，彼之高堂大屋、列鼎而食、侍妾數百、田
池射獵、從者如雲，我得志皆不爲也。此亦與前文所言天爵、
人爵之義相通。夫生命境界各有不同，佛家所謂十方世界也，
一花一世界，一葉一菩提，皆有其王者在，又何必以此而畏彼
哉！況天之與人，[1]高下固已懸絶。朱子引楊氏(時)之言
"《孟子》此章，以己之長，方人之短，猶有此等氣象，在孔子則
無此矣"，似有不足孟子之意，然其説非也。[2]宋明儒言道常
常過高，不知孟子乃示學者盡心之法，有此病斯有此教，方所
以爲對症之藥。至於焦循，必欲釋藐爲遠，以爲孟子不當懷輕
藐之意，故曲爲回護，亦不明斯理者也。

第三十五章

孟子曰："養心莫善於寡欲。[1]其爲人也寡欲，

---

[1] 此人非指人類而言，乃言人我分立之境。

[2] 至閻若璩，言子思、曾子亦然，"余謂孟子原從思、曾來，於顔少別，故曰顔子歿而
聖人之學不傳"。其論雖似承襲宋儒，而精神則異。清儒精神之頽靡，可見一
斑。閻氏雖與顧、黄、王同時，而唯可厠身於考據家者以此。見氏著《四書釋地》
卷三《説大人章》。

雖有不存焉者，寡矣。其爲人也多欲，雖有存焉者，
寡矣。”

【簡注】　① 養心，存養本心。寡，少。

【講疏】　寡欲之説，後儒頗聚訟。趙岐以利欲言之，朱子
則以爲即“如口鼻耳目四支（肢）之欲”，二義雖有廣狹之別，其
實並不相違。昔周濂溪嘗發“主靜”“無欲”之旨，蓋受佛老影
響而然。及後小程子遂有“所欲不必沉溺，只有所向便是欲”
之説，〔1〕二家皆就心性言之，可謂辨析毫芒。晚明何心隱輩
不滿理學之流於禁欲，故力反無欲之説。雖亦主張寡欲，亦不
過藉孟子以自文。〔2〕本章孟子所言之欲，皆就常人之競逐物
欲、不能存心者言，故當以趙岐、朱子之説爲是。上文言仁有
積極與消極之別，本章之言盡心蓋亦略有此意，能知返本存心
固善，否則不馳求外物，亦可以爲養心之法。故本章亦不必言
之過高，工夫固不可躐等以求也。然則孟子教人之循循善誘，
可以概見矣。

第三十六章

曾晳嗜羊棗，①而曾子不忍食羊棗。

---

〔1〕　程子此説，見《河南程氏遺書》卷十五，王孝魚點校《二程集》，第145頁。朱子已
　　　引及。
〔2〕　何説見《何心隱集》卷二《辨無欲》。參《梁惠王下》第五章講疏。

公孫丑問曰:"膾炙與羊棗孰美?"②

孟子曰:"膾炙哉!"

公孫丑曰:"然則曾子何爲食膾炙而不食羊棗?"

曰:"膾炙所同也,羊棗所獨也。③諱名不諱姓,姓所同也,名所獨也。"

【簡注】 ① 羊棗,一種小黑棗。一説是柿子的一種。② 膾炙,烤肉條。③ 此句大意:膾炙是(曾皙與他人)共同(喜愛)的,羊棗衹是(曾皙)一個人(喜愛)的。

【講疏】 此言曾子盡心於孝之狀。膾炙皆人之所嗜,而曾皙亦好食羊棗。羊棗雖不如膾炙味美,然曾子每見,必思其親,故不忍食之。此情乃人所常見,而其理則大不易言。孟子故以名字爲喻,言人之諱名不諱姓,乃因姓、名有別,一同一獨。此在西洋哲學,猶抽象與具體之別。仁之所以爲仁,非抽象之概念,而是本心之不容已,皆就具體情境而發者也。其昌言仁道、自翊胸懷天下,欲拯危濟困,而漠視眼前之悲苦,終至踐踏生民者,古今中外比比皆是,皆坐此病者也。蓋知同而不知獨,即墨子兼愛之大病。宋儒之以佛教對應墨家,亦著眼於此。故古人祭祀親人,必先齋戒,觀想親人生前嗜好、形象,以求精神之相通:

致齊(通齋)於内,散齊於外。齊之日,思其居處,思

其笑語,思其志意,思其所樂,思其所嗜。齊三日,乃見其
所爲齊者。祭之日,入室,僾然必有見乎其位;周還出戶,
肅然必有聞乎其容聲;出戶而聽,愾然必有聞乎其歎息之
聲。是故,先王之孝也,色不忘乎目,聲不絕乎耳,心志嗜
欲不忘乎心。致愛則存,致愨則著。著存不忘乎心,夫安
得不敬乎? 君子生則敬養,死則敬享,思終身弗辱也。
(《禮記·祭義》)

然則君子盡心以孝親,亦當知所去就,不可以抽象言之
也。參第十六章。孔子所謂"生事之以禮,死葬之以禮,祭之
以禮"(《論語·爲政》),豈虛言哉! 曾子乃孔門孝道之宗传,
孟子故引其事以見意。

第三十七章

萬章問曰:"孔子在陳,曰:'盍歸乎來! ①吾黨
之士狂簡,②進取不忘其初。'③孔子在陳,何思魯
之狂士?"

孟子曰:"孔子'不得中道而與之,必也狂獧
乎! ④狂者進取,獧者有所不爲也'。孔子豈不欲中
道哉? 不可必得,故思其次也。"

"敢問何如斯可謂狂矣?"

曰:"如琴張、曾皙、牧皮者,⑤孔子之所謂

狂矣。"

"何以謂之狂也?"

曰:"其志嘐嘐然,⑥曰:'古之人! 古之人!'
夷考其行而不掩焉者也。⑦狂者又不可得;欲得不屑
不潔之士而與之,是獧也。是又其次也。孔子曰:
'過我門而不入我室,我不憾焉者,其惟鄉原
乎! ⑧鄉原,德之賊也。'"

曰:"何如斯可謂之鄉原矣?"

"曰:'何以是嘐嘐也? 言不顧行,行不顧言,則
曰:"古之人! 古之人!"行何爲踽踽涼涼? ⑨生斯
世也,爲斯世也善,⑩斯可矣。'閹然媚於世也
者,⑪是鄉原也。"

萬子曰:"一鄉皆稱原人焉,無所往而不爲原
人;⑫孔子以爲德之賊,何哉?"

曰:"非之無舉也,⑬刺之無刺也;同乎流俗,
合乎汙世;居之似忠信,⑭行之似廉潔;衆皆悅之;
自以爲是,而不可與入堯舜之道,故曰'德之賊
也'。孔子曰:'惡似而非者:惡莠,⑮恐其亂苗也;
惡佞,⑯恐其亂義也;惡利口,恐其亂信也;惡鄭
聲,恐其亂樂也;⑰惡紫,恐其亂朱也;⑱惡鄉原,
恐其亂德也。'君子反經而已矣。⑲經正,則庶民
興;庶民興,斯無邪慝矣。"⑳

【簡注】　① 盍，何不。來，句尾語助詞。② 黨，古代地方組織系統，五家爲比，五比爲閭，四閭爲族，五族爲黨，五黨爲州，五州爲鄉。一黨有五百家。吾黨，猶言吾鄉，後泛指吾輩。狂簡，狂放、簡率。③ 進取不忘其初：其進取當一如既往。④ 與，從、偕。與之，相偕。狂獧（juān），亦作狂狷。⑤ 斯，則。琴張，名牢，字子張，一字子開，孔子早年弟子。牧皮，當即《莊子》所言孟子反，孔子早年弟子。⑥ 嘐嘐（xiāo），誇大其辭。⑦ 夷，平，辨。夷考，考察（從焦循説）。掩，覆，合。⑧ 原，通願、愿，謹厚。鄉愿，鄉里厚道人。⑨ 朱子曰：“踽踽（yǔ），獨行不進之貌；涼涼，薄也，不見親厚於人也。”⑩ 斯，此。爲（wéi）斯世也善：處理好此世的事。按，以往學者皆以“善”字從下讀，兹從唐文治説。⑪ 斯，則。閹，掩覆，蔽藏。閹然，遮遮掩掩。媚，討好。⑫ 無所往：沒有哪裡。⑬ 非，非議，批評。無舉，無可舉，無可表達。按，舉的確切意思是“（以名）擬實”（《墨子·經上》）。⑭ 居之，居心。⑮ 莠（yǒu），像苗的草。⑯ 佞，才智。按此處指有才無德。⑰ 鄭聲，鄭地的音樂。指鄭衛之音，過分強調情感宣泄。樂，音yuè。⑱ 紫，紫色。朱，赤色。⑲ 經，常。此處指本心，乃人心之常德。⑳ 斯，則。

【講疏】　依《史記》，孔子晚年居陳三載，“上下無交”，[1]不得其志，故思歸魯。言“何不歸去乎！吾黨之士狂

---

[1] “上下無交”上文第十八章已提及，趙岐本章以此釋孔子欲歸之由。

放而易簡，其進取當依然如故”。此蓋感歎之辭也。[1]孟子
故引孔子之言以答之，蓋狂者進取，獧（狷）者有所不爲，雖尚
未進於中行之境，[2]然一有志於道，一潔身自好，皆未失誠
意，是可以進於道者也。依本篇之義，有所不爲是知恥者也，
人能知恥，則可反身内求矣。此義本不難解，故下文多就狂者
而言。蓋以世俗之見，既言“狂者進取”，必以功利是務者也。
孟子乃言此狂者當指琴張、曾皙與牧皮。曾皙即曾點，乃曾子
之父，因夫子“吾與點也”而爲世所知，顧夫子何以“與之”，亦
人言言殊。琴張，趙岐以爲即顓孫子張：“子張之爲人，蹞踔譎
詭，《論語》曰‘師也辟’，故不能純善而稱狂也。又善鼓琴，號
曰琴張。”朱子則以爲琴張乃琴牢，即《莊子·大宗師》所言琴
張。焦循曰：

> 琴張之名，一見於昭公二十年《左傳》，云：“琴張聞宗
> 魯死，將往弔之。仲尼曰：‘齊豹之盜，而孟縶之賊，女
> （汝）何弔焉？’”注云：“琴張，孔子弟子，字子開，名牢。”孔
> 氏正義云：“《家語》云：‘孔子弟子琴張，與宗魯友。’《七十
> 子篇》云：‘琴牢衛人，字子開，一字張。’則以字配姓爲琴
> 張。……賈逵、鄭衆皆以爲子張即顓孫師。服虔云：‘案
> 《七十子》傳云，子張少孔子四十餘歲，孔子是時四十，知
> 未有子張。’鄭、賈之説，不知所出。”
> 一見於《莊子·大宗師篇》，云：“子桑户、孟子反、子

---

[1] “進取不忘其初”，先儒多解作不惟進取，且不忘其初，今不從。
[2] 《論語》“中道”作“中行”，二義當無別。

· 824 ·

琴張三人相與友，曰：'孰能相與於無相與，相爲於無相爲？孰能登天遊霧，撓挑無極，相忘以生，無所終窮？'三人相視而笑，莫逆於心，遂相與友。莫然有間，而子桑戶死，未葬。孔子聞之，使子貢往侍事焉。或編曲，或鼓琴，相和而歌曰：'嗟來桑戶乎！嗟來桑戶乎！而已反其真，而我猶爲人猗！'子貢趨而進曰：'敢問臨尸而歌，禮乎？'二人相視而笑曰：'是惡知禮意！'"

《左傳》、《莊子》皆周人之書，趙氏豈不知之，而以琴張爲子張，觀《左傳正義》所引鄭、賈之說，則當時固以琴張爲子張，而趙氏本之也。服虔始疑，而《家語》始以琴牢一字張，杜預注《左傳》，所本者此也。然《家語》晚出之書，未足爲據。（下言琴牢之名不可信，中略）按鄭衆、賈逵既以《左傳》之琴張爲子張，則當時說《莊子》亦必以琴張爲子張。孟子反與琴張或編曲、或鼓琴，則編曲者反，而鼓琴者張也。故謂子張善鼓琴，又正當時以《莊子》之琴張爲顓孫師之證，而趙氏本之也。

原文甚長，所以具引之者，因相關史料亦下文所需。焦氏必欲彌合趙岐之說，加之不信《家語》，又不明本章大旨，故其判斷大體皆誤，反不若朱子爲近其實。蓋無論《家語》所言琴牢之名確否，以及琴牢是否即《論語》子牢，皆無關大義。欲判斷琴張、曾皙、牧皮之說，仍當綜合《論語》、《莊子》、《左傳》諸說而求之。《莊子》、《左傳》上文焦氏已引及，《論語》言：

（子曰：）"點！爾何如？"

鼓瑟希，鏗爾，舍瑟而作，對曰："異乎三子者之撰。"

子曰："何傷乎？亦各言其志也。"

曰："莫春者，春服既成，冠者五六人，童子六七人，浴乎沂，風乎舞雩，詠而歸。"

夫子喟然歎曰："吾與點也！"（《先進》）

《左傳》所言孔子質疑琴張之事亦事出有因。公孟縶爲衛靈公之兄，齊豹乃衛國大夫，曾爲司寇。宗魯有勇力，齊豹乃薦之爲公孟縶驂乘，具侍衛之責。然公孟縶狎侮齊豹，奪其司寇之位，其後衛靈公十三年（即魯昭公二十年，西元前 522年）齊豹等因事作亂，欲殺靈公及公孟縶，事前曾令宗魯躲避，爲宗魯所拒，宗魯故與公孟縶一同被難。當時琴張欲往吊宗魯，故《孔子家語》言二者相友，當得其實。琴張蓋以宗魯於公孟縶、齊豹似皆不背，是義之也；而孔子則頗不然之，言其於公孟而言是賊，於齊豹而言是盗，雖似有義而實無禮義可言。[1]其時孔子恰四十歲，故服虔所言不誤，顓孫子張尚未出生，而孔子早年弟子曾皙、顏路等當已來學，則此琴張即當是本文與曾皙相並之琴張也。且即便孟子欲言子張爲狂者，似亦不必以之冠於曾皙、牧皮之前。而孟子又以爲三人即孔子所指爲"吾黨之士"或"吾黨之小子"（《論語·公冶長》），則皆孔子弟子無疑。

上文《莊子·大宗師》言子桑户、孟子反、琴張三人爲友。

---

[1]　參《左傳》昭公二十年。

子桑户先儒多以爲即《論語》所言子桑伯子：

> 仲弓問子桑伯子。子曰：“可也簡。”仲弓曰：“居敬而行簡，以臨其民，不亦可乎？居簡而行簡，無乃大簡乎。”子曰：“雍之言然。”（《論語·雍也》）[1]

其人自有學派門人，尚不可以直稱孔子門人。[2]至於牧皮與孟子反，朱子於牧皮言“未詳”，而疑孟子反即《論語·雍也》所言孟之反。[3]近人馬敘倫則疑牧皮即孟之反，牧、孟明紐雙聲，且皮、反二字字形相近。[4]惟所言字形近似，或可稍加引申。何以言之？皮字籀文作![皮]，子字古文作![子]，反字古文作![反]，子、反在直排時當作![子反]，如子字豎畫模糊不清，則與皮字極似。先秦本有牧氏，在昔以爲周康叔之後，《萬章下》所言孟獻子之友牧仲，蓋即以牧爲氏者。孟子既以孟獻子、牧仲連言，是於孟、牧有明確區分，況孟子本即以孟爲氏。而本章孟子所言三人，皆孔子早年弟子，此在儒門之内，當非隱秘，孟子既私淑孔子，亦不致有誤。另，孔子之兄名孟皮，儻牧皮爲孟皮，則孟子亦必指出。綜合諸證，牧皮之名當以孟子爲是，疑

---

[1] 參朱子《論語集注》本章引胡氏之説。
[2] 孔子評論子桑伯子之事亦見《説苑·修文篇》，參劉寶楠《論語正義》卷七《雍也》，高流水點校，中華書局，1990年。另參鍾泰《莊子發微》卷一《大宗師》此節注釋。
[3] 分見朱子《四書章句集注》本篇及《論語·雍也》注釋。
[4] 馬説參氏著《莊子義證》卷六《大宗師》，李林點校，浙江古籍出版社，2019年，第185頁。郭沫若《十批判書·儒家八派的批判》討論顔氏之儒，楊伯峻《孟子譯注》亦頗然之。

莊子以宋人之音讀牧爲孟，而皮字訛爲子反。此牧皮與《論語》及《左傳》所言孟之反當非一人。[1]

儻此說不誤，莊子所言大體可覘琴張與牧皮之思想，與孟子本文實可互證。諸人皆以道自任，故動以"古之人"爲言，此古之人即所謂得道者也。嘐嘐，大言之貌。是所謂狂。至於簡，即《莊子·大宗師》所記子桑户死而孟子反、琴張編曲、鼓琴一事，與莊子妻死鼓盆而歌相類。另如孔子時原壤、曾晳所爲：

> 孔子之故人曰原壤，其母死，夫子助之沐椁。原壤登木曰："久矣予之不託於音也。"歌曰："貍首之班然，執女手之卷然。"夫子爲弗聞也者而過之。從者曰："子未可以已乎？"夫子曰："丘聞之，親者毋失其爲親也，故者毋失其爲故也。"（《禮記·檀弓下》）

> 原壤夷俟，子曰："幼而不孫弟，長而無述焉，老而不死，是爲賊！"以杖叩其脛。（《論語·憲問》）

> 季武子寢疾，蟜固不說齊衰而入見，曰："斯道也，將

---

[1] 按魯有孟之反，爲魯大夫。《左傳》哀公十一年作孟之側。《論語·雍也》："子曰：孟之反不伐，奔而殿。將入門，策其馬，曰：'非敢後也，馬不進也。'"朱注引胡氏之說，以爲即莊子所稱孟子反。雖不無可能，尚無確證。清張叔斑《牧皮傳》言牧皮之所以名皮，緣於百里奚以五羊皮爲秦穆公所舉，以及范蠡功成之後化名"鴟夷子皮"，"因慕其奇，自命其名曰皮"。然依范蠡去越隱居時間而言，孔子其時已逝，故是不可能之事。此雖似戲筆，然想象甚奇。且以子桑户、琴張、牧皮、曾晳合併言之，言其與琴張、曾晳"受學於孔子"，亦頗有見。文見氏著《滕嘯文集》，收入《柏泉地方古籍經典叢書》，武漢市東西湖區柏泉街道辦事處，2018年影印本。

亡矣；士唯公門説齊衰。"武子曰："不亦善乎，君子表微。"
及其喪也，曾點倚其門而歌。(《禮記・檀弓下》)〔1〕

原壤之母死而歌、蹲踞而待(夷俟)，以世俗言之，皆無禮
者也。然孟子反(牧皮)、琴張則皆以"知禮意"自許。〔2〕以其
實觀之，是皆能情發乎中，是夫子所謂得"禮之本"者：

　　林放問禮之本。子曰："大哉問！禮，與其奢也，寧
儉；與其易也，寧戚。"(《論語・八佾》)

顧雖得其本，而視其節文皆蔑如也，故曰"簡"。此即孟子
所言"夷考其行而不掩焉者也"。是本章所言狂簡之義。然則
莊子之學，蓋即本於原壤、子桑伯子所開狂簡一派，其中牧皮、
琴張、曾晳皆入孔門，待顏回既出，爲夫子所稱許，後世則統歸
之於顏氏之儒矣。〔3〕其不願以儒自任者，終衍爲莊周一流，
蓋此派學術之大較也。然則莊子儻與孔子相值，夫子亦必以
狂者許之，斷可知矣。孟、莊二子同時，而互不言及，然其學固
不相背而實能相發。

---

〔1〕　説，脱。按宋人陳普於曾點倚季武子門而歌一事，頗質疑之。閻若璩亦言，季武
　　子卒時孔子年方十七，曾點尚年幼，故時間不可能。參氏著《四書釋地》卷三《曾
　　晳倚門而歌》。按閻説雖是，然亦未可證曾點倚門而歌一事不確，惟未必倚季武
　　子之門耳。
〔2〕　見上文焦氏所引《莊子・大宗師》之文。
〔3〕　按莊子與儒門之關係，自韓愈以來言之者頗多，明末覺浪道盛、方以智、王夫之、
　　近世鍾泰等亦皆以儒解莊，今人楊儒賓乃發"儒門内的莊子"之論，説頗可參。
　　參氏著《儒門内的莊子》導論第六小節，臺灣聯經出版事業公司，2016 年，第
　　57—62 頁。本節所言，待發之覆尚多，另擬專文討論。

狷者知恥，狂者進取，是皆能返本者也。另有鄉愿者，一鄉皆稱其謹厚，乃於狂狷之士大不以爲然：“何必大言古之人如此，又何必獨行不進、不能合群如此！”鄉愿所爲似皆合乎禮義，而人亦稱之。此蔽藏真我，取媚於世者也，故曰“閹然媚世”。此亦上篇所言無“恥之恥”者，“自以爲是”而不知自反，是不可以入堯舜之道矣。故孔子一言而斷之，曰：“鄉愿，德之賊也。”此莠之亂苗、似是而非者，儻非真能盡其心者，孰能辨而別之？故曰：“君子反（返）經而已矣。”經者，常也，即上篇所謂“秉夷（彝）之德”。彝，常。

第三十八章

孟子曰：“由堯、舜至於湯，五百有餘歲，若禹、皋陶則見而知之，若湯則聞而知之。由湯至於文王，五百有餘歲，若伊尹、萊朱則見而知之，[①]若文王則聞而知之。由文王至於孔子，五百有餘歲，若太公望、散宜生則見而知之，若孔子則聞而知之。由孔子而來至於今百有餘歲，去聖人之世若此其未遠也，[②]近聖人之居若此甚也，[③]然而無有乎爾，[④]則亦無有乎爾。”

【簡注】 ① 萊朱，商湯的賢臣。② 去，離。③ 居，居處。④ 爾，句尾語助詞，常與焉通（從王引之説）。乎爾，歎而不怨

之辭。無有乎爾：沒有了吧。

【講疏】　萊朱，趙岐以爲“湯賢臣也，一曰仲虺是也”。仲虺與伊尹分別爲湯之左相、右相。太公望即吕尚，與散宜生皆爲文王賢臣。“五百年必有王者興，其間必有名世者”之義，《公孫丑下》已言之。本章孟子歷敘堯舜以來聖賢道統所在，而以生知、見知、聞知相別。見之、聞之，皆屬學而知之，然亦隱含後世學統（師法）、道統（自得）之別。是皆能盡心知性、盡性致命者也。然亦僅略言之而已，若箕子、武王、周公，雖聖人也，而皆略之。其堯舜生知雖未明言，而大義自在其中。生知即上文所謂“堯舜性之也”，若見知、聞知者，是皆能有以自反，所謂“反之也”。以前聖而言，是“百世之下”皆能化之；以後聖而言，則是能自求其性命之道。文末致慨於孔子以來僅百餘歲，其居處亦如此之近，是同一時空也。雖未見之，而所聞尚屬親切也。“然而無有乎爾，則亦無有乎爾”，一以見孟子自任之重，一則欲學者有以自任也。蓋“人能弘道，非道弘人”（《論語》），儻人皆“自暴”“自棄”（《離婁下》），自以爲聖人不再，而無有用心、盡心於此者，所謂“無有乎爾”，則真將“無有乎爾”矣。[1]此亦上篇“求則得之，舍則失之”之義。

嘗試言之。東周以前，學術尚未自覺，聖賢皆出天縱；自夫子從容中道、優入聖域，斯道始大明於世；經七十子、思孟、荀卿之發揚，學術始昭然若揭，聖賢可由學至。漢唐之間，學

---

〔1〕　末句之義，趙岐以爲“然而世謂之無有，此乃天不欲使我行道也”。蓋言自己不爲世人所知也。兹不從。

者以經義推明政治,政理規模猶有可言者。中唐以降,孟子內聖之旨重光,若濂溪、明道、伊川、康節、橫渠,以及朱子、象山、陽明、蕺山,後先輝映,爲往聖繼其絶緒。金元以降,政治雖日趨虐厲,而文化尚賴以不墜。學術至亭林、梨洲、船山爲又一變,孔門仁知一體之學復明,惜清儒不足以承之。近世以來,熊、馬、梁、錢、牟、唐、徐諸先生繼起,得以上接其傳。雖然,孔子之道大矣,廣矣,微孟子之盡心、知性、養氣、知言,吾人何以知其入途!蓋夫子之後,一人而已。

圖書在版編目(CIP)數據

孟子章句講疏/鄧秉元撰. —上海:上海人民出
版社,2022
ISBN 978 - 7 - 208 - 17609 - 6

Ⅰ.①孟… Ⅱ.①鄧… Ⅲ.①儒家 ②《孟子章句》-
研究 Ⅳ.①B222.55

中國版本圖書館 CIP 數據核字(2022)第 020387 號

特約編審 王興康
責任編輯 張鈺翰
封面設計 赤 徉

　　本書係復旦大學"卓學計畫"暨北京大學高等人文研究院"精神人文主義研究"
課題階段性成果

孟子章句講疏
鄧秉元 撰

出　　版　上海人民出版社
　　　　　(201101　上海市閔行區號景路 159 弄 C 座)
發　　行　上海人民出版社發行中心
印　　刷　浙江新華數碼印務有限公司
開　　本　890×1240　1/32
印　　張　26.5
插　　頁　6
字　　數　546,000
版　　次　2022 年 10 月第 1 版
印　　次　2022 年 10 月第 1 次印刷
ISBN 978 - 7 - 208 - 17609 - 6/B · 1606
定　　價　128.00 圓(全三冊)

孟子章句講疏

中

鄧秉元 撰

上海人民出版社

孟子章句講疏卷七

離婁章句上_{凡二十八章}

【解題】 《孟子》諸篇,義旨一貫,簡言之,《梁惠王》言王政與君德,《公孫丑》述養志與出處,《滕文公》論政術與閑邪。諸篇上下互根,陰陽相耦,珠聯璧合,一體渾然,其結構必爲孟子與高第弟子親定無疑。[1]

本篇主旨言道揆、法守,此括《大學》"絜矩之道"、《中庸》"明善誠身"而一之,乃孔門用智之學。守智曰誠,能守其所揆之道者,是謂法守。蓋本篇全承《滕文公》而來,有道揆故可以發政術,有法守則能"閑邪而存其誠"。

首言道揆之大義,次以修身、齊家、治國、平天下之序爲之示例。次論誠之大義與夫誠僞之辨,次以政治、社會、師友、家庭爲序,博觀誠僞之變化,而歸本於大舜之事親以化天下,道揆、法守之義遂臻圓融。前半篇順生,後半篇反成,頗得《周

---

[1] 閻若璩《孟子生卒年月考》曾提出兩個理由:"七篇爲孟子自作,止韓昌黎故亂其説。亦莫妙於朱子曰:'觀七篇筆勢如熔鑄而成,非綴輯可就。'余亦有一證。《論語》成於門人之手,故記聖人容貌甚悉。七篇成於己手,故但記言語或出處耳。"前揭《清經解 清經解續編》第一册,第249頁。

易》上下經順逆相成之旨。[1]

章旨結構圖

```
          ┌ 大 義 ┌ 1. 規矩、六律。先王之法。道揆、法守（義禮智）。
          │      ┤ 2. 君道、臣道。法堯舜。道二：仁與不仁。
          │      └ 3. 不仁之害。
   道揆 ┤
          │      ┌ 身 ┌ 4. 反求諸己。
          │      │    └ 5. 身爲家國天下之本。
          └ 示 例 ┤ 家─ 6. 不得罪於巨室。
                 │ 國 ┌ 7. 小國與大國。諸侯與天下。
                 │    └ 8. 亡國敗家之故：不仁。自取。自侮。自作孽。
                 └ 天下 ┌ 9. 失天下之故：民心。
                       ┤ 10. 失仁之故：自暴、自棄。
                       └ 11. 親親、長（敬）長而天下平。

          ┌ 論 誠 ┌ 12. 誠者天之道，思誠者人之道。至誠動物。
          │      ┤ 13. 文王之誠：養老以化天下。
          │      └ 14. 不誠亦可動物：唯富强是務。
          │      ┌ 15. 觀其眸子。
          │      │ 16. 恭儉不可以聲音笑貌爲。
          │ 辨誠僞 ┤ 17. 禮與權：嫂溺援之以手。
          │      │ 18. 誠與仁：父子不責善。
   法守 ┤      └ 19. 事親之誠僞：養志與養口體。守身。
          │      ┌ 君臣─ 20. 誠己誠物：唯大人能格君心之非。
          │      │ 鄉黨 ┌ 21. 名與實：不虞之譽，求全之毀。
          │      │     └ 22. 社會輿論與誠。
          └ 思 誠 ┤      ┌ 23. 未誠之誠：好爲人師。
                 │ 師友 ┤ 24. 師友責善之誠（弟子）。
                 │      └ 25. 師友責善之誠（師）。
                 │      ┌ 26. 不誠之誠：舜不告而娶。
                 └ 家庭 ┤ 27. 誠之效：事親、從兄之樂。
                       └ 28. 誠之效：舜之化瞽瞍。
```

---

[1]《周易》上經之序爲元亨利貞，下經爲義（利）禮（亨）仁（元）信（貞），上經順生，下
經反成，合大《易》天人合一之旨。此義乃拙作《周易義疏》序卦下義解所發，第
202 頁。

第 一 章

孟子曰："離婁之明，①公輸子之巧，②不以規矩，不能成方員；③師曠之聰，④不以六律，不能正五音；⑤堯舜之道，不以仁政，不能平治天下。今有仁心仁聞而民不被其澤，⑥不可法於後世者，不行先王之道也。故曰，徒善不足以爲政，徒法不能以自行。⑦《詩》云：⑧'不愆不忘，率由舊章。'⑨遵先王之法而過者，未之有也。聖人既竭目力焉，⑩繼之以規矩準繩，以爲方員平直，⑪不可勝用也；⑫既竭耳力焉，繼之以六律，正五音，不可勝用也；既竭心思焉，繼之以不忍人之政，⑬而仁覆天下矣。故曰：爲高必因丘陵，爲下必因川澤。⑭爲政不因先王之道，可謂智乎？

【簡注】　① 離婁，即《莊子》所謂"離朱"，以明目著称，據說"黃帝失其玄珠，使離朱索之"。② 公輸子，名班，戰國初年魯人，後世奉爲木匠祖師，世稱魯班。③ 規矩，規可以劃圓，矩可以劃方（直角），後合爲一詞。方員，方圓。④ 師曠，晉平公樂師之首。⑤ 六律，此處指以六律及六呂十二音階爲中心的音律系統。六律，黃鍾、太簇、姑洗、蕤賓、夷則、無射；六呂，大呂、夾鍾、仲呂、林鍾、南呂、應鍾。規矩與六律，後合稱規律。五音，中國傳統音樂系統中常用的，一個八度音程中的五個音階，分別是宮、商、角、徵、羽。⑥ 仁聞，仁的聲譽。被，覆。被其澤，受其澤惠。⑦ 徒，空有。善，仁心。法，法度。⑧《詩》，《大雅·假樂》之篇。⑨ 愆，過，違背。率，循，遵循。章，章法。⑩ 竭，竭盡。⑪ 爲（wéi），此處猶言劃。⑫ 勝（shēng），盡。不可勝用：用之不盡。⑬ 不忍人之政：即仁政。⑭ 爲（wéi）高、爲下，猶言求高、求深。因，憑藉。

【講疏】　離婁乃天下之明目者。公輸班與墨子雖立場不同，然皆長於技術之學。[1]師曠乃春秋有數之音樂家。離朱、公輸班所代表者眼學也，師曠所代表者耳學也。眼耳之學即聞見之知，舉凡天文、曆算、物理、聲律諸數度之學，佛家所謂"五蘊"所及者，皆爲其所攝，與西洋自然科學相應。所云規矩、六律，騶栝後世一切規律而言。先秦有二種耳學，其一即本於聽覺，乃五蘊之一；其一則超越視聽言動之耳學，所謂"聖之聽也聖"。[2]二者不可混淆。孟子本章所言，即普通聞見之知。

數度之學即古人師傳曹習之學。《莊子·天下篇》："道術將爲天下裂……其明而在數度者，舊法世傳之史尚多有之。"此先秦時代以天道自然爲蘄向之史，非後世歷史家之史也。既以"舊法世傳"相尚，則因襲、墨守之說生焉，代表其學者，厥爲道、墨兩家。

先秦學術，本出王官。道術分裂，初僅三家。儻就外王而

---

[1]　參《墨子》之《魯問》、《公輸》等篇，孫詒讓《墨子閒詁》卷十三。
[2]　參拙作《思孟五行説新論》，《學術研究》2018 年第 8 期。

言，儒家重人倫，墨家重物理，道家重自然。三家各有其下學上達，而終以天道相通，《周易》所謂三才也。因重萬物之理，故以知性之眼光辨別名物，名辯之學遂爲墨家所長。既以墨者自居，且能守此成規，故墨守之說興矣。[1]道家者流，則欲通達此一體性之自然，故以“無名”之說，消解墨辯。能以天地萬物爲一體，則凡事見其自然而然，是所謂相因。所謂“依乎天理，因其固然”（《莊子·養生主》），所謂“太上因之”（《史記·貨殖列傳》），皆本此義。[2]所謂因襲、墨守，非守其陳説也，乃遵其各自學術之規矩。

　　數度之學有規律可言，人倫實踐亦具成法。其表現於政治者，古人謂之治法。治法猶方圓、五音，先王之道則猶如規律，惟規律可以正方圓、五音，而得其時措之宜，故道爲法之本源。歷代聖王，雖時代不同，遭際亦異，然既使天下得平，是萬民皆“各正性命”矣。察其何以能此，必曰“乾道變化”（《乾·象》），乾道者仁道也。故時空雖異，而其爲仁政則同。此之謂“堯舜之道，不以仁政，不能平治天下”。後此而欲平治天下如先王者，亦當本其仁心（仁），遵其治法（政），此仁政即括道、法二端而言。豈可不遵其法乎？雖然，法先王者，非行堯之行，服堯之服，而是法其仁政之理也。

―――――――――

[1]　成語有“墨守成規”一詞，《辭源》引《戰國策》魯仲連“墨翟之守”之言，以墨守爲墨家善守城池之義，似未求其深意。蓋墨學有自己獨特之方法，是即所謂成規也。何休亦作《公羊墨守》，可知漢代經學師法與墨守有精神上之聯繫。漢初政治主黄老，故“蕭規曹隨”亦與道家因襲思想有關，此問題在政治史上多以休養生息之現實需要予以解釋，其與道家之精神聯繫似少有人注意。

[2]　前引司馬談《論六家要旨》亦言道家“其術以虛無爲本，以因循爲用。無成勢，無常形，故能究萬物之情。不爲物先，不爲物後，故能爲萬物主。有法無法，因時爲業；有度無度，因物與合。”所云法、度之義見後文關於術的討論。

治法既有時措之宜，是不可廢矣，故雖有仁天下之心，亦有仁人之善行，所謂"仁心仁聞"，然儻不知治法，亦不可以平治天下。故云"徒善不足以爲政"。反之，成法雖在，儻無仁者"竭心思"（盡心）以求之，亦無用武之地，所謂"徒法不能以自行"。仁心與治法不可或缺，此亦孟子仁智合一之旨。仁心者仁也，治法者智也，竭心思者，誠也，勇也。與三達德相應。其較荀子但言"有治人，無治法"者，圓融多矣。[1]

不寧惟是。由《世本・作篇》可知，歷代聖王皆以"參天地之化育"爲理想（《中庸》），其精神遂充溢於天地宇宙之間。故不惟"竭心思"於治法，亦當竭其"目力"、"耳力"於天地萬物，此即聞見之知。惟儒者之志不欲專力於此，是小大有別耳。然則孟子本章所言，可括一切自然與社會科學。既有規律可循，必當遵其成法，守其"舊章"，方可以謂之智。此智不止聞見之知，亦不離聞見之知，是所以爲德性之知。此本篇之大旨也。

申言之，所謂"不愆不忘，率由舊章"，已寓後世師法之義。清儒言師法，實本漢儒之說。不知此義實由上古史學發軔，道家之因襲，墨家之墨守，儒家之師法，精神上皆有以相通。蓋成規雖在，而亦能得其時措之宜，始可以師法言也。故戰國以

[1]《荀子・君道》："有治人，無治法。……法者，治之端也；君子者，法之源也。故有君子則法雖省，足以徧矣；無君子則法雖具，失先後之施，不能應事之變，足以亂矣。"康有爲《孟子微》卷三《仁不仁》："蓋仁政之法所因甚大，而積人積智而得之，非一人一人所能驟成也。荀子言有治人不患無治法，其說太粗而未當矣。"康氏已頗見荀子之弊，然觀其力言先王之法皆孔子託古改制，未免自亂其說矣。康氏此書乃經學以扭曲方式融攝西學之典型。故既乏深邃理據可循，而拉雜汗漫如故。

降,孟、荀自不必言,禮學、《春秋》學皆能發揚孔門治法成規,虎虎有生氣。漢初諸儒尚能承之,及武帝立爲學官,唯知以章句墨守師說,師法之形式固在,精神則汗漫無所歸。與此同時,道家演爲方士,墨者雲散風流,數度之學亦廢而不彰。明末徐光啓,欲會通超勝者,對此乃灼然有見。[1]

　　及至宋儒,承晚唐五代之際,佛教衰頹,人倫失範,遂以師道精神自礪,思孟之學因之復興。[2]有此内聖之學,儒家之聖賢乃與佛、菩薩、真人、至人晤言一室而無愧。其理想固極恢宏,大程子所謂"雖堯舜之事,亦祇是如太虛中一點浮雲過目",[3]而於治平反力有未逮,此皆不言治法之弊使然。[4]既乏治法,乃唯據現實之政治框架因陋就簡,以道德淑世,此所以政治失其自省,而權力日趨卑陋,終以皇權專制爲結局。政治經學積衰,實政道難以開新之主因。宋以後政治規模較漢唐尚有不及,職此故也。至其末流,於修身亦未免有欠,故

〔1〕　徐光啓《刻幾何原本序》:"唐、虞之世,自羲、和治曆,暨司空、后稷、工、虞、典樂五官者,非度數不爲功。《周官》六藝,數與居一焉;而五藝者,不以度數從事,亦不得工也。(師)襄、曠之於音,(公輸)般、墨(翟)之於械,豈有他謬巧哉? 精于用法爾已。故嘗謂三代而上,爲此業者盛,有元元本本、師傳曹習之學,而畢喪于祖龍之焰。漢以來多任意揣摩,如盲人射的,虛發無效;或依擬形似,如持螢燭象,得首失尾。至於今而此道盡廢,有不得不廢者矣。"王紅霞點校《幾何原本》,上海古籍出版社,2011年。
〔2〕　關於師道精神之界定,可參拙作《王學與晚明師道復興運動》(增订本)導言第三節,復旦大學出版社,2020年,第16—44頁。
〔3〕　《河南程氏遺書》卷三,《二程集》,第61頁。
〔4〕　宋儒胡瑗講學設經義、治事二齋,爲世所稱。其治事亦包括講武、水利、曆法、算數等事。此皆致用之事,尚非治法。宋儒經義中涉及治法且可稱者,端在捍衛相權,限制君權,爲君權劃界,然終亦流於失敗。參拙作《王安石與北宋時期的政治共識》,收入《新文化運動百年祭》一書,上海人民出版社,2019年。

雖非宗教，而有宗教之失。〔1〕

　　此風至明代，乃變本加厲。明儒雖於心體"牛毛繭絲，無不辨晰"，陽明亦主"事上磨練"，〔2〕然其事功已多機權作用，難以學致。〔3〕學者卑視聞見之知，而好大言欺世，劉蕺山有見於此，遂欲合尊德性、道問學而一之。〔4〕其後黃梨洲乃力倡經史實踐之學，義理則歸本良知，考據則窮極事變，以仁統智，心物合一，所以復孟學之故武，且爲新經學開基。若船山、亭林，或極深研幾，或務窮知見，所造雖異，而內聖外王、體用兼備之大旨無殊。斯三子所以並爲新經學之開山，惜清學不足以承之。

　　清代學術，浙東史學宗梨洲，吳皖經學宗亭林，或言學術源流，或尚名物考據，皆以師法考據相標榜，而失其師道自任、經世致用之眞精神，故皆不足以爲二家之宗子。然既有此自覺，遂著力否定宋學，於獨宗性智如王學者，乃徑以禪學視之。焦循云：

---

〔1〕　顏元曾語李塨："觀足下九容之功不肅，此禪也，數百年理學之所以自欺也。"馮辰、劉調贊《李塨年譜》卷二，康熙二十八年（1689），陳祖武點校，中華書局，1988年，第41—42頁。

〔2〕　"牛毛繭絲"之說見黃宗羲《明儒學案·發凡》。"事上磨鍊"之說見王陽明《傳習錄》，黃宗羲關於此問題之討論，可參《明儒學案》卷十七《歐陽德傳》，沈芝盈點校，中華書局，1985年，第361頁。

〔3〕　譬如南中王門唐順之一生規仿陽明，欲效其以事功見世，雖不顧非議，因嚴嵩舉薦出山，卒敗亡以終。不知陽明之有成，非先得本心，隨後"物來順應"而通兵法，而是先習兵法，後返本心。且其帳中，亦頗得謀士許孚之力（參《明儒學案》卷十《姚江學案》）。陽明早歲學問雜博，後反身而誠，證悟本心。其弟子乃竟欲直證本心而不必讀書，此王學所以衰也。質諸佛家，禪門早期諸大德，皆先通經教，之後受頂門一錐而桶底脫落。及晚唐教門零落，其習禪者僅從語錄入，唯規仿其祖師之瞬目揚眉、指方畫圓，而禪宗以衰。

〔4〕　拙作《师教与博学：罗汝芳与晚明王学的精神转折》，《复旦史学集刊》第三辑，复旦大学出版社，2009年。收入拙作《王學與晚明師道復興運動》（增訂本）第四編第二章第一節，稍作修改。關於劉蕺山，另參該書第四編第二章第三節。

　　明人講學，至徒以心覺爲宗，盡屏聞見，以四教六藝爲桎梏，是不以規矩便可用其明，不以六律便可用其聰。於是强者持其理以與世競，不復顧尊卑上下之分，以全至誠惻怛之情；弱者持其心以爲道存，不復求《詩》《書》禮樂之術，以爲脩齊治平之本。以不屈於君父爲能，以屏棄文藝爲學，真邪説誣民，孟子所距者也。孟子之學，在習先聖之道，行先王之道。習先聖之道，行先王之道，必頌其詩、讀其書，博學而詳説之，所謂因也。（其下歷數伏羲神農以來歷聖之相因。）先王之道，載在六經，非好古敏求，何以因，即何以通變神化、何以損益。故非習則莫知所因，非因則莫知所述。孔子云："述而不作，信而好古。"孟子云："爲高必因丘陵，爲下必因川澤。"其義一也。彼但憑心覺者，真孟子所距者也。

　　焦氏論因，以"通變神化"相期，誠不爲無見，然惟以"頌其詩、讀其書"爲言，此清儒所以深陷故紙堆中，難以另開新局。[1]顧既能以知性自我磨礪，此近人所謂科學方法也，[2]

<hr />

〔1〕　清儒段玉裁言二十一經，以爲除十三經外，《大戴禮記》、《國語》、《史記》、《漢書》、《資治通鑑》、《説文解字》、《周髀算經》、《九章算術》皆當列爲經典，蓋經因學變，清儒之學術體系已與宋明儒大異其趣。其以《周髀》、《九章》爲經，則已有見於數度之學之復興也。當乾嘉之時，晚明以來西方數度之學傳入者尚淺，此議尚無可厚非。然二書所以終無以稱經者，蓋道光以後，西洋數度之學迅速傳入，習傳統數度者亦不得不改弦更張，以西學爲宗也。既無傳習者，則有史而已，安得稱經？

〔2〕　較早論證清代漢學家治學方法與科學相通的是胡適，參其1919年所撰《清代漢學家的科學方法》，收入《胡適文存》，歐陽哲生編《胡適文集》第2集，第282—304頁。胡適也是較早清理晚清以來以朱子學爲科學方法者。

亦未始非守先待後。至其批評宋儒之卑視君權,言之振振有詞,正可見高壓政治之下,清儒精神頹靡之狀。有清之世,君主私人之虐厲乃人所共見,焦氏尚侈談"尊卑上下之分"、"至誠惻怛之情",真無心肝者也。宋明儒所以能自任師道者,即本儒先內聖之學。且孟子前文多以仁爲言,本篇則首言智,焦氏不察,惟津津於一端,非孟子本旨也。

是以惟仁者宜在高位。不仁而在高位,是播其惡於衆也。上無道揆也,下無法守也,①朝不信道,工不信度,②君子犯義,小人犯刑,③國之所存者幸也。④故曰:城郭不完,⑤兵甲不多,⑥非國之災也;田野不辟,⑦貨財不聚,非國之害也。上無禮,下無學,⑧賊民興,⑨喪無日矣。⑩《詩》曰:⑪'天之方蹶,⑫無然泄泄。'⑬泄泄,猶沓沓也。⑭事君無義,進退無禮,言則非先王之道者,猶沓沓也。故曰:責難於君謂之恭,⑮陳善閉邪謂之敬,⑯吾君不能謂之賊。"⑰

【簡注】 ① 揆,度(duó)。朱子注:"道揆,謂以義理度量事物而制其宜;法守,謂以法度自守。"上、下乃相對而言,分指高位與下位之人。如君與大臣,大臣與小臣,皆可言上下。② 朝(cháo),朝廷,官府。工,工匠。度,法度。③ 君子,此處指有位者。小人,庶人。犯義,違犯禮義。犯刑,觸犯刑律。④ 幸,僥倖。⑤ 城郭,城池。完,修繕。⑥ 兵甲,兵器、甲冑。

⑦ 辟，墾闢。⑧ 學，此處指學習法度。⑨ 賊民，亂民。⑩ 喪，喪亡。無日，不用多久。⑪《詩》，《大雅·板》之篇。⑫ 蹶（jué），跌倒，顛覆。⑬ 無然，不要。泄泄，和柔而立不起來。⑭ 沓沓，像水流一樣委蛇柔順（據《說文解字》附五代徐鉉說），猶時下俗語“軟塌塌”。⑮ 責難於君：用更高的尺度要求君。謂之，可謂。⑯ 陳善，陳說善道。閉邪，封閉其邪心。⑰ 賊，害。吾君不能謂之賊：（那些說）“我君做不到”（的人），其實是在害君。

【講疏】　仁政之義已如上述。仁者在高位，雖有仁心仁聞而不行先王之道者亦有之矣，然終有以先王之道行者。若不仁者之在高位，是上無道揆也；儻無大人“格君心之非”（見後文），是下無法守也，則鮮有能行先王之道者。蓋政既不仁，儻依制度之勢行之，則爲害更劇，所謂“播其惡於衆也”。故由道揆、法守之關係，可覘孔門君臣之大義。孟子前文引王良不爲嬖奚駕御一事（《滕文公下》），是亦所謂法守。故儒者之於君，當“學然後臣之”，是在下者之有法守，則於在上者有師道矣。君儻無道揆，則臣當以先王之道揆之，且以此正君，是法守之用也。上有道揆，下雖未必有法守，然在上者終能正之。反之，若上無道揆，下無法守，則國之不亡者幸矣。

顧道揆、法守之義並不限於政治。“朝不信道”、“君子犯義”，是皆無道揆；“工不信度”、“小人犯刑”，亦皆失於法守。儻抽象言之，能直道（依仁）而行即是道揆，能守其法度即是法守。此道揆實與《大學》“絜矩之道”相應。惟“絜矩之道”但言

"直道"之原則,〔1〕道揆則連物而言。故所謂揆度者,用智也。儒者之道雖以仁爲本,然智亦有其獨立之意義,是所以爲"達德"。有此智,故能因其物類而通之,是所謂術;術各隨其物類,故百家方術生焉;方術既有合於物,是有規律可循,則"制而用之之謂法"(《繫辭上》);〔2〕而對物之具體度量,曰度,即上文"工不信度"之度。法、度皆與物相合者,故常連言,如《論語・堯曰》"謹權量,審法度"是也。術之含義本章雖未明言,固孟子慎術之説所隱含者。孟子曰:

> 矢人豈不仁於函人哉?矢人唯恐不傷人,函人唯恐傷人。巫匠亦然,故術不可不慎也。(《公孫丑上》)

矢人、函人其術不同,然皆可謂術也。儻泛言之,此即莊子所言百家各得一曲之方術。〔3〕孟子"慎術"之論雖本旨在

〔1〕 參拙作《説"絜矩之道"》,《中國文化》2019 年秋季號。

〔2〕 焦循云:"若無道術,則不能揆度。不能揆度,則不能'制而用之之謂法'。""制而用之之謂法",語出《繫辭上》。按焦氏所言大體不謬,惟其所謂道術,乃本諸賈誼《新書・道術篇》:"道者,所從接物也。其本者謂之虚,其末者謂之術。虚者,言其精微也,平素而無設施也。術也者,所從制物也,動靜之數也。"此動靜之數當即《荀子・君道》所謂"官人守數,君子養原"之數。然則賈誼所謂術與孟子所謂法,乃道一物結合體之兩極。就其形而上之道一面言,則爲術;就其形而下之物一面言,則爲法。《繫辭上》所謂"見乃謂之象,形乃謂之器,制而用之之謂法"。法即就形而下之器而言。故所謂揆,乃心之揆度萬物以合道也,故在心爲術,在物爲法。其能合道之術則爲仁術。道之虚可爲前提,術不可爲前提也。術乃揆度之時,因物而顯現者也。此術當即莊子及宋儒所謂理。然則揆度不可與術分言,如焦氏所謂"若無道術,則不能揆度",是尚未體會此間微妙之别。參考前文所引司馬談《論六家要旨》"有法無法,因時爲業;有度無度,因物與合",則道揆之義旨可明。此節問題尚多,另擬專文探討。

〔3〕 參《莊子・天下篇》。

言仁術，故言矢人不仁於函人，然亦由此可覘孟子之思維結構。其“仁術”之説另見《梁惠王上》：

> 王笑曰：“是誠何心哉？我非愛其財而易之以羊也，宜乎百姓之謂我愛也。”（孟子）曰：“無傷也，是乃仁術也，見牛未見羊也。君子之於禽獸也，見其生，不忍見其死；聞其聲，不忍食其肉。是以君子遠庖廚也。”

仁心雖可以無別，然此心處於具體情境，卻有術之不同。孟子雖未明言，<u>然其道—術—法—度四分之心物結構，誠可謂呼之欲出。所言道揆，與墨子“天志”之層次大體相應。</u>[1]惟本章大旨言道揆、法守，其術之層次即分別隱含於道、法之中，後世或以“方法”連言，即所謂術也。黄老及法家後皆有重術一派，亦與此一結構有關。此結構與荀子道物一體之名理架構亦稱密合，荀子所無者，在未能復其本心之仁耳。[2]

以德性論言之，所謂道揆者，能依天道及本心之仁，以度其物，故能由其義，合其禮，而達智之境。能如實守其義禮智，即是法守。此道揆即相應於五常之義理智，分言之，則言義、言禮、言智皆可。所謂“朝不信道，工不信度”者，不智也；“君子犯義，小人犯刑”者，不義也；“上無禮，下無學，賊民興”者，

---

〔1〕《墨子·天志中》：“子墨子言曰：‘我有天志，譬若輪人之有規，匠人之有矩。輪、匠執其規、矩，以度天下之方員，曰：‘中者是也，不中者非也。’今天下之士君子之書，不可勝載，言語不可盡計，上説諸侯，下説列士，其於仁義，則大相遠也。何以知之？曰：我得天下之明法以度之。’”

〔2〕參拙作《早期儒家的名辯思想：孔子到荀子之間》，《新經學》第五輯，上海人民出版社，2020年。

無禮也。顧此皆就一國之大勢言,若君子者,於天下之興亡不可塞責者也,是道揆、法守之樞紐也,故下文但就君子所行爲言,言天下且行將傾覆矣,豈可"事君無義,進退無禮,言則非先王之道"乎?此三句亦分別對應無義、無禮、無智,即無道揆之謂也。所以失其道揆,亦因無所守。孟子故以沓沓稱之。既言無所持守,故朱注"怠緩悦從"之説實爲得之。〔1〕

除修身以外,法守尤當見之於正君。故下文僅就事君一義詳爲剖析,言亦當合乎義、禮、智。蓋君臣義合,責君以難,猶杜甫所謂"致君堯舜上",此人臣之大義也,是以聖賢之所行期之,是所謂恭。若"陳善"者,是導君以禮,是亦敬君也,所以見人臣之禮。至於"閑邪",焦氏引《吕氏春秋·君守篇》"外欲不入謂之閑"以釋之,其説良是。惟以陳善爲"婉陳其善道",且以此爲孔子諷諫之法,則不惟於《孟子》本文之大義未能瞭然,是亦誣孔子也。其説云:

> 《吕氏春秋·君守篇》云"外欲不入謂之閑"。乃不知所以閑之之道,而婞直以觸之,矯拂以爭之,言不可得而

---

〔1〕 按沓沓之義,孟子本以釋泄泄,清以後學者頗以詍釋泄,且引《荀子》楊倞注以"多言"釋之。錢大昕《潛研堂文集》即云此章孟子之義在"惡多言也"。蔣仁榮乃進而云:"蓋多言之人,恒好改制,以先王之道爲不足法,而迎合時君之制,作法以病民,國家之亡常由於此。"見氏著《孟子音義考證》,《清經解 清經解續編》第十三册,第 6748 頁。此皆不明大義,强爲之訓者也。知道揆、法守之義,則義旨自明。實則泄泄即《左傳》隱公元年姜氏所賦之"融融"、"泄泄"。融融或作"彤彤",洪亮吉云:"《思玄賦》舊注:'泄泄、彤彤,皆和貌。'按:泄,諸本皆作洩,因避唐諱。今訂正。"氏著《春秋左傳詁》卷五,第 188 頁。以和樂爲言,《左傳》取其褒義,孟子取其貶義,皆是也。即此可見,孟子所云"先立乎大",於訓詁之學亦有極大意義。當此之際,清儒所謂"由詞以通其道"者安在哉?

入，邪究不可閉塞，且激而成害矣。故欲閉其邪，惟婉陳其善道，善道明則邪心自絕。此所以爲恭爲敬。《白虎通・諫諍篇》云："人懷五常，故知諫有五。其一曰諷諫，二曰順諫，三曰闚諫，四曰指諫，五曰陷諫。諷諫者，智也。……順諫者，仁也。……闚諫者，禮也。……指諫者，信也。……陷諫者，義也。"……孔子曰："諫有五，吾從諷之諫。"事君進思盡忠，退思補過，去而不訕，諫而不露。故《曲禮》曰："爲人臣，不顯諫。纖微未見於外，如《詩》所刺也。"孔子取諷諫，則指與陷所不取也。

所謂陷諫，據《公羊》及《孔子家語》作贛諫，[1]憨諫，强諫也。《白虎通》以五諫爲言，孔子雖取諷諫，然未必盡棄其餘，焦氏所謂"指與陷所不取也"，亦唯以一己之私見，所謂"婉陳其善道"爲據耳，孟子上下文何嘗有婉陳之意？且焦氏所疏者趙岐之注也，趙氏亦但云"陳善法以禁閉君之邪心"，亦無婉陳之意。然則焦氏所以如此者，亦不過爲時輩之未能以師道自任自文耳。顧陳善雖可閉邪，閉邪則未必皆由陳善也，故趙氏以陳善爲閉邪之前提，亦非孟子原義。蓋導君以善道遵常禮即可，欲閉君之邪心，後文所謂"格君心之非"，則非智不能。故由責難、陳善、閉邪可見事君之義、之禮、之智，亦事君之道揆也。若徑云"吾君不能"，則不惟無禮、無義，抑且自承無智矣。

綜上所述，孟子以道揆之層層遞進，示君子所以揆道之

---

〔1〕 陳立《白虎通疏證》卷五《諫諍篇》"論五諫"疏證，第236頁。

方,學者儻能舉一反三,則於此道,當思過半矣。

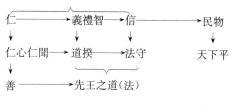

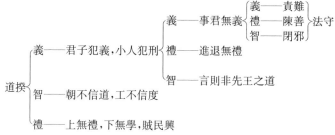

第 二 章

孟子曰:"規矩,方員之至也;^①聖人,人倫之至也。欲爲君盡君道,欲爲臣盡臣道,^②二者皆法堯舜而已矣。^③不以舜之所以事堯事君,不敬其君者也;不以堯之所以治民治民,賊其民者也。^④孔子曰:'道二:仁與不仁而已矣。'暴其民甚,^⑤則身弒國亡;^⑥不甚,則身危國削。^⑦名之曰'幽厲',^⑧雖孝子慈孫,百世不能改也。《詩》云^⑨'殷鑒不遠,在夏后之世',^⑩此之謂也。"

【簡注】 ① 方員，方圓。② 君道，爲君之道。臣道，爲臣之道。③ 法，取法。④ 賊，害。⑤ 暴，殘暴。甚，太過分。⑥ 弑，下殺上。⑦ 削，削弱。⑧ 幽、厲，依諡法，壅遏不通、動祭亂常曰幽，殺戮無辜曰厲。此處分指周幽王、周厲王。⑨《詩》，《大雅·蕩》之篇。⑩ 鑒，借鑒。夏后，代指夏。

【講疏】 方圓皆物之形，代指宇宙萬物之相用。規矩乃方圓之所出，代指事物自然之理。《易》云"乾道變化，各正性命"，言各得其理、各盡其用也。人道則或有未盡其用者，此猶畫方圓而未必盡合規矩。故規矩可以正方圓，所謂"方圓之至也"。此處孟子純以數度之眼光出之，其意若曰，儻欲事物得其形器之用，當先明事物自然之理也。須知規矩非事先給定者，乃盡方圓之理者。初民摶土構木，隨手畫爲方圓，亦得其陶甑屋廬之用。然必待"垂作規矩準繩"，[1]乃漸得規矩之用，以是知規矩乃方圓之理，須待求始明。若規矩之表現於方圓之外，如律呂、算術、天文、地理諸事者，則統言曰規律。馴致其道，即可開出純粹知性之學，如墨家是也。儒者之必不廢墨學，即此可知。若墨家，則不必其能容真正之儒者。

人爲萬物靈長，雖有萬物之形，然未嘗爲數度所限，而另有其人倫之理。能通達此理，從容中道者，聖人也。故曰"聖人，人倫之至也"。人倫本括道德、政治二途，古人故以修己、治人稱之。政治乃討論人群之以權力相結，是即君權也。此君權，即人群之總體而言，則爲公共性君臣關係；就其由具體

---

〔1〕《世本·作篇》，宋衷注，秦嘉謨等輯《世本八種》，中華書局，2008年。

政治集團或個人踐行此權力言之，則爲私人性君臣關係。[1]孟子此處以君臣關係爲言，誠可謂得政治之要矣。

能盡君臣之道者，非堯舜莫屬，皆法天者也。"唯天爲大，唯堯則之，蕩蕩乎，民無能名焉。"（《論語·泰伯》）"無爲而治者，其舜也歟？"（《論語·衛靈公》）故堯舜禪讓，君臣並爲聖王。蓋政治之有堯舜，猶方圓之有規矩，堯舜乃政治之圓滿者，猶規矩乃方圓之圓滿者。以舜之盡事君之道較之，未能如舜之所以事堯事君，皆不盡其敬君者也，不敬失禮；以堯之盡爲君之道較之，未能如堯之所以治民臨民，皆賊害其民者也，害民失義。不知法堯舜所以盡君臣之道，則必暴虐其民，或"身弑國亡"，或"身危國削，名之曰幽厲，雖孝子慈孫，百世不能改"，是不智也。儻能法殷之以夏后爲鑑，則智矣。此章以義禮智三途糾勘不以堯舜之法盡君臣之道者，亦上文所謂道揆也。

申言之，政治乃人倫之一域，所謂聖王，即由政治實踐所表現之聖人。夫聖人多方，於不同情境各有能體現其圓滿者，皆聖人也。此所以伯夷之清、伊尹之任、柳下惠之和，各極其致，孟子皆許爲聖人。至於無可無不可，得其時止時行之宜者，惟孟子所願學之孔子，故云："出於其類，拔乎其萃，自生民以來，未有盛於孔子也。""以予觀於夫子，賢於堯舜遠矣。"[2]蓋聖人乃德性之圓滿者，聖王則此圓滿之德性由政治體現者，與孔子之集大成相較，堯舜亦偏至之聖人也。故引

---

〔1〕 參《梁惠王上》第三章講疏。
〔2〕 此《公孫丑上》第二章所引有子、宰我之言。

孔子"道二,仁與不仁而已矣"一語收束之,則堯舜君臣之道始
不落空,是所謂人倫之至者,孔子也。學者詳讀孟子此章,不
惟知取法先王之道,亦當知如何法之,蓋非法其陳跡也,法其
可法者而已矣。故於堯舜法其盡君臣之道,於湯武法其民貴
君輕,於文王法其庶民子來,於周公法其制禮作樂,〔1〕於伯
夷、伊尹、柳下惠法其清、任、和,反覆淬鍊,歸本於仁,庶幾能
有得於孔子之"時"也。

第 三 章

孟子曰:"三代之得天下也以仁, 其失天下也以
不仁。國之所以廢興存亡者亦然。天子不仁, 不保四
海; 諸侯不仁, 不保社稷; 卿大夫不仁, 不保宗廟;
士庶人不仁, 不保四體。①今惡死亡而樂不仁, 是猶惡
醉而强酒。"②

【簡注】　① 四體,四肢。此處指身體。② 强(qiǎng),
勉力。

【講疏】　此承上文"道二,仁與不仁而已矣"、"雖孝子慈
孫,百世不能改也"。何以不能改? 經者,常也。仁道乃人類
恒常之法,雖百世亦不可違也。《中庸》:"道也者,不可須臾離

---

〔1〕 參《滕文公下》第九章講疏。

也,可離非道也。"或問:"然則五帝三王而外,其不行先王之道者亦衆矣,如秦代法家暴政,亦可煊赫一時,何必以先王之道嚚嚚相告?"

是曰不然。始皇一統,其興也勃焉,其亡也忽焉,此即孟子所言"天子不仁,不保四海"。蓋政治所以群人,惟仁可以合人群乃至天地萬物爲一體。仁德既喪,則一體之義已失,其不能保天下、國、家、己身者,皆理所必至。孟子歷觀三代以來天下、國家廢興,而探本言之,以見不仁之害。此如醫者治人,先明致病之由,復言治病之法。醫家以"治未病"爲最高,此攝生之要道也,然世間能遵之者蓋鮮,故病者常見,而無病者罕有。此或不明病理(不智),或雖知其理而未能守之也(無勇)。及病入膏肓,乃復求延命之法,豈可得哉?故孔孟之道,自昔以爲"迂遠而闊於事情",不知二子皆實語者,非權語者。以此縱觀百家之學,則知其頭痛醫頭、腳痛醫腳,而終無以由根源救衰起弊,亦有由矣。

至於百世,蓋亦有説,《論語·爲政》:

> 子張問:"十世可知也?"子曰:"殷因於夏禮,所損益可知也。周因於殷禮,所損益可知也。其或繼周者,雖百世可知也。"

或言百世僅三千年,故儒學不足以應未來之變,此曲説也。蓋"天行有常","天不變道亦不變",此以百世之久代言政治之理不可破而已。政治所以群人,人群以仁道相結則生機不滅。儻宇宙之生機不滅,則聖人之道不可改。此經學所以爲常道也。

　　百世之常法既不變,則三代亦可知矣。言三代者,自其往古來今之“時”言也。言天子、諸侯、卿大夫、士庶人者,自政治結構之“位”言也。時位即今人所謂宇宙時空。使宇宙保持其生機者,即仁也。惡死亡而樂不仁者,不智也,是不能以道揆度者也。

第 四 章

　　孟子曰:“愛人不親反其仁,治人不治反其智,禮人不答反其敬。①行有不得者,皆反求諸己,②其身正而天下歸之。《詩》云:‘永言配命,自求多福。’”③

　　【簡注】　① 反,自反。反其仁、反其智、反其敬:自反其是否能仁、能智、能敬。② 不得,不順。諸,之於。③ 見《公孫丑上》第四章。

　　【講疏】　本篇主旨言道揆。顧揆道之法,亦當有其層次。故《孟子》下章云:“人有恒言,皆曰天下國家。天下之本在國,國之本在家,家之本在身。”《大學》:“物有本末,事有終始,知所先後,則近道矣。”儒學以生命爲歸宿,故揆道之方,先度其本。言本末者,本大而末小,此經學小大之辨,[1]亦孟子“先

─────────

[1] 小大之辨可參拙作《德性與工夫:孔門工夫論發微》,收入楊乃喬主編《中國經學詮釋學與西方詮釋學》,中西書局,2016 年。另參《告子》上下篇講疏。

立乎大,則其小者不能奪"之義。《大學》:"自天子以至於庶人,壹是皆以修身爲本。"此以修身括格致誠正也,故"其身正而天下歸之"。本章所論"反其仁"、"反其智"、"反其敬",皆指修身而言。《大學》:"所謂知本,知之至也。"

第 五 章

孟子曰:"人有恒言,① 皆曰'天下國家'。 天下之本在國, 國之本在家, 家之本在身。"

【簡注】 ① 恒,常。

【講疏】 此章之義見上。[1]此下二章分言國之本在家,天下之本在國,亦本章所攝。

第 六 章

孟子曰:"爲政不難, 不得罪於巨室。①巨室之所慕, ②一國慕之; 一國之所慕, 天下慕之; 故沛然德教溢乎四海。"③

---

〔1〕 唐文治《孟子大義》:"此孟子傳曾子之學也。"

【簡注】　① 巨室，世家大族。② 慕，向慕。③ 沛然，豐沛之貌。溢，充溢。

【講疏】　所謂巨室，即指卿大夫之家。家事不可言政，冉有爲季氏宰，自言“有政”而孔子譏之。[1]本章所言爲政，即國事言也。蓋君權之層次有二，其一曰政權，其二曰治權。當周之世，政權自天命及分封而來，治權則自設官分職而來。所謂分職者，分掌其事也。當孔子之時，世俗所言爲政雖可指代從政，[2]然普通所謂爲政之道，仍指擁有政權之君，處理政權與治權關係之法也。故子曰：“爲政以德，譬如北辰，居其所而衆星拱之。”（《論語·爲政》）此言理想的爲政之道。衆星之於北辰，即治權之於政權也。衆星所以拱之者，如萬民之歸往王者，此“爲政以德”之效。[3]萬民之來歸往，乃歸往其仁，然王者之仁不在其仁心仁聞，而在其能行仁政。能行仁政者，不惟能仁，且當有其智，此亦上文所謂道揆之謂。然則“不得罪於巨室”何謂也？

當孟子之時，三家既已分晉，田氏亦已代齊，此皆卿大夫之家能得民心，所謂“巨室之所慕，一國慕之”，終於傾覆其君國。《易》云：“城復于隍，其命亂也。”言下既失扶而城牆傾圮，

---

[1]《論語·子路》：“冉子退朝，子曰：‘何晏也？’對曰：‘有政。’子曰：‘其事也。如有政，雖不吾以，吾其與聞之。’”

[2]《論語·爲政》：“或謂孔子曰：‘子奚不爲政？’子曰：‘《書》云：“孝乎惟孝，友于兄弟，施於有政。”是亦爲政，奚其爲爲政？’”

[3]今人亦言“爲政以德”，此德乃世俗所言道德之義，實與孔子相違。蓋孔子所謂德乃天德也，必如大舜之“無爲而治”，方可以如北辰之端拱於上。

是其象也。[1]故知家乃國之本，爲政不得罪於巨室，是亦道
撰之一義也。

　　顧家之義尚不止此，兹即孟子所言，略發其覆。家，甲骨、
金文多作豕在宀下，反映原始時代家畜馴養之事實。《説文》：
"家，居也。"蓋本爲家居之所，後引申爲家庭，所謂"男以女爲
室，女以男爲家"。[2]據甲骨文，殷人多以"族"之名指代家
族，至西周，貴族之宗族多以"家"爲言。[3]此蓋殷周語言習
慣之不同使然。此時家、族已具政治功能，蓋由血緣相近之家
庭，進而爲族群相合之家族矣。

　　摶結古代民衆之方式，除家外，亦有里社。《周禮·地官》
所謂州、黨、族、閭、比。鄉則有大夫，其下有州正、黨正、族師、
閭胥、比長。[4]由此結成之關係，曰鄰里、鄉黨。[5]家則既爲
宗族之組織，亦是政治之組織。由卿大夫之主持祭祀言，爲血
緣及宗教組織；由卿大夫之統治權力言，爲政治組織。故家乃
國之基本組織形態，是爲國之本。

　　春秋以降，私學勃興，其師弟之間乃成一新興組織形態，
較鄉黨之聯繫或密，較宗族之聯繫或疏。其師弟相傳，得成一

─────────

[1]　此《周易·泰卦·上六》小象之辭。原文言下不知用命，此言下不用命之後果，
　　　其象相同，非可膠執也。
[2]　《左傳·桓公十八年》："女有家，男有室。"
[3]　此係對早期家族研究之觀感，確切與否，尚有待時賢指正。朱鳳瀚認爲，"西周
　　　晚期貴族世家之内已仿效王朝官吏而建立了一套完整的官職設置"。而家臣
　　　"奉所服事之貴族家主爲'君'，奉其家室爲'公室'。……他們各自的家族亦是
　　　一個有著獨立宗教祭祀活動的宗法制團體"。見氏著《商周家族形態研究》，天
　　　津古籍出版社，2004年，第319─320頁。
[4]　參孫詒讓《周禮正義》卷十七，王文錦、陳玉霞點校，中華書局，1987年。
[5]　《論語·雍也》："以與爾鄰里鄉黨乎！"

學派者,亦可稱家,故有儒、道、墨諸名目。然則家乃可指代學術組織矣。學術之有家法亦承此而來。

學術組織稱家,蓋因其組織形態,與卿大夫之家類似。然其組織方式亦因學術之不同而有異。其有代表性者厥爲儒墨二家。墨家者流,以鉅子爲最尊,上之使下也,如身使臂,其義源出墨子之"尚同"。故門徒之奉鉅子,如臣之奉君,而以服役者自處。《淮南子》所謂"墨子服役者百八十人,皆可使赴火蹈刃,死不還踵,化之所致也"。[1]楚陽城君死,鉅子孟勝自殺,弟子百八十人一同就死,[2]可爲明證。故墨家之組織,其誠意尚存者,則如宗教團體,鉅子即教主也。[3]道家者流亦以弟子服役,與此相類。近世俗學,強調沖決網羅,舍生赴義者,原本墨學者也。及其末流,強調"整齊劃一"、保持一致,在下者乃如臣僕事上,上下無復誠意,純以利益相結,終至紛爭交訌,其道餒矣。

至於孔孟,則主師友義合,不合則去,蓋"以力服人者,非心服也,力不贍也;以德服人者,中心悦而誠服也,如七十子之服孔子也"(《公孫丑上》)。故孔子卒後,弟子廬墓三年,不忍便去。見有子之類夫子,即欲師之。終因曾子諸人之反對而作罷。[4]否則儒家之組織亦同墨家矣。故夫子病中,子路欲以門人爲臣,夫子不悦,"由之行詐也,無臣而爲有臣。吾誰

---

〔1〕《淮南子·泰族訓》,何寧《淮南子集釋》卷二十,中華書局,1998年。

〔2〕《呂氏春秋·上德》,陳奇猷《呂氏春秋新校釋》,第1266頁。

〔3〕梁啓超即持此論,參《先秦政治思想史》墨家思想三,東方出版社,1996年,第164—165頁。

〔4〕參拙作《孔曾禮學探微》,《中國經學》第26輯,廣西師範大學出版社,2020年。

欺,欺天乎？且予與其死於臣之手也,無寧死於二三子之手乎？"(《論語・子罕》)此明言夫子不欲弟子之效忠。近世章太炎言"觀春秋時,世卿皆稱夫子。夫子者,猶今言老爺耳。孔子爲大夫,故其徒尊曰夫子,猶是主僕相對之稱也",是誣孔子也。[1]蓋孔門之待弟子,非欲其亦步亦趨,而是"君子群而不黨"、"和而不同",相互人格獨立,能以道義相結。其黨同伐異,"黨同門而妒道真"者,[2]皆孔子之所棄。此所以近世康有爲之盛倡孔教,以宗教改造孔學,雖自命爲儒者,而識者知其非正也。至其繼康而興者,多熊十力所謂"海上逐臭之夫",[3]實章太炎所謂"以儒術兼縱橫",此儒學之大蠹也,豈可以真儒視之?[4]

申言之,家即社會人群之組織,能合同其家者,即所謂齊家。儒家之同,大同也;墨家之同,重同也。墨家所求在整齊劃一之尚同,儒家則本孟子所謂"物之不齊,物之情也"(《滕文公上》),故於不齊中見其齊。此儒墨根本相異之處。儻以其組織方式之嚴苛與自由判分之,則儒墨分別代表家之兩種典

---

〔1〕 章太炎《諸子學略説》,參《公孫丑上》第三章講疏。

〔2〕 劉歆《移讓太常博士書》曾以此理由譏刺當時之今文學家。其説雖未必是,然西漢今文經學之受墨學影響,如董仲舒,則是極爲顯然的。

〔3〕 熊十力《戒諸生》:"吾國學人總好追逐風氣,一時之所尚,則群起而趨其途,如海上逐臭之夫,莫名所以。曾無一刹那,風氣或變,而逐臭者復如故。"又云:"逐臭者,趨時尚,苟圖媚世,何堪恬淡? 隨衆勢流轉,僥幸時名,何堪寂寞? 逐臭之心,飄如飛蓬,何能專一? 自無抉擇之智,唯與俗推移,無所自持,何能恒久? 故一國之學子,逐臭習深者,其國無學,其民族衰亡徵象已著也。"其説誠深中時弊,然此風至今未已。學者淺嘗輒止,曲學阿世,人心之壞,至此極矣。熊説見《十力語要》,中華書局,1996年,第62—64頁。

〔4〕 參《梁惠王上》首章講疏所論僞儒之義。

型。此姑名之爲家之儒學形態與家之墨學形態。儻以制度淵源而言，禮求其別異，而法求其尚同，則儒家乃禮制型之家，墨家乃法制型之家。家之形態後世雖變化綦繁，且不必盡宗儒墨，然兩種類型可以貫徹始終。儻以此衡量其他社會形態，亦未爲不可。如法國社會學家迪爾凱姆所論之機械團結，此法制型之家也；所謂有機團結，此禮制型之家也。有志者其深求之。

如前所述，卿大夫之家兼顧血緣與政治，是禮法合一。或有民間勢力，遊離政治之外，則目之爲氓，爲野人。其能歸化者，則爲遂大夫所統率，此與周代鄉遂制度相應。[1]其不能歸化者則目之爲盜，如鄭國萑苻之盜，魯國盜跖，即其著者。[2]春秋以降，分封體制逐漸解體，世卿制終爲郡縣制之一元化管理所取代，大夫之家漸趨漸滅。至漢代，普通編户齊民已多五口之家。[3]另有民間勢力，如諸子百家，所謂遊士也。遊士以出仕干禄者爲多，而以儒墨二家爲盛，養士乃成一時新風。其能以政治權力招納遊士，堪稱巨室者，以齊之孟嘗、趙之平原、楚之春申、魏之信陵所謂"四公子"爲最。

---

[1] 孟子關於野人之義，可參《公孫丑上》第五章講疏。鄉遂之制，可參楊寬《西周史》第三編第五章。

[2] 萑苻之盜，見《左傳》昭公二十年。盜跖，《莊子·盜跖》載其"從卒九千人，橫行天下，侵暴諸侯，穴室樞户，驅人牛馬，取人婦女，貪得忘親，不顧父母兄弟，不祭先祖"。蓋貴族反叛與民間勢力之結合。

[3] 文獻所載，漢人多五口之家，如《漢書·食貨志》所引晁錯之説。池田温、許倬雲、葛劍雄等對此皆有研究。參岳慶平《漢代家庭與家族》，氏著《漢代家庭與家族結構》，大象出版社，1997年，第6—10頁。另，杜正勝曾撰《傳統家族試論》一文，提出所謂"漢型家庭"、"唐型家庭"，其中"漢型家庭"即以夫婦、子女爲主的核心家庭。參前引書，第3—4頁。

　　至漢代，諸侯王尚有養士之風，儒墨之家亦形分化。民間亦有朱家、郭解之徒，急人所難，與侯王分庭抗禮，此太史公所謂"俠客"也，[1]尚存墨者之風，惟墨者之學術不存耳。其學術則或闌入道教，《墨子》後入道藏，可見墨家與道教相合之消息。今《墨子》書中《迎敵祠》、《旗幟》諸篇頗與道教徒氣味相投，或秦漢方士中尊墨者所為也。前人頗疑秦漢以後何以墨家不見蹤影，不知其分化如此。蓋卿大夫家之祭祀宗教功能，部分化為民間風俗，部分乃與新興方士結合，並因讖緯等之催化，形成道教。後世民間宗教、佛教僧團、居士結社等皆與此類，亦可稱家也。

　　至於儒家，則因博士弟子員制度之建立，亦形分化。其門生故吏，與座主及上司以君臣關係相結，皆儒學而雜染墨風者也。其以師道自任，群而不黨，不曲學阿世如魯儒者，乃微承孔孟以來儒者之遺風。

　　學派而外，家之又一典型厥為魏晉以降之門閥。門閥之構成，端在核心家族與依附此核心家族之部曲。此核心家族即普通所謂士族，乃承東漢以經術取士之閥閱名家而來，部曲則或同姓或異姓。門閥實綜合血緣與政治之新型組織，乃春秋卿大夫家之變相復甦，經學亦由士族承傳，所謂詩禮傳家。

　　唐宋以降，門閥既沒落，乃有宗族之崛起，此新時代之家也。宗族以血緣家族為主，而以依附家族為輔（如聯宗）。隨人口流動日繁，城市崛起，民間社會日趨複雜，新興組織層出不窮，此在明代，如會館、講會、文社，皆家也。顧憲成云：

---

[1]　《史記》卷一百二十四《遊俠列傳》。

君子友天下之善士，況于一鄉？我吳盡多君子，若能聯屬爲一，相牽相引，接天地之善脈于無窮，豈非大勝事哉？此"會"之所由舉也。[1]

其組織尤嚴密者，如顏鈞之萃和會，何心隱之求仁會，何氏乃徑稱其會爲"孔子家"。[2]至明末，會乃多以"社"爲名，婁東張溥、張采所組織之復社爲其渠魁。此類會社雖可上溯至魏晉時代，然以晚明士大夫熱衷之程度及結社之自由，不可謂非當時之新現象。此皆民衆之自我組織，是亦家也。

明社既屋，清人乃極力掃蕩在野之會社，故有秘密社會興起，此專制時代家之厄也。終清之世，漢地傳統宗族雖亦保存，滿人亦有八旗制度，然較之明代，民衆之組織既不自由，亦較前簡單，此實華夏歷史變遷之逆流也。社會既無自由，其轉入秘密社會者爲生存計，多結黨相抗，對外以嚴苛之方式自律，對內以專制之方式執行家法，故其組織形態亦與專制君權同構。禮制型之家扼殺殆盡，法制型之家乃極度發展。蓋專制之世，民衆既乏組織，如同一盤散沙，其秘密社會則如此流沙中之孤島，乃政權以外勢力之集結。當政權足以彈壓此輩，則體制尚可維持；及政權腐化，內在統治力式微，則此孤島乃逐漸蠶食散沙，此清代拜上帝會、天理教、白蓮教興起之態勢也。其中拜上帝會乃一度建立政權，與清廷對峙十餘年。

近代以來，有識之士於中國社會之觀感，皆云一盤散沙，

---

[1]　顧憲成《涇皋藏稿》卷五《東高景逸（又五）》，文淵閣四庫全書本。
[2]　前揭拙作《王學與晚明的師道復興運動》中編第二章第二節。

蓋有由矣。其欲救亡圖存乃至"反滿"興漢者,或組織新軍閥如湘軍、淮軍;或投身會黨,如孫中山、康有爲,此皆家之法制形態也。其後蘇俄革命所以歆動中國者,即因其政黨組織足以摶結此一盤散沙。加以内憂外患,戰亂頻仍,戰時體制之中,民權所以相繼爲不同組織所代表,而終未能獨立者,即因法制型之家大行其道。然則近代之政黨亦家也。

縱觀歷史,魏晉以降,因五胡亂華之厄,卿大夫之家變相復活。唐宋以後,政治日趨專制,社會則日趨自由,此既因家之禮制形態發展,亦與士大夫師道精神相始終,非偶然也。惟金、元及清代,了無生氣。近世以來,民間組織能否自由發展,可以覘政治專制之程度。茲所以歷數家之歷史形態者,欲以明家之形態可變,然儒學所言修身齊家治國平天下之格局不可變也。所謂家,乃政權之外,社會勢力之有組織者。近世學人,不明家之時義,惟以血緣家族論之,此皆望文生義者也,安足以論經學?

第 七 章

孟子曰:"天下有道,小德役大德,小賢役大賢;天下無道,小役大,弱役强。[①]斯二者天也。[②]順天者存,逆天者亡。齊景公曰:'既不能令,又不受命,[③]是絶物也。'[④]涕出而女於吴。[⑤]今也小國師大國而恥受命焉,[⑥]是猶弟子而恥受命於先師也。如恥之，莫若師文王。師文王，大國五年，小國七年，必爲政於天下矣。《詩》云：⑦‘商之孫子，其麗不億。⑧上帝既命，侯于周服。⑨侯服于周，⑩天命靡常。⑪殷士膚敏，⑫裸將于京。’⑬孔子曰：‘仁不可爲衆也。⑭夫國君好仁，天下無敵。’今也欲無敵於天下而不以仁，⑮是猶執熱而不以濯也。⑯《詩》云：‘誰能執熱，逝不以濯？’”⑰

【簡注】　① 此處小大、強弱指勢力或力量而言。役，聽從。② 斯，此。天，天道，此處指自然之理。③ 令，出令。受命，聽從命令。④ 絶物，與物隔絶。⑤ 女，嫁女。⑥ 師，取法。⑦《詩》，《大雅・文王》之篇。⑧ 麗，數。億，十萬。不億，不止十萬。⑨ 侯，諸侯，鄭玄釋爲君。服，臣服。周服，指周之九服，據説是王畿之外由侯服、甸服直到藩服的九層拱衛系統。⑩ 侯服，商亡後其後代作爲諸侯，屬於侯服。⑪ 靡常，無常。⑫ 殷士，指宋君或高級貴族。膚，大。敏，敏捷。⑬ 裸（guàn），灌禮，灌又作盥。祭祀之初，以酒灌地以降神。將，助。京，京師。⑭ 爲衆之爲，猶爲高、爲深、爲政之爲。仁不可爲衆：遇到真正的仁者，是不可以倚仗人多的。⑮ 以，用。⑯ 執熱，手執熱物。濯，洗，此處指用涼水沖洗。⑰《詩》，《大雅・桑柔》之篇。逝，語詞。

【講疏】　所謂役者，服役於人也。趙岐注：“物，事也。”朱注以人釋物，大義亦不相遠。絶物猶言自我封閉，與外物相絶，人既與天地萬物爲一體，絶物是失其一體性矣。此章大義亦不難明，《梁惠王下》齊宣王問"交鄰國"之道，孟子曰："惟仁者爲能以大事小……惟智者爲能以小事大。"[1]本章所言雖稍異，而大旨可通。蓋當天下有道之世，國與國之間皆不失其一體性。德者得也，所謂小德、大德也者，乃以得天命與否言也。自其一體者觀之，是所謂大；自其分位者言之，是所謂小。故大德乃指受命於天之天子，小德乃指諸侯而言。夫小德之服從大德，即孔子所謂"天下有道則禮樂征伐自天子出"（《論語·季氏》），此大德者能以天下爲一體，與物無對，孔子所謂"天下無敵"，故亦能以大事小，存其小者，以保天下也。故本章引《詩》所言商之子孫服役於周以見意。

若無道之世，天子失德，不能得天下之歸往，則"禮樂征伐自諸侯出。自諸侯出，蓋十世希不失矣"。孔子所言蓋正與東周以來大勢相呼應。當此之際，所謂小大非言其得天命與否，乃言其力量之强弱也。故引齊景公嫁女於吳王闔閭，[2]以見其弱能事强，畏天之智。蓋惟畏天，始不失天下之一體性，此合天道者也，故云"斯二者皆天也，順天者存，逆天者亡"。能知順逆之理，是則智矣。故小德之從大德，仁也，樂天者也；小從大，弱順强，智也，畏天者也。

所以用師生喻大國、小國者，蓋大國之大，非天生者也，亦因其往昔能團結民衆，此或有合於天道者也。故大國之於小

---

〔1〕《梁惠王下》第三章講疏。
〔2〕此事《説苑·權謀篇》及《吳越春秋》皆有記載，參焦循《孟子正義》。《越絶書》稱吳王闔閭脅迫齊女爲人質，後其女悲思而死。參王夫之《四書稗疏·孟子下篇》。

國,猶人之先輩後輩,夫子所謂"以吾一日長乎爾",此弟子所當師法者也。儻以法大國爲恥,則莫若法聖王,此即上文所謂先王之道。昔文王以百里王天下,以商之盛,子孫之衆,而終臣服於周,此"小德役大德"也。今之大國小國皆遠過百里之地,孟子度其時日,言儻師文王,大國五年、小國七年,必能爲政於天下。蓋能師文王而盡其德,則天下有道矣,復歸"小德役大德"之世。當孟子之世,亦未見真能師法文王之君,孟子蓋言其理而已。如春秋子產之捭闔於大國之間,可謂智矣。今世言國際政治者,當三復孟子此章。其有小國,既無師大國之智,亦不法聖王之仁,天怒人怨於內,而欲黷武窮兵於外,吾見其終將傾覆而不自知也。

綜合言之,本章所言,先落實於小國服從大國之智,後歸宿於小德服從大德之仁。"欲無敵於天下而不以仁",猶執熱物而不濯其手,是不智也。智者固有其道揆,本章所揆度者,一在小國與大國,一在商周之易位,能明此義者,是知上文所謂"天下之本在國"也。

第 八 章

孟子曰:"不仁者可與言哉?① 安其危而利其菑,② 樂其所以亡者。③ 不仁而可與言,則何亡國敗家之有? 有孺子歌曰:④ '滄浪之水清兮,⑤ 可以濯我纓;⑥ 滄浪之水濁兮,可以濯我足。'孔子曰:'小

子聽之！⑦清斯濯纓，⑧濁斯濯足矣，自取之也。'
夫人必自侮，⑨然後人侮之；家必自毀，而後人毀
之；國必自伐，而後人伐之。⑩《太甲》曰：'天作
孽，猶可違；自作孽，不可活。'⑪此之謂也。"

【簡注】　① 言，進言。② 安，自以爲安。危，傾危。利，
自以爲利。菑，同災。③ 所以亡，使之滅亡。④ 孺子，古代
嫡長而爲繼承人的，曰孺子。此處指童子。⑤ 滄浪，地名。
一曰水名。⑥ 纓，帽纓。⑦ 小子，老師稱呼弟子。⑧ 斯，則。
⑨ 侮，欺侮。自侮，自辱。⑩ 伐，攻伐。自伐，自我侵害。
⑪ 此句見《公孫丑上》第四章。

【講疏】　知"天下之本在國，國之本在家，家之本在身"，
能修身、齊家、治國，則天下可平矣。此仁者也。若不仁者，能
從人之諫，所謂"可與言也"，則當幡然悔悟，知所去就，君則無
亡國之憂，卿大夫則無敗家之患。此智者也。故本章亦承前
此數章而反用其意，言"人必自侮，然後人侮之"，此未能修身
也；言"家必自毀，而後人毀之"，即未能齊家也；言"國必自伐，
而後人伐之"，此未能治國也。能反求諸己，知凡事皆"自取"
之，故云"天作孽，猶可違，自作孽，不可活"。《太甲》此言，並
上文引《詩》"永言配命，自求多福"，《公孫丑上》第四章已引及
之。此言道揆之返本内求，彼言"持志"以勿忘勿助，雖斷章取
義，固各有攸當也。

第九章

孟子曰："桀紂之失天下也，失其民也；失其民者，失其心也。得天下有道：^①得其民，斯得天下矣；得其民有道：得其心，斯得民矣；^②得其心有道：所欲與之聚之，所惡勿施爾也。^③民之歸仁也，^④猶水之就下、獸之走壙也。^⑤故爲淵毆魚者，獺也；^⑥爲叢毆爵者，鸇也；^⑦爲湯武毆民者，桀與紂也。今天下之君有好仁者，則諸侯皆爲之毆矣。雖欲無王，^⑧不可得已。^⑨今之欲王者，猶七年之病求三年之艾也。^⑩苟爲不畜，^⑪終身不得。苟不志於仁，終身憂辱，^⑫以陷於死亡。《詩》云^⑬'其何能淑，載胥及溺'，^⑭此之謂也。"

【簡注】　① 道，術，方法。② 斯，則。③ 所欲、所惡，皆指民而言。爾也，而已。④ 歸，歸往。⑤ 就，往。水之就下：水向低處流。走，逃跑。壙（kuàng），曠野。獸之走壙：禽獸喜歡（由圈或陷阱）逃到曠野中去。⑥ 淵，深水潭。毆，同驅，驅趕。爲淵毆魚：替淵把魚驅趕到（它裏面）。此擬人筆法，下仿此。獺，水獺。⑦ 叢，叢林。爵，通雀。鸇（zhān），鷂鷹的一種。⑧ 王，音 wàng。⑨ 已，矣。⑩ 七年之病：指久病不愈。艾，艾草，可以用於艾灸。⑪ 苟爲，假使。畜（xù），畜藏。⑫ 憂，憂戚。辱，屈辱。⑬《詩》，《大雅·桑柔》之篇。引文即第七章"誰能執熱,逝不以濯"的下句。⑭ 淑,善。載,則。胥,相。及,與,一起。溺,溺水。此句大意:如何能好,不過相互牽絆一起沉淪而已。

【講疏】 修身、齊家、治國,是皆道揆之所在。然揆先王之道者,亦當知政治之本,是所謂政權。顧政權如何體現?曰:公共性君權是也。蓋君者群也,君權乃所以群其民,"民惟邦本,本固邦寧",王者之得天下在得其民,桀紂之失天下亦在失其民。此所謂民,乃天下萬民之總體,"君人者以百姓爲天"(《說苑·建本》),故本章所言乃總論君權與民衆之關係。

顧民之所以爲邦本、爲君之所天者,不可抽象言之,必當考求民之所欲。君權能從民衆之所欲,則王者與萬民爲一體;若不從民之所欲,是自外於此一體者也,則是"一夫紂",獨夫民賊,人人得而誅之矣。孟子故云得民心有道,"所欲與之聚之,所惡勿施而已"。上文言"不得罪於巨室",夫巨室所以成其巨者,即在能順民之所欲。孟子久居齊國,得以耳聞田釐子輩以大斗奉民,且由此進而篡齊圖霸之事。〔1〕其所爲不盡爲義,然所以得民者,亦未始非遂民之欲有以致之。朱注引晁錯之言,順民衆欲壽、欲富、欲安、欲逸之心,且言"民之所欲,皆爲致之,若聚斂然"。皆就身體之欲望爲言,非禁欲者也。所可怪者,在清儒。焦循引戴震《孟子字義疏證》云:

---

〔1〕《史記》卷四十六《田仲敬完世家》:"田釐子乞事景公爲大夫,其收賦稅於民以小斗受之,其(粟)〔廩〕於民以大斗,行陰德於民而景公弗禁。由此田氏得齊衆心,宗族益强,民思田氏。"

宋以來儒者，舉凡飢寒愁怨飲食男女常情隱曲之感，則名之曰人欲。故終其身見欲之難制。其所謂存理，空有理之名，究不過絕情欲之感耳。……老莊釋氏（生）[主]於無欲無爲，故不言理。聖人務在有欲有爲之咸得理，是故君子亦無私而已矣，不貴無欲。君子使欲出於正，不出於邪，不必無飢寒愁怨飲食男女常情隱曲之感，於是讒説誣辭，反得刻議君子而罪之。此理欲之辨，使君子無完行者，爲禍如是也。……不悟意見多偏之不可以理名，而持之必堅，意見所非，則謂其人自絕於理。此理欲之辨，適成忍而殘殺之具。……古之言理也，就人之情欲求之，使之無疵之爲理；今之言理也，離人之情欲求之，使之忍而不顧之爲理。此理欲之辨，適以窮天下之人，盡轉移爲欺僞之人，爲禍何可勝言也。

戴、焦二氏批評世俗所謂以理殺人，其意未嘗不是。以道德淑世，而又無自由之政教體制爲依託，則施教者每流於自虐，受教者常流於虛僞，甚可哀也。清代禮教雖推尊宋儒，然以此遽歸之宋儒，宋儒不受也。此猶近世學人之"打孔家店"，以晚清禮教之弊端徑歸之孔子，孔子亦不受也。此皆失誠者也，其於中國文化之戕害，至今未已。

民之所欲，亦即民心所向。《詩》云"維天之命，於穆不已"，所謂民，既因其組織形態及精神變化而有別，則絕非馬鈴薯式之群衆，一成而不變。故民心之變化，亦隨歷史情境而展開。所謂道揆，當揆其常變，得其因時變異之大。如不同文化所浸潤之民衆，其所欲亦有異，所謂"夏蟲不可以語冰"也。

　　不寧唯是，民之所欲亦有不同層次。人類個體需求本有多品，西人馬斯洛論之詳矣。孔子有見於此，故主先富後教，此亦《管子》"倉廩實而知禮節，衣食足而知榮辱"之義。然所以教之者，亦非可任意爲之，而是順其"秉彝"之良（《詩經·烝民》），孟子故云"勞之來之，匡之直之，輔之翼之，使自得之，又從而振德之"（《滕文公上》）。《周易》所謂"振民育德"，《大學》所謂"作新民"，皆此之謂。近世俗學，惟以謬説囿民，其宣傳雖可行於一時，而終難令有識者就範，蓋即由此内在"秉彝之良"。

　　明乎此，則宋儒、清儒但以身體欲望釋民之所欲，未免過於膚泛。俗學亦惟以滿足民衆之"生存權利"塞責，是以靈長動物視斯民，不知人所以爲人者在其精神。近代歐洲，自啟蒙運動以來，民智漸開，其所欲者亦由經濟地位之提升，拓展爲政治權利之滿足，民主、平等與自由乃成民衆之基本訴求，是亦民之所欲也。故先富後教者，教民之自主、自尊、自强，而非自暴自棄。如此則人人君子、比屋可封之境亦不難致。

　　故今世堪爲民之所欲者，如先富者，民生也；自主者，民權也；遂性者，自由也。其保民者有二，不受外侮者，民族也；一視同仁者，平等也。一言以蔽之，此皆民衆本有之權利，即"秉彝之良"也。近世學人每言經學阻礙人權，是皆不善讀《孟子》之過也。當孟子之時，雖僅家天下之世，然其所論王道已藴此義，學者不可忽也。後世君權虐厲，民權遂爾不昌，賢人君子雖欲有所作爲，亦僅宏張其治道，而政道不昌。實則政道之討論亦民權之一義。蓋天下者天下人之天下，"天視自我民視，天聽自我民聽"，即視聽民之所欲也。學者知孔孟雖立言於家天下之世，而心儀公天下之法，則於大義之外，亦當明瞭其微言。"仲尼殁而微言絶，七十子喪而大義乖"，[1]昔人所論，頗以微言爲密傳，不知所謂大義者，當世所行之義也；微言者，超越時空之仁也。《易》有常變，道有經權，皆此之謂。

依上下文，能從民之所欲，是能仁也。民之從之，亦如水之就下，"雖欲無王，不可得也"。顧仁政非朝夕可至，"知之非艱，行之惟艱"（《尚書·説命》），當定於此仁也，是所謂"志於仁"。能志於仁者，猶七年之病而求三年之艾，"苟爲不畜，終身不得"。此蓄養之義，《周易·大畜》言之備矣。欲行仁者爲智，志於仁者有勇，道揆之義，至此轉深一層。

第 十 章

孟子曰："自暴者，① 不可與有言也；② 自棄者，③ 不可與有爲也。④ 言非禮義，⑤ 謂之自暴也；吾身不能居仁由義，⑥ 謂之自棄也。仁，人之安宅也；⑦ 義，人之正路也。曠安宅而弗居，⑧ 舍正路而不由，哀哉！"

【簡注】　① 暴，戕害。自暴，自戕。② 與有言，與之講道理。或讀與爲以，亦通。③ 棄，放棄。自棄，因放棄而失去自我。④ 與有爲，與之有所作爲。⑤ 言非禮義：議論不遵循禮義。⑥ 吾身不能：我（知道，但）做不到。居仁，住在仁（的境

---

[1]　班固《漢書·藝文志》語。劉歆《移讓太常博士書》文微異。

界)之中。由義,順著義(的境界)而行。⑦ 安宅,安居之所。
⑧ 曠,空。弗,不。

【講疏】 暴之本字爲曝曬之義。《説文・日部》:"暴,晞
也。""曬,暴也。"言暴者,蓋物既曝曬,則乾燥異常,故引申爲
暴躁、狂暴之義。儻以之待民,是所謂殘暴;儻以此自待,即所
謂"自暴"。然則自暴者如自曬其种,使不能生,是失仁者也。
朱子以害釋之,似未得其本。[1]暴从水曰瀑,《説文・水部》:
"瀑,疾雨也。一曰沫。"猶無根之水突然冒進,不可遏絶也。
故濺水曰飛瀑、瀑流,不見水源而勢不可過者也。自暴者既失
仁,故無以自反,如墨者之徒,雖言仁愛而不遵禮義,猶無源之
水、無本之木,故下文所謂"曠安宅而弗居"。蓋惟仁可以使天
下萬物爲一體,此義禮智所從出,是人可居之以安者也。自棄
者無勇也,故不敢直下承當,猶自棄其寶於地。無勇者不能定
於仁也,故不能居仁由義,是"舍正路而不由"。上章言志於
仁,本章則言未能志於仁,未能志於仁者有二,其一曰失仁,所
謂自暴;其一則知而未能定,所謂自棄。此失其道揆者也。

第 十 一 章

孟子曰:"道在爾而求諸遠,^① 事在易而求之

---

[1] 朱駿聲《經史答問》卷三:"愚以爲,暴者,表暴也,自以爲是而誇炫其能。"樊波成
《經史答問校證》,華東師範大學出版社,2010 年,第 270 頁。朱説已較朱子爲
深,然尚非探本之論。

難。人人親其親、長其長而天下平。”②

【簡注】　① 爾,通邇。② 長,音 zhǎng。親其親,愛其親人。長其長,敬其長上。

【講疏】　“徒善不足以爲政,徒法不能以自行”,爲政當因先王之道,君子之有道揆也,吾人既知之矣。顧求道當自何始？或有士人,“威儀棣棣”(《詩經·柏舟》),博學多方,此道問學之君子也,於親親長長或有欠。親親,仁之切近者也;長長,義之切近者也。此即孟子所云“道在邇而求諸遠,事在易而求之難”之謂也。能自其切近者求之,是則智也,合道揆之義。前文“爲高必因丘陵,爲下必因川澤”,《中庸》亦言:“君子之道,辟如行遠必自邇,辟如登高必自卑。”欲其天下平也,當自人人親其親、敬其長而始。顧自暴自棄者多矣,焉能人人皆親其親、敬其長？此處所言人人,乃王道之理想也。蓋既得親親之仁、敬長之義,由此“源泉混混,盈科而後進”,身修、家齊、國治而終至天下平。顧天下既平,則人人必親其親、敬其長矣。是後文所謂“仁之實,事親是也;義之實,從兄是也”之義。在昔諸儒,若朱子言不可“舍此而他求”,尚爲有説,蓋舍此他求者無本也。至於焦循,乃徑言“道在邇,不必他求也”,則反失孟子之大義。《中庸》云“君子尊德性而道問學”,言先尊德性而後取道問學。此亦孟子擴充之義。唯以道德淑世者,僅得其小者而已,非能讀孔孟之書者也。

第十二章

孟子曰："居下位而不獲於上，①民不可得而治也。獲於上有道：②不信於友，弗獲於上矣；信於友有道：事親弗悅，③弗信於友矣；悅親有道：反身不誠，④不悅於親矣；誠身有道：不明乎善，不誠其身矣。是故誠者，天之道也；思誠者，人之道也。至誠而不動者，⑤未之有也；不誠，未有能動者也。"

【簡注】 ① 獲，獲知。② 道，術，方法。③ 悅，取悅。④ 誠，實。朱子曰："反身不誠：反求諸身而其所以爲善之心有不實也。"⑤ 動，打動（事物）。

【講疏】 親親乃仁之切近者，敬長乃義之切近者。親親、敬長爲道揆之始。然親親敬長乃仁義之表現於外者，"行有不得，皆反求諸己"，孟子乃於此昭揭天人之大義，此即明善誠身之道。本段原文皆見於《中庸》，其中"居下位而不獲於上，民不可得而治矣"與《大學》所言"絜矩之道"相合，〔1〕可見思孟學派之一貫處。

居下位而得上之信任，民未必得治，然儻不獲於上，則民

---

〔1〕《大學》："所惡於上，毋以使下；所惡於下，毋以事上；所惡於前，毋以先後；所惡於後，毋以從前；所惡於右，毋以交於左，所惡於左，毋以交於右。此之謂絜矩之道。"按此絜矩之矩，即與前文所謂"規矩，方圓之至也"相應。

必不可治。下文信友、悦親、誠身皆可作如是觀。此猶《大學》八條目，格物爲致知之本，致知爲誠意之本，修身爲齊家之本。所謂本者，乃必要條件，非充分條件也。近世學人不察，每多窒礙之論。就此章而言，悦於親未必得朋友信任，信於友未必得上司之信任，然親友尚不信，則上司與民更難信之矣。"禮人不答返其敬"，欲人能信己，則當反身而誠也。孟子所言"思誠"，即《中庸》"誠之"之道：

　　誠者，天之道也；誠之者，人之道也。誠者，不勉而中，不思而得，從容中道，聖人也。誠之者，擇善而固執之也。博學之，審問之，慎思之，明辨之，篤行之。有弗學，學之弗能弗措也；有弗問，問之弗知弗措也；有弗思，思之弗得弗措也；有弗辨，辨之弗明弗措也；有弗行，行之弗篤弗措也。人一能之己百之，人十能之己千之。果能此道矣，雖愚必明，雖柔必强。

所謂思誠，即括《中庸》"擇善固執"以下而言。"心之官則思"（《孟子·告子上》），思誠者，用心實做工夫也。明善，智也；擇善，仁也；[1]固執，能定於此仁，勇也。既能固執此善，是欲以此本心之仁打通天地萬物之仁。蓋人與天地萬物爲一

---

〔1〕　明善與擇善互爲前提，蓋明善乃博學之功，擇善則是能體認此善，固執者定於此善也。朱子以擇善爲"學知以下之事"，"必擇善，然後可以明善"，是以明善當體認此善矣。然於明善，則云"察於人心天命之本然，而真知至善之所在"，似於體認此善尚欠一塵。蓋明理者理智之事，擇者意志之事，予故以擇善爲體認也。朱子說見氏著《中庸章句》，前揭《四書章句集注》，第31頁。

體,孟子所謂"萬物皆備於我矣",人之所以"愛人不親"、"治人不治"、"禮人不答"、"不獲乎上"、"不信於友"、"不悦乎親"、"反身不誠",皆因未能親證此溝通人我之仁也。愛人者人未能親,是因人我之隔尚在,未能復其一體之境。此猶人身經脈萎痹,醫家以鍼灸之法療治,其能否得通者,不惟視施術之位置,亦當視鍼刺之火候也。施術猶擇善也,火候猶固執也,二者缺一不可。及其術奏功,則萎痹者能通,非向日之麻木不仁矣。故程子云"醫書以手足痿痹爲不仁,此言最善名狀",[1]即此義也。

打通人我之隔,即孟子所謂"至誠動物"。荀子曰:"精誠所至,金石爲開。"(《勸學》)以《周易》觀之,即中孚之"信及豚魚"、"中孚以利貞,乃應乎天也"。孚者信也,澤本無波,風至而起瀾,此起而彼應之,信如影響。故澤上有風,中孚之象也。"天行有節,則萬物應之以中孚之信,誠者天之道也,是之謂乃應乎天。"[2]《中庸》云:

> 唯天下至誠,爲能盡其性;能盡其性,則能盡人之性;能盡人之性,則能盡物之性;能盡物之性,則可以贊天地之化育;可以贊天地之化育,則可以與天地參矣。

此性非事物之自性也,乃人與天地萬物爲一體之通性。此通性無所不在,無邊無際,昔人以乾元性海喻之。自此性海

〔1〕 《河南程氏遺書》卷二上,前揭《二程集》,第15頁。
〔2〕 拙作《周易義疏》中孚義解,第352頁。

觀之，人與萬物皆天地之發竅，“天地者，井井也；萬物者，一井也。一井通，則地水以顯其同源有在；一物生，則天道以彰其大本相通”。[1] 然人所以與萬物有別者，端在人能“思誠”，故能井井用功，由擇善固執，終至參天地之化育，是所謂天下平也。

第十三章

孟子曰：“伯夷辟紂，① 居北海之濱，聞文王作，興曰：② ‘盍歸乎來！③ 吾聞西伯善養老者。’太公辟紂，居東海之濱，聞文王作，興曰：‘盍歸乎來！吾聞西伯善養老者。’二老者，天下之大老也，而歸之，是天下之父歸之也。天下之父歸之，其子焉往？④ 諸侯有行文王之政者，七年之內，必爲政於天下矣。”

【簡注】　① 辟，同避。② 作、興，起。③ 盍，何不。歸，歸往。來，句末語助詞。④ 焉，哪裡。

【講疏】　誠能動物，吾人已知之矣。孟子曰：“反身而誠，樂莫大焉。”此反身之誠乃本心呈露之境界，猶禪家明心見性，

---

〔1〕　前揭拙撰《周易義疏》井卦義解，第286頁。

惟儒佛之性有異耳。及親親、取友、敬長之誠，則表現各異，此亦前文所謂道揆也。唐宋以降，理學興起，爲因應佛教之影響，修身之學乃大張其軍。積習相沿，以宗教視角大言炎炎者衆，學者或喜靜厭動，而儒學失其用。孟子後文多言盡心之學（《盡心下》），是皆誠也，此章則即文王養老一事微發其意，以見誠之道不可以一端言也。

　　西伯善養老，是"老吾老以及人之老"，仁也。養老而天下之大老歸之，信也。信乃仁之效，所謂誠能動物，是文王之誠打動天下之大老矣。[1]當孟子之時，孝道尚存，故云"天下之大老而歸之，是天下之父歸之，其子焉往"？[2]若今世，則孟子亦不作此言矣，然其理亦無可變者。七年之義，朱注所謂"以小國而言也。大國五年，在其中矣"，得之。然所謂行文王之政，非止養老一端而已，能體文王之仁，得文王之智，有文王之誠，是行文王之政也。本章趙岐以"作興"絶句，清儒多從之。[3]

第十四章

　　孟子曰："求也爲季氏宰，①無能改於其德，②而

---

〔1〕《盡心上》孟子又重新討論西伯養老問題，惟此處言誠能動物，彼處則言聖人之盡心，二義可以相發。

〔2〕按唐文治頗注意孟子承襲曾子處，故其《孟子大義》引《孝經》"敬其父則子悦，敬其兄則弟悦"以釋本章。

〔3〕如毛奇齡《四書賸言》卷二（《清經解　清經解續編》第一册，第1328頁）、朱駿聲《經史答問》卷三（前引書，第273頁）、宋翔鳳《孟子趙注補正》（《清經解　清經解續編》第十册，第2023頁）皆已指出。毛説另見其《四書改錯》，樊波成校證已指出。

賦粟倍他日。^③孔子曰:'求非我徒也,^④小子鳴鼓而攻之可也。'^⑤由此觀之,君不行仁政而富之,皆棄於孔子者也。況於爲之强戰?^⑥爭地以戰,^⑦殺人盈野;^⑧爭城以戰,殺人盈城。此所謂率土地而食人肉,罪不容於死。^⑨故善戰者服上刑,^⑩連諸侯者次之,^⑪辟草萊、任土地者次之。"^⑫

【簡注】 ① 求,孔子弟子冉求。季氏,魯卿季康子,時季孫氏執魯國之政。宰,家臣。② 德,行事方式。此句大意:未能改變季孫以前的所作所爲。③ 賦粟,徵收粟米。他日,此處指以往。④ 徒,徒黨。⑤ 鳴鼓,敲著鼓。古人出師,有鐘鼓則叫"伐",以示名正言順;否則叫"侵"或"襲"。⑥ 强戰,爭强而戰。⑦ 以,而。⑧ 盈,滿。⑨ 不容於死:死都不夠。⑩ 上刑,最重的刑。⑪ 連諸侯,與諸侯合縱連橫。⑫ 辟,闢,開闢。萊,一種野草。草萊,草野,此處泛指荒地。任,任憑,依仗。

【講疏】 不行仁政之君指季氏,富之者指冉求。孔子云:"富而可求也,雖執鞭之士吾亦爲之。如不可求,從吾所好。"(《論語·述而》)其論爲政,亦主先富後教,知孔子非不欲人富也。顧"民惟邦本,本固邦寧"(《古文尚書·五子之歌》),孔子之所欲富者民也,非君主私人也。民既富則國自强,以聚斂而致君主私人强大者,其國危矣。當春秋之時,井田制崩而未潰,君主尚有公田,兵農既合一,軍賦亦由國人承擔,然則君主欲求富者,蓋惟遂一己之私欲。故《大學》云:"與其有聚斂之臣，寧有盜臣。”盜臣如田釐子，小斗入，大斗出，以此取悦於民之謂也。及戰國之世，兼併日增，殺人無數，是“率土地而食人肉”，皆失仁者也，其“罪不容於死”。其爲君主營謀富强之道者有三：其一曰“廢井田，開阡陌”，此法家之所爲也；其一曰合縱連横，此縱横家之所爲也；其一曰攻城略地，此兵家之所爲也。[1]王者當政，三家亦不可廢，蓋保民乃國家應有之義。然所以云服刑者，蓋君不行仁政，而純任諸家所爲，是皆聚斂之臣耳。

君不行仁政，是“上無道揆”也；臣爲君聚斂，是下無法守也。上雖無道揆而下不可無法守。昔齊景公招虞人以弓，虞人不進，仲尼美之，以爲“守官”。[2]此誠也，故《周易》引之以釋中孚。[3]此亦《周易》蠱卦所言“幹蠱”之義。幹蠱猶言去毒，君、父有過，爲臣爲子者當有所作爲，以救其亂。冉求爲季氏宰，不惟“無能改於其德”，行其幹蠱之義，且賦粟倍於往昔，孔子故以具臣視之。《論語·先進》：

> 季子然問：“仲由、冉求，可謂大臣歟？”子曰：“吾以子爲異之問，曾由與求之問。所謂大臣者，以道事君，不可則止。今由與求，可謂具臣矣。”

季氏將伐顓臾，冉有、子路無以正之，孔子亦責備二人，

---

[1] 朱注已見分別對應各家之義，至焦循，乃引江聲《尚書集注音疏》之説實之。然又以任土地者爲農家，則似過。

[2] 《左傳·昭公二十年》：“十二月，齊侯田於沛，招虞人以弓，不進。公使執之。辭曰：‘昔我先君之田也，旃以招大夫，弓以招士，皮冠以招虞人。臣不見皮冠，故不敢進。’乃舍之。仲尼曰：‘守道不如守官。’”參《滕文公下》第一章講疏。

[3] 《周易·中孚·初九》：“虞吉，有它不燕。”參拙作《周易義疏》。

“危而不持，顛而不扶，則將焉用彼相矣”（《論語・季氏》）。諸家一力爲君主營謀，似有誠矣，然既無法守，是失誠者也。首篇梁惠王自言“盡心”，實亦如此。[1]

申言之。上言至誠動物，本章諸家所爲，或縱橫捭闔，或“殺人盈野”，亦不可以不謂之動物也。顧此動物與上章文王之動物不同，若文王者，是化之也。[2]此猶論志與氣，“志壹則動氣，氣壹則動志”（《公孫丑上》），皆可以動物，亦皆可謂誠壹，固内外有別也。

第十五章

孟子曰：“存乎人者，①莫良於眸子。②眸子不能掩其惡。胸中正，③則眸子瞭焉；④胸中不正，則眸子眊焉。⑤聽其言也，觀其眸子，人焉廋哉？”⑥

【簡注】　① 存，在，察。存乎人，觀察他人之心。② 良，善，超過。眸子，瞳仁，此處泛指眼睛。③ 胸中，心中。④ 瞭，明亮。⑤ 眊（mào），蒙蒙然，昏暗貌。⑥ 焉，哪裡。廋（sōu），藏匿。

【講疏】　誠之大義已如上述。然有誠則必有僞。爲治之

---

[1]　另參《盡心下》首章講疏。
[2]　參下文“人之患在好爲人師”章。

・317・

道有法守以定其信否，若人心之誠僞則判斷甚難，"君子可欺以其方"(《萬章上》)，故不可不慎。《大學》："誠於中，形於外……富潤屋，德潤身，心廣體胖，故君子必誠其意。"《管子·內業》所謂"全心在中，不可蔽匿，和于形容，見于膚色"。外所以應內，亦如《中孚·九二》"鳴鶴在陰，其子和之；我有好爵，吾與爾靡之"，靡，共。孔子所謂"出其言善，則千里之外應之，況其邇者乎"？[1] 然則觀人之道當自何始？

"言行，君子之樞機，樞機之發，榮辱之主也。言行，君子之所以動天地也，可不慎乎？"《繫辭下》亦引此以釋《中孚·九二》。孚，信，誠。言行之中，行最足以見人之誠僞。故孔子曰："聽其言而觀其行。"(《論語·公冶長》)言當有信，"人而無信，不知其可也"(《論語·爲政》)。是"視其所以，察其所由，觀其所安，人焉廋哉"(《論語·爲政》)之義也。若但有其辭，未見於行者則何如？《繫辭下》：

> 將叛者其辭慚，中心疑者其辭枝。吉人之辭寡，躁人之辭多。誣善之人其辭遊，失其守者其辭屈。

此處可見《周易》之心理學。然亦有善作僞者，言辭懇摯而非真誠者也。故本章孟子復言觀目知心之法，[2] 所謂"存乎人者，莫良於眸子"。蓋誠意發之於內，精神達之於外，聖人固可充溢四體，中醫言肝主仁，開竅於目，故常人亦可顯現於

---

〔1〕 參《周易義疏·繫辭下》義解。
〔2〕 楊伯峻引《爾雅·釋詁》："存，察也。"《孟子譯注》，中華書局，1960年，第177頁。

眸子也。[1]此亦俗語"眼睛是心靈的窗户"之意。孟子本"知言"者也，既聽其言，又觀其眸子，則"人焉廋哉"？

第 十 六 章

孟子曰："恭者不侮人，儉者不奪人。①侮奪人之君，惟恐不順焉，②惡得爲恭儉？③恭儉豈可以聲音笑貌爲哉？"④

【簡注】 ① 侮，欺侮。奪人，奪人所好。② 不順，指別人不順從自己。③ 惡，音 wū。爲，音 wéi。得爲，算得上。④ 以聲音笑貌爲：以聲音笑貌表示。

【講疏】 恭者有禮，故不欺侮人；儉者自奉甚約，故不奪人所好。其爲君上者，雖能卑辭下人，自奉亦儉，然行事唯恐臣下之不順於己，此奪人之尊嚴及操守者也，則其所謂恭儉非真實所好也。故其聲音笑貌雖誠，而非真能誠者也。此較觀人眸子更近一層。蓋前此所言，皆有心作僞，如《大學》所謂

---

[1] 充溢四體乃養氣之效，參《盡心上》第二十一章講疏。關於察於眸子，《大戴禮記·曾子立事》亦言："目者，心之浮也；言者，事之指也。作於中，則播於外矣。故曰：'以其見者占其隱者。'"楊儒賓釋浮爲孚，極是。另引馬王堆帛書《十大經》"有人將來，唯目之瞻。言之壹，行之壹，得而勿失。言之采，行之熙，得而勿以。是故言者，心之符也；色者，心之華也；氣者，心之浮也"一段，以爲"人的形體、言語皆是人的意識之顯相"。參氏著《儒家身體觀》第三章《論孟子的踐形觀》，上海古籍出版社，2019 年，第 154 頁前後。

"小人閒居爲不善,無所不至,見君子而後厭然揜其不善而著其善"。然君子既有察言觀色之術,故云"人之視己,如見其肺肝然,則何益矣"。本章所言,則非見君子而後掩其不善者也,乃自以爲善而實則非善者也。是《大學》所謂自欺:"所謂誠其意者,毋自欺也,如惡惡臭,如好好色,此之謂自慊,故君子必慎其獨也。"

《大學》關於此問題之區分,歷來注釋者多未詳察。朱子云:"自欺云者,知爲善以去惡,而心之所發有未實也。"其說大體不謬。然其釋"慎獨",但云"有他人所不及知而己所獨知之者",則似仍以遮掩不善釋自欺,卻不知有獨知爲善而獨體未善者。王陽明言"無聲無臭獨知時,此是乾坤萬有基",[1]乃以獨知爲獨體,故可云"乾坤萬有基",其義較朱子爲深。蓋朱子所云"獨知之時"乃知性聞見之知,獨體之知則德性之知。欲證此獨體之誠,則不能止於獨知之誠也。此即誠與至誠之別。以是知誠亦有小大,此猶孟子語齊宣王,教之以大勇,小大乃經學核心問題,亦道揆之一義也。

自欺問題西洋哲學亦有論述。存在主義哲學家薩特曾分析說謊與自欺之機制,在說謊中,意識僞裝其所是;在自欺中,意識"是其所不是又不是其所是"。此因存在具有"散朴性"與"超越性"。意識自居(是)於其超越性(不是),而忽略其實際之散朴性(所是)。以儒學觀之,則"揜其不善"者,說謊也;獨知之誠者,自欺也;獨體之誠者,薩特所謂對意識之"反思"近

---

〔1〕《王陽明全集》卷二十《外集》二《詠良知四首示諸生》。

之。[1]哲學與儒學之差異在於，哲學僅分析其實然之理，而儒學則欲證其應然之道也。

第十七章

淳于髡曰：①“男女授受不親，②禮與？”③孟子曰：“禮也。”曰：“嫂溺則援之以手乎？”④曰：“嫂溺不援，是豺狼也。男女授受不親，禮也；嫂溺援之以手者，權也。”⑤曰：“今天下溺矣，夫子之不援，何也？”曰：“天下溺，援之以道；嫂溺，援之以手。子欲手援天下乎？”

【簡注】　① 淳于髡，齊國人，本爲贅婿，多智謀，爲梁惠王所優禮，齊宣王時爲列大夫。其學術近於墨家。依焦循，此章當係淳于髡與孟子被梁惠王禮請之時所發。② 授，與，給。受，取。親，親自。③ 禮，合禮。④ 援，引，拉。⑤ 權，權變。

【講疏】　淳于髡，《史記》入《滑稽列傳》，《史記·孟子荀卿列傳》又云：“齊人也，博聞强記，學無所主。其諫説，慕晏嬰之爲人也，然而承意觀色爲務。”因其以譎諫聞名，故朱子直稱之爲齊之辯士，以爲孟子之意在“直己守道”，而以淳于髡爲

〔1〕　薩特《存在與虛無》，陳宣良等譯，安徽文藝出版社，1998年，第82—112頁。

"枉道求合"。閻若璩以爲:"余謂總不若删見於《孟荀》者,存冠諸《滑稽》者,蓋髡者,俳優之流也。"[1]至焦循,變本加厲,乃徑云:

> 孟子時,儀、衍之流,以順爲正,突梯滑稽,如脂如韋,相習成風,此髡之所謂權也。孟子不枉道以見諸侯,正所以挽回世道,矯正人心,此即孟子援天下之權也。髡以枉道隨俗爲權,孟子以道濟天下爲權,髡譏孟子不枉道,是不以權援天下。不知孟子之不枉道,正是以權援天下。權外無道,道外無權,聖賢之道,即聖賢之權也。髡不知道,亦不知權矣。

此皆望文生義者也。蓋淳于髡之譎諫乃其手段而已,非其人詭譎多變也。其所慕之晏平仲,乃孔子所嚴事、太史公欲爲之執鞭者,[2]雖清苦自礪有似後世墨家,固大賢無疑。觀其與孟子兩次辯難,皆以名理相質,則其學實近於墨辯一流。其滑稽譎諫,蓋已開名家詭辯一派之先聲。參《告子下》第六章。故言淳于髡枉道求合,以之爲縱橫家,並無確據。且不惟"嫂溺援之以手"非枉道,即便"援天下以手",亦仁也,非枉道也。孟子之不欲"援天下以手",不過如譏子産"以乘輿濟溱洧",爲"惠而不知爲政"(《孟子·離婁下》)。然則欲"援天下以手"者猶第一章"仁心仁聞","援天下以道"者猶"行先王之道"也。先秦諸子,欲以手援天下者莫過墨子,兼愛非攻,席不

---

〔1〕《四書釋地》卷三《淳于髡》,《清經解 清經解續編》第一册,第199頁。
〔2〕事見《史記》卷六十七《仲尼弟子列傳》。晏子事宜,另可參卷六十二《管晏列傳》。

暖暖,〔1〕是其證也。

　　蓋尤有説。所謂權者,秤錘也,稱物之輕重小大者也。孟子以禮權對舉,實亦不欲否定禮之經常性,惟加權則得其因時之宜,是所謂義。〔2〕《左傳》云:"夫名以制義,義以出禮。"(桓公二年)禮之本在義,男女授受不親之禮,本合周代之時宜。義者,宜也。此義端在防嫌,即男女有別之義。然當嫂溺之時,儻小叔不援之以手,則失天道生生之仁,此人禽之別也,故曰"豺狼"。蓋人禽之別重於男女之別,以生命之重繩之,男女防嫌乃其小者,故雖違常禮而得其大禮矣。

　　本章包括雙重小大。其一則"男女授受不親"之禮與"嫂溺援之以手"之義;其一則"援天下以手"與"援天下以道"。禮有小大,義有小大,節有小大,誠有小大,亦猶《論語》"大德不逾閑,小德出入可也"之德有小大,皆經學小大之辨。是亦道揆也。顧所以置於此者,人之有權,於守禮似不誠矣,實則誠於道者也,此辨誠僞之義。

第 十 八 章

公孫丑曰:"君子之不教子,^①何也?"孟子曰:

---

〔1〕《淮南子·修務訓》:"孔子無黔突,墨子無暖席。"

〔2〕此義清儒何焯頗識之,故云:"權即是義字,與術字不同,權正在道上見。離道言權,便似將秤錘打在無星處,如何稱得一物? 淳于髠問孟子以不援,正不知權耳。孟子以爲不足與深言,故聊以手援一語謝之。其實權非枉道求合之謂,不得將權字看壞。"氏著《義門讀書記》卷六《孟子下》,崔高維點校,中華書局,1987年,第105頁。

"勢不行也。^②教者必以正;^③以正不行，繼之以怒;繼之以怒，則反夷矣。^④'夫子教我以正，^⑤夫子未出於正也。'則是父子相夷也。父子相夷，則惡矣。^⑥古者易子而教之。^⑦父子之間不責善。^⑧責善則離，^⑨離則不祥莫大焉。"^⑩

【簡注】 ① 不教,此處指不親自教。② 不行,做不到。③ 以,用。正,正道。④ 夷,傷。⑤ 夫子,子稱父。⑥ 惡,音è。⑦ 易,交換。⑧ 責善,要求其行善。⑨ 離,疏離。⑩ 不祥,不善。

【講疏】 責善乃師友之義,師教弟子以正,弟子以正責師,此師弟相交之大義。故以孔孟之尊,而弟子乃隨時詰問,如子路之問南子、陳臻問孟子受金(《孟子·公孫丑下》),皆是也。孔門師友,一堂風義者以此。蓋師友、君臣、夫婦皆人倫也,有義則合,不合則可以去,是所謂"責善則離"。父子所以不責善,即因父子乃天倫,雖不合亦不可絕也。夷者傷也,父子相傷,則"不祥莫大焉"。由父子不責善,故葉公語孔子:

> 吾黨有直躬者,其父攘羊而子證之。子曰:"吾黨之直者異於是。父爲子隱,子爲父隱,直在其中矣。"(《論語·子路》)

父子相隱而不指證,即不責善之義。或以父子相互隱匿

罪孔子，此則誤甚。隱者痛義，言父爲子痛，子爲父痛。此惻
隱之仁也，故可云"直在其中"。儻以隱匿爲言，何直之有？
《春秋》書法，有爲君親隱之義，亦本此者也。惜不旋踵而爲暴
君佞臣所曲說，爲後世曲筆史學張目。腐儒及俗學不識此義，
因志於此。依本章大義言之，責善似誠也，然尚有大於此誠
者，是即不可以傷父子之親。親親，仁也。能定於仁，是真有
合於誠者也。

　　本章朱注於責善一節，引王氏之說，特言父子相諍、相戒
之義，雖與章旨無關，然亦有深意。蓋凡事有其利必有其弊，
經學既形成，人知有聖人及經典乃常道所繫。其不善讀書者，
乃依傍文句而不達其理。見"父子不責善"之說，則以爲父子
可相協以濟惡，此雖不合邏輯，而時下學人尚有犯之者。宋儒
故以子爭於父，父之戒子爲言，言雖不責善，不可不防惡，此義
散見於《周易》、《論語》、《孝經》諸書者所在多有，本孔門之大
義也。近世大亂頻仍，人倫道喪，政教流於虚僞，民無超越之
思，良知之存廢，惟視血緣及關係遠近，此《周易》所謂"家人"
之道也。及其流弊漸盛，家庭乃成藏污納垢之所，人倫之壞，
至此極矣。禮教乃人倫之大防，必大防既失，洪水猛獸乃不可
遏。哀哉！

第十九章

　　孟子曰："事孰爲大？① 事親爲大；守孰爲
大？②守身爲大。③不失其身而能事其親者，吾聞之

矣；失其身而能事其親者，吾未之聞也。孰不爲事？事親，事之本也；孰不爲守？④守身，守之本也。⑤曾子養曾晳，⑥必有酒肉。將徹，必請所與。⑦問有餘，⑧必曰'有'。曾晳死，曾元養曾子，⑨必有酒肉。將徹，不請所與。問有餘，曰'亡矣'。⑩將以復進也。此所謂養口體者也。⑪若曾子，則可謂養志也。⑫事親若曾子者，可也。"

【簡注】 ① 事，奉事。② 守，操守。③ 身，自我，此處指自我的獨立性。④ 爲（wéi）事、爲守，猶言有所事、有所守。⑤ 守之本，（是所有）操守中的根本。⑥ 曾晳，孔子早年弟子，曾子之父。⑦ 徹，撤。與，給。必請所與：一定請示（剩餘酒肉）給誰。⑧ 有餘，剩餘（的酒肉）。⑨ 曾元，曾子之子。⑩ 亡，無。⑪ 口體，口與四肢，此處指（父母的）身體。⑫ 志，心志。養志，養（父母的）心思。

【講疏】 《大學》："物有本末，事有終始，知所先後，則近道矣。"大者本也，小者末也，小大之辨，亦所謂道揆也。何以言事言守？言事者，括事親、事師、事君、從兄，統言之曰事長。言守者，括守道、守官、守節、守身，統言之曰守禮。孟子所以言此者，乃呼應前文"上無道揆，下無法守"之義。蓋道揆以仁義爲本，事親爲先；法守則以誠信爲本，守身爲先。就中誠信尤爲仁義之前提，蓋儻失其誠，仁義亦未免爲空名。故孟子曰："不失其身而能事其親者，吾聞之矣；失其身而能事其親者,吾未之聞也。"

事父而能"先意承志",禮也。[1]故曾子之養其父,是能養其志者也。養志與養口體所以有別者,蓋養口體,則視其所養者但爲一肉體之生命,乃對象化之存在物,是人我有隔,失誠者也。若養志者,則親子之志交融和洽,復其一體之仁,真能誠矣。且就父母一身而言,口體與心志亦自小大有別。雖然,其所謂志必非不合義之志,否則亦不可從,上文所謂幹蠱是也。

第 二 十 章

孟子曰:"人不足與適也,①政不足間也。②惟大人爲能格君心之非。③君仁莫不仁,君義莫不義,君正莫不正。一正君而國定矣。"④

【簡注】　① 與,以。適,通謫(zhé),過,指摘。此句大意:人君用人(恰當與否)不值得指摘。按,此言用人不是最根本之事。② 間(jiàn),非,非議。此句大意:人君行政(恰當與否)也不值得非議。③ 大人,大德之人。格,正。④ 一,一旦。

【講疏】　本章文義,朱注言之已備。蓋與君心相較,政事之得失,用人之當否,皆其小者也,惟君心乃天下之大本。此亦前文小大之辨。儻求國家安寧之道,當須正君心之非。然

---

[1]《禮記·祭義》:"君子之所爲孝者,先意承志。"

所謂君心者，非止君主私人之心也，乃兼公共性君主之心也，而此公共性君主之心必由制度見之。[1]政治（君心）既上軌道，儻依制度之勢爲之，故能"君仁莫不仁，君義莫不義，君正莫不正。一正君而國定矣"。當知孟子所謂君，乃指政治權力之統體而言，即便天子諸侯，不過一位而已，亦制度之一環。後世扭曲此義，乃惟以私人性君主爲言，皆黃宗羲所斥者也。[2]明乎此，則知天下如不正，必因君心之不正也。予前篇故云普通人之思想乃由制度所塑造，近世論國民性者，不責備政治，而但責諸民衆，非也。

能正君心之非者，必兼具發心之仁、應時之智、誠身之勇乃可，則仁心、道揆、法守兼得矣。智仁勇兼備，是所以爲大人也。故曰"惟大人爲能格君心之非"，此亦卷六"閑邪存其誠"之旨。

本章大旨，在言君心誠而天下皆誠，能去君心之不誠而致其誠者，惟大人也。自本章以下，以國家、鄉黨、師友、家庭爲序，廣言存誠之道，而爲法守示例。

第二十一章

孟子曰："有不虞之譽，[1]有求全之毁。"[2]

---

〔1〕 關於此問題，可參《梁惠王上》第三章講疏。

〔2〕 黃宗羲《明夷待訪録·置相》，《黃宗羲全集》第一册，第 8 頁。康有爲云："此明格君心之義。蓋古者專制，君有全權，一能發明君心，引之志仁當道，則餘事皆破竹而解。……此爲據亂世專制特言之，若平世有民權則異是。"見《孟子微》卷六《貴恥》。此正可見黃氏雖晚明人物，而見解實較康氏通脱，所以然者，即因康氏所承乃西漢公羊學，而黃氏所承乃宋學也。

【簡注】　① 虞，度（duó），料想。② 求全，求全責備。毀，毀謗。

【講疏】　"言行，君子之樞機"，孔子所謂"出其言善，則千里之外應之"，"出其言不善，則千里之外違之"（《繫辭上》），是毀譽與言動如影隨形，此皆誠壹之所致也。前文論至誠，教人知至誠動物，此章則欲人知毀譽亦有不實者，故云有不虞之譽、求全之毀。不虞之譽，不期而至之譽也。蓋經學之流弊，常在每以門面浮言相尚，聖賢之道乃期望於人者，人即往往以此自居或相奉承，後者即不虞之譽之一種。後世以口號治國者，實有見於此，而以此爲操弄人心之術。

至於求全之毀，趙岐言："若陳不瞻將赴君難，聞金鼓之聲，失氣而死，可謂欲求其全節，而反有怯弱之毀者。"朱熹、焦循皆從之。此論似是而非。蓋求全猶責備，即責其完備之義。後世盛傳"《春秋》責備賢者"，言對賢者可以求全責備也。[1]

---

〔1〕　按此説盛傳於後世，如歐陽修、宋祁所撰《新唐書》卷二《太宗本紀贊》即云"《春秋》之法，常責備於賢者"，中華書局，1975 年，第 49 頁。歐陽修本中唐以降義法史學之代表，其引《春秋》之義説經，固其宜也。然此説實本之漢代之《春秋》學。《春秋》宣公二年九月，大書"晉趙盾弒其君夷皋"。按《穀梁傳》，趙盾乃"忠臣之至"，《左傳》亦引孔子之言，云："董狐，古之良史也，書法不隱。趙宣子，古之良大夫也，爲法受惡。惜也，越竟乃免。"《公羊傳》於宣公六年説此事，以爲責其"不討賊"。然董仲舒乃云："今趙盾賢而不遂於理，皆見其善，莫見其罪，故因其所賢而加之大惡，繫之重責，使人湛思而自省悟以反道。"文見《春秋繁露·玉杯》。此《春秋》責備賢者之説也。然此説實非後世所言乃《春秋》之大義，蓋《春秋》另有"爲賢者諱"之義以平衡之，此説甚大，容後詳論。清儒已有見於此，蘇輿即引錢大昕之論以非責備之説。參氏著《春秋繁露義證》卷一《玉杯》，鍾哲點校，中華書局，1992 年，第 44 頁。

此實非孔子之大義,孔子引周公之言云:"無求備於一人"(《論語·微子》)。《春秋》責賢之義,現實中每流於律人以嚴。今世所云上綱上線者,即是此義。故所謂求全之毀者,即因人之求全責備而名譽受損者也。

不虞之譽、求全之毀,蓋皆未能恰如其分,無實者也。孟子論學,皆與經義相通。《周易》論誠,除中孚之外,无妄亦誠之義。其中六三"无妄之災"、六五"无妄之疾",皆無實者也。

第二十二章

孟子曰:"人之易其言也,無責耳矣。"①

【簡注】 ① 易,輕易,不看重。責,受責。此句大意:人之所以輕易食言,是因爲不會受到責備。

【講疏】 易者,猶言不看重、輕易改變也。責者,求也。無責之義,朱注亦本之趙岐,言人之所以輕變其言,以未遭失言之責。清儒焦循亦然。《論語》:"子曰:人而無信,不知其可。"輕變其言者,無信者也,失誠者也。人之守信與否,雖關鍵在自身,然鄉黨之評價,師友之夾持亦不可忽。近世人口流動劇烈,所謂"熟人社會"解體,職此之故,以社區輿論所維繫之倫理道德解體,乃遂有新型信用體制之建設,如個人信用記錄之類是也。外在之監督不可忽也。朱注以此爲"有爲而言之",似尚未明此章之大旨。

以上二章言誠僞之見於鄉黨社會者。

第二十三章

孟子曰：“人之患在好爲人師。”①

【簡注】　①　好，音 hào。

【講疏】　好爲人師，亦佛家所謂我慢。孔子云：“勿意，勿必，勿固，勿我。”此勿我即對治好爲人師而言。另如墨家，自以爲道在是矣，而欲强人就己，而以尚同爲説。《老子》所謂“上禮爲之而莫之應，則攘臂而扔之”，亦此義也。蓋舉凡囂囂不舍、以劍傳教之宗教家，及欲以改造社會爲己任之科學教，皆好爲人師者也。其好爲人師，有似於誠矣；然既不知自反，故每陷於侮奪、自暴而不自知（參上文），其末流乃以强人就己爲御民之術。或有誤人子弟之所謂好爲人師，若趙岐所言“桐（童）子之命，不慎則有患”者，所失尚其小者也。此皆失誠有以致之。

雖然，上所言但好爲人師之效果耳，尚未達其德性論之本。蓋既好爲人師，則此精神之作用於對象，乃如洪水氾濫，沖破天然之溝洫，而溝塹狼藉。此狀態乃是精神對對象之改造，而非成全。或有成全，亦不過“億則偶中”，非可必期者也。蓋所謂成全者，乃順對象之本性自然而玉成之，猶治玉者，依其文理，“如切如磋，如琢如磨”（《大學》），“玉汝於成”（張載

《西銘》）。故孔子教人，"不憤不啓，不悱不發"，"舉一隅不以三隅反，則不復也"（《論語·述而》）。孟子教人，如前文所引"勞之來之，匡之直之，輔之翼之，使自得之，又從而振德之"，所謂自得，即自得其本性，而此性非由外鑠，非他人所灌注，如耶教所謂聖靈者也。

雖然，對對象之成全，並非精神本身之目的，此因精神之目的惟是對自我之成就，此即所謂"誠己"。誠己是精神之自爲，而同時亦即是誠物。誠己之精神與改造對象之精神並非一物。後者乃精神之不自由者，即孟子所謂"自暴"者，乃精神之技術化。此精神於征服對象中體驗自我。然此一體驗，乃是精神之放縱，而此放縱在其自身體驗裏常被視作自由。此自由乃盲目之自由，故與恐懼、毀滅、空虛如影隨形。人類歷史之中，此種精神亦可由因緣際會而縱橫肆意，多少世俗功業假此而成，然不旋踵乃與被塗炭之生靈同歸寂滅，而凋敝、恐懼與空虛常存天壤間。此戕天役物、好爲人師之精神也，因其與我慢、空虛相始終，故本身亦不自由。

精神對自由之追求亦隨精神之自足形態而有變。所謂自足，乃是對自身圓滿之肯定。譬如對哲學而言，知性與智慧之相通即構成此一圓滿。對基督教信仰而言，有罪之個體通過耶穌而實現其與上帝之聯繫，亦構成此一圓滿。諸圓滿交攝互徧，如佛家所謂因陀羅網，徧十方世界，而各自圓融。在佛教，精神於涅槃中得自由；在基督教，精神於上帝信仰中得自由。此二者容後別論。對於知性，精神在事物之抽象化意識中得自由。誠如黑格爾所言：

譬如在直觀裏，在感覺裏，我發現我自己是被決定的而不是自由的，但祇要對於我的感覺有了意識，那麽我便是自由的。在意志裏，人有一定的目的、一定的興趣，一方面我誠然是自由的，因爲這是屬於我的，但這種目的或興趣總是包含有另一個東西，或者對於我說，是我的對方，如欲望、嗜好之類。祇有在思想裏，一切的外在性都透明了、消失了；精神在這裏是絕對自由的。[1]

黑格爾所言乃是針對精神之知性維度。在經學中，德性精神之自由體現於"虛己"，以及由"虛己"而來的，對事物之隨順，此即是感而能應，《周易》所謂"廓然大公，物來順應"。由此達至"各正性命"之境，是即所謂"誠物"。精神於誠物之過程中得自由。故所謂"廓然大公"，精神之自在者也；所謂"物來順應"，精神之自爲者也；由自在之於自爲，則精神之自我實現也。此即是誠。對於人而言，誠己乃是人之自我實現，即聖；誠物則是對外物之教化，是師；萬物之歸往乃誠物之報，即是王。而打通此自在、自爲者，即是所謂"聖人感人心而天下平"。故對於儒家而言，精神之應然狀態惟是神感神應。知性之自在狀態不應是海德格爾所謂"成見"，德性之自在狀態亦不應是好爲人師，此皆莊子所謂"成心"也；[2]而是虛中應外，"出門如見大賓，使民如承大祭"（《論語·顔淵》），《易傳》所謂"君子以虛受人"。而此說正是《周易》咸卦之境界，咸者，

---

[1]　黑格爾《哲學史講演録》第一卷導言，賀麟、王太慶譯，商務印書館，1997 年，第 28 頁。

[2]　《莊子·齊物論》："未成乎心而有是非，是今日適越而昔至也。"焦竑云："成心，有見而不虛之謂。"見氏著《焦氏筆乘》卷二，李劍雄點校，中華書局，2008 年，第 53 頁。

感也。儒門大哲荀子，雖於德性論全未相應，且欲以知性論改造之，乃惟於咸卦三致意焉，而倡"虛壹而靜"之說，知此說乃孔門之大義也。[1]

故孔孟雖以師道自任，然絕非師道自居。蓋師道自任乃是欲盡人之性、盡物之性，"參天地之化育，與天地參"，其中天可以當父，地可以當君，而與天地參者則師也。《國語》："民生於三，事之如一。父生之，師教之，君食之。非父不生，非食不長，非教不知"（《晉語一》），即與此相應。故"禮聞來學，不聞往教"（《禮記·曲禮》），非自尊己身也，亦非不屑教人也，實儒者自處之誠也。蓋儒家所謂師，非自尊自大、好爲人師者也，乃"待問者"而已，《禮記》云"善待問者如撞鐘，叩之以小者則小鳴，叩之以大者則大鳴"，是也。《周易》未濟於四德居亨，亦以虛中應其外物之道。[2]故《周易》下經以咸卦之"以虛受人"始，以未濟之虛中應外終，正所以見聖人之誠也。

第二十四章

樂正子從於子敖之齊。① 樂正子見孟子。孟子曰："子亦來見我乎？"曰："先生何爲出此言也？"曰："子來幾日矣？"曰："昔者。"② 曰："昔者，則我

---

〔1〕 關於此問題之探討，另可參前揭拙作《思孟五行說新論》。
〔2〕 參《周易義疏》未濟義解，第 365 頁。關於四德之說，拙作另有新義，參乾卦義解，同上書，第 12—13 頁。

出此言也，不亦宜乎？”曰：“舍館未定。”③曰：“子聞之也，舍館定，然後求見長者乎？”曰：“克有罪。”④

【簡注】　① 子敖，王驩字。時王驩蓋出使魯國而歸，樂正子隨其至齊。之，到。② 昔者，前日。③ 舍館，客舍，賓館。未定，未安頓好。④ 克，樂正子之名。罪，過。

【講疏】　人之患在好爲人師，此儒門之大義也。然待問之言亦不可以膠執，蓋德性意義上之待問與生活中之待問，表現未必一致。儻有執贄拜師，誠心來求者，亦當傳道授業，忠告而善道之，豈可以“待問”之說自劃，是失爲師者之職矣。故孔子有“勿固”之說。樂正克乃孟門高弟，萬章之徒記此文故以“樂正子”稱之。後世儒分爲八，有所謂樂正氏之儒，或以爲即樂正克所傳。然則樂正克乃實能張大孟學者。〔1〕故孟子望之也殷，責之也切。〔2〕因其未早來見己，而遽責之。

夫師友有責善之義，是亦誠也。雖然，孟子之責樂正子者，究係何義？是不可以不深究。王驩乃齊之權臣，《孟子》所

---

〔1〕 皮錫瑞《經學歷史》曾引陶潛《聖賢群輔録》所言樂正氏傳《春秋》，爲屬辭比事之儒，疑即指樂正克。段熙仲則據《公羊》，以爲當係曾子弟子樂正子春。見氏著《春秋公羊學講疏》第一編第二章，南京師範大學出版社，2002年，第30頁。郭沫若甚至認爲《大學》《學記》皆是樂正氏之儒的典籍。認爲樂正子除了是孟子高足之外，以樂正爲氏可能是學官樂正的後裔，雖尚無實證，可聊備一說。見郭沫若《儒分爲八的批判》，《十批判書》，東方出版社，1996年，第141—142頁。疑樂正克爲樂正子春之後，孟子曾提及春秋時魯大夫孟獻子以樂正裘爲友，可能也是二者先人。
〔2〕 趙岐亦言孟子於樂正克“思深望重”、“責賢者備也”。

記數處，可見孟子與之不睦。樂正子之從王驩，朱子乃視之爲
"失身"，蓋直以王驩爲嬖幸小人矣。儻真如此，孟子何不徑責
以大義，而以不早見爲言？朱子似有見於此，乃云"又不早見
長者，則其罪又有甚者焉。故孟子姑以此責之"。似已以不早
來見爲託辭矣。後世學者於此頗聚訟，然於當時之情勢多揣
測之辭，幾同射覆，與章旨則多不相及。昔人治經，每欲彌縫
本文，見孟子云"子聞之也，舍館定，然後求見長者乎"，即云此
必爲古禮。實則未必然也。蓋長者容有親疏，《梁惠王上》所
言"爲長者折枝"，乃其疏者，此文則其親密者也。且師弟之間
亦有親疏，來往道途亦有遠近，豈能盡必其先見長者而後定舍
館？此不合人情者也。禮因人情，可以義起。故朱子託辭之
義實爲有見，然於其不合人情者尚未指明。

　孟子何故責之以不合人情之辭？蓋儻惟以不早見責之，
樂正子既實未早見，則其自承"有罪"也亦宜，孟子欲責之之大
義反而不顯。故孟子惟以不合人情之理由責之，方可以覘樂
正子之真實反應。觀下章，孟子蓋責樂正子未能以求道先於
求食，是不誠也。然惟引而不發，欲待其自反。儻其自以先定
舍館爲無罪，則孟子亦不必再言矣。子曰："不可與之言而與
之言，失言。"(《論語·衛靈公》)惟其倉促之間，雖遇不合人情
之責難亦自承有過，則可見其能"先反求諸己"之誠，是則真可
與之言也。故詳繹上下文，本章之大旨不在是否早見，乃在表
見樂正子自反之誠。孟子以不合人情之言先之，似不誠矣，乃
正可以見樂正子之誠僞，是皆孟子教人之誠使然也。然則誠
之與不誠，又"豈可以聲音笑貌爲哉"？

第二十五章

孟子謂樂正子曰："子之從於子敖來，徒餔啜
也。①我不意子學古之道，②而以餔啜也。"③

【簡注】 ① 徒，祇是。餔（bū）啜（chuò），食飲，此處猶言
噢喝。② 不意，没想到。③ 以，用，用來。

【講疏】 樂正子亦實能有以自反，自承"有罪"，孔子曰：
"可與言而不與之言，失人。"故孟子乃明告之，汝從子敖，但求
食而已，夫"君子謀道不謀食"，其所志可謂卑矣。師友責善，
所以見孟子之誠。餔啜之字面義乃飲食，實則即求食之義，本
甚爲明瞭。焦氏既注釋趙岐，乃即其"餔啜沉浮"一語，橫生攪
擾，於餔啜非"飲食"之義，囂囂置辯，以爲即沉浮世俗之義，甚
無謂也。此蓋刻意與宋儒立異使然，焦氏之博學，適足以見其
不學耳。學問一涉刻意，則不誠矣。

以上三章言誠僞之見於師友之間者。

第二十六章

孟子曰："不孝有三，無後爲大。①舜不告而
娶，②爲無後也，君子以爲猶告也。"

【簡注】 ① 爲大,爲首。② 告,稟告。此處指稟告父母。

【講疏】 不告而娶之失禮,乃禮之小者,無後則其大者。自趙岐以來,學者皆以權變爲言,蓋禮有小大,上文已頗言之,即所謂道揆也。就中稍有義理可言者,在"不孝有三,無後爲大"一句。何以無後爲大? 依趙岐,不孝有三,其一謂阿意曲從,陷親不義;其二謂家貧親老,不爲禄仕;其三謂不娶無子,絶先祖祭。其言當有所本,而其序亦有深意。

昔子游問孝,子曰:"今之孝者,是謂能養。至於犬馬,皆能有養,不敬,何以別乎?"(《論語・爲政》)蓋家貧親老而爲禄仕,是能養者也;曾子養志,是能敬者也。阿意曲從,陷親不義,似尤敬者也,然實不敬。由此可知先意承志之養志,乃指其正志言。故幹蠱最難,養志次之,養親又次之,養子以祭祀最易。若以不孝言,則次序正相反對。就中不養志,是僅能禄養而已,較陷親不義爲優。若不養子祭祀,是族滅矣,失生生之道。陷親不義者,不養親心也;家貧不仕者,不養親身也;不娶無後者,不養家也。若以個人之修養言,正心爲修身之本,修身爲齊家之本。若以現實之利益言,則家重於身,身重於心。所以無後爲大者,家族重於個體也。義之與利,適成反比。孝與不孝皆有小大,其不孝之考量乃與現實情境亦不相違。觀此可知,儒學絶非僅以道德淑世者也,有極現實之一面。惟於此極現實之中,欲人超拔於流俗,有以成德而已。

雖然,不孝所以有三之義,似亦有義理可言。蓋孝者,報也,報本反始之義也。父母之於子孫,其生之者,乃本之於天者也,有父道焉,故以祭祀報之;其養之者,乃本之於地者也,有君道焉，故以禄養報之；其教之者，乃本之於道者也，有師道焉，故以禮義報之。父生之，君食之，師教之，亦所以成之也。生之者最先，養之者次之，成之者又次之。若不孝，是不能報矣。不孝所以有三者，即與父君師三義相應也。所以無後爲大者，即因報父之生，當在先也。

蓋亦有説。當今之世，人倫大變，生育亦可計劃，丁克家庭所在多有，豈皆不孝乎？此言非也。蓋計劃生育涉及君權之濫用與否，非孝不孝之謂也。儒家所言，其初亦欲人正視生育之責任，其在今日，當云個體是否對族群之繁衍負有責任？蓋生育非止報父也，言父以代族群也。然繁衍族群，是否必須以個體生育爲必須？此在今日，有志者其深求之。

第二十七章

孟子曰："仁之實，①事親是也；義之實，從兄是也。智之實，知斯二者弗去是也；②禮之實，節文斯二者是也；③樂之實，樂斯二者。樂則生矣，④生則惡可已也；⑤惡可已，則不知足之蹈之、手之舞之。"⑥

【簡注】　① 實，充實，此處猶言體現。② 斯，此。去，離開。③ 節文，節目文理，此處用爲動詞。④ 生，此處指有生機。⑤ 惡，音 wū。已，止。⑥ 不知，不知不覺。蹈，踏。舞，揮舞。足之蹈之、手之舞之：手舞足蹈。

【講疏】 實者，誠也，猶言具體體現。仁義之實不僅體現於事親、從兄，朱子所謂"仁義之道，其用至廣"，是也。顧孟子既惟以二者爲言，遂亦不得不彌縫其間，以事親、從兄爲"最爲切近而精實者"。焦氏則云："仁義之名至美，慕其名者，高談深論，非其實也，孟子特指其爲事親從兄。然則於此二者有未盡，雖日馳騖於仁義之名，皆虛妄矣。"其言以名實對舉，深得竅要。然似仍可申言之。蓋事親者，親親之切近者也；從兄者，長長之切近者也。依前文，"人人親其親、長其長而天下平"。親親、長長固王道之切近者，然天下最終之平否，仍當視乎人人能否親其親、長其長也，故由親親、長長可以觀王道之成。成者，實也。換言之，儻有一人未能親其親、長其長，則王道未得終成也。然則孟子所云"仁之實，事親是也；義之實，從兄是也"，不亦宜乎？此仁義之最終體現也。

夫儒者觀人，不以功利，而以德性也。蓋人之時位有別，能力亦異，其居位者，有家可齊，有國可治，有政可爲，其無位者或僅治生、修身而已。所言修身爲齊家之本，齊家爲治國之本者，乃自德性論言，不能修身則無齊家之德，不能齊家則無治國之德也。蓋修身而未能齊家者有矣，齊家而未能治國者亦有矣，此皆仁有餘而智不足，猶有仁心仁聞而無道揆、法守者也。亦有中主，得賢明大臣，足以格君心之非，國似治矣，而家尚未齊，如後主之師孔明是也。然家既未齊，則其國之治者終未能落實，是於至誠之德尚有欠也。故現實之中，修身、齊家、治國乃同一時空之事，須同時黽勉爲之，非必先修身而後齊家，先齊家而後治國也,是《大學》所謂"未有學養子而後嫁者也"。由此可知,所謂格致誠正修齊治平者,乃德性邏輯之先後,非具體時空之先後也。學者多未識此義,故每以儒學爲迂闊,豈其然乎?

故事親從兄皆家事也,其參與政事者,儻未能事親、從兄,則其所謂道揆仁義究未能落實也。若無政事可爲者,而能得事親從兄之實,雖其仁義之規模尚小,然固已是仁義無疑矣。故孔子有言:"'孝乎惟孝,友于兄弟,施于有政',是亦爲政,奚其爲爲政?"(《論語·爲政》)此皆自德性言也,非以家國天下之規模論。後世王陽明有精金之喻,言金惟當以成色論,聖賢猶如精金,惟規模有別耳。其說本無病,惟以堯舜爲萬鎰,孔子爲九千鎰,是可商耳。[1]

故自德性論言,事親、從兄既爲仁義之實,則智之觀照最終亦當表現於此,所謂"不去";禮之條理最終亦當表現於此,所謂"節文"。仁義禮智皆能落實,則是五常齊備,所謂誠矣。誠者,天之道也,萬物復其一體之境。《禮記·樂記》:"樂統同,禮辨異。"以禮樂對舉,則禮代表宇宙之相分,樂(yuè)代表宇宙之一體。既爲宇宙之一體性,則可以本體名之。而此境界自其主觀性一面形容,則是心體之樂(lè),王學家頗言"樂是心之本體",職此故也。此一體性儻以萬物之實現言,是所謂誠也;儻以萬物之生生不已言,是所謂仁也。樂此仁也,故云"樂則生矣";既生生不息,故云"惡可已也";君子誠於中而形於外,故心體之樂,表現於心身,《毛詩序》所謂"情動於中而形於言,言之不足,故嗟歎之;嗟歎之不足,故詠歌之;詠歌

[1]　參拙作《王學與晚明的師道復興運動》第 206—208 頁,另參《公孫丑上》講疏第二章。

之不足，不知手之舞之，足之蹈之也”。[1]

以上二章，皆言誠僞之體現於家庭者也。

第二十八章

孟子曰：“天下大悦而將歸己。①視天下悦而歸己，猶草芥也，惟舜爲然。②不得乎親，不可以爲人；③不順乎親，不可以爲子。④舜盡事親之道而瞽瞍厎豫，⑤瞽瞍厎豫而天下化，⑥瞽瞍厎豫而天下之爲父子者定，⑦此之謂大孝。”

【簡注】 ① 悦，悦服。歸，歸往。② 然，如此。③ 不得乎親，不可以爲人：不被父母認可，就難以被社會接受。④ 不順乎親，不可以爲子：不與父母和順，就不能説盡了子道。⑤ 瞽瞍，舜之父，爲人頑劣，常欲殺舜。厎（dǐ），致，達致。豫，樂，安樂。⑥ 天下化，整個天下皆被感化。⑦ 定，安定。

【講疏】 事親、從兄，乃言孝弟之道。有子云：“君子務本，本立而道生。孝弟也者，其爲仁之本與！”（《論語·學而》）爲仁之義，或曰行仁，或曰仁當爲人，大體皆可通。以孟子上文觀之，亦與“仁之實”之義相通。顧自德性論言，仁義皆以得實爲要，如金當以純粹者爲尚也。然不孝既然有三，而孝

亦分多品，世俗以能養爲孝，君子以敬、養志、幹蠱爲孝，〔1〕
孝其有尤大者乎？是大舜化頑爲孝，此所以爲大孝。孝有小
大，是亦道揆也。

舜乃《孟子》書中孝道之代表人物，後文論之尤詳。顧學
者當知，此大舜乃經學中人物，非歷史上之人物也。後世學
者，常據史書所載，爲之囂囂置辯，遇有相扞格者，或熱衷糾
謬，〔2〕或曲爲彌縫，〔3〕皆非也。蓋孟子所言，雖有歷史根
據，然其大旨唯在陳説經義，考史者雖可據爲史料研究，研經
者視之爲寓言可也。〔4〕

----

〔1〕 《孝經·紀孝行》："子曰：孝子之事親也，居則致其敬，養則致其樂，病則致其憂，
喪則致其哀，祭則致其嚴，五者備矣，然後能事親。"邢昺《孝經正義》卷六，中華
書局影印阮元校十三經注疏本，1980年，第2555頁。樂之義另可參《盡心上》
講疏。

〔2〕 如司馬光《疑孟》力辯"瞽瞍殺人"乃"委巷之言，殆非孟子之言也"。參黃宗羲、
全祖望等《宋元學案》卷七《涑水學案》，附朱子《讀余隱之尊孟辨》。陳金生、梁
運華點校，中華書局，1986年，第293頁。洪邁《容齋隨筆》亦言："孟子之書，上
配《論語》，唯記舜事多誤，故自國朝以來，司馬公、李泰伯、呂南公皆有疑非之
説。……四岳之薦舜，固曰：'瞽子，父頑，母嚚，象傲。克諧以孝，烝烝乂，不格
奸。'然則堯試舜之時，頑傲者既已格乂矣。"《容齋三筆》卷五《舜事瞽瞍》，上海
古籍出版社，1996年，第467頁。

〔3〕 譬如俞正燮《癸巳存稿·舜典逸文義》便言："孟子諸所言舜事，皆《堯典》及《逸書》
所載。《逸書》謂《舜典》也。"《清經解　清經解續編》第十一冊，第4281頁。

〔4〕 前揭朱子《讀余隱之尊孟辨》(《宋元學案》卷七《涑水學案上》所附)，余隱之以爲瞽
瞍殺人"乃設事爾，非謂已有是事也"。朱子亦引楊時之言："固無是事，此衹是論
舜心爾。"可見宋儒已明此理。顧炎武云："帝之舉舜，在瞽瞍底豫之後。今《孟子》
乃謂九男二女，百官牛羊，倉廩備，以事舜於畎畝之中，猶不順於父母，而如窮人
無所歸，此非事實。但其推見聖人之心若此，使天下之爲人子者處心積慮必出乎
此，而後爲大孝耳。後儒以爲實，然則'二嫂使治朕棲'之説亦可信矣。"見黃汝成
《日知錄集釋》卷七"爲不順於父母"條。秦克誠點校，嶽麓書社，1994年，第
256頁。稍晚之尤侗乃反孟者，乃徑云："如瞽瞍殺人、完廩浚井之事，不過寓言，
何足深辨。"見氏著《艮齋續説》卷七，中華書局，1992年，第139頁。

據《尚書》，舜雖大孝，然父瞽瞍頑、母嚚、弟象狠傲。舜雖大孝，而父與弟猶欲殺之。其仇舜之心乃似不可解，故舜不告而娶，即因告父反而不得娶。孟子形容瞽瞍頑劣之狀，云"天下大悦而將歸己"，然則天下皆已爲舜所化，唯瞽瞍之心有似頑石，誠天下最難化之人也。此正可見上章所云修齊治平本無先後之序，舜非先化其家而後治國也。蓋其治國，惟以公天下之制度出之，故能廓然大公，物來順應，而萬事萬物各得其所。夫王者之接萬民，非手援天下，以制度援之也。而天下之歸往，亦非人人而悦之，《左傳》文公十八年所謂"舜臣堯，賓於四門，流四凶族：混沌、窮奇、檮杌、饕餮，投諸四裔，以禦魑魅"。此聖王金剛怒目之象也。故子曰："唯仁者能好人，能惡人。"（《論語·里仁》）

以瞽瞍之惡，舜可以惡之乎？孟子故發"父子不責善"之義，以爲父子相離，"不祥莫大焉"。不惟不能惡之，尚需有以報之。孝者，報也。故有養之外，"生事之以禮，死葬之以禮，祭之以禮"（《論語·爲政》）。蓋君子於人倫之間，夫妻義合、師友義合、君臣義合，不合皆可以去。惟父子兄弟乃天倫，不可以去。然兄弟雖同氣連枝，儻不能兄友弟恭，亦可分居另爨。唯父母則不僅能養，且須能敬，斯可以言孝也。故綜合上下文之言孝，子於父母，先欲其能養，其次則能敬，次則養志，次則幹蠱，由能敬至幹蠱，皆爲"生事之以禮"所攝。其中幹蠱最難，亦有顯隱之别，蓋顯幹則傷父母之心，隱則不傷其心也。[1]舜之不告而娶，即隱幹者也。顧幹蠱之說，戰

---

[1] 拙作《周易義疏》卷三蠱卦義解。

國之時儒者間便頗生分歧。若《孝經》所言，則爲父之諍子，乃是孝之大者，[1]是主幹蠱者也。至於《禮記》，則言"子之事親也，三諫而不聽，則號泣以隨之"，似不主幹蠱者也。然幹蠱之義尚矣。其因不欲傷父母之心而"阿意曲從"，則是愚孝，愚孝者不孝也。其中"三年無改於父之道"者，雖可以稱孝，然儻父母有過而未能幹蠱，亦所謂愚孝而已。昔人錯解《論語》此言，以是否三年改於父道衡量子孝與否，皆不知孝之大義者也。宋儒乃生"天下無不是底父母"一説，後世之孝道乃遂以"順從"爲中心教義，此種禮教，爲禍深矣。

父子相離，是"不得乎親"也；上文言"事親弗悦，弗信於友矣"，故"不可以爲人"。所謂"弗"、所謂"不可"，皆"甚難"之謂，非必之之辭也。"不順乎親，不可以爲子"者，以瞽瞍之惡，豈必將順其意乃可以爲之子？然則上文不孝有三之"阿意曲從"不可解，且舜亦非其人也。且孔子云："君君，臣臣，父父，子子。"於君臣父子必兩責之。父不慈則子難孝，故父不以之爲子，是所謂"不可以爲子"。蓋理想之事親之道，乃是父慈子孝，則子順乎親，亦得乎親矣。

由此可知，舜與瞽瞍之關係，乃天下最難處理之關係。所以如此者，即因舜之發心。蓋以瞽瞍之頑劣，而舜必欲以父慈子孝之所謂"順"相期。儻明乎此，則知此順絶非朱注所謂"曲爲承順"之義。[2]事親，乃仁之實，即仁之成也。舜所以如此者，不欲其父自外於天下一體之仁也。反之，儻舜無以盡事親

---

[1]　《孝經·廣至德》："父有爭子，則身不陷於不義。故當不義，則子不可以不爭於父。"邢昺《孝經正義》卷七，阮元校十三經注疏本，第2558頁。

[2]　何焯云："順者，父母所爲合乎道，子所爲亦合乎道，彼此無違逆之謂。非順從之順。"前揭《義門讀書記》卷六《孟子下》，第106頁。

之道，未能變其因父子相離而失仁之事實，則其去平天下亦遠矣。然則相較於此天下一體之天下，向所謂"悦而將歸"之天下，真如草芥之輕也。此處所謂輕重，乃德性意義上之輕重也。曾子曰："士不可以不弘毅，任重而道遠。仁以爲己任，不亦重乎？"（《論語‧泰伯》）

故儻以君子之道衡之，舜之能幹父蠱，使不爲惡於天下，斯亦可矣。然以大人之道衡之，欲使天下復一體之境，則不可以傷父之心也。顧以舜之賢，終能"盡事親之道"而安瞽瞍。舜如何"盡事親之道"之細目，孟子未言，蓋以瞽瞍之頑，舜當不惟能仁，且須有智，持之以恒，終於化之也。此須本隨時之義，具體細目並非關鍵。後世學者，爲之越俎代庖者衆，皆想當然耳。然則舜之"盡事親之道"，即前文所謂"至誠而不動者，未之有也"。瞽瞍一人安而終於盡天下皆安，是所謂"天下化"，是所謂"天下之爲父子定"，豈可不謂之大孝也哉！以是知孟子所以寧與《尚書》相違，而置"瞽瞍底豫"於天下歸往之後，其故即在於此。蓋能以天下爲一體之孝，此孝之最大者也。是亦所謂道揆也。本章以修身見天下之誠，孝乃修身之大者，誠僞、小大之辨皆歸宿於此，可謂道揆之本矣。

雖然，蓋尤有説。底豫之義，趙岐以來皆以底爲致，以豫爲安，固無不妥。然"豫"本《周易》之一卦，以孟子之深於《易》，蓋亦有深意存焉。《豫卦‧大象》："雷出地奮，豫。先王以作樂崇德，殷薦之上帝，以配祖考。"豫卦卦德"順而動，故天地如之。……天地以順動，故日月不過，而四時不忒。聖人以順動，則刑罰清而民服。豫之時義大矣哉！"舜能"以順動"，不惟天下隨之，而瞽瞍亦隨之，如二月驚蟄之時，雷出於地上，萬物發抒充滿，各得其欣欣之樂也。先王法其一道同風之仁，作樂崇德，獻之上帝、祖考，而爲報本反始之祭。報本反始之典以追念始祖之禘祭爲最盛。"或問禘之説，子曰：'不知也。知其説者之於天下也，其如示諸斯乎！'指其掌。"（《論語·八佾》）報本反始者，孝也。孝之爲義大矣哉！

孟子章句講疏卷八

離婁章句下<small>凡三十三章</small>

【解題】 離婁乃古之明目者，明與智可以相應。本篇所言，皆孔門用智之學，即上篇所謂道揆。揆者，度也，依道而思量揆度，故云道揆。顧道揆之智，其發之在外者，必當有所守，守智曰誠，此即上篇所謂法守；其本之於内者，亦當有所發，發智曰仁，此即下篇所謂存心。以德性論言之，存心者仁也，法守者勇也，合道揆之智，正與三達德之義相應。

下篇既言道揆與存心，此由智而進乎仁也。諸聖之所爲，皆能依其仁心，順其道揆，所謂“依仁由義”；此如“維天之命，於穆不已”，時空雖異，顯象不同，而合道則一。故云“先聖後聖，其揆一也”。儻恢廓此義，則不惟歷聖，經典亦莫不皆然。夫子云“吾道一以貫之”，即一揆之義。述一揆第一。

此一揆在歷史中展開，即宋儒道統之謂也。故孟子本篇，雖無道統之名，而具道統之實。蓋千聖所異者用耳、相耳，其所同者心也、性也，是即所謂傳心之法。故上篇所言，乃言治法之成規，此師法也；本篇所言，則歷聖之心同，此道統也。上下兩篇相合，乃見孟子仁智合一之旨。道統本於自得，是有本之學也。述有本第二。

物有本末，事有終始。源泉混混，盈科後進。本心之發於事物，乃見聖賢之作用。因其作用不同，可以見聖賢之存心。故聖賢所自得者，中也；其發之於外物者，和也。"中也者，天下之大本也；和也者，天下之達道也。致中和，天地位焉，萬物育焉。"述存心第三。

孔子云："惡似而非者。惡莠，恐其亂苗也。"聖賢既心同而貌異，亦必有貌似而心非者。故不仁之仁，非義之義，非禮之禮，不智之智，無信之信，無勇之勇，不孝之孝，諸相紛焉並出，豈可不辨？述別異第四。

故綜括言之，聖賢所自得者，本心也，體也；其臨事而懼者，存心也，用也；其因事所發者，感通也，相也。體、用、相三者如如，正與有本、存心、別異相互呼應。讀本篇，乃見孟子學術之圓融。惟行文不依義理之序而結構之，蓋懼學者執本而遺末，得意而忘言，遂紛披其序，錯落其文，以見義理雖妙，亦不必膠執，聖之云否，不可以空理言也。

章旨結構圖

離婁下　　　　　離婁上

存心（仁）　道揆（知）　　法守（勇）

圖一　上下篇耦合圖

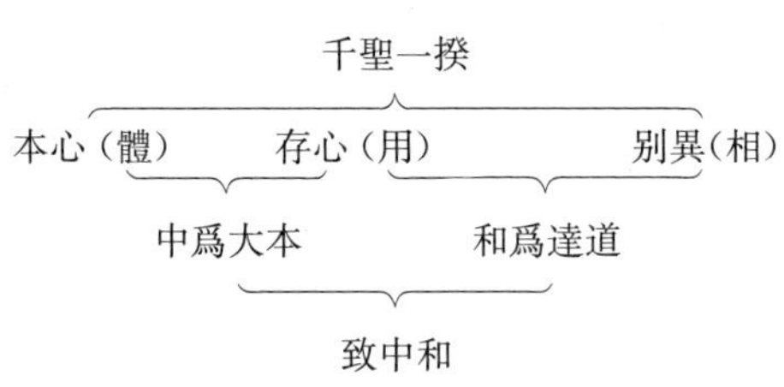

千聖一揆

本心（體）　存心（用）　　別異（相）

中爲大本　　　和爲達道

致中和

圖二　下篇結構圖

章旨／章序	一揆	有本	存心	別異
一	先聖後聖，其揆一也 舜為道統之端。 文王為後聖			
二				惠而不知為政／非仁之仁
三				禮為舊君有服，寇讎何服之有／不禮之禮、不忠之忠
四				無罪而殺士戮民／不義之義
五		君仁莫不仁，君義莫不義		
六				非禮之禮，非義之義，大人弗為
七		中也養不中，才也養不才		
八			人有不為也，而後可以有為／存心能恕	
九			言人之不善，當如後患何／存心不恕	
十			仲尼不為已甚／存心能仁	
十一				大人言不必信，行不必果／不信之信，不勇之勇
十二			大人不失其赤子之心／存心能誠	

续

章旨 章序	一揆	有本	存心	别	異
十三			養生者不足以當大事,惟送死可以當大事/存心能誠		
十四		君子深造之以道,欲其自得之也			
十五		博學而詳説之,將以反説約也			
十六		以善養人			
十七			言無實不詳/存心不誠		
十八		源泉混混,盈科後進,有本者如是			
十九		舜"由仁義行,非行仁義也"	人與禽獸相去幾希,庶民去之,君子存之/君子能存心		
二十	禹惡旨酒,而好善言。湯執中,立賢無方。文王視民如傷,望道而未之見。武王不泄邇,不忘遠。周公思兼三王以施四事/歷聖一揆				
二十一	《詩》亡然後《春秋》作/經典一揆				
二十二	予私淑諸人也/孔孟一揆				

续

章旨 章序	一揆	有本	存心	別異
二十三				可以取,可以無取;取傷廉。可以與,可以無與;與傷惠。可以死,可以無死;死傷勇。/傷廉之廉、傷惠之惠、傷勇之勇
二十四				逢蒙殺羿/不智之智
二十五			雖有惡人,齊戒沐浴,則可以祀上帝/存心能誠	
二十六			故者以利爲本,智者行所無事/以智存心	
二十七				我欲行禮,子敖以我爲簡/非禮之禮
二十八			君子以仁存心,以禮存心	
二十九	禹、稷、顏回同道/歷聖一揆			
三十				匡章,通國皆稱不孝焉/不孝之孝
三十一	曾子、子思易地則皆然/曾思一揆			
三十二			堯舜與人同/存心之異	
三十三			齊人有一妻一妾/以富貴利達存心	

圖三　篇章分類圖

第 一 章

孟子曰："舜生於諸馮，遷於負夏，卒於鳴條，東夷之人也。文王生於岐周，卒於畢郢，西夷之人也。[①]地之相去也，千有餘里；世之相後也，[②]千有餘歲。得志行乎中國，[③]若合符節。[④]先聖後聖，其揆一也。"[⑤]

【簡注】 ① 諸馮、負夏、鳴條、畢郢，皆地名。岐周，指周之舊邑，在岐山之下。東夷、西夷，指東、西邊地。② 相去，相距。相後，前後相隔。③ 行，實行。中國，中原。④ 符節，古代關門或軍隊中所用的信物。一般用玉或竹，上書篆字，剖成兩半，各持一半，彼此相合爲信。⑤ 揆，度。

【講疏】 諸馮、負夏、鳴條、岐周、畢郢，皆東西方地名，歷代學者多有考訂。諸家所言互有不同，亦不必過於推求。中國即中原，中原之外則所謂四裔，言東夷、西夷者，非必以蠻夷言也，猶言東西方耳。中原既居天下之中，則"得志行乎中國"者，乃括天下言也。

舜即有虞氏，春秋以來奉爲二帝或五帝之一，乃公天下時代之聖王。夫子論堯舜，一則曰"唯天爲大，唯堯則之"（《論語·泰伯》），再則曰"無爲而治者，其舜也與"？《繫辭下》："黃帝、堯、舜，垂衣裳而天下治。"中更夏商二代，而至文王，其時已逾千年矣。《中庸》論文王，言"維天之命，於穆不已"；文王之德，"純亦不已"，亦如天之"至誠無息"也。以二者時空相異之懸殊，而皆與天道相合，此猶古人出使、行兵、門關所用虎符、瑞節，或剖竹爲之，或以銅、玉相合，是所謂"若合符節"也。[1]依《論語》，文王"三分天下有其二，以服事殷"（《泰伯》），終其身尚非天子，則孟子所謂得志者，非言其如舜之君臨天下，斷可知矣。然武王之弔民伐罪，即本文王之大道而行諸天下者，是亦所謂"得志行乎中國"。文武即荀子所謂"後王"也。志者心之所之，得志即實現其心之所之，是二者之存心也。二者存心既合，是所謂"其揆一也"。

孔子曰："唐虞禪，夏后殷周繼，其義一也。"（《孟子·萬章上》）本篇下文亦言禹、稷、顏回同道。《論語·堯曰》：

> 堯曰："咨，爾舜！天之曆數在爾躬。允執其中。四海困窮，天禄永終。"舜亦以命禹。

此即後世道統之説。韓愈《原道》首揭此義，有言：

> 斯吾所謂道也，非向所謂老與佛之道也。堯以是傳之舜，舜以是傳之禹，禹以是傳之湯，湯以是傳之文、武、周公，文、武、周公傳之孔子，孔子傳之孟軻，軻之死，不得其傳焉。荀與揚也，擇焉而不精，語焉而不詳。由周公而

---

[1] 古代符節之用，朱子言之已明，見黎靖德編、王星賢點校《朱子語類》卷五十七《離婁下》，中華書局，1986 年，第 1338 頁。焦循《孟子正義》考證稍詳。

上，上而爲君，故其事行。由周公而下，下而爲臣，故其
説長。

孟子以外，唐宋之間所述道統雖有歧異，要皆自抒所
得，可暫置勿論。至南宋朱子，乃於《中庸章句序》明以"道
統"稱之。其論道統：於經義本旨，則溯源《大禹謨》，所謂
"人心惟危，道心惟微，惟精惟一，允執厥中"；於聖賢其人，
則不惟堯舜禹湯文武之爲君，亦有皋陶、伊尹、傅説、周公、
召公之爲臣，皆可以接道統之傳，而以孔子繼往開來，功高
堯舜，而顏曾思孟直至明道、伊川夫子得其宗，而終歸本於
"世之相後，千有餘年，而其言之不異，如合符節"，此即《孟
子》本章之説也。其所以度越韓氏者，端在周公以前，韓氏
皆以聖王爲道統之傳，而朱子則以皋陶至召公等並列書之，
是誠得孟子之遺意者也。[1]及至清儒，因《大禹謨》乃晚出
僞作，不可復列經典之科，爭論紛紜，近人遂以爲可破宋儒
道統之論，蓋惟知論史而不知辨義，抑且不知此説實本於孟
子而發也。

顧本章既力言道統之傳，而道統則始於堯，何以開篇即以
舜言？此義前人罕有論及者，唯王船山有言："前乎舜而爲開
天首出之聖，後乎舜而爲繼往開來之聖，道無不一也。"[2]似
稍見及之。蓋孔子多以堯舜連言，《尚書》以《堯典》開篇，《論

---

〔1〕 參《盡心下》末章。
〔2〕 王夫之《四書訓義》卷三十二《孟子·離婁下》，《船山全書》第八册，第 487 頁。
按下文論道統一段，原發之於《萬章上》首章講疏（載《新經學》第六輯），當置於
此處爲是。

語》亦以《堯曰》殿後，而言“天之曆數在爾躬”者，端在以堯代天。《論語·泰伯》：

> 子曰：“大哉，堯之爲君也！巍巍乎，唯天爲大，唯堯則之。蕩蕩乎，民無能名焉。巍巍乎，其有成功也。焕乎，其有文章。”

堯者，高也。[1]堯名放勳，其德既高，而民無能名之，故以堯稱之。[2]此猶老子所謂“道可道”、“名可名”之境，“强而名之，則字之曰道”。天之境界在不能言，《論語·陽貨》：

> 子曰：“予欲無言。”子貢曰：“子如不言，則小子何述焉？”子曰：“天何言哉，四時行焉，百物生焉，天何言哉！”

---

[1] 《白虎通·號》：“謂之堯者何？堯猶嶢嶢也，至高之貌。”陳立《白虎通疏證》卷二。《說文》：“堯，高也。从垚在兀上，高遠也。”

[2] 按昔人於堯與放勳何者爲名，頗爲聚訟。《大戴禮·五帝德》孔子言及堯：“帝高辛之子也，曰放勳。”未言何者爲名。《史記》本之，曰“帝堯者放勳”，又曰“帝舜者，名曰重華”，是以放勳、重華爲堯舜之名。孟子多直稱放勳，蓋亦以之爲名。故《滕文公上》之放勳，趙岐注爲“堯號”，至本篇第四章，則注爲“堯名”。馬融曰：“堯，謚也。翼善傳聖曰堯。放勳，堯名。”鄭玄亦以堯舜禹湯皆爲謚號，而分別以放勳、重華、文命、履等爲名。參孔穎達《尚書正義》及江聲《尚書集注音疏》卷一（清經解本）。是漢儒大體以放勳、重華爲堯舜之名，而堯舜爲謚。陸德明等亦以放勳爲名號。然以堯爲名者蓋亦古已有之，如《白虎通》雖言堯舜爲謚，亦彌縫其間，於《謚》篇言“堯猶謚，顧上世質直，死後以其名爲號耳”。見陳立《白虎通疏證》卷二。該書本雜取衆家，宜其有此。及《尚書》僞孔傳以放勳爲“放上世之功化”，孔穎達遂依違於馬鄭與僞孔之間。朱子亦以爲“本史臣贊堯之辭”，見其《孟子集注·滕文公上》第四章注。其說蓋本之小程子，見《河南程氏遺書》卷十八《伊川先生語四》，《二程集》，第228頁。清儒臧琳、王鳴盛等已駁僞孔說，實則駁斥程朱。參臧琳《經義雜記》卷一《放勳乃祖落》、王鳴盛《尚書後案》卷三十《昔在帝堯》，分別收入《清經解　清經解續編》第二、三册。

其能言者則自舜始。舜名重華,舜者俊也,乃大之
義,[1]既能順承於堯,初如坤之承乾;繼則得其天位,如諸善
之承元,《文言》所謂"元者善之長",是有得於天也。遂亦以舜
稱之而不名,此蓋後世謚法之濫觴。此義亦可由古樂見之,
《樂記》所謂"王者治定作禮,功成作樂",此樂乃政權之自我反
思。[2]如周人所言六代之樂,黃帝之《雲門》《大卷》、堯之《大
咸》、舜之《韶》、禹之《大夏》、湯之《大濩》、周之《武》,皆與其政
體之精神相應。咸言萬國咸同,天下一體;韶者紹也,言能紹
續堯德。

此堯舜之境界,即相應於道與德。老子曰:"失道而後
德。"孔子曰:"志於道,據於德。"道、德即前文所言天道、人
道。[3]故堯舜儵並言之,皆可視爲五帝之一,五帝與三皇亦
有別也;儵分言之,則以堯統攝此前一切三皇五帝,而相互
可不必分別。[4]然則堯—舜之分別,即道—德、天—人、陰—

---

[1] 前揭《白虎通·號》:"謂之舜者何? 舜猶僢僢也,言能推信堯道而行之。"《説
    文》:"舜,艸也。楚謂之葍,秦謂之蔓。蔓地生而連蕐(華),象形。從舛,舛亦
    聲。"段玉裁《説文解字注》(成都古籍書店 1981 年影印本。):"舜,象葉蔓蕐連之
    形也。從舛,亦狀蔓連相鄉背之皃(貌)。……按此與艸部虋音同義別。有虞氏
    以爲謚者。堯,高也。舜,大也。舜者,俊之同音假借字。《山海經》作帝俊。"按
    段説言舜有"大"之義,舜、俊相通,皆是。舜之"葉蔓華連",正隱含大之義,此廣
    大之大也。堯舜乃如乾坤相耦,堯高如天,舜廣如地,正其象也。孔穎達《尚
    書·堯典》正義首節引鄭玄注《禮記》"舜之言充",言其"是以舜爲號謚之名",義
    亦可通。此皆就其經學大義言之,若以歷史限制之,則鑿矣。蓋諸人皆未必客
    觀歷史人物也。
[2] 參《公孫丑上》第二章講疏。
[3] 天人之分,可參《梁惠王上》第一章講疏。
[4] 此義亦可見諸於道家。如《莊子·天下篇》開首言天人、神人、至人、聖人,雖似
    有境界之別,實則不過顯現之異。佛家亦有佛陀示現菩薩之境,皆此類也。

陽之分，[1]道、德既分，始可以言統緒，否則亦無所謂道統也。

　　明乎此，則儒家二帝、五帝之説可以統一。蓋《論》、《孟》惟言堯、舜二帝，五帝則見諸《大戴禮・五帝德》，曰黃帝、帝嚳、顓頊、堯、舜，太史公後採入《五帝本紀》，以爲信史。至於伏羲、神農，猶見於《繫辭下》，或言乃三皇之二，[2]或言與黃帝、少昊、顓頊並爲五方上帝，皆歷來相傳上古之帝王。顧何以有二、五之異？此於歷史學，似無關宏旨，於經學則有大義存焉。

　　三皇五帝之説，近人頗質疑之，顧頡剛氏乃提出"層累的造成"之古史説，以爲上古帝王早期記載甚少，戰國以降則後出轉增，此如孟姜女故事，因流傳孳乳而細節轉繁。此説頗開後現代史學之先，蓋以小説戲曲視歷史之本事矣。其説流傳既廣，爭議亦夥。儻細究之，則雖有所見，亦有所失。其所見，在於破除以傳記爲信史之觀念，以見歷史事實皆經思維擬議而成。然淺人見之，乃遂云其説既倡，則全部上古史皆可推翻，亦非。其所失者，在以後出者皆爲編造，不知上古傳説本即口耳相傳，後來寫定者未必爲晚出也。

　　嘗試論之。二五、三五之説皆本乎陰陽五行之義，二言陰陽，五言五行也。二義本各不相謀。然陰非純陰也，固有其

─────────

[1]　陰陽之分較爲複雜。以物象言，混沌相合之時爲陰，事物出生之後爲陽，然陰中有陽，故能生陽，是陰陽互根之義。如天一生水，水爲渾沌，是陰；一生二，即坎生離，離爲明，爲陽。然當坎之時，一陽坎陷於二陰，是爲陰中之陽。參拙作《周易義疏》卷首坎離圖及坎、離二卦義解。此義亦可見於《黃帝內經・金匱真言論》。

[2]　參《白虎通・號》。同篇言另一皇，或曰燧人，或曰祝融。參陳立《白虎通疏證》卷二。

陽,是大《易》所謂太極。二既裂分,則四象生焉。及太極與陰
陽合則爲三,與四象合則爲五,乃知三五之數本即陰陽所生,
故陰陽五行始合而一之。此即三統、三達德、五常諸義所本,
乃先秦德性論發展之關鍵。[1]故陰陽、五行二義雖淵源有
別,[2]然以三五相合,必爲陰陽五行二義疊加之結果。其時
當與通行本《周易》之完成相應。陰陽爲《周易》自我展開之
道,此理人所共見,孔穎達所謂“二二相偶,非覆即變”;而四象
五行之理,實已蘊藏卦序之中。卦分内外,乾言四德,皆本乎
此。[3]此義既出,以其結構之精妙,義理之圓融,自爲儒道二
家信奉無疑。孔、老所以被奉爲聖人,六藝所以被視爲經典,
孟、莊所以爲儒、道之正脈,皆植根於此。[4]及後《春秋》學之
倡三統,鄒衍輩言五德,醫家言五臟、五色,禮家別陰陽,[5]
諸義紛出,蔚爲大觀。漢世學者未明此義,見陰陽五行爲儒道
及方術家所宗,乃另立所謂陰陽家者,非也。蓋陰陽觀本亦古
史官之所存,及東周以降,孔老孟莊皆能宗之,墨子荀卿則必
欲反之而已。此德性、知性思維之不同也。

　　故儻對先秦學術作一通觀,首當以春秋後期至戰國中期
爲原點,而其中心則爲孔老墨孟莊諸師。至其文化自覺最核

〔1〕 三五之説,可參拙作《德性與工夫:孔門工夫論發微》及《思孟五行説新論》。
〔2〕 陰陽,《繫辭》以爲始於伏羲。五行,《洪範》託於鯀禹之前,《史記》以爲始於黄
帝,見《五帝本紀》。另如《國語·楚語下》言顓頊時有五官。
〔3〕 參拙作《周易義疏》關於卦序之討論,簡要概括,可參拙作《易象與時間:關於易
象學的論綱》,《中國文化》2018年春季號。
〔4〕 參拙作《從巫史到孔子:〈周易〉的經典化——一種基於經學進路的探討》,收入
陸康、張巍主編《權力與占卜》,《法國漢學》第十七輯,中華書局,2016年。
〔5〕 如《明堂陰陽》,漢代尚遺專書,見《漢書·藝文志》。另如《禮記》中主賓方位諸
義,皆有陰陽觀滲透其間,此皆孔子以來新義,可爲判斷諸篇義旨先後之根據。
擬另文討論。

心之點，即在此陰陽五行、三統五德之證成，以及心性領域德性與知性之判分。此義既明，則"如網在綱，有條而不紊"，先秦學術皆可渙然冰釋矣。

　　三五之說，表現於歷史者，除三皇五帝外，尚有三王五霸。明乎此，則知《論語》所以唯言二帝、三代、齊桓、晉文者，蓋孔子之時三五之說尚未昭揭也。孟子乃尊孔子者，故亦合言堯舜、齊桓晉文，然已有五霸之說。[1]可知<u>三王五霸之提出，即在孔孟之間</u>。此說雖流傳於戰國，而義理實本於大《易》陰陽五行之說，故雖言孔子作此義亦可也。[2]此後學所以繫《五帝德》於孔子，《易傳》以伏羲、神農、黃帝、堯、舜並言，且言乃孔子所述，而後世孔門不以爲忤。然則二帝、二霸乃孔子舊說，而五帝、五霸則孔門新義，二者如陰陽之與五行，原不相忤，故兩存之可也。

　　雖然，論學當知其邊界。二帝之說甚簡，其含義當視乎具體情境。本文與上篇孟子惟以大舜爲言，乃因既言道統，則當觀其順承，此亦孔子所謂"述而不作，信而好古，竊比於我老

---

〔1〕　如《告子下》："五霸者，三王之罪人也。"《盡心上》："堯舜，性之也；湯武，身之也；五霸，假之也。"按五霸除一般所言春秋五霸(共四種)之外，《白虎通·號》另言："五霸者，何謂也？昆吾氏、大彭氏、豕韋氏、齊桓公、晉文公也。"後說不知何昉，惟《國語·鄭語》史伯語鄭桓公："佐制物於前代者，昆吾爲夏伯矣，大彭、豕韋爲商伯矣，當周未有。"鄭桓公時當兩周之交，周尚無霸，亦無五霸之說。依理推之，此說當早於春秋五霸之說，故《白虎通》雖介紹三種五霸之說，而以此說居首，餘二種皆言"或曰"。蓋五霸觀念最初形成之後，學者據齊桓二霸而上推，遂有夏殷周三代之五霸。及後三皇五帝、三王五霸之歷史觀完成，五霸遂專以春秋諸霸主當之，而學者之見各有不同，故除齊桓、晉文之外，尚有秦穆、楚莊、闔閭、宋襄、句踐之異。其時間即當在孔孟之間。五霸凡五說，參陳立《白虎通疏證》卷二·號》。

〔2〕　孔子雖未見合言三五，然《論語》中亦可見三五之論，如三代、三達德，另如以仁統攝五常之義，皆與此相合。關於仁之統攝五常，可參前揭《思孟五行說新論》。

彭"之義(《論語·述而》)。蓋人之所爲,無論凡聖,皆當有以承乎天也。而大舜則首出群倫,繼天立極,而能繼往開來之大聖人。是堯蕩蕩焉難以名之,而可名、可法者舜也。堯之於舜,蓋猶大衍之數五十,置其一虛中不用,以當太極也。

道統大義雖明,然其理據究竟何在? 嘗試論之,人心、道心之說,乃宋儒因之以明道統之成立而已。朱子云:

> 心之虛靈知覺,一而已矣,而以爲有人心、道心之異者,則以其或生於形氣之私,或原於性命之正,而所以爲知覺者不同,是以或危殆而不安,或微妙而難見耳。然人莫不有是形,故雖上智不能無人心,故雖下愚不能無道心。二者雜於方寸之間,而不知所以治之,則危者愈危,微者愈微,而天理之公卒無以勝夫人欲之私矣。[1]

此論以道心統攝人心,大旨雖是,實亦有未諦之處。蓋人心所發不僅以人欲言也,如知性雖亦人心,而實可爲道心之發用。此道心即所謂德性。儻就二者對事物之理解而言,近儒熊十力以量智、性智分別名之:

> 云何分別性智和量智? 性智者,即是真的自己的覺悟,此中真的自己一詞,即謂本體。……量智,是思量和推度,或明辨事物之理則,及於所行所歷,簡擇得失等的作用故,故說名量智,亦名理智。[2]

---

[1] 朱熹《中庸章句序》,氏著《四書章句集注》,中華書局,1983 年,第 14 頁。
[2] 熊十力《新唯識論》(語體文本),中華書局,1985 年,第 249 頁。

《離婁上》所言道揆、規矩,實與知性之學相通,皆人心也。本篇則以存心爲言,其所存者道心也,乃德性之學所攝。德者,得也。嘗概言之:

> 與人我分立之知性不同,德性自始即是在天地萬物之一體中體認自我。天地萬物一體之生命,亦即是我之生命。由此,作爲生命的人我之間共同分有生命的内在結構,而對於這個生命結構的自我反觀即表現爲自我之德性的自覺,對這個自覺的具體表述便形成所謂德性論。誠如知性因爲對現象世界的把握,可以反推出知性與現象世界的同構性;德性也因爲對生命宇宙的體認,而對自身與宇宙的同一性予以反觀。[1]

德性對生命宇宙體認之結果,便是所謂觀象。此觀象因生命之展開而體現於時間之中,是即所謂易象。對此易象之討論,庶幾可以"易象學"名之。[2]前聖後聖雖顯象不同,然發心無異,皆得聖賢應時之用,是所謂"前聖後聖,其揆一也"。

第 二 章

子産聽鄭國之政,① 以其乘輿濟人於溱、洧。②孟子曰:"惠而不知爲政。③歲十一月徒杠成,

---

〔1〕 參前揭拙作《思孟五行説新論》。
〔2〕 前揭拙作《易象與時間:關於易象學的論綱》。

十二月輿梁成，④民未病涉也。⑤君子平其政，行辟人可也，⑥焉得人人而濟之？⑦故爲政者，每人而悅之，日亦不足矣。"⑧

【簡注】　① 子産，即公孫僑，春秋時鄭國執政。聽政，執政。② 乘(shèng)輿，車馬。濟，渡。溱(zhēn)、洧(wěi)，皆水名。③ 惠，慈惠。④ 徒，徒步。徒杠(gàng)，供人行走的小木橋。輿梁，可通車乘的橋。⑤ 病，患，擔心。涉，涉水。⑥ 辟，通避。行避人，出行時命人避開道路。⑦ 人人，一個一個人。⑧ 每人，猶人人。日，時日。

【講疏】　依朱注，徒杠蓋小木橋也，可供人徒行，輿梁則可過車輿。子産見人涉水之難，心下不忍，以己車助人，是有惠人之心也，人亦以惠稱之。"或問子産，子曰：'惠人也。'"（《論語·憲問》）〔1〕此上篇所謂"仁心仁聞"。以乘輿濟人而民猶病涉，是上篇"有仁心仁聞而民不被其澤"也，此義趙岐言之，亦非無據。上篇復言"徒善不足以爲政"，意在强調有仁心亦不可無道揆，修身不足以當治法。故以子産之所爲，爲平人則有餘，爲聽政者則不足。蓋爲政之道，雖以悅民爲務，《周易》所謂"天下有風，姤。后以施誥命四方"，〔2〕然誥命者固

---

〔1〕《論語·公冶長》："子謂子産，'有君子之道四焉：其行己也恭，其事上也敬，其養民也惠，其使民也義。'"

〔2〕 姤卦乃求遇之義，即卑己以悅人之謂。以婚姻言，女壯求男，故此女不可取。以政治言，則民者君之所天，"君能遇民，是遇天也，始足以稱后矣"，故反爲王政之理想。參拙撰《周易義疏》姤卦義解，第267頁。

以制度施設言之，[1] 亦非“每人而悦之”，否則時間亦不足矣。道揆之具體表現即是義，孟子此説實與“《春秋》貴義不貴惠”（《穀梁·隱公元年》）之旨相通。

本章大旨亦不難明。《禮記·仲尼閒居》言“子産猶衆人母也，能食之不能教也”，鄭玄注引乘輿濟人之事爲言，非也。《孔子家語·正論解》略同。蓋孔子所云不能教民，必别有所本，豈可於乘輿濟人之事見之？焦氏引二家之説，亦牽合其間而未能有所别白。至於清人趙佑於所撰《四書温故録》中，以子産爲君子之故，力辯孟子此條爲失實，誠所謂橫生枝節矣。

雖然，諸人所言皆未明孟子此章之用意。聖賢雖“其揆一也”，然其相各異，子産有惠人之心，則人即以其爲仁人矣。然以子産之爲政，而民皆苦於涉水，是其政實未能仁也。此太史公《貨殖列傳》所謂“仁未能取與”，韓信論項羽所謂“婦人之仁”，[2] 皆仁之小者，安得以仁者視之？故子産之仁，實乃“非仁之仁”也。

第 三 章

孟子告齊宣王曰：“君之視臣如手足，則臣視君如腹心；君之視臣如犬馬，則臣視君如國人；① 君之

---

〔1〕 王政必表現於制度，參《梁惠王上》第三章講疏。

〔2〕 《史記·淮陰侯列傳》：（韓信言）“項王見人恭敬慈愛，言語嘔嘔，人有疾病，涕泣分飲食。至使人有功當封爵者，印刓敝，忍不能予。此所謂婦人之仁也。”

視臣如土芥，則臣視君如寇讎。”王曰：“禮，爲舊君有服，②何如斯可爲服矣？”曰：“諫行言聽，③膏澤下於民；④有故而去，⑤則君使人導之出疆，又先於其所往；⑥去三年不反，然後收其田里。⑦此之謂三有禮焉。如此，則爲之服矣。今也爲臣，諫則不行，言則不聽；膏澤不下於民；有故而去，則君搏執之，⑧又極之於其所往；⑨去之日，遂收其田里。此之謂寇讎，寇讎何服之有？”

【簡注】 ① 國人，同國之人。此處指關係疏遠的普通人。② 依《儀禮》，“以道去君而猶未絕”的話，大夫要爲舊君服齊衰之喪三月。③ 諫，諫止。言，進言。行、聽，此處皆是聽從之義。④ 膏澤，肥澤，此處指恩惠。⑤ 有故而去：因爲特殊原因而離開。⑥ 先，猶今言推薦、介紹。⑦ 田里，田禄、里居，指君發給臣作爲俸禄的田產和居所。⑧ 搏，搜。搏執之，拘禁其家族，這裡指嚴查（以便）阻止他。⑨ 極，盡，此處指絕其路。

【講疏】 “君之視臣”，所謂“施”也；“臣視君”，所謂“報”也。此即前文所言“施報”之義。[1]君者本也，臣者末也，本施而末報之，如風至而起瀾，信如影響。曾子所謂“出乎爾者反乎爾也”（《梁惠王下》）。施報之義既明，宣王乃以報君反服

〔1〕 參《梁惠王下》第十二章講疏。

之禮爲問。孟子故告之以"三有禮"之説，所以責之於君者，亦猶孔子所謂"君君，臣臣"，君不君則臣不臣，本末之序不可亂也。後世俗儒乃發"君雖不君，臣不可以不臣"之義，此違道遠矣。

本章用意與上章略同。蓋既有君臣上下之别，似有禮矣。然"夷狄之有君，不如諸夏之亡也"（《論語・八佾》）。君之有無，不在私人性君主之能力若何，惟視禮義之有無也。其君臣之禮，亦不在上下拜揖之儀節，端在"君使臣以禮，臣事君以忠"（《論語・八佾》），故雖事新君，尚懷德而爲之反服。[1] 否則雖有而實無，是所謂"無禮之禮"也。夫子所謂"禮云禮云，玉帛云乎哉？樂云樂云，鐘鼓云乎哉？"（《論語・陽貨》）是其義也。

第 四 章

孟子曰："無罪而殺士，[1]則大夫可以去；[2]無罪而戮民，[3]則士可以徙。"[4]

【簡注】　① 士，此處指有職事者。② 去，去職。③ 戮，殺戮。④ 徙，移，離開。

---

〔1〕《禮記・檀弓》："穆公問於子思曰：'爲舊君反服，古與？'子思曰：'古之君子，進人以禮，退人以禮，故有舊君反服之禮也。今之君子，進人若將加諸膝，退人若將隊之淵，毋爲戎首，不亦善乎？又何反服之有？'"由戎首、寇讎之言，可知思孟一脈相承之處。

【講疏】 君有保民之義。[1]殺士、戮民,必皆聲其罪而正其法,似有義矣。然實無罪也。故無罪而殺士、戮民,不義之義也。當此之時,君不君則臣不臣,其大夫、士之去君,似不忠矣,而實非不忠,不忠之忠也。蓋臣之所當忠者,乃公共性之君也,非君主私人也。《左傳·哀公十一年》:

> 孔文子之將攻大叔也,訪於仲尼。仲尼曰:"胡簋之事,則嘗學之矣。甲兵之事,未之聞也。"退,命駕而行,曰:"鳥則擇木,木豈能擇鳥?"

第 五 章

孟子曰:"君仁莫不仁,君義莫不義。"

【講疏】 朱子引張氏云:"此章重出。然上篇主言人臣當以正君爲急,此章直戒人君,義亦小異耳。"兩篇之異,諸儒皆見及之,惟議論有別耳。實則《離婁上》意在"格君心之非",大人能格君心,是大人之"法守",去君心之不誠而存其誠也。[2]本章引此文,乃強調君心爲天下大本之義,篇首解題所謂有本之學也。

如上篇所述,此君心乃公共性君主之心,顧此公共性君主

---

〔1〕 參《滕文公上》第四章講疏。
〔2〕 參《離婁上》第二十章講疏。

之心亦必由私人性君主發之，然則前者猶本心，後者猶習心也。儻習心能有所存，而自得其本心之源，則其所發始能依仁由義。君者所以群其民，君心既爲天下之大本，儻能依仁由義，則天下之民莫有不從矣。莫者，徧辭也，言無有例外。然則天下有一不仁不義，則必本源有欠，是君心之未畢存也。可與上篇所謂“至誠動物”相參。《論語·堯曰》商湯有言：“朕躬有罪，無以萬方；萬方有罪，罪在朕躬。”武王則曰：“雖有周親，不如仁人。百姓有過，在予一人。”皆此義也。一人不安則視爲己患，此聖賢所以精進不已也。湯武爲道統之宗，豈可誣哉！後世擔君責者，殘賊公行，天下亦因之失仁背義，己則以賢聖自居，皆喪其本心者也。哀哉！

第 六 章

孟子曰：“非禮之禮，非義之義，大人弗爲。”①

【簡注】 ① 弗爲，不爲。

【講疏】 此章以非禮之禮、非義之義爲言，與前文別異之旨相承。小人固不必論，所以必云大人者，君子雖知禮義之可貴，未必能辨而明之，必智仁勇兼備之大人乃可。此如醫家辨症，不可膠執其相，必當辨其陰陽、寒熱、表裏、虛實也。大人乃德位之一階，昔人解經，多隨文析義，而名實益淆，兹於孔門修德階位，略發其覆。

修行境界，常於宗教見之。佛家除佛果爲圓融平等之境，菩薩、阿羅漢以下皆有不同層次。其證佛果者示現爲菩薩，或菩薩示現不同境界者，可暫勿論。中土道家早期亦有天人、真人、神人、聖人、至人諸品，其中聖人則爲儒家所宗。依《莊子·天下篇》，聖人與天人、神人、至人境界無異，唯所處爲內聖外王之樞紐。及佛教入華，爲彌合與中土文教之關係，孔子亦在佛家獲得階位，所謂孺童菩薩是也。晚世之以武聖關羽爲伽藍菩薩者，亦所在多有。道教亦以此化胡，觀音、文殊、普賢等進入道教雖或與小説有關，後世亦竟有道觀爲之塑像禮拜者。及天主教入華，佛家力貶其天主如大梵天王。然則所謂階位融合之背後，亦有判教高下之用意存焉。

僅以經學論，堪爲德位之階者，如聖人、大人、君子、士、小人等，名實旁午，義旨交錯，不可不辨。儻大略言之，在孔子以前，人品多以身份地位而言，如小人指野人及庶民，士君子以上指貴族。儻稍事區別，則士者事也，指可以入仕做事者；大人君子則指貴族之有官者。《禮記·曲禮上》所謂四十"而仕"、五十"服官政"，是也。下之名上，曰夫子，曰大人，乃尊稱也。其上古帝王，有功德者，則或名之爲聖人。然聖本通義，普通人之覺悟天道者，如巫覡，亦可以聖名之。[1]或爲區以別之，遂另有聖王之稱，以代指有位者。

早期以位論階，基於西周文化存於王官，即德位一致之現

---

〔1〕 如《國語·楚語》觀射父云："古者民神不雜，民之精爽不攜貳者，而又能齊肅衷正，其智能上下比義，其聖能光遠宣朗，其明能光照之，其聰能聽徹之，如是，則明神降之，在男曰覡，在女曰巫。"下文亦言"先聖之後"，巫覡即最早之先聖。見徐元誥《國語集解》卷十八《楚語下》，第 512 頁。

實。德者，得也，有德非指狹義之倫理道德，乃指廣義之文化言。惟有德者，方能"觀乎天文，以察時變；觀乎人文，以化成天下"（《周易·賁卦》）。其中維繫此德位一致者，即是周公所訂之禮樂。春秋以降，王綱解紐，禮崩樂壞，王官文化星散四方，亦有貴族降於編氓。孔子南遊，所見之長沮、桀溺、荷蓧丈人、楚狂接輿，皆有高深文化而藏於民間者。夫子《文言》，首發"龍德而隱"之義，且以"避世"爲賢者之能。[1] 於是有德不必有位，有位未必有德，私學之興起亦不過基於此德位分離之事實。故《詩經》有言："彼君子兮，不素餐兮！"（《伐檀》）君子本應不素餐，而今竟尸位素餐，然則又何以爲君子？《詩經》此類敘述，正見其時德位分離之消息。近世惟以階級論文化者，誠淺之乎其言也。故下文孟子有言："王者之迹熄而《詩》亡，《詩》亡然後《春秋》作。"孔子之作用，即當有德無位之世，對原有人品位階重賦新義。故孔門所言君子小人諸義，大都以德行而言，[2] 與道墨諸家迥別，即因後者多因襲原義之故。

　　觀孔門所論，君子、小人爲修德位階之基本分野，此皆泛稱也。《論語》常以君子、小人對舉，小人實則多指常人，而君子則有德者之稱。如"君子喻於義，小人喻於利"、"君子和而不同，小人同而不合"、"君子泰而不驕，小人驕而不泰"之類皆是。惜後世積習相沿，每以君子相互恭維，於是小人乃成貶損

---

〔1〕《論語·憲問》："子曰：'賢者辟世，其次辟地，其次辟色，其次辟言。'"

〔2〕春秋戰國，世俗語言之使用，君子小人仍以位相稱者所在多有。即便《論語》，雖大多以德而言，然亦偶有用世俗義者。如《陽貨》："子路曰：'君子尚勇乎？'子曰：'君子義以爲上。君子有勇而無義爲亂，小人有勇而無義爲盜。'"朱注："君子爲亂，小人爲義，皆以位而言者也。"另如"君子之德風，小人之德草"、"君子學道則愛人，小人學道則易使"（《陽貨》）等，以德、以位言，似皆可通。

之語。人既不願以常人自承，而皆以君子自居，則修德云云，皆門面之言而已。此經學之最大流弊，皆失誠有以致之。儒學末流陷於虛僞，其源在是。故論修德，首當明小人即常人（衆人）之義。[1]常人以下，儻細分之，觀《論語》所言，如小子、鄙夫、無所用心、道聽途說、鄉原、佞人、不仁、敗德、穿窬之盜、下愚，另有多品，皆見諸《陽貨》篇者，知陽貨乃小人之尤也。此《陽貨》篇一貫之義。向來論《論語》者，罕及此義，因志之於此。

顧君子、小人亦非截然二分，與二者犬牙相錯者即是士。士本貴族最低階位，然孔門新義之中，士乃指有恒者言也。孔子云："善人吾不得而見之，得見有恒者斯可矣。"此有恒者即孟子所云："無恒產而有恒心者，惟士爲能。"（《梁惠王上》）此有恒之士非必君子，小人亦不無有恒者也。[2]故《論語‧子路》：

> 子貢問曰："何如斯可謂之士矣。"子曰："行己有恥，使於四方，不辱君命，可謂士矣。"曰："敢問其次？"曰："宗族稱孝焉，鄉黨稱弟焉。"曰："敢問其次？"曰："言必信，行必果，硜硜然小人哉，抑亦可以爲士矣。"

此硜硜然者既爲小人之士，則宗族稱孝、鄉黨稱弟者即所

---

[1]《孟子‧告子下》："君子之所爲，衆人固不識也。"此孟子引孔子之事駁斥淳于髡之語。君子、小人相對而言，孟子所以不直稱小人者，蓋直稱小人，似亦無禮，故以衆人稱之。同樣語境，亦見於《公孫丑下》孟子與尹士言其不識己，孟子不肯如"小丈夫"之悻悻然見於辭色，尹士終自承"士誠小人也"。可知諸處所引小人、小丈夫、衆人所指皆同，惟小人含義最廣耳。

[2] 參《梁惠王上》第九章、《梁惠王下》第十二章。

謂善人,其行己有恥、不辱君命者則是有德之士。孔子又云:
"士而懷居,不足以爲士矣。"(《子路》)蓋懷居則是無恒者也。

依前所言,與小人相對之君子乃是通稱,此君子可括小人
以外直至聖人之所有階位。此階位之中,亦有君子,此則狹義
之君子也。此君子之不學者,即所謂善人。故"子張問善人之
道。子曰:'不踐迹,亦不入於室。'"(《先進》)朱注引張載之
說,言"善人,欲仁而未志於學者",誠得之矣。然善人固有恒
者,"子曰:'善人教民七年,亦可以即戎矣。'"(《子路》)相對於
小人,善人似可稱君子;相對於成德者,此善人不可以稱君子
也,祇可稱士。

善人而好學,則或知或勇,隨才成就,即最狹義之君子。
然此君子尚未必能仁。故"子曰:'君子而不仁者有矣夫,未有
小人而仁者也。'"(《憲問》)孔子有言:"若聖與仁,則吾豈敢?
抑爲之不厭,誨人不倦,則可謂云爾已矣。"(《述而》)又曰:"君
子之道四,丘未能一焉:所求乎子以事父,未能也;所求乎臣以
事君,未能也;所求乎弟以事兄,未能也;所求乎朋友先施之,
未能也。"(《中庸》)不寧惟是,子曰:"君子道者三,我無能焉:
仁者不憂,知者不惑,勇者不懼。"(《論語·憲問》)顧孔子仍以
忠信自許,故言:"十室之邑,必有忠信如丘者焉,不如丘之好
學也。"(《公冶長》)然則夫子所以自處者,乃好學、忠信、有恒
之士,尚非成德之君子。以是知《論語》所言君子,儻以佛老觀
之,皆果位中人,不可以輕許也。君子死則稱卒,卒者終竟之
義,非如死者之漸滅也。[1]故夫子言朝聞而可夕死,超越死

―――――

[1]《禮記·檀弓上》:"君子曰終,小人曰死。"依鄭玄注:"卒,終也。不禄,不終其
禄。死之言澌也,精神漸盡也。"

亡矣。

君子之上則是仁者，蓋"仁者必有勇，勇者不必有仁"（《論語‧憲問》），以此知所謂仁者即智仁勇兼備之大人。自小人觀之，君子以上皆可稱大人，此廣義之大人也。若狹義之大人，必諸德兼備乃可。[1]《周易乾鑿度》所謂"大人者，聖明德備也"，漢儒孟喜亦言，"大人者，聖人德備也"。故仁人之上，乃有聖人。[2]"子貢曰：'如有博施於民而能濟衆，何如？可謂仁乎？'子曰：'何事於仁，必也聖乎？堯舜其猶病諸！'"（《論語‧雍也》）

大人固然可指聖人，然狹義之大人尚非聖人，必大而能入化境乃可，孟子所謂"大而化之之謂聖"是也。張載有言：

> 聖猶天也，故不可階而升。聖人之教，未嘗以性化責人，若大人則可學而至也。……故嘗謂大可爲也，大而化不可爲也，在熟而已。蓋大人之事，修而可至，化則不可加功，加功則是助長也，要在乎仁熟而已。[3]

至於聖人亦有不同階位，孟子論伯夷、伊尹、柳下惠，以"聖之清者"、"任者"、"和者"相許，[4]歷代聖王、聖哲於不同

---

[1] 小程子曰："仁可以通上下言之，聖則其極也。聖人，人倫之至。倫，理也。既通人理之極，更不可以有加。若今人或一事是仁，亦可謂之仁；至於盡仁道，亦謂之仁，此通上下言之也。"《河南程氏遺書》卷十八《伊川先生語四》，前揭《二程集》，第182頁。

[2] 參李道平《周易集解纂疏》卷一乾卦"九二，見龍在田"疏，潘雨廷點校，中華書局，1994年，第30頁。

[3] 《橫渠易說‧乾文言》，章錫琛點校《張載集》，中華書局，1978年，第76—77頁。

[4] 參《公孫丑上》第二章講疏。

時空各極其詣，皆此類也。其圓融無礙，可以與天地參者，則爲至聖，《中庸》：

> 唯天下至聖，爲能聰明睿智，足以有臨也；寬裕温柔，足以有容也；發强剛毅，足以有執也；齊莊中正，足以有敬也；文理密察，足以有別也。溥博淵泉，而時出之。溥博如天，淵泉如淵。見而民莫不敬，言而民莫不信，行而民莫不悦。是以聲名洋溢乎中國，施及蠻貊；舟車所至，人力所通；天之所覆，地之所載，日月所照，霜露所隊，凡有血氣者，莫不尊親，故曰配天。

此《中庸》所論孔子之境界也，後世尊孔子爲“至聖”，有以哉！

綜括言之，孔門進德品目，小人固有多品，自小人以上之狹義稱謂，依次爲善人（士）、君子、仁人、大人、聖人、至聖。其中士可括善人、君子及小人中之有恒者，善人以上皆可稱廣義之君子，君子以上皆可稱廣義之大人，大人以上皆可稱仁、賢，其極則爲聖、爲至聖，此其大略也。

第 七 章

孟子曰：“中也養不中，[1]才也養不才；[2]故人樂有賢父兄也。[3]如中也棄不中，才也棄不才，則賢不肖之相去，[4]其間不能以寸。”[5]

【簡注】 ① 中，指有德者。不中，德行未深者。② 才，指有才幹者。③ 賢，德才兼備者。④ 相去，相距。⑤ 間，距離。以寸，用寸來度量。言相去甚少。

【講疏】 父子、兄弟乃五倫之二，父兄者本也，子弟者末也。自趙岐以來，學者皆以教釋養，言賢父兄以己之中道、俊才教養子弟，俾後者亦得其成就，儻父兄棄其子弟，則亦無以稱賢父兄也。何哉？上文“君仁莫不仁，君義莫不義”，“百姓有過，罪在一人”，子弟不才而失教，是父兄本源未澈，未能教之以誠也。本源未澈，又豈可以中者、才者自居？所謂“失之毫釐，差之千里”，此即“賢不肖之相去，其間不能以寸”之義。雖然，子弟亦誠有如夫子所謂“下愚不移”者，然亦循循善誘，教養之而已，不可遽棄之也。趙岐所謂“父兄已賢，子弟既頑。教而不改，乃歸自然”，是也。

第 八 章

孟子曰：“人有不爲也，①而後可以有爲。”

【簡注】 ① 爲，音 wéi。有不爲，有所不爲。

【講疏】 本心既得，必因事感通，《周易》所謂“寂然不動，感而遂通天下之故”（《繫辭上》）。此性體、本心，即陽明所謂良知寂體。以天道統體言之，聖人與天地萬物爲一體，無所謂感通。及人我既分，此先天德性豁然呈露。蓋感而遂通之前，虛中待物，尚未與物相交，故可視爲先天。《咸卦·大象》所謂"君子以虛受人"是也。[1]當此之時，成見既完全消泯，故能與物無忤。是程子所謂"廓然大公，物來順應"。有此境界，則如大圓寶鏡，物來而纖悉畢照。顧所照之物象與知性現象不同，乃易象也。以德性論言之，聖人所以"感人心而天下平"（《周易·咸卦》），即因此先天德性與宇宙統體相應。德性之先天範疇，即是所謂五常。本體"無思無爲"（《繫辭上》），當機所發，即是統體之仁。此統體之仁，因事類相感，而現爲惻隱、辭讓、羞惡、是非之心，此仁義禮智之端倪也，故名四端。由五常所以能如實發爲四端者，即是存心之功。然則君子所以存心者，即在《大學》"致知"與"誠意"之間。朱子注《大學》，以窮理釋"致知"，孟子此篇已發之在先，惜朱子未能於此篇見之耳。此義甚深，容後詳之。

綜上所述，孟子所言存心之境，即在虛中應物之時。此《中庸》"未發之中"以後，"發而中節"之前也；孔子所謂"臨事而懼"（《論語·述而》），《大學》所謂"君子必慎其獨也"；周敦頤"誠無爲，幾善惡"之幾，王陽明所謂"神感神應"之神；儻善會之，皆此境也。[2]仲弓問仁，孔子曰：

出門如見大賓，使民如承大祭，己所不欲，勿施於人。（《論語·顏淵》）

---

〔1〕　參《離婁上》第二十三章"好爲人師"一節講疏。
〔2〕　參《萬章下》解題所言存心之勢。

仲弓與顏淵皆孔門德行科高弟，此節所言，實德性論之要旨，學者不可輕忽。其"己所不欲，勿施於人"者，朱子以"如心爲恕"釋之，且云"敬以持己，恕以及物，則私意無所容而心德全矣"，[1]誠得上文所謂虛中應物之要領。能"己所不欲，勿施於人"即孟子本章所謂"人有不爲也"。焦循以"行己有恥"論之，亦通。蓋既以誠敬存心，則己之所欲皆仁義禮智是也；己所不欲者，不仁不義不禮不智是也，是皆不可施諸人者也。[2]以是觀之，近世學人，多以字面義隨文作解，雖亦顯出人同此心之仁，似尚未盡其底裏。惟能有此不爲，然後能以仁義禮智信存心，"感而遂通天下之故"，是"可以有爲"也。故依篇旨，本章所言乃是恕道，即存心以仁也。

第 九 章

孟子曰："言人之不善，①當如後患何！"②

【簡注】　① 人，此處指來者。② 當如後患何：當如何面對後患。

【講疏】　當如後患，自趙岐以來，多以"後有患難及己"釋

---

〔1〕 前揭朱熹《四書章句集注》，第72、133頁對"忠恕"及"己所不欲，勿施於人"的解釋。

〔2〕 何焯云："張子云：不爲不仁，而後可以爲仁；不爲不義，而後可以爲義。有不爲須兼辨之明、守之嚴兩意。(本安溪)"此説蓋本之於李光地。見《義門讀書記》卷六《孟子下》，崔高維點校，中華書局，1987年，第106頁。

之。且言“好言人惡，殆非君子”。不爲君子所爲，或有患難，然則爲君子所爲即無後患乎？且“君子喻於義，小人喻於利”，其言似不可訓後也。朱子蓋覺費解，故云“此亦有爲而言”。焦循乃曲爲之釋，言：

> 孟子距楊墨，比之爲禽獸，正所以息其無父無君之患也。若言人之不善，而轉貽將來之患，則患不在人之不善，而轉在吾之言矣。是當審而慎之。

蓋人既有不善，不可一概不言，否則孟子之距楊墨亦師出無名矣。顧既言之矣，而又擔心後患，豈非開臨難苟免之隙？趙氏似亦有見於此，故加一好字，以爲“好言人之惡”，非君子所當爲。

觀趙氏之意，蓋以不善指行爲，即《大戴禮記·曾子立事》所謂“不説人之過”也：

> 君子不先人以惡，不疑人以不信；不説人之過，成人之美；存往者，在來者，朝有過，夕改，則與之；夕有過，朝改，則與之。

君子養人廉恥，勉人向善，儻非大是大非，人雖有過，常施之以恕道，或諷之以微言，孔子所謂“諫有五，吾其從諷乎”，[1]此即《毛詩序》所謂“上以風化下，下以風化上，主文而譎諫”之義。孔子另言“成事不説，遂事不諫，既往不咎”

---

〔1〕《白虎通·諫諍》，陳立《白虎通疏證》卷五，第236頁。

（《論語‧八佾》），蓋亦即此而發。然其理由皆非患難隨之也，否則“當仁不讓於師”、“殺身成仁”、“舍生取義”皆爲虛語，無以垂訓後世矣。

然則此章必有別解。嘗試論之，孟子所謂不善，非指其行爲，乃原其心而言也。人之方來，即以不善懸揣之，即上文《大戴禮記》所謂“先人以惡”之義。故子曰：“不逆詐，不億不信，抑亦先覺者，是賢乎！”（《論語‧憲問》）[1]如上章所言，君子虛中應物，與人相交之際，當以誠敬臨之，以仁義禮智存心，不當先疑人之詐己、不信，是亦“己所不欲，勿施於人”之一端。然人亦實有懷不善之心而來者，賢者“神感神應”、“感而遂通”，亦自能先覺之也。《中庸》云：

> 至誠之道，可以前知。國家將興，必有禎祥；國家將亡，必有妖孽；見乎蓍龜，動乎四體。禍福將至，善，必先知之；不善，必先知之。故至誠如神。

所謂“善、不善，必先知之”即與此章“人之不善”相應，禍福云云，則孟子所謂“後患”也。此即孔子所論先覺之境界。孟子本章則惟以不懸揣不善言之，蓋儻預擬人之不善，是不能“以中養不中”，則來者亦“出乎爾者，反乎爾也”，[2]真以不善應之矣。是豈非後患乎！《周易‧需卦‧上六》：“有不速之

---

〔1〕 北周儒者盧辯注“不先人以惡，不疑人以不信”一句即言：“謂‘不億不信，不逆詐’。”王聘珍撰《大戴禮記解詁》卷四《曾子立事》，王文錦點校，中華書局，1983年，第72頁。

〔2〕 參上文第三章、第七章。

客三人來,敬之終吉。"需者,待也,當需待之時,君子守其恭敬之心,故雖有不速之客多人,而得其終吉。諸經所述,若合符轍,誠夫子所謂"一貫"之學也。

第 十 章

孟子曰:"仲尼不爲已甚者。"①

【简注】　① 已甚,过分。

【講疏】　已甚者,太過中者也,違道遠者也,發則無以中節。人既爲此已甚之行,是於違道者有所忍也。孟子曰"人皆有不忍人之心"(《公孫丑上》),能有所忍,是其不忍人之心有所未誠也。仲尼之不忍,可見夫子存心之仁且誠。子語曾參:"吾道一以貫之。"曾子曰:"夫子之道,忠恕而已矣。"(《論語·里仁》)《中庸》引孔子之言:"忠恕違道不遠,施諸己而不願,亦勿施於人。"仲尼以忠恕存心,故能不爲已甚、違道不遠也。

第 十 一 章

孟子曰:"大人者，言不必信，①行不必果；②惟義所在。"

【簡注】 ① 信,定,確定。② 果,果決。

【講疏】 此章所言乃不信之信、不勇之勇也,亦解題所謂別異之義。言信行果本皆君子之道。孔子云:"人而無信,不知其可也。大車無輗,小車無軏,其何以行之哉?"(《論語・爲政》)有輗軏固定車馬,車行始能有恒也。《周易・蒙》:"山下出泉,蒙。君子以果行育德。"果決其行固君子所當爲也。恒者,定也,依德性論,於三德爲勇,於五常屬信。孔子云:"善人吾不得而見之矣,得見有恒者斯可矣。"

然有恒亦未必君子能之。上文所謂"言必信,行必果,硜硜然小人哉",亦有恒之士。孟子於《公孫丑上》言養勇之道,"志壹則動氣,氣壹則動志",此種士人如刺客者,即因養其氣而得其勇者也。

雖然,亦有不信之信,不勇之勇,此義君子或未必知也,惟大人能之。蓋君子守經過剛,或不知從權之義。惟大人不惟以仁禮存心,亦以義智存心,知時空變化之所宜,所謂"惟義所在"也。如春秋霸政之世,齊桓、晉文皆以信爲尚。諸侯會盟,相約不渝,否則明神殛之。然孔子過蒲,受挾而與之盟,旋背盟適衛,子貢疑之,乃云:"要盟也,神不聽。"(《史記・孔子世家》)另如太王避狄,其行似無勇矣,而果於遷豳,終成王道之基。至於文王之"納約自牖"、史公之蠶室著書,亦約略似之。[1]

---

[1]《周易》坎卦六四"納約自牖",一般指文王囚於羑里之象,參前揭李道平《周易集解纂疏》及拙作《周易義疏》之相關討論。

第十二章

孟子曰："大人者，不失其赤子之心者也。"①

【簡注】　① 赤子，嬰兒。嬰兒初生，顏色近赤，故名。

【講疏】　赤子之心純然無僞，惟知孺慕父母，《中庸》"肫肫其仁"，《易》曰"有孚攣如"，皆是此義。[1]自心體而言，大人亦不能多加些子，惟能貞定不失耳。依德性論，定者勇也，智仁勇兼備方可以稱大人。《萬章篇》所謂大舜五十而孺慕父母，是其例也。

此章之義，向來頗爲聚訟。趙岐已存兩説：

> 大人謂君，國君視民當如赤子，不失其民心之謂也。一説曰：赤子，嬰兒也。少小之心，專一未變化，人能不失其赤子時心，則爲貞正大人也。章指：言人之所愛，莫過赤子，視民則然，民懷之矣。大人之行不過是也。

趙氏專主前説，宋明儒多專主後説。朱子云：

---

[1]《中庸》："唯天下至誠，爲能經綸天下之大經，立天下之大本，知天地之化育。夫焉有所倚？肫肫其仁！淵淵其淵！浩浩其天！"《周易》"有孚攣如"嘗數見，近世學者望文生義，以俘虜之義釋孚字，非也。向來學者皆以信釋孚，信者，誠也，本心之爲中主也。攣如者蜷也，"有孚攣如"即後世所謂"拳拳之心"。參拙作《周易義疏》小畜九五"有孚攣如"義解。

大人之心，通達萬變；赤子之心，則純一無僞而已。然大人之所以爲大人，正以其不爲物誘，而有以全其純一無僞之本然。是以擴而充之，則無所不知，無所不能，而極其大也。

此說已得孟子此章神髓，惟尚未與本篇大旨相互發明耳。及焦循《正義》，廣引《說苑·貴德》及《荀子·臣道》之說，爲趙氏疏通證明，則趙岐與荀子、劉向等一脈相承之處，燦然彰明於世。焦氏另以趙氏此說與老子"能嬰兒乎"相提並論，以爲老子"自比愚人之無知，譏聖人之樸散"，"與孟子正相反"。蓋焦氏以赤子爲無知之人，而孟子所謂大人不僅可以"格君心之非"，而且"言不必信，行不必果，惟義所在"，"正己而物正，高出乎事君人安社稷，達可行於天下之人之上，而豈擬以無知之赤子哉"！故批評：

於是受其說者，以爲不必博文，不必好古，不必審問而明辨，第静其心，存其心，守其心，則不失乎赤子之心，而即爲大人。於是傭人匠賈，皆可自命爲聖賢。

焦氏此說或可批評王學之末流，儻施之以上引朱子之說，則誠所謂無的放矢。然二者所以相異者，其故有二。

其一，孟子、朱子一系論心，以德性言也，而焦氏所云則爲知性之心。故以有知、無知區分大人與赤子，不知赤子之可貴者不在其無知，而在其無僞也。大人所以格君心之非者，亦不在其知識之多，而在其道揆之外，尚具法守之誠。大人之所以大，乃從德性論言也。

其二，孟子所云"大人者，不失其赤子之心者也"，但言大人未失早年之初心，依形式邏輯，儻云"失其赤子之心者非大人"則可，不可言"不失其赤子之心即是大人"也。焦氏正坐此邏輯之失。

或曰，"某甲者，某乙者也"，乃以某乙定義某甲，故大人之定義即是"不失其赤子之心"。則焦氏所言不誤。應之曰：此說非是。《盡心上》有言，"大人者，正己而物正者也"，兩者句式相同。然則大人之定義亦即是"正己而物正"。依同一律，"不失其赤子之心"與"正己而物正"其義相同。此義顯非，蓋戀母之癡兒亦能不失其赤子之心，然非可云正己而物正也。以是知<u>"不失其赤子之心"、"正己而物正"皆描摹語，非定義之語</u>，焦氏誤矣。<u>此描摹與定義，正見德性與知性思維之別</u>。

第 十 三 章

孟子曰："養生者不足以當大事，^①惟送死可以當大事。"^②

【簡注】 ① 生者，此处指父母在世时。② 送死，丧葬。

【講疏】 养生、送死皆指孝道言也，孟懿子問孝，子曰："無違。"樊遲曰："何謂也？"子曰："生，事之以禮；死，葬之以禮，祭之以禮。"（《論語·爲政》）養生之義，《離婁上》已頗論之。如曾元養親以口體,曾子養親以志,皆養生之謂也。"養志與養口體所以有別者,蓋養口體,則視其所養者但爲一生命之軀殼,但爲對象化之存在物,是人我有隔,失仁者也。若養志者,則親子之志交融和洽,復其一體之仁矣。"[1]

顧孟子言"養生者不足以當大事,唯送死可以當大事"者,非言養生非大事也,蓋小大乃相對而言,與送死相較,則養生尚其小者也。近世人倫道喪,孝道全失,在上者唯知子女以順從爲孝,在下者亦僅能養口體而不知敬爲何物。或有厚葬其親而自以爲孝者,亦不過以死者之排場,增生者之榮光,自失其禮而不知。不知孝者報也,當親在之時,情義交融,以禮養親尚不甚難;親歿之後,親人之形貌不在,儵能依禮祭之者,非"大孝終身慕父母"(《孟子·萬章上》),竭其精誠之思,且齋戒如儀者,[2]難以奏功。然則不惟能以仁孝存心,且須有恒,始真能得送死之義也。故曾子云:"慎終追遠,民德歸厚矣。"

第十四章

孟子曰:"君子深造之以道,①欲其自得之也;自得之,則居之安;②居之安,則資之深;③資之深,則取之左右逢其原;④故君子欲其自得之也。"

---

[1] 《離婁上》第十九章講疏。
[2] 參《禮記·祭義》有關致齋、散齋等之具體描述。

【簡注】　① 造，至，致。深造，言進而不已。② 居，處。③ 資，積。④ 逢，值，遇到。原，同源。

【講疏】　趙岐注：“造，致也。言君子問學之法，欲深致極竟之以知道意。欲使己得其原本，如性自有之也。”所謂自得，即心與道密合無間，此心即本心之謂也，又名道心。《中庸》：“天命之謂性，率性之謂道。”此言性乃天之所命，道則循性而行也，此性即所謂本心。蓋常人之心，即所謂習心，以欲望、情緒及知性構畫物理，尚不可以謂之道也。君子則稍有進，知以仁義禮智存心，惟其自得本心之誠者，始真可以稱有得也。得者，德也。故本章所言，乃言君子由存心而返本，是所謂復性之學也。歷代聖賢，所以得其道揆，堪爲道統者，必以復性自得爲基。《易》云：“復，其見天地之心乎！”

本心既得，故能因事感通，是有合“維天之命，於穆不已”之仁也。孟子曰：“仁，人之安宅也；義，人之正路也。曠安宅而弗居，舍正路而不由，哀哉！”（《孟子·離婁上》）又云：“君子居天下之廣居，立天下之正位，行天下之大道。”（《滕文公下》）朱注：“廣居，仁也；正位，禮也；大道，義也。”既自得天道之仁，則與物無忤，《易》所謂“開物成務”，故“居之安”。資者，積也，即《貨殖列傳》計然所謂“旱則資舟，水則資車”之資。趙岐以“取”釋之，恐非。居之既安，則積之必深，及誠意漸孚，故能如上篇所言“至誠動物”，《中庸》所謂“無入而不自得”，即本章“取之左右逢其原”之義。《易》云“有孚盈缶，終來有它吉”，即誠意充滿而能動物之狀也。[1]

---

〔1〕　比卦初六爻辭，參前揭《周易義疏》第79頁。

第 十 五 章

孟子曰：“博學而詳說之，將以反說約也。”①

【簡注】　① 反，同返。約，簡約，此處指有統要。

【講疏】　博而能約，是返本之義也，與本篇大旨相應，故
繫於此。孔子曰：“以約失之者鮮矣。”近世學者注《論語》，或
有以約定釋“約”者，失之遠矣。

第 十 六 章

孟子曰：“以善服人者，未有能服人者也。以善
養人，然後能服天下，天下不心服而王者，①未之
有也。”

【簡注】　① 王，音 wàng。

【講疏】　“以善養人”，猶前文所謂“中也養不中”。養者
教也，以善養人，則受教者亦同歸於善。善乃德性之境，“富潤
物，德潤身”（《大學》），惟實見此德者乃真知善之可貴，遂能欣
賞之、服膺之也。其不善者既不知善之可貴，即便服膺人者，
亦不過因其淩之以威，蓋懼之也，非因其善也。孟子所謂“以

力服人者,非心服也,力不贍也;以德服人者,中心悦而誠服也"。[1] 孔子云:"道之以政,齊之以刑,民免而無恥;道之以德,齊之以禮,有恥且格。"(《論語·爲政》)即此義也。格者,來也;王者,往也,天下之來歸往,是王之義也。以力服人者乃霸道,惟以善養人,天下亦能心服之,是所謂以德服人,斯可以稱王道也。

第十七章

孟子曰:"言無實不祥; ① 不祥之實, ② 蔽賢者當之。" ③

【簡注】 ① 無實,不誠。② 實,果實,後果。③ 蔽,遮蔽。當,值,承擔。

【講疏】 本章之義,學者頗費解。朱子舉二說,然亦未知孰是,且疑有闕文。其一曰:"天下之言無有實不祥者,惟蔽賢爲不祥之實。"其一曰:"言而無實者不祥,故蔽賢爲不祥之實。"後者略同趙岐之說:"凡言皆有實,孝子之實,養親是也;義之實,仁義是也。祥,善;當,直也。不善之實何等也,蔽賢之人,直于不善之實也。"

儻依字面義,則朱子後說近之。云言當有實,儻有人以不

---

〔1〕 參《公孫丑上》第三章講疏。

實之言,蔽賢者進用,則有不祥之後果隨之。蓋本章所言,亦存心之義。實者誠也,言無實者,存心不誠也,本源不誠則無以對越上帝,《周易・履卦》"視履考祥",其周旋中禮者吉,故必有後患,是所謂不祥。參本卷第二十五章。予茲另發一義:不祥之實,與上篇"仁之實,事親是也;義之實,從兄是也"句式相當。仁之體現所在多有,而事親爲切近;義之體現所在多有,而從兄爲切近。《中庸》:"仁者人也,親親爲大;義者宜也,尊賢爲大。"蓋從兄即敬長之義,敬長之中以從兄爲切近,而以尊賢爲重,《中庸》本節討論"哀公問政",故以尊賢爲言。違義不祥,然則不祥之體現,當以不知尊賢爲最重。何以不知尊賢? 必在下者言之不實,舉賢者爲其所蔽,是所謂蔽賢者也。此義稍迂曲,然大旨似亦可通也。未知孰是,存此聊備一説。

第十八章

徐子曰:"仲尼亟稱於水,^①曰:'水哉,水哉!'何取于水也?"孟子曰:"原泉混混,^②不舍晝夜;^③盈科而後進,^④放乎四海。^⑤有本者如是,是之取爾。苟爲無本,七八月之間雨集,溝澮皆盈^⑥其涸也,可立而待也。故聲聞過情,^⑦君子恥之。"

【簡注】 ① 亟(qì),數,屢次。稱,稱賞。② 原泉,有源之水。混混,湧出之貌。③ 不舍,不棄。不舍晝夜:晝夜不

息。④ 盈,滿。科,坎,坑。⑤ 放,至。⑥ 澮,田間較大的溝
渠。溝澮,溝渠。⑦ 聲聞,名聲。情,實。

【講疏】　本章大義甚明,諸家所説,大義略同。蓋水之可
貴,在於有本,故由混混源泉,匯成江湖,終至四海,無有窮竭。
否則即便天降暴雨,溝壑滿盈,旋即乾涸。君子修德,亦當自
得其本源也。原泉之喻,古人習見。《周易·蒙卦》:"山下出
泉,蒙。君子以果行育德。"《易》卦所言者宇宙之生機也,故一
卦之內,《易》象常相反相成,遂可以爲生機之揚棄自身,不斷
自我否定而新新上出之象。蒙卦—山覆水,如種子蒙覆土中,
有蒙之義;亦如山下出泉,如萌芽破土,有萌之義。故君子可
法山下出泉之象,以培育己德也,與上文所謂自得之義相應。
泉之所以不竭者,猶後儒所謂乾元性海,是所謂本也。

　　至於本源既無,而得其令聞者,猶"七八月之間雨集,溝澮
皆盈",此失誠者也,君子恥之。《周易·中孚·上六》所謂"翰
音登于天,何可長也"? 翰音者雞也,雞飛於天,然不能久。中
孚此爻言人雖外示人以大信,而實則不信,與孟子此章所言若
合符節。[1]趙岐以孔子川上之言,所謂"逝者如斯夫,不舍晝
夜"釋不能久之義,是也。其義董仲舒、揚雄已發之矣,蓋戰國
以降,儒者之通説。[2]所謂"知者樂水,仁者樂山,知者動,仁
者靜"(《論語·雍也》),本篇大旨言仁知合一,故於水之不舍
晝夜,不惟見其不已,抑且見其有本也。

〔1〕　參前揭拙撰《周易義疏》,第355頁。
〔2〕　董仲舒説見《春秋繁露·山川頌》,參汪榮寶撰、陳仲夫點校《法言義疏》卷二《學
　　　行》引劉寶楠説,中華書局,1987年,第24頁以下。

第 十 九 章

孟子曰：“人之所以異於禽獸者幾希；①庶民去之，君子存之。②舜明於庶物，③察於人倫，④由仁義行，⑤非行仁義也。”⑥

【簡注】 ① 幾，幾乎。希，聽之不聞。幾希，幾乎可以不計。② 去，離開，背離。存，操存，存察。③ 庶，衆。④ 察，明察。⑤ 由，順著。⑥ 仁義，此處指抽象的仁義。

【講疏】 “天地四方曰宇，往古來今曰宙”（《尸子》輯本卷下），宇宙乃時空之總名。儻自此時空之總體觀之，人與天地萬物爲一體，統此天地萬物者即仁也，此宇宙本有之生機。《周易》所謂“大哉乾元，乃統天”（《乾·彖》）。孟子亦言“萬物皆備於我矣”。由此一體性觀之，安有所謂聖凡、人禽、民物之別？宇宙萬有，山河大地，無處非此生機之周流也。此張載《西銘》所謂“民吾同胞，物吾與也”。人之所以有惻隱之心者，亦即因此民胞物與之心未失耳。惻隱之心乃仁之端也，天心自此發露，故陽明曰人心乃天地之“發竅”，是也。近世以來，學者由知性哲學立論，每以惻隱之心爲假設，[1]是未明本心

---

[1] 譬如馮友蘭。馮氏以良知爲假設，熊十力以良知爲呈現，此近代有名學術公案。所以有此異者，即因二者學術之出發點有別，此區別即知性與德性之別。

之大義者也。

　　然何以有聖凡、人禽、民物之別？蓋即視此一體性之存否使然。嘗試論之，人禽、庶物乃至天下萬物雖同秉此生，各爲天地之一體（此一體猶言部分），固皆分有此天地之仁，仁之與仁亦無有不同。然既各以身體相結構，則各有其自性，是所謂各得其利。故老子云：“吾所以有大患者，爲吾有身，及吾無身，吾有何患？”蓋吾身之生，亦天地之仁使然也；吾身之利，亦即天地之義也。義之與利本爲一體之兩面，《梁惠王上》言之詳矣。[1]然個體之欲利其身者，乃或無所不爲，滅萬物之生生以奉己，欲天地失其大生、廣生，誠所謂“過猶不及”，是失仁者也。於此不仁，天地或以殺應之，《陰符經》所謂“天發殺機”，老子所謂“天地不仁，以萬物爲芻狗”，《周易》於賁成之後隨之以剥，皆言此義，是乃天地之大仁也。此種意義之仁，吾人可於生物鏈見之。蓋春生秋殺與夫生態之自然調節，皆天地之仁所以顯現於生物界者。其中無機物雖似無生，亦不過生命之尚未結構者耳，所謂氣也，何嘗無生意存乎其間；動植物已有其情識，尚無以自覺體察此仁；惟人類能自覺察識此仁，所以爲萬物之靈長也。顧動植物雖情智寡淺，儻精誠以臨之，亦或可以相感，此義甚深，不可以小智蠡測。宗教家言此類甚多，亦天道之一義也。

　　故儻就其大略言之，“鸚鵡能言，不離飛鳥；猩猩能言，不離禽獸”（《禮記·曲禮上》），語言而外，動物亦未嘗無情感、欲望、思量、計度之心，然人禽所以終於有別者，端在人類能於天

---

〔1〕《梁惠王上》第一章講疏。

道有得,所謂"人所以異於禽獸者幾希",幾希,猶言近乎無有也。老子云"聽之不聞曰希",其義略同。

申言之,此幾希之異,即人能存此本心,孟子所謂"性善"是也。顧人雖同具此性,其能操存此心者亦唯君子而已。其爲小人者,或欲存而無恒;或雖有恒,而所存不正。故本心雖與君子無異,而日漸銷鑠,是所謂"去之"。言庶民者,庶者衆也,此庶民乃指衆人言,即前文所謂小人也。

"君子以仁存心,以禮存心",雖然,存心亦僅能復性而已,其得乎本心而又能"源泉混混,盈科後進",因時而發之者,則各得其智、各得其義矣。如舜之"明於庶物",所謂智也;"察於人倫",所謂義也。是其所依者即本心之仁,所由者即發心之義,仁可以括禮,義可以括智。此即《告子上》"仁,人心也;義,人路也"之義。觀大舜所爲,皆"由仁義行,非行仁義也",[1]此仁義皆心體所發,非虛懸一物,欲人比擬刻畫者。由存心復性,此下學而上達者,乃盡性知天之學。至於源泉混混,充拓開去,終如浩然之氣充塞宇宙,此唯"正己而物正"之大人能之。孟子所以"道性善,言必稱堯舜"者,有以哉![2]然則存之與證體,尚有一間之隔也。故朱子引尹氏之説云:"存之者,君子也;存者,聖人也。君子所存,存天理也。由仁義行,存者能之。"

蓋尤有説。舜之"明於庶物",學者多以動物以上言之,惟朱子慧目如炬:

---

〔1〕 依仁由義之義,可參《公孫丑上》第二章講疏所論集義、義襲之義。
〔2〕 引孟子"道性善,言必稱堯舜"以疏通此篇,趙岐已發之。

明於庶物，豈止説禽獸？禽獸乃一物，凡天地之間、眼前所接之事，皆是物。然有多少不甚要緊底事，舜看來，惟是於人倫最緊要。[1]

此處以人倫先於自然，固與孟子大義不相違背，然於此章言之，亦不無輕視事物之意，實理學之一蔽。顧既以萬物當庶物，自然事物皆當在聖賢視野之中，不可單以人倫言。儻祇是"察於人倫"而未"明於庶物"，雖可以爲存心之君子，尚無以稱大人也。

第二十章

孟子曰："禹惡旨酒，①而好善言。湯執中，②立賢無方。③文王視民如傷，④望道而未之見。⑤武王不泄邇，⑥不忘遠。⑦周公思兼三王以施四事；⑧其有不合者，仰而思之，夜以繼日；幸而得之，坐以待旦。"

【簡注】　① 旨酒，美酒。② 執，秉持。中，中道。③ 立賢，進賢。無方，不拘成法。④ 傷，受傷。視民如傷：看顧人民，恐其受傷害。⑤ 望道而未之見：求索大道，卻總是不滿足所見。⑥ 泄，狎。邇，近。不狎邇：對親近者也能守禮。

---

[1] 前揭《朱子語類》卷五十七《離婁下》，第1348頁。

⑦ 遠，指遠人。⑧ 三王，禹、湯、文武，三代之王。四事，四聖之事。

【講疏】　本章亦篇首所謂"前聖後聖，其揆一也"之義。關於諸聖本事，前人注釋稍詳，而大義則差別甚遠。大禹一節，趙岐云："旨酒，美酒也。儀狄作酒，禹飲而甘之，遂疏儀狄而絕旨酒。《書》曰：'禹拜讜言。'"禹疏儀狄一事，蓋本《戰國策·魏策》之言。焦氏已引及。讜言亦作昌言。依孟子本章之義，禹所以疏遠儀狄者，蓋因酒能亂性，無以虛中應物，故絕之也。所謂"禹拜昌言"，即《公孫丑上》孟子所謂"禹聞善言則拜"，不惟自任者重，抑且應物以恭，存心以敬也。

湯"立賢無方"，趙氏以"不問其從何方來"釋，朱子則云"不問其類"，似皆可通，而朱義差勝。蓋方者道也，法也，言不拘成法也。[1]否則執中之中不得以"中正之道"言矣。此亦《莊子·齊物論》執其"道樞"之謂，以道術與方術對舉，亦見《莊子·天下篇》。所以能立賢無方，即在其能執中道也。此亦合虛中應外之義。

"文王視民如傷，望道而未之見"，趙氏云："視民如傷者，雍容不動擾也。望道而未至，殷録未盡，尚有賢臣，道未得至，故望而不致誅於紂也。"不擾民，稍合老子"治大國若烹小鮮"之義，望道云云，則想當然耳。朱子讀"而"爲"如"，云："民已安矣，而視之猶若有傷；道已至矣，而望之猶若未見。聖人之

---

〔1〕　唐文治《孟子大義》："方，猶格也。見賢則立之於位，但因其所長而用之，不定以格也。"義頗得之。

愛民深，而求道切如此。不自滿足，終日乾乾之心也。"其大義甚精，然亦稍有可商。蓋文王之造靈臺，"庶民子來"（《梁惠王上》），孟子所論皆就"爲民父母"之義發揮，此即《尚書·康誥》所謂"若保赤子"之義。[1]既視民如赤子，是猶恐傷之也，故云"視民如傷"。此文王存心之仁也。望道而未之見，則《中庸》所謂"'維天之命，於穆不已'……文王之所以爲文也，純亦不已"，言其不惟存心以誠，且虛中應物，是《易》終未濟之義也。

趙岐："泄，狎；邇，近也。"朱注："邇者人所易狎而不泄，遠者人所易忘而不忘，德之盛，仁之至也。"此言大體亦是，惟孟子本章所以言此者，皆與諸聖之存心有關。不狎邇者，臨人以敬，不失其恭敬之心也。不忘遠者，"久要不忘平生之言"（《論語·憲問》），是能信也。[2]久要，舊約。

四聖所行各異，而其存心則同，皆得其因時之義，此即上文所謂"由仁義行，非行仁義也"，蓋儻行仁義，則必規行矩步，或"服堯之服，誦堯之言，行堯之行"（《孟子·告子下》），[3]有如刻舟求劍者矣。本章所以置於上章之後，殆爲此也。至於周公之"思兼三王以施四事"，即《公孫丑上》所謂"集義"。"其有不合者，仰而思之，夜以繼日"，即前文"欲其自得之也"。

────────

[1]　參《滕文公上》第五章講疏。
[2]　李光地云："不泄曰敬，泄生於玩易也；不忘曰誠，忘生於間斷也。"《榕村語錄》卷六《下孟》，陳祖武點校，中華書局，1995年，第92頁。
[3]　按此句乃《告子下》孟子告曹交者，交欲師孟子，孟子不欲教之，故勉之如此。此皆行仁義之謂，非由仁義行者也。學者當詳考上下文，不可因此句乃孟子所言，故以論聖賢之大義一例衡之。故《禮記·儒行》記哀公問孔子儒服之言，子曰："丘聞之也，君子之學也博，其服也鄉，丘不知儒服。"亦是此義。

"幸而得之,坐以待旦",可見其存心之誠。周公制禮作樂以垂後世,亦可謂集三王之大成矣。或以通三統之義附會此章者,此望文生義,以汗漫説經者也。[1]

第二十一章

孟子曰:"王者之迹熄而《詩》亡,《詩》亡然後《春秋》作。① 晉之《乘》,② 楚之《檮杌》,③ 魯之《春秋》,一也。其事則齊桓、晉文,其文則史。④ 孔子曰:'其義則丘竊取之矣。'" ⑤

【簡注】 ①《詩》,此處指《詩經》確立以前周代樂教之《詩》,《詩經》即脱胎其中。春秋,上古一年祇有春、秋兩季,殷末或周初以後方有四季之分,故春秋有天運一周之意。魯國以之爲史書之名。② 乘(shèng),車乘,晉國用作史書之名。③ 檮(táo)杌(wù),古代傳説中的怪獸。相傳顓頊有不才之

---

[1] 清儒宋翔鳳曾引《白虎通》"王者所以存二王之後何也?所以尊先王,通天下之三統也"之説,故云:"'兼三王',通天地人之正,以正一歲之首。施於春秋冬夏,爲'施四事',以爲一歲之成而王道備。"見氏著《孟子趙注補正·離婁下》,收入《清經解 清經解續編》第十册,第2024頁。按三統之義,在存二王之後,以周言之,是夏殷也,故有所謂三王之義。此在文武二王尚可言之,周公乃兼三王者,安可以三統言之?自宋氏開清儒附會之學,近人乃變本加厲,學術益趨汗漫。蓋漢儒所傳經義乃當時之大義也,儻超越時空而仍不失其常道者,必有微言以輔之乃可。儻求三統之微言,必當考求三統之所以爲三統之故,不可徑以三統之形式即爲萬世之準繩,而以己意曰此爲三統、彼爲三統也。今人論三統者衆,因正之於此。

子,人皆以檮杌稱之,爲“四凶”之一。楚國本顓頊之後,以檮杌爲史書之名。④ 史,此處指史官所記。⑤ 丘,孔子名。竊,私自。此係謙辭。取,爲(從俞樾説)。

【講疏】　上章所言三王之道統也,是所謂王者之迹也。王迹熄者,傳統略有數説。其一乃鄭玄及范甯之説,言平王東遷,政教無以及天下,於是變風不能復雅,《黍離》降爲國風,朱子承其説。其一乃趙岐之説,“王者,謂聖王也。太平道衰,王迹止熄,頌聲不作,故《詩》亡。《春秋》撥亂,作於衰世也”。後儒多承此爲説,程子即言:“王者之《詩》亡,《雅》亡,政教號令不及於天下。”〔1〕其一則清儒顧棟高、楊椿之説,言“霸者之事,即王者之迹,霸者亡而王迹熄矣”。其一則清儒顧鎮之説,言平王東遷,巡守采風之制不復,“而陳詩之典廢,所謂迹熄而《詩》亡也”。〔2〕其一則清儒宋翔鳳、朱駿聲之説,以“迹”爲《説文》“辺”(迹)字之訛誤,乃古之逪人,即所謂“以木鐸記詩言者”,亦采詩之官。〔3〕其一則清儒俞樾之説,“此迹字即車轍馬迹之迹”,言西周十二年天子巡守,至方嶽之下,朝諸侯於明堂,太史陳詩以觀民風,故天下皆有王者車轍馬迹。及巡守禮廢,太史不復陳詩,是所謂“王者之迹熄而詩亡”。〔4〕

諸説之中,趙岐説最渾淪,餘説皆指實而言,然亦似皆有

〔1〕《河南程氏遺書》卷六《二先生語六》,前揭《二程集》,第93頁。

〔2〕顧棟高《春秋大事表·王迹拾遺序》、楊椿《與顧棟高書》、顧鎮《虞東學詩·迹熄詩亡説》,焦氏《正義》皆引及。

〔3〕見宋翔鳳《孟子趙注補正·離婁下》,前揭《清經解　清經解續編》第十册,第2024—2025頁。朱駿聲説見《經史答問》,樊波成《經史答問校證》卷三,第271頁。

〔4〕前揭俞樾《群經平議》卷三十三,第853頁。

矛盾。若言王者之迹熄指平王東遷，則春秋之時詩歌入《詩》者尚多，《魯頌·閟宮》即其顯例。故東遷說似不可取，清儒顧鎮乃以此詩指采詩而言，則此詩非指入《詩經》者矣。然孟子之時《詩》當已成《詩經》之特稱，《孟子》書中已然，儻以采詩之廢直稱《詩》亡，似頗費解。至於以霸者所爲當王迹，是王迹由"詩"可見，霸者之事亦由"詩"可見，則此"詩"非三百篇明矣。及三百篇出，遂得以收束之，是雖亡而未亡也。此說甚有理致，當與趙說合觀之。

嘗試論之，"《詩》三百"之說已見諸《論語》，孔子"自衛反魯，然後樂正，雅頌各得其所"（《論語·子罕》）。此即孔子刪詩正樂之說。且《詩經》雖經秦火，而儒者皆能背誦，遂得以保存。漢代傳《詩》數家，解釋容有歧異，而經文大同。故現存《詩經》爲孔子所訂，當無疑義。孔子既作此經，何得云《詩》亡？然則所謂"《詩》亡"者，非其文本之亡，乃其在周代禮樂實踐中之作用亡矣。所謂樂也者，有泛指，有實指。"樂統同，禮辨異"者，此泛指也；樂、音、聲有別，"先王以作樂崇德，殷薦之上帝以配祖考"者，此實指也。[1]所謂樂即指宗廟頌歌。惟此樂非後世徒事歌功頌德者可比，乃"即君權之自我反思"。[2]故樂本無經，《詩》、樂一體之說，其來已久。然則"《詩》亡"即樂亡也。周之東遷，禮崩樂壞，雖桓、文繼起，尊王攘夷，皆"以力假仁"者也，與王者之"以德行仁"尚有一間之隔，惟可言"王者之迹"耳。故夫子以道自任，以匹夫行天子之

---

〔1〕 參《梁惠王下》第一章講疏。
〔2〕 參《公孫丑上》第二章講疏。

事,筆削魯史《春秋》,以爲百王大法,是所謂"《詩》亡然後《春秋》作"。禮樂乃周公所作,禮樂亡而《詩》、《春秋》作,此周公、孔子一貫之學。儻以經典言之,則禮、樂、《詩》、《春秋》四經"其揆一也"。

晉之《乘》、楚之《檮杌》,乃晉、楚史書之名,趙岐云前者多記"田賦乘馬之事",後者乃以記惡興戒爲主,亦不無可能。後儒多懸揣其故,津津於勸善懲惡之間,迄無實證。清儒毛奇齡則力言"此在楚史官竊其意以斥兇惡,謂可以垂戒,因借此名,實則有名無義"。[1] 儻以文化之分野推之,楚地"地勢饒食,無饑饉之患",其民故不事生産,"無積聚而多貧"(《史記·貨殖列傳》),然亦因此而得生存之自由,"滄浪之水清兮,可以濯我纓;滄浪之水濁兮,可以濯我足"(《楚辭·漁父》),既徜徉於天地之間,亦致思於六合之外。孔子南遊,多遇隱者,老莊之徒,紛然雜處。加之楚國乃商文化孑遺,不惟同宗顓頊,且巫祝之事綦繁,富於宗教之思。檮杌本顓頊第六子,以頑劣著稱,[2] 以此爲史書之名,蓋亦有令檮杌之神靈鑒燭幽隱之意。如蚩尤善戰,雖爲黃帝所殺,後世反祀之爲兵神。[3]《周易·履卦》所謂"視履考祥,其旋元吉"。至於三晉之地,本爲古史淵藪,[4] 此

〔1〕 毛奇齡《四書改錯》卷十八《楚之檮杌》,胡春麗點校,華東師範大學出版社,2015年,第422頁。

〔2〕《左傳·文公十八年》:"顓頊氏有不才子,不可教訓,不知話言,告之則頑,舍之則嚚,傲狠明德,以亂天常。天下之民,謂之檮杌。"

〔3〕《史記·高祖本紀》:"祠黃帝,祭蚩尤於沛亭。"應劭曰:"《左傳》曰:黃帝戰於阪泉,以定天下。蚩尤好五兵,故祠祭之求福祥也。"劉邦亦楚人也。見《史記》卷八,中華書局,1959年,第350頁。

〔4〕 此說及下文經學之魯齊晉三系說,可參蒙文通《經學導言》,載氏著《經學抉原》,巴蜀書社,1995年。

古史非後世歷史研究之謂，乃"舊法世傳"、師傳曹習之學，即上篇所謂數度之學。以《乘》爲名，蓋所記多制度之事，或開後代志書之先河。及魯之《春秋》，"表年以首事"，[1]以政治事變爲中心，遵從禮制，秉筆直書，其風格蓋與晉、楚迥異。孟子所云"一也"，乃言其皆各自之史書耳，非言其內容及書法無異也。[2]其以春秋爲史記之名，蓋因上古一年僅春秋二季，言春秋即括一年也。此義昔人言之已詳，兹不贅述。

綜上可知，孟子所言，雖似無意，然實已點出春秋以前史學之基本分野。其中魯重綱紀，楚重行履，晉重制度，此即太史公以降以本紀、列傳及書志爲中心之綜合史體之濫觴。三者實隱含傳統學術之中儒（魯）、道（楚）、古史（晉）三系之分野。及春秋戰國之交，私學興起，諸子紛出，三系文化乃同時發生自覺，孔、老、墨三師乃分執三派牛耳。戰國以降，稷下學宮成天下學術中心，燕齊方士崛起，齊國乃繼楚國之後，爲新道家所宗，遂開秦漢以後齊、魯、古三系經學之新局。此其大略也。

顧孔子所以修《春秋》者，非爲作史之故，乃以禮樂政教爲大宗，觀察霸政時代時勢之變化，所以建中立極，示來者以軌則。後世所謂"爲漢立法"者，但據漢而言而已，孔子亦不必知有漢也。故由《春秋》乃見孔子之政治學，後世以史學視之者，

---

[1] 杜預《春秋左傳集解序》，載杜預注、孔穎達疏《春秋左傳正義》，中華書局影印阮元校十三經注疏本，1980年。

[2] 亦有學者認爲《乘》、《檮杌》不過是晉、楚對《春秋》的不同叫法，非指三地史書。清人于鬯即據杜預、虞世南、孔穎達作所引"楚謂之檮杌"，以爲"乘"、"檮杌"爲"春秋"之合音，不過一偏重春，一偏重秋而已。其說殊失穿鑿。見氏著《香草校書》卷五十四《孟子》，張華民點校，中華書局，1984年，第1085頁。

何小之也。〔1〕予嘗論之，所謂“其事則齊桓、晉文”者，即歷史材料；所謂“其文則史”者，即太史公所謂“述故事，整齊其世傳”(《史記・太史公自序》)，史事與史文相合，即後世之客觀歷史研究。〔2〕孔子所發之義，〔3〕後世流爲三傳之學，雖各有所得，要皆未能盡其微旨。太史公曰：“《春秋》推見至隱，《易》本隱以之顯”(《史記・司馬相如列傳論》)，《易》、《書》、《詩》、《禮》、《樂》、《春秋》，以《易》爲本，以《春秋》爲末，雖隱顯有別，而其揆一也。

第二十二章

孟子曰：“君子之澤，五世而斬；①小人之澤，五世而斬。予未得爲孔子徒也，②予私淑諸人也。”③

【簡注】　① 澤，遺澤，朱子以爲猶言流風餘韻。斬，絕。② 徒，徒黨。③ 淑，善。

---

〔1〕 此説宋儒及晚清今文經學皆有見於此，大義昭然，參皮錫瑞《論據朱子之説足證〈春秋〉是經非史，學〈春秋〉者當重義不重事》、《論經史分別甚明，讀經者不得以史法繩〈春秋〉，修史者亦不當以〈春秋〉書法爲史法》諸文，見氏著《經學通論》四，中華書局，1954 年，第 71—73、77—79 頁。
〔2〕 拙作《歷史經學導論》，《新經學》第四輯，上海人民出版社，2019 年。
〔3〕 俞樾云：“取者，爲也。《廣雅・釋詁》曰‘取，爲也’，即此取字之旨。竊取之，猶言私爲之。孔子蓋曰其義則丘私爲之也。後世治〈春秋〉者不信三科九旨諸説，而但曰經承舊史，史承赴告，則止有其事其文，而孔子之義付之悠悠矣。”前揭《群經平議》卷三十三《孟子二》，第 840 頁。

【講疏】 此君子、小人，趙岐以善惡爲言，焦循乃言“近世通解以君子爲聖賢在位者，小人爲聖賢不在位者”，皆無明證。朱子乃渾言“君子小人之澤，五世而絶”，且引楊氏之説，以爲依喪服之制，五世以後則親盡而絶。孟子此言君子、小人，蓋以其身份言之，其意若曰，無論有位無位，君子小人，五世則親盡而絶也。

未得爲孔子徒，諸儒多言孟子乃自歎惜，不得從學孔子之意，惟朱子言：

> 私猶竊也。淑，善也。李氏以爲方言，是也。人，謂子思之徒也。自孔子卒至孟子游梁時，方百四十餘年，而孟子已老。然則孟子之生，去孔子未百年也。故孟子言予雖未得親受業於子思之門，然聖人之澤尚存，猶有能傳其學者。故我得聞孔子之道於人，而私竊以善其身，蓋推尊孔子而自謙之辭也。

朱子此前先引三十年爲一世之説，則已有五世爲百五十年之意。後則言孟子之生去孔子之卒未百年，是其澤未斬也。此説非是。蓋五世而斬者，皆就五代而言也。孟子之生年（西元前 372），去孔子生年（西元前 551）已近一百八十年，自孔子三十授徒，至孟子受學，遠逾五代。即便自孔子晚年弟子如子游輩起算，自孔子卒（西元前 479）至孟子十五（約西元前 358）左右受學，已逾一百二十年，然則自孔子言之，亦在五代而外矣。況以親屬之遺澤喻學術之淵源，亦不過大概言之而已。

依本章大旨言之，孟子所以自云私淑者，正所以強調其學

之不由師法，而是出於"自得"。所謂私淑，亦非朱子所言"私
竊以善其身"，[1]乃指聞其學而善之也。由此自得，正見孔
孟之一揆。朱子末云：

> 此又承上三章，歷敍舜禹，至於周孔，而以是終之。
> 其辭雖謙，然其所以自任之重，亦有不得而辭者矣。

斯言最爲得之。若趙岐云"孟子恨其不得學於大聖人"，孫奭
以爲孟子不自居爲聖人，於義皆有未盡也。

第二十三章

孟子曰："可以取，可以無取，取傷廉。可以
與，①可以無與，與傷惠。可以死，可以無死，死
傷勇。"

【簡注】　① 取、與，皆指各種利益。與，給。

【講疏】　廉者，有廉隅之謂也，今言棱角約略近之，是有
操守也。"君子愛財，取之有道"，故可取可不取者，取之則廉
似不足也，故云傷廉。有澤惠及人乃善舉也，然可以與可以不

---

[1] 朱說蓋有所本，孫奭亦言"私有所善於己，未有善諸人人"，氏著《孟子注疏》卷八
上，前揭阮元校十三經注疏本，第2728頁。

與者,與則稍嫌市恩,故云傷惠。子曰:"孰謂微生高直？或乞醯焉,乞諸其鄰而與之。"(《論語·公冶長》)舍生取義,人所難能,是有勇也。然可死可不死,死則失義,非大勇也,故云傷勇。晏子之不死君難是也:

> (崔武子見棠姜而美之,遂取之。莊公通焉。崔子弒之。)晏子立於崔氏之門外。其人曰:"死乎?"曰:"獨吾君也乎哉,吾死也?"曰:"行乎?"曰:"吾罪也乎哉,吾亡也?"曰:"歸乎?"曰:"君死,安歸？君民者,豈以陵民？社稷是主。臣君者,豈爲其口實？社稷是養。故君爲社稷死,則死之;爲社稷亡,則亡之。若爲己死,而爲己亡,非其私暱,誰敢任之？且人有君而弒之,吾焉得死之？而焉得亡之？將庸何歸?"門啓而入,枕尸股而哭。興,三踊而出。人謂崔子:"必殺之。"崔子曰:"民之望也,舍之得民。"(《左傳》襄公二十五年)

朱子引林氏之説,言"公西華受五秉之粟,是傷廉也;冉子與之,是傷惠也;子路之死於衛,是傷勇也"。綜括言之,本章所辨者在傷廉之廉、傷惠之惠、傷勇之勇,皆似是而非者,亦解題所云別異之謂也。

第二十四章

逢蒙學射於羿,①盡羿之道;②思天下惟羿爲愈己，③於是殺羿。孟子曰：“是亦羿有罪焉。”④公明儀曰：“宜若無罪焉。”⑤曰：“薄乎云爾，⑥惡得無罪！⑦鄭人使子濯孺子侵衛，衛使庾公之斯追之。⑧子濯孺子曰：‘今日我疾作，⑨不可以執弓，吾死矣夫！’問其僕曰：⑩‘追我者誰也？’其僕曰：‘庾公之斯也。’曰：‘吾生矣！’其僕曰：‘庾公之斯，衛之善射者也。夫子曰“吾生”，何謂也？’曰：‘庾公之斯學射於尹公之他，⑪尹公之他學射於我。夫尹公之他，端人也，⑫其取友必端矣。’庾公之斯至，曰：‘夫子何爲不執弓？’曰：‘今日我疾作，不可以執弓。’曰：‘小人學射於尹公之他，尹公之他學射於夫子。我不忍以夫子之道，反害夫子。雖然，⑬今日之事，君事也，⑭我不敢廢。’⑮抽矢扣輪，⑯去其金，⑰發乘矢而後反。”⑱

【簡注】　① 逢蒙，后羿之家臣。從后羿學射，皆以善射知名。后羿，即有窮氏之君，曾代夏自立，後爲其相寒浞及家衆所殺。② 盡羿之道：完全學會了后羿的箭術。③ 愈，通逾，超過。④ 罪，過。⑤ 宜若，應該。⑥ 薄，少。⑦ 惡，音wū。⑧ 子濯孺子，鄭國大夫。庾公之斯，衛國大夫。⑨ 作，起。⑩ 僕，駕車者。⑪ 尹公之他，衛國大夫。⑫ 端，正。⑬ 雖然，雖然如此。⑭ 君事，公事。⑮ 廢，荒廢。⑯ 扣，通叩，擊打。輪，車輪。⑰ 金，指箭頭。以銅爲之，故名。⑱ 乘（shèng）矢，四箭。反，返。

【講疏】 薄，言其罪稍小而已。逢蒙殺羿，是以弟子而弒師也，原其所以殺之之故，蓋欲以箭術稱雄於世，思天下惟羿爲過己，是皆以利存心，誠小人也。逢蒙之罪大矣，然君子反求諸己，孟子乃云，羿亦不可謂無過焉。此如"慢藏誨盜"，非欲脫卸爲盜者之責也。

然則羿之罪何在？師弟之道，介乎父兄朋友之間，乃所以成人者也。故師教與父生、君養鼎足而三，其義不可謂不重。依上文所言，君仁則天下莫不仁，君義則天下莫不義，父兄當以中養不中。爲師者既以智教弟子，反以殺身，則其所謂智適所以見其不智耳。此即解題所謂"不智之智"。然則羿之智亦不過功利技術之智巧，失爲師者教育弟子之道矣。蓋師之教弟子，非如耶教所言，以一物强加之其內，而是如放勳所言，"輔之翼之，使自得之，又從而振德之"，[1]儻取友不端，而又未能教之使端，則其輔之翼之者必爲此不端之心矣。是礪虎之牙，增虎之翼，變本而益厲之也。是羿之罪也。此亦化人必先於化物，人倫之教育必先於技術之義。以本章大義所言，即德性先於知性，是孟子以仁統智、仁智合一之旨。

故本章孟子引子濯孺子、庾公之斯之事，但言師當教弟子以正，以仁義理智存心，否則鮮不爲"不智之智"。其所述與《左傳》有合有不合，或史料傳述有別，或記憶偶誤，或僅借其一端，以明大義，其事件如何本無關宏旨也。[2]後世學者於此等處猚狺置辯，而反失其大旨，亦所謂買櫝而還珠者矣。如

---

[1] 參卷五《滕文公上》第四章講疏。
[2] 毛奇齡云："孟子時不見策書，就戰國人傳聞而引作他事，但以證師弟子不相厄也。"前揭《四書改錯》卷十《庾公之斯》，第 234 頁。

朱子所言，“夷羿篡弒之賊，蒙乃逆儔；庾斯雖全私恩，亦廢公義。其事皆無足論者，孟子蓋特以取友而言耳”。是也。

第二十五章

孟子曰：“西子蒙不潔，^①則人皆掩鼻而過之。^②雖有惡人，^③齊戒沐浴，^④則可以祀上帝。”

【簡注】　① 西子，西施，古代美女。② 過，經過。③ 惡人，貌醜之人。④ 齊，同齋。

【講疏】　西子或以爲即吳越之西施，或言上古人物，此無關緊要者，要爲美貌者也。惡人乃言其貌醜，故《老子》以美惡對舉，美醜皆顯現於外者。齊戒沐浴，是能以誠敬存心，自潔其身，故可以對越上帝。

第二十六章

孟子曰：“天下之言性也，則故而已矣；故者，以利爲本。^①所惡於智者，^②爲其鑿也。^③如智者若禹之行水也，則無惡於智矣，禹之行水也，行其所無事也。^④如智者亦行其所無事，則智亦大矣。^⑤天之高也，星辰之遠也，苟求其故，千歲之日至，可坐而致也。"⑥

【簡注】 ① 故,因果之理。故者以利爲本;因果之理(不是以義,而)是以利爲根本。② 惡(wù),厭惡,不滿。③ 鑿,穿鑿。此句大意:如果對"智"(也可能)有所不滿的話,是因爲(有時會)流於穿鑿。④ 事,此處指刻意去做。此句大意:如果智者能像大禹行水那樣,那麼就不必討厭"智"了。(因爲)大禹行水,是没有刻意去做什麼的。⑤ 此句大意:假如智者也能夠不刻意去做什麼,(順理而行),那麼(他的)智也就是大智了。⑥ 日至,指冬至、夏至。致,獲致。此句大意:如天之高,如星辰之遠,假如求其因果之理,那麼千年之久的日至,坐著就可以算得了。

【講疏】 本章義旨,昔人論説紛紜,所以難得其要領者,蓋多未明"故"之義。如朱子所謂"故者,其已然之迹"是也。或雖明故之義,而不明"以利爲本"之説,如焦循言"故即'苟求其故'之故",是也;然云:"利即《周易》元亨利貞之利,《繫辭傳》云'變而通之以盡利',《象傳》云'乾道變化,各正性命,保合太和乃利貞',利以能變化,言於故事之中,審其能變化,則知其性之善",則非。

嘗試論之,故之義即《墨子·經上》所言:"故,所得而後成也。"此故即因果之理,故因果可以"故"稱之,〔1〕猶邏輯學所謂充分條件。《經説上》:

---

〔1〕 孫詒讓云:"故之爲辭,凡事因得此而成彼之謂。"見《墨子閒詁》卷十《經上》本條下注。

故：小故，有之不必然，無之必不然。體也，若有端。
大故，有之必無然，若見之成見也。

小故有之不必然，無之必不然，即所謂必要條件。如線之必有
點，無點必不成線，然點亦不可以直稱爲線。所謂大故即指充
要條件，有之必然，無之不必然，〔1〕如見即不可有不見，未見
亦不可云見。此墨辯名家所謂故，〔2〕皆從知性著眼者也，乃
人人可喻。事物既如此之故，人即以事物之性質稱之，此事
物之自性也，此自性在人而言，即習性也。故《莊子・達生》
引善泳者與孔子之言："吾生於陵而安於陵，故也；長於水而
安於水，性也。"此蓋即孟子所云"天下之言性者，則故而已
矣"。〔3〕萬物既順其自性，是萬物之所利也，故云"故者以利
爲本"。歷代學者解釋此章，多不知孟子乃與墨者及名家論
辯，於故之義皆望文生義，於利亦不知乃言萬物之自性，遂皆

---

〔1〕　"有之必無然"，孫詒讓改爲"有之必然，無之必不然"，見《墨子閒詁》卷十《經說
　　　上》。章太炎謂"無"是羨文，魯大東以爲當作"有之無不然"，大義皆是。章説參
　　　譚戒甫《墨辯發微》卷三，第 74 頁；魯説見侯外廬、趙紀彬、杜國庠著《中國思想
　　　通史》第一卷，人民出版社，1957 年，第 505 頁。
〔2〕　《墨子》經清代學者整理，始有善本問世。然孫詒讓於"體也，若有端"、"若見之
　　　成見"尚不知乃墨子隨文解義。經近代學者研究，此段之義乃漸趨大明。如譚
　　　戒甫已知故乃言"因果律"，然以小故當"因"、大故作"果"，顯非。見氏著《墨經
　　　分類譯注》"自然類"，中華書局，1981 年（該書初版於二十世紀五十年代），第
　　　26 頁。侯外廬等乃指出，"僅爲故的一部分，而無決定性的故，叫作'小故'。諸
　　　故中起著決定作用的纔叫作'大故'"。引文出處同上。譚戒甫後更改己説，引
　　　用佛家之説，以大故爲因，小故爲緣，義與侯氏等説已近。至梅榮照，乃明確以
　　　小故爲"必需（要）條件"，大故爲"充要條件"，參氏著《墨經數理》，遼寧教育出版
　　　社，2003 年，第 1 頁。然則故當爲充分條件，與小故、大故鼎足而三，不可衹分
　　　小大也。
〔3〕　按莊子所引，元人白珽《湛淵靜語》卷二已注意及之。參翟灝《四書考異》卷三十
　　　《孟子離婁下》，清經解本。

無以通解此章。

雖然，此天下所言之性，尚非大人君子所言之性。蓋君子所言之性，乃受命於此一體之天者，萬物可倚之以上達，而成其爲與天地萬物之一體性，是爲萬物之通性。此性遍宇宙無處無之，惟或未顯，如無機物；或不覺，如動植物；或能覺，如小人；或自覺，如君子；或定於此覺，如聖賢。所以有庶物、動植、靈長之異，小人、君子、大人之別。此乃德性所觀之性，僅從知性著眼者未必能明。孔子所謂"君子喻於義，小人喻於利"，即萬物之通性言之即爲義，即其自性言之則爲利。小人猶今之所謂普通人，皆以知性視角觀物，所見者唯事物自性之理，順其自性者爲有利，否則即爲不利也。

顧小人之利亦當有辨。《周易》："乾，元亨利貞。"《文言》曰："利者，義之和也。"蓋"乾道變化，各正性命"，萬物各正性命，各得其自性，自天道而言固爲義，自萬物而言即是利也。然則小人雖喻於利，儻能合其天則，則此利亦不違於義。儻萬物不能自得其利，則亦無以合乎天道之大義也，此義利亦可以天理名之。以世俗之見言之，能明此利者，則通事物所以然之故，是所謂智也。其能由此有進，通乎天下萬物所以然之故，即《易》所謂"通天下之志"（《同人》），是則大智矣。然則所謂大智者，固當不廢小智，且必成就其小智，是即以德統智。由此觀之，知性固德性之發用，惟此知性之用，當以德性節之也。

明乎此，則知孟子"所惡於智者，爲其鑿也"一句，非指依循天理義利之大智、小智言，乃指萬物欲求其自性之伸展，其所利超乎所義者也。蓋常人之智皆以知性爲本，此即功利計度之思，其依循事物之理者，則上篇所謂數度之學也，雖"天之高也，星辰之遠也，苟求其故，千歲之日至，可坐而致也"。其不依事物之理者，必爲功利之故穿鑿比量，以求旁通。所以云穿鑿者，蓋樹木枝幹皆縱，其橫穿者即鑿也，以喻事物之不依條理者。故不由門户、逾牆而入曰穿窬，張騫西通絶域曰鑿空，皆本此義。既依理而行，則如大禹治水，惟疏浚故道，是"行所無事"也。此猶庖丁解牛，"依乎天理……因其固然。技經肯綮之未嘗，而況大軱乎！良庖歲更刀，割也；族庖月更刀，折也；今臣之刀十九年矣，所解數千牛矣，而刀刃若新發於硎"（《莊子·養生主》）。能依天理，是所謂大智；因其關節骨骼之固然，即所謂小智。其十九年若新發於硎者，得其大智矣；其"良庖歲更刀者"，得其小智矣；其"族庖月更刀"者，猶以智相穿鑿者也。孟之與莊可謂若合符節。此穿鑿之智，即宋儒所謂人欲，清儒所謂"橫通"是也。[1]至於焦循，力主"即實測而深審之"，是得其小智矣，惟以小智當大智，大體亦未免有失。宋儒則唯務大體而不欲小知，至明儒遂以德性與聞見之知相對立，不惟無以開物成務，遂致作繭自縛之失。重讀孟子此章，學者當知所去就矣。

　　綜合言之，孟子本章所論蓋言存心以智也。惟智之大別有三，有德性之大智，有知性之小智，亦有人欲穿鑿之智，君子欲"行其所無事"，當以德統知，依其天理（德），因其固然（智），不可以私意相穿鑿也。

---

〔1〕　參章學誠《文史通義》卷四《橫通篇》。

第二十七章

公行子有子之喪，①右師往弔。②入門，③有進而與右師言者，④有就右師之位而與右師言者。⑤孟子不與右師言。右師不悦，曰："諸君子皆與驩言，孟子獨不與驩言，是簡驩也。"⑥孟子聞之，曰："禮，朝廷不歷位而相與言，⑦不逾階而相揖也。⑧我欲行禮，子敖以我爲簡，不亦異乎！"⑨

【簡注】　① 公行子，齊國大夫。② 右師，官名，此處指王驩。③ 入門，指王驩。④ 進，上前。⑤ 位，行禮之位。⑥ 簡，簡慢。⑦ 歷位，越過他人之位。⑧ 逾，越。⑨ 異，可怪。

【講疏】　右師即王驩，乃齊王之嬖臣。其事蹟前文已頗言之。依《周禮》，有職喪之官專掌諸侯卿大夫有爵者之喪葬。公行子乃齊大夫，其子之喪葬乃公事也，故諸人皆以君命至公行子弔喪。[1]既云弔喪，當以葬事爲重，依禮當各安其位，不可越其位而相與言也。王驩既爲權臣，甫一入門，即有離位而與之言者，非禮也。孟子不與之言，故王驩以孟子爲簡慢之。

---

〔1〕　顧炎武云："禮：父爲長子斬衰三年，故公行子有子之喪，而孟子與右師及齊之諸臣皆往弔。"黄汝成撰、秦克誠點校《日知錄集釋》卷七《公行子有子之喪》，嶽麓書社，1994年，第256頁。

簡慢他人亦非禮也。[1]故孟子自言，其所以似簡慢者，正因
其守禮之故。本章所言，實亦解題所云"非禮之禮"之義。此
如孔子，"事君盡禮，人以爲諂也"。又云："拜下，禮也；今拜乎
上，泰也。雖違衆，吾從下。"（《論語·子罕》）正見春秋以降禮
樂崩壞之事實。然孔子非諂媚其君者也，當孔子之時，魯國已
是政在家臣，雖大夫亦漸失權柄，魯哀公之爲君但一傀儡耳，
諂之又有何益？孔子亦不過令人知君乃公權力之象徵，此知
其不可爲而爲之也。儻君驕而臣諂，孔子必亦以禮搏節之矣。
知禮有隨時、可以義起之義，方可以言禮也。故子曰："麻冕，
禮也；今也純，儉，吾從衆。"（《子罕》）讀孟子此章，當知其非膠
柱鼓瑟，但以古禮衡人者也。

第二十八章

　　孟子曰："君子所以異於人者，以其存心也。君
子以仁存心，以禮存心。仁者愛人，有禮者敬人。愛
人者，人恒愛之；敬人者，人恒敬之。有人於此，其
待我以橫逆，①則君子必自反也：②我必不仁也，必
無禮也；此物奚宜至哉！③其自反而仁矣，自反而有
禮矣，其橫逆由是也；④君子必自反也：我必不忠。
自反而忠矣，其橫逆由是也；君子曰：'此亦妄人也

---

〔1〕　何焯云："簡，略也。謂於禮不足，故下即以禮折之。"前揭《義門讀書記》卷六《孟
　　子下》，第 109 頁。

已矣！ 如此則與禽獸奚擇哉！ 於禽獸又何難焉！'⑤是故君子有終身之憂，無一朝之患也。⑥乃若所憂則有之。⑦舜，人也，我亦人也；舜爲法於天下，可傳於後世，我由未免爲鄉人也，⑧是則可憂也。憂之如何？ 如舜而已矣！ 若夫君子所患，則亡矣。⑨非仁無爲也，非禮無行也。如有一朝之患，則君子不患矣。"⑩

【簡注】　① 橫（hèng）逆，粗暴無理。② 反，反思。③ 物，事。奚，何。宜，應該。④ 由，通猶。⑤ 奚擇，何異。難（nàn），責難。⑥ 憂，憂心。患，擔心。⑦ 乃若，至於。⑧ 由，猶。鄉人，鄉里普通人。⑨ 亡，無。⑩ 如有一朝之患，則君子不患矣：儻若（真）有一朝需要擔心之事，君子（也）不以爲患。按，此言君子居易以俟命，參《盡心上》。

【講疏】　本章言君子以仁存心，以禮存心，與解題所言存心之義相應。仁者愛人，故能與物無忤，是所謂恕道也。聖人感人心而天下平，故天下皆來歸往，是亦愛之也。恒，常。以敬存心亦然，人亦常能敬之，此皆上文所謂施報之義。

顧君子與聖人亦頗有別，聖人乃言其極境，君子雖以仁禮存心，亦非必能使人皆愛之敬之也。或有橫逆現前，君子亦當知所自處矣。蓋上文歷數"君仁莫不仁，君義莫不義"，父兄之"中也養不中，才也養不才"，師長教弟子以端，本章所言則泛指人我之間，彼此既無君臣父子兄弟朋友之交誼，則是鄉人而已。當此之時，雖云"精誠所至，金石爲開"，亦當量力而爲，如上篇所言，"禮聞來學，不聞往教"，不可好爲人師也。故君子亦惟反求諸己，自反其不仁不敬與不忠，忠者，誠也。既非己之不仁不敬不忠，則所臨者不過妄人而已，其心已經物化，與動物無別矣。禽獸猶言動物，非詬詈之言也。儒學所以不流於墨者及耶教之强聒不舍，亦不陷於奴僕妾婦之愚忠者，其故即在於此，此君子所以異於人者也。既不强人就己，亦不舍己從人，始可言獨立不懼，故欲求獨立人格之養成，必明孟子本章之義乃可。儻無此人我之分際，其不流於鄉愿者鮮矣。蓋鄉愿之人，一鄉之中無論善惡皆稱其謹厚，此莠之亂苗者也，故子曰："鄉原，德之賊也。"（《論語·陽貨》）孔門之稱道君子，亦曰"君子有三變：望之儼然，即之也温，聽其言也厲。"（《論語·子張》）望之儼然者，以禮存心也；即之也温者，以仁存心也；聽其言也厲者，不依違附和，存人我之分際也。

君子既以仁禮存心，其發之於外者，因事感通，而自然顯其智與義，此智即因其固然，此義即分所當爲。既以德性存心，則不復有自身之功利計度存其間，故不致患得患失也。故"君子有終身之憂，無一朝之患"，言惟當憂其存心之誠否，如聖人之垂訓後世，而無一朝之間間斷此誠，是孔子所謂"君子去仁，惡乎成名？君子無終食之間違仁，造次必於是，顛沛必於是"（《論語·里仁》）。此勉君子以成仁人也。

憂患二字，或連言，如孟子所謂"生於憂患"，《繫辭》所謂"作《易》者其有憂患乎"，是以憂之義爲主。或單言，憂、患之義亦可相通，如孔子所謂"不患人之不己知，患不知人也"（《論語·學而》），下章"人不堪其憂"是也，皆普通所謂擔憂之義。

本章二者對言,則患乃言其結果之成否,是功利計度之知也;憂則言其用心之誠否,是德性之知也。故孔子曰:"德之不修,學之不講,聞義不能徙,不善不能改,是吾憂也。"(《論語·述而》)君子進德修業,儻得其大成,必有如孔子所言,"發憤忘食,樂以忘憂,不知老之將至云爾"(《論語·述而》)。舍憂得樂,達其天德,已是聖人境界矣。

第二十九章

禹、稷當平世,^①三過其門而不入,孔子賢之。顏子當亂世,居於陋巷,一簞食,一瓢飲。^②人不堪其憂,顏子不改其樂,孔子賢之。孟子曰:"禹、稷、顏回同道。^③禹思天下有溺者,由己溺之也;^④稷思天下有飢者,由己飢之也;是以如是其急也。禹、稷、顏子,易地則皆然。^⑤今有同室之人鬬者,救之,雖被髮纓冠而救之,^⑥可也。鄉鄰有鬬者,被髮纓冠而往救之,則惑也,^⑦雖閉戶可也。"^⑧

【簡注】 ① 平世,太平之世。② 簞食(sì),參《梁惠王下》第十章。③ 同道,所行之道相同。④ 溺,陷溺。由,因爲。由字學者多以爲通猶,茲從清謝墉、焦循説。⑤ 然,一樣。⑥ 被,通披。纓冠,帽纓還在帽子裏。按,髮應當束起,帽纓應該結於項下。⑦ 惑,亂。⑧ 雖,即使。

【講疏】　本章言禹、稷、顏回同道，亦"前聖後聖，其揆一也"之義。顧千聖所同者乃其心也，非其事也。上章既勉君子有終身之憂，此章即以大禹、后稷之憂實之；既言君子不可有一朝之患，遂於此章述顏回之不改其樂。此二篇氣息之相通者也。儻詳論之，大禹、后稷皆政治人物，其所承擔者君權也，思天下之陷溺及飢餓乃因己之溺之、飢之，是以保民爲己之責任，"君仁莫不仁，君義莫不義"，天下有一不安則是政治責任之有欠也。其與子產之"惠而不知爲政"正相反對。然則二者之三過家門而不入，急天下之所急者，乃實與天下爲一體，存心以仁，得其"君者群也"之大義者也。顧古代聖君所在多有，惟以禹、稷爲言者，大禹治水固見君權保民之義，后稷乃農政之官，亦君權養民之職責所在。[1]禹、稷以天下不治、萬民不安爲憂，亦猶夫子以"德之不修，學之不講"爲憂，蓋各守其君、師之責也，故"孔子賢之"，豈不宜乎？

至於顏回之身丁亂世，政治不上軌道，故"天地閉，賢人隱"，是老子所謂和光同塵，自混於鄉人矣。然簞食瓢飲，安貧樂道，人不堪其憂，己則"無一朝之患"，是所謂"不改其樂"也。故孔子讚歎，"回也，其心三月不違仁"（《論語·雍也》），可見其定境之深。顏回之所以爲孔門德行科之首，即此之故。後學如莊子，乃因顏回之事論所謂"心齋"、"坐忘"之學，亦有由矣。

由顏回之境界，可見孔門德行科與道家之相通。顧以孔子之境視之，則顏子亦未免小乘也。孔子之時，天下無道，故

---

[1]　保民、養民之義，可參卷五《滕文公上》第四章講疏。

多道家隱者，其行亦未嘗不是。然孔子所以"知其不可爲而爲之"者(《論語·憲問》)，即因"鳥獸不可與同群，吾非斯人之徒與而誰與"(《論語·微子》)，是視天下生民之陷溺猶己陷溺之也，此同體大悲之仁也。吾夫子所以爲萬世師表者以此。

雖然，世既有見於孔子之境，或有持"《春秋》責備賢者"之義，言顔回若不足者，未能如禹、稷之拯危濟困，是不仁者也。孟子故斬截横斷之曰"禹、稷、顔子，異地則皆然"，遂使此儒門義務倫理之義昭揭於天下。此義務倫理，簡言之，即不居其位，不擔其責是也。曾子所謂"君子思不出其位"。反之，其居位者亦當擔責，《詩經》有言："彼君子兮，不素餐兮!"(《伐檀》)此義蓋本諸《周易》艮卦，言君子所行，當止於其分位，此分位即所謂禮也。故《艮·象》曰："兼山，艮。君子以思不出其位。"[1]或以曾子之言與艮卦所言相同，非也，蓋曾子言其禮，艮卦言其理也。故"顔淵問仁"，孔子教之以"克己復禮。一日克己復禮，天下歸仁焉"。顔淵曰："請問其目。"子曰："非禮勿視，非禮勿聽，非禮勿言，非禮勿動。"顔淵曰："回雖不敏，請事斯語矣。"(《論語·顔淵》)

明乎此，則知禹、稷、顔子之所爲，皆其分所當爲而已。禹、稷乃君也，固當保民、養民；夫子乃師也，固當講學、進德；顔回乃編氓也，安貧而樂道可也。此亦"肉食者謀之"之義。(《左傳》莊公十年)孔子嘉許顔淵："用之則行，舍之則藏，唯我與爾有是夫!"(《論語·述而》)然則顔子之所爲，是能如上章

---

[1] 此義趙岐似已見及，故章指言"時行則行，時止則止"，此艮卦象辭也，惟未表出耳。

所言，"君子以仁存心，以禮存心"者，與禹、稷之所爲本無異也。就中唯孔子之雖不得其位，而以天下爲己任，因世無王者，遂筆削《春秋》以當天子之事，述作六經而爲萬世建中立極，是所以集群聖之大成也。然此境界固不必在此章言之。其中以室人及鄉鄰相鬭而或救或不救者，亦不過以世俗習見之事爲喻，以見禹、稷、顏回時空之相異，至於鄉鄰之當救與否可不必論也。

申言之，義務倫理之義既明，乃見獨立人格之可貴。後世君權一統，私人性君權日趨虐厲，如趙威后、朱元璋輩，乃以"不爲君用"誅殺士人，[1]腐儒亦以聖人之境相互責難，於是作繭自縛，學者之高蹈避世反若有罪然。衡人之酷，莫此爲甚。其既無獨立人格又欲出世濟人，而不與之俱溺者，鮮矣。類此皆妾婦之道也。故孟子曰："古之人，得志，澤加於民；不得志，修身見於世。窮則獨善其身，達則兼善天下。"又云："天下有道，以道殉身；天下無道，以身殉道。未聞以道殉乎人者也。"(《盡心上》)所謂以身殉道，即以身承擔此道，當無道之世，此載道之身，即天心之發竅，豈可不重之乎？明儒王心齋有見於此，故發"安身立本"之論，言"至尊者此道，至尊者此身。尊身不尊道，不謂之尊身；尊道不尊身，不謂之尊道。……若以道從人，妾婦之道也。"[2]誠千古破的之論。《周易》所謂"遯世無悶"，《論語》所謂"人不知而不慍，不亦君子乎"，皆是此義。後世欲行君子道者，當三復孟子此章也。

---

[1]　參《滕文公下》第十章講疏。

[2]　王艮《明儒王心齋先生遺集》卷一《答問補遺》，東臺袁氏本。參拙作《王學與晚明的師道復興運動》，第 201 頁及前後。

第三十章

公都子曰:"匡章, 通國皆稱不孝焉。①夫子與之遊, ②又從而禮貌之, ③敢問何也?"④孟子曰:"世俗所謂不孝者五: 惰其四支, ⑤不顧父母之養, 一不孝也; 博弈好飲酒, 不顧父母之養, 二不孝也; 好貨財, 私妻子, ⑥不顧父母之養, 三不孝也; 從耳目之欲, ⑦以爲父母戮, ⑧四不孝也; 好勇鬬狠, 以危父母, 五不孝也。章子有一於是乎? ⑨夫章子, 子父責善而不相遇也。⑩責善, 朋友之道也; 父子責善, 賊恩之大者。⑪夫章子, 豈不欲有夫妻子母之屬哉! ⑫爲得罪於父, 不得近; 出妻屏子, ⑬終身不養焉。其設心, ⑭以爲不若是, 是則罪之大者。是則章子已矣!"

【簡注】 ① 通國, 全國。② 遊, 交遊。③ 從而, 進而。禮貌, 禮敬。④ 敢問, 請問。⑤ 四支, 四肢。⑥ 私妻子, 祇顧妻子、孩子。⑦ 從, 通縱。⑧ 以, 而。戮, 辱, 蒙羞。⑨ 是, 此。⑩ 責善, 以善相責。參上篇第十八章。相遇, 相得。⑪ 賊, 害。恩, 親情。⑫ 據《戰國策》, 匡章之母爲父妾, 因故被其父所殺, 埋於馬棧之下。⑬ 屏, 同摒, 棄。⑭ 設心, 自思。

【講疏】 爲父母戮之戮, 趙岐釋爲刑戮, 焦循從之, 朱子以辱釋之,當從朱注。蓋下文言“好勇鬥狠,以危父母”,刑戮乃危之大者也,諸不孝之表現層層遞進,豈可前之後果反較後者爲甚? 故以辱釋之義長。章子無此世俗不孝之行,其所以有不孝之名者,乃因未能順其父之故。此即上篇所謂“不順乎親,不可以爲子”。蓋章子之父與舜父瞽瞍相類,殺章子之母,埋於馬棧之下。其事儻屬實,實爲人倫慘劇。[1]上篇孟子言“父子不責善”,言父子不可以義相正。此處所謂責善,則章子之父於章子予取予求,蓋不喜章子之妻,故章子雖出妻屏子,而亦未能得其父之歡心也。子雖盡力行孝,猶不能饜足其意,則爲其子者豈不難哉! 此所責者已非“善”矣。蓋父子有恩,當以仁愛相結,而不必以義相期,故雖責之以善亦且傷父子之親,何況所責不善乎? 故章子實未違孝道也,亦可謂不孝之孝也。孟子既原其心,而與之遊,不亦宜乎? 子曰:“以言取人,失之宰予;以貌取人,失之子羽”(《史記・仲尼弟子列傳》),君子於名,亦當責其實也。

第三十一章

曾子居武城,有越寇。① 或曰:“寇至,盍去

---

〔1〕 匡章之事,前人頗以爲即《戰國策》所謂齊將章子。其母爲父所殺,而不得葬,齊威王亦同情之。全祖望本此爲説,以爲“蓋必勸其父以弗爲已甚,而父不聽”。見氏著《經史問答》卷七,收入朱鑄禹《全祖望集匯校集注》,上海古籍出版社,2000 年。俞樾云:“《莊子・盜跖》‘匡子不見父’,《釋文》引司馬彪云:‘匡章諫其父,爲父所逐,終身不見父。此事見《孟子》。’”但俞氏亦不相信《戰國策》章子即孟子所説匡章,見前揭《群經平議》卷三十三《孟子二》。

諸?"②曰:"無寓人於我室,毀傷其薪木。"③寇退,則曰:"修我牆屋,我將反。"④寇退,曾子反。左右曰:"待先生如此其忠且敬也!寇至則先去以爲民望,⑤寇退則反,殆於不可!"⑥沈猶行曰:⑦"是非汝所知也!昔沈猶有負芻之禍,⑧從先生者七十人,未有與焉。"⑨子思居於衛,有齊寇。或曰:"寇至,盍去諸?"子思曰:"如伋去,君誰與守?"⑩孟子曰:"曾子、子思同道。曾子,師也,父兄也;子思,臣也,微也。⑪曾子、子思,易地則皆然。"

【簡注】 ① 武城,魯邑。越,越國。② 盍,何不。去,離開。諸,之乎。③ 寓,居住。薪,柴。④ 反,同返。⑤ 民望,表率。⑥ 殆,恐怕。⑦ 沈猶行,孟子弟子,以沈猶爲氏。⑧ 負芻,人名(從錢大昕説)。⑨ 與,助。⑩ 君誰與守:誰與君守,賓語前置。⑪ 微,小。

【講疏】 本章大義甚明。曾子、子思身份不同,所爲雖異,然皆不違其禮,故"異地則皆然",是曾子、子思"其揆一也"。曾子所爲似不近人情,然爲師者教弟子以道,弟子雖忠且敬之,然師固無爲其守城之義務也。沈猶乃姓氏,亦可以爲地名。趙岐以負芻爲人名,朱子本孫奭之説,〔1〕以之爲"負芻者",似當從趙氏之説。

---

〔1〕 此一點錢大昕已指出,見氏著《潛研堂文集》四《答問》,收入《清經解 清經解續編》第四册,第3696頁。

第三十二章

儲子曰：^①“王使人瞷夫子，^②果有以異於人乎？”孟子曰：“何以異於人哉？堯舜與人同耳。”

【簡注】　① 儲子，齊人。② 瞷（jiàn），窺視。

【講疏】　王使人窺視孟子，欲觀其形貌是否有異於人也。雖“居移氣，養移體”（《孟子·盡心上》），“富潤物，德潤身”（《大學》），然人心之邪正誠偽，亦非倉促可以辨之也。上篇所論誠偽可參。此即前文所謂“君子所以異於人者，以其存心也”。學者儻執著其相以求其心，亦所謂舍本而逐末者也。

第三十三章

齊人有一妻一妾而處室者。^①其良人出，^②則必饜酒肉而後反。^③其妻問所與飲食者，則盡富貴也。其妻告其妾曰：“良人出，則必饜酒肉而後反，問其與飲食者，盡富貴也。而未嘗有顯者來。^④吾將瞷良人之所之也。”^⑤蚤起，^⑥施從良人之所之，^⑦徧國中無與立談者，^⑧卒之東郭墦間，^⑨之祭者，乞其餘，^⑩不足，又顧而之他，^⑪此其為饜足之道也。其妻歸，告其妾曰："良人者，所仰望而終身也。⑫今若此！"與其妾訕其良人，⑬而相泣於中庭。⑭而良人未之知也，施施從外來，⑮驕其妻妾。⑯由君子觀之，則人之所以求富貴利達者，其妻妾不羞也而不相泣者，幾希矣！

【簡注】 ① 處室，居家。② 良人，古時妻子呼丈夫爲良人。③ 餍（yàn），飽。④ 顯，尊顯。⑤ 所之，所往。⑥ 蚤，同早。⑦ 施（yí），古斜字（從錢大昕説）。施從，偷偷跟著。⑧ 立談，停下來交談。⑨ 卒，最終。之，到。東郭，東城城郭。墦（fān），墳。⑩ 之，到。餘，剩餘（酒肉）。⑪ 顧，望。他，指別處。⑫ 仰望，仰仗。終身，終其一生，過一輩子。⑬ 訕（shàn），謗，詬詈。⑭ 中庭，庭院中。⑮ 施施（yí），大搖大擺。⑯ 驕，傲，炫耀。

【講疏】 施從之施，趙岐釋爲"邪施"，錢大昕以爲即古斜字。[1]焦循已引之。施施，喜悦自得之貌。趙岐以爲即扁扁，翩翩也。古人以飛鳥翩翩往來喻人之不知所止，[2]施之言斜，則施施者，即行步左右傾斜摇擺之狀，猶今言大搖大擺而來也。[3]乞人之餘，喪羞惡之心者也；乞人而求餍足，偶一爲之尚可，豈可"仰望而終身"，言不可久也。

---

[1] 錢大昕《潛研堂文集》四《答問》，《清經解　清經解續編》第四册，第3696頁。

[2] 參前揭拙作《周易義疏》泰卦六四義解。

[3] 清儒蔣仁榮言："施者，旗也。石鼓文施施，旗動貌。凡委宛邪曲之義假借用之。"説亦可通。見氏著《孟子音義考證·離婁章句下》，收入《清經解　清經解續編》第十三册，第6750頁。

顧齊人之所爲何以喻“人之所以求富貴利達者”？孔子曰：“富而可求也，雖執鞭之士，吾亦爲之。如不可求，從吾所好。”又云：“不義而富且貴，於我如浮雲。”（《論語·述而》）富貴乃人之所欲，此無可厚非者，蓋生命之充盈本來亦必有所蘊蓄。“富有之謂大業”（《繫辭》）、“大德必得其位”（《中庸》），此固不必論矣，唯不義之富貴爲可羞。除此之外，皆富而可求者也。如執鞭之士，乃鄙行賤役也，而孔子願爲之。故孔子曰：“吾少也賤，故多能鄙事。”（《論語·子罕》）蓋以己力求富，皆非“弄法犯姦而富”（《史記·貨殖列傳》），雖似人欲也，而實天理之不可無。而其所以求之之道，亦猶太史公所言當時“素封”之家，“此皆誠壹之所致”，“變化有概，故足術也”。然則今之求富貴利達者，既欲富貴，亦當不棄賤業，精誠爲之，豈可如齊人之沿冢持鉢，乞其祭祀之餘，不惟失義，是亦不智且失誠矣。所行失義爲可羞，其求富之法非真能富貴，是可泣也。蓋生財之道所以云生意者，因其與天道相通，亦須源泉混混，始能盈科後進，歷百川而終成大海。

以是知齊人有一妻一妾乃寓言也。齊人言此身也，一妻一妾皆寄寓此身者，所謂心也。妻者齊也，猶本心德性之知；妾者接也，[1]乃功利計度之心，即知性也；齊人即所謂情與欲也，其欲望之違乎天理者，宋儒所謂人欲。吾心德性之統攝知性，亦猶妻之統妾；心體之必以情志爲發用，猶妻妾之冀望於夫。德人叔本華以理性爲“明眼的瘸子”，意志爲“剛强的瞎子”，與此稍類，然尚不如孟子之深，蓋於德性與知性之區別尚

---

〔1〕　關於妻妾之義，可參《滕文公下》第二章講疏及《周易義疏》歸妹卦義解。

未能深究也。故欲望既違背天理，有本心以伺察之，是所謂"蚤起，施從良人之所之"。《大學》言："小人閒居爲不善，無所不至，見君子而後厭然掩其不善而著其善。人之視己，如見其肺肝然，則何益矣。"本心既覺可羞，故訕謗之，復與知性相思量計度，此失誠之法亦無以仰望終身也。蓋齊人之妻乃生而知之者，其妾乃聞（學）而知之者，儻齊人"知恥而後勇"，幡然悔悟，亦不失"困而知之"也。《中庸》云："或生而知之，或學而知之，或困而知之，及其知之，一也。"然則人之不以德性存心，亦不知以知性存心，惟知以富貴利達之欲望存心，則不惟失其本心，亦可謂不智矣。

要之，本篇所言，以聖人始，而以齊人終，莊諧並用，精義迭出，大匠之作，固如斯乎！予於孟子，無間然矣。

孟子章句講疏卷九

萬章章句上 凡九章

【解題】 前聖後聖，其揆一也。《離婁》既昭揭道統之義，言歷聖所同者，心也，性也，道也。其不仁之仁，不義之義，似是而非者，亦當有以辨之。顧儒門之外，或有好事者作，以道聽途說之讕言，加諸賢聖，其所關心術甚大，不可不辨。本篇凡九章，其七章所言，皆與《書》及古史有關，餘二篇亦本諸傳記，子曰：“疏通知遠，《書》教也。”蓋聖賢所存雖萬古之常經，然必心通其意，明其時措之宜，乃堪有以承之。故本篇所言，在以意逆志，考求賢聖之心，俾能疏而通之，不惟示學者以經學詮釋之軌則，亦欲明古聖所以求心之法。求心者，誅心也，此亦《春秋》之大義，後世乃以深文周納爲誅心，習非成是，此經義所以日湮也。

以德性論言之，首言舜之事親、友弟，仁也；次言虞夏商周政權授受之大義，義也；繼言伊尹、孔子立身之大節，禮也；終言百里奚之知幾，智也。仁義禮智，即孟子所謂四端，本篇所辨者，意在正學者四端之失，此儒門考信之學也，故統之以信。

不寧惟是。莊子云：“《書》以道事。”《尚書》所言皆虞夏商周以來大經大法，道統之所在，亦政統之所在，孟子故於此篇稍揭王政"順天應人"之理,與《易》、《書》、《詩》之旨皆能密合,其垂範後世者遠矣。

章旨結構圖(甲)

```
        ┌ 1.大舜:論親親。
     仁 ┤ 2.大舜:論親親之本;論兄弟之義。
        └ 3.大舜:論兄弟之義。
        ┌ 4.舜與堯:論政權與治權;舜與瞽瞍:論公共性君權;師道。
信 ┤ 義 ┤ 5.舜與堯:論政權轉移;論正統性;順天應人。
        └ 6.禹、湯:論世襲政治之正統性;論益、伊尹、周公、仲尼不有天下。
     禮 ┌ 7.伊尹:論正己正人。
        └ 8.孔子:論不枉己直人。
     智—9.百里奚:智。
```

章旨結構圖(乙)

```
        ┌ 1.以禮辨舜之怨其親。
        │ 2.以《詩》辨舜之"不告而娶"。《詩》的經典化。
        │ 3.以《書》辨舜之封弟。辨語詞之歧義。
        │ 4.以《書》《詩》辨舜不臣堯、不臣其父;折中於夫子。駁"齊東野語"(墨
        │   家)。論文、辭、志;以意逆志。
考 ┤ 5.以《書》辨天命轉移。大義、古義與時義。
信 │ 6.辨禪讓、世襲皆可具正統性;折中於夫子。
        │ 7.以《書》及古史辨伊尹立身不正。駁道家、小説家言。
        │ 8.辨孔子之受謗。駁"好事者"(縱橫家)言。
        └ 9.辨百里奚之受誣。駁"好事者"(縱橫家)言。
```

第 一 章

萬章問曰:"舜往于田,號泣于旻天,①何爲其號泣也?"

孟子曰:"怨慕也。"

萬章曰：“‘父母愛之，喜而不忘。父母惡之，勞而不怨。’②然則舜怨乎？”

曰：“長息問於公明高曰：③‘舜往于田，則吾既得聞命矣。④號泣于旻天，于父母，⑤則吾不知也。’公明高曰：‘是非爾所知也。’夫公明高以孝子之心爲不若是恝。⑥我竭力耕田，共爲子職而已矣。⑦父母之不我愛，於我何哉？帝使其子九男二女，⑧百官牛羊倉廩備，以事舜於畎畝之中，天下之士多就之者，⑨帝將胥天下而遷之焉。⑩爲不順於父母，⑪如窮人無所歸。天下之士悅之，人之所欲也，而不足以解憂；好色，⑫人之所欲，妻帝之二女，⑬而不足以解憂；富，人之所欲，富有天下，而不足以解憂；貴，人之所欲，貴爲天子，而不足以解憂。人悅之、好色、富貴，無足以解憂者，惟順於父母可以解憂。人少則慕父母，⑭知好色則慕少艾，⑮有妻子則慕妻子，仕則慕君，不得於君則熱中。⑯大孝終身慕父母。五十而慕者，予於大舜見之矣。”

【簡注】　① 旻天，天的一種稱謂。因其“仁覆閔（憫）下”，故稱旻天。② 勞，辛苦服事。③ 長息，公明高弟子。公明高，曾子弟子。④ 聞命，聽命，同意。⑤ “號泣于旻天，于父母”，應該是孟子所見《尚書》原文。今見於僞《古文尚書·大禹謨》。⑥ 若是，如此。恝（jiá），無愁之貌。⑦ 共，恭。

⑧ 帝,指堯。九男二女:據《史記》,堯使"二女妻之,以觀其內;九男事之,以觀其外"。⑨ 就,近。⑩ 胥,須,待。朱子釋爲相視。而,以。遷,移。胥天下而遷之:等待把天下移交給他。⑪ 不順於父母:與父母關係不順。⑫ 好(hǎo)色,美色。一説當爲"妃色",即妃匹之色(俞樾説)。⑬ 妻,娶。⑭ 慕,思慕。⑮ 艾,美好。⑯ 熱中,熱於中,急切。

【講疏】 本篇凡九章,首六章皆言舜事,趙岐以爲:

> 孟子時《書》凡百二十篇,《逸書》有《舜典》之敍,亡失其文。孟子之所言舜事,皆《堯典》及《逸書》所載。[1]

堯舜爲原儒理想之所寄,堯德如天,蕩蕩焉民無能名,舜則道統之首出者,且繼堯而爲天子。大舜之身世亦甚離奇,父與後弟皆欲殺之,而舜能以誠化之。父不慈,弟不悌,而舜尚以孝友聞,此常人所不堪者,遂不能不起觀者之疑,故聚訟叢生。

據《離婁上》,瞽瞍乃天下最冥頑不化之人。舜之承事瞽瞍,非事事服從之愚孝,而是以道事父,終能以至誠化之。惟當瞽瞍未化之時,大舜亦嘗於田間號泣,訴之旻天,其心亦苦矣。依世俗之見,訴之旻天,是必有所怨懟矣,以大舜之聖,何故有此怨言?是萬章之所疑也。

如前所述,父子雖天倫,人於父母固當承之敬之,以禮事

---

[1] 按,惠棟《古文尚書考》及段玉裁《古文尚書撰異》皆以爲即孟子所見《舜典》之言,而《舜典》爲趙岐所未見。焦循《孟子正義》已引及。

之，然非附從之也。此義在昔亦非人人盡知，世俗禮教至以父母爲人之所天，儻爲父母視爲忤逆，不惟爲禮俗所棄，國法亦不相容。其極端者尤以"天下無不是之父母"相倡，至欲人以事佛之道事之。踵事增華，變本加厲，後世遂衍爲愚忠愚孝之禮教。儻揆諸孔孟之大義，是皆違道遠矣。時下佛教徒尚多以此道相倡者，不自知其流爲鄉愿曲學也。

雖然，愚孝之形成亦不爲無故。儒學倡爲尊父孝親，其不善學者固如是。蓋子女之於父母，親情所關，事爲之際誠有所不容已者。如墨者夷之，雖信服"愛無差等，施由親始"之説（《滕文公上》），及孟子告以葬親之義，言人見路人死於溝壑或能忍受，而於父母則泚然汗出，不忍正視，故返而葬之，是葬禮之興，乃由人本心之不能已。然則父母之與他人，雖皆可云"民胞物與"，兼而愛之，豈能真無所別？故墨者既以天爲本，而又不能不以父母爲重，是所謂二本也。

唯儒者能知一本。然所謂一本，非言父母即天，乃言父母即此天之發竅也。蓋人與父母，非精神之聯繫，而是由於身體，是所謂天倫也。既爲身體之聯繫，故"身體髮膚，受之父母，不敢毀傷，孝之始也"（《孝經·開宗明義章》）。既非精神之聯繫，故父子不相責善，責善乃師友之道也。[1]蓋天之發竅，其表現於肉身者，即吾人之祖先父母，祖先父母乃吾身之本也；其表現於精神者，則先聖與師，聖師乃吾心之本也；其表現於社會關係者，則爲社稷與政治，君權乃人群之本也。宋儒

---

〔1〕　參《離婁上》第十八章講疏。

楊簡所言"心之精神是謂聖",〔1〕陽明所謂"人人心中有仲尼",是也。人當尊其父母,儻父母不能尊祖敬天,則亦不本之矣;人當敬其君師,儻君師不能本諸聖與天,則亦不尊之矣。

父母既爲吾身之本,故吾身亦當有以報之,是所謂孝。孝者,報也。〔2〕不敢毀傷身體髮膚,是報父母之"遺體"。己身即是父母之遺體。其次則養之,敬之,不使父母受辱,遊必有方,所以報父母之身體與情緒。再次則"揚名聲,顯父母",乃是成就自身,父母之生命亦因之光顯,是則尤爲報之大者。此與《禮記》所言"施報"之義相通。〔3〕世俗但知以名利虛譽相誇飾,以爲父母光顯者,亦風俗之澆薄而已,並非經典本義。至於大舜,其父雖冥頑不靈,而己則反以大道化之,是能以天德養其父,所以報父母之本心,於父母亦有師道焉。此孝之無以復加者,合於大《易》"幹蠱"之道。〔4〕以佛教觀之,惟釋尊入滅之前,入忉利天爲母説法,而化渡之,可堪媲美大舜此境。

事親亦周人宗教之一部,宗教者,事天之學也。天既發竅於父母,人能報本反始,是事天之尤切者。故父母所代表者乃己身與天道之一體性,與墨者、佛、老及耶教對佛天上帝之崇拜不同,儒者之孝敬父母固非崇拜之也,而是因其一體性。〔5〕

---

〔1〕 按此言本出《孔叢子·記問》"心之精神是乎聖",據説是孔子答子思之言。上海古籍出版社,1990年。
〔2〕 此義可參前揭拙作《孔曾禮學探微》。
〔3〕 參《梁惠王下》第十三章講疏所言施報之義。另參拙作《説"絜矩之道"》,《中國文化》2019年秋季號。
〔4〕 參拙作《周易義疏》蠱卦義解。
〔5〕 關於一體性,可參《盡心上》第十九章講疏關於四種一體性的探討。

　　既言崇拜，其對象必是與己相對待之物。如耶教及墨者，其天人之間乃絕然相待者，是耶教所謂“超越性”。雖有耶穌、墨者爲中介，亦必以二者爲崇拜對象，是亦墨者尚（上）同之義。故人之愚孝，是以父母爲崇拜之對象，而非與父母爲一體者矣。其事父母如神佛，雖以儒學自命，亦早失其中道。愚忠於君師者亦然。孔孟於親君師，皆言以禮事之，以道事之，何嘗欲人喪其本心自我？儒學既言本末，亦所謂陰陽小大，〔1〕以身體言之，父母爲本，子女爲末；父母爲大，子女爲小。顧父母雖大，尚有尤大者在。其父、祖、曾、高，由此上溯，乃至遠祖、始祖，直至生命之本始，所謂帝，所謂天，則至矣，蔑以加矣。儻父母所爲不合於天道，又豈可一味從之？是即原儒“尊尊”之義。《穀梁》有言：“君子不以親親害尊尊，此《春秋》之義也。”（《文公三年》）。予昔嘗設一悖論，儻其父命子殺其祖，其子亦且無違乎？孔子以無違告孟懿子之問孝，然旋即語弟子樊遲云：“生，事之以禮；死，葬之以禮，祭之以禮。”（《論語·爲政》）昔人論《論語》此章甚衆，玆故依理言之如此。

　　明乎此，則知大舜何以“號泣于旻天”矣。父母既爲天之發竅，儻父母不善待其子，既無祖宗可訴，亦唯訴之於上天而已。其所謂怨慕者，既憂且慕也。依禮，“曾子曰：父母愛之，喜而不忘；父母惡之，憂而不怨。”〔2〕然何以學者或云大舜有

〔1〕　前揭拙作《德性與工夫：孔門工夫論發微》。
〔2〕　此《禮記·祭義》之文，焦氏已引及。子曰：“事父母幾諫，見志不從，又敬不違，勞而不怨。”（《論語·里仁》）王引之《經義述聞》“勞，憂也”，楊伯峻《論語譯注》引之。《祭義》：“父母愛之，嘉而不忘；父母惡之，懼而不怨。”嘉蓋喜之訛。勞則憂懼之義。

怨？孟子乃引公明高之説，[1]言孝子亦非如長息所言，於父母之不善待殊無怨言，若與己無關者，所謂"孝子之心不若是恝"。此待鄉人之法也。[2]孟子所謂怨，亦非世俗所言怨恨，而是憂而不怨之怨慕。[3]故下文言舜雖天下人皆悦之，富且貴焉，尚不足解憂。是其所憂者，在父子未能相合，失天人一體之義。趙岐所謂"自求責於己而悲感焉"，[4]朱注亦云"怨慕，怨己之不得其親而思慕也"。然則此憂非習心功利計度之憂，乃即《離婁下》所論聖賢之存心也。

後文之言"慕"亦然。天下之言慕者，皆以功利欲望之思慕心爲言，故人少則思慕父母，青春期則思慕美色，[5]有家庭則思慕妻兒，做事則思慕長上，不爲長上所喜則五内如焚。其思慕父母，尚赤子之所常，其後則皆以欲利爲心也。即此可見，人於父母、少艾、妻子、長上，其思慕之狀未嘗稍異，而所以終不同者，即在是否有欲利之心存乎其間。蓋既有欲利之心，則人我之間分立爲二，失其一體性矣。所謂"大孝終身慕父母"，與前篇"惟大人爲不失其赤子之心"相應。舜五十而號泣旻天，是赤子之心未嘗稍減，此天人合一之境，是大舜之所以大。

---

[1] 公明高，錢穆以爲即《説苑·修文篇》的公孟子高，後者曾與顓孫子莫論禮，並以此請教曾子。參氏著《先秦諸子繫年》第八一《子莫考》。

[2] 參《離婁下》第二十九章。

[3] 關於怨之問題，亦可參《告子上》第三章講疏。

[4] 此"父母之不我愛，於我何哉"注文，朱子、焦氏皆從之。

[5] 好色，俞樾認爲當即《漢書·賈誼傳》及《大戴禮記·保傅》所言"妃色"，顏師古訓爲"妃匹之色"，可備一説。參氏著《群經平議》卷三十三《孟子二》。另，少艾之義，學者爭論頗多，大體當以翟灝所説"古訓艾爲白，而白含二義：以髮蒼白言謂之老，以面皙白言謂之美"近是。參鄭珍《巢經巢經説·孟子》，《清經解　清經解續編》第十二册，第 4664 頁。

蓋尤有説。父母、少艾、妻子、長上，既皆以思慕爲言，可見思慕乃人之心理活動，本無所分別，惟與對象（即所思慕者）之聯結方式有異。故常人欲利之心，雖似人我對待而失其一體性，然亦不可謂非自然而然者，惟不可逾越其分際，否則流於人欲而違其天理矣。儻明此理，則即其欲利之思慕，當下即可轉識成智，蓋鍛鍊此欲利之思慕，而爲人我一體之思慕也。明儒羅近溪有見於此，故言：

> 聖人之教天下，不是能令吾人於良知良能之外，別有增益，只是以先知覺後知，以先覺覺後覺，如用水鍛礦，則礦一過火，便即是金。吾人既覺，則即我本性便即是聖。[1]

胥，趙岐釋爲須，朱子釋爲相視，皆可通。言堯將視天下治理之情形而禪讓之也。而舜於天下之歸己皆無所縈心，乃如窮人之無所歸，唯呼天搶地耳。此言大舜五十慕父母之狀。

第 二 章

萬章問曰："《詩》云：① '娶妻如之何？② 必告父母。' ③信斯言也，④宜莫如舜。舜之不告而娶，何也？"孟子曰："告則不得娶。男女居室，⑤人之大

---

[1] 羅汝芳《近溪子集·射》，方祖猷、梁一群、李慶龍編校《羅汝芳集》，鳳凰出版社，2007年，第105頁。參拙作《王學與晚明師道復興運動》（增訂本）第四編第二章第一節。

倫也。如告，則廢人之大倫，以懟父母，⑥是以不告也。"萬章曰："舜之不告而娶，則吾既得聞命矣。帝之妻舜而不告，⑦何也？"曰："帝亦知告焉則不得妻也。"

【簡注】 ①《詩》，《齊風·南山》之篇。② 如之何，當如何。③ 告，稟告。④ 斯，此。⑤ 居室，成家。⑥ 以，而。懟（duì），怨懟。⑦ 妻舜，以女嫁舜。

【講疏】 上章辨舜之順承瞽瞍，本章則辨舜之友于兄弟。所言"不告而娶"，亦承上章而言。所謂"告則廢人之大倫"，前篇實已辨之，蓋即"不孝有三，無後爲大"之義（《離婁上》）。懟，怨懟。懟父母，則父子相離矣。故不惟舜之自娶，堯之嫁女，皆不以告瞽瞍，否則其事不諧矣。舜既因不娶而無後，是不能報父祖乃至天道之生生，此較必告父母之禮而言，乃不孝之大者。此亦坐實上章所言小大之辨，以示不可愚孝於父母，因尚有較父母之命尤大者在。儻既告而違之，在帝爲違禮，在舜則重失父母之心。

其引《詩》爲據，可見戰國之時，《詩》已不止斷章取義，而成孔門內部之經典。今觀傳世及出土文獻，以義解《詩》之風亦甚盛，[1]本文亦以《詩經》裁量上古史事，[2]此皆東魯孔

[1] 傳世文獻中如可能爲曾子所作的《大學》，子思所作的《中庸》、《坊記》、《表記》、《緇衣》等。出土文獻中上博簡《孔子詩論》則是顯例。

[2] 本章"信斯言也，宜莫如舜"之信，趙岐釋爲相信之信，朱子則訓爲誠，焦循雖力闢宋學，對此反贊同其義，且言《詩》在舜後，趙氏謂'舜合信此詩之言'，非其義也"。按，焦氏所言無理。趙氏非言舜信此詩，而是信此詩中所言。

<u>門搢紳先生新興之經學也</u>。下文孟子教學者解經當"以意逆志",蓋亦因應此趨勢而有爲言之者。孟子之學多言《詩》《書》,大舜之事蓋亦《書》類文獻所記,當孟子之時,經典既已定型,且孔子自言"吾道一以貫之",則學者相互參考以究明大義,亦理所必至者。

　　萬章曰:"父母使舜完廩,①捐階,②瞽瞍焚廩。③使浚井,④出,從而揜之。⑤象曰:⑥'謨蓋都君咸我績,⑦牛羊,父母;倉廩,父母。干戈,朕;琴,朕;弤,⑧朕;二嫂,使治朕棲。'⑨象往入舜宮,舜在牀琴。象曰:'鬱陶思君爾。'⑩忸怩。舜曰:'惟兹臣庶,汝其于予治。'⑪不識舜不知象之將殺己與?"⑫曰:"奚而不知也?⑬象憂亦憂,象喜亦喜。"曰:"然則舜僞喜者與?"曰:"否。昔者有饋生魚於鄭子産,⑭子産使校人畜之池。⑮校人烹之,反命曰:⑯'始舍之,圉圉焉;⑰少則洋洋焉;攸然而逝。'⑱子産曰:'得其所哉! 得其所哉!'校人出,曰:'孰謂子産智? 予既烹而食之,曰,得其所哉,得其所哉。'故君子可欺以其方,難罔以非其道。⑲彼以愛兄之道來,故誠信而喜之,⑳奚僞焉?"

【簡注】　① 完,修繕。廩,倉廩。② 捐,去掉。階,梯。③ 瞍,通叟。瞽瞍,舜父。④ 浚,疏浚。⑤ 揜,同掩,掩覆。⑥ 象,舜之弟。⑦ 謨,謀。蓋,通解爲覆蓋。清阮元、臧庸皆以爲"害字之借",可從。都,於。君,趙岐以爲"舜有牛羊倉廩之奉,故謂之君"。咸,皆。績,功勞。⑧ 朕,我。弤（dǐ）,一種弓。一說是弓之名。⑨ 治,管理。棲,牀。⑩ 宮,居室。琴,鼓琴。鬱陶,憂悶。⑪ 茲,此。臣庶,臣衆。于,爲（從王引之說）。⑫ 不識,不知。⑬ 奚,何。而,以。⑭ 饋,贈。生魚,活魚。⑮ 校人,管池沼的小吏。畜（xù）,養。之,諸,之於。⑯ 反命,覆命。⑰ 舍,放。圉（yǔ）,通圄,囹圄。圉圉,受拘束之貌。⑱ 少,片刻。洋洋,舒緩搖尾之貌。攸然,悠然自得之貌。⑲ 方,道。罔,蒙蔽。⑳ 誠,實。

【講疏】 趙岐注:"使舜登廩屋而捐去其階,焚燒其廩也。一說捐階,舜即旋從階下,瞽瞍不知其已下,故焚廩也。使舜浚井,舜入而即出,瞽瞍不知其已出,從而蓋其井,以爲死矣。"《史記·五帝本紀》亦記瞽瞍與象欲合謀殺舜,萬章所言與之略同。張守節《正義》另引梁武帝《通史》,所言尤詳,稍類後世之小説,而歷來似多視爲信史。蓋瞽瞍之頑劣,象之傲狠,上世既已言之鑿鑿,無論其頑傲之具體情形如何,亦不致影響大義。孟子亦惟藉其事以明其理而已,學者不必膠執。[1]

顧萬章所大不解者,瞽瞍與象皆舉世公認之惡人也,乃至欲殺舜而分其財富、妻子,此在世俗之人,皆難以忍受,而以爲大不近人情者。何以大舜不惡其人,而猶愛之,殆亦虛飾其外者歟?孟子乃一言以斷之曰:否。此藉大舜之聖,以言純粹兄弟之情,亦猶上章所言,乃純粹父子之情也。蓋父子兄弟皆天

---

[1] 小程子曰:"孟子言舜完廩浚井之説,恐未必有此事,論其理而已。堯在上而使百官事舜於畎畝之中,豈容象得以殺兄,而使二嫂治其棲乎? 學孟子者,以意逆志可也。"《河南程氏遺書》卷四《二先生語四》,《二程集》,第71頁。另參《遺書》卷十九《伊川先生語》,《二程集》,第253頁。

倫也,其關係皆因血緣而成立,而非精神性聯繫。故無論其善惡與否,吾惟盡吾之分而親愛之,以成其天人一體之道。此雖似不近人情,然亦惟此始可稱純粹,惟此始可稱聖人。小程子所謂"蓋天理人情,於是爲至"。[1]蓋親情以外,已無一毫他意雜乎其間。古賢以精金喻聖人,即是此意。此猶佛典所謂割肉飼鷹,人所不堪者,亦但言其理而已,不必膠執。夫聖之與佛,雖皆人類之先覺者,其初蓋亦親證其理境而已,及奉爲崇拜之偶像,乃遂無所不能,有若天神矣。

不寧惟是。即普通人中,亦有爲父母、兄弟、妻子所棄,雖死而不怨者。其行似愚孝愚義而實非愚昧者,此其孝友即與舜同。蓋愚孝、愚義乃放棄自我,一唯他人之命是從。至聖人於父母、兄弟,則是全然不計較其惡,純是一片忠厚惻怛之情而已,其自我未失也。此即下文孟子所謂君子雖可"欺之以方",卻"難罔以非其道",罔即蒙蔽之義。孟子此言,意在言大舜之所爲與愚孝、愚義有別。

觀文中象言"鬱陶思君耳",是其早知兄弟當互相思慕之義,其神情忸怩尤良知發露之證。蓋既殺舜而未成,突然見之,而難掩心中之慚愧。以義理論,大舜乃聖人,聖人虛中應外,故"感而遂通天下之故"(《繫辭上》),雖未懸揣弟之不善,及其不善之來,亦未嘗不知。雖亦怒其殺己,然不旋踵而遂忘之(參下章)。誠如朱子所言,"兄弟之情自有所不能已"。此如兒童作劇有甚惡者,甚或遺禍他人,而人亦因其未成人而不與較。及其既以愛兄之方式而來,則亦親愛之而已,故因其憂

〔1〕《河南程氏遺書》卷四《二先生語四》,《二程集》,第70頁。

而憂,因其喜而喜。

"君子可欺之以方",方者道也,雖受欺騙,亦因人以其道來欺之,如子產之受欺於校人。故聖人亦非不可欺,惟聖人自有觀人之法,此在《離婁下》言之已詳。孔子曰:"視其所以,觀其所由,察其所安,人焉廋哉,人焉廋哉!"(《論語·爲政》)觀人非本章大旨,姑引此文以見意。

第 三 章

萬章問曰:"象日以殺舜爲事。①立爲天子,則放之,②何也?"孟子曰:"封之也,或曰放焉。"

【簡注】 ① 日,每日。② 放,放逐。

【講疏】 觀本章語氣,萬章所讀舊典,當作"舜放象於有庳"。朱子云:"放猶置也。置之於此,使不得去也。萬章疑舜何不誅之,孟子言舜實封之,而或者誤以爲放也。"蓋放有逐義,《説文》:"放,逐也。"本章"放驩兜"之放即是此義。此乃承上章,象日以殺舜爲事,而舜則"象憂亦憂,象喜亦喜",儻此行非僞,又何以既立爲天子,便放逐之? 萬章此問,是亦疑舜爲僞之意。孟子故曰,非放逐之,乃實封之,或有人曰放之而已。此封、放之異或有二種可能。其一,封字上古在幫母東部,放在幫母陽部,雙聲旁轉,宜有此文字之訛也。其二,則此放非放逐之義,見孟子下文所釋。

萬章曰："舜流共工于幽州，放驩兜于崇山，殺三苗于三危，殛鯀于羽山，^①四罪而天下咸服，^②誅不仁也。象至不仁，封之有庳。^③有庳之人奚罪焉？仁人固如是乎？^④在他人則誅之，在弟則封之？"曰："仁人之於弟也，不藏怒焉，不宿怨焉，^⑤親愛之而已矣。親之，欲其貴也；愛之，欲其富也。封之有庳，富貴之也。身爲天子，弟爲匹夫，可謂親愛之乎？"

【簡注】　① 共工，官名。三苗，族名。驩兜，人名。鯀，大禹之父。古人所謂四凶。流、放、殺、殛(jī)分別爲互文。② 罪，罰。咸，皆。服，歸服。③ 有庳(bì)，地名。④ 固，本來，原來。⑤ 宿怨，記恨。

【講疏】　萬章乃引《堯典》(僞《古文尚書》入《舜典》)舜流四凶之事，以形其自相矛盾。舜既誅不仁如四凶，而於此至不仁者反封之，豈仁人之所爲乎？觀萬章之言，乃見孟門亦如孔門，師友一堂風義，雖師長，亦可以道義相詰也。孟子乃言仁者之於弟，雖有怨怒，過而不留，未嘗計較其對己之不仁也。是惟以純粹兄弟之情待之而已。親之愛之，故愿富貴加之，此亦世俗之人情。孟子此言，不過以當時世俗人情形容大舜愛弟之狀，否則，儻以今世情理爲尺度，言不可以天下之財封其私昵，則孟子亦必無詞以對矣。此可見孟子所處家天下時代，故其所論亦不無歷史性因素羼入之。蓋天子富有四海，封其私親，此當時人人以爲當然者，儻不能與兄弟共之，反失親親之義。本章大義在言仁人於至親不畜宿怨，且欲彰顯此純粹親情之存在，不必糾纏於詞句瑣屑之間。要之，當明孟子乃論理而非論史，歷史上舜之所爲如何，乃至舜之有無，皆不影響此處之討論。

雖然，本節言語邏輯似稍有跳躍，尚有一前提有待表出。大舜所以如此厚待其弟，而天下無辭者，何哉？蓋象之不仁乃唯表現於殺舜，未見其於天下有何不仁也。舜既不上告皋陶，則此事於天下殆無影響，未可遽以四凶視之。舜之不上告，亦不違親親相隱之義。儻象亦如四凶之害天下，或殺舜成功，自有皋陶秉國法懲之，舜亦安能包庇之？此即後文“瞽瞍殺人，皋陶爲士”所討論之前提。[1]顧萬章所以稱象“至不仁”者，蓋四凶雖惡，或未及弒親，象日以殺兄爲事，其惡蓋無以復加矣。惟其惡如此，而舜不存宿怨，所以見其親情之純粹。聖人所爲，衆人固不識也。衆人之以舜爲僞君子，爲以術牢籠其弟，如鄭伯之克段，不亦宜乎？[2]

“敢問或曰放者，何謂也？”曰：“象不得有爲於其國，天子使吏治其國而納其貢稅焉，故謂之放。①豈得暴彼民哉？②雖然，③欲常常而見之，故‘源源而來，④不及貢、以政接于有庳’。⑤此之謂也。”

---

〔1〕《盡心上》第三十五章。

〔2〕唐文治《孟子大義》：“愚嘗聞某氏之言曰：‘舜大智人也，常欲人處於非而己處於是也。彼象者，蓋受其牢籠而不自知也。’嗚呼！是專以欺詐之心測聖人，謬之尤謬者也。”

【簡注】　① 放，置放，安置。② 暴，暴虐，虐待。③ 雖然，雖然如此。④ 源源，源源不絶。來，此處指象來朝見。⑤ 不及，不待。貢，貢賦。以政接於有庳：以政事接見有庳（之君）。此句大意：舜想要常常見象，所以不等他作爲有庳之君以上貢、述職諸政事來見，便不斷接見他。

【講疏】　承前所言，大舜既封象於有庳，是誠親愛之矣，其於兄弟之情亦篤矣，然有庳之人復有何罪，而得此不仁不義之人爲長上？此萬章所以蓄此疑也。孟子故另釋放字之義。此放即朱子所謂置，非流放之義也。雖封象於其地，而另設官吏主之，故象雖時常來見舜，彼此卻不言貢賦之事，是無與於有庳之政，誠虛君耳。然則愛弟之仁、保民之義可兩得而雙美之矣。"不及貢、以政接於有庳"，乃引古書之言而孟子釋之，其義甚明。依上下文，"源源而來"似亦古書之言。惟朱子釋"不及貢、以政接于有庳"，爲"不待及諸侯朝貢之期，而以政事接見有庳之君"，似稍有未安。[1]蓋諸侯之大政即在於貢，周人所謂"夏后氏之貢"是也，職貢之時方所謂"以政接"也，故"不及"二字當一氣貫下，言不待貢賦述職諸大政之時，即源源而來也。

　　本章所言，亦孟子與萬章詮釋先代典籍之實録。萬章蓋望文生義，見一放字便與"放驩兜"之事並觀，則其與前文所言舜之愛弟不啻自相矛盾。以經證經，固經典詮釋應有之義。

---

[1] "以政接于有庳"，趙岐以爲"若天子以政事接見有庳之君"，是言並非有政。誠爲得之。焦循引王鳴盛説，以爲實有其政，然理據皆以春秋之事上推，實不足據。

《詩》、《書》已可互通,何況《書》之與《書》? 孟子乃教以一詞或
有多義、上下文當並觀之理,則方圓鑿枘者既已互通,文本亦
怡然而理順矣。就中孟子與萬章之問答極有意味。近儒唐文
治有言:

> 此節(指本篇第二章)李榕村指爲稗官野史,事之有
> 無蓋不足辨,而亦載之者,蓋問答之體,宜於博采也。陳
> 氏蘭甫云:"《萬章篇》所論唐虞三代之事,閎遠深博,非問
> 答之文不能暢達之。讀書豈可不識文章之體乎?"[1]

　　觀李光地、陳澧之言,實已觸及孟子本篇解經之法。李氏
言博采其事尚屬牽强,陳氏言暢達其旨則所見甚確。此猶《禮
記·學記》所言,"善待問者如撞鐘,叩之以小者則小鳴,叩之
以大者則大鳴",儻非有識者設問之,其微言大義亦無從而出。
以是知萬章雖實際與孟子相互問答之人,然觀本章上下文,或
亦有意設定之發問者。

第 四 章

　　咸丘蒙問曰: [1] "語云: [2] 盛德之士, 君不得而
臣, 父不得而子。 [3] 舜南面而立, [4] 堯帥諸侯北面而

---

〔1〕 前揭唐文治《孟子大義》。陳澧又言:"《孟子》書,諸弟子問而孟子答之,多客主
　　之辭,乃戰國文體也。"見楊志剛編校《東塾讀書記》三《孟子》,中西書局,
　　2012 年,第 46 頁。

朝之，⑤瞽瞍亦北面而朝之。舜見瞽瞍，其容有蹙。⑥孔子曰：‘於斯時也，天下殆哉，岌岌乎！’⑦不識此語誠然乎哉？”孟子曰：“否！此非君子之言，齊東野人之語也。堯老而舜攝也。⑧《堯典》曰：‘二十有八載，放勳乃徂落，⑨百姓如喪考妣。⑩三年，四海遏密八音。’⑪孔子曰：‘天無二日，民無二王。’舜既爲天子矣，又帥天下諸侯以爲堯三年喪，⑫是二天子矣。”

【簡注】　① 咸丘蒙，孟子弟子。② 語，古語。③ 臣、子，猶言以爲臣、以爲子。④ 南面，面向南。⑤ 朝，朝見。⑥ 蹙（cù），顰蹙。此不自安之貌。⑦ 殆，危。岌岌，高。⑧ 攝，攝政。⑨ 放勳，堯名。徂（cú），通殂，往。殂落，死的委婉説法。⑩ 百姓，百官。考妣，父母死後之稱。⑪ 遏，止。密，無聲。八音，匏、土、革、木、石、金、絲、竹，八種樂器。此處泛指各種音樂娛樂。⑫ 三年喪，周代臣對君行三年喪之禮。

【講疏】　所謂“語”，乃上古記言之書，《國語·楚語上》記楚人之教太子，曰：“教之《語》，使明其德而知先王之務用明德於民也。”故“流傳於後世的《國語》，即各國之《語》的彙編”。[1]孔子之《論語》亦是“語”之一種。[2]既以記言爲務，

---

[1]　王樹民《中國史學史綱要》，中華書局，1997 年，第 11 頁。

[2]　關於語之意義，另可參拙作《早期儒家的名辯思想——孔子與荀子之間》，《新經學》第五輯，上海人民出版社，2020 年。

或有人言言殊，以訛傳訛者矣。另有學者，於前人所言，徒以管見揣測比量，此在史料之考察，與夫經典之解釋中，皆習見者也。本篇孟子與咸丘蒙所言，即屬此類。

顧所謂"齊東野人之語"究係何指？歷代疏家多未詳論。[1]夫野人既與君子對稱，乃指無位之人耳，於廟堂之事多想象之辭，誠不足論。言齊東者，先儒多存而不論，以意推之，蓋因稷下學宮之故。據劉向《別錄》，"齊有稷門，城門也。談説之士期會於稷下"。地址當在齊城西門之側。[2]野人本無文化，西門既爲學宮所在，其野人或亦偶聞君子緒論，言齊東以見其絶無知識，蓋戲語也。此類野語多出墨家，[3]墨者本出殷遺，所謂野人也，[4]故道聽途説而不知大本。詳末章。然何所貴乎君子之言？孔子曰：

　　夏禮吾能言之，杞不足徵也；殷禮吾能言之，宋不足徵也。文獻不足故也。足則吾能徵之矣。（《論語·八佾》）

[1] 按趙岐以爲東乃指《尚書·堯典》"平秩東作"之東，"謂治農事也"。閻若璩《四書釋地》以爲趙岐"於東字妙有體會，不然，何不云齊之西或北野人乎"？焦氏已引及。此雖可備一説，似不如下文以稷下釋之爲愈。
[2] 參《史記·田仲敬完世家》裴駰《集解》及司馬貞《索隱》所引《別錄》及《齊地記》之説。
[3] 《墨子·非儒》："孔某與其門弟子閒坐，曰：'夫舜見瞽瞍孰然，此時天下圾乎？周公旦非其人也邪？何爲舍其家室而託寓也？'""孰然"當即"蹙然"，"天下圾"即本章所謂"岌岌"。參孫詒讓《墨子閒詁》卷九。另，《韓非子·忠孝》："記曰：'舜見瞽瞍，其容造焉。'孔子曰：'當是時也，危哉，天下岌岌！有道者，父固不得而子，君固不得而臣也。'"所謂記，即指《墨子》之類歷史文獻。兩段文獻，清翟灝《四書考異》卷三十一已提及。且言"蹙、造古通"，"韓非所引之記即咸邱蒙所聞之語"。陳澧《東塾讀書記》三《孟子》以爲是指小説家，亦頗有見。見前揭楊志剛編校《東塾讀書記》，第44頁。學者於此不必膠執。
[4] 關於墨子與殷文化之關係，參前揭拙作《早期儒家的名辯思想》之討論。

獻者賢也，所謂文獻，依疏家所言，乃指竹帛所記以及賢人所傳。此亦《中庸》"無徵不信"之義。[1]孟子既以齊東野語視之，是言其無所徵信也。此亦孟子論學之法。

咸丘蒙所言"盛德之士，君不得而臣，父不得而子"，其說未嘗不是，然以舜與堯及瞽瞍之關係證之則非。故孟子首先辨析堯之北面。其所據者，則是《堯典》與孔子之言。所以引《堯典》爲據，乃因《詩》《書》禮樂皆先王之政典，歷世踵習，傳承有序，非苟作者也，亦非齊東野人輩可以測度。引孔子者，即太史公所言，"自天子王侯，中國言六藝者，折中於夫子"是也（《孔子世家》）。何以必折中於孔子？<u>蓋六藝雖有所本，然既爲孔子所述，且得其"一以貫之"之義，是諸書所記當與孔子之議論相協也</u>。[2]近世學者多不明此義，惟知以論史之法研經，故鑿枘難通者比比，此真經學之一厄。

堯舜乃孔子所宗之聖王，孔子既發"天無二日，民無二王"之義，[3]儻堯舜已是並立之天子，則孔子之言爲無據矣。以此知孔子所記堯舜史事，二者必非並立之天子也。今《堯典》言堯去世，百姓如喪考妣，四海之内、三年之間音樂皆息，此事或百官及民衆所自發，然自孟子觀之，是舜與百姓爲之服三年

---

〔1〕《中庸》亦有所本。除了孔子之外，《左傳·昭公八年》載叔向曰："君子之言，信而有徵，故怨遠於其身；小人之言，僭而無徵，故怨咎及之。"

〔2〕《論語·里仁》："子曰：'參乎！吾道一以貫之。'曾子曰：'唯。'子出，門人問曰：'何謂也？'曾子曰：'夫子之道，忠恕而已矣。'"按，本節引《論語》此章，重在孔子自言"吾道一以貫之"。至於一貫之義究竟作何理解，尚可討論。

〔3〕《禮記》之《曾子問》、《坊記》皆有"天無二日，土無二王"之說。《坊記》之"子云"，尚不敢必其爲孔子所言，可能是指子思。此問題另擬專文詳述。但《曾子問》所言則必爲孔子無疑，詳下文所引。

喪矣。此臣對君之禮也。堯既爲君，是舜不得爲天子也。故知大舜雖爲政二十八年，亦不過攝位而已。由此觀之，孟子所論堯舜之事與孔子所言，自史學論，尚屬牽強。如"三年，四海遏密八音"云云，蓋誇張之語耳，非必實録也，堯舜之際未必有所謂三年喪也。顧儻自經學論之，則其邏輯之縝密，義理之圓融，有不期而然者。蓋孔子既主三年喪，及其薈萃《尚書》，而以三年爲言，未嘗不可以有此微意存乎其間。是雖未必堯舜之史實，而未嘗非孔子述作《尚書》之史實。此亦孟子釋經之法，蓋六經本非古史，乃孔子所言一貫之經。儻經典及孔子無以自洽，則無以論經學之常道矣。然則後儒之折中於孔子，皆本孟子解經之法而爲之者也。

　　就中稍可辨析者，在孔子"民無二王"之説。上文既言父母乃吾人肉身之本，自人群之相結而言，君即人群之本。"君者，群也"，若民有二王，是不成其爲群矣。儻以父母比況之，其私人性君主猶父母也，公共性君主猶高曾也，"民無二王"是亦人群無二本之義，[1]孟子與夷之所論一本之義亦同。《繫辭下》云："陽一君而二民，君子之道也；陰二君而一民，小人之道也。"蓋君與民之關係，自其本體言，則君爲本而民爲末；自其流行言，則民爲本而君爲用。[2]本章及《繫辭下》之民乃泛指具體民衆，非人群之統體，如"民貴君輕"者也。

---

[1]　《禮記·曾子問》："曾子問曰：'喪有二孤，廟有二主，禮與？'孔子曰：'天無二日，土無二王，嘗禘郊社，尊無二上。未知其爲禮也。'"此即禮當一本之義。《坊記》則惟言"天無二日，土無二王"是爲了"示民有君臣之別"，似乎衹是爲了君臣有別，遠不如《曾子問》所言爲圓融。故當以《曾子問》所言爲是。

[2]　參《梁惠王上》第二章講疏。

故君主與民衆,乃如父母之於子女,固有本末先後之別,傳統儒學之所以常用"民之父母"喻賢君,職此故也。堯死而百官思之,[1]"如喪考妣",亦與此相似。顧此君主皆指理想政治而言,其暴君庸主,既尸其位,便以民之父母自居者,不足論矣。[2]時下尚有以父母官自居者,可以休矣。

　　君主雖可以父母喻之,然固不同於父母。故君臣可以去其位,而父子關係則無所逃於天地之間。就孟子之政治理念而言,君主雖居其位,然此位乃公共性之位,非其私人可以專擅者。既不居其位,則或退而爲臣,亦無不可。道家者流亦有此見,老子曰:"功成身退,天之道。"惟道家乃自保身之立場而言,其於天下固無一體之見,是無所謂合群也。自儒者觀之,退而爲臣可有二義。

　　其一曰退隱山林,而爲庶人,則舜與堯已非私人性君臣關係,[3]乃公共性君臣關係,雖可泛言君臣,然非臣於舜也,乃臣於天子之位而已。庶人"不見諸侯"(《萬章下》),故亦不可言"帥諸侯北面而朝之"。其二曰堯北面事舜,如臣之事君,則

────────────

〔1〕　百姓,僞孔傳釋爲百官,蓋本王肅之説。後世諸儒多有討論,王夫之《四書稗疏·萬章上篇》、閻若璩《四書釋地》卷三、江聲《尚書集注音疏》皆可參。

〔2〕　按"民之父母"之義,向來有嚴格限定。《大學》:"《詩》云:'樂只君子,民之父母。'民之所好好之,民之所惡惡之,此之謂民之父母。"此説尚不明顯。《禮記·孔子閒居》:"子夏曰:'敢問《詩》云"凱弟君子,民之父母",何如斯可謂民之父母矣?'孔子曰:'夫民之父母乎,必達於禮樂之原,以致五至,而行三無,以橫於天下。四方有敗,必先知之。此之謂民之父母矣。'"另如《禮記·表記》:"子言之:'君子之所謂仁者,其難乎!《詩》云:"凱弟君子,民之父母。"凱以强教之,弟以説安之,樂而毋荒,有禮而親,威莊而安,孝慈而敬,使民有父之尊,有母之親,如此而后可以爲民父母矣,非至德其孰能如此乎!'"後一"子言之",或指子思。然二者於民之父母所見實同。

〔3〕　參前文"致爲臣"之義。

是堯德有欠,不足以居位矣,堯之德既已如天,知其必不然也。蓋以堯德當天德,乃經學所設定之義,此論堯舜關係之前提。堯既合天德,且爲民衆所認同,則天命及政權在堯,又安能退隱山林?此與後文"堯不得以天下與舜"之義可以相參。爲臣不可,退隱亦不可,則惟可如孟子所言,"堯老而舜攝",是君臣之關係未變,政權在堯而舜則代其統攝治權也。要之,孟子此處皆非論史,乃論理想之君臣關係。當孟子之世,君主世襲已爲世人所習見,以天子退職爲編氓,儻非湯武革命,實難爲世人所理解。況堯之德行如天者乎?孟子既以攝政之法解決堯舜禪讓以後君臣關係之矛盾,實最爲折衷之見。周公攝政成王,亦與此義相合。

申言之,王政之合法性端在以人合天,堯之所爲既"其仁如天",宜乎百姓之歸往也。有德自可以居位,堯既未失德,是不容其去位也。當此之際,儻有仁德如堯者出,亦當如《易傳》所言,"先天而天弗違,後天而奉天時",順承之矣。《周易》雖另發"夬履"之義,所謂"剛中正,履帝位而不咎",言"帝位惟一,而有德者衆,欲履其位,必決去他人而後可";然此湯武之境界也,既以爭誅得天下,雖無可咎,然尚有欠也。[1]故夫子論《韶》,"盡美矣,又盡善也"。謂《武》,"盡美矣,未盡善也"(《論語·八佾》)。

或曰:儻堯老不能治事,則何以擔君之責?應之曰:王政之理想,在"爲政以德,譬如北辰,居其所而衆星拱之"(《論語·爲政》),是即孔子所謂"無爲而治者,其舜也歟"?《周

---

〔1〕 參拙作《周易義疏》履卦九五義解。

易》於坤六五,言"黄裳元吉",即"黄帝、堯、舜垂衣裳而天下治"之義。故儒者最理想之君道實爲虚君政治。以乾坤兩卦言之,是君處六五而師居九二,[1]其爲師者學然後臣之,猶如堯之薦舜,及其年老而遂攝其政也。此"學然後臣之",即所謂"盛德之士,君不得而臣"之義,蓋此盛德之士於君有師道焉,必來學而後臣之乃可。孟子本章於此義亦惟引而不發而已,學者必心知其意,乃可貫通其言。

　　近世以來,西洋民智既開,所爲漸有與孟子略合者。[2]如法美諸國以民意當君權,其所選舉以擔君責者,無論首相、總理、總統,實皆相權耳。民意但有置相之權,而不與行政之事,亦與儒者虚君之義相合。相權既當有爲,無功則去,不可終身執政也。惟民衆之統體不可無代表,或以議會,或另立元首(君),或即以所選者尸元首之職。另如英日諸國,王室雖在,然僅爲公共性君權之象徵,而由民衆推舉相權。此猶明清時代之田底權、田面權,田底權爲田主所有,而實際掌控者或爲租借此土地之人(田面權)。田面權雖可使用,固非擁有之也,而田主亦不可擅自剥奪其租賃之權利。當此之時,在上者所行雖近秦政,而猶有堯舜禪讓之意存乎民間。"禮失而求諸野",其是之謂乎! 不意此民間社會乃於二十世紀,爲政治一舉而摧陷之,而文化全亡矣。另有以相權自居君權者(如希特勒之納粹等),是所謂乾綱不振,太阿倒持者,民衆鳴鼓而攻之

---

〔1〕　參拙作《周易義疏》乾坤兩卦義解。

〔2〕　唐文治云:"《泰誓》曰:'天視自我民視,天聽自我民聽。'近世西國之君,有出於選舉者,實隱合乎'民視民聽'之義,其道爲大公,其理爲大順。"見氏著《孟子大義》卷九《萬章上》第五章。

可也。其餘政體，或主政教合一，或行變相之君主專制，蓋皆以私人性君權專天下之利，尚不足以民主言也。民智既開，是無合法性矣。

　　咸丘蒙曰："舜之不臣堯，^①則吾既得聞命矣。《詩》云：^②'普天之下，莫非王土。率土之濱，^③莫非王臣。'而舜既爲天子矣，敢問瞽瞍之非臣，如何？"曰："是詩也，非是之謂也。^④勞於王事而不得養父母也。曰：'此莫非王事，我獨賢勞也。'^⑤故說詩者不以文害辭，^⑥不以辭害志，^⑦以意逆志，^⑧是爲得之。如以辭而已矣，《雲漢》之詩曰：'周餘黎民，靡有孑遺。'^⑨信斯言也，是周無遺民也。孝子之至，莫大乎尊親。^⑩尊親之至，莫大乎以天下養。爲天子父，尊之至也。以天下養，養之至也。《詩》曰：^⑪'永言孝思，孝思惟則。'^⑫此之謂也。《書》曰：^⑬'祗載見瞽瞍，夔夔齊栗，瞽瞍亦允若。'^⑭是爲父不得而子也。"

　　【簡注】　①臣堯，以堯爲臣。②《詩》，《小雅·北山》之篇。③率，循。濱，水涯。率土之濱，猶言四海之內。④是詩也，非是之謂也：此詩不是這個意思。⑤賢勞，劬勞（從王念孫說）。⑥文，文字。害，妨害。辭，句義。⑦志，（作者的）志意。⑧意，己意。逆，迎，揣摩。⑨《雲漢》，《詩經·大雅》篇名。孑，孤獨之貌。遺，遺漏。⑩尊親，尊顯其親。⑪

《詩》,《大雅・下武》之篇。⑫永,長。言,語助詞。此句大意:孝思久長啊,作(天下)法則。⑬《書》,見今僞《古文尚書・大禹謨》,引文即在第一章"號泣于旻天"一句之後。⑭祗,敬。載,事。夔夔,敬謹之貌。齊,同齋,莊,嚴,敬。栗,戰慄。允,信。若,順。此句大意:(舜)恭敬承事瞽瞍,見面之時,戒慎恐懼,瞽瞍亦相信且依順他。

【講疏】　咸丘蒙蓋已明孟子之義,故不復追問堯舜之事。另以"普天之下,莫非王土;率土之濱,莫非王臣"之義責舜,言舜既爲天子,則天下豈非皆是其臣,瞽瞍又豈能自外於此? 按此詩出《小雅・北山》:

陟彼北山,言采其杞;偕偕士子,朝夕從事;王事靡盬,憂我父母。

溥天之下,莫非王土;率土之濱,莫非王臣;大夫不均,我從事獨賢。

四牡彭彭,王事傍傍;嘉我未老,鮮我方將;旅力方剛,經營四方。

或燕燕居息,或盡瘁事國;或息偃在床,或不已于行;或不知叫號,或慘慘劬勞。

或棲遲偃仰,或王事鞅掌;或湛樂飲酒,或慘慘畏咎;或出入風議,或靡事不爲。

此言一士子,因公事繁重,而同事者勞逸不均,心中不平,故作此詩。孟子故明言咸丘蒙解詩之誤,蓋詩旨乃言諸士所從事者"莫非王事",大夫則獨令我劬勞。依王念孫説,"賢亦勞也,賢勞猶言劬勞"。焦氏已引及。其溥天、率土云云,皆誇張之語耳,非實情也。此猶"周餘黎民,靡有孑遺",儻信以爲實,是周無黎民矣。[1]另如《尚書》所謂"血流漂杵"云云,皆同此例。孟子此章大義略有數項,兹略言之如下:

其一,由孟子此論,可知《詩經》在孟子心中已是一經典,並非春秋之世"斷章取義"之詩。此亦《詩經》在戰國初年已逐漸經典化之一證。[2]既可斷章取義,則咸丘蒙之以"率土之濱,莫非王臣"言政治之無遠弗届,[3]亦無不可。既强調以意逆志,則當求作者文本之貫通,此即東魯孔門新興之經學也。由孟子、咸丘蒙此論,乃見此中之消息。

其二,上文既示範解經之法,此處則另發一義,是即"以意逆志"之説。逆,迎也。趙岐注:"志,詩人志所欲之事。"此言作詩者各有本意(志),顧不可以文辭求也。此説大體出於常識,歷代疏家亦多以求其本意爲務,然求者既多,乃知或有兩可之論,難定其實也。此即漢儒所謂"《詩》無達詁,《易》無達占,《春秋》無達辭"(《春秋繁露·精華》),非必真無達詁也,衆詁之中,難以定其是非耳。後説稍與西洋詮釋學相通,蓋强調本義不可知也。此在知性立場固亦合理,然非所以論德性之學。如耶教所言上帝,儻自知性觀之,實不可解,蓋上帝非觀察之對象,其

---

[1] "周餘黎民,靡有孑遺"自毛傳、鄭箋以來大體都作此解,惟趙岐作"志在憂旱災,民無孑然遺脱、不遭旱災者,非無民也"。焦循已注意及之,然其實不合孟子之説,否則不必言"以文害辭"矣。

[2] 按《詩》《書》之經典化自孔子之時已開始,至思孟當已完成。另擬專文探討。

[3] 《詩》所言"王土",春秋時已有作此解者,參《左傳》昭公七年楚人無宇之言。近世頗有以之論土地公有者,望文生義,殊堪笑詫。此皆不足駁者。

觀察者亦在上帝之中。上帝既不可觀察,亦無以證明,惟可自世界之創造有所啓示耳。德性之學亦然,故《易》云"言不盡意",又云聖人"立象以盡意"。蓋儻無本義,則經學、宗教皆不立。顧所言本義,亦不可以本事限制之也。清儒顧鎮嘗作《以意逆志説》:

> 《書》曰"詩言志,歌永言",而孟子之詔咸丘蒙曰"以意逆志,是爲得之"。後儒因謂吟哦上下,便使人有得。又謂"少間推來推去,自然推出道理",此論讀書窮理之義則可耳,詩則當指其事實。……然則所謂"逆志"者何?他日謂萬章曰:"頌其詩,讀其書,而不知其人,可乎? 是以論其世也。"正惟有世可論,有人可求,故吾之意有所措,而彼之志有可通。今不問其世爲何世,人爲何人,而徒吟哦上下、去來推之,問其所逆,乃在文辭而非志也。此正孟子所謂"害志"者,而烏乎逆之,而又烏乎得之? ……故必論世知人,而後逆志之説可用之。

顧氏之説乃顯駁宋儒,[1]其於冬烘之輩或不無針砭之益,然實不足以駁宋學。蓋論世知人本非宋學所反對者。且道理本有多重,孔子曰:"《詩》三百,一言以蔽之,曰思無邪!"此雖非某一作者之志,然可以觀作經者之志。三百篇成於歷代,其作者或已不可知,而《詩經》之作者實孔子也。否則删詩、正樂,"雅頌各得其所",皆虛語矣。夫"論世知人",固爲不

---

〔1〕　焦循《孟子正義》已引及。"吟哦上下",乃南宋何基之言,見《宋史》卷四百三十八《儒林傳》。中華書局,1985 年。"推來推去",乃朱熹之言,見黎靖德編《朱子語類》卷八十《論讀詩》,第 2086 頁。

刊之論，然儻非"以意逆志"，又何以知其人耶？故"逆志"與"論世"，猶"六經注我"與"我注六經"，適成一"解釋學循環"，當交互爲用，不必輕言軒輊也。

申言之，所謂"以意逆志"，非止對説《詩》者言，乃對一切理解活動而言。而其理據，即在"先立乎其大，則其小者不能奪"之義。所謂大小，猶言本末。以文本内容言之，意義爲本，言辭爲末，故文意大於言辭；以語言形式言之，文法爲本，語詞爲末，故文法大於語詞。所謂"不以文害辭"，即不因語詞含義妨害句子意義。此文指文字而言，後人以"字義"稱之，猶言"概念"，如《北溪字義》、《孟子字義疏證》皆是。蓋文字及語詞常可假借、引申、互换，而其大義或無甚分别。至閲讀某一文本，亦常有語詞不識而句義可知，遂由此句義推知詞義者。此即陶潛所謂"好讀書不求甚解，每有會意，便欣然忘食"之義（《五柳先生傳》）。戴震所言"由字以通其詞"，其意未嘗不是，且確可解決相應訓詁問題；後儒儻膠執此論，亦往往有失。蓋文字之本義孳乳、輾轉引申所在多有，當其兩可之時，何以確定句義？此不得不求助於文意（按指篇章之意）矣。儻文意先已洞察，則句義之模棱者遂亦無可逃矣。此即"不以辭害志"，亦《繫辭》"言不盡意"之旨。故"由字以通其詞"或可偶中，"由詞以通其道"，則難矣。故訓詁之法，亦當先立乎其大，[1]而益精其小者，則可無遺憾。儻小者未精，大者容或有失；既失其大而徒沾沾於小者，非孟子徒也。

---

[1] 按戴震解經所以尚稱精核者，其《與是仲明論學書》自言："又疑許書於故訓未能盡，從友人假《十三經注疏》讀之，則知一字之義，當貫群經、本六書，然後爲定。"所謂"貫群經"，已有"立乎大"之意。

其三,觀孟子此論,既言"爲天子父,尊之至也",是不以"率土之濱,莫非王臣"與舜臣瞽瞍相提並論。蓋所謂"王事",乃即有職事者言,其無職事者,雖與公共性君權亦可泛言君臣,然固非普通所言之君臣也。此義前文既已言之,兹又得一證。戰國以後,私人性君權漸張,明此義者鮮矣。此"勞於王事"者固可曰"王臣",如《周易·蹇卦》"王臣蹇蹇",是其義也;然《詩經》所言"王臣"乃頌辭耳,其意義尚有游移,不可一例視之。[1]此王臣蓋括一切人而言,人人平等而無有不同。依孟子之説,雖天子亦止一位,亦可以言"王臣"也。漢儒於君權公私之分似已混淆,故發"王者不臣"之論,以爲王者所不臣者三,曰二王之後,妻之父母,夷狄。妻之父母尚不可臣,己之父母更無論矣。其説雖隘,然大義未失。[2]儻即以此義言之,舜亦不可以其父爲臣也。

儻明此義,是瞽瞍雖可泛言"王臣",而未嘗爲舜之臣。其與舜之關係,亦僅爲父子而已矣。及舜即位爲天子,則是天子父而以天下養,尊顯榮耀之至。故引《詩》之"永言孝思,孝思惟則",言孝思長久、爲天下法,爲後篇言舜竊負而逃、孝親大於忠君張本。就中稍可辨者,所謂"天子父而以天下養",乃當

---

[1]　按"王臣"一詞已見於甲骨、金文(如《大盂鼎銘》),且早爲學者所注意,或以爲王之"重臣"(屈萬里),或以爲王室奴隸(于省吾),或以爲王宫侍衛小臣(束世澂),或以爲被征服族群之有司(陳夢家)等,説法不一。王進鋒以爲商代王臣乃王之私兵。以上參王進鋒《説"王臣":兼論西周分封制的統治功能》,載《人文雜誌》2009年第6期。相關説法似可繼續討論,但該文引《詩經》"率土之濱,莫非王臣"爲證,認爲西周晚期"王臣"概念有了較大變化,證據尚不充分。且没有回應孟子所提出的"以辭害意"問題。

[2]　參《白虎通·王者不臣》,陳立《白虎通疏證》卷七。另如諸侯有"不純臣之義",參《梁惠王下》第十章講疏所引。

時人人引爲事理之當然者。儻在今世，或不過如民間養耆老之政，不必有何殊遇。蓋今世所謂君，惟可以民衆之統體（如議會），或虛君如英王、日皇者當之也。今世之天下，亦不過如大國爭霸，尚未有所謂天子也。此天下無王之時也，儻云有之，亦惟素王而已。時下陋儒，好文飾古義，動以某某居高位者，比諸古之君相，未免淺陋無識之至。孔子所謂"惟器與名，不可以假人"（《左傳・成公二年》）。儻此種傳統復興，其爲文化之厄運可知矣。

其四，舜既敬事其父，而其父亦不復凶頑，且能順之，是瞽瞍亦爲舜所化。然則舜雖未責父以善，而其父亦能化之，是舜於瞽瞍有師道焉。既存師道，以視世俗之父子，是所謂"父不得而子"。學者必明師道之大義，乃可瞭然於"盛德之士君不得而臣，父不得而子"之義。然則孟子之學，豈非一以貫之者乎！

第 五 章

萬章曰："堯以天下與舜，有諸？"①孟子曰："否。天子不能以天下與人。""然則舜有天下也，孰與之？"曰："天與之。""天與之者，諄諄然命之乎？"②曰："否。天不言，以行與事示之而已矣。"曰："以行與事示之者，如之何？"曰："天子能薦人於天，不能使天與之天下。諸侯能薦人於天子，不能使天子與之諸侯。③大夫能薦人於諸侯，不能使諸侯與之大夫。昔者，④堯薦舜於天而天受之，暴之於民而民受之。⑤故曰：天不言，以行與事示之而已矣。""曰：敢問薦之於天而天受之，暴之於民而民受之，如何？"曰："使之主祭，⑥而百神享之，是天受之；使之主事而事治，⑦百姓安之，是民受之也。天與之，人與之，故曰：天子不能以天下與人。舜相堯二十有八載，⑧非人之所能爲也，天也。堯崩，⑨三年之喪畢，⑩舜避堯之子於南河之南，⑪天下諸侯朝覲者，不之堯之子而之舜；⑫訟獄者，⑬不之堯之子而之舜；謳歌者，⑭不謳歌堯之子而謳歌舜，故曰天也。夫然後之中國，⑮踐天子位焉。⑯而居堯之宮，逼堯之子，是篡也，非天與也。⑰《太誓》曰：⑱'天視自我民視，天聽自我民聽。'此之謂也。"

【簡注】　① 與，給。諸，之乎。② 諄諄，誠懇、周到之貌。③ 與之諸侯：給他諸侯的名分。④ 昔者，以前。⑤ 暴（pù），顯，光顯。⑥ 主祭，主持祭祀。⑦ 主事，主持庶務。治，理，有條理。⑧ 相，輔佐。⑨ 崩，山陵崩，古代天子去世的委婉語。⑩ 畢，結束。⑪ 南河，水名。⑫ 之舜，歸往舜。⑬ 訟獄，訴訟。⑭ 謳歌，稱頌。⑮ 之，往。⑯ 踐，履，登。⑰ 此句大意：(假如不是這樣)，而占據堯的居所，迫脅堯的兒子，則是篡位，不是上天授予了。⑱《太誓》，一作《泰誓》，《尚書》篇名。

【講疏】 據《堯典》,帝曰:"格!汝舜。詢事考言,乃言厎可績,三載。汝陟帝位。"萬章蓋不解其義,以爲堯之傳位於舜,是"以天下與"之。本章故藉堯舜之關係論君權繼承之法。蓋人皆知堯舜禪讓,不知其所授者惟治權(位)而已,非政權也,故孟子以此章正之。前文言天子亦是一位,[1]在此又得一證。

嘗試論之,自有國家以來,君權乃人群之根本,其政權之傳授乃人群福祉所關,故歷來以國本視之。西人言政治合法性,顧此合法性非合世俗之法,乃合乎上帝之自然法(Law of Nature)也。中西之"法"含義有別,爲免歧義,或以正當性譯之,相應於中土所言正統性。所謂正統性,言天命既得,有能承其統緒者,亦能保有此天命也。正當與正統,二義有別,然大體可通。

依韋伯所言,具備合法性之三種政體,其一曰天啓魅力型支配(charismatic domination)。其領袖或即宗教家與英雄,民衆因信仰而自願放棄自主性,而一任領袖所爲。然此一政體亦不過在此政治領袖信仰未失之時尚可延續,及其魅力不存,或繼任者無以保持此魅力,則亦因之不穩。此類政體於上古之世最爲常見,如摩西之於猶太,上古聖王之於中土是也。人類學家或以"酋邦"(Chiefdom)稱之,此蓋出於巫者也。後世而欲效此者,常流於曇花一現而已。其二

---

[1] 參《梁惠王上》第三章及《萬章下》第二章講疏。

曰傳統型支配（traditional domination），此略同於中土所謂
“大人世及以爲禮”（《禮運・大同》），家天下血緣相承之法
皆此類也。封建之世，民衆既習於此道，故亦習慣成自然。
其三曰法理型支配（legal domination），如近代民主政治，啓
蒙之後，民衆既已自覺，且其教育足以擔公民之責，則民主
即所謂君權（或曰人民主權）也。此政體既爲多數人所認
同，故亦稱穩定。

　　顧韋伯所言乃政體之理想類型，具體政治常有不同變化。
且合法性觀念既因時而變，正當與否，要皆視政權之穩定與否
而定。而欲考察政治系統之穩定性，勢須注意不同時代政治
社會結構及民衆心理之變化，予嘗云：

　　　　按所謂民者，非可渾淪言之，如今之所謂“人民”也。
　　蓋古來一切社會，因政體結構各異，民亦各隨其時，顯現
　　自身，落實於不同民族抑或國家，即所謂民族（國民）性
　　也。然由此亦當知，所謂民族性、國民性者固可抽象言
　　之，然其具體形態則非可獨立存在，以爲政體之基礎；相
　　反則爲其各自之政體所塑造。[1]

　　俗語好稱“民心向背”，然“人民”固非一抽象概念，乃因時
而變者也。孟子曰：“無恒產而有恒心者，唯士爲能，若民，則
無恒產，因無恒心。”（《梁惠王上》）既無恒心，故民衆心理亦非
自然形成，乃經具體政教塑造而成者，故不同時代民衆之正統

_____

〔1〕　參《梁惠王上》第七章注釋。“非可”至“基礎”當一氣貫下。

觀亦異。民衆之組織形式即經學所謂"家"，其形態自古至今頗多變化，蓋有卿大夫之家，有學術組織之家，有門閥之家，有宗族之家，有會社之家，有黨派之家，乃至現代之社會組織，種種不同。儻紬繹其共通之處，則可曰"家乃社會力量之組織形態"。[1]此"社會力量"即指民而言。民既爲各自政體所塑造，其具體形態便是不同時代之"家"。古人既言"家乃國之本"，又言"民惟邦本，本固邦寧"（僞《古文尚書·五子之歌》），孟子亦言"爲政不難，不得罪於巨室"（《離婁上》）。諸義實可以相通。邦之與國，古代可以互用。晚清以來之俗學，初亦力言抽象之"人民"，繼則以政治組織代替"人民"，亦家天下之變形耳。雖云民主，而含義有別。

政治社會結構既不同，民衆心理亦異，故不同社會人群對君權之接受亦大不一致。韋伯所言三種政體雖似不同之理想型，然固不可同時並存者也。如民主之世，政治人物或亦不無魅力，然與上古時代已不可同日而語。民主政體與傳統政體亦難並存，後者常視前者爲洪水猛獸。此即因不同時代之民衆已經不同之故。

儻概言之，政治合法性（正統性）之根本端在某一時代所理解之天命，此天命即道也，天理也，自然法也。[2]得此天命者爲正，否則非正也。所謂正統性即合道性、合理性。故政統必本於道統，始可云合乎正統也。當上古之世，文明尚處於淵暗之中，民衆冥然無知，故民有冥義，即蒙昧之人也。當此之時，有

---

[1] 參《離婁上》第六章講疏。
[2] 此非言天理即是西洋學術所言自然法，而是言二者大致處於同一層次。學者不必以辭害意。

能於生命演化之中，明瞭不同事物之意義，而得以把握自然、溝通天人者，則視之爲作者，爲聖人。《樂記》所謂“作者之謂聖”，是也。如有巢氏之構木爲巢，燧人氏之鑽木取火，伏羲製網罟，女媧作笙簧之類，皆作者也。[1]另如春秋賢人觀射父所言：

> 古者民神不雜，民之精爽不攜貳者，而又能齊肅衷正，其智能上下比義，其聖能光遠宣朗，其明能光照之，其聰能聽徹之，如是，則明神降之，在男曰覡，在女曰巫。（《國語·楚語下》）

此巫覡亦上古之聖人也。人於生存世界稍知其然而不明其所以然，無論火之使用，草藥之發現，乃至陶土之燒製，青銅之冶煉，在早期人類而言，皆至爲神奇之事。乃遂於此作者、聖人能讚歎、景仰、崇拜之，惟其命是從，而不以爲忤。此類作者、聖人即所謂聖王也，《尚書·泰誓》所謂“天降下民，作之君，作之師”。蓋即其上通天道、可以爲師而言曰聖，即其爲衆歸往、可以統合人群而言曰王。故最初之聖人皆具神性，以其天人合一，可以爲溝通天人之媒介。既可溝通天人，則是所謂“天子”矣，其與基督徒以耶穌爲上帝之頭生子可謂異曲同工。《孟子》所謂“民爲貴，社稷次之，君爲輕，是故得乎丘民而爲天子”（《盡心下》）。此在上古之世，天子出於丘民，蓋亦當時之常態耳。

此義似可由大舜之經歷證之。《尚書·堯典》：

---

[1]　參《世本·作篇》。

帝曰："諮！四嶽。朕在位七十載，汝能庸命巽朕位。"嶽曰："否德，忝帝位。"曰："明明揚側陋。"師錫帝曰："有鰥在下，曰虞舜。"……帝曰："我其試哉！"女于時，觀厥刑于二女，釐降二女于媯汭，嬪于虞。帝曰："欽哉！"慎徽五典，五典克從。納于百揆，百揆時敘。賓于四門，四門穆穆。納于大麓，烈風雷雨弗迷。

據《史記・五帝本紀》，舜乃帝顓頊七世孫，自顓頊之子窮蟬開始，"皆微爲庶人"，正符古代丘民之義。其繼母後弟欲殺之而不能，可見其智慧之通神。由慎徽五典、納于百揆、賓于四門，此由內而外之嚴格測試。五典當即五常，百揆則是百官，以上爲主於內事。賓于四門則是接待外事，此即《堯典》後文大舜所言"柔遠能邇"，其義可謂密合。遵照由近及遠之原則，"納于大麓"當指應對自然事物，儻知自然在古人心中之神性意義，[1]則《堯典》此言當指舜之"以人合天"。[2]後一事《五帝本紀》以爲"堯使舜入山林川澤，暴風雷雨，舜行不迷，堯以爲聖"。漢儒多同此説。宋儒林之奇、呂祖謙等則解釋爲"攝行祭事"。[3]觀孟子本章之言，宋儒所釋即本孟子"使之主祭，而百神享之，是天受之"之説也。所謂"使之主事而事治，百姓安之，是民受之也"，即上文慎徽五典至賓于四門諸

〔1〕 此義人類學討論已多。筆者關於此問題之討論，可參拙作《古典世界的山水之間》，收入寒碧、孫周興主編《現象》第一卷，商務印書館，2021年。
〔2〕《孔叢子》卷一《論書》："宰我問《書》云：'納于大麓，烈風雷雨弗迷'，何謂也？孔子曰：'此言人事之應乎天也。'"上海古籍出版社，1990年，第6頁。
〔3〕 桓譚《新論》以爲"錄領尚書事"，讀麓爲録。陳喬樅以爲今文夏侯氏説。參顧頡剛、劉起釪《尚書校釋譯論》第一冊，中華書局，2005年，第102—104頁。

事。即此可見《尚書》與《孟子》密合之處。

顧孟子所以與《史記》不合者，蓋《堯典》所言“烈風雷雨弗迷”，乃記上古以來相傳之實事，此字面義也。[1]此字面義雖或不違歷史，然人既以《堯典》爲經，則必有不察時變，膠柱鼓瑟，執古之事以衡今之有者矣。不知古之巫史雖與天道相通，及孟子之時，巫史已失往日之地位，暴巫、投河之類所在多有，[2]其當溝通天人之任者，惟祭祀耳。故孟子以“主祭”釋之，乃正合戰國之情勢，是天道“於穆不已”之仁得其因時之義矣。至於文中所言三年喪云云，皆以當時孔門所倡禮教想象上古之世，未可云史實也。

即此可覘孟子釋經之法。<u>蓋聖人之溝通天人乃經學之“大義”；言舜之因“烈風雷雨弗迷”而顯聖者，乃上世之“古義”；言舜之主祭以溝通天人者，乃當下之“時義”。學者“大義”既明，能透過“古義”以言“時義”，是真得經之常道者。此即“微言與大義在當下具體時空的現實化”。</u>[3] 蓋“古義”即古之“時義”，故“時義”與“古義”，非同非異，此即《莊子》所謂“調適而上遂”、萬變“不離其宗”（《天下篇》）。其以原教旨相標榜者，非經學也。即此可見經學之開放性，非此不足言“於穆不已”。

明乎此，則後世解《堯典》此節者，當知舜之“慎徽五典”至

---

〔1〕 參《滕文公上》第五章講疏。

〔2〕 暴巫祈雨之事，《禮記·檀弓》、《春秋繁露·求雨》皆嘗言之。另如西門豹治鄴，以巫投河，以絕其俗。事見《史記·滑稽列傳》。

〔3〕 拙編《新經學》第二輯《編後記》，上海人民出版社，2018年，第352頁。此義另參《新經學》第一輯之《發刊詞》，上海人民出版社，2017年。

"烈風雷雨弗迷"，即舜之"廓然大公，物來順應"，與物無忤也。《易傳》所謂"先天而天弗違，後天而奉天時"，是也。雖行祭祀與否，亦可不必膠執矣。本篇大旨在示學者釋經之法，故孟子隨處指點，學者不可輕忽。

承上所言，政治合法性即所謂天命，此天命之表現厥有二端。其一曰君權與超越性之天道統體相應；其一曰君權可以統合其民，是即"君者群也"之義。顧"統合其民"非言以威權臨之也，乃是"使之主事而事治，百姓安之，是民受之也"。百姓安之，是所謂接受之矣，否則轉而朝覲、謳歌他人。即此可見舜之所以即位，雖有堯薦舉之，然非堯可以與之，百姓實具最後決定之權也。言"朝覲"、"謳歌"，亦皆孟子當時之"時義"，以今日觀之，即所謂選舉之權。蓋今世之民已經自覺，能運用其理性，而不止訴諸於感情矣。故末引《泰誓》所言"天視自我民視，天聽自我民聽"，以證明之。既與天道統體相應，又足以統合其民，此即《國語·楚語》所謂"天地神民類物之官"，能統合此神事、民事而一之，是所謂天命也。然則，儻分言之，神民即所謂天地；儻合言之，統合此天地、神民者，即此統體之天命。此即《周易·革卦》所謂"順乎天而應乎人"，由此可見《尚書》、《周易》、《孟子》之息息相通。

由此以觀，所謂君權天授並非神祕之事，不過言某一政權獲得此執政之機會而已。無論堯舜禪讓、湯武革命，抑或秦政一統、南北分立，此莫知其然而然者即天也。漢高帝五年，劉邦乃語群臣："吾所以有天下者何？項氏之所以失天下者何？"（《漢書·高帝紀下》）其自言乃因任用張良、蕭何、韓信，此意未嘗無理，然所論尚淺。自劉敬、陸賈直至賈誼、轅固生，莫不究心其理。然天雖授之，亦不必保有其天命，所謂“天道無親，常與善人”(《老子》)，儻不能順天而應人，則必爲天所棄矣。近世以來，學者論此，每以迷信及誇飾視之，蓋皆未明其大義。就中惟牟宗三先生論政道，略有涉及；[1]晚近則蔣慶，然大義頗有可商，其言曰：

> 王道政治的核心内涵是政治權力的“三重合法性”……即是言政治權力必須同時具有“天地人”三重合法性才能合法。“天”的合法性是指超越神聖的合法性，因爲中國文化中的“天”是具有隱性人格的主宰意志之“天”與具有超越神聖特徵的自然義理之“天”；“地”的合法性是指歷史文化的合法性，因爲歷史文化產生於特定的地理空間；“人”的合法性是指人心民意的合法性，因爲人心向背與民意認同直接決定人們是否自願服從政治權力或政治權威。[2]

蔣氏之論所以稍有見者，端在指出政治合法性與天道相應，而具有其超越性依據。至於具體所言，似多無根之論。可議者略有數端：

其一，以天地人三才爲合法性之根本，此似是而非之論。

---

[1] 參牟宗三《政道與治道》第一章，臺灣學生書局，2010年增訂新版。牟先生既以近代民主政治爲根本之政道，故予傳統政道所論尚簡，於孔孟所言政道之大義似未遑深求。其良知坎陷以開出外王之說亦可另加檢討。擬另文詳述。
[2] 蔣慶《王道政治是當今中國政治的發展方向》，《原道》第十輯，北京大學出版社，2005年。

如前所述,《周易‧革卦》所謂"順天應人",此人即相應於"絕地天通"所言"天地"之地與夫"神民"之民也。[1]至於天地人三才,乃指自然之天(時)地(空)人(生命)而言,[2]故以三畫卦象徵天地人一體,六畫卦則是"兼三才而兩之"。此生命宇宙之基本模型,與政治合法性問題並無關聯。漢儒所謂"通天地人曰王",亦不過言王者能合天地萬物爲一體,故爲天下所歸往,亦非以具體合法性爲言。[3]堯舜與三王皆能通天地人,然其政治合法性則自"順天應人"而來,二者實不必混爲一談。至於漢室之得天下,亦可謂"順天應人",然距通天地人三才尚遠。要言之,所謂三才之天亦非"順天應人"之天。二者名相雖同,所指實異。經學名相本非知性之概念,後者往往有明確界定,可以彼此互用。如同一乾也,既可爲統天之乾元,亦可爲與坤相耦之乾元,亦可爲八卦、六十四卦之一,而含義有別。[4]所謂天、地、人,所謂仁義禮智信五常,莫不皆然,絕不可望文生義。合法性問題固是經學大義,然學者

---

〔1〕 如《國語‧楚語下》言"絕地天通",即是因"九黎亂德,民神雜糅",不可辨識,破壞了原有"天地神(明)〔民〕類物之官",也即"五官"。故顓頊"乃命南正重司天以屬神,火正黎司地以屬民",這裡天地分別與神民相對是很顯然的。這種判分與孔孟以降儒家對社會的分野,如君子、小人,君與民,以及《周易》革卦及孟子本章所言順天、應人其實都是可以呼應的。這種判分與經學的思維方式有關,當宇宙在二分模式中,天地分別對應陰陽、神民等等;而在三分、四分乃至《周易》八卦的模式中,還可以有不同的變化。關於這一思維模式,可參《告子下》講疏。因此,同樣是天地,二分法中的天地與三才中的天地是不可以等同的。

〔2〕 三才之說亦出《周易》,其義可參拙作《周易義疏‧繫辭下》義解。

〔3〕 如董仲舒《春秋繁露‧王道通三》,其主旨便是言"唯人道可以參天",仍然是《中庸》參天地之化育之義。

〔4〕 參《告子下》首章講疏。

論學當有條理，否則極易流於附會。另如時下論三統者衆，亦多不揆其微言大義之本，徒拈古代一好詞，便率爾附會，並無理據，皆屬此類。[1]此經義所以日湮也。

其二，王道政治乃言"天下之歸往"，此皆就天下而言者，亦不可以具體地域及文化自限。儻以歷史文化代表"地"之合法性，何以解釋人類歷史諸多國族之兼併融合？國族文化非一成不變者，"其興也勃焉，其亡也忽焉"者所在多有，豈可以具體形態自限？漢代以降，佛教入華，儻彼時政體惟知捍衛所謂歷史文化合法性，吾不知其究竟可有隋唐也。秦漢以前，儻先民皆持此論，吾亦不知其究竟可有殷周。儻徒拈一歷史文化爲政治合法性之標準，不惟無以衡量政治，抑且無以評價歷史，蓋皆想當然耳。尅實而言，某一歷史文化是否仍有價值，端視後世學者是否有能力承擔其道，亦即精神與思維之默契冥合。否則生今之世，返古之道，徒欲有其形式，而不知變化，亦不過膠柱鼓瑟、刻舟求劍而已。人類幾大文明皆有其内在價值，皆有其合法性，要在後人善繼善述，然不必立一歷史合法性之空名也。此說之提出，雖對二十世紀儒學傳統之遭顛覆不無抗議之意，然不惟理無所據，儻見諸實踐，必流於政治、文化之專制無疑，其終則"黄茅白葦，彌望皆是"，而生機斷滅。[2]蓋生生者，仁也，以歷史文化自限，此生命自由精神之

---

〔1〕 按戰國秦漢言三統五德，乃本諸孔子以來陰陽五行之大義，言三言五，皆有具體理據。其是非自今日觀之則另當別論。今之言三統者，不過隨意拈出三個時代而欲通之，亦無甚深義可言，儻真如此，何故不言四統、五統乃至七統、八統乎？蓋時下論三統者，不過欲宣示一種立場，實無理據可言也。是不足以言學。

〔2〕 此蘇東坡批評王安石之語，參拙作《王安石與北宋時期的政治共識》，收入拙撰《新文化運動百年祭》。

厄運也，非儒者所宜言。時下學者，隱宗波斯者實繁有徒，不知此類神權政治，以宗教組織據有政權，民智未開之前尚可維持，及乎今世，正其一蹶不振之所由。儻有政權，以强力攫取而尸其位，不知順天應人之道，而徒猲猲於所謂歷史合法性，是不至天怒人怨、傾覆敗亡而不休也。昔秦政尚法，"剛毅戾深，事皆決於法，刻削毋仁恩和義，然後合五德之數"（《史記·秦始皇本紀》）。此雖與"始皇推終始五德之傳"且自居水德似有合矣，而秦卒以亡。此即歷史合法性之濫觴。

其三，以儒教代表超越神聖之合法性，儻自儒者泛言之亦無不可。然此儒教亦絕不可以宗教化之儒教爲限，惟當以抽象渾融之天道言。否則亦不過如漢儒，以墨家"天志"之說改頭換面，旋即墮落於"封閉之一體性"矣。[1]當知不同文化皆有其天人合德之術，"禹入裸國，欣起而解裳"，[2]此入鄉隨俗之義。政治是否具超越之合法性，當觀其制度施爲是否順天而行，絕非設一團體，標榜之爲通儒即可。回、耶二教皆曾與政治合流，宗教戰爭遂此起彼伏，前車之鑑可思。

故蔣氏所言不惟與《周易》、《尚書》、《孟子》不合，與其所宗之《公羊》亦難稱相契，與孔子所言生命自由之真諦尤相違背。其說或稍本於黃宗羲《明夷待訪錄》，以儒學祭酒等同宰相，而監督其行政。當晚明之際，黃氏之說實爲創見，亦確含

---

[1] 一體概念乃儒者所宗，宋儒尤揭其大義，然向來未能明確區分不同境界之一體性，故貽害無窮。予故以"封閉之一體性"與"開放之一體性"二義別之，可參《盡心上》第四、十九章講疏。此論嘗稍揭之於《新經學》第五輯《編後記》，上海人民出版社，2020年。

[2] 應劭《風俗通義》，見嚴可均《全後漢文》卷三十六，據《太平御覽》所輯。《呂氏春秋·慎大覽·貴因》："禹之裸國，裸入衣出。"

精義,蓋科舉、儒學與民衆心理尚有相應之處,儒教即社會公共之信條也。雖然,黃說未能施行,終清之世,儒學亦不過徒有其表,而其精神亡矣。當此三千年未有之變局,古今中西,道術多歧,加之二十世紀諸般運動之滌盪,向之所謂公共信念皆掃地以盡。學者當求同存異,取精用弘,以人心"秉彝之良"重鑄此公共信念,以化導生民。否則本欲轉《法華》,卻爲《法華》轉,亦不過爲權力玩弄於股掌之中。元儒、清儒前車之鑑可思。

綜合言之,孟子所言正統性之根本端在"順乎天而應乎人",二義缺一不可,然亦不必畫蛇添足。韋伯既論天啓魅力及近世民主政治,且以之爲並立之理想類型,正見近世西洋政教相分之消息。然則韋氏之論,是亦知其然而未知其所以然也。二者既分,天啓魅力型政治每淪於個人崇拜(如希特勒),而民主政治又常失天道之滋養。民衆既乏敬畏,故不能順天;政府亦喪精神,遂難以應人。故其民主亦漸乏活力,而終陷於"無差別的平等觀",[1]此二十世紀後半葉歐洲没落之原。美利堅所以差勝者,在其社會宗教精神未喪,天人交養之道未失,惟於王道尚有欠耳,人類迄未能進至大同。儻誠意一失,或將重蹈歐陸之覆轍。外此者,其去順天應人亦遠矣,故政治

---

〔1〕　此"無差別的平等觀",前揭《新經學》第五輯《編後記》亦有提及。其典型形態即後現代主義及絕對平權主義思潮。二說本不一不異,實與道家玄同之義相應,參《滕文公上》許行章。如女權,爭女性之法律、選舉、勞動諸權,可也;必欲泯男女之差別,以顛覆人類社會之結構,則過矣。後者即絕對平權主義。另如同性婚姻,此天道之"小過",人能以惻隱之心同之、容之,可也;然欲以少數人脅迫多數人,而顛覆人倫父母之差異,則過矣。過猶不及。餘如種族、民族之類亦然。此文方撰,而不期美利堅"黑命貴"(Black Lives Matter)運動流行,兹又得一證。

動盪，未有寧時，無足論也。蓋有治人無治法，即有良法，亦需人能捍衞，故王道之實現，不惟有待治法，尚需君子、聖賢也。二者缺一不可。故歷史上之王政，或曇花一現，或僅可爲政治之理想。雖然，《易》不云乎，君處六五，師居九二，上既無爲而治，下則天下文明，此政教交養之道也。所以然者，蓋惟以師道駐守民間，始眞能捍衞其社會人群之誠意也。此政治得以順天應人之本。微聖人，吾孰與歸？

第 六 章

萬章問曰："人有言'至於禹而德衰，不傳於賢而傳於子'，①有諸？"孟子曰："否，不然也。天與賢，則與賢；天與子，則與子。昔者，舜薦禹於天，十有七年，舜崩。三年之喪畢，禹避舜之子於陽城，②天下之民從之，若堯崩之後不從堯之子而從舜也。禹薦益於天，③七年，禹崩。三年之喪畢，益避禹之子於箕山之陰。④朝覲訟獄者不之益而之啓，曰：'吾君之子也。'謳歌者不謳歌益而謳歌啓，曰：'吾君之子也。'丹朱之不肖，⑤舜之子亦不肖。舜之相堯、禹之相舜也，歷年多，⑥施澤於民久。⑦啓賢，能敬承繼禹之道。益之相禹也，歷年少，施澤於民未久。舜、禹、益相去久遠，⑧其子之賢不肖，皆天也，非人之所能爲也。莫之爲而爲者，天也；莫之致而至者，⑨命也。匹夫而有天下者，德必若舜禹，而又有天子薦之者，故仲尼不有天下。繼世以有天下，⑩天之所廢，必若桀紂者也，故益、伊尹、周公不有天下。伊尹相湯以王於天下，⑪湯崩，太丁未立，外丙二年，仲壬四年。⑫太甲顛覆湯之典刑，伊尹放之於桐三年。⑬太甲悔過，自怨自艾，⑭於桐處仁遷義三年，⑮以聽伊尹之訓己也，⑯復歸于亳。周公之不有天下，猶益之於夏、伊尹之於殷也。孔子曰：‘唐虞禪，夏后殷周繼，⑰其義一也。’”

【簡注】 ① 賢，賢人。② 陽城，地名，據説堯都陽城。③ 益，又稱伯益，先輔佐禹，後爲禹薦舉爲天子。④ 陰，古人以山南、水北爲陽，山北、水南爲陰。山之南北隨陽光而定，水之南北當是因爲中國河流皆自西向東，故以右爲陽，以左爲陰。⑤ 啓，禹之子。丹朱，堯之子。不肖，不成材。⑥ 歷年，經歷的年頭。⑦ 施澤，施加澤惠。⑧ 相去，相隔。⑨ 致，送達，引申爲致使、招致。⑩ 繼世，世襲。以，而。⑪ 王，音wàng。⑫ 太丁、外丙、仲壬，皆商湯之弟。⑬ 太甲，商湯之子。典型，常法。桐，地名，商湯墓地所在。⑭ 艾，通乂（yì），治。按，今成語自怨自艾主要指自怨，與孟子此章不同。⑮ 處，居。遷，徙。遷義，由不義變成義。《論語·顔淵》：“主忠信，徙義，崇德也。”⑯ 訓，訓教。按今僞《古文尚書》有《伊訓》、《太甲》。⑰ 禪（shàn），禪讓。繼，繼世，世襲。

【講疏】 本章亦承上章之義，討論具體文獻之理解，且言世襲政治之合法性。五帝禪讓官天下，三王世襲家天下，此古人歷世相沿之歷史觀。以政權是否爲某一家族控制據有而言，是公私有別也。儒者視天下爲一體，故以公天下爲理想，此見諸《禮運·大同》者。有此理想，故自古以來，無論現實政治何等嚴酷，"天下乃天下人之天下"之説，尚不絕如縷，爲歷代道統所宗。及民國肇立，乃終得以推翻帝制，廢除家天下之法，"天下爲公"之説，遂爲舉世所尊。

五帝、三王雖未必即今人所言"歷史事實"，然固古人心中之歷史。其時代所以有別者，蓋德不同也。德者，得也。政治之德，即此政權所以得天命之故。此天命之故可由宗廟之樂見之，故古人"治定作禮，功成作樂"（《樂記》），《易》所謂"先王以作樂崇德，殷薦之上帝以配祖考"（《豫卦·大象》），所言作樂，即政權之自我反思。[1]如今世禮樂雖已崩壞殆盡，而諸國之國歌中尚存遺意。

故此德與"五德終始"之德略同，非言在位者之道德也。普通人不明君權公私有別之大義，惟知以私人性君主爲言，見三代以降，無復五帝公天下之法，遂有"至於禹而德衰，不傳於賢而傳於子"之説。[2]不知政治非一人之事也，亦非一人可專，乃人群不同勢力之消長使然，當某一勢力據有權柄，常有不知其所以然者，此即本章孟子所謂"莫之爲而爲者，天也；莫

---

〔1〕 參《公孫丑上》第二章講疏。

〔2〕 按德衰之説，後世作古史者尚多承之，如《史記·五帝本紀》言"軒轅之時，神農氏世衰"，皇甫謐《帝王世紀》（清宋翔鳳、錢保塘輯本）略同。兹引二證，以概其餘。

之致而至者,命也"。此天命者,知性或視之爲偶然,而自上天而言,則自有必然之理。[1]

　　故舜、禹之繼位,非堯、舜與之也,天與之也。及禹之傳子,亦政治社會變動之結果,傳益與傳啓,非禹可以決定之者。世襲之世,即便君主可決定繼承人,亦當以宗法爲前提,且所立未必能爲大臣及國人所從。儻傳位於宗法之外,如燕王噲與子之,則又非其所能決定矣。故與子、與賢,端視其時政治社會之大勢如何,是即所謂天也,而此具體政治社會結構,即所謂民也。所謂"天視自我民視,天聽自我民聽",亦不過如此。某一時代之政治社會結構固可由政治學、社會學、歷史學加以研究,惟時勢變化頻仍,亦未可一概而論,儻言其所共通者,亦不過曰天命而已。如韋伯所謂傳統型政治,儻民衆之認同在世襲形態,亦不失其政治之穩定性。故本章引孔子曰:"唐虞禪,夏后殷周繼,其義一也。"世襲政治既爲天之所與,則如湯武革命,雖較堯舜爲有慚德,然固可"履帝位而無咎",[2]此慚德非言湯武個人之境界,乃言其易政之法(此亦屬治法)未能"盡善盡美"也。

　　世襲政治既有天命存乎其間,及天命更革,是即所謂革命。《周易·革卦》:"湯武革命,順乎天而應乎人。"順天應人即此革命之條件。革卦所論尤詳:

---

[1]　如愛因斯坦與波爾關於量子力學"隨機性"之爭論,愛因斯坦遂有"上帝不會擲骰子"之説。實則無論決定論與隨機論,皆自知性所觀者,自德性言之,即宇宙生命之自然展開。

[2]　參第四章。

《彖》曰：革，水火相息，二女同居，其志不相得曰革。"己日乃孚"，革而信之。文明以説，大亨以正。革而當，其悔乃亡。天地革而四時成，湯武革命，順乎天而應乎人。革之時大矣哉！

所謂"己日乃孚"，乃因王者革命，"行一不義，殺一不辜，得天下而不爲"，當己日之時，是自甲日以降，天時已經過半，人易應之矣。[1]孟子故直斷之以"繼世而有天下，天之所廢，必若桀紂者也，故益、伊尹、周公不有天下"。蓋諸人皆有德聖賢，是足以當天位矣，然尚不足以改變世襲政治之社會結構及民意認同也。"匹夫而有天下者，德必若舜禹，而又有天子薦之者，故仲尼不有天下"。此言德雖應人而時勢未與，尚不可以有天下。

如前所述，所謂民意，並非民衆個體觀念之集合，當視此不同民衆相結之形態而定。且民意本因時而變，不可以抽象言之。當貴族封建之世，個體之認同與其組織形態無別，及民衆擺脱人身依附，知識日開，遂漸有個體民意之形成。曹劌所謂"肉食者鄙，未能遠謀"（《左傳·庄公十年》），陳勝所謂"王侯將相，寧有種乎"（《史記·陳涉世家》），皆此個體民意自覺之證。故民意有二，有組織化之民意，有個體之民意，兩種民意既相衝突，政治亦無從保其穩定矣。

自春秋鑄刑鼎，秦世書同文，君權以文書爲化民之手段，以官方意志爭取民衆之認同，意識形態乃成相互博弈之所。

----

[1] 參拙作《周易義疏》革卦義解。

近世以來,學者欲倡民權,故以開民智爲先,其意未嘗不是;顧民衆知識雖開,儻其組織形態尚未因之而變(所謂"應人"),則兩種民意乃益相衝突,此近世政治運動根源之一。其衝突之結果,儻非個體民意爲政治所彈壓,而伺機再起;則是以個體民意重組政治,消弭衝突,而成其所謂"順乎天而應乎人"。當個體民意已經自覺之際,蓋惟以個體民意之自由聯結爲根基,而其組織形態亦有以相副,始能不失其合法性也。就中惟法家逆流而動,以愚民之術馴化其民,個體之民意遂不復存,不足以結爲組織矣。儒者之教人返本、獨立,皆教人抗拒此馴化者,其義深遠哉!所謂政治自由,即依個體民意而自我表達及相互組織之自由。此自由可由時下諸國憲法所言言論、出版、集會、結社見之。然儻無個體民意之自我表達及相互組織,雖有言論乃至結社,亦無以稱自由矣。

承前所述,家天下、公天下與近世民主政治雖形態有別,然皆有其自然而然之故,而非居位者個人德行所致。故益、伊尹、周公雖皆聖賢,亦未可就天子之位。孔子雖爲大聖,儻無所憑藉(即無治法予以保障),亦無以有天下。至於舜、禹及啓之有天下,乃因德澤加於民,時間既久,民衆之組織形態及認同(是即所謂民心)已變,遂可以有天下矣。其在戰國,三家之分晉、田氏之代齊,皆同此類也。孔子所以欲復興周道,孟子所以雖存王道而不奉周天子,皆各隨其時而已。蓋春秋之世民意尚在周天子,故齊桓、晉文皆需"尊王";及戰國之世,周室不惟實力已衰,民衆之認同亦已不屬,是所謂民心盡失也。然則不惟二帝三王,即便五霸、七雄時代,亦皆各有其傳政之法,不必完全否定之也。惟七雄持世皆短,秦則尤其暴亡,是雖嘗

"順天"而未能"應人",故旋得之而又旋失之也。

蓋猶有説。"德衰"之説或出道家,老子所謂"失道而後德,失德而後仁,失仁而後義,失義而後禮",是也。此道、德、仁、義即分別與皇、帝、王、霸之世相應。緯書所謂"三皇步,五帝趨,三王馳,五霸騖"(《孝經鉤命決》),以爲隨文明之進展,社會之德性乃日趨退化。法家如韓非,亦本道家爲説,而一反其退化論,故言"上古競於道德,中世逐於智謀,當今爭於氣力"(《韓非子·五蠹》),蓋以三皇五帝爲道德,以三王五霸爲智謀,而戰國爲以力相搏也。儻自儒家視之,道、德、仁、義亦不過文明形態之不同耳。且此政權之德性亦非禹個人之德性。此儒、道、法諸家之歷史哲學也,亦不無理據,[1]與孟子本章所論政治合法性諸問題,各有攸當,不必混爲一談。

第 七 章

萬章問曰:"人有言'伊尹以割烹要湯',[1]有諸?"孟子曰:"否,不然。伊尹耕於有莘之野,[2]而樂堯、舜之道焉。非其義也,非其道也,[3]禄之以天下弗顧也,繫馬千駟弗視也。[4]非其義也,非其道也,一介不以與人,一介不以取諸人。[5]湯使人以幣聘之,[6]囂囂然曰:[7]'我何以湯之聘幣爲哉?我豈

---

〔1〕 參拙作《歷史經學導論》,《新經學》第四輯,上海人民出版社,2019 年。

若處畎畝之中，由是以樂堯、舜之道哉？'湯三使往聘之，既而幡然改曰：⑧'與我處畎畝之中，⑨由是以樂堯、舜之道，吾豈若使是君爲堯、舜之君哉？吾豈若使是民爲堯、舜之民哉？吾豈若於吾身親見之哉？⑩天之生此民也，使先知覺後知，使先覺覺後覺也。予，天民之先覺者也，⑪予將以斯道覺斯民也，⑫非予覺之而誰也？'思天下之民，匹夫匹婦有不被堯、舜之澤者，⑬若己推而内之溝中，⑭其自任以天下之重如此，故就湯而説之以伐夏救民。⑮吾未聞枉己而正人者也，⑯況辱己以正天下者乎？聖人之行不同也，或遠或近，或去或不去，⑰歸潔其身而已矣。⑱吾聞其以堯、舜之道要湯，未聞以割烹也。《伊訓》曰：⑲'天誅造攻自牧宮，朕載自亳。'"⑳

【簡注】　① 割烹，割肉烹煮。要，求，干求。② 莘，國名。③ 非其義、非其道，皆假設之詞，下同。④ 禄之以天下：以天下爲其禄養，指奉其爲天子。駟，四匹馬所拉的一輛車。繫馬千駟：有馬車千乘，指奉其爲大國諸侯。顧、視，皆看之義，互文。⑤ 介，通芥，草芥。與，給。諸，之於。⑥ 幣，幣帛，此處指禮物。⑦ 囂囂然，自得無欲之貌。按，疑即同浩浩然。⑧ 既而，不久。⑨ 與，與其。⑩ 見之，見堯舜之道。⑪ 天民，指能存心養性以事天之人。参《盡心上》第十九章。⑫ 斯，此。覺，使覺悟。⑬ 被，覆，蒙受。⑭ 内，同納，入。⑮ 就，接近。説(shuì)，遊説。伐，討伐。⑯ 枉，屈。正，糾正。⑰ 遠、近，指距君遠近，即出仕與否,猶言出、處。去,致仕。⑱ 歸,要歸,總歸。歸潔其身:總歸在潔身自好。⑲《伊訓》,《尚書》篇名。⑳ 天誅,奉天之誅,指商湯起兵。造,始。自,從。牧宮,地名。一説爲夏桀行宮。朕,伊尹自稱。載,始。亳,早期商都。

【講疏】 伊尹以割烹之宰夫遊説商湯一事,太史公載入《殷本紀》,引爲信史。蓋上古以來相傳之小説也。小説家本與道家相通,[1]末章另有討論。

> 伊尹名阿衡。阿衡欲奸湯而無由,乃爲有莘氏媵臣,負鼎俎,以滋味説湯,致于王道。或曰,伊尹處士,湯使人聘迎之,五反然後肯往從湯,言素王及九主之事。湯舉任以國政。伊尹去湯適夏。既醜有夏,復歸於亳。入自北門,遇女鳩、女房,作《女鳩》、《女房》。(《殷本紀》)

萬章故以此相問。孟子乃力反其説,言伊尹欲"使先知覺後知,使先覺覺後覺",以先覺之師道自任,如此其重,豈可枉己而正人?"以直措諸枉則枉者直","枉己者未有能直人者也"(《滕文公下》),孟子已先言之矣。自儒者而言,聖人行雖不同,出處或異,而不肯屈己從人卻無異,是孟子所謂潔身也。

---

〔1〕 伊尹爲庖人一事,《墨子·尚賢》及《莊子·庚桑楚》皆有提及,然角度不同。墨子爲證湯能尚賢,莊子爲證伊尹能投商湯所好,後者與《史記》義旨相近。三説翟灝《四書考異》卷三十一《孟子·萬章上》皆引及,而未予置辯。《清經解 清經解續編》第三册。二家之外,《史記》以前記載此事者尚多,如《楚辭》、《韓詩外傳》、《淮南子》,而以《吕氏春秋》爲較詳。參趙翼《陔餘叢考》卷四《伊尹割烹要湯》,欒保群、吕宗力校點,河北人民出版社,1990年,第79頁。

其說蓋有所本，“吾聞其以堯舜之道要湯”，即《史記》所謂“或曰”也。然則“素王及九主之事”當與堯舜之道相合。[1]孟子言湯三使而猶不爲所動，《史記》言“五反然後肯往從湯”，三乃言其多也，此亦伊尹於商湯“學焉而後臣之”之義，[2]是有師道焉。故依孟子之義，伊尹初亦不欲出仕，自樂堯舜之道，既感商湯之誠，遂若天下“不被堯舜之澤者，若己推而内之溝中”，故挺身自任，出世濟民，亦可見二聖交相作養之義也。故《盡心下》末章言湯爲“聞而知之”，伊尹爲“見而知之”。

至於文末所引《伊訓》之言，今僞《古文尚書》作“皇天降災，假手於我有命，造攻自鳴條，朕哉自亳”(《伊訓》)，文雖稍異，而大旨相通。哉、載，皆始之義。牧宮或即在鳴條，[3]與亳分言之者，蓋言二者所起伐夏之地不同，儻伊尹屈身枉己事湯，亦當自鳴條始也。如《史記》所云，伊尹任商國政之後，尚去湯適夏，後鄙視夏政，乃復返於亳。儻伊尹寧爲隨嫁媵臣，以宰夫烹飪之事接近商湯，則此舉殊不可解。上古史事雖不盡可以理推，然世俗之人常好新奇之論，古今亦無別也。然則此文乃孟子引《尚書》糾正普通之傳記。今傳僞《古文尚書》雖不甚可信其來源，然此句寧言“造攻自鳴條”，而不直引《孟子》之文，則古文《伊訓》當亦有所本也。

申言之，本篇雖釋經傳之義，亦可見孟子解經之特色，常

---

[1]　按素王、九主之義，戰國秦漢頗多爭論，是否伊尹實有此論，亦莫可究詰。兹不具論。

[2]　《孟子·公孫丑下》：“故將大有爲之君，必有所不召之臣。遇有謀焉，則就之。其尊德樂道，不如是不足與有爲也。故湯之於伊尹，學焉而後臣之，故不勞而王。”可爲此章之疏證。

[3]　牧宮之地，趙岐以來多以爲即桀之宮，然尚無確據。

在剖析聖賢之心術,且以此裁量歷史人物。《尚書》有言,"人心惟危,道心惟微。惟精惟一,允執厥中"(僞《古文尚書·大禹謨》),雖尚存爭議,然與經學之傳統實合。蓋道統之所以爲道統者,即在於此,昔朱子《中庸章句序》論之明矣。或曰:安知孟子非曲解古人,史實未必如是也。應之曰:古之人亦多矣,堪爲聖賢者誰歟? 儻無一貫之法以裁量之,則經學亦無以成其爲經學。此猶耶穌既歿,傳福音書者比比,而四福音所以得入《新約》者,亦本耶教早期神學大義而定之也。<u>以歷史言,伊尹是否嘗發此心實不得而知,然堯、舜、伊尹、商湯、文、武、周公諸人,所以稱聖賢者,端在其所行可由此心術裁量之也。</u>是即所謂歷聖"傳心之法"。

第 八 章

萬章問曰:"或謂孔子於衛主癰疽,①於齊主侍人瘠環,②有諸乎?"③孟子曰:"否,不然也。好事者爲之也。④於衛主顏讎由。⑤彌子之妻與子路之妻,⑥兄弟也。彌子謂子路曰:'孔子主我,衛卿可得也。'子路以告。⑦孔子曰:'有命。'孔子進以禮,退以義,得之不得曰'有命'。而主癰疽與侍人瘠環,是無義無命也。孔子不悅於魯、衛,遭宋桓司馬,⑧將要而殺之,⑨微服而過宋。是時孔子當阨,⑩主司城貞子,⑪爲陳侯周臣。⑫吾聞觀近臣,⑬

以其所爲主；⑭觀遠臣，⑮以其所主。若孔子主癰疽
與侍人瘠環，何以爲孔子。"

【簡注】　① 主，客。主其家，做其家的門客。癰疽，即雍
渠，衛靈公倖臣。② 侍人，閹人。瘠環，姓瘠名環。③ 諸，
之。④ 爲之，此處指編造。⑤ 顏讎由，一作顏濁鄒，衛國賢大
夫，子路妻兄。⑥ 彌子，即彌子瑕，衛靈公倖臣，子路連襟。
⑦ 以告，以（此言）告訴（孔子）。⑧ 遭，遇到。桓司馬，宋大夫
桓魋，又稱向魋，宋景公時權臣。⑨ 要，要截，攔截。⑩ 阨，同
厄。⑪ 司城，官名。一說即司空。貞子，陳國之卿。⑫ 陳侯
周，陳國末代君主陳湣公，名周。⑬ 近臣，身邊之臣。⑭ 所
爲主，招待何人。⑮ 遠臣，外來的臣。

【講疏】　本章大義甚明，蓋言孔子亦非枉己而從人者也。
孔子既歿，弟子門人已奉之爲聖人。及六藝之學傳布既廣，遂
漸爲天下所尊。世俗人情，於其所喜，常欲崇拜爲聖神；既爲
聖神，又每欲狎侮而滅棄之，故望風捕影，深文周納，或造爲無
根之言，以爲不足道。且子見南子，爲弟子所怒，其行似有不
可掩者。遂傳言孔子至衛，客於癰疽，〔1〕在齊則客於寺人瘠
環，皆佞幸之徒也，以夤緣入仕。孔子自言"行不由徑"（《論
語·雍也》），而所爲如此，豈聖人乎？以是觀之，雖夫子本人，
亦當以夫子所傳大義裁量之也。

〔1〕　趙岐以爲乃治療癰疽的瘍醫，朱子從之。據清翟灝、錢大昕考證，以爲當即《孔
　　　子世家》所言雍渠。焦循已引及。

夫孔子之道甚大，仕止久速，孟子以爲"聖之時者"。所謂"大人者，言不必信，行不必果，惟義所在"（《孟子·離婁上》）。孔子亦自言：

> 謂："柳下惠、少連，降志辱身矣。言中倫，行中慮，其斯而已矣。"謂："虞仲、夷逸，隱居放言。身中清，廢中權。我則異於是，無可無不可。"（《論語·微子》）

此皆授人口實者也。孟子乃直陳前説之謬，言其於衛所主者實顔讎由，且拒彌子瑕拉攏之事。另言其雖厄於陳國，而仍擇人而交，爲司城貞子之客。君子或出或處，由之有道。但求其在我者而已，得失皆有命在，其爲達目的，不擇手段者，非孔子所爲也。孟子去孔未遠，且名聞於世，儻此言悖謬，並時當有可以辨之者。夫"君子所爲，衆人固不識也"（《孟子·告子下》），其行事雖難以測度，而立身未嘗枉己而不正也。後世僞儒，昧於師道自任之大義，動以濟世爲言，於出處之際，每言小不忍則亂大謀，此蓋叔孫通、公孫弘之嗣胤，非伊尹、孔子之徒也。然則其所標榜之濟世，不流於濟惡者鮮矣。

雖然，人固"有不虞之譽，有求全之毀"（《孟子·離婁上》），君子既處嫌疑之地，其受謗也宜矣。當此之際，是非其唯天知。既不能辯，亦不必辯。故"子見南子，子路不説，夫子矢之曰：'予所否者，天厭之，天厭之！'"（《論語·雍也》）《易》曰："澤滅木，大過。君子以獨立不懼，遯世無悶。"此獨立之精神，乃聖賢千古學脈。

第 九 章

萬章問曰:"或曰: ^① '百里奚自鬻於秦養牲者五羊之皮, ^② 食牛, ^③ 以要秦繆公。' ^④ 信乎?" ^⑤ 孟子曰:"否,不然。好事者爲之也。百里奚,虞人也。 ^⑥ 晉人以垂棘之璧與屈產之乘, ^⑦ 假道於虞以伐虢。 ^⑧ 宫之奇諫, ^⑨ 百里奚不諫。知虞公之不可諫而去之秦, ^⑩ 年已七十矣,曾不知以食牛干秦繆公之爲汙也, ^⑪ 可謂智乎? 不可諫而不諫,可謂不智乎? 知虞公之將亡而先去之,不可謂不智也。時舉於秦, ^⑫ 知繆公之可與有行也而相之, ^⑬ 可謂不智乎? 相秦而顯其君於天下, ^⑭ 可傳於後世, ^⑮ 不賢而能之乎? 自鬻以成其君,鄉黨自好者不爲, ^⑯ 而謂賢者爲之乎?"

【簡注】 ① 或,有人。② 百里奚,春秋時虞國賢臣。鬻,賣。③ 食(sì),餵養。④ 秦繆(穆)公,嬴姓,名任好,春秋五霸之一。⑤ 信,確實。⑥ 虞,國名。⑦ 垂棘、屈,皆地名。乘(shèng),車馬。⑧ 假,借。虢,國名,與虞國脣齒相依。⑨ 宫之奇,虞國賢臣。⑩ 去,離開。之,到。⑪ 干,干求。汙,同污。⑫ 舉,(被)舉薦。⑬ 有行,猶言有爲。⑭ 顯,尊顯。⑮ 傳,傳揚。⑯ 自好,潔身自好。

【講疏】 繆,通穆。本章亦承前文,言賢人百里奚未嘗枉己從人也。孔子之前,皆依時序,舜、禹、伊尹、孔子,皆歷代聖人也。百里奚早於孔子,而殿之章末者,或存聖賢有別之意歟? 此論道之文,非講史也。昔晉人假虞滅虢,百里奚知虞君不可諫,可謂知幾者。相秦而成穆公之霸業,亦可稱賢能矣,何至賣身爲僕隸,以遊説穆公? 且七十老翁,何所求乎? 儻非路遇穆公,豈不終身爲僕隸乎? 此皆不合常理者。本章與上章蓋皆孟子以史實及情理反駁世俗傳記者。〔1〕通全篇而言,首言舜之事親、友弟,仁也;次言虞夏商周政權授受之大義,義也;繼言伊尹、孔子立身之大節,禮也;終言百里奚之知幾,智也。仁義禮智,孟子所謂四端也。

本篇屢言"好事者爲之",前文亦有"齊東野人之語",蓋街談巷議之辭,而爲好事者所記,此即後世所謂小説家言。《漢書·藝文志》於小説家載《伊尹説》等十五家,班固於《伊尹説》下自注:"其語淺薄,似依託也。"且言:

　　小説家者流,蓋出於稗官。街談巷語,道聽塗説者之所造也。孔子曰:"雖小道,必有可觀者焉,致遠恐泥,是以君子弗爲也。"然亦弗滅也。閭里小知者之所及,亦使綴而不忘。如或一言可采,此亦芻蕘狂夫之議也。

----

〔1〕 據閻若璩考證及估計,百里奚"由虞之秦,不知又何故亡秦而走宛。宛,今南陽府南陽縣,秦穆公時地屬楚。楚郢人執之,穆公聞百里奚賢,欲重贖之,恐楚人不與,乃使人謂楚曰:'吾媵臣百里奚在焉,請以五羖羊皮贖之。'楚人遂許與之。穆公釋其囚,授之國政,遂有五羖大夫之號。其曰吾媵臣,亦係託詞以詒楚。"可備一説。見氏著《四書釋地》卷三《百里奚》。另參《告子下》末章"百里奚舉於市"。

所謂稗官之存否,尚有爭議,《漢志》引孔子之言,《論語》繫於子夏。然街談巷議之言既可稱家,是其時留存已多。魯迅曰:"伊尹以割烹要湯,孟子嘗所詳辯,則此殆戰國之士之所爲矣。"[1]此蓋依理推之者,尚未予以詳論。今觀《漢書·藝文志》道家下載《伊尹》五十一篇,疑孟子、《史記》"以滋味説湯"之説皆出此書。其與《伊尹説》是否相出入,已難得其詳,蓋道家之寓言、重言而載爲史實者歟? 莊子論道,"寓言十九,重言十七";"寓言十九,藉外論之";"重言十七,所以已言也,是爲耆艾"(《莊子·寓言》)。寓言、重言皆是依託外人或前輩之言,是亦"好事者"之言也。今觀《莊子》一書,於孔子及其門下頗多記述,或虛或實,莫可究詰,多此類也。至於墨者雖以非儒爲務,既主循名責實,未必專門造作虛説也,然道聽途説者亦所在多有,是所謂"野語"。

雖然,言道家似尚有未盡。春秋後期,社會結構丕變,官僚政治既興,學者習爲干禄之學。顧原有秩序尚未一旦空之,多務實行而鮮逞口辯。老氏清虛自守,倡"大音希聲"。墨者亦重實行,非樂、節葬而不務聲華。孔子欲"遠佞人","惡利口之覆邦家者"(《論語·陽貨》),言"仁者其言也訒"(《顏淵》),而"巧言令色鮮矣仁"(《學而》),力主"聽其言而觀其行"(《公冶長》),"君子於其言,無所苟而已也"(《子路》)。定公問孔子,是否一言可以興邦、喪邦,孔子皆云"言不可以若是之幾也"(《子路》),不欲人以空言爲重。

及戰國之世,諸侯相爭,唯力是視,故人才之爭奪,乃成其

---

〔1〕 魯迅《中國小説史略》,人民出版社,1981年,第27頁。

時諸侯之要務,而士大夫奔走遊説之風亦興。當此之時,如周室班爵禄之記載,"諸侯惡其害己也,而皆去其籍"(《孟子·萬章下》),餘亦可想而知。舊籍既已缺失,於是人務空言,一語可以歆動人主,片言則能排難解紛,爲期遊説之成功,於是造作故言、託古言事者競出。[1]此皆縱横家也。晚周至西漢,文士之辭藻鋪排,辯者之誇張故事,以大言奇行聳動世俗觀聽者,比比皆是。雖孟子亦自許"知言"(《公孫丑上》),稱"予豈好辯哉,予不得已也"(《滕文公下》)。然則本篇伊尹之"以割烹要湯",百里奚自鬻"以要秦穆公",皆可爲縱横家"要君"之典範也。[2]要者,干求也。

　　另如商鞅欲遊説秦孝公,乃因其寵臣景監,此亦縱横家之常態。[3]儻責之以所行不正,則彼或曰,雖孔子亦嘗主癰疽及瘠環也。然則所謂好事者,或不無此輩縱横家。[4]孟子於《滕文公下》所斥"枉尺直尋",本即因陳代所問而發:"不見諸侯,宜若小然。今一見之,大則以王,小則以霸。"繼則以景春所言"公孫衍、張儀豈不誠大丈夫哉? 一怒而諸侯懼,安居而天下熄"爲"妾婦之道"。《滕文公下》之主旨端在"閑邪存其

─────────────────

〔1〕　康有爲《孔子改制考》言諸家託古改制,雖未免求之過深,然言諸家多以己意裁量歷史材料,似無不可。

〔2〕　如《孫子兵法·用間篇》:"昔殷之興也,伊摯(即伊尹)在夏;周之興也,吕牙(即太公望姜尚)在殷。故惟明君賢將,能以上智爲間者,必成大功。"楊寬以爲蘇秦後來作爲燕國間諜謀傾齊國,應該就是取法了《用間篇》的"死間"之説。參氏著《戰國史》,上海人民出版社,2003 年,第 382 頁。蘇秦稍晚於孟子,與張儀、公孫衍皆爲戰國縱横家領袖。

〔3〕　參《梁惠王上》首章。

〔4〕　此義清儒翟灝已見及之,且言:"故此篇雖若泛論往事,而實爲《孟子》一書之領要。"見翟氏《四書考異》卷三十一《孟子萬章上》末章所論。

誠”，而首二章即斥縱橫家言，此孟子所最惡之説也。蓋楊墨尚如“放豚”，欲追之使復返苙中（豬欄），[1]若縱橫家與鄉愿，廉恥既失，則無可救藥矣。

綜合言之，本篇先論解經之法，繼則剖析傳記，末三章乃論辨僞之學。其駁辯之法，一曰以實録明其是非，一曰以無徵發其不信，一曰以義理揭其悖謬，而逆聖賢之志。親親（仁）、傳政（義）、立身（禮）、知幾（智），雖若無意爲之，而次序井然，有條不紊。學者儻悉心以求，則於孟子理解聖賢、詮釋經籍之法當可瞭然於胸矣。孔門自七十子後，已分傳道與傳經二門，雖進路不無軒輊，然聖人與經典皆二者所宗。觀孟子此篇，於德行科之大旨當有所會。蓋既先立乎其大，以意逆志，則聖賢之本心，經義之婉曲，文字之誇飾，辭旨之歧出，乃至好事者之造作故實，齊東野人之街談巷議，皆可依理解之矣。

_____

〔1〕　參《盡心下》第二十六章。

孟子章句講疏卷十

萬章章句下凡九章

【解題】 上篇所言，皆往昔文獻之詮解，所求在聖賢之本心。所言孺慕父母、友于兄弟、繼善傳政、順天應人、師道自任、正己正人，皆此本心之發用，惟此發用必於交際見之。所謂交際，言心物、人己相交之際也。聖賢既虛中應物，執體應用，本心雖正，而其發用各有不同者，正見其交際存心之異。顧此存心非以具體心術言，乃言存心之勢。此勢猶如張弓，老子曰："天之道，其猶張弓歟？高者抑之，下者舉之，有餘者損之，不足者補之。"又曰："企者不立，跨者不行。"皆言其勢也。

經學論存心之勢，曰虛中，曰恭敬，曰誠信，曰忠恕，曰有孚，曰忘，曰助，曰虛壹而靜，曰擇善固執，乃至本篇之清、任、和、時，皆是也，人不知求耳。《繫辭》曰："言行，君子之樞機。樞機之發，榮辱之主。"樞機猶發矢之機括，《大學》所言"正心"，大《易》之論"研幾"，《尚書》所謂"危微"，皆當於此境求之。《易》有之曰："正其本，萬物理，失之毫釐，差之千里。"孟子深通易道，故此篇與大《易》研幾之旨相通，學者不可輕忽。

首言伯夷、伊尹、柳下惠、孔子之清、任、合、時，以爲交際存心之總綱；次論取友、交接、入仕、交諸侯、君臣相交諸義，以

見存心之變化。上下兩篇既以本心、存心分言,其結構與《離
婁篇》上下亦分別相應,故接武於後,而爲後篇直論心性本源
張本。

章旨結構圖

1. 聖人交際存心:清、任、和、時。論集大成。
2. 交際之基礎:論周室爵禄之制。
3. 與友相交:不挾長、不挾貴、不挾兄弟之情。
4. 君子交際以恭。以禮相交。孔子之清、任、和、時。
5. 君子固窮,可爲貧而仕,而不失其恭、清、任、和。
6. 士不託諸侯:"相忘"之和;和中有清,和中有任;受之不恭。
7. 庶人不見諸侯:召則"不恭";子思不受君召:任;召守官者以禮:恭。
8. 由交友至友天下之善士;尚友古人。君子合群之道:和而能清。
9. 貴戚之卿與異姓之卿:任與清。

第 一 章

孟子曰:"伯夷,目不視惡色,耳不聽惡聲。非
其君不事,非其民不使。①治則進,亂則退。②橫政
之所出,橫民之所止,③ 不忍居也。思與鄉人
處,④如以朝衣朝冠坐於塗炭也。當紂之時,居北海
之濱,以待天下之清也。故聞伯夷之風者,頑夫廉,
懦夫有立志。⑤伊尹曰:'何事非君? 何使非民?'治
亦進,亂亦進,曰:'天之生斯民也,使先知覺後
知,使先覺覺後覺。予,天民之先覺者也。予將以此
道覺此民也。'思天下之民,匹夫匹婦有不與被堯、

舜之澤者，若己推而内之溝中，其自任以天下之重也。⑥柳下惠不羞汙君，不辭小官。進不隱賢，必以其道。遺佚而不怨，阨窮而不憫。與鄉人處，由由然不忍去也。'爾爲爾，我爲我，雖袒裼裸裎於我側，爾焉能浼我哉？'⑦故聞柳下惠之風者，鄙夫寬，薄夫敦。⑧孔子之去齊，接淅而行。去魯，曰：'遲遲吾行也，⑨去父母國之道也。'⑩可以速而速，可以久而久，可以處而處，⑪可以仕而仕，孔子也。"

孟子曰："伯夷，聖之清者也；伊尹，聖之任者也；柳下惠，聖之和者也；孔子，聖之時者也。⑫孔子之謂集大成。集大成也者，金聲而玉振之也。⑬金聲也者，始條理也；玉振之也者，終條理也。⑭始條理者，智之事也；終條理者，聖之事也。智，譬則巧也；聖，譬則力也。⑮由射於百步之外也，其至，爾力也；其中，非爾力也。"⑯

【簡注】　①非其君、非其民：指不合君臣之義的君或民。②進、退，指仕進與否。③橫（hèng），不守法度。④鄉人，鄉里普通人。⑤頑，貪頑。一本作貪，後文同。廉，（變得）有棱角。立志，自立之心。⑥參《萬章上》第七章。⑦參《公孫丑上》第九章。⑧敦，厚。此句大意：所以受到柳下惠影響的，鄙狹之士變得寬容，刻薄之人變得敦厚。⑨去，離開。淅，淘米，此處指淘米水。遲遲，緩緩。⑩父母國，父母之邦，祖國。⑪速，很快離開。久，淹留某地。處，不出仕。⑫清，潔身自好。任,勇於自任。和,不事分別。時,因時。⑬ 金,鎛鐘。聲,宣導。玉,玉磬。振,收。金聲而玉振:(一曲合奏,)先擊鎛鐘以導引在前,後擊玉磬以收之於後。⑭ 始,開啓。條理,脈絡貫通,有條不紊,此處指不同樂音有條不紊的合奏。終,終結。此句大意:敲鐘表示音樂合奏的開始,擊磬標誌合奏的終結。⑮ 智、聖,分別是德性的兩個境界。此句大意:有條不紊地開始(一曲合奏),這是"智"的能事;(完美地)結束這曲合奏,是"聖"的能事。智,好比靈巧;聖,好比有力。⑯ 由,猶。此句大意:猶如在百步之外射箭,能夠射到,(靠的)是你的力氣,至於是否射中,則不是(靠)你的力氣。按:能否射中,靠的是巧。同樣是箭法好,都可以説是"智",但有的人衹能射中百步以内,有的人則射到百步以外,後者靠的是力氣,便是"聖"。同理,伯夷、柳下惠、伊尹、孔子都是聖,但衹有孔子是"聖之時者"。聖,此處相當於"智"、巧;"聖之時",此處相當於"聖"、力。

【講疏】 伯夷、柳下惠、伊尹,前文亦嘗論之,大義與本篇皆合。孟子於諸人皆許爲聖人,且曰"得百里之地而君之,皆能以朝諸侯有天下;行一不義、殺一不辜而得天下,皆不爲也。是則同"。然諸人亦不可與孔子並論,蓋"伯夷隘,柳下惠不恭",伊尹亦少渾融之致,故孟子自言:"乃所願則學孔子也。"(《公孫丑上》)前文以忘、助釋之,蓋以出言,則伯夷爲忘,伊尹爲助;以處言,則伯夷爲助,柳下惠爲忘。[1]本篇則以清、任、和爲言,直探其存心之異。

---

〔1〕 參《公孫丑上》第三章及末章講疏。

伯夷所以清者,以其羞惡之心盛也。"目不視惡色,耳不聞惡聲",此夫子告顏淵之"非禮勿視,非禮勿聽"也(《論語·顏淵》)。"非其君不事,非其民不使",亦孔子"鳥則擇木,木豈能擇鳥"之義。[1]"治則進,亂則退",猶如蘧伯玉"邦有道則仕,邦無道則可卷而懷之",孔子以"君子"許之(《論語·衛靈公》)。至於"橫政之所出,橫民之所止,不忍居也",蓋如"危邦不入,亂邦不居"。子曰:"篤信好學,守死善道;危邦不入,亂邦不居;天下有道則見,無道則隱;邦有道,貧且賤焉,恥也;邦無道,富且貴焉,恥也。"(《論語·泰伯》)此蓋正釋伯夷之境界,與孟子所言若合符轍。儻無孟子,《論語》此言祇可泛泛而論。羞惡之心既盛,是知恥矣。子曰:"知恥近乎勇。"(《中庸》)既知恥,"故聞伯夷之風者,頑夫廉,懦夫有立志"。頑夫廉者,言雖頑憊無賴之人亦可有棱角、廉隅也。顧既卑視鄉野之人,是以文明君子自居矣,未免稍嫌狹隘。

伊尹所以任者,以其惻隱之心盛也。其"治亦進,亂亦進",猶子路言孔子不欲潔身以亂大倫(《論語·微子》),石門晨者所謂"知其不可爲而爲之"(《論語·憲問》)。孔子曰:"鳥獸不可與同群,吾非斯人也而誰與? 天下有道,丘不與易也。"(《論語·微子》)此聖人不容自已之悲心也。惟其以天民之先覺者自居,挺身自任師道,以聖賢自無不可,儻未達此境者率爾自居,則泯没人我之分際,流弊有不可勝言者。故孟子曰:"人之患在好爲人師。"(《離婁上》)後世學者師心自用,如王安石、張居正,皆失於任者也。

---

〔1〕 參《離婁下》第四章講疏所引《左傳》哀公十一年之言。

　　柳下惠所以和者，以其無分別心。雖然，其所行固不違道也，故云“必以其道”。既無分別心，故亦不知辭讓，“進不隱賢”，此“當仁不讓於師”也（《論語·衛靈公》）。師，衆。復不知以己淩人，故爲人所棄而不怨，身處厄窮而不悲，此《論語》所謂“人不知而不愠”（《論語·學而》），《中庸》所言“遯世不見知而不悔”，亦《乾文言》“遯世無悶”之義。顔回之簞食瓢飲，“人不堪其憂，回也不改其樂”（《論語·雍也》），庶幾可以當之。故雖“與鄉人處，油油然不忍去也”，是如老氏之“和其光而同其塵”，《易》所謂“出門同人”（《同人·初九》），與物無忤矣。既無分別，故雖狹隘之徒，亦能聞風興起，而能寬厚待人矣。敦，厚。顧雖有裸裎之人在側而不以爲異，所謂“坐懷不亂”也，[1]則不避瓜田李下之嫌，是並恭敬之心亦消泯之，故云“不恭”。惟雖不避嫌，而實未同流，[2]是《中庸》所謂“和而不流”。[3]不流是能“清”也，故“同流合污”爲貶辭。

　　至於孔子，既欲去齊，不待終食之間，是當機立斷，果決其行也。淅，淘米。接淅而行，米不及淘畢，即攜之而行也。及其去魯，則低迴久之，蓋父母之邦也，先人之丘墓在焉。所云父母國，即今之所謂祖國。祖國非政府之謂也，乃指國族而言。故儻可仕，雖齊亦仕；欲止而不仕，雖父母國亦止。既欲去之，則或速或久，無不因其理之當然者，是所謂因時之道。

----

〔1〕　按柳下惠之事，《荀子·大略》、《孔子家語·好生》皆有記述，與孟子本文所言雖各有側重，而本事略同。

〔2〕　《荀子·大略》：“柳下惠與後門者同衣，而不見疑，非一日之聞也。”所謂“後門者”，即指坐懷之女。

〔3〕　《孟子·盡心上》：“柳下惠不以三公易其介。”朱子注釋即以“和而不流”解之，是也。

夫易、禮皆以隨時爲大，孔子得其隨時之道，是所謂“聖之時者”也。後人不察，但以隨波逐流爲“時者”，以譏笑聖人，不惟失誠，抑且自形其小矣。顧時雖指仕止久速，既與清、任、和對言，是孔子亦可以清、任、和，各隨其時也。<u>蓋出仕可見孔子之任，去職可見夫子之清，無可無不可，乃見夫子之和</u>。由隨時，是《繫辭》所謂“先天而天弗違，後天而奉天時”，如乾道之變化，六龍御天，潛、見、躁、或、飛、亢，“無可無不可”。常人視之，則曰“聖人之道，一龍一蛇”（東方朔《誡子書》）；及功利之徒視之，則曰“大丈夫能屈能伸”，爲達目的，不擇手段。其象雖似，而其道不同，心術有異故也。後世學者，或徒好大言，好高騖遠，動輒直下承當，聖賢則罕覯，喪德失誠者比比皆是，哀哉！

孔子之集大成，是能集群聖之大成也。孟子故以合樂爲喻。朱子注曰：

> 金，鐘屬。聲，宣也，如“聲罪致討”之聲。玉，磬也。振，收也，如“振河海而不洩”之振。始，始之也；終，終之也。條理，猶言脈絡，指衆音而言也。智者，知之所及；聖者，德之所就也。蓋樂有八音：金、石、絲、竹、匏、土、革、木。若獨奏一音，則其一音自爲始終，而爲一小成。猶三子之所知偏於一，而其所就亦偏於一也。八音之中，金石爲重，故特爲衆音之綱紀。又金始震而玉終詘然也，故並奏八音，則於其未作，而先擊鎛鐘以宣其聲；俟其既闋，而後擊特磬以收其韻。宣以始之，收以終之。二者之間，脈絡通貫，無所不備，則合衆小成而爲一大成，猶孔子之知無不盡而德無不全也。“金聲玉振，始終條理”，疑古《樂經》之言。

其說甚精。蓋樂之奏也，始之以鐘而終之以磬，鐘磬分以金玉爲之，故曰金聲而玉振。無論樂音變化如何，玉磬皆足以收之，而合奏亦因之以成，此統合之者即成之也，乃復其渾淪爲一之統體。古之大學曰成均，即成韻也，亦以此爲喻。大學教人爲君子，乃成德之所在。至於孔子，不惟實踐中無可無不可，其學術亦以六經收束上古三代文化，貞下而起元，猶乾之元亨利三德皆收束於貞，是所以集群聖之大成也。惟此集大成之義乃言道術，本篇則以心術言，所以爲不同耳。

"金聲玉振"，亦見於馬王堆帛書《五行篇》：

> 德之行五，五行和謂之德。四行和謂之善。……金聲而玉振之，有德者也。金聲，善也；玉音，聖也。善，人道也；德，天道也。唯有德者，然後能金聲而玉振之。

此篇既出，學者即已知其爲思孟一派之作品，[1]是也。惟此言四行之善，即本章所謂"始條理也"，孟子以"智之事"爲言，善之與智，其義有別。孟子乃以金聲、玉振之象分與智、聖之境界相喻耳。故本章與《五行篇》雖皆引用"金聲玉振"之說，其實則大異，學者儻望文生義，未免於本章大旨有隔。金聲玉振乃樂教習語，學者所熟知，故各據己意，引以爲喻，猶

---

[1] 龐樸《帛書五行篇研究》，齊魯書社，1980 年，第 76 頁。按龐氏此見雖是，然以五行說與金木水火土五行無關，惟以仁義禮智聖當之，其論亦誤。五行說因其視角不同，可別爲孔子、《周易》、子思、孟子兩種四類，此說蓋由子思最先傳出，而孟子集大成，荀子所謂"子思唱之，孟軻和之"，是即思孟五行說。子思五行說言仁義禮智聖，孟子五行說則言仁義禮智信，仁義禮智四行一統之以聖，一統之以信。由此觀之，《五行篇》所言實即子思五行說。參拙作《思孟五行說新論》。

《左傳》所言"賦詩斷章"(襄公二十八年),各取所需耳。

　　嘗試論之。本章所謂"聖"與"仁義禮智聖"五行和之"聖"貌同實異,學者不可不知。《五行篇》所論者,端在聖與四行之關係,故但以善概括四行,而統之以聖。所云集大成者,乃言如金聲而玉振之,不惟備乎四行,且能會歸如一,達於聖(德)之境也。本章雖言"金聲玉振"之"集大成",卻並非以聖統智,而是言諸人皆聖,而孔子獨得其智,否則後文不可解。[1]故以射箭爲喻,"智譬則巧也,聖譬則力也",諸聖雖能達其聖境,所謂"其至,爾力也";然伯夷、伊尹、柳下惠尚未能中,尚未得善巧變化,是於"始條理"之智尚有欠也。孔子則無可無不可,得其時中,是所謂集群聖之大成。<u>諸聖既有此別,後世故有孔子至聖之論</u>。

　　申言之,清、任、和者,非言存心之內容,乃言人我相交之際,存心之態勢也,故雖非成見,而可謂有成心,[2]是未能虛中也。由虛中,故能隨時,非別有一存心之勢曰時也。蓋成見乃心之所發,已是有物可及,成心則惟此心之傾向性而已。《大學》故有"正心"之論。[3]此孟、莊二師義理精微之處。

　　試以佛學通之:清者,自潔其身,不受染污,羅漢乘也。任者,壁立千仞,截斷衆流,菩薩乘也。和者,與物無忤,隨波逐浪,似佛乘之未能究竟者也,猶天台智者大師所謂相似即。此

---

〔1〕　按此句歷來聚訟,宋呂祖謙已經有疑問,故在科舉試題中提出"以智爲尚則害前説,以聖爲尚則害後説"。其後金儒王若虛就此認爲"當云智譬則力,聖譬則巧,後説字誤耳"。見氏著《滹南遺老集》卷八《孟子辨惑》。翟灝《四書考異》卷三十一《孟子萬章上》已引及。

〔2〕　成心之義,參《離婁上》第二十三章講疏。

〔3〕　此義另參《公孫丑上》第六章講疏。

雖以佛學相喻,然理之所在,固有密合如是者。儻以先秦士大夫精神比況之,儒者務潔其身,墨者以兼善自任,老氏和光同塵,亦約略似之。雖然,此儒者乃春秋以前君子儒也,後世之僞儒不與焉。至於孔子,則有大矣,故仕止久速,無可無不可,是禪宗所謂綜"涵蓋乾坤,截斷衆流,隨波逐浪"而一之者。[1]此以儒佛道墨諸家之境界相通,非言諸境界實際如此也,乃言其理與象有相通者耳,學者心知其意可也,不必膠執。

第 二 章

北宫錡問曰:①"周室班爵禄也,②如之何?"孟子曰:"其詳不可得聞也,諸侯惡其害己也,③而皆去其籍;④然而軻也嘗聞其略也。天子一位,公一位,侯一位,伯一位,子、男同一位,凡五等也。⑤君一位,卿一位,大夫一位,上士一位,中士一位,下士一位,凡六等。天子之制,地方千里,公侯皆方百里,伯七十里,子、男五十里,凡四等。不能五十里,不達於天子,⑥附於諸侯,曰附庸。天子之卿受地視侯,大夫受地視伯,元士受地視子、男。⑦大國地方百里,君十卿禄,卿禄四大夫,⑧大夫倍上士,上士倍中士,中士倍下士,下士與庶人

---

[1] 禪宗"雲門三句",有所謂"涵蓋乾坤,截斷衆流,隨波逐浪",其意義不必與文中所引相同,學者意會之可也。

在官者同禄，⑨禄足以代其耕也。次國地方七十里，君十卿禄，卿禄三大夫，大夫倍上士，上士倍中士，中士倍下士，下士與庶人在官者同禄，禄足以代其耕也。小國地方五十里，君十卿禄，卿禄二大夫，大夫倍上士，上士倍中士，中士倍下士，下士與庶人在官者同禄，禄足以代其耕也。耕者之所獲，一夫百畝，百畝之糞，⑩上農夫食九人，⑪上次食八人，中食七人，中次食六人，下食五人。庶人在官者，其禄以是爲差。"⑫

【簡注】　① 北宫錡，姓北宫，衛人。② 班，列。③ 害，妨害。④ 籍，典籍。⑤ 凡，共。⑥ 達，通。⑦ 視，比照。元士，上士。⑧ 十、四，皆指倍數。禄，俸禄。⑨ 上士、中士、下士，皆正式爵命。庶人在官者：有官家身份的庶人。按，指已在官，但尚未正式爵命爲士的庶人，如今之科員。⑩糞，施肥，此處指耕作。⑪ 上農，上等農田。夫，一夫，一個勞力。食（sì），供養。⑫ 差，等差。

【講疏】　據《元和姓纂》，北宫出衛國，衛成公曾孫姬擴之後，世爲衛卿，别以所居爲北宫氏。[1]趙岐以北宫錡爲衛人，故當是衛卿，而以周室班爵禄之禮來問。此章所論乃周代政術，與諸章所論交際存心之勢有别，或可置於《滕文公上》。然

―――――――

〔1〕 此錢大昕説，焦循《孟子正義》已引及。

孟子置本章於此,或亦不無深意。春秋以前,人我交際皆依禮而行,雖其詳不可得聞,即今所傳《儀禮》之冠、婚、士相見、鄉飲、鄉射、燕、大射、聘、公食大夫、覲諸禮,蓋亦得其仿佛。顧諸禮之儀節皆依託周室所頒爵禄諸制,是此制度實人我交際之基礎也。

周室班爵禄之法,孟子之時已未能詳,可見戰國初年禮樂崩壞之嚴重。其詳雖不可考,然讀史貴明大義,孟子所言雖略,而周制亦不可謂盡失。學者儻能由此疏通其大義,取精用弘,亦足以新立權時之制矣。是故籍雖亡,而常道未可毀也。其大旨與《禮記·王制》相通,惟明言"天子一位"、"君一位",與其他諸位無別,此孟子之特識。《王制》成於西漢,儒者之論已不如孟子爲得其本矣。[1]

本章所言古義、大義略有數條。其一曰爵位與禄位不同。蓋爵位乃因分封而來,其所對應者爲政權也,故曰天子、公、侯、伯、子男,雖有六名,而實則五等。附庸雖不通於天子,實亦分有政權也。此即下章所言"天位"。禄位則因設官分職而來,蓋爵位雖或同或否,而其在王官體系中職責或有不同,是所謂治權也。故有君、卿、大夫、三等之士、庶人,其俸禄亦有六等。諸侯在封地亦皆曰君,亦各有其君、卿、大夫、士、庶人之等級。此即下章所言"天職"。

其二曰爵位、禄位相次之等差。其具體俸禄,即下章所言"天禄"。此一等差在後世視之,亦惟具歷史價值而已,學者知

---

[1] 漢儒實亦知曉此義,如《白虎通·爵》:"天子者,爵稱也。"惟既以天子與五等爵分言,又似超然於其上。可見漢代之天子觀實處於周、秦之間。

其大略可也。

其三曰君乃通稱。天子以下，有爵者於封地之内皆可稱君也。三代諸侯，或可於封域稱王。諸侯封域之内，君、公、侯等皆可爲通稱。[1]故君乃政權、治權相合之樞紐。此亦君權所以有公共性、私人性區別之根據。孟子雖未明言，然固經學之大義也。

其四曰天子乃與公侯伯子男同爲爵位之一，非迥然相異者也。家天下之世，君權爲家族據有，歷世之後，君主私人乃似超然淩駕於萬民之上，遂爲後世君權崇拜乃至君主個人崇拜之口實。此義唯明儒黄宗羲言之最力：

> 孟子曰：“天子一位，公一位，侯一位，伯一位，子男同一位，凡五等。君一位，卿一位，大夫一位，上士一位，中士一位，下士一位，凡六等。”蓋自外而言之，天子之去公，猶公、侯、伯、子男之遞相去；自内而言之，君之去卿，猶卿、大夫、士之遞相去。非獨至於天子遂截然無等級也。昔者伊尹、周公之攝政，以宰相而攝天子，亦不殊於大夫之攝卿，士之攝大夫耳。後世君驕臣諂，天子之位始不列於卿、大夫、士之間，而小儒遂河漢其攝位之事。[2]

---

[1] 王國維言：“蓋夏殷諸侯之强大者皆有王號，本與君、公之稱無甚懸隔……即宗周之世，邊裔大國尚有稱王者。”氏著《觀堂集林》卷九《殷卜辭中所見先公先王考》。《白虎通·號》亦言“伯子男於國中得稱公”，可參。

[2] 《明夷待訪録·置相》，《黄宗羲全集》第一册，第 8 頁。顧炎武《日知録》卷二《周室班爵禄》其實亦頗有此意，言天子“非絕世之貴”，“知天子一位之義，則不敢肆於民上以自尊”。

此義孟子雖未明言,然固本章所蘊含者。天子非即私人言也,乃代指公共性君權。此義實可貫通一切時代,非止"家天下"之時制也。[1]

第 三 章

萬章問曰:"敢問友。"孟子曰:"不挾長,不挾貴,不挾兄弟而友。①友也者,友其德也,不可以有挾也。孟獻子,②百乘之家也,③有友五人焉:樂正裘,牧仲,其三人則予忘之矣。獻子之與此五人者友也,無獻子之家者也。此五人者,亦有獻子之家,④則不與之友矣。非惟百乘之家爲然也,⑤雖小國之君亦有之。⑥費惠公曰:⑦'吾於子思,則師之矣;吾於顔般,則友之矣;王順、長息,則事我者也。非惟小國之君爲然也,雖大國之君亦有之。晉平公之於亥唐也,⑧入云則入,坐云則坐,食云則食。⑨雖疏食菜羹,未嘗不飽,蓋不敢不飽也。然終於此而已矣。⑩弗與共天位也,弗與治天職也,弗與食天禄也。士之尊賢者也,非王公之尊賢也。舜尚見帝,⑪帝館甥于貳室,⑫亦饗舜,⑬迭爲賓主,⑭是天子而友匹夫也。用下敬上,⑮謂之貴貴;用上敬

---

〔1〕 參《萬章上》第四、五、六章講疏。

下，謂之尊賢。貴貴尊賢，其義一也。"

【簡注】　① 挾，倚仗。長，年輩在前。貴，地位高。兄弟，有兄弟之親。此處指關係親密。② 孟獻子，春秋時魯大夫，即仲孫蔑。③ 百乘（shèng）之家，可以出百輛兵車的大夫之家。此處指孟獻子地位尊貴。④ 無，無視，不在乎。有，在乎。⑤ 非惟，不僅。然，如此。⑥ 雖，即使。⑦ 費（bì），地名。費惠公，清惠士奇以為當是滑國國君。一說即季孫氏因據有費邑而僭稱公（宋王應麟說）。⑧ 晉平公，名彪，春秋晚期晉國君主。亥唐，晉平公時隱士。⑨ 入云、坐云、食云，皆亥唐所云。⑩ 終，止。⑪ 尚，上。帝，帝堯。⑫ 館，舍。甥，堯以女嫁舜，古代媳婦稱公婆為舅姑，女婿稱丈人為外舅，丈人稱女婿為甥。貳室，副宮，別院。⑬ 饗（xiǎng），以酒食招待。⑭ 迭，互。⑮ 用，以。

【講疏】　交友之重要人人可見，《禮記》所謂"獨學而無友，則孤陋而寡聞"（《學記》），是也。故子曰"三人行必有我師"（《論語·述而》），又曰"友直，友諒，友多聞"，其不可友者，則是"友便辟，友善柔，友便佞"，是所謂"益者三友，損者三友"（《論語·季氏》）。孟子此章，則即其存心之道而言。首章雖言聖人存心之異，尚未及存心之對象，本章則言君子交友之心態，亦可見清、任、和之變化。

　夫朋友乃五倫之一，父子、夫婦、君臣、兄弟而外，皆是朋友所攝。廣義之朋友乃括師友而言，狹義者惟言朋友而已。夫婦不可言朋友，父執、師長與子弟有長幼之序，君臣有貴賤之別，兄弟有同氣之情，皆有相互預設之關係。當其交往之際，心態有所倚恃，是所謂挾也。朱子注："挾者，兼有而恃之之意。"孟子故言，交友之際，不可挾長、挾貴、挾兄弟之情，當虛己而友其德也。故以孟獻子之貴，其與友者，皆忘其爲貴人。另如費惠公，乃小國之君也，於其所與交者，若師、若友、若臣，皆歷歷分明，不相混淆。至於晉平公之於亥唐，亦惟其所命，不敢有所倚恃也。另如舜，雖爲堯之婿，堯亦與之迭爲賓主，是天子與匹夫相友之典範。古人以妻父爲外舅，故謂婿爲甥。然則自百乘之君，以至小國、大國之君、天子，皆以此與人相友也。本章但以貴者爲言，其爲長及爲兄弟者可以例推矣。如所謂"忘年交"，即不挾長而與人相友者也。古曰"兄友弟恭"，即言兄之待弟，貴乎不以長自居也。

然則友道乃言個體間平等相交之法。蓋個體之相交既以爵祿之制及社會身份爲依託，則人我之間未必平等。惟友道則不然，必以平等爲基礎。故其存心之際，在五倫之中，亦與其他幾倫不同。蓋惟超越於世俗社會之角色、地位，乃有友道存焉，以清、任、和觀之，是能得其"和"而且"清"也。蓋挾長、挾貴者，失於"任"；挾兄弟者若念同氣連枝之情，常失於"和"而不"清"。語云"清官難斷家務事"，即因家族之中情常重於理。《禮記》所謂"門內之治恩掩義，門外之治義斷恩"（《喪服四制》），亦著眼於此。此在《周易》，即所謂"厥宗噬膚"（睽卦），言"祭祀之後，以胙肉分享同族之親，人皆有份，故不必有其分限也"。[1]

---

[1] 拙作《周易義疏》，第243頁。

　　友道之"和而不同"即在於同中有異，"和"而能"清"，蓋既具相合之義，又能各自獨立。故師友義合，不合則去，而兄弟則無所逃於天地之間。惟既爲個體之相交，則亦僅限於出入相友、入座共食而已，不可與之共政權也，所謂天位；亦不可與之共治權也，所謂天職、天禄是也。所謂"天位"、"天職"、"天禄"乃承上章而言。此即如《萬章上》所言，舜之爲天子非堯授之，蓋君臣關係不同於個體之交往，政權與治權皆不可私相授受也。[1]所謂"士之尊賢者"，言友朋相尊，相互無身份觀念，皆以士視對方；故"非王公之尊賢者也"，蓋王公之尊賢者，是有王公之身份及觀念在焉，所謂挾貴也。下文孟子故特言世俗所謂貴貴、尊賢之義，"用下敬上，謂之貴貴；用上敬下，謂之尊賢"，此皆有上下之分，非平等者也。故貴貴、尊賢雖形式不同，然其挾貴則未嘗有異，是所謂"其義一也"。此義稍費解，歷代學者多有誤之者。學者必通觀本篇及本章之大旨，乃可涣然冰釋。王公之尊賢者，下文尚有所述。

第 四 章

　　萬章曰："敢問交際何心也?"① 孟子曰："恭也。"曰:"卻之卻之爲不恭'，② 何哉?"曰:"尊者賜之，曰'其所取之者義乎，不義乎'，③ 而後受

---

〔1〕　此義朱子引范氏之言已經明之，"范氏曰:言天所以待賢人，使治天民，非人君所得專者也。"

之。以是爲不恭，故弗卻也。"

【簡注】 ① 交際，相交之際。何心，如何存心。② 卻，推卻、拒絶。卻之卻之爲不恭：推來推去是爲不恭。③ 此句指受賜者心中所想。

【講疏】 清、任、和，朋友不挾，長幼有序（挾長）、上下有别（挾貴）、兄友弟恭（挾兄弟），此皆心態之因時而異者。顧君子交際之時，是否當有共通之心態？孟子故曰"恭也"，即所謂恭敬之心。如《離婁下》所釋，此即虚中應外之境。[1]孔子告仲弓，所謂"出門如見大賓，使民如承大祭"（《論語·顔淵》），即此之謂也。程子所謂"涵養須用敬"，亦指此時而言。本節朱子言，"交際，謂人以禮儀幣帛相交接也"，未免過實矣。

"恭"既可以共通，萬章乃設一場景，以叩其底藴。言何以有"卻之不恭"之説？蓋或有一介不苟取者也，於人我相交之際，每作是思，"其所取之者義乎，不義乎"？此亦首章所言之"清"者也。孟子故曰，儻遇長者有賜，而疑其所賜爲不義之物，而因此卻之，是不恭矣。孔子曰："不逆詐，不億不信。"（《論語·憲問》）儻"逆詐"、"億不信"，是未能虚中應物矣。[2]《禮記·曲禮上》："長者賜，少者、賤者不敢辭。"蓋即本此大義者也。近人讀禮，多以名物訓釋爲歸宿，是未明大義者也。學者於孔孟諸大義儻能究其底裏，則諸禮皆可讀矣。

---

〔1〕 參《離婁下》第八章講疏。
〔2〕 另參《離婁下》第九章講疏所引《大戴禮記》之言，文繁不引。

否則三禮之書，但爲數卷死物而已。

　　曰：“請無以辭卻之，^①以心卻之，曰‘其取諸民之不義也’，而以他辭無受，^②不可乎？”曰：“其交也以道，^③其接也以禮，^④斯孔子受之矣。”^⑤

　　【簡注】　① 辭，言辭。② 他辭，藉口。③ 交，相交。④ 接，相接。⑤ 斯，則。

　　【講疏】　萬章似不以爲然，故另設一問，儻誠有長者以不義之物相賜，則何如？可否虛設藉口以卻之？孟子故引孔子與陽貨之交往以明之。《論語·陽貨》：“陽貨欲見孔子，孔子不見，歸孔子豚。孔子時其亡也而往拜之。”陽貨乃不義之人也，而孔子仍交之以道，接之以禮。蓋饋蒸豚之類，皆微物也。由孔子之不卻陽貨，可見孔子之“和”也。故孟子以孔子之“和”破萬章之“清”而“隘”。惟此和乃“和而不流”，非無原則可言者也，實本於人我相交之直道。此直道即由禮以見之。〔1〕故有子曰：

　　　　禮之用，和爲貴，先王之道斯爲美，小大由之。有所不行，知和而和，不以禮節之，亦不可行也。（《論語·爲政》）

────────

〔1〕關於此問題，可參前揭拙作《説“絜矩之道”》。

其無原則可言者，即是"知和而和"（猶言"爲了和而和"，俗語"和稀泥"），故必以禮節之。孟子故曰"其交也以道，其接也以禮"，與有子之意密合。

萬章曰："今有禦人於國門之外者，①其交也以道，其餽也以禮，斯可受禦與？"②曰："不可。《康誥》曰：'殺越人于貨，③閔不畏死，④凡民罔不譈。'⑤是不待教而誅者也。⑥殷受夏，周受殷，所不辭也，⑦於今爲烈。⑧如之何其受之？"

【簡注】 ① 禦，止，此處指攔路搶劫。② 受禦，接受其劫掠所得。③《康誥》，《尚書》篇名。越，語助詞。于，往，取。殺越人于貨，即今成語殺人越貨。④ 閔，閔然，渾然。⑤ 凡民，所有人。罔不，無不。譈（duì），怨。⑥ 誅，討。⑦ 辭，推辭。此句大意：（有了《康誥》這種堅持道義的精神，）殷朝可以取代夏朝，周朝可以取代殷朝，而在所不辭。⑧ 烈，光烈，明法。於今爲烈：如今仍然熠熠生輝。按，指可以被取法。

【講疏】 孔門非宗教團體，故其弟子亦不以孔子所言即稟受無疑，即此可覘孔門自得之學。萬章似不以孟子所言爲然，故云既有明知不義之人，如國門外之大盜，以禮來與交通，亦"交也以道，餽也以禮"乎？孔子之所爲似"和"也，此蓋責其未免"不恭"。孟子故引《康誥》之說，言於殺人越貨之人，凡民無不怨之，此當不待教而即誅者也，又豈可受其所賜之物？由此嚴辭之拒，可以見孟子壁立千仞之"任"也。有此挺身任道之心，故湯武革命，弔民伐罪，誅其暴君，受其天下而不辭。[1]故曰："殷受夏，周受殷，所不辭也，於今爲烈。"<u>此句前人多不得的解，</u>[2]<u>朱子乃以爲衍文，儻明首章存心以任之説，則怡然而理順矣。</u>

曰："今之諸侯取之於民也，猶禦也。苟善其禮際矣，①斯君子受之，②敢問何説也?"曰："子以爲有王者作，將比今之諸侯而誅之乎? ③其教之不改而後誅之乎? 夫謂非其有而取之者盜也，充類至義之盡也。④孔子之仕於魯也，魯人獵較，⑤孔子亦獵較。獵較猶可，而況受其賜乎?"

【簡注】 ① 禮際，以禮相交之際。② 斯，則。③ 比，並，一起。④ 充，實，此處指擴充，推廣。充類至義之盡：把(盜這個)類的含義推廣到極致。⑤ 獵較，田獵比賽。

【講疏】 顧尚有一事似不可解，依孟子所言，"殺人以梃與刃，有以異乎?""以刃與政，有以異乎?"梁惠王皆曰"無以異也"(《梁惠王上》)。今之諸侯豈非多搶奪人者乎? 何以人皆與此輩以禮相接，而非目之爲大盜而誅之? 萬章誠善學者也，

─────────

[1] 此與《周易·履卦》"剛中正，履帝位而不疚"之義相通，惟角度不同耳。參拙作《周易義疏》履卦《象傳》及九五"夬履"義解。

[2] 趙岐以爲"三代相傳，以此法，不須辭問也"，雖可通，然無大意義，故朱子不從。

故以孟子之矛刺孟子之盾矣。孟子故曰，儻有王者作，又豈可將今之此等諸侯盡誅之乎？蓋亦教之改正而已。其不改者，則誅之耳。夫謂此諸侯爲盜者，言其所取者非其所有也，此與盜賊之義有相類者耳，儻以此義推廣至極，是所謂"充類至義之盡"。孟子之"類"非狹義之物類，而是相似事物之集合，即此可覘孟子名辯之學。[1]蓋諸侯之竊國，以其政也。此居位之諸侯與作爲個體之諸侯不可一概而論。此猶上章"士之尊賢也，非王公之尊賢也"。亦如子產雖"以其乘輿濟人於溱洧"，可謂善人矣，孟子猶言其"惠而不知爲政"（《離婁下》）。蓋本篇之論交際，乃言個體之相交也，相交者不可存挾長、挾貴、挾兄弟之心，即便與諸侯交，雖身份有別，亦不過依禮而行，不必懸擬其當政之所爲也。

孔子獵較一事，朱子疑未能明，趙岐以爲魯人田獵相較量，相互搶奪禽獸以獻祭，朱子引張氏之說，以爲與祭祀無關，祇是田獵之時較量所獲多少而已。茲依本篇大旨略窺獵較之義如下。

獵較之事，儻據字面言之，當指打獵之時，相互較量，惟其較量之目的爲何，則不得而知。本章既以交際爲言，且承上文孔子與陽貨一事，則獵較亦爲人我相交之事無疑。孟子故曰："獵較猶可，況受其賜乎？"孔子曾受陽貨之賜，亦曾受魯國諸侯及掌權者之賜，故所謂"其"之所指當包括陽貨及魯國諸侯與權貴，即上文所謂以政盜國，世俗以爲大盜者也。既言"況受其賜"，受賜乃依禮而行者也，則獵較之交際乃尤輕於賜予

---

[1] 關於孟子的"類"觀念，可參拙作《早期儒家的名辯思想——孔子到荀子之間》。

也。依情形推知，獵較蓋魯國貴族風俗，田獵之際相互爭逐以爲笑樂者。觀《左傳》諸書所載，春秋時代之貴族於娛樂諸事皆富參與之熱情，魯隱公赴棠觀魚、管仲建三歸、齊景公欲游芝罘，皆其顯例。孔子既仕於魯，乃與魯人一同爭逐獵物爲樂。夫"君子無所爭，必也射乎！揖讓而升，下而飲。其爭也君子。"（《論語·八佾》）然則獵較之爭，乃如後世之馬球、蹴鞠，無所謂雍容揖讓之禮，惟是相互笑謔，一團和氣矣。當是時，又豈顧相爭者之是否君子、仁人？儻與孔子受陽貨之賜相較，有此相互之交往，乃尤見孔子存心之"和"也。即此可知，孔子絕非道貌岸然、不近人情者。然則獵較之義，當以張說爲是。又，古人狩獵所得，雖先以奉祭祀，然獵較本身實與祭祀無關。趙岐所謂奪禽獸以祭，或因下文所言簿正祭器之說，而想當然者。歷來疏家多意會此乃孔子從俗之舉，是也，惜於義理尚未能深究也。

　　曰："然則孔子之仕也，非事道與？"①曰："事道也。""事道奚獵較也？"曰："孔子先簿正祭器，不以四方之食供簿正。"②

　　【簡注】　①事，從事。事道，求道。②簿，簿書，此處當指禮簿。簿正，規整。此句大意：（在祭祀之前，）孔子會先規整祭器，而不是先規整四方來的祭品。

　　【講疏】　萬章不禁有疑，孔子之仕魯，豈非欲行道乎？其與魯人獵較又有何義理可言？蓋萬章心中之孔子，已爲一道貌岸然、不食煙火之聖人矣。孟子故曰,孔子之意,猶如祭祀之前先以祭器供簿正,而非先以四方所來之祭品供簿正。所謂簿正,即依其簿書以正之也。[1]蓋儻祭器不備即先之以"四方之食"(祭品),則亦無以成禮。所謂"欲速則不達"也。夫祭祀之本意,在以祭品獻諸神明,以祈神人之相通,祭器不過相通之媒介耳。常人多得魚忘筌、得兔忘蹄,不知無筌蹄則魚兔不得。故子曰:"工欲善其事,必先利其器。居是邦也,事其大夫之賢者,友其士之仁者。"(《論語·衛靈公》)

故祭祀,可喻孔子之行道;祭器,乃喻行道之機緣;四方之食,乃喻孔子所欲推行之善政也。故與魯人獵較,雖似娛樂,實乃與魯人交往之法,所言魯人當指其大夫、士也。當孔子之時,魯國政權合法性未失,儻欲行政而不與其大夫、士相交,是舍路而不由。如祭祀之前先規整其祭器,而後始納祭品於其中,蓋以化人之意寓於交往之中。此即子夏所言:"君子信而後勞其民,未信,則以為厲己也;信而後諫,未信,則以為謗己也。"(《論語·子張》)故獵較言孔子之"和"也,化人則見孔子之"任"。聖人之過化存神,豈虛言哉!

曰:"奚不去也?"[1]曰:"為之兆也。[2]兆足以行矣而不行,而後去,是以未嘗有所終三年淹也。[3]孔

---

〔1〕 朱子引徐氏曰:"先以簿書正其祭器,使有定數,不以四方難繼之物實之。夫器有定數,實有常品,則其本正矣。彼獵較者,將久而自廢矣。"是徐氏以簿正為以簿書正之之義。惟以獵較之事混為一談,是實以孔子為正禮之人矣。孔子仕魯,為中都宰,為魯司寇,簿正祭器者自有其人,非孔子之責也。前人多不明孟子所言簿正祭器乃比喻之言,今正之如此。

子有見行可之仕，④ 有際可之仕，⑤ 有公養之
仕。⑥於季桓子，⑦見行可之仕也。於衛靈公，⑧際
可之仕也。於衛孝公，⑨公養之仕也。"

【簡注】　① 去，離開。② 兆，先兆，跡象。③ 淹，留。
④ 見行可，見（其道）可行。⑤ 際可，可（以禮）相交（接）。
⑥ 公養，由公家奉養。⑦ 季桓子，魯卿，季孫氏，名斯。⑧ 衛
靈公，名元。⑨ 衛孝公，即衛出公，名輒。

【講疏】　"簿正祭器"一句，前人多以爲孔子實際所爲之
事，不知乃譬喻耳。觀上下文之言，簿正祭器亦非易事，此言
人之難化也。故萬章問孔子何不去而不仕。孟子故曰，化導
魯人實爲創造有利之形勢，所謂"爲之兆"也，[1]儻其形勢已
成，足以爲政矣，而不爲所用，是天命之不與矣，[2]則去之而
無憾。故孔子雖於季桓子之時有見行可之仕，於衛靈公之時
有際可之仕，於衛孝公之時有公養之仕，然皆未過三載，即離
去矣。淹，留。見行可，言季桓子執政，其時陽貨已敗，已見行
道之機矣。際，接。際可，言與衛靈公相交，靈公以友視之而
未能尊之也。公養，言孝公之尊賢而未能用也，[3]即《告子
下》所謂"雖未行其言也，迎之致敬以有禮，則就之"。蓋行可

─────────────

〔1〕　兆，實即預兆之兆，趙岐直釋爲始，大義可通，惟稍似過實。
〔2〕　天命之義，參《盡心上》講疏。
〔3〕　按衛孝公不見史册，據時間當爲衛出公，名輒。後世史家議論蜂起。當從清儒
　　　翟灝、趙佑所言，以出公爲是，蓋以其被出，故以出公稱之，而實謚孝公也，惟史
　　　不備耳。焦循《正義》已引及。

乃以君臣相交也,際可乃以友道相交也,公養則以師道相交也。去而不仕,是孔子之"清"也;公養,是孔子之"任";際可,是孔子之"和";或遲或速,是孔子之"時"也。故孟之論孔,非虛推其人也,其大義皆可與夫子言行密合。孟子真亞聖也,義理之精有如此者。

第 五 章

孟子曰:"仕非爲貧也,而有時乎爲貧。娶妻非爲養也,①而有時乎爲養。爲貧者,辭尊居卑,辭富居貧。辭尊居卑,辭富居貧,惡乎宜乎?②抱關擊柝。③孔子嘗爲委吏矣,④曰:'會計當而已矣。'⑤嘗爲乘田矣,⑥曰:'牛羊茁壯長而已矣。'位卑而言高,罪也。⑦立乎人之本朝而道不行,恥也。"

【簡注】 ① 養,養子。② 惡,音 wū。惡乎宜乎:怎樣才合適呢? ③ 抱關,守關門。擊柝(tuò),敲梆子(打更)。一說:抱關,門卒。柝,門關之木。④ 委,委積。委吏,管倉庫的小吏。⑤ 會(kuài)計,合計,統計。今會計一詞本此。⑥ 乘(shèng)田,苑囿之中管牲口草料的小吏。⑦ 罪,過。

【講疏】 《白虎通‧論妻妾》云:"妻者,齊也。"夫妻有齊體之義,故夫之於妻必納采親迎,以男下女,六禮具備,乃始成

禮。是《周易》"天地交泰"之義也。非必欲卑之，如後世世俗
所言"夫爲妻綱"者也。〔1〕古人娶妻乃爲持家，猶夫之相也，
故男子於親迎之前，"父醮子，命之，辭曰：'往迎爾相，承我宗
事。勖帥以敬，先妣之嗣，若則有常。'"〔2〕予故云：

> 以相視妻，亦猶夫君之置相以求治也。故儒者所言求
> 賢之禮頗與娶妻相類，皆因其相互關係有以相通也。〔3〕

顧婚姻之大義雖如此，儻無賢人可以爲妻，豈不求之乎？
夫"不孝有三，無後爲大"（《孟子·離婁上》），娶妻固不爲養
子，然雖無佳偶，亦不得不爲養子而求之也。養之義，昔人論
説紛紜，朱子云："娶妻本爲繼嗣，而亦有爲不能親操井臼，而
欲資其餽養者。"非也。蓋娶妻不止爲子嗣也，爲求可主中饋
之佳偶也，有佳偶而子嗣在其中矣。然儻無佳偶，亦不得不爲
養子，退而求其次。俗語所謂"貧不擇妻"也。故《詩》曰："窈
窕淑女，君子好逑。"（《關雎》）又曰："之子于歸，宜其室家。"
（《桃夭》）此猶"君子謀道不謀食。耕也，餒在其中矣；學也，祿
在其中矣。"（《論語·衛靈公》）近世以來，社會結構大變，血緣
家族一變爲核心家庭，結婚亦非必爲養子，或爲遂己之
欲，〔4〕夫妻、子嗣諸觀念皆與往日不同，非曩日之君子道矣，

---

〔1〕　按"夫爲妻綱"本非後世世俗之義，兹不具論。
〔2〕　前揭姚際恒《儀禮通論》卷二，第73頁。
〔3〕　夫妻之義可參《滕文公下》第二章講疏。
〔4〕　此欲不止身體之欲，如經濟衝動因亦可謂欲也。近世社會學家頗有以此論婚姻
　　　制度之起源者，現實中亦所在多有。

學者亦無以膠執。

然則此處所言仕宦、娶妻，皆即君子之道而言也。夫君子“學而優則仕”(《論語·子張》)，仕者，事也，學既有餘則可以做事。此做事非僅做官也，以入仕通籍爲做官乃漢以後之事耳。孔子曰，“君子喻於義，小人喻於利”(《論語·里仁》)，“君子謀道不謀食”(《衛靈公》)，故云“仕非爲貧也”。然君子非能如伊尹之“治亦進，亂亦進”；亦未必如孔子之無可無不可；亦罕有如柳下惠之與世浮沉，故伯夷之境界反爲常態：“天下有道則見，無道則隱；邦有道，貧且賤焉，恥也；邦無道，富且貴焉，恥也。”[1]然天下既無道，或有君子貧不能自存，仁者欲無噍類矣，故亦當知保身之道。蓋保身即所以存道也。明儒王心齋有見於此，遂發“安身立本”之説，即本於孟子者。[2]《周易》所謂“苦節不可貞”(節卦)。故有無道之世而做事(入仕)者，是本章所謂“而有時乎爲貧”。然君子既知出處之義，故“辭尊居卑，辭富居貧”，《周易》所謂“天地不交，否。君子以儉德避難，不可榮以禄”。其所當行者，不過如抱關擊柝，皆技術之職耳。當此之時，君子之所行亦與常人無別而存心不同。蓋儻居富貴之位，則或與無道之世同流合污矣。然則此君子之爲貧而仕，雖似老氏之和光同塵，而自不失其君子之“清”，是所謂“和”中之“清”。本章雖以君子出處之義爲言，然歸宿固在探討君子存心之異，即此可見孟子一貫之學。

所行既爲技術之事，則當“思不出其位”，此亦上文所謂

---

〔1〕 出處之義，另參《公孫丑下》講疏。
〔2〕 參拙作《王學與晚明的師道復興運動》中編第一章。

“恭”也。否則儻“位卑而言高”，則有越職之過矣。故引孔子早年爲委吏、乘田之事，言其所關注者唯在“會計當”、“牛羊茁壯長”，所謂“不在其位，不謀其政”（《論語·憲問》）。而在其位則當謀其政，否則是尸位素餐矣。[1]反之，儻立於高位而道不行，是亦君子之恥。上文言君子既“和”中有“清”，此則見其位卑而能擔道，是則君子之“任”矣。子曰：“不得中行而與之，必也狂狷乎！狂者進取，狷者有所不爲也。”（《論語·子路》）夫狷者似清矣，雖未必進取，然不可無狂者之精神也。孟子所謂清、任、和之義，可由孔子之論狂狷見之。惟和者儻不得其法，則泯人我獨立之分際，故常流爲鄉愿而不知。子曰：“鄉原，德之賊也。”原，謹厚之義，猶今之所謂“老好人”。故萬章問孟子：

> “一鄉皆稱原人焉，無所往而不爲原人，孔子以爲德之賊，何哉？”曰：“非之無舉也，刺之無刺也，同乎流俗，合乎汙世，居之似忠信，行之似廉潔，衆皆悦之，自以爲是，而不可與入堯舜之道，故曰‘德之賊’也。”（《盡心下》）

爲避鄉愿，亦當“和”中有“清”，此其分際即所謂禮。是上文“禮之用，和爲貴”之義。然則清、任、和固君子交際存心之常態，惟伯夷、伊尹、柳下惠能各極其至，是所以爲聖人。此猶佛門諸大菩薩，觀音、文殊、普賢、地藏，於悲、智、行、願各臻其

---

〔1〕 朱子言：“蓋爲貧者雖不主於行道，而亦不可以苟禄。”其説甚是。

至,是所以爲大也。

第 六 章

萬章曰:"士之不託諸侯,①何也?"孟子曰:"不敢也。諸侯失國而後託於諸侯,禮也。士之託於諸侯,非禮也。"萬章曰:"君餽之粟,則受之乎?"曰:"受之。""受之何義也?"曰:"君之於氓也,②固周之。"③曰:"周之則受,賜之則不受,何也?"曰:"不敢也。"曰:"敢問其不敢何也?"曰:"抱關擊柝者,皆有常職以食於上。無常職而賜於上者,以爲不恭也。"曰:"君餽之則受之,不識可常繼乎?"④曰:"繆公之於子思也,⑤亟問,⑥亟餽鼎肉。⑦子思不悅。於卒也,⑧摽使者出諸大門之外,⑨北面稽首再拜而不受,曰:'今而後知君之犬馬畜伋。'⑩蓋自是臺無餽也。⑪悅賢不能舉,⑫又不能養也,可謂悅賢乎?"曰:"敢問國君欲養君子,如何斯可謂養矣?"曰:"以君命將之,⑬再拜稽首而受。其後廩人繼粟,庖人繼肉,⑭不以君命將之。子思以爲鼎肉使己僕僕爾亟拜也,⑮非養君子之道也。堯之於舜也,使其子九男事之,二女女焉,⑯百官牛羊倉廩備,⑰以養舜於畎畝之中,後舉而加諸上位，⑱故曰王公之尊賢者也。”

【簡注】 ① 託，寄，寄居。② 氓，編氓。指治下之民。③ 周，周濟。④ 不識，不知。繼，接續。⑤ 繆公，魯繆（穆）公。子思，孔子之孫，名伋。⑥ 亟(qì)，屢次，不時。問，慰問。⑦ 鼎肉，熟肉。⑧ 卒，終。⑨ 摽(biāo)，揮之使去。⑩ 畜(xù)，養。⑪ 臺，公室中供使令的低級小官。⑫ 悦，愛。舉，舉用。⑬ 將，送。⑭ 廩，倉廩。繼，接續。庖，庖廚。⑮ 僕僕，繁瑣貌，猶言翻來覆去。亟拜，屢次下拜。⑯ 女(nù)，嫁。⑰ 備，齊備。⑱ 此句大意：當舜還在田野之時，把他奉養起來，然後舉薦到高位。

【講疏】 上文既言友道，當人我相友之際，身份之别皆泯之矣，是所謂“和”也。然則何以有“士之不託諸侯”之説？趙岐注：“託，寄也。謂若寄公，食禄於所託之國也。”如孔子所謂際可、公養之仕，豈非託於諸侯乎？孔子固亦士也。孟子乃言，諸侯失國可相託，士之失業則不可託於諸侯，此古禮也。然則孔子之受養，亦不過受饋問而已，非託於諸侯也，此義孟子雖未明言，萬章則當已知之矣。

萬章故以諸侯餽問士人爲問。孟子言君之於民可以周濟之，此亦政府養民之義，蓋保民、養民皆君權之責任也。[1]然則此諸侯與民之關係，非君臣上下之關係，乃是民與政府之政治倫理也。君臣關係故言賜，政府於民故言周之，其所周濟之

---

[1] 參《梁惠王》、《滕文公》諸篇講疏。

對象非必賢者，亦非特殊之個體，乃即治下普通一民而已。何以言"周"不言"賜"？周者遍也，君臣以上下爲言，故言賜；君民以公私爲言，欲群體之大公德施周溥，遍及萬民，故言周。然則君賜之而不知所賜，民拜受之亦非拜君之私人也，乃拜此公共性之君耳。此雖亦諸侯與民個人之交際，然皆無具體對象，是雖相交而即相忘者也，在下者所謂"出門同人"，在上者則是"同人於野"（《周易・同人》），此"和"之大者。論交際之道而得孟子此章，可見孟子析理之圓融。微聖人，吾人何克臻此！

　　賜既屬之君臣關係，君儻以物賜人，則其關係必是任人以事。任事者以抱關擊柝爲最低者矣，故藉抱關擊柝以概其餘。抱關擊柝亦有常職者也，前文（第二章）所謂"下士與庶人在官者同禄，禄足以代其耕也"。此即孟子與彭更所言因事計功，"士無事而食，不可也"之義（《滕文公下》）。惟彼處所言以"無事不可食"爲前提，此則言其根據也。此猶《詩經》所云"彼君子兮，不素餐兮"，其説人人認同，而其理則未必易言。

　　顧因事計功之理據何在？蓋"民以食爲天"，民既任事，不可不酬之以禄也。所謂"來而不往非禮也，往而不來亦非禮也"，此施報之義，即人我相交之直道，所謂"己所不欲，勿施於人"是也。[1]孟子故曰，君子既無職事，賜之則不敢受，以其無功受禄，是存心有所"不恭"矣。前文言"卻之爲不恭"，乃言受長者之賜；此言受之爲"不恭"，蓋既非朋友通財之義，又無職事受禄之由。小人唯欲圖利，故常以受賜爲得計；若君子則

---

〔1〕　參拙作《説"絜矩之道"》。

一介不苟取，以其失恭敬之心也。儻依前文所言，君饋而受之，是君子之"和"也；君賜而不受，是君子之"清"也。"和"中所以有"清"者，乃因存心之"恭"也。"恭"之爲義大矣哉！

民固可受君之周濟，然觀其受饋之情形亦不無君子、小人之別。魯繆公於子思，亦饋之矣，子思初則以君命既來，故再拜稽首而受之，此當時民見君之禮也，子思之自處亦與凡民無別。及其屢次命人問候及饋贈，乃不悦而摒使者於門外而不受。繆公蓋不知禮者也，以此爲尊賢之道；不知此周濟凡民之法耳，居高而臨下，偶一爲之尚可，儻欲尊賢，饋之是"不恭"也。蓋君子雖可偶受周濟，然既以之爲賢，而不能用，亦不能尊養，反欲其匍匐於往復之間，則賢者不受也。蓋君子可爲下，然不欲爲君者之居高臨下也。君子之受饋，乃君子之"和"也；君子之不受亟饋，乃君子之"任"也。然則君之於賢人，儻不能友之，亦不能薦舉之，則唯有尊養之而已。孔子於衛孝公"公養之仕"，當即此類。否則雖可偶一饋之，亦不過"相忘於江湖"（《莊子・大宗師》）。

故孟子乃直言諸侯養賢之道，始則以君命來饋，而以民之身份受之。繼則不以君命，視若常例，而饋之者、受之者皆兩忘之。至堯之於舜，其養賢之隆重尚過於此，不惟命子事之，以女妻之，以牛羊倉廩奉養之，且舉薦於朝，加之上位，是誠所謂王公尊賢之道也。蓋此賢者之於王公，有師道焉。予故曰，舜之與堯，乃"學然後臣之"之典範也。[1]

戰國時代，諸侯既欲圖强，尊賢養士之風甚盛。士人爲求

---

〔1〕　參《萬章上》第四章"盛德之士，君不得而子"講疏。

尊養,乃至變詐百出。如馮諼爲孟嘗君門客,尚未宣其用,即以"食無魚"、"出無車"要其君(《戰國策·齊策》)。至於孟嘗君,雖雞鳴狗盜之徒亦預養之,以爲他日之用。其所以爲戰國諸公子之首者,即因最能養士之故。(《史記·孟嘗君列傳》)另如郭隗以"馬骨千金"歆動燕昭王,尤爲當時君主招賢之表率。[1]即便儒生,亦有但求酒食而寡廉鮮恥者。[2]孔子故語子夏,"汝爲君子儒,無爲小人儒"(《論語·雍也》)。小人儒雖有多種,然自居爲儒而唯利是視者必在其中。孟子所以致力於出處之義,即爲因應此一現實處境。顧本篇所以與《公孫丑下》有別者,《公孫丑下》所致力者,專在出處大義之内容,本篇則重在推求其存心之本。蓋出處之義乃修身實踐,交際存心則心性義理之反思也。

申言之,儻以西學比況之,出處之義猶物理學,交際存心猶形而上學也,二者故有本末内外之别。向來讀《孟子》,多以内容相近或相同之章節爲重出,不知内容雖似,及其所在篇目不同,則大旨亦往往隨之而變。學者能明此義,是亦"以意逆志"、"先立乎其大"矣。否則但以己意爲之尋章摘句,則誠有類乎近世之言詮釋學者,言人人殊而作者無與焉。作者豈真已死亡乎?抑詮釋者過於自負而滅棄作者乎?然則此種詮釋學,其所致力者,不過一己私心之横行,於所詮釋者無與焉,故不足以稱理解。蓋"理解"之義,必由《莊子》所言"依乎天理……因其固然。……謋然已解,如土委地"(《養生主》),乃

---

[1] 事見《戰國策·燕策一》。
[2] 荀子所謂"子游氏之賤儒",參《荀子·非十二子》。

可見之。古今義理或不相同，然亦可"調適而上遂"以通之
(《天下篇》)。[1]孟子下文言"尚友古人"，儻無此"理解"，則
"尚友"亦不可能。人之所以能相友，即因可以相互理解。然
則此種詮釋之學，雖日日從事乎經典之研求，亦不過淺嘗輒
止，入寶山而空回，惟見知識之生産，而無與於智慧之冥會焉。
未能虛心以求，是亦孟子所謂"不恭"也。

第 七 章

萬章曰："敢問不見諸侯，何義也?"孟子曰:
"在國曰市井之臣，在野曰草莽之臣，皆謂庶
人。①庶人不傳質爲臣，②不敢見於諸侯，禮也。"
萬章曰:"庶人，召之役則往役，③君欲見之，召之，
則不往見之，何也?"曰:"往役，義也。往見，不義
也。且君之欲見之也，何爲也哉?"曰:"爲其多聞
也，爲其賢也。"曰:"爲其多聞也，則天子不召師，
而況諸侯乎? 爲其賢也，則吾未聞欲見賢而召之
也。繆公亟見於子思，④曰:'古千乘之國以友
士，⑤何如?'子思不悅，曰:'古之人有言曰: 事之
云乎? 豈曰友之云乎?'⑥子思之不悅也，豈不曰:
'以位，則子，君也; 我，臣也; 何敢與君友也? 以

德，則子事我者也，奚可以與我友？’⑦千乘之君求與之友而不可得也，而況可召與？齊景公田，招虞人以旌，不至，將殺之。志士不忘在溝壑，勇士不忘喪其元。孔子奚取焉？取非其招不往也。”⑧

【簡注】 ① 謂，指。② 傳，執。質，贄，見面禮。爲臣，正式成爲屬下。③ 役，服役。④ 繆公，魯穆公。亟（qì），屢次。⑤ 以，而。⑥ 事，服事。此句大意：古人説的是，（千乘之國的國君）當服事士，豈可説與之相友？⑦ 奚，何。⑧ 參《滕文公下》第一章。

【講疏】 “士不託於諸侯”、“庶人儻未委質爲臣，則不見諸侯”，皆古禮也。上文孟子已先言之，惟引而不發，以待本章究明其旨。質者，人我相見所納之贄也，大夫奠雁，士人執雉，庶人執鶩，蓋猶今之名刺也。既執何贄，則人知以何禮見之矣。

然不見諸侯究有何義？〔1〕孟子但曰，庶人可以前往服役，然不可受召往見，且以此爲合義。此在孟子與萬章討論之語境當無歧義，顧以後世觀之，其義尚有待闡明也。嘗試論之，此即上篇所言孟子心中君臣之義也。所謂君者，既有公共性與私人性之别，此公共性君權乃人群所共尊，故與所有個人皆形成“公共性統治關係”，是乃廣義之君臣關係也。所云“普

〔1〕 不見諸侯之義，《滕文公下》首章亦嘗言之，然所關注之問題則大異。

天之下,莫非王土;率土之濱,莫非王臣",即此之謂。[1]其私人性君權即治權,此治權之承載者皆前文所謂受班爵禄而有位者也,有此位即所謂有職事也,乃入仕之本義。因其職事,而有上下之別,此普通所言狹義之君臣關係也。故孟子特明"傳質"始爲臣,意在於此。萬章所引"率土之濱,莫非王臣",孟子以爲非普通所謂君臣也,此與近世公民之義相通。近世學人,罕聞此義,然此固儒家政治學之大旨,學者不可輕忽。

明乎此,則庶民既未嘗入仕,本非諸侯之臣也,即言君臣亦不過公共性之君臣而已,故並無往見之義務。然既爲此國族之一員,亦當服其賦役,此公共性臣民之事與責也,今故以公民言之。此公民之整體,即所謂公共性君權,乃即前引《詩經》所謂"王"也。凡公民皆當如《萬章上》所謂"天民",其源皆出於天,是亦天之子也,惟有覺有不覺耳。若聖賢,則不過"天民之先覺者"而已。惟政體需有人代之,以行祭祀告天之政,儻私人性君權有其合法性,則即以其最高者代行天子之位亦無不可。儻此私人性政權失其合法性,則或廢或誅,所謂"誅一夫"也,今之所謂獨夫民賊而已,非弒君也。此儒家政治學之根本,亦孟子本章所謂"義"也。

然則或曰,君之召見此民,非役使之也,乃召之欲與爲友也。孟子故曰,君之欲見此人,既爲其多聞、爲其賢能,乃是欲有所求也。前篇既言"大有爲之君必有所不召之臣"(《公孫丑下》),此處又言"雖天子不召師",蓋召見非求長者之禮也。昔魯繆公亦聞所謂"王者師臣、霸者友臣"之説,而不明其義,故

---

[1]　參《萬章上》第四章講疏。

屢次召見子思，言千乘之君以士爲友，是欲與之爲友也。子思何以不悦？即因魯繆公此舉非求友之禮也。蓋欲與人相友，自當平等相待，或親自造訪，或以禮相邀，豈可以君之身份相召？是前文所謂"不挾長"、"不挾貴"之義，不可以召言也。何況"志者心之所之"，友朋雖不拘身份，然未必人人皆同此志也。志既不同，則何敢與賢者爲友？此亦孟子所言天爵、人爵之義，[1]以人爵論，固有高下之分，其在下者固不敢徑言友之；以天爵論，汝當以我爲師而已，豈可命我以汝爲友？<u>儻以本篇大旨言之，繆公召見子思，乃繆公之"不恭"也；子思之不悦，乃見子思之"任"</u>。

　　曰："敢問招虞人何以？"[1]曰："以皮冠。[2]庶人以旃，士以旂，大夫以旌。[3]以大夫之招招虞人，虞人死不敢往。以士之招招庶人，庶人豈敢往哉？況乎以不賢人之招招賢人乎？欲見賢人而不以其道，[4]猶欲其入而閉之門也。夫義，路也；禮，門也。惟君子能由是路，出入是門也。《詩》云：[5]'周道如底，[6]其直如矢。君子所履，小人所視。'"[7]

　　【簡注】　① 以，用。② 皮冠，諸侯田獵時所戴。或云戴在皮弁之外。③ 旃(zhān)、旂(qí)、旌，皆旗名。以整塊紅布製成的叫旃，繪有交龍的叫旂(一説有鈴)，插有羽毛或氂牛尾的叫旌。④以其道，由其道。⑤《詩》，《小雅·大東》之篇。
⑥底，通砥，磨刀石。⑦履，踐，行。視，觀瞻。此句大意：周
道平坦，其直如箭；君子所行，小人所觀。

【講疏】　孟子故言，且不惟庶人不見君，即便爲君之臣，
君欲見之，亦不可隨便招之，亦當有其信物也。此信物如今世
之公文，上既有命，當以印信文移命之，不可以私令爲憑也。
齊景公田獵，欲召虞人，蓋不知當以皮弁，而以召大夫之旌，故
虞人不應。景公欲殺之，其事見於《左傳》昭二十年：

　　十二月，齊侯田於沛，招虞人以弓，不進。公使執之。
辭曰：“昔我先君之田野，旌以招大夫，弓以招士，皮冠以
招虞人。臣不見皮冠，故不敢進。”乃舍之。仲尼曰：“守
道不如守官。”

以旌、以弓記載雖異，而大義無別。孔子所謂“守道不如
守官”，亦前文所言“思不出其位”之義。虞人之不出其位，是
虞人之“恭”也；景公之不用皮冠，蓋不知其禮也，及聽虞人之
言而能釋放之，是亦“恭”也。大《易》論謙，言“尊而光，卑而不
可逾”，所以不可逾者，即因守禮之故也。[1]故孟子下文亦言
“義，路也；禮，門也”，當以恭敬之心，依禮而行，始能得其所宜
也。故引《詩經》之言以證之，曰：“周道如砥，其直如矢。君子
所履，小人所視。”蓋君子所行者周禮，即理想之周道是也。言

---

〔1〕　參拙作《周易義疏》謙卦義解。

"小人所視"者,"禮不下庶人"也,故君子所行合禮與否爲庶人所瞻視也。[1]虞人不受君召,乃虞人之知禮。孔子之贊虞人,言"志士不忘在溝壑,勇士不忘喪其元",乃言其守禮之信,[2]是所謂志士之勇也。[3]以本章大旨而言,可見虞人之"任"。後世君子,挺身任道,無位者自守其身,有位者能守其職,形式雖異,而精神則同。宋之士大夫,明此義者比比,若明人周蕙,乃一軍士也,召役則往,召見則不至,世人亦以此重之。[4]此師道自任之精神,乃遂融化於歷代士夫血脈之中。

萬章曰:"孔子,君命召,不俟駕而行,① 然則孔子非與?"曰:"孔子當仕,有官職,而以其官召之也。"②

【簡注】 ① 俟(sì),待。② 當仕,正當出仕。官,職掌。

【講疏】 夫大有爲之君必有所不召之臣,然則以孔子之大聖,何以"君命召,不俟駕而行"? 此亦《論語·鄉黨》之言也,萬章不能無此疑。孟子故言,孔子有官職在身,既以其職掌召之,故當敬君命而行,是能"守官"者也,即此可見孔子之"恭"。當孟子之時,《論語》當已成書,"以意逆志",此亦孟子

---

[1]《論語·子張》:"子曰:君子之過也,如日月之食焉。過也,人皆見之;更也,人皆仰之。"

[2] 參拙作《周易義疏》中孚初九"虞吉,有它不燕"義解。

[3] 參前揭《滕文公下》第一章講疏。

[4] 參黃宗羲《明儒學案》卷七《河東學案上·布衣周小泉先生蕙》。

教弟子讀書之法也。

第 八 章

孟子謂萬章曰："一鄉之善士斯友一鄉之善士，①一國之善士斯友一國之善士，天下之善士斯友天下之善士。以友天下之善士爲未足，又尚論古之人。②頌其詩，③讀其書，不知其人，可乎？是以論其世也。是尚友也。"

【簡注】　① 善士，爲人稱賞之士。斯，則。② 尚，上。③ 頌，通誦。

【講疏】　父子、夫婦、兄弟、君臣四倫，皆士君子相交之常軌，依禮而行可也。惟友道乃爲交際之變化。儻普通之友道，則"言而有信"即可，子夏曰："與朋友交，言而有信"（《論語·學而》）；曾子三省己身，其一亦曰："與朋友交而不信乎？"（《學而》）儻相交者爲"同志"之友，則必當以平等之心待之，是所謂虛己而能恭也。既能虛己，故物來而能應，此《周易》咸卦之境："天地感而萬物化生，聖人感人心而天下和平"，是"和"之極境也。君子雖未必達聖人之境，亦當虛心容物，此即《大象》所云"山上有澤，咸。君子以虛受人"。既能虛心受人，而察其同者與之爲友，是所謂"同志"也。子曰："君子和而不同，小人和而不同。"(《子路》)其君子而爲友者,則必和中有同者也。此同非意見之同,乃心志之同也。蓋"君子周而不比,小人比而不周"(《爲政》),"君子喻於義,小人喻於利"(《里仁》),小人以人我相同爲務,其極致則墨家所謂"尚同",君子則求其大同耳。[1]君子以此與人相交,故"羣而不黨"(《衛靈公》)。其黨同伐異者必求整齊劃一,是"小人道長,君子道消"(《周易·否卦》),生機潛銷矣。若君子之求同存異,故雖相互爲羣,而不以私利相結。以本文清、任、和之理觀之,小人之以私利相結("小人喻於利"),是"同而不和",此"同"乃是膠漆一團,未能得其"清"也,故曰"不和"。後世政教既失,及小人當政,不惟結黨營私,見有不同於己者,則反誣之爲朋黨,若漢之黨錮、明之逐東林是也。就中惟宋儒知君子雖和而不同,亦未嘗不當有合羣之道,故歐陽修乃發《朋黨論》以正之,其言亦可宗矣:

　　臣聞朋黨之説,自古有之,惟幸人君辨其君子、小人而已。大凡君子與君子以同道爲朋,小人與小人以同利爲朋,此自然之理也。然臣謂小人無朋,惟君子則有之。其故何哉?小人所好者禄利也,所貪者財貨也。當其同利之時,暫相黨引以爲朋者,僞也;及其見利而爭先,或利盡而交疏,則反相賊害,雖其兄弟親戚,不能自保。故臣謂小人無朋,其暫爲朋者,僞也。君子則不然。所守者道義,所行者忠信,所惜者名節。以之修身,則同道而相益;以之事國,則同心而共濟;終始如一,此君子之朋也。故

---

〔1〕 參《梁惠王下》第二章講疏。

爲人君者，但當退小人之僞朋，用君子之真朋，則天下治矣。

西人合群之道曰派對（party），初亦聚會之義，來去自如者也。日人以黨譯之，已與上古之意不合。惟晚明以來，士大夫動言“吾黨”，[1]黨亦爲世俗所習用矣。及至近世，士大夫之欲救國圖强而自以爲擔道者，皆欲化導生民，而以新民爲務。惜大多師心自用，視誠意正心之學蔑如也。初雖失之毫釐，終則謬以千里。見滿人君權膠固，民衆一盤散沙，欲迅速奏功，乃紛紛效法日人，相結以黨，而成現代社會組織。顧每每言行相背，雖以反君權、無政府、向西化、爭自由爲口實，而專以尚同爲務。其所結之黨，雖文飾以舶來之理論，乃不過如有清之秘密會社。其尤甚者，則出入其組織者，亦無復自由矣。當其在野之時，固足以激發人心之來同；及其在朝之後，乃適足以爲鉗固生民之具，而成其專制之實。雖派系不同，分化亦異，而精神固有一脈相承之處。此近代墨學興起之一側面，亦經學所謂“家”之一種。[2]原其所以然之故，即在發心之過於“任”，既未能“清”，而亦未能“和”也。然則孟子所云友道之義，尚不止個體之相交也，亦涵君子合群之法。友道既失，君子合群之道不復，其害有不可勝言者，哀哉！

---

[1] 據《周禮》，五家爲比，五比爲閭，四閭爲族，五族爲黨。吾黨，孔子已用之，猶言“我之鄉里”，其實則指吾輩。孟子引述其言，便云“吾黨之士狂簡”（《盡心下》）。然晚明人士（如東林）於講會之中多自稱吾黨，亦是事實。
[2] 參《離婁上》第六章講疏。

君子既知合群，是《周易》所謂"拔茅，茹以其彙"（《泰卦》、《否卦》），故引物連類，風虎雲龍，紛然並出矣。[1]及其所交在一鄉，則是友一鄉之善士也，及其所交在一國、在天下，則是友一國之善士、友天下之善士也。晚明之世，講會勃興，其東林人士，遂以孟子此説爲本，彼此相交，結爲會友，此士大夫精神自覺之一端也。顧憲成曰：

> 君子友天下之善士，況於一鄉？我吴盡多君子，若能連屬爲一，相牽相引，接天地之善脈於無窮，豈非大勝事哉！此會之所由舉也。[2]

儻以友天下之善士爲未足，則亦可以尚友古人也。至其友之之法，論其世而知其人，以意逆志，則其詩可誦、其書可讀，[3]而與古人之精神上下往來相通矣。其何以能尚友者，即在虚己之心；既能知其人，是所謂"自得"矣。《離婁篇》所言道統，以及上篇所言解經，皆需自得始能證之也。故本篇所言交友之法，實即道統及解經可以自得之證明。蓋儻無相互自得之能力，則交友亦斷無可能矣。反之，交友既爲司空見慣之事，則是人我之間固可以相得也。此相得，即涵相互理解之義。

申言之，交友之極境，即莊子所謂"莫逆於心"。《大宗師》：

---

[1] 參拙作《周易義疏》泰、否兩卦義解。

[2] 顧憲成《涇皋藏稿》卷五《東高景逸（又五）》，文淵閣四庫全書本。

[3] 按孟子此説，當本之孔子、曾子。王應麟即引《尸子》所引孔子，與《金樓子》所引曾子之言，一作"頌詩讀書與古人居，讀詩頌書與古人謀"，一作"頌詩讀書與古人居，讀詩頌書與古人期"。參翟灝《四書考異》卷三十二。

　　子祀、子輿、子犂、子來四人相與語曰："孰能以無爲
首，以生爲脊，以死爲尻，孰知生死存亡之一體者，吾與之
友矣。"四人相視而笑，莫逆於心，遂相與爲友。

　　四人所共喻者，在有生於無、生死存亡爲一體。所謂莫
逆，即人我之志不相違礙，是彼此能"和"也。莊子與孟子所論
實若合符節。昔鍾子期、俞伯牙所以得爲知音，亦因彼此皆可
共喻其音樂之理。而人我之所以能共喻，即因人我有得於此
相喻之者相同。此一共喻之過程即今所謂體認，乃德性思維
對大體之領受，[1]蓋彼此皆能有合而成其爲一體，是所謂大
體也。一體之境不同，由人我之相偶，推而上之，直至人與天
地萬物爲一體之境。德者得也，此有所得便是對道之分有。
德性思維之觀象方式，《易》所謂"書不盡言，言不盡意"，但"聖
人立象以盡意"（《繫辭上》），乃爲此共喻所以可能之根
據。[2]孟子於本章雖引而未發，然學者必明此義，方能意會
孟子此章之大旨。

　　蓋尤有説。此人我之相喻，儻以知性思維言之，即云主體
間性。知性以認識世界爲務，儻其所觀察者爲自然世界，此自
然世界即以邏輯關係成爲對象（或現象），知性因之而得自由，
對象亦因此而得理解。儻其所觀察者爲自身、自身之同類（其
他觀察者）或涵攝此自身之整體，知性乃發生邏輯悖論，其認
知系統亦因之崩潰矣。此知性之局限所在。近世西洋哲學所

────────────

〔1〕　關於體認與共喻，可參拙作《歷史經學導論》，兹不詳及。
〔2〕　關於觀象思維，可稍參拙作《易象與時間：關於易象學的論綱》。

以由本體論轉向認識論、語言學,實亦理所必致。另如精神分析學在潛意識領域之進展,數學悖論之發現,史學由意見進入真理世界,皆此認知系統局限性之表徵。[1]

知性既有此局限,乃另揭主體間性以彌補其失。其一曰知性主體對同類主體之觀察,此個體認知之普遍性問題。其一曰知性主體對自我之反觀,此個體認知之自我超越問題。其一曰知性主體對包含此自身之整體性之理解。此中亦有三維:其一,此整體儻爲人類社會,則此主體間性乃即人之社會性;其一,此整體儻爲存在本體,則此主體間性乃即存在本身;其一,此整體儻爲創世宇宙統體,則此主體間性乃即上帝或耶穌。此雖言其大略而已,然諸大哲所論實未出於此。以孟子本篇所言交友存心之論觀之,則其光譜之遠近從違亦約略可言矣。

第 九 章

齊宣王問卿。① 孟子曰:"王何卿之問也?"王曰:"卿不同乎?"曰:"不同。有貴戚之卿,有異姓之卿。"王曰:"請問貴戚之卿。"曰:"君有大過則諫,反覆之而不聽,② 則易位。"③ 王勃然變乎色。曰:"王勿異也。④ 王問臣,臣不敢不以正對。"⑤ 王色定,然後請問異姓之卿。曰:"君有過則諫,反覆

---

〔1〕 此問題可參拙作《觀象思維的早期形式:以方位、數字、音律爲中心》,未刊稿。

之而不聽，則去。"⑥

【簡注】　① 卿，爲卿之道。② 反覆之，反復進諫。③ 易位，易君之位。④ 異，驚異。⑤ 正，正道。⑥ 去，離開。此處指卿當去職。

【講疏】　前文有言，天子諸侯乃爵位也，君、卿、大夫以下皆禄位也。爵位對應政權，禄位則對應治權。政權及治權既各有倫序，故亦各有其轉移興廢之由。堯舜禪讓、湯武革命，此皆政權之轉移也；職務禄位之任免，此皆治權之轉移也。[1]本章之特出者，端在君主之易位，此在戰國之世，私人性君權大張，故宣王既聞貴戚之卿可易君位，不禁勃然變色。然孟子所言，固其常理也。儻細究之，約有數項：

其一，其在周制，此變置之君權乃言治權也，然則此君當屬治權，即私人性君權也。君既可變置，故君主私人在貴族之中，並無超然之權力。黃宗羲所言是也。

其二，貴戚之卿雖屬治權，然既爲貴戚，皆有爵位者也，故共同分有政權，君有大過則諫，反覆諫之而不聽，則變置君位。此言政權乃治權之本也。後世家天下既久，此義學者多不復細究。惟明儒王心齋批評武王伐紂雖有"救世之仁"，未能與伯夷、叔齊的"君臣之義"兩全其美，其理據即在孟子此說。[2]近世民主政體，其最高首領雖位分尊崇，儻大政有失，

---

〔1〕　關於政權、治權可參《梁惠王下》及《萬章上》講疏。
〔2〕　參拙作《王學與晚明師道復興運動》（增訂本）第二編第二節。

議會亦可彈劾之，此議會乃公共性君權也，其議員之作用亦猶貴戚之卿。貴戚云者，乃先秦時代世襲政體之特殊稱謂而已，論大政者不可膠執也。此亦《萬章上》所言"古義"與"時義"之別。

其三，異姓之卿雖同爲卿，分有治權，然因無爵位，未嘗分有政權，故無變置君權之權力。及君有過，反覆諫之而不聽，則自潔其身，去位而已。[1]所謂同姓異姓者，乃因應周代同姓分封之制，異姓乃言無爵位者，貴戚乃包括同姓及外姓分封者，此外姓受封者與周室分封諸侯相互約爲婚姻，故皆以貴戚稱之也。

後世政體，雖時空不同，形式亦異，然其政治倫理亦當有合於孟子此論。此貴戚之卿，即政體之捍衛者也。公者通也，侯者候也，伯者白也，[2]豈虛言哉！《離婁上》言"爲政不難，不得罪於巨室"，以社會形態言之，所謂"國之本在家"；以政治倫理言之，則是治權當有統於政權也。私人性君權獨大，政權失其干城，欲其國治而天下平，豈可得乎？儻以本篇大旨言

---

[1] 按三諫不從則去，經學上向有兩説。漢儒多言"三諫待放"，鄭玄、趙岐皆從之。此蓋據《孝經援神契》《白虎通·諫諍篇》所言者。《禮記·曲禮下》："爲人臣之禮不顯諫，三諫不聽，則逃之。"孔穎達《禮記正義》乃言大夫則出在境上，待放三年，與環則還，與玦則去。士則不必待放。此周廣業《孟子古注考》所論，焦氏已引及。不過，據孟子本文前後邏輯，待放與否其實無甚緊要，論史者固可博文，釋經者置之可也。蓋其時即有三年待放之説，是否實行已未可知，且即便實行亦不過昔時之古義耳，後世不必從之。若君臣義合，三諫不從則去，此儒者所言君臣相交之準繩也，雖以衡今時今世，亦無不可，是經學之大義也。

[2] 《白虎通·爵》："所以名之爲公侯者何？公者，通也，公正無私之意也。侯者，候也，候逆順也。……伯者，白也。"候者守候、候望，逆順，指違背"王命"（非指私人性之君命），即違背社稷之事。白，"明白於德"。參陳立《白虎通疏證》卷一"論制爵五等、三等之異"條。

之，異姓之去位，是所謂“清”也；貴戚之易（君之）位，是所謂
“任”也。然則其諫之不聽而不能去位、易位者，皆可謂失職、
素餐者也。其行有似於“和”矣，而非真“和”，是“不恭”者也。
《離婁上》有言：“責難於君謂之恭，陳善閉邪謂之敬，吾君不能
謂之賊。”